宁夏改革开放史研究丛书

2015年度宁夏回族自治区社科规划委托项目

宁夏教育改革与发展史研究

中共宁夏回族自治区委员会党史研究室
宁 夏 回 族 自 治 区 教 育 厅 编著
宁 夏 中 共 党 史 学 会

黄河出版传媒集团
宁 夏 人 民 出 版 社

图书在版编目（CIP）数据

宁夏教育改革与发展史研究 / 中共宁夏回族自治区委员会党史研究室，宁夏回族自治区教育厅，宁夏中共党史学会编著.—银川：宁夏人民出版社，2016.9
（宁夏改革开放史研究丛书）
ISBN 978-7-227-06435-0

Ⅰ.①宁… Ⅱ.①中… ②宁… ③宁… Ⅲ.①地方教育—教育改革—研究—宁夏 Ⅳ.①G527.43

中国版本图书馆CIP数据核字（2016）第228744号

宁夏教育改革与发展史研究
（宁夏改革开放史研究丛书）

中共宁夏回族自治区委员会党史研究室
宁夏回族自治区教育厅
宁夏中共党史学会
编著

责任编辑 白 雪
封面设计 陈 燕
责任印制 肖 艳

黄河出版传媒集团
宁夏人民出版社
出版发行

出 版 人 王杨宝
地　　址 银川市北京东路139号出版大厦（750001）
网　　址 http://www. nxpph.com　http://www. yrpubm.com
网上书店 http://shop126547358.taobao.com　http://www.hh-book.com
电子信箱 nxrmcbs@126.com　renminshe@yrpubm.com
邮购电话 0951-5019391　5052104
经　　销 全国新华书店
印刷装订 宁夏精捷彩色印务有限公司
印刷委托书号 （宁）0002640

开　　本 787 mm × 1092 mm　1/16
印　　张 41　　字数 520千字
版　　次 2016年9月第1版
印　　次 2016年9月第1次印刷
书　　号 ISBN 978-7-227-06435-0/G・882
定　　价 108.00元

总 序

改革开放，是决定当代中国命运的关键一招，也是实现“两个一百年”奋斗目标和中华民族伟大复兴的中国梦的关键一招。实践发展永无止境，改革开放永无止境。改革开放只有进行时，没有完成时。回顾三十多年改革开放的历程，在中国共产党的领导下，中国社会的面貌、中国人民的面貌和社会主义中国的面貌都发生了翻天覆地的历史巨变，取得了社会主义现代化建设事业的伟大成就，谱写了中华民族自强不息、顽强奋进、光辉灿烂的新的壮丽史诗。

改革开放以来，地处西北内陆的宁夏，在党中央、国务院的亲切关怀和全国人民的大力支持下，在自治区党委、政府的坚强领导下，全区上下高举中国特色社会主义伟大旗帜，解放思想，实事求是，与时俱进，求真务实，坚持以经济建设为中心，坚持把发展作为第一要务，坚持改革开放，全区经济、政治、文化、社会、生态文明五大建设和党的建设扎实推进、跨越发展，社会主义现代化建设取得了辉煌成就。一个开放、富裕、和谐、美丽的新宁夏正全面展现在世人面前。

习近平总书记指出：历史是最好的教科书和“营养剂”。真实记录、客观总结、深入研究党领导人民进行改革开放的历史，是党和国家赋予党史工作者的神圣使命。鉴于中国三十多年来在改革开放方面所取得的巨大成功和辉煌成就，同时，也鉴于党的十八大以来，以习近平为总书记的党中央做出了全面深化改革的战略部署。2014 年，党中央就全国党史工作特别是党史研究工作明确提出了“一突出”（突出开创和发展中国特色社会主义时间段历史研究）、“两跟进”（即时跟进十八大以来党中央的决策部署，即时跟进以习近平为总书记的党中央的理论发展）的战略要求，中央党史研究室下发了《关于开展〈改革开放实录〉课题研究编写工作的通知》，要求各省、区、市党史部门要将党史研究的重心向改革开放时间段历史研究转变，全面加强改革开放时间段的党史研究工作。自治区党委书记李建华，自治区党委副书记崔波，自治区党委常委、组织部部长傅兴国也先后做出明确批示，要求全区党史部门要加大对宁夏改革开放史的研究力度。为了积极贯彻落实党中央的要求、中央党史研究室的决策部署和自治区党委领导的批示精神，自治区党委党史研究室从 2014 年开始，正式启动了宁夏改革开放史系列专题和专著的研究与编写工作，并取得了阶段性的成果，于当年出版了《宁夏农业产业化发展史研究》《宁夏扶贫开发史研究》《宁夏城镇化建设与发展史研究》《宁夏生态文明建设与发展史研究》四本专著。自治区党委主要领导和分管领导对此给予了高度评价，充分肯定了党史研究工作对服务党委中心工作、推动宁夏改革发展稳定所发挥的积极作用。

2015 年，自治区党委党史研究室选取宁夏财税改革与发展、宁夏医疗卫生和计生改革与发展、宁夏工业经济改革与发展、宁夏交通运输业改革与发展、宁夏教育改革与发展五个事关宁夏改革发展大局的专题作为研究重点，继续开展宁夏改革开放史系列专题的研究和编写，以更好地展现自治区党委带领全区各族人民进行改革开放的创造性实践，总结宁夏党和人民所创造的宝贵的历史经验和鲜活经验，不断探索和把握宁夏经济社会发展的规律，不断探索和把握宁夏改革开放的规律，为协调推进“四个全面”提供资政服务，为加快推进“四个宁夏”建设、全面建成小康社会提供历史借鉴和经验启示。一年来，自治区党委党史研究室采取横向与自治区相关厅局委办联合、纵向与全区各市党史部门联动的方式，在时间紧、任务重的情况下，集中力量深入研究、认真编写完成了《宁夏财税改革与发展史研究》《宁夏医疗卫生和计生改革与发展史研究》《宁夏工业经济改革与发展史研究》《宁夏交通运输业改革与发展史研究》《宁夏教育改革与发展史研究》五部专著。

“宁夏改革开放史研究丛书”均分为综述篇、专题篇、地方篇和文献篇四部分，对相关领域改革开放进程以图文并茂的形式进行了历史性梳理和全景式展现，并总结了重要的经验启示，形成了进一步全面推进深化改革、加快发展的思路和措施。在研究编写过程中，自治区党委党史研究室始终坚持党性原则与科学精神相统一的指导思想，坚持正确的世界观和方法论，力求全方位、多层次、广视角地反映、展示和总结改革开放新时期，全区各地，各级党委、政府贯彻执行党的理论路线方针政策和中央重大决策部署，在推进这些领域改革开放与发展进程中所形成的重要发展历程、重要决策和举措、重要事件和活动、重要成就、重要经验与启示、重要文献史料以及今后进一步推动其改革与发展的对策建议。

本丛书的出版，凸显了存史与修史、资政与服务、育人与引领的作用，是党史部门更好地服务于协调推进“四个全面”战略布局、着力深入践行“五大发展理念”、加快推动“四个宁夏”建设的重要行动和举措，是进行爱国主义教育、改革开放教育、理想信念教育、区情教育和着力强化“四个自信”的一本好教材，更填补了宁夏改革开放史相关研究的空白。全区广大干部群众应以此书为鉴，以更加开放的思想观念、更加执着的奋斗精神、更加扎实的工作作风，团结一心、开拓创新，负重拼搏、务实苦干，深入贯彻落实党的十八大，十八届三中、四中、五中全会精神，深入贯彻落实自治区党委十一届三次至八次全会精神，大力践行和弘扬“不到长城非好汉”的宁夏精神，全面执行“十三五”规划，为协调推进“四个全面”战略布局、加快推动“四个宁夏”建设、全面建成小康社会而努力奋斗！

目　录

综 述 篇

专 题 篇

地 方 篇

文 献 篇

宁夏地方文献

综 述 篇

坚持“五大发展理念”全力推进宁夏教育改革与发展

改革开放以来，自治区党委、政府认真贯彻落实党的教育方针、政策和中央关于教育改革发展的一系列决策部署，统筹谋划、锐意进取，不断深化改革，全面落实党的知识分子政策，优先发展民族教育，大力发展职业教育，积极推进高等教育改革，强力推进素质教育，使各级各类教育实现了长足发展，为“十三五”时期各级各类教育发展奠定了坚实的基础，也为全区经济社会发展，全面建成小康社会决胜阶段的创新、协调、绿色、开放、共享发展，全面建设开放富裕和谐美丽宁夏培养储备了大量的人才资源。站在新的历史起点上，宁夏以党的十八大、十八届三中及四中、五中全会和习近平总书记系列重要讲话精神为指导，贯彻落实自治区党委十一届三次至七次全会精神，深入推进教育教学改革，全面提升教育质量，促进教育公平，为协调推进“四个全面”战略布局和“四个宁夏”建设提供智力支持与人才保证。

一、改革发展历程

宁夏的教育改革发展历程，是一个历尽曲折、艰苦创业的历程，更是一个充满希望、走向辉煌的历程。宁夏的教育改革与发展，大体经历了五个阶段。

（一）拨乱反正与恢复重建阶段（1977~1984 年）

以 1977 年恢复高考制度为起点，开始了波澜壮阔的教育改革。改革开放初期，邓小平基于对社会主义现代化建设的系统思考，直接推动了教育领域率先进行拨乱反正和恢复重建[①]，提出了“三个面向”（教育必须面向现代化、面向世界、面向未来）的教育方针和“四有新人”（有理想、有道德、有知识、有纪律）的培养目标，为新时期教育改革发展指明了方向。1978 年 4 月，经党中央批准，教育部在北京召开全国教育工作会议，讨论研究了新时期提高教育质量、提高科学文化水平等重大问题，形成了教育改革发展共识。之后，中共中央、国务院及国家有关部门相继发出了一系列重要的文件，落实关于“认真从中小学抓起，切实打好基础”的要求。1980 年，教育部先后修订颁发了《全日制高等学校暂行工作条例》《全日制中学暂行工作条例》和《全日制小学暂行工作条例》，即新“高教六十条”“中教四十条”和“小教三十条”，整顿和恢复教学秩序。12 月，全国教育工作座谈会确定，教育工作的侧重点要以调整为中心，在贯彻“调整、巩固、充实、提高”八字方针的基础上[②]，制定符合实情的各项具体政策。同月，中共中央、国务院印发的《关于普及小学教育若干问题的决定》提出，在 80 年代全国基本实现普及小学教育的历史任务。1982 年 5 月，中共中央、国务院发出《关于加强和改革农村学校教育若干问题的通知》，确定了普及初等教育的任务及应当采取的政策、措施。同年 9 月，党的十二大首次将教育确定成为今后社会主义现代化建设的重点之一，并强调：“必须大力普及初等教育，加强中等职业教育和高等教育，发展包括干部教育、职工教育、农民教育、扫除文盲在内的城乡各级各类教育事业，培养各种专业人才，提高全民族的科学文化水平。”

在拨乱反正与恢复重建时期，宁夏与全国一样，广泛开展了党的教

①黄健江:《党在指导思想上完成拨乱反正的艰难历程》,《甘肃理论学刊》1998 年第 6 期。

②中共中央书记处研究室综合组编:《党的十一届三中全会以来大事记(1978~1985)》,北京:红旗出版社,第 122 页。

育理论学习讨论，深入揭批了“四人帮”炮制的否定知识分子和十七年教育路线的“两个估计”，澄清了被搞乱了的教育思想和理论，为恢复教育教学秩序奠定了思想基础。

改革开放之初，宁夏教育改革的主要内容是拨乱反正、恢复和重建教育教学秩序。1977 年 11 月，全区恢复了高校招生考试，并从大、中小学校撤出了工宣队。1978 年，在中小学撤销了红卫兵、红小兵组织，恢复了中国少年先锋队组织，恢复了职称制度，恢复了向国外派遣留学生。经国务院批准，成立了宁夏工学院，建立了固原师范专科学校，银川师范增设大专班。1979 年 3 月，正式成立自治区教育局，下设 8 个处（室）。1980 年开始，先后在现有高等学校内增设农田水利、植物保护、生物、新闻等急需专业，着力解决高、中等专门人才和本、专科人才比例失调问题。同年，自治区党委做出《关于贯彻中央对西藏工作指示精神，加强民族教育工作的决定》，在回族聚居的南部山区开始建立寄宿制中小学。1981 年，实施学位条例，并开始允许自费出国留学。中小学学制由“文化大革命”的 10 年学制恢复为 12 年学制，中小学教育重新建立了重点学校制度。1983 年机构改革中，自治区教育局改为教育厅，下设 10 个处（室、部），随后又增设了师范教育处。7 月召开的自治区第五次党代会，对教育工作进行了反思总结，按照党中央、国务院的部署，结合民族地区教育发展的实际，进一步明确教育改革的目标任务、要求和具体的推进措施，为宁夏教育事业发展注入了强大的动力。1984 年，成立了宁夏教育科学研究所，承担对全区教育教学改革研究。同年，新建了西北第二民族学院，并对高等院校的管理体制启动实施了“五项改革”①，为高等教育事业加快发展扫清了障碍。

---

①经自治区党委、政府批准，高等院校的管理体制实行五项改革：一是进一步扩大学校的自主权，二是实行人员定编和合理流动，三是建立科技开发管理制度，四是后勤工作逐步企业化，五是改革学生管理工作。

（二）稳步推进体制改革与统筹发展阶段（1985~1992 年）

随着改革大潮的涌动，中央把教育体制改革列入全国“三大改革”（经济体制、科技体制、教育体制）的重点。1985 年 5 月，《中共中央关于教育体制改革的决定》（以下简称《决定》）的颁布，成为指导这一时期教育改革和发展的纲领性文献，也标志着以体制改革为中心的教育改革进入全面实施阶段。

《决定》明确指出，就整个教育而言，最大的弊端，乃是在于长期计划经济体制下所形成的僵化模式。对此，《决定》明确提出了“教育必须为社会主义建设服务，社会主义建设必须依靠教育”的指导思想，指出要从根本上改变这种状况，必须从教育体制入手，系统地进行改革。在教育发展的战略选择上，《决定》首次提出了实行九年制义务教育的历史性任务，认为这是发展我国教育事业的基础一环。明确要求调整中等教育结构，把发展中等职业教育放在我国教育发展的重要位置。《决定》同时提出了相应的政策措施。一是增加政府教育投入。明确提出“在今后一定时期内，中央和地方政府的教育拨款的增长要高于财政经常性收入的增长，并按在校学生人数平均的教育费用逐步增长”。二是坚持分类指导。三是坚持体制与机制改革。基础教育实行“地方负责，分级管理”的体制，把发展基础教育的责任交给地方，调动了地方的积极性；职业教育领域，提出要改革劳动人事制度，实行“先培训、后就业”的原则；高等教育领域，则明确要求改革高等院校的招生计划和毕业生分配制度，扩大高等学校办学自主权。四是强化组织保障。成立国家教育委员会，统筹整个教育事业的发展与改革。其后，党的十三大强调，必须把坚持发展教育事业放在突出的战略位置，加强智力开发。国家要逐年增加教育经费，同时，继续鼓励社会各方面力量集资办学。1992 年邓小平南方谈话，重启了教育改革新征程，高等教育思想政治工作被列入重要议事日程。党的十四大进一步明确：“要把教育放在优先发展的战略地位。”

这一时期，全区教育改革的主要任务是大力改革教育管理体制，坚决实行简政放权；强力调整教育结构，相应地改革劳动人事制度；着力改革同社会主义现代化不相适应的教育思想、教育内容、教育方法。其间，自治区党委第六次党代会明确提出“狠抓科技、教育两个关键”，把发展科技和教育放在突出的战略地位。自治区政府相继出台了《关于深化教育改革的若干意见》《关于改革和发展农村成人教育 为当地经济建设服务若干问题的意见》《宁夏回族自治区扫除文盲工作实施办法》《宁夏回族自治区中等职业技术教育规定》《宁夏回族自治区基础教育分级管理暂行规定》《征收教育费附加的实施办法》《关于社会力量办学的若干暂行规定》等政策性文件，不断深化教育体制改革，调整教育结构和布局；不断改善办学条件，改革招生和分配制度；打通人才通向基层、通向集体企业、通向山区的道路。[①]第一次全国教育工作会议之后，自治区党委、政府及时召开了全区教育工作会议，并做出《关于改革和加强教育工作的决定》，明确了教育体制改革的根本目标和重点任务，并在全区有步骤地推进九年制义务教育。为贯彻实施《义务教育法》，自治区第五届人大常委会第十六次会议通过的《宁夏回族自治区普及初等义务教育暂行条例》，为推进义务教育改革发展提供了法律保障。通过一系列改革政策的出台实施，从领导体

1984 年 11 月，中卫普及初等教育验收大会

① 《中国教育报》，1988 年 3 月 12 日。

制上不断加强各级党委对教育工作的领导，充分调动各方面积极因素，保证了教育体制改革的顺利进行；从管理体制上重心下移，将发展基础教育的管理权交给地方，实行区、县、乡分级管理，财政以乡为主，有步骤地推进了九年制义务教育；从办学体制上改变了国家单一办学模式，实行分级办学，鼓励和支持社会力量办学，增加教育投资渠道，开辟了除国家财政拨款以外的第二条重要经费来源，极大地改善了中小学办学条件；大力发展职业技术教育，中等教育结构在调整中不断优化；高等院校逐步实行校长负责制，扩大了高等院校办学自主权，招生计划和毕业生分配制度改革稳步推进。

通过解放思想、改革体制、因地制宜、分类指导，为全区教育统筹发展注入了强大动力。其间，全国干部培训和继续教育工作会议、全国加强贫困地区小学教育项目第三次会议等相继在银川召开。自治区党委、政府还专门召开第一个教师节庆祝大会、全区实施“231 工程”（扫文盲、扫科盲，学文化、学技术、学管理，培养和造就一代新型农民）现场动员大会等，首次提出在全区开展基础教育质量效益年活动。在全国扫盲与农村成人教育工作会议上，平罗县被评为全国扫盲先进单位，中卫县（现中卫市沙坡头区）宣和乡、吴忠市（现利通区）马家湖乡李桥村被评为全国农村先进乡、村成人学校。这一时期通过体制改革，有效调动了地方的积极性，加快了各级各类教育的统筹发展，尤其是基础教育质量效益有了明显提升。

1985 年 9 月，宁夏庆祝第一个教师节大会

（三）积极实施多元化改革与扩规增量发展阶段（1993~2002年）

1993年初，中共中央和国务院发布《中国教育改革和发展纲要》（以下简称《纲要》），确立了20世纪末我国教育发展的总目标和各级各类教育发展的具体目标，并明确提出了“深化教育改革，坚持协调发展，增加教育投入，提高教师素质，提高教育质量，注重办学效益，实行分区规划，加强社会参与”的发展战略和“中小学要由应试教育转向全面提高国民素质的轨道”。这标志着中国教育由传统的“应试教育”思想开始向现代“素质教育”理念转变，教育教学改革步入了新的历史阶段。

党的十五大进一步强调，要切实把教育摆在优先发展的战略地位，将“科教兴国”上升为国家发展战略，并从实际出发确立了“低重心”的教育发展战略，把基本普及九年义务教育、基本扫除青壮年文盲作为我国90年代教育发展的重中之重。《中共中央、国务院关于深化教育改革全面推进素质教育的决定》，着力改革人才培养模式，由应试教育向全面素质教育转变。随后，《国务院关于基础教育改革与发展的决定》确定可以对薄弱学校和新建的学校等公办学校实行民办学校机制的改革试验。国务院出台的《关于进一步加强农村基础教育改革的决定》，鼓励农村学校大胆破除束缚农村教育发展思想观念和体制障碍，在农村办学体制、运行机制、教育结构和教学内容与方法等方面进行改革探索。随着教育改革受市场经济影响的加深，全国教育逐渐走上了一条被舆论称为“教育产业化”的特殊发展路径，出现了教育以扩大规模、总量增长和提高效率为主要追求，以教育消费拉动经济内需并带动相关产业发展的倾向，被业内称之为“财政视角下的教育改革”或“经济主义路线”的教育改革。在教育体制改革方面，重点改革部门办学的体制，通过共建、调整、合作、合并等形式，解决高等教育管理中的中央与地方、“条块关系”不畅问题，集中中央和地方等各方面的力量办好100所左右重点大学和一批重点学科、专业。在教育经费保障改革方面，逐步提高国家财政性教育经费支出占国民生产总值的比例，力争到2000年达到4%。同时，增加社会各方面对教育的投入，逐步建立以国家财政拨款为主，辅之以征收用于教育的税费、收取非义务教育阶段学生学杂费、校办产业收入、社会捐资集资和设立教育基金等多种渠道筹措教育经费，即财、税、费、产、社、基等一系列政策措施，确保教育投入到位。在人才培养模式改革方面，党中央、国务院召开改革开放后的第三次全国教育工作会议，提出由应试教育向全面素质教育转变。

自治区第七次党代会明确提出，要全面贯彻《纲要》，优先发展教育事业。自治区第八次党代会认真总结了近年来的教育工作，强调要坚持“科教兴宁”，推动经济社会快速发展。其间，自治区政府出台了《关于贯彻〈中国教育改革和发展纲要〉的实施意见》《关于实施〈职业教育法〉加快发展职业教育的决定》等政策性文件。1999年12月，自治区党委、政府出台了《关于加快教育改革和发展 全面推进素质教育的决定》，自治区教委制定了《中小学实施素质教育教学工作目标管理评价细则（试行稿）》等配套措施，进一步转变教育观念，推进素质教育。2001年，全区特困企业和破产企业所办的中小学开始与企业经营主体分离，结束了企业办社会（学校）的历史。

这一阶段，宁夏教育改革内容主要包括农村义务教育实行多渠道集资办学、“人民教育人民办”；积极推进高等院校、中等专业学校的联合重组，进行合并和院校调整、大规模扩招，实行成本分担和普遍的缴费上学制度，高校毕业生就业制度改革适应市场经济体制要求，打破了过去包分配和包当干部的传统模式，实行“双向选择”，取得了历史性突破；中小学改革产权制度，实行民营机制、名校办民校和高收费、学校后勤社会化改革等，掀起了校办企业热潮。全区深化学校内部管理改革，引进民办教育机制，增强了公办学校活力。引导社会力量多形式、多层次办学，增加各级政府对教育的投入，鼓励捐资助学，形成了多元化的投资体制。

这一阶段，宁夏教育最大的特点是发展速度超越了改革产生的内在动力，过于追求规模、数量、速度，呈现出“跨越式发展”和“教育产业化”发展态势，因此引发的教育领域的乱收费、择校热、上学难、上学贵等突出问题久治难愈，导致了社会对教育改革与发展的高度关注和满意度不高。这一时期，教育改革的最大亮点是教育理念由应试教育向素质教育的转变，推进了教育内容、教育方法的改革和创新。

（四）加快教育系统内部改革与公平均衡发展阶段（2003~2009 年）

2003 年，随着党的十六届三中全会科学发展观的提出和建设和谐社会目标任务的确立，“教育产业化”思路受到批评，围绕解决农村义务教育问题，对农村教育、义务教育、教育公平的关注逐渐取代了此前以数量、规模、速度为主的追求，促进教育公平逐渐成为教育公共政策的基本取向。教育部发出《关于进一步推进义务教育均衡发展的若干意见》，正视和着手解决择校热、上学难、上学贵问题。之后，全国人大常委会通过新修改的《义务教育法》，确立了各级政府分担义务教育经费机制，对“应试教育”和“教育产业化”的清理纳入法治化轨道。党的十六届六中全会通过《中共中央关于构建社会主义和谐社会若干重大问题的决定》，从三个方面着力进行宏观政策改革，尤其是控制高等教育的发展规模，高校招生数量增长率控制为

1985 年 11 月，全区教育工作会议

5%，将高等教育纳入内涵式发展、提高质量的轨道。党的十七大首次把教育列为民生和社会建设的第一条，把教育公平、建设人力资源强国作为教育改革发展的方向。与此同时，提高教育质量延续性地成为这一时期教育工作的又一个重点。其间，教育部先后发布了《关于全面提高高等职业教育教学质量的若干意见》《关于深化中小学教师职称制度改革试点的指导意见》等一系列政策性文件，对加快推进教育改革发挥了积极促进作用，为教育事业科学发展夯实了基础。

自治区党委、政府按照科学发展观的要求，把教育摆在优先发展的战略地位，加快公共政策调整，把实施农村义务教育免费、促进义务教育均衡发展、加快职业教育发展、控制高等教育发展规模、注重提升教育质量作为政策调整方向，进一步加大教育基础设施建设力度，推进教育系统内部改革，为教育公平均衡发展创造了良好外部环境。尤其是自治区第十次党代会，确定了“坚持教育优先发展，在办人民满意的教育上取得新成效”的发展思路和目标，进一步加大教育结构和学校布局调整力度，优化教育资源配置，着力解决农村教育、义务教育和教育公平问题。2008 年 5 月，自治区党委、政府出台《关于推进职业教育跨越式发展的意见》，明确区财政将预算内职业教育专项经费每年由 2000 万元增至 5000 万元，并统筹特困零就业家庭就业培训补助资金等专项资金 5000 万元，共 1 亿元专项用于职业教育发展，并将职业教育、宁东工程和设施农业确定为宁夏经济发展的三大工程。

全区以教育系统内部改革为重点，从教育管理、教学内容、教育方法等关键环节入手，坚持以人为本、以学生发展为本的思想，进一步强化素质教育理念，全面推进教育创新，积极推进基础教育课程改革，大力实施素质教育，进一步改进和加强德育教育，改革考试评价制度，注重培养创新精神和实践能力，促进学生德智体美全面发展，实现人才培养模式的转变。不断增加教育投入，加强教育基础设施建设，加大寄宿制中学建设力度，实施企业移交学校危房改造和农村初中改造工程，努力改善办学条件。启动实施教育发展“五个一”工程，即资助每个贫困家庭培养一名高中阶段毕业生，每个行政村培养一名留得住、用得上的大学生，为每个乡镇高规格、高标准建设一所优质学校，每个县（区）建设一所示范性高中，每个县建设一所功能齐全的职教中心。大力发展职业教育，突出办学特色，建设了一批实训基地，形成了一批国家级和自治区级职业教育示范院校和骨干特色专业。注重提升高等教育质量，宁夏大学积极争取建成具有区域特色的较高水平的综合型大学，宁夏医学院实现申博（博士点）创大（大学）目标。加强师资队伍建设，着力培养一支具有先进教育理念、良好职业道德和扎实业务基础的高素质教师队伍。积极发展继续教育，引导民办教育健康发展，不断满足人民群众多样化的教育需求，逐步缩小山川、城乡、区域教育发展差距，促进义务教育公平和教育均衡发展。

（五）推进教育综合改革与新观念支撑发展阶段（2010~2015 年）

2010 年 7 月召开了全国教育工作会议，根据《国家中长期教育改革和发展规划纲要（2010~2020 年）》（以下简称《纲要》），围绕“到 2020 年，基本实现教育现代化，基本形成学习型社会，进入人力资源强国行列”的战略目标，对未来的教育改革和发展进行了全面部署，开启了我国从教育大国迈向教育强国的新征程。尤其是党的十八大以来，以习近平同志为总书记的党中央高度关心支持教育改革和发展，从人才培养体制、考试招生制度、现代学校制度、办学体制、管理体制等多方面纵深推进教育综合改革，并按照《纲要》部署，全面加快学有所教向学有优教转变，教育事业在科学发展方面迈出了新步伐。2015 年 10 月，党的十八届五中全会通过的《中共中央关于制定国民经济和社会发展第十三个五年规划的建议》，提出把提高教育质量，深化教育改革，增强学生社会责任感、创新精神、实践能力作为重点任务，贯彻到国民教育全过程，并对推动义务教育均衡发展，普及高中阶段教育，逐步分类推进中等职业教育及普通高中家庭困难学生免除学杂费，实施家庭经济困难学生资助全覆盖；促进教育公平，加快城乡义务教育公办学校标准化建设，加强教师队伍特别是乡村教师队伍建设，推进城乡教师交流，办好特殊教育；提高高校教学水平和创新能力，使若干高校和一批学科达到或接近世界一流水平；建设职业教育体系，推进产教融合、校企合作，优化学科专业布局和人才培养机制，鼓励具备条件的普通本科高校向应用型转变；深化考试招生制度改革和教育教学改革，推进教育信息化，发展远程教育，扩大优质教育资源覆盖面；完善教育督导，加强社会监督；对支持和规范民办教育发展，鼓励社会力量和民间资本提供多样化教育服务等社会关注的重大问题，提出了改革路径与措施，指明了发展方向和目标，为教育事业科学发展规划绘制了宏伟蓝图。

自治区第十一次党代会全面落实《纲要》精神，对大力推进教育优先发展，加大教育投入，增加优质教育资源，办好人民满意教育进行了全面系统的安排部署。尤其是自治区党委十一届三次全委（扩大）会，

1995年9月9日，银川市近万名师生及教育工作者走上街头宣传《中华人民共和国教育法》

对推进教育优先发展，深化教育领域综合改革；推进高等院校强强联合，加强区内外院校交流合作；推进办学体制改革，打造西部职业教育高地；探索建立基础教育集团化办学机制，促进基础教育均衡发展等重大事项提出了具体改革措施，为加快教育公平、均衡发展提供了内生动力。2012 年 2 月，全区教育工作会议上颁布的《宁夏中长期教育改革和发展纲要》明确提出："兴宁必先兴教，强区必先强教。"2015 年 4 月，自治区出台的《关于加快推进高等教育改革和发展的意见》，对高等教育改革发展做出了系统部署。2015 年 12 月，自治区党委十一届七次全委会议讨论通过的《中共宁夏回族自治区委员会关于制定国民经济和社会发展第十三个五年规划的建议》，把深化教育教学改革、促进教育公平、推动义务教育均衡发展、提高教育质量，作为"十三五"期间教育改革与发展的主攻方向，提出"实施教育质量提升工程"，并作为共建共享，保障民生，加快建设和谐宁夏的重点民生工程。实施"四个计划"：推进"学前教育行动计划"，增加普惠性幼儿园供给；实施"农村义务教育薄弱学校改造计划"，实现全区所有县（市、区）域内义务教育基本均衡；实施"职业教育特色专业培育计划"，优化学科专业布局，打造西部职业教育高地；实施"高等教育创新提升计划"，培育建设若干个优势学科和重点专业，提高高等教育质量。同时，对实现高水平的普及教育，形成惠及全民的公平教育，提供更加丰富的优质教育，建立充满活力的教育体制，办好民族教育和特殊教育，进一步完善助学资助体系，建立个人学习账号和学分累计值，对畅通继续教育、终身学习通道等方面提出了许多有针对性、操作性的思路和措施，为全区教育事业新一轮改革发展规划了路线图。

这一时期，宁夏教育改革步入深水区，围绕全面推进素质教育、加快义务教育均衡发展、实现教育公平等重点，自治区党委、政府推进教育综合改革的各种配套措施有序跟进，对社会关注度高、群众反映强烈的突出问题，逐步加以解决，使影响教育科学发展的深层次矛盾得以缓解。素质教育全面实施，义务教育均衡由硬件均衡向软件均衡过渡，教育发展理念由外延式扩张向内涵式发展推进。教育资源合理配置更加趋向公平，重点向农村、边远、贫困、少数民族集聚地区倾斜，大力支持特殊教育，提高家庭经济困难学生资助水平，积极推动农民工子女平等接受教育，努力让每个孩子都能成为有用之才。实施中小学“名师、名校长”工程，努力提高师德水平和业务能力。关心支持民族教育、特殊教育、继续教育和民办教育，教育领域综合改革逐步深化。

教育综合改革为教育发展注入了前所未有的活力，教育投入进一步加大，优质教育资源显著增加，教育科学发展的步伐明显加快，办好人民满意教育成为教育改革发展的主旋律。积极发展学前教育，努力实现全区乡镇中心幼儿园全覆盖。促进义务教育均衡发展，实施好农村义务教育学生营养改善计划。巩固提高基本普及高中阶段教育成果。大力发展职业教育，对来自中南部地区农村和全区贫困家庭的学生实行减、免、补等优惠政策。坚持高等教育内涵式发展，提高人才培养质量。“十二五”期间，宁夏启动实施高等院校本科教学质量工程，累计立项建设人才培养模式改革试验区 20 个，教学团队 68 个，实验教学示范中心 22 个，教育教学改革项目 192 个，精品课程 63 门，320 个项目入选教育部大学生创新训练计划；启动实施教育部“卓越系列人才培养计划”，累计入选教育部 7 个改革试点项目，涉及 12 个专业。2014 年，启动实施自治区党委宣传部与宁夏大学共建新闻传播学院。2015 年，启动实施高等院校优势特色学科、重点学科和重点专业建设工程，累计立项建设优势特色学科 20 个、重点学科 23 个、重点专业（群）39 个。支持高校协同创新，不断增强服务经济社会发展的能力。积极发展继续教育，完善终身教育体系，建设学习型社会。

二、主要成就

改革开放以来，在自治区党委、政府的关心与支持下，经过全区各级党委、政府和相关部门的共同努力，教育工作者辛勤探索，宁夏教育事业取得了巨大成就，全民素质实现了质的提升。

（一）始终坚持优先发展教育，科教兴宁战略不断推进

自治区历届党委、政府高度重视教育工作，把优先发展教育事业作为促进全区经济社会跨越式发展的重要举措，深入实施“科教兴宁”战略和“人才强区”战略，出台了事关教育事业发展全局的一系列政策措施，建立了比较完善的具有区域特征和民族特色的现代教育体系，教育改革与发展的多项工作和指标在西部乃至全国居于领先水平，全区教育事业的发展实现了新的跨越。一是思想的不断解放和认识的逐步深化，为教育优先发展注入了内在动力。自治区党委、政府认真贯彻中央关于发展教育的一系列方针政策和《中华人民共和国义务教育法》，多次召开全区教育大会、“两基”攻坚动员大会等一系列重要会议。优先发展教育成为全区各级党委、政府和社会各界的共识，教育在现代化建设中的基础性、全局性、先导性作用日益显现。二是制定出台和修订完善教育政策法规，为教育优先发展提供了制度保障。1985 年，自治区党委、政府发布《关于改革和加强教育工作的决定》，明确提出要在全区实行“地方负责、分级管理”的教育新体制，提高高等教育办学自主权等政策措施，有步骤地实施九年义务教育。“八五”至“九五”期间，全区以实施“231 工程”为重点，全面落实《“231 工程”规划（1991~2000)》。发布《宁夏回族自治区基础教育分级管理暂行规定》，加强地、县、乡三级人民政府管理教育的职责，使地方负责分级办学、分级管理的体制得到落实。还先后出台了《关于深化教育改革的若干意见》《关于加强全区幼儿教育工作的意见》《教育督导规定》《学校体育工作暂行

办法》《加快教育改革和发展全面推进素质教育的决定》等政策法规，保证了教育优先发展战略进入快速实施推进阶段。

（二）教育改革实现重大突破，教育教学质量明显提高

各级党委、政府坚持将党的教育方针与宁夏经济社会发展实际有机结合，加强领导，多措并举，稳步推进教育教学改革，教育事业发展动力明显增强，目标方向更加清晰明确。一是教育管理体制改革不断深化，各方权责进一步明确。进一步明确县、乡两级政府管理基础教育的责任。切实转变教育行政部门职能，改善对学校的宏观管理。二是办学就业体制改革逐步加快，学校自主权进一步扩大。职业教育和成人教育由初期的行业、系统管理，向政府统筹调控和行业、学校"双元"合作逐步转化。进一步明确高等院校的权利和义务，扩大学校的办学自主权，促进高等院校建立和完善面向社会自主办学和自我约束的机制，教育教学质量有了明显提升。学生分配制度由统包统分、双向选择逐步转向自主择业。三是收费上学制度改革稳步推进，贫困生资助政策体系创造了"宁夏经验"。2007年，对义务教育阶段学生，将"两免一补"政策进一步完善扩充到"三免一补"（免杂费、免教科书费、免教辅材料费，补助寄宿生生活补贴），组织实施了两项"一个都不能少"（保证义务教育阶段不能有一个学生因家庭贫困而辍学、高等院校不能有一个学生因家庭贫困而上不起学）行动计划，全区98万中小学生受益。全区高校建立了"奖、贷、助、补、减"等贫困生资助政策体系，共资助学生88360人次，实现了确保没有一名考入普通高等院校学生因家庭贫困而辍学的目标，创造的"宁夏经验"被《中国教育报》等多家主流媒体刊载。四是城乡教育配套改革积极推进，教育质量和水平不断提高。"八五"期间，宁夏实行普通教育、成人教育和职业教育"三教统筹"，实施"231工程"的经验先后在全国成人教育会议上和联合国教科文组织召开的"2000年后全民科技扫盲教育论坛"等国际会议上被宣传介

绍，被联合国教科文组织授予国际扫盲奖（宁夏教育系统获得的第一项国际奖励），《人民日报》《光明日报》《科技日报》等国内主要媒体也进行了多次报道。“九五”期间，“燎原计划”示范县、乡由60个再次扩大，并全面推广，为全区农村经济发展提供了强大的智力支撑。2004年8月，宁夏、广东、山东、海南4省区被国家确定为首批普通高中新课程改革实验省（区），为由应试教育向素质教育转变探索了有效路径。经过持续有序的教育重点领域改革和一系列配套措施的跟进，宁夏在贫困地区小学教育、农民扫盲和实用技术培训、卫星电视教育、女童教育等方面已取得了阶段性成效，在国内以至国际上产生了一定的影响。党的十八大以来，全区教育工作紧紧围绕综合改革主线，以实施所承担的国家8个教育体制改革试点项目为抓手，大力推进基础教育、职业教育、高等教育及民办教育等领域多项改革，“农村学前教育机制改革试点”项目获得第三届全国教育改革创新奖并在《中国教育报》上公布。临床医学硕士培养改革试点经验被教育部《简报》推广。主动适应经济社会发展新常态，全面推进依法治教，统筹发展各类教育，不断提高教育发展的质量和水平，基本构建起了现代化教育体系。

（三）各级各类教育规模明显扩大，教育质量稳步提升

党的十一届三中全会后，宁夏教育事业迈入了快速发展、全面提高的历史新时期，教育在不断改革中发展壮大，规模效益稳步提升。尤其是“十二五”以来，宁夏教育事业以深化改革为动力，以推进公平和提高质量为导向，各项工作取得新进展，各级各类教育事业迈上新台阶。

一是学前教育资源有效整合，公共服务领域不断扩大。实施了宁夏第一、二期《学前教育三年行动计划》和“政府购买学前教育服务试点”工作。“十二五”期间，学前教育发展与普及工程累计投入资金11.4亿元，建设幼儿园514所（新建265所，改建135所，增设114所），极大地改善了全区幼儿园办学条件。截至2015年底，全区学前三

年毛入园率达到71.4%，比2010年提高20个百分点。

二是“两基”工作顺利通过国家验收，义务教育均衡发展取得显著成效。1979年，全区学龄儿童入学率为89%，西海固地区回族女童入学率仅为30%~40%。2008年6月，宁夏“两基”工作顺利通过国家验收。2011年，自治区政府与教育部签署《宁夏义务教育均衡发展备忘录》。至2015年底，小学学龄人口入学率达到99.98%，六年巩固率达到94%，初中阶段毛入学率达到102.21%，三年巩固率达到93.01%，巩固率分别比2010年提高11个百分点和两个百分点。13个县（市、区）已通过国家义务教育均衡发展评估认定，国检通过率位居西部前列。

三是提前一年完成基本普及高中阶段教育目标任务，实现了历史性跨越。2003年开始，自治区全面启动优质高中建设工程，高中阶段教育有了长足发展。“十二五”期间，高中阶段教育由基本普及向全面普及阶段快速迈进，2012年底，全区高中阶段毛入学率达到86.84%，高于全国平均水平2.84个百分点，比中长期教育规划纲要要求提前一年实现了基本普及高中阶段教育目标任务。2015年，全区高中阶段毛入学率达到90.99%，比2010年提高7个百分点。建成自治区级示范性高中38所，全面取消高中择校政策，推进优质高中招生名额分配到区域内初中学校，分配比例已扩大到2015年的60%。

四是技能人才培养模式有了新转变，职业教育发展取得了新突破。投资61.74亿元，建成了西部地区最大的职业教育园区，可同时容纳10万人学习和实验实训。截至2015年底，10所高职学院已有3所步入国家级骨干示范性高职学院，建成19个自治区级骨干特色专业。20所公办全日制中等职业学校已有13所进入国家级中等职业教育改革发展示范学校行列（其中6所已经过国家验收，7所2016年接受国家验收），建成47个自治区级骨干特色专业，基本建成职业教育骨干办学体系。

五是高等教育综合实力不断增强，协同创新能力明显提升。2005

2005 年 4 月 22 日，教育部部长周济与自治区主席马启智在银川签署教育部与宁夏政府共建宁夏大学协议

年 4 月教育部与宁夏签署共建宁夏大学协议。2008 年 9，宁夏大学省（区）部共建“211”通过国家验收。2011 年，国务院学位委员会审核批准宁夏大学民族学、数学、水利工程、畜牧学 4 个学科为新增以及学科博士点，宁夏高校以及学科博士点实现零的突破；宁夏师范学院获批成为硕士学位研究生培养试点单位。2012 年，宁夏大学进入中西部高校综合实力提升工程建设行列。2013 年，宁夏医科大学博士学位授予单位通过国务院学位委员会审议批准，新增 3 个一级学科博士点。“十二五”期间，新增国家重点学科（含培育学科）2 个，自治区重点学科 8 个，专业硕士学位点增至 17 个。宁夏高等院校“回医药现代化”“阿拉伯研究中心”等科技创新平台已成为教育部级平台。宁夏大学科技园被科技部、教育部认定为国家级大学科技园区。宁夏大学田军仓教授带领的“旱区现代农业水资源高效利用”团队和杜建录教授分别入选教育部“创新团队”和“长江学者奖励计划”，实现了宁夏“创新团队”和“长江学者”零突破。宁夏大学接管阿联酋迪拜大学孔子学院，成为宁夏高校在海外设办的第一个孔子学院。创建“阿拉伯世界与中国内陆向

西开放”和“回族医药”两个协同创新中心，为高校对外开放与创新协作搭建了良好平台。

（四）政策倾斜项目到位，民族教育办学水平明显提升

改革开放之初，自治区党委在《关于贯彻中央对西藏工作的指示精神，加强民族工作的决定》中就明确强调要“大力发展民族地区的教育事业，提高回族人民的文化科学水平”，并要求回族较多的西吉、海原、固原、泾源、同心、吴忠、灵武等县市区，要按照重点学校的要求，利用现有学校，每个公社办一所回民小学，每个县办一所回民中学。1999年、2000年，自治区党委、政府先后召开教育大会和民族工作会议，做出《关于进一步加强民族工作的决定》，提出实施“百所回民中小学标准化建设工程”（以下简称“百标工程”）的总体设想，并作为提高民族素质、全面推进民族聚居地区社会进步的一项重要举措。“百标工程”自2001年7月正式启动到2008年自治区成立50周年之际，已正式建成了100所标准化回民中小学，使民族教育的硬件环境发生了巨大变化，形成了鲜明的民族特色和地方特色。自2009年起“百标工程”二期又建设项目学校98所，按照“三化一高”（教育观念现代化、办学条件标准化、学校管理规范化，教育教学质量明显提高）标准，推进内涵式发展，着力提高学校的软实力，全面提升教育教学质量。作为宁夏民族教育的亮

2001年7月18日，自治区政府召开百所回民中小学标准化建设工程启动会

点工程，“百标工程”和少数民族骨干学校内涵发展行动计划、全区生态移民、扶贫开发、优质高中建设计划、中小学校安工程等有机结合，共同推进，发挥整体效应，对民族教育改革发展发挥了重大的推进辐射作用，为促进全区的民族团结、宗教和顺、经济发展、社会和谐发挥了重要的作用，产生了重大的现实影响，具有深远的历史意义。

“十二五”期间，国家和自治区投入资金7500多万元，建设少数民族骨干学校130所。实施边远贫困地区、边疆民族地区和革命老区人才支持计划教师专项计划和民族中小学教师跟岗实践计划，提升了少数民族师资建设水平，加快了民族教育发展，截至2015年底，全区各级各类少数民族在校生比例已提高到41.42%，享受家庭经济困难的少数民族学生比例达35%，超过全区平均30%的比例；享受营养计划的少数民族在校生占该计划总人数的53.3%；实行高考少数民族学生加分的优惠政策，少数民族高考报名人数由2010年的1.3万人增加至2015年的1.9万人；实施少数民族高层次骨干人才计划，培养少数民族硕、博士生944人。

（五）继续教育日益加强，教师整体队伍素质水平不断提升

大力倡导严谨治学、敬业爱生、乐于奉献的精神，引导广大教育工作者加强师德修养，为人师表，教书育人，真正成为学生健康成长的指导者和引路人。一是不断提高教师待遇，确保教师队伍稳定发展。在全国率先实施农村艰苦边远地区教师津贴政策，山区、川区分别按200元/月、120元/月发放农村教师补贴，惠及农村教师近3万名。实施农村教师周转宿舍建设工程，累计新建农村教师周转宿舍4834套。实施乡村教师生活补助政策，对义务教育阶段农村学校教师补贴标准山区500元/月、川区300元/月。二是加强骨干教师培养，教师队伍素质明显提升。“十二五”期间先后实施“中小学幼儿园教师国家级培训计划”等项目，累计培训教师12.3万人次；实施“校长任职资格培训”等

2011年3月3日，自治区教育厅厅长郭虎在固原市隆德县中学调研教育教学工作和“校安”工程工作

项目，累计培训校长5749人次；实施“塞上名师”培养工程，首批培养名师48名，建立“塞上名师”工作室20个。小学、初中、高中教师学历达标率分别达99.86%、99.71%和97.52%以上，高等院校专任教师、聘请校外教师具有硕士研究生学历的达49.53%，取得博士学位的达10.98%。三是不断充实壮大教师队伍，适应日益扩大的教育规模。从2013年起，启动实施地方免费师范生培养试点工作，累计招生300名。2014年，统一全区中小学编制标准，新增中小学教师4890名。2011~2015年，实施农村义务教育阶段教师特设岗位计划，累计招聘特设岗位教师12800名，占中小学教师总数的33.02%。截至2015年底，全区已有各级各类专任教师82984人，比2014年增长2.42%。

（六）重点工程项目落实有力，教育软硬件建设实现了新跨越

坚持推进“科教兴宁”战略，多方筹措资金，实施了一批教育重点工程，推进教育事业快速发展。一是自1988年起陆续实施的中小学“一无两有六配套”工程[校校无危房，班班有教室、学生人人有课桌凳，校门、围墙、水井（水窖）、旗杆、厕所、操场配套设施齐全]、“231工程”、回族女童教育工程、中小学办学条件标准化工程、教师安居工程、世界银行贷款贫困Ⅱ教育项目工程、世界银行贷款贫困Ⅳ教育项目工程、国家贫困地区义务教育工程、希望工程、普及九年义务教育工程等十大教育工程，极大地改善了办学条件。1998年，自治区已建

2004 年 9 月，在银川新建的宁夏第一所大型扶贫学校——宁夏六盘山高级中学

立起较为完整、适应普及义务教育需要的基础教育网络，全区适龄儿童入学率已达到 96.7%，比自治区成立时的 1958 年增长了 34 个百分点。二是分别于 1998 年 5 月、2001 年 5 月启动实施了第一、二期“国家贫困地区义务教育工程”，给全区贫困地区的基础教育带来了巨变。三是抢抓西部大开发机遇，连续实施两期 “中小学危房改造工程”，至“十一五”末，共建设 300 所自治区级示范性小学、100 所自治区级示范性初中、30 所自治区级重点和示范性高中、30 所自治区骨干职业学校，基本形成了覆盖全区的优质学校骨干办学体系。四是继续在高校实施新世纪教学改革工程，推进本科教学改革，加快学位建设和专业建设。五是自 2004 年 4 月启动实施了农村中小学现代远程教育工程试点工作，到 2007 年，全区实现农村初中都有计算机教室，农村小学有网络宽带教学收视点，农村教学点都有教学光盘播放点的目标。六是在全国率先实施“营养改善计划”试点工作，建立教师陪餐机制，惠及学生 28 万人、教师 1.1 万人，学生的营养和健康水平有了新的提高，连续五年实现营养餐食品安全和资金运行零事故，被教育部作为“宁夏模式”向全

2006年，宁夏首次向全国招聘特岗教师，加快了南部山区“两基”攻坚步伐

国推广。“十二五”期间，投资42.5亿元，实施中小学校舍安全工程，设计学校1887所；投资45.47亿元，实施“全面改薄”项目，改造薄弱学校1496所；投资4.42亿元，实施普通高中改造计划，改造高中学校52所；投资6.1亿元，实施农村中小学体育运动场和供暖设施改造项目，结束了农村中小学火炉取暖的历史。截至2015年，全区生均校舍建筑面积小学由2010年的4.79平方米提高到7.28平方米，初中由2010年的7.43平方米提高到11.43平方米，高中生均校舍建筑面积达15.89平方米。中小学办学条件显著改善，校舍面貌发生了历史性变化，成为最牢固、最安全、家长最放心的场所，被誉为城乡一道亮丽的风景线。

三、经验启示

（一）坚持教育优先发展战略，为民族地区实现中国梦提供智力支持

欠发达地区要实现跨越发展，教育是先导，更是实施智力支撑的关键。改革开放以来，自治区党委、政府全面贯彻落实党的教育方针，从全面建设小康社会、构建社会主义和谐社会的战略全局出发，全力推进教育优先发展战略，不断深化教育体制改革，优化教育资源配置，健全教育投入保障机制，巩固和提高“普九”成果，促进义务教育均衡发展，不断加快普及高中阶段教育，扩大职业教育规模，提高高等教育质量，全面推进素质教育，办好人民满意的教育。尤其是近年来，自治区

党委常委会、政府常务会多次听取教育工作汇报，研究部署宁夏教育改革发展的重大事项，确保了教育的优先发展。随着教育优先发展战略的深入实施，教育不仅成为各级党委、政府公共服务的重要职责，在全区经济社会发展大格局中，已由局部工作向事关全局工作转变，由被动发展向主动发挥先导作用转变，进而已成为推动经济社会发展和构建和谐社会的重要动力，成为民族地区实现中国梦的先决条件和必要路径。

（二）坚持科学规划和分步推进，为实现教育强区目标确立正确路径

自治区党委、政府不仅把教育作为优先发展的战略重点，而且摆在重要议事日程来统筹谋划、科学规划。从“七五”以来的历次经济社会发展五年计划和中长期发展规划，都把教育事业发展作为重要的一项置前，并通过一系列政策扶持、措施推进，落实到位。《国家中长期教育改革和发展规划纲要（2010~2020）》提出“到2020年，普及高中阶段教育，全面满足初中毕业生接受高中阶段教育需求”。按照规划，到2012年宁夏已实现基本普及高中阶段教育，在量上实现大的跨越后，高中阶段教育正在质的提升方面进行努力探索。实践充分证明，实现教育强区目标，领导重视是关键，科学规划是前提，分步推进是路径，政策措施是保证。

（三）坚持深化改革和创新机制，为教育事业科学发展注入生机活力

坚持机制创新、扩大规模、提高质量，推动高等教育发展实现新突破。积极创新发展机制，促成了教育部与自治区政府共建宁夏大学，宁夏大学进入“211工程”第三期建设计划进展顺利。实施了宁夏大学与宁夏农学院，宁夏医学院与宁夏卫生学校、宁夏护士学校，固原师专与固原卫生学校实质性合并。宁夏大学在人才培养、科研创新及服务经济社会等方面迈上了新的台阶；宁夏大学民族预科部扩建为宁夏大学民族预科教育学院，成为教育部3个直属民族预科培养基地之一。坚持优化结构、突出特色、促进就业，推动职业教育成为宁夏教育新的增长点。

坚持学历教育和非学历教育并重，尝试“订单式”培养方式，鼓励校企合作、半工半读和分阶段完成学业，全区中职招生连续多年呈两位数增长，建立了具有宁夏特色的职业教育发展新模式。坚持在各级各类教育领域中大力开展教育科研改革与创新，以提高教育质量为核心，积极探索教育教学改革问题，进行教育教学试点研究，用教育科研这一有力杠杆，创新教育教学的科学发展，实现教育质量的全面提升。

（四）坚持政策扶持、质量提升，抢抓发展机遇，为民族教育跨越发展提供持续动力

在推进义务教育均衡发展的过程中，注重体现民族地区的特点和优势。改革开放以来，紧紧抓住西部开发、产业西移等政策机遇，为宁夏大学跨入“211工程”、争取国家贫困地务教育工程、中小学危房改造工程、农村中小学现代远程教育工程、世行贷款西部地区基础教育工程、高校日元贷款项目等国家工程项目做出了不懈努力，尤其在项目运行后，使宁夏各级各类学校无论在数量的增加、规模的扩张，还是质量的提升方面都实现了质的飞跃。在未来的发展中，要实现经济社会的跨越发展，必须紧紧抓住“一带一路”等国家战略，继续通过政策扶持，优先发展教育事业，加快与阿拉伯国家的教育合作，不断创新人才培养模式，加快重点学科、重点实验室建设，提高民族地区全民的科学素质，真正用科技提高综合竞争力，实现少数民族与各民族共同进步、共同繁

2008年6月，在银川新建的宁夏第二所大型扶贫学校——宁夏育才学校

荣与发展，打造真正的命运共同体。

（五）坚持义务教育均衡发展，为实现教育公平筑牢坚实基础

义务教育均衡发展体现了社会公正、教育公平的理念，既是教育发展的新境界，也是指导教育改革的一种全新的、科学的教育发展观，是构建社会主义和谐社会的需要。近年来，宁夏坚持一手抓普及，一手抓均衡，特别是全区以县为单位全面实现“两基”目标以来，自治区党委、政府把推进区域内义务教育均衡发展作为巩固提高“两基”工作的首要任务，出台了《宁夏义务教育均衡发展行动计划》，确定了今后一个时期要以推进县域内义务教育均衡发展为目标，以加强农村学校和城市薄弱学校为重点，以办好每一所学校、促进每个孩子健康成长为根本，并列入十大民生计划，纳入对市、县（区）政府及相关部门的年度效能目标考核，采取有力措施，均衡配置教育资源，努力缩小城乡之间、区域之间和校际之间的办学差距，把工作的重点从数量扩张向质量提高、从外延发展向内涵发展转变，促进区域内义务教育均衡发展，使宁夏与全国同步，实现了以县为单位，在教育投入、教育设施、教师资源等基本办学条件方面的初步均衡，为实现更高的公平发展目标夯实了基础，使教育真正惠及宁夏城乡各族人民群众。

四、对策建议

改革开放以来，宁夏深入实施科教兴宁、人才强区战略，大力推动教育改革与发展，教育事业取得了令人瞩目的成就，多项工作走在了西部地区的前列，但也面临着许多困难和问题：一是教育发展方向虽已明确，但传统思维定式尚未根除，一些陈旧的教育思想、观念及教育教学方法与现代教育理念还有不相适应之处；二是教育改革还缺乏系统性和科学性，“摸着石头过河”的改革探索方式已难以适应“深水区”和攻坚阶段的新要求，各级各类教育从顶层设计上横向衔接不紧，纵向通道

不畅，缺乏系统配套的政策支撑；三是基础教育的责任和管理权下放给地方，以县为主的义务教育管理体制亟待改革，“重心过低”所引发的矛盾和问题需中央和地方各级党委、政府共同解决，办人民满意教育的目标与人民群众日益增长的教育需求还有很大差距；四是宁南山区教育欠账较多，投入不足，落后地区县域内教育发展不均衡的矛盾突出，教育精准扶贫任务依然艰巨；五是“十三五”期间作为夺取全面建成小康社会的决胜阶段，农村优质教育资源不足，义务教育发展水平和教育质量层次较低，不能满足广大人民群众的现实需求；六是教师队伍整体素质有待提高，农村和偏远落后地区的骨干教师流失严重；七是劳动力素质和科技创新能力还不适应自治区经济社会发展特别是推进城市化、工业化、信息化和农业产业化的需求。

党的十八届五中全会通过的《中共中央关于制定国民经济和社会发展第十三个五年规划的建议》，为全面深化教育改革、加快教育科学发展指明了方向，规划绘制了宏伟蓝图。自治区党委十一届七次全会讨论通过的《中共宁夏回族自治区委员会关于制定国民经济和社会发展第十三个五年规划的建议》和自治区第十一届人民代表大会第五次会议审议通过的《关于自治区国民经济和社会发展第十三个五年规划纲要的决议草案》，把深化教育教学改革、促进教育公平、推动义务教育均衡发展、提高教育质量，作为“十三五”期间全区教育改革与发展的主攻方向，提出“实施教育质量提升工程”等重大部署，不仅明确了今后一个时期教育工作的指导思想，也为宁夏教育改革发展绘制了宏伟蓝图。

（一）进一步解放思想，着力以“五大发展理念”统领教育改革发展全局

创新、协调、绿色、开放和共享发展，是党的十八届五中全会提出的“五大发展理念”，是今后必须长期坚持和贯彻的重要发展理念。一是牢固树立创新发展理念，切实增强教育发展动力。要进一步创新教育

观念，促进学生文化知识学习与思想品德修养相统一、理论学习与社会实践相统一、全面发展与个性发展相统一，强化素质教育，从根本上改变应试教育带来的社会弊端。要进一步创新教育管理体制，转变政府职能，强化服务意识，提升服务质量，促进“管、办、评”分离，不断激发各级各类学校办学活力。要进一步创新教育内容方式，聚焦课堂、深化改革，着力促进教育教学质量不断提高。二是牢固树立协调发展理念，加快推进教育平衡发展。要着力在优化教育结构上下功夫，推进学校布局结构、学科专业结构、人才层次类型结构与经济社会发展相适应。要加大对贫困地区教育支持力度，着力补短板，加快推进教育平衡发展。要着力加快发展农村教育，健全覆盖城乡的均等化基本公共教育服务体系，更好提供教育服务多样化供给。三是牢固树立绿色发展理念，切实保持可持续发展。要切实遵循学生成长成才和教育教学规律，按规律办学、按规律育人。要增强尊重发展规律的自觉性，加强生态文明教育，建设绿色文明校园，培养师生绿色的生活方式和行为习惯。四是牢固树立开放发展理念，加快促进内外联动发展。要主动扩大教育系统内部的开放共享，促进校际协同、城乡统筹、科教结合、以强带弱、互促共进。要主动向社会开放，充分利用社会资源，让社会分享教育资源，构建家校共育、学校社会协同的良好教育生态。要主动加强与国内发达省市、境外发达国家的教育互访和合作交流，拓宽交流渠道，提升合作层次，切实提高宁夏教育对外开放水平。五是牢固树立共享发展理念，促进社会公平正义。要不断扩大优质教育资源，更好地满足群众公平接受优质教育的需求。要持续关注弱势群体，千方百计地为家庭经济困难学生、进城务工人员随迁子女、留守儿童、残疾儿童提供更多的关爱和帮助。要持续发展继续教育，不断拓展全民学习、终身学习的空间，为社会各界提供方便、灵活、个性化的继续教育培训服务。

（二）强化规划引领，精心编制实施好宁夏“十三五”教育发展规划

“十三五”时期，是宁夏教育从规模发展向质量提升的冲刺阶段，也是加快实现教育现代化，打造西部教育强区的攻坚期。编制实施好“十三五”教育发展规划，意义重大，任务艰巨。一是要组织精干力量，精心编制好教育发展规划。要深入学习党的十八届五中全会精神和自治区党委十一届七次全会精神，按照《宁夏“十三五”规划纲要》布局，把握精髓、深化认识，联系实际、谋划长远，精心编制好《宁夏教育事业发展第十三个五年规划》（以下简称宁夏“十三五”教育发展规划）。要切实把创新、协调、绿色、开放、共享五大发展理念贯穿于宁夏“十三五”教育发展规划之中，紧紧围绕提高教育质量这一战略主题，以立德树人为根本任务，以促进公平为基本要求，以优化结构为主攻方向，以项目带动为主要抓手，以深化改革为根本动力，以党的建设为坚强保证，把“十三五”教育发展的思路理清、指标定好、项目谋实、重点抓准。要坚持问题导向，把补齐发展短板、化解热点难点、深化薄弱环节和关键领域改革纳入到规划中。要把民办教育纳入“十三五”教育发展规划，积极引导民办教育有序发展，鼓励支持社会力量采取多种形式办学。要坚持开门编制规划，广泛征求、注重吸收社会各界的意见和建议，着力提高规划质量，使“十三五”教育发展规划既贯彻中央精神，又突出宁夏实际，成为一部高质量、高水平的教育发展规划，为今后五年宁夏加快推进教育现代化绘好蓝图。二是要完善机制，确保规划的顺利实施。要建立健全规划实施的相关法律法规，突显规划实施的强制性和严肃性，强化规划引领，建立规划落实定期会商机制，采取有效措施，全面实施教育发展规划。要强化重大项目支撑，以“实施教育质量提升工程”为龙头，辅以配套的相关行动计划，统筹推进规划实施。三是要加强教育经费投入，确保教育规划落实。要坚持教育优先发展，实施统一的城乡义务教育学校经费保障新机制和分类动态调整机制，建立

完善社会投资办学、捐赠教育激励机制和奖补机制，确保落实教育发展规划的投资渠道多元，经费保障有力，监督管理有效，统一使用到位。四是要强化考核督导，确保教育规划实施到位。要借鉴“十二五”规划实施中的成功经验和有效做法，完善考核督导机制，强化“督学”职能，健全监测考评体系，实行规划执行情况研究评估，全力营造良好的教育发展环境，确保教育规划目标如期实现。

（三）坚持立德树人，切实把培育和践行社会主义核心价值观贯穿教育工作全过程

把立德树人作为教育的根本任务，培养德智体美全面发展的社会主义建设者和接班人，这是教育的责任，必须始终坚持，永不懈怠。要积极探索建立完善的立德树人体系，加强社会主义核心价值体系教育，完善中华优秀传统文化教育，形成爱学习、爱劳动、爱祖国活动的有效形式和长效机制。要弘扬爱国、孝敬、讲文明、重礼仪等中华优秀传统文化。加强“三爱”“三节”和“中国梦”主题教育。进一步总结“日行一善”“一校一品”“书香校园”等德育特色，不断创新和完善品牌，开展传承中华传统文化与美德系列教育活动，增强学生社会责任感，培养学生的创新思维和创新能力。要加强学校体育、美育工作，推进“一校一品”学校体育工作改革。要高度重视学生的思想政治教育工作，启动大学生思想政治教育质量提升计划和高校思想政治课程建设体系创新计划，切实帮助学生打牢共同思想基础、端正政治立场和前进方向、砥砺品德与陶冶情操、激发历史责任感，树立正确的世界观、人生观、价值观，将个人成长成才与投身实现中华民族伟大复兴中国梦的实践紧密相连，相融共进。

（四）全面深化教育综合改革，不断推进教育治理体系和治理能力现代化

教育作为社会的一个十分重要的子系统，各级各类学校组织的复杂

化、结构的多样化、水平的差异化及教育诉求的个性化，都在不断增加。同时，随着教育规模的扩大和教育投入的增加，社会对教育公平的期望值和要求标准也越来越高。必须推进教育治理体系和治理能力现代化，使一切教育改革举措和行动，紧紧围绕教育治理体系改革、教育治理能力提高来进行。各级党委、政府要从“管理”教育向“治理”教育转变，通过建立科学规范的治理体系，不断提高治理能力，实现教育事业科学发展，切实满足人民群众日益增长的教育需求。各级教育主管部门要主动承担起推进教育体系和治理能力现代化的历史责任，自觉从管理理念、管理制度、管理方式、管理能力等方面进行积极的改革探索实践，强化措施、改革时弊、完善制度，为人民群众提供更为优质的教育服务。不断创新学前教育发展机制，积极探索建立为民办及农村幼儿园选派幼教专业指导员制度。改革师范教育培养模式，建立师范生全学段学习实践制度。实施乡村教师支持计划，进一步提高乡村教师待遇。开展教师资格考试改革与定期注册试点。深化中小学教师职称制度改革，适量增加中小学高级教师评聘比例。深化高校创新创业教育改革，建设一批创新创业示范中心。深化农村教育综合改革，推进基础教育领域制度创新，积极促进教育公平，使每一个农村孩子和弱势群体子女都能够获得与其志趣才华相匹配的教育晋升。对弱势群体子女，提供享受全免费的区内高等教育。加大教育精准扶贫力度，实施贫困人口技能致富计划，实行川区城市优质学校同山区学校结对帮扶政策，建档立卡的家庭经济困难学生普通高中全部免除学杂费，未升学初高中毕业生全部免费接受职业教育，考入大学的所有家庭经济困难学生资助全覆盖，所有贫困户技能培训全覆盖，使教育成为名副其实的脱贫与富民工程。

（五）坚持顶层设计与实践探索相结合，进一步完善宁夏人才教育培养体系

在坚持义务教育免试就近入学制度，试行学区制和九年一贯制对口

招生，推行初高中学业水平考试和综合素质评价，加快推进职业院校分类招考或注册入学的同时，积极推进考试招生制度改革，启动区内高职院校分类考试招生改革。尽快推行普通高校基于统一高考和高中学业水平考试成绩的综合评价多元录取机制，探索参加国家统考减少科目、不分文理科、外语等科目社会化考试一年多考，特别是在试行普通高校、高职院校、成人高校之间学分转换方面迈出新步伐，拓宽终身学习通道。在教育顶层设计上，更多地考虑系统性、科学性和实效性，从义务教育起步阶段到更高层次的制度改革，从“指挥棒”上彻底扭转应试教育倾向。应加强系列配套政策跟进，更多地考虑有利于促进学生健康成长、科学选拔人才、维护社会公平，彰显有教无类、因材施教、终身学习、人人成才的理念。尤其要把“四个宁夏”建设与宁夏本土人才培养紧密结合，为广大学生提供多样化的学习选择和成长途径，搭建起人才成长的“立交桥”。要进一步优化高等院校学科专业布局和人才培养机制，全面落实自治区《关于加强高等院校人才工作的实施意见》，启动实施“宁夏特聘教授岗位计划”等招才引智载体，积极搭建产学研一体化平台，加快建设一批优势学科，培育一流学科团队，推动在重大、原创科研上取得新突破。鼓励区内具备条件的普通本科院校向应用型转变，发挥自身特色优势，积极探索高等教育与职业教育、继续教育的深度融合，推进产教融合、校企合作、协同创新，增强学生的创新创业就业能力，更好地适应国家和区域经济社会发展的多样化需要，更好地满足人民群众接受高等教育的多样化需求，为国家培养更多适应现代化建设的应用型、技术技能型人才，为实施“一带一路”战略和建设“四个宁夏”培养储备更多的复合型人才。

（六）积极争取中央扶持，大力发展民族教育事业

民族地区办好民族教育，必须坚持民族教育优先发展，贯彻民族工作“共同团结奋斗，共同繁荣发展”方针，加快少数民族人才培养和民

族地区的人才建设。必须抢抓国家扶贫开发政策机遇，积极争取中央政策扶持和精准扶贫项目支持，大力实施教育扶贫计划、少数民族高层次人才培养计划、宁夏与阿拉伯国家民族教育合作等，进一步优化宁夏民族教育资源，推动民族教育取得新突破。

专 题 篇

坚持"立德树人"　着力夯实基础
推进基础教育改革与发展实现新辉煌

基础教育作为国家"向每个人提供并为一切人所共有的最低限度的知识、观点、社会准则和经验"的教育（泛指从幼儿教育至高中阶段的教育），对于提高全体劳动者素质、培养各级各类人才、促进经济社会发展，都具有基础性、先导性和全局性作用。基础教育也是实施科教兴国、人才强国战略，加快社会主义现代化建设的奠基工程。改革开放以来，在党中央、国务院的亲切关怀下，在全区各级党委、政府的领导和广大回汉群众的关心支持下，经过几代教育工作者的艰苦创业，改革探索，宁夏基础教育不断发展壮大，逐步形成了功能完整、体系健全、规模和质量效益较高的教育体系，为民族地区的经济发展和社会进步做出了重要贡献。

一、改革发展历程

改革开放以来，宁夏基础教育的发展是一段历尽曲折、艰辛探索、艰苦创业的历程，更是一个充满希望、不断提升、走向辉煌的历程。特别是进入新世纪以来的15年，是宁夏基础教育改革力度最大、发展速度最快、质量效益最好的历史时期。

（一）恢复整顿教学秩序，全面推进基础教育分类规范发展阶段（1977~1984年）

粉碎"四人帮"后，宁夏教育战线按照党中央的统一部署，开始了教育教学秩序的恢复整顿。结合新的形势和任务要求，集中开展政治与业务、红与专、以学为主与兼学别样、教师与学生、思想政治与规章制度、知识分子团结与改造等六对关系大讨论，为尽快恢复教育教学秩序奠定了思想认识基础。1977 年 6 月，自治区文教局下发《关于全区 1977~1978 学年全日制小学教学计划的通知》，要求整治教学秩序，改变教育教学混乱局面。1978 年 6 月，自治区革委会批转自治区文教局《关于改变学制的报告》，决定延长学制。7 月，自治区决定办好一批重点中小学，在教育教学质量、学校管理等方面为其他学校做出榜样。为了加强民族教育，加快民族学校建设，还先后在回族人口较多的固原、泾源、同心、吴忠等县（市）按重点学校标准和要求，兴办了一批回民小学、中学。通过以上一系列举措，各地教育教学秩序陆续得以恢复，各项工作逐步开始规范。

在党的十一届三中全会精神和邓小平同志“三个面向”指引下，宁夏教育在恢复中快速发展、不断提高。1981 年后，自治区党委、政府为贯彻党中央、国务院《关于普及小学教育若干问题的决定》，决定加快小学教育发展步伐。教育部门对全区普及小学教育情况进行了全面检查，要求各地举办多种形式的简易小学，提高小学生入学率，并在中卫县（现中卫市沙坡头区）召开全区普及小学教育暨师资培训工作会议，具体讨论《关于我区普及小学教育的意见》。同时，为了便于学生更加系统、扎实地掌握科学知识，各地陆续把中学学制由四年制、五年制全部改为六年制。1983 年 5 月，中共中央、国务院下发《关于加强和改革农村学校若干问题的通知》，教育部于 7 月召开全国普通教育工作会议，同年底自治区党委和政府召开全区普通教育工作会议，对全区基础教育改革进行了全面部署，试行校长负责制和任期制，推行岗位责任制、奖惩制度、教职工代表大会制度和各项民主管理制度，初步理顺了学校内部的管理层次。结合实际，调整修订了全区普及初等教育规划，提出了分期分批普及的要求，决定将普及初等教育和扫除文盲紧密结合，同步进行。除已普及初等教育的银川市区、石嘴山市区外，中卫、贺兰、中宁3个县和全区其他各县共78个公社（乡镇）在1984年基本实现普及；引黄灌区其他市县和银川、石嘴山两市郊区计划1986年左右基本实现普及；其余各县力争1990年左右基本实现普及，极少数特别穷困的乡村延缓到1990年以后。期间，自治区党委、政府召开普通教育工作会议，制定出台了《关于加强普通教育工作的决定》，自治区人大制定了《普及初等教育暂行条例》，自治区教育厅印发了《关于加速我区普及初等教育步伐的意见》等政策法规，为普及初等教育、发展普通教育奠定了法律基础和政策保障。

1983年9月，自治区教育厅转发教育部《关于进一步提高普通中学教育质量的几点意见》，要求各级教育部门根据实际情况，采取措施，分批办好一般中学。贯彻全国普通教育工作会议精神，决定从1984年起，适当调整教学计划和教学内容，对高中的数学、物理、化学、生物和外语几门学科实行两种教学模式。在高中教材上，重点中学使用甲种本，其他中学使用乙种本，对全面提高中学教学质量发挥了积极作用。针对一个时期教学中存在的只抓少数学生、忽视大多数学生，只抓毕业班、忽视非毕业班，只抓高中、忽视初中的不正常现象，1984年1月自治区教育厅发出《贯彻教育部〈关于全日制普通中学全面贯彻党的教育方针，纠正片面追求升学率错误倾向的十项规定（试行草案）〉的通知》，要求面向全体学生，关心每个学生的全面发展，纠正片面追求升学率的错误做法。

为了改善小学办学条件，各级财政普遍增拨教育经费，群众也踊跃集资办学。适当调整小学布局，教学点进一步延伸，山区、牧区实行多种形式办学，全区在统一的教育方针和统一规划指导下，小学办成了三种规格（简易小学、全日制小学、重点小学），按照不同的要求，对简易小学重点抓好“四定”（地点、指标、学制、编制）和“四个落实”（师资、教材、学生来源、经费）。同时，各种形式的小学都动员和组织了流生返校补习。在全区上下一致努力下，1984 年，全区适龄儿童入学率上升到 89.5%。中卫县通过自治区政府检查验收，成为全区第一个实现普及初等教育的县。

为了适应日益扩大的教育规模，加强中小学教师培养，加快在职教育发展，全区中等师范教育由原来的两年制陆续改为三年制、四年制；在专业训练上，对学生提出会体育、舞蹈、音乐、绘画、“三笔字”（毛笔、硬笔、粉笔）、普通话、教育学、儿童心理学等“十会要求”；在招生政策上，开始定向招生，将招生与就业工作结合起来。加强在职中小学教师的培训工作，建立了以宁夏教育学院为中心的在职中学教师培训基地和 15 个县级教师进修学校为中心的在职小学教师培训（主要招收民办教师）基地，举办各种形式的中小学在职教师培训班。采取措施改变中小学民办教师比重过大状况：一是由自治区拨专项指标将民办教师直接转为公办教师；二是每年中师招生时划拨招生指标，从民办教师中招生到教师进修学校学习两年，成绩合格毕业分配做教师工作。同时，提高民办教师待遇，使他们能够安心工作。1980 年以来，自治区计委、劳动人事厅先后 5 次划拨 3650 个专项干部指标，用于民办教师转为公办教师，鼓励和引导教师在职在岗钻研教学业务，逐步提高教师物质待遇、社会地位，民办教师比例由 1980 年的 34%降至 1984 年的 12.15%，有效稳定了教师队伍，提升了教师队伍素质。

这一时期，宁夏的基础教育改革主要是贯彻落实上级精神和要求，在学制、学校内部管理、分类办学等方面进行了较为粗放的改进，改革尚未真正纳入教育工作的重点。基础教育的重点任务还在于恢复正常的教育教学秩序，稳定并扩大教师队伍，提高师资水平；调整小学布局，确保适龄儿童重返课堂，降低辍学率；调整初中、高中教学计划和教学内容，力求提高教育教学质量；进一步加强教育教学管理，推进基础教育向规范化方向发展。

（二）积极探索体制改革，着力推进基础教育稳步发展阶段（1985~1992 年）

以 1985 年 5 月中共中央《关于教育体制改革的决定》颁布为节点，宁夏教育步入了探索改革、稳步发展的新阶段。同年，自治区教育厅在灵武召开普通教育改革座谈会，传达中央有关普教改革的精神，交流区内各地教育改革试点的情况和经验，商讨解决有关问题的办法。1986 年 1 月，自治区党委和政府做出《关于改革和加强教育工作的决定》，明确了教育体制改革的根本目的，提出要贯彻实施《义务教育法》，在全区有步骤地实施九年义务教育，为基础教育改革进一步指明了方向。3 月，自治区第五届人大常委会第十六次会议通过《宁夏回族自治区普及初等义务教育暂行条例》，为“普九”工作提供了法制保障。其后，自治区政府又相继出台了《宁夏回族自治区基础教育分级管理暂行规定》等政策性文件，不断在加快教育体制改革、改善办学条件、提升教育质量和效益等方面进行了积极探索。

首先，办学体制改革实现了新突破。“七五”期间，自治区党委、政府认真贯彻执行党中央、国务院关于改革和发展教育的一系列方针、决策，高度重视并加强对教育工作的领导和投入，坚持“人民教育人民办，办好教育为人民”的方针，改变了过去单纯依靠国家包下来的状况，教育经费筹措渠道逐步完善，预算外教育经费有较大幅度的增长。基础教育由地方负责，进一步简政放权，重心下移，分级办学、分级管理的体制逐步得到落实，全区各市、县（区）实行三级办学、两级管理，明确了县、乡、村各自的义务、权利和管理职责，乡一级普遍成立了教委或教育办公室，由乡镇政府领导兼任教委或办公室主任，强化了乡政府对教育统筹管理的职能。农村教育综合改革开始起步，建立了学区制，在方便学生就近入学的前提下，按照初小适当下伸，高小相对集中进行分段，使分类管理、分类教学迈出了新步伐。1988 年 5 月，自治区在盐池县召开“普及初等教育现场会”，对进一步推动分级办学、分工管理的改革体制，加速山区普及初等教育进程，改善农村小学办学条件起到了积极的推动作用。

其次，教改实验内容方法有了新拓展。为提高教学质量，全区把中学教研的重点放在初中，加强了初中教育改革和教学研究活动，对初中教育教学质量进行评估，开展语文、数学、化学、英语、历史、地理等学科教学方法改革实验，并提出：初一要着力研究中小学衔接过渡，起点入轨；初二重点研究防止分化，尽力缩小掉队面；初三要抓好系统提高，查漏补缺。1985 年 10 月，自治区教育厅召开全区初中教学工作座谈会，重点研究落实国家教育委员会关于调整数学、物理、化学、外语四门科目教学要求的意见，总结交流了初中教学工作的经验。各学校结合实际，对教学内容、课程设置及教学方法进行了改革。改革初中、高中招生制度，调动一般中学办好初中的积极性。1989 年，实施“加强贫困地区小学教育实验”项目，共筹资 1.24 亿元，在 10 个县 100 所小学进行项目实验。截至 1990 年，全区中小学校舍砖瓦化程度达 70%以上，基本实现了 “一无两有六配套”，即中小学校校无危房，班班有教室学生、人人有课桌凳，校门、围墙、水井（水窖）、旗杆、厕所、操场配套设施齐全。

最后，基础教育在全面发展中质量和效益有了新提升。1990 年 9 月，自治区召开首次环境教育工作会议，讨论印发了《宁夏回族自治区中小学幼儿园学生环境教育实施意见》。在实施普及小学教育的同时，把发展幼儿教育列入议事日程。明确教育部门主要是办好示范性幼儿园，支持社会办园，有条件的厂矿、企业、机关、部队、街道和农村结合实际开办了一批幼儿园。1992 年 3 月，自治区党委提出在全区开展基础教育质量效益年活动，推动全区基础教育质量和效益有了较大提升。青铜峡、平罗、固原等市、县把教育列入乡（镇）政府任期目标责任制，实行百分考核，每年考评两次，奖优罚劣。中卫、永宁、吴忠两县一市先后跨入“全国基础教育先进县”的行列，受到国家教委的表彰。

（三）加快教育机制改革，努力推进基础教育优先发展阶段（1993~2002年）

1993年初，中共中央和国务院发布《中国教育改革和发展纲要》（以下简称《纲要》），强调要树立社会主义建设必须依靠教育和“百年大计、教育为本”的思想，采取切实有力措施，落实教育发展的战略地位。中小学要由应试教育转向全面提高国民素质的轨道。基础教育由传统的“应试教育”向“素质教育”理念的转变，这标志着基础教育改革步入了一个崭新的历史阶段。随后，党的十五大把教育摆在优先发展的战略地位，将科教兴国上升为国家战略。

自治区第七次党代会明确提出，要全面贯彻落实《纲要》，优先发展教育事业；继续实施“科教兴宁”战略，大力发展科技、教育事业；进一步加强基础教育，并确定了“争取到本世纪末基本普及九年义务教育，基本扫除青壮年文盲”（以下简称“两基”）的目标；自治区政府印发了《关于深化教育改革的若干意见》；自治区第七届人大常委会第2次会议审议通过了《宁夏回族自治区义务教育条例》，从学校、教师、学生、经费、管理、奖励与处罚等方面做出具体规定，为贯彻《中华人民共和国义务教育法》和《纲要》提供了法制保障。此后，自治区第八、九次党代会把实现“两基”攻坚目标作为教育改革发展的总抓手，紧紧抓住国家实施西部地区“两基”攻坚计划和农村义务教育经费保障机制改革的机遇，大力实施科教兴宁、人才强区战略，坚持教育优先发展原则，采取“分区规划、分步实施、重点突破”的方法，多措并举，明确责任，限定时间，压茬推进，加快了“两基”目标的提前实现，在办人民满意的教育上取得了新成效。

这一时期，宁夏基础教育改革与发展呈现出三个主要特点。

一是改革向教育方法、教学手段和教育内部机制逐步推进，学校管理日趋规范化。积极推进基础教育课程改革，课堂教学改革探索活跃，先后组织开展了“优化课堂教学，向四十五分钟要质量”的课堂教学结构改革实验，引入“尝试教学法”先进经验和目标教学机制，开展说课、做课、评课的“三课”活动，推进了教学领域的整体改革实验。期间，随着教育信息化建设的快速发展，全区中小学都建设了小型局域网，中心小学以上学校建设了微机室，电化教学手段在中小学已被广泛运用，成为课堂教学的主要辅助手段之一，使教育教学方法不断改进，教学效果明显。自1994年起，按照教育厅《关于小学、初中毕业升学考试制度改革有关问题的通知》，已普及或基本普及初中的地方，一律取消小学升学考试，由当地教育行政部门按就近入学的原则直接升入初中，全区小学和初中毕业生统一使用教育厅监制的义务教育证书，学生学籍管理进一步加强和规范。初中教学计划仍沿用1993年九年义务教育“六三”学制全日制初中阶段的教学计划。高中按照国家教委颁布的《全日制普通高级中学教学大纲》，执行教学计划，直到2000年，教学计划调整后，按照新的教学计划执行。实行了教职工全员聘任制，对新增中小学校长普遍推行公开选拔方式，激发了教师队伍活力和教书育人的积极性。初步建立了教师终身学习体系和

2003年7月22日，自治区级基础教育课程改革试验区启动会在银川召开

制度，教师队伍建设得到了进一步加强，确保了义务教育的全面实施。

二是坚持教育优先发展，办学条件得到根本改善。自治区党委、政府从全面建设小康社会、构建社会主义和谐社会的战略全局出发，倍加关注基础教育，切实加强领导、加大投入、加快发展。先后出台了事关教育事业改革发展的一系列政策，确保了教育优先发展。本着规模办学与效益办学的理念，进一步整合教育资源，在全区范围内逐步对规模较小的完全中学高中部进行撤并，改成初级中学，增设只有高中部的高级中学。对农村中学再次进行布局调整，适当减少校数，扩大校均规模，显现投资效益，腾出农村高中办初中，让每个乡镇集中办好1所初级中学，并确定乡镇初级中学的服务半径最小6公里，最大20公里。经过不断调整，全区中学设置由90年代初期的449所整合为2000年的433所。积极争取国家支持，先后组织实施了国家贫困地区义务教育工程、中小学危房改造工程、农村中小学现代远程教育工程、世行贷款西部地区基础教育工程、农村寄宿制学校建设工程、农村初中校舍改造工程等教育重点工程，促使学校办学条件得到了根本改善，教育的物质基础保障条件更加坚实。2010年，全区生均校舍建筑面积小学达到4.79平方米、初中达到7.43平方米、普通高中达到14.26平方米。

三是坚持义务教育与“两头”延伸并重，基础教育办学体系日趋完善。在抓好九年义务教育的同时，着力向上下“两头”延伸，加快建设自治区级示范性普通高中和重点高中，大力改善幼儿园和农村学前教育办学条件，构建了较为完备的基础教育办学体系。期间，自治区教育厅印发了《关于加快普通高中教育改革与发展的意见》，确定了高中教育的发展目标和任务，提出在城市和经济条件好的县（区），要基本满足社会对高中阶段教育和高等院校扩大招生规模的需求。同时，教育厅还发出《关于普通高中试办民办班有关问题的通知》，同意银川一中、银川二中、银川九中、银川唐徕回中、宁大附中、石嘴山市一中、平罗中学、吴忠中学、中卫中学、固原一中等10所普通高中试办了民办高中班。为了满足社会对高中阶段教育的不同层次需求，自治区教育厅印发《自治区示范性普通高中、重点普通高中、合格普通高中认定标准的通知》，进一步从办学指导思想、办学条件、学校管理、师资水平、教育教学质量、科研等方面制定了不同类型高中标准。全区掀起了以优质高中建设为龙头，各类学校改造建设的高潮。先后多方筹措资金近20亿元，对全区97所高中全部进行了改扩建、新建或翻建。新建、改扩建优质示范高中21所，评估认定自治区一级示范高中8所，自治区二级示范高中13所，初步形成了全区普通高中教育的骨干办学体系。全区城镇学生数量已占到学生总量的55%，高出全区城市化率10个百分点。普通高中在校生规模达到13.6万人，示范高中招生规模比1993年增长一倍以上，较好地满足了群众接受良好教育的需求。在向下延伸方面，"九五"期间，为满足和适应社会需求，自治区积极鼓励民办幼儿教育事业的发展，农村学校学前班得到较快发展。还制定了发展幼儿教育、学前教育的相关地方法规。认真贯彻落实《幼儿园管理条例》和《幼儿园工作规程》，加强了幼儿园、学前班安全防护教育和幼儿教师的培养培训，改善了办园条件。分层对全区幼儿园进行评估，分类定级，建立起了一批自治区级示范幼儿园，青铜峡市、银川市城区被国家教委授予"全国幼儿教育先进县（市、区）"。

（四）加快办学模式改革，强力推进基础教育均衡发展阶段（2003~2010年）

党的十六大是我们党在新世纪召开的第一次代表大会，也是我们党在实施社会主义现代化建设第三步战略部署的新形势下召开的一次十分重要的会议。会议强调，教育是发展科学技术和培养人才的基础，在现代化建设中具有先导性、全局性作用，必须摆在优先发展的战略地位。2003年，党的十六届三中全会提出科学发展观和建设和谐社会的目标任务的确立，教育“产业化”被叫停，着力解决农村义务教育问题、促进教育公平逐渐成为教育公共政策的基本取向。2005年5月，教育部下发了《关于贯彻落实科学发展观 进一步推进义务教育均衡发展的意见》，明确要求采取义务教育阶段公办学校免试就近入学，不得举办或变相举办重点学校，具有优质教育资源的公办学校不得改为民办或以改制为名实行高收费等措施，正视和着手解决择校热、上学难、上学贵问题。

这一时期，自治区党委深入贯彻落实科学发展观，立足实际，提出实施工业强区、中心城市带动、科教兴宁、人才强区和项目带动五大战略，推动经济社会更好地沿着科学发展的轨道不断前进。自治区政府办公厅转发《宁夏义务教育均衡发展行动计划》，确定了今后一个时期要以推进县域内义务教育均衡发展为目标，以加强农村学校和城市薄弱学校为重点，以办好每一所学校、促进每个孩子健康成长为根本，均衡配置教育资源，努力缩小城乡之间、区域之间和校际之间的办学差距。大力转变教育教学方式，强化素质教育理念。各级党委、政府在巩固扩大“两基”成果的基础上，切实加快教育教学方式改革，把工作的重点从数量扩张向质量提高、从外延发展向内涵发展转变，促进区域内义务教育均衡发展，全面实施素质教育，城乡教育面貌有了极大改观。

这一时期的教育改革主要围绕科学发展主题，重点解决农村义务教育中存在经费难以保障、教学布局不合理等突出问题，加快推进办学模式、教育教学方式的转变，促进教育均衡发展。主要呈现四个特点：

一是突出重点合力攻坚，强力推进“两基”目标提前实现。坚持“两基”重中之重地位不动摇，举全区之力，攻“两基”之坚。经过全区上下的共同努力，2002年，川区各市、县（区）先后实现“普九”目标，山区各县（区）完成“普初”任务。2006年，宁南山区回族聚居地区全面实现“两基”目标，率先在西部省（区）以县为单位提前一年全面实现了“两基”目标，标志着全区基础教育已实现了历史性跨越。2008年6月，全区“两基”所有指标均达到国家规定标准，顺利通过了国家督导检查验收，工作成绩和经验得到了国家教育督导团的充分肯定。

二是以推进义务教育均衡发展为突破口，着力解决社会关注的热点难点问题。自治区把“义务教育均衡发展行动计划”确定为十大民生计划之一，纳入对市、县（区）政府及相关部门的年度效能目标考核之中，强力促进义务教育均衡发展。各级党委、政府牢牢抓住国家实施西部地区“两基”攻坚计划和农村义务教育经费保障机制改革的机遇，采取“分区规划、分步实施、重点突破”的方针，先后进行了两轮学校布局调整，通过“撤、并、扩、建、改”等措施，对全区中小学布局结构进行了全面调整优化。进一步加大教育投入，完善义务教育经费保障机制，加大对农村学校、薄弱学校的支持和标准化建设力度，推进公共教育资源向农村和薄弱学校倾斜。通过“三免一补”政策的落实和全区教育信息化的大力建设，逐步统一城乡学校公用经费和生均教育经费标准，保证学校教学设施设备、图书资料仪器、师资力量配备和教育经费投入等资源配置基本均衡，以缓解城市中小学“大班额”和农村中小学“大通铺”问题；通过送课下乡、送研下乡、联片教研、网络教研等形式，建立和完善县域内校长、教师交流制度，推进城乡学校间的帮扶交流和捆绑式发展，整体提高教学质量；坚决落实义务教育阶段学校不得举办和变相举办重点校、重点班的规定，严格实行免试就近入学，严禁违规提前招生和举办任何形式的选拔性考试，实行均衡编班教学、均衡配备任课教师，严禁以实验班、特长班、兴趣班等名义变相举办重点班、尖子班；进一步扩大自治区示范普通高中和县（区）所属优质普通高中招生名额分配到所属各初中学校的比例，使薄弱初中学校学生也能上优质普通高中，切实缓解择校问题。

三是不断改革办学模式和规范办学行为，推进素质教育理念逐步深化。坚持以政府为主办好义务教育，深化初中毕业与普通高中招生制度改革，实施“阳光工程”，建立公开透明的招生工作体系，力争让学生、家长和社会满意。深入落实《关于进一步加强中小学管理规范办学行为的实施意见》，进一步规范中小学课程设置、学籍管理、评价机制和学生在校时间等。贯彻落实《中小学教辅材料选用管理办法》，严禁使用规定以外的教辅材料，切实减轻中小学生过重的课业负担。完善教育事业收费制度，规范学校服务性收费和代收费，严格落实择校生“三限”政策，坚决查处各种违规收费行为。推进教育移民工程，优先保证移民群众子女在迁入区就近入学。完善贫困学生资助体系，启动学前教育家庭经济困难儿童资助试点工作，保证进城务工人员等特殊群体子女就学，实施营养早餐工程，推进营养改善计划等，均取得了较好的试点成果。深化“基础教育质量提升年”活动，通过开展优质课评比、优秀教学设计展示、中小学校长论坛暨质量提升研讨会等，进一步推进教育教学方式改革，发挥基础教育在文化传承创新中的基础性作用，加强学校的文化建设与实践育人功能，全面推进素质教育。探索区域高中多样化发展、学校特色发展的模式和办法，着力构建均衡有序的基础教育体系。完成特殊教育学校建设工程，巩固提高特殊教育普及程度。制定出台了《关于进一步推进民族教育改革发展的实施意见》，继续实施民族教育发展工程，重大教育项目向回族聚居地区和贫困地区倾斜，推进二期“百标工程”建设，创新民族教育发展模式，组织实施《独立设置民族中小学内涵式发展五年行动计划》，推进民族示范性骨干中小学的建设，推进“民族团结进步模范校”创建活动。强化学校内部管理，通过制度建设规范办学行为，提高学校管理水平。加强依法执教，切实抓好各项教育法律法规的贯彻落实，依法自主办学，保护师生的合法权益。

四是加大师资队伍培训力度，多措并举提升教师队伍整体素质。认真贯彻落实《自治区党委、政府关于进一步加强中小学校长队伍和教师队伍建设的意见》，进一步健全中小学校长的选拔任用、管理交流以及教师的评聘任用、培养培训等机制。通过“牵手工程”“影子校长”等项目，加强现任校长队伍的教育和培训。通过实施“跨世纪园丁工程”“1135 名师培养计划”“中小学骨干教师培训计划”等工程与项目，选拔、培训了一批骨干教师和学科带头人。实施“农村教师专业能力提升计划”，大力开展“课堂教学质量工程”“名教师、名校长”创建活动和“同课异构”等校本教研活动，实施“教师继续教育工程”，建立和完善了教师继续教育体系，加强了县（市、区）教师培训基地建设，建立了自治区、市、县和校本三级教师继续教育体系。积极开展教育合作与交流，选派教师出国进修学习，选拔优秀中小学校长到东部发达省、市挂职锻炼，为中小学培养了一批优秀拔尖人才。建立中小学教师队伍补充新机制，实施国家“农村义务教育阶段学校教师特设岗位计划”和“地方中小学教师特设岗位计划”，坚持每年为农村学校补充 1000 名特岗教师。公开招聘、吸收部分能够胜任教学工作的行政事业单位超编人员充实到教师队伍。落实城镇教师定期支教、机关及事业单位定点支教、闽宁对口支援、大学毕业生志愿支教、研究生西部行支教等措施，有效缓解了城乡薄弱学校特别是贫困地区乡村中小学师资总量不足、结构性短缺等问题，提高了办学水平和教育质量。

（五）深化基础教育综合改革，全力推进基础教育科学发展阶段(2011~2015 年)

《国家中长期教育改革和发展规划纲要（2010~2020 年)》（以下简称《纲要》)，对“十二五”“十三五”的教育改革和发展进行了全面部署，开启了我国从教育大国迈向教育强国的新征程。尤其是党的十八大以来，以习近平同志为总书记的党中央高度关心支持教育改革和发展，从人才培养体制、考试招生制度、现代学校制度、办学体制、管理体制等多方面纵深推进教育综合改革，并按照《纲要》部署，全面加快基础教育由学有所教向学有优教转变，教育事业在科学发展方面迈出了新步伐。2015 年 10 月，党的十八届五中全会通过的《中共中央关于制定国民经济和社会发展第十三个五年规划的建议》，提出把提高教育质量，深化教育改革，增强学生社会责任感、创新精神、实践能力作为重点任务，贯彻到国民教育全过程，并对推动义务教育均衡发展，普及高中阶段教育，逐步分类推进中等职业教育及普通高中家庭困难学生免除学杂费，实施家庭经济困难学生资助全覆盖；促进教育公平，加快城乡义务教育公办学校标准化建设，加强教师队伍特别是乡村教师队伍建设，推进城乡教师交流，办好特殊教育；深化考试招生制度改革和教育教学改革，推进教育信息化，发展远程教育，扩大优质教育资源覆盖面；完善教育督导，加强社会监督等社会关注的重大问题，提出了改革路径与措施，指明了发展方向和目标，为加快基础教育科学发展规划绘制了宏伟蓝图。

“十二五”伊始，自治区党委、政府按照科学发展观的要求和《纲要》部署，以深化基础教育综合改革为动力，以“两基”攻坚为载体，加快推进教育向着科学发展的方向阔步迈进。期间，自治区教育厅编制了《宁夏教育事业发展“十二五”规划》，为全区教育改革与发展绘制了路线图和时间表。全区教育工作会议上颁布的《宁夏中长期教育改革和发展纲要》明确提出：兴宁必先兴教，强区必先强教。2012 年 6 月召开的自治区第十一次党代会全面落实《纲要》精神，对大力推进教育优先发展，加大教育投入，增加优质教育资源，办好人民满意教育进行了全面系统的安排部署。尤其是自治区党委十一届三次全会审议通过的《中共宁夏回族自治区委员会关于深化改革推动经济社会发展若干问题的决定》，对全面深化教育领域综合改革，加快推进教育治理体系和治理能力现代化，确保实现教育事业科学发展提出了明确要求，并就实施优质教育资源扩面工程，加快教育信息化建设，探索建立基础教育“集团化”办学机制，统筹城乡义务教育资源均衡配置；标本兼治减轻学生课业负担，推进综合素质教育；推进学前教育、特殊教育改革发展；健全家庭困难学生资助体系，鼓励教师到边远贫困地区学校任教等进行了系统全面的安排部署，为宁夏教育改革突破攻坚期提供了内生动力。2015年12月，自治区党委十一届七次全体（扩大）会议讨论通过的《中共宁夏回族自治区委员会关于制定国民经济和社会发展第十三个五年规划的建议》，把深化教育教学改革、促进教育公平、推动义务教育均衡发展、提高教育质量，作为“十三五”期间教育改革与发展的主攻方向，提出“实施教育质量提升工程”，并作为共建共享，保障民生，加快建设和谐宁夏的重点民生工程。同时，对实现高水平的普及教育、形成惠及全民的公平教育、提供更加丰富的优质教育、建立充满活力的教育体制、办好民族教育和特殊教育、进一步完善助学资助体系等方面提出了许多有针对性、操作性的思路和措施，为全区教育事业新一轮改革发展规划了路线图。

这一时期，宁夏教育改革步入深水区，围绕全面推进素质教育、加快义务教育均衡发展、实现教育公平等重点，自治区党委、政府推进教育综合改革的各种配套措施有序跟进，对社会关注度高、群众反映强烈的突出问题，逐步加以解决，使影响教育科学发展的深层次矛盾得以缓解。“十二五”期间，是宁夏基础教育改革与发展力度最大，取得成效最明显的时期。这一时期的基础教育改革与发展主要呈现出以下三个特点：

一是教育综合改革有序推进，基础教育多项改革试点全面铺开。各级教育部门坚持问题导向，用问题倒逼改革、引导改革，直面制约教育科学发展的各种难题，以实施所承担的国家8个教育体制改革试点项目为抓手，大力推进基础教育及民办教育等领域多项改革，先后完成了农村学前教育机制改革、推进义务教育均衡发展改革、优质高中招生名额分配改革、中小学教师资格考试与定期注册改革等教育改革试点任务。

进一步深化学前教育机制改革，积极探索学前教育办园体制实现的有效形式，推行“政府承担、定项委托、合同管理、评估兑现”的政府购买公共学前教育服务的机制。“农村学前教育机制改革试点”项目获得第三届全国教育改革创新优秀奖，并在《中国教育报》上公布。深化普通高中教育改革，加强和改进普通高中学业水平考试和综合素质评价工作，推动普通高中学校多样化发展。社会办学改革持续推进，民办基础教育健康快速发展。2011 年，自治区政府办公厅转发《自治区教育厅等部门关于促进民办教育发展的若干意见（试行）》。2012 年，自治区设立民办教育专项资金 1000 万元（2015 年增加至 1500 万元），全额用于支持民办学校改善办学条件。2014 年，成立自治区民办教育管理工作领导小组。2015 年，成立宁夏民办教育协会，建立自治区民办教育管理工作联系会议制度，出台了《宁夏回族自治区民办非学历教育机构设置管理办法》。截至 2015 年底，全区已有民办非学历教育培训机构 411 所，比 2010 年增长 114.06%；参加培训学生约 3 万人，比 2010 年增长 172.7%。

二是分类推进各层级教育，构建均衡有序的基础教育体系。这一时

环境优美的西吉县将台中学

期，教育综合改革为基础教育快速发展注入了前所未有的活力，教育投入进一步加大，优质教育资源显著增加，办好人民满意教育成为教育改革发展的主旋律。实施了两轮“学前教育三年行动计划”和学前教育发展工程，启动“政府购买学前教育服务试点”工作，落实“政府主导、社会参与、公办民办并举”的学前教育办园体制，努力形成学前教育投入多元化、服务优质化、层次多样化、公办和民办优势互补、互相促进、和谐发展的局面，满足人民群众多样化、多层次学前教育的需求。开展自治区级示范园的验收工作，进一步提升学前三年教育毛入园率。全面落实宁夏与教育部2011年签署的《义务教育均衡发展备忘录》的各项工作。2012年，启动实施义务教育均衡发展评估验收工作，进一步加大基础教育硬件建设力度，着力改善办学条件，推进义务教育阶段所有学校全部达标。积极推进利用信息化手段扩大优质教育资源覆盖面的有效机制，逐步缩小区域、城乡、校际间差距。持续推进全面普及高中阶段教育工作，把发展中等职业教育作为加快普及高中阶段教育的增长极，深化职业教育东西部联合招生合作办学工作，推动普职招生大体相当，促进高中阶段毛入学率达到90%以上。全面推进素质教育，义务教育均衡由硬件均衡向软件均衡过渡，教育发展理念由外延式扩张向内涵式发展转变。教育资源合理配置更加趋向公平，重点向农村、边远、贫困、少数民族集聚地区倾斜，大力支持特殊教育，提高家庭经济困难学生资助水平，积极推动农民工子女平等接受教育，努力让每个孩子都能成为有用之才。关心支持民族教育、特殊教育、继续教育和民办教育。到2012年，宁夏已与全国同步实现了义务教育初步均衡，以县为单位，在教育投入、教育设施、教师资源等基本办学条件方面实现均衡发展。

三是基础教育从“管理”向“治理”转变，着力建设现代学校制度。积极构建政府、学校、社会之间新型关系，充分发挥学校的主体作用，完善内部治理结构，加快建设现代学校制度，主动引导社会有序参与对教育的监督评估。大力实施优质教育学校“扩面提升”工程，充分发挥优质教育资源的辐射带动作用，采取“优质学校+分校”“优质学校+弱校”的方式，组建学校发展共同体（一体化办学）；实行“一套班子，多个校区，统一管理，统一考核、资源共享”的管理机制，建立人事、财务、管理、业务、评估“五统一”制度，把优质学校的管理模式、师资、文化、教科研输入到集团内的其他成员学校，扩大优质教育资源，促进区域内教育均衡发展。深化校长和教师队伍管理改革，推进“国标、省考、县管、校用”的教师聘用制度，健全区域内校长、教师交流机制。每县（市、区）选择 1~2 所优质学校作为优秀青年骨干教师培养基地，选拔应届大学毕业生进行培养，然后输送到其他学校。实施中小学“名师、名校长”工程，努力提高师德水平和业务能力。全面实施《宁夏义务教育学校管理标准》，推动义务教育阶段学校依法办学，科学管理，内涵式发展。

二、主要成就

在自治区党委、政府的坚强领导下，经过全区广大教育工作者的共

新建的豫海回民中学

同努力，宁夏基础教育发生了翻天覆地的变化。学校布局更趋合理，教育结构有序调整，教师队伍素质明显提升，教育质量不断提高，义务教育均衡发展，基础教育实现了历史性跨越，取得了令人欣喜的成绩。

（一）“两基”攻坚目标提前实现，义务教育取得历史性突破

“两基”攻坚是20世纪末到21世纪初发生在宁夏大地上的一项重大历史事件。自20世纪90年代起，宁夏拉开了“两基”（基本普及九年义务教育、基本扫除青壮年文盲）攻坚的壮丽历史帷幕。1993年8月，自治区第七届人大常委会审议通过《宁夏回族自治区义务教育条例》，全区普及九年义务教育攻坚步伐加快；各地制定“两基”攻坚和巩固提高工作规划，加大“两基”专项投入，加强中小学校舍建设，扩大初中招生规模，提高教师队伍素质，扶助家庭经济困难学生，控制辍学率。不断加强过程性督导、评估验收和年检复查，使“两基”工作取得了新进展。1995年，全区小学学龄儿童入学率达到92.6%，小学毕业升学率达到88.4%，基本堵住了新文盲产生。在《国家西部地区‘两基’攻坚计划（2004~2007年）》实施后，自治区采取加强领导、对口支援、专项资金投入和分步实施原则，对尚未实现“两基”的县（市、区）加大帮助支持力度，认真组织实施“世界银行贷款的‘贫困’Ⅱ项目”“贫困地区义务教育工程”“中小学危房改造工程”和“两基”攻坚工程，先后投入资金10多亿元，推动了全区基础教育的稳步发展。根据各地实际，全区分四类地区来分步实施：约占全区总人口34.5%的银川、石嘴山两市市区与吴忠、青铜峡、惠农、永宁、贺兰等市、县（区）在1997年前普及九年义务教育；约占全区总人口23.6%的中卫、中宁、平罗、盐池、陶乐等县和约占全区总人口11.9%的同心县与固原地区6县中教育基础较好的21个乡镇，在2000年前普及九年义务教育；约占全区总人口25%的同心县与固原地区6县（含现海原县），在2000年前普及初等义务教育；约占全区总人口5%的同心县与固原地区

6县(含现海原县)的29个乡镇，在2000年前普及3～4年小学教育。到2000年底，宁南山区8县中的隆德、泾源、固原3县普及了初等教育。全区小学学龄儿童入学率达到97.27%，巩固率达到98%。尤其是20世纪90年代初期，在全区农村实施的“231工程”（即“两扫三学一造就”，在农村全面开展扫除文盲、扫除科盲，学习文化知识、学习科学技术、学习经营管理，培养造就一代新型农民)，通过制定完善规划及扫文盲、扫科盲、脱盲标准，实行“一年一检查，年年搞评比，三年小验收，五年十年大验收”的检查评估验收。1991~1995年，全区农村共组织44万多人参加扫盲学习，经过考核验收，共扫除青壮年文盲23.4万人，青壮年文盲率由1990年的22.68%下降到10.54%；15岁以上（包括15岁）文盲占总人口比重由1990年的22.06%下降到17.94%，五年下降4.12%，超过全国同期平均3.37%的下降速度。全区统筹资金2000多万元，通过长达十年的声势浩大、持之以恒的“两扫三学一造就”，“231工程”取得了明显成效，有效推动农村教育改革和快速发展，成为实现农、科、教结合和三教（普教、职教、成教）统筹发展的主要途径，是宁夏农村乃至全国农村教育综合改革的一次创新壮举和重大突破。2002年，川区各市、县（区）先后实现“普九”目标，山区各市、县（区）完成了“普初”任务。2006年9月经自治区验收，南部山区回族聚居地区全面实现了“两基”目标，标志着全区以县为单位提前一年实现了“两基”目标。2008年全区义务教育迈出了具有重要历史意义的一步，“两基”工作顺利通过国家验收（按国家统一验收安排时间)，所有指标均达到国家规定的标准，“两基”人口覆盖率达到100%。随着2012年同心、海原、西吉和泾源4个山区县完成“普高”任务，宁夏又提前一年实现了所有县（市、区）基本普及高中阶段教育目标，此项工作在全国居于领先水平。

（二）基础教育规模效益显著提高，较为完备的教育体系已基本形成

与改革开放初期相比，全区基础教育无论是数量还是规模都已发生了翻天覆地的变化，尤其是“十二五”期间，宁夏基础教育无论是数量、质量，还是规模效益均已进入健康快速发展的快车道。到 2015 年，全区已有幼儿园 788 所，在园（班）幼儿 192892 人，全区学前三年毛入园率达到 71.44%，比 2010 年提高 20 个百分点。至 2015 年底，全区已有小学（含教学点）1976 所（教学点 283 个），在校学生 583509 人（含九年一贯制学校），进城务工人员随迁子女 62416 人，小学学龄人口入学率达到 99.98%，六年巩固率达到 94%，比 2010 年提高 11 个百分点；小学专任教师 31565 人，学历合格率达 99.86%。普通中学 299 所（其中，九年一贯制学校 74 所，初级中学 163 所，完全中学 20 所，高级中学 42 所），初中在校生（含完全中学）274333 人（其中少数民族在校生 117476 人，占比为 42.82%），初中阶段毛入学率达到 102.21%，三年巩固率达到93.01%，比 2010 年提高 2 个百分点；高中在校生 159663 人（其中少数民族在校生 52259 人，占比为 32.73%），高中阶段毛入学

“营养改善计划”促进了学生健康成长

率达到 90.99%，比 2010 年提高 7 个百分点。普通中学专任教师 31146 人，学历合格率达 99.71%。经过两轮的学校布局调整，全区中小学校（不含教学点）由 2001 年的 3754 所调整为 2008 年的 2618 所，减少 1136 所，减少 30.3%，到 2015 年减少到 1992 所，再次减少 626 所，在校学生由 2001 年的 975660 人增加到 2008 年的 1174660 人（增加 199000 人），再减少到 2015 年的 1017505 人（减少 157155 人）。校均规模由 2001 年的小学、初中、普通高中的 140 人、594 人、732 人分别提高到 2008 年的 313 人、284 人和 1475 人，再分别提高到 2015 年的 334 人、1184 人和 2681 人。2015 年，校均规模小学分别是 2001 年的 2.39 倍、2008 年的 1.07 倍，初中分别是 2001 年的 1.99 倍、2008 年的 4.17 倍，普通高中分别是 2001 年的 3.66 倍、2008 年的 1.82 倍。中小学学校布局经过两轮调整，校均师生规模明显增加，教育质量明显提升，办学效益明显提高。通过学校布局调整，有计划地保留并加强了一批偏远农村地区初级小学和教学点，撤销了一批规模过小的学校，打破了村村办小学、乡乡办中学的体制，建立了一大批规模化的寄宿制中小学，基本形成了小学办在行政村、初中办在乡镇、高中办在县城的格局，使城乡教育资源进一步整合，学校布局更加科学合理，办学质量、规模效益得到明显提升，促进了城乡教育全面协调发展。已建成自治区级优质示范高中 38 所，每个县（区）基本建成 1~2 所优质普通高中，有效扩大了优质高中教育资源，形成了高中教育的骨干办学体系。初步建立了较为完整的民族教育体系，基础教育阶段的民族教育发展健康有序。截至 2015 年末，全区有独立设置挂牌的民族中小学校 219 所，其中，小学 177 所，中学 42 所。全区幼儿园（含学前班）少数民族在园生 74923 名，占在园生总数的 38.84%；小学（含九年一贯制学校）少数民族在校生 282509 名，占小学在校生总数的 48.42%；普通中学在校少数民族学生 169735 人，占普通中学在校生总数的 39.11%。从幼儿园到普通高中阶段的少数民族学生占全区在校生总数的43.56%，高于全区少数民族人口自然比例。认真贯彻落实教育部等七部委出台的《特殊教育提升计划（2014~2016)》，加快推进特殊教育发展，大力提升特殊教育水平，切实保障残疾人受教育权利。截至2015年，全区已建成特殊学校12所，在校学生（含随班就读）3900人（其中少数民族学生1547人），残疾儿童入学率达到90%。2012年，教育厅印发了《关于进一步加强进城务工人员随迁子女和农村留守儿童教育管理工作的实施意见》，全面深化“两为主”（以流入地政府为主、以公办学校为主）和“两个全部纳入”（纳入当地教育发展规划之中，纳入当地财政保障体系）。2015年，宁夏进城务工人员随迁子女在公办学校接受免费义务教育比例达到99%。提高“营养改善计划”膳食标准，惠及28万农村学生和1.1万教师，保持了食品安全和资金运行零事故。实施家庭经济困难学生资助工程，“十二五”期间，累计发放资金近3.9亿元，资助20.9万人次。严格治理义务教育择校热，按照自治区政府出台的《关于进一步加强中小

课间操增强学生体质

学管理规范办学行为实施意见》，教育厅先后印发了《关于做好小学升入公办初中学校有关问题的通知》等文件，进一步明确了小学升入初中就近免试划片入学、对口升学流程、入学办理方式、信息公开办法等内容和程序。2015年，全区小学划片就近入学率达到100%，初中划片就近入学率达到96%。目前，教育公平取得了新成效，基础教育数量与规模已基本满足人民群众的需求，较为完备的基础教育体系已初步形成。

（三）学校办学条件明显改善，教育信息化程度不断提高

改革开放以来，自治区党委、政府十分重视对办学条件的改善，全区中小学校的面貌发生了翻天覆地的变化。“黑屋子，土台子，里边坐着泥孩子”是过去学校办学条件的一个真实写照。经过全区上下艰苦努力，到20世纪末，全区中小学基本实现“一无两有六配套”。特别是2011~2015年以来，仅实施的学前教育发展与普及工程就累计投入资金11.14亿元，建设幼儿园514所，其中新建265所、改建135所、增设114所，极大地改善了全区幼儿园办学条件。先后统筹安排资金42.5亿元，实施中小学校舍安全工程，改造中小学1887所。投资45.47亿元，实施“全面改薄”项目，改造项目学校1496所。投入资金4.42亿元，实施普通高中改造计划，52所高中办学条件得到了改善。全区中小学校舍砖瓦化楼房化率达到95%以上，基本做到了中小学D级危房当年发现、当年消除。全区小学生均校舍面积由2010年的4.79平方米增加到2015年的7.28平方米，同期初中生均校舍面积由7.43平方米增加到11.43平方米，高中生均校舍建筑面积已达15.8平方米。投资6.1亿元，实施农村中小学体育运动场和供暖设施改造项目，对279所农村中小学体育运动场实施改造，改善200所教学点办学条件，对1485所农村中小学的171.7万平方米供暖设施进行改造，全区农村中小学全部结束了火炉取暖的历史。学校已成为宁夏最好的建筑，一批批花园式学校如雨后春笋涌现出来，构成城乡一道亮丽的风景线。在抓好基础建设的同

美丽的校园

时，各级党委、政府还十分重视教育信息化建设，以实施农村现代远程教育工程为龙头，以提高现代信息技术普及水平为目标，以共享优质教育资源为途径，推动教育信息化步入快车道。通过整合各种远程教育项目资源，使全区中小学生机比达到 18:1。全区农村中小学现代远程教育覆盖面达到100%，农村中心小学以上学校都以不同方式接入互联网，普遍设立了微机室，小型局域网已基本普及。建设并开通宁夏教育数字化资源服务平台，全区远程教育服务范围得到有效拓展，教育信息化公共服务体系逐步完善，教育信息化综合效益不断提高。建立了农村中小学现代远程教育网络“一网多用”的工作机制，在服务教育教学的前提下，积极服务农村党员干部培训和农民实用技术培训，使之成为农村科学知识、农业技术和先进文化的传播中心，成为建设社会主义新农村的重要阵地。进一步加强学校内部设施建设和教学仪器设备的配置，“三室”（仪器室、实验室、图书室）的建设极大地丰富了学校的教育资源。电视机、投影仪等现代教学器材应有尽有，电化教学已成为课堂教学的主要辅助手段之一。目前，小学、普通中学人均图书分别超过 13 册和 11 册。办学条件的改善为推动全区教育事业持续健康发展奠定了坚实的物质基础。

（四）师资队伍建设逐步加强，素质教育得到全面推进

先后实施一系列政策措施，切实加强师资队伍建设，全面提高教师整体素质。2001 年，灵武市成为国家首批基础教育课程改革试验区，其他地区相继进行新课程改革。围绕课程改革，新课改培训教师 5 万余人次，加快了基础教育课程改革步伐，全面推进素质教育。2004 年，普通高中实施新课程改革，取得明显成效，实现高中课程改革首届毕业生高考的平稳过渡，为全国提供了可资借鉴的有益经验。通过积极参与国家课程改革实验，有力地推动了课程理念、课程结构、教学方法、学习方式和教育评价机制的变革，提高了教师适应新课程、驾驭新课程的能力和水平，促进学生全面发展。2011 年，出台了《自治区党委、人民政府关于进一步加强中小学校长队伍和教师队伍建设的意见》，进一步对加强中小学校长和教师队伍建设进行了战略部署；建立了教师退出机制，全区中小学共提前退休教师 6155 名，得到了副总理刘延东的批示和肯定。从 2011 年起，累计落实安置免费国家师范毕业生 1072 名；从 2013 年起，启动实施地方免费师范生培养试点工作，累计招生 300 名。2014 年，统一全区城乡中小学编制标准，新增中小学教师编制 4890 名。2011~2015 年，实施农村义务教育阶段教师特设岗位计划，累计招聘特岗教师近 12800 名，受益范围覆盖全区 24 个市、县（区）1200 多所农村学校。全区专任教师学历合格率小学、初中、高中分别达到 99.86%、99.71%和 97.52%以上，初中、高中教师学历合格率均居西部前三位、全国中上水平。小学、初中和高中阶段生师比

回族教师在讲课

分别达到 17.65:1、14.59:1 和15.92:1（全国平均生师比小学、初中和高中阶段分别为 16.78:1、12.57:1 和 14.44:1），普遍高于全国平均水平。初中和高中高级教师所占比例分别为 16.12%、26.03%，初中和高中教师中研究生比例分别为 1.21%、4.20%。“十二五”期间，进一步加大中小学教师和校长培训力度，建立了中小学、幼儿园教师五年一周期的培训制度。先后实施了“中小学幼儿园教师国家级培训计划”等项目，累计培训教师 12.3 万人次；实施“中小学幼儿教师全员岗位培训”等项目，累计培训教师 35 万人次；实施“校长任职资格培训”等项目，累计培训校长 5749 人次。2012 年起，启动实施“塞上名师”培养工程，首批培养名师 48 名。2014 年，建立“塞上名师”工作室 20 个。

（五）大力推进教育强区创建等活动，基础教育发展水平位居中西部前列

全面提高义务教育阶段公办中小学公用经费补助标准，2009 年公用经费达到中央基准定额，小学每生每年 300 元，初中每生每年 500 元，有力缓解了中小学办学经费紧张的局面。在西部地区率先实现了覆盖全区城乡的真正意义上的免费义务教育。在免除杂费、教科书费的同时，还为寄宿的农村学生每人每天提供 2~3 元的生活补助。从 2006 年秋季起，自治区又为享受“两免一补”的学生免费提供一套教辅材料，将“两免一补”扩展为“三免一补”，开辟了全区义务教育发展的新纪元。随着 2012 年南部山区 4 县“普高”工作通过自治区政府评估验收，全区所有县（市、区）全部实现基本普及高中阶段教育目标，高中阶段教育毛入学率达到 86.84%，成为西部第一个实现基本普及高中阶段教育目标的省（区）。据《中国教育报》公布的全国各省份教育发展水平综合指数排名，宁夏已位列全国第十位，居中西部前列。在教育部组织的对全国各省、市（区）首次教育行风评议中，宁夏获得全国排名第一的殊荣。随着教育强县创建活动的深入推进，所有县（市、区）全部实

现创建教育强县目标，县域教育实力明显壮大，教育强区取得阶段性成果。义务教育均衡发展深入推进，目前，宁夏已有16个县（市、区）实现县域内义务教育基本均衡发展目标，并通过了自治区评估验收，占备忘录规划目标的77.3%；13个县（市、区）通过了国家评估认定，国检通过率位居西部前列，为宁夏2017年全面实现义务教育基本均衡发展目标奠定了坚实的基础，将有力地推动各级各类教育快速发展，为建设开放富裕和谐美丽新宁夏，全面建设小康社会提供更加强大的人才保障和智力支撑。

2004年春季，全区义务教育阶段在校学生享受免费教科书

三、经验启示

宁夏基础教育近40年来的改革与发展，经历了一个积极探索，不断追求的过程，积累了许多宝贵的经验。

（一）必须坚持社会主义办学方向，牢牢把握为经济建设和社会进步服务的大局

全面贯彻教育方针，为社会主义建设培养合格的建设人才，是宁夏几代教育工作者的不懈追求。改革开放以来，宁夏基础教育发展的成果，得益于始终坚持党对教育的领导，坚持以邓小平理论和“三个代表”重要思想为指导，全面贯彻落实科学发展观，始终按照中央及自治区历次党代会精神为指导，落实全面从严治党要求，不断加强教育系统党的建设和思想政治工作，充分发挥各级党组织的战斗堡垒作用和党员的先锋模范作用，始终坚持把教育放在优先发展的地位，实施“科教兴

国”“人才强区”战略；得益于教育部门和各级各类学校全面贯彻落实党的教育方针，高举中国特色社会主义伟大旗帜，始终坚持正确的政治方向，牢牢把握社会主义办学方向，认真贯彻落实党中央、国务院和自治区党委、政府对教育的要求和部署，切实加强学校思想政治工作和德育工作，全面实施素质教育，培养德智体全面发展的社会主义事业的建设者和接班人。

（二）必须把教育摆在优先发展的战略地位，才能加快民族地区基础教育改革和跨越式发展

改革开放以来，大力发展教育事业，提高民族素质，多出人才，出好人才，始终是全区各级党委、政府的一项重要工作，也是广大回汉人民的共同心愿。党的十一届三中全会以后，在邓小平教育思想指引下，自治区党委、政府始终坚持把教育改革摆在重要位置，优先发展基础教育，先后制定了一系列关于教育改革和发展的宏观决策，自治区党委、政府多次召开全区教育工作会议，确定宁夏教育改革和发展的目标、任务及规划，采取了增加投入、保障教育改革和发展的一系列政策措施，为宁夏落实教育优先发展战略，实现基础教育跨越式发展创造了极为有利的条件，推动宁夏教育改革发展进入了一个新阶段。

（三）必须坚持解放思想，转变观念，深化改革，扩大开放，才能推进基础教育的健康协调发展

改革开放以来，全区各级党政领导和广大教育工作者不断解放思想，转变观念，深化教育体制改革，基础教育实行了分级办学、分级管理的体制，充分调动了地方办学的积极性。统筹调整学校布局，提高办学效益。稳步推进教育教学及考试改革，义务教育质量明显提高，素质教育、均衡发展、教育公平等教育理念根植宁夏大地。加快对外开放步伐，开展了一系列教育对外合作交流，争取世界银行“贫困 II”“贫困 IV”项目，邵逸夫赠款项目、联合国儿童基金会项目、宋庆龄基金会项

目、洪逸挥基金会项目等一大批外资外援项目支持“两基”攻坚。先后与北京、天津、上海、辽宁、浙江、江苏、山东和福建等兄弟省市建立合作交流关系，东西合作取得明显成效，闽宁教育对口帮扶成果显著。

（四）必须建设一支素质优良的师资队伍，为教育科学发展提供人才保障

改革开放以来，全区各级党委、政府和教育行政部门，始终把师资队伍建设作为教育工作的关键环节来抓，建立了师资培养基地，健全了师范教育体系，建立了中小学校长选拔任用、管理交流以及教师的评聘任用、培养培训等机制，完善了教师继续教育体系，实施了“地方中小学教师特设岗位计划”，坚持每年为农村学校补充1000名特岗教师，解决教师结构性短缺等问题。目前，宁夏已基本建设了一支数量充足、结构合理、素质较高的教师队伍，为基础教育改革与发展提供了重要的组织和人才保障。

（五）必须从宁夏的基本区情出发，抓住机遇，坚持加快发展不动摇

宁夏经济落后，教育文化基础薄弱，教育发展的困难大、问题多、任务艰巨。要实现教育更快更好地科学发展，必须贯彻实事求是的思想，整体规划，分类指导，分步推进。改革开放30多年来，自治区党委、政府正确处理川区和山区的关系，全区教育与民族教育协调发展的关系，注意解决好教育发展的重点、难点和薄弱环节。坚持抓住机遇，充分利用西部大开发、国家支持贫困落后地区实施“两基”攻坚等有利条件，调动一切积极因素，促进教育发展。认真贯彻落实党的民族政策，制定了一系列优惠政策和特殊措施，从政策、投入和工作的指导上给予民族教育极大倾斜和支持，实施了“百所回民中小学标准化建设工程”“贫困地区义务教育工程”“移民吊庄点学校建设工程”等一系列工程，实行了多种教学模式改革，开展了女童教育科研实验，建立了贫困地区女童教育促进会，对回族学生实行了减免学杂费和奖学金制度，

建立了六盘山中学、育才中学等寄宿制回民中小学，加快了回族学生的培养，促进了民族教育健康协调的发展。

四、对策建议

改革开放以来，宁夏基础教育改革与发展实现了历史性跨越，成就显著，亮点频现，诸多工作不仅走在了西部地区的前列，在全国也被誉为“宁夏模式”，但宁夏作为地处祖国西北腹地的一个民族地区，特定的地理位置、人文环境和历史演变，也造成了宁夏与东部发达地区的文化差异、教育差距正在逐步拉大，在基础教育改革与发展中还面临着许多困难和问题亟待解决：一是传统教育的教育思想、观念及教育教学方法转变更新迟缓，强化现代教育理念任重道远；二是碎片化的基础教育改革成果尚未巩固，面对深水区和攻坚阶段的新要求，推进综合改革的难度进一步加大；三是基础教育的责任和管理权下放给地方、以县为主的义务教育管理体制亟待改革，重心过低所引发的矛盾和问题需中央和地方各级党委、政府共同解决，办人民满意教育的目标与人民群众日益增长的教育需求还有很大差距；四是宁南山区教育欠账较多，投入不足，落后地区县域内教育发展不均衡的矛盾仍然突出，教育精准扶贫任务依然艰巨；五是城乡之间教育资源分布难以均衡，城镇化未来预期与广大人民群众对基础教育的现实需求不匹配因素增多，势必产生新的矛盾；六是乡村教师队伍整体素质和保障待遇亟须进一步提高，城乡优质师资力量均衡配置难题有待于尽快破解。

“十三五”时期是宁夏全面建成小康社会的决胜阶段，是深化改革、扩大开放的攻坚期，也是宁夏基础教育综合改革攻坚克难、提质增效，教育事业追求公平、均衡发展的关键期。自治区第十一届人民代表大会第五次会议审议通过的《关于自治区国民经济和社会发展第十三个五年规划纲要的决议草案》（以下简称《宁夏“十三五”规划纲要》），把深化教育教学改革、促进教育公平、推动义务教育均衡发展、提高教育质量，作为“十三五”期间全区教育改革与发展的主攻方向，提出“实施教育质量提升工程”等重大部署，不仅明确了今后一个时期教育工作的指导思想，也为宁夏基础教育改革发展绘制了宏伟蓝图。

（一）坚持“五大发展理念”，切实把提高教育质量摆在更加重要的战略位置

创新、协调、绿色、开放和共享发展，是党的十八届五中全会提出的“五大发展理念”，是今后必须长期坚持和贯彻的重要发展理念。所有这些理念的落实，都必须按照习近平总书记关于“更加注重加强教育和提高人力资本素质”“扣好人生的第一粒扣子”的要求，切实把提高基础教育质量摆在更加重要的战略位置。基础教育是“立德树人”的第一步阶梯，关乎人一生的成长与发展。坚持创新发展，就是要强化素质教育，创新教育模式和方法，着力提高教育教学质量，在基础教育阶段重点培养学生的创新精神，把创新意识从小根植于学生的思维之中，使求变创新成为一种行为习惯。坚持协调发展，要在优化教育结构上下功夫，推进学校布局结构、教师专业结构、人才培养方向与经济社会发展相适应，加快发展农村教育，健全覆盖城乡的均等化基本公共教育服务体系，更好提供教育服务多样化供给，进一步加大对贫困地区教育支持力度，切实补短板，着力推进基础教育均衡发展。坚持绿色发展，要遵循学生成长成才和教育教学规律，按规律办学、按规律育人，强化环境保护意识，培养师生绿色的生活方式，加强生态文明教育，建设绿色文明家园。坚持开放发展，主动扩大基础教育系统内部的开放联动，促进校际协同、城乡统筹、强弱互促。同时，注重教育向外部开放，既要充分利用社会资源，构建家校共育、学校社会协同的良好教育环境，又要加强与国内外基础教育发达地区的交流与合作，着眼于提高教育教学质量，立足全球视野，加快“丝绸之路经济带”沿线城市合作交流，加快

推进基础教育的现代化与国际化。坚持共享发展，要不断满足群众公平接受优质教育的需求，最大限度地实现起点公平，要真正把基础教育的重点转到提高教育质量上，让每个孩子都能接受公平的有质量的教育。要持续关注弱势群体，千方百计地为家庭经济困难学生、进城务工人员随迁子女、留守儿童、残疾儿童提供更多的关爱和帮助，让他们共享发展成果，对改革红利有更多的获得感。要深刻理解“五大发展理念”的基本内涵和相互之间的辩证关系，对照基础教育中存在的问题与差距，扎扎实实地把“五大发展理念”全面落实到基础教育工作的全过程，着力提高教育质量，引领推动宁夏基础教育改革发展迈上新高度。

（二）坚持规划引领，统筹谋划“十三五”基础教育改革与发展的总体布局

推进基础教育走内涵式综合改革之路，自治区层面要对近年来基础教育 “散点式”改革经验进行认真总结，全面分析，理性反思得与失，用系统思维、战略思维尽早从战略上布局。一是要注重规划引领。对宁夏“十三五”教育事业发展做出科学规划，按照系统性、整体性、协同性的要求，抓好以自治区为单元的区域顶层设计，推出具有战略意义的总体改革部署，明确“内涵式综合改革”的真正内涵，以科学规划为引领，并统筹与各年度计划的有效衔接，分步实施，有序推进。二是要树立问题导向。切实把破解政府关心、社会关注、群众关切的教育热点难点问题作为着力点和突破口，找准产生问题的深层次原因，厘清各级政府、学校、社会及家庭的角色责任，组织调动全社会力量，采取有效措施，共同治理。要把教育民生项目作为重要抓手，在扩优、解难、扶弱上统筹谋划、协调推进，在教育精准扶贫上高频聚焦、持续发力，扎扎实实地保障人民群众的教育福祉。三是要突出重点抓关键。当前教育的根本任务是立德树人，提高教育质量既是如期全面建成小康社会的基础性工作，也是“十三五”教育改革发展的战略主题，更是落实立德树人

根本任务的核心和关键。在实施“十三五”教育事业发展规划中，尤其要注重以全面实施素质教育解决质量问题，以义务教育均衡发展解决公平问题，以综合改革解决热点难点问题，不能仍停留在理论探讨层面，实施“概念化”改革，而应结合区情，认真研究，优选对策，突出重点，抓住关键，突破难点，合力攻坚，统筹推进。

（三）坚持落实主体责任，着力为改革进一步深化提供良好外部环境

随着《教育“十三五”规划纲要》的颁布，国家正在实施的“四面三层”综合改革（国家统一实施、地方承担试点以及基层自主改革三个层面，围绕培养模式、办学体制、管理体制和保障机制四个方面展开的综合改革），已启动 425 项国家教育体制改革试点。在国家层面建立健全有关保障机制的同时，自治区层面要着力扩大区域教育外围的体制改革，为改革进一步深化提供良好的制度环境、舆论氛围。一是自治区层面要提出如区域基础教育改革发展战略等明晰的战略思路，以上位核心概念为引领，凝聚各方面的力量并达成共识，推进综合改革，使之成为一项系统工程，实现纵向衔接到底、横向链接到边的区域全覆盖。二是要建立与行政管理体制相适应的综合改革责任机制，强化县域对基础教育综合改革的责任落实。要争取中央的政策支持，在基础教育综合改革方面以县域改革为支撑，以县（市）为单位进行综合改革实验，坚决落实地方党委、政府责任，激发县域改革自觉性、主动性，必须矫正地方领导的政绩观，妥善处理“显绩”与“潜绩”之间的关系，建立分类划片区（主要考虑基础条件相近）的基础教育竞争力县域排行榜，排名靠前优先启用，对连续两年排名末位的县（区）党政负责人进行诫勉谈话等，真正使教育责任担当成为地方领导的自觉行动。三是加强省（区）级教育经费的统筹，确保县域教育经费投入到位。自治区政府有责任在教育经费上加强统筹，对于基础条件差的片区予以支持，以切实解决县域基础教育改革的后顾之忧。

（四）坚持依法治教，切实公平有序地推进基础教育内部综合改革

基础教育的未来发展，要坚持“五大发展理念”，树立新的改革观，走以质量提升为核心，以综合改革为抓手，实现基础教育高水准公平发展为主旋律的“内涵式综合改革”之路。要坚持遵循教育规律、尊重基层首创精神、让人民满意的原则，依法履职行政，按照责任系统推进基础教育 “内涵式综合改革”。积极推进基础教育内涵式综合改革，必须把区域教育改革的重点从学校硬件建设转移到学校内涵发展上，树立起全新的区域教育科学发展观。在具体推进过程中，应由微观的关键环节向中观及宏观（面上）“逆行有序推进”。一是应自觉依法治教，厘清行政与学校的关系。政府该承担的责任要百分之百地担起，教育经费投入、学校设施配备、教学人员配置等，应由行政做好保障，尤其是要针对二孩政策实施后的托幼、学前教育至高中阶段学龄人口的增长，以及城镇化进程中适龄儿童的教育等问题，要及早着手、科学预测，深入调研、超前规划，采取措施、从容应对，切实让每个孩子都能公平地享受到学有优教，让学校从社会舆论的漩涡中解放出来，真心实意抓优质服务，一心一意提教育质量。学校要围绕“立德树人”这一根本任务，紧紧抓住提升教育教学质量这一核心关键，在内部管理机制、学生培养模式、教育教学方法等方面进行大胆改革，积极探索。二是以项目计划带动县域实现高水准教育公平。宁夏虽小，但山川有别，南北差异较大，市与市、县与县、乡与镇之间，教育基础条件不尽相同，为此，在自治区层面要在关键要素和薄弱环节上，实施统一的项目或计划，大面积统筹推进，如推进“学前教育行动计划”，增加普惠性幼儿园（托儿所）供给，实施“农村义务教育薄弱学校改造计划”，实现所有县（市、区）域内义务教育基本均衡等，在县域教育公平的基础上，因地制宜创造性推进教育内涵式发展。三是以省（区）为单位全面推进素质教育。高考招生是以省（区）为单位的，全面实施素质教育也应以省（区）为单位推进。

自治区应下决心在全区范围内强力推进素质教育，全面贯彻国家课程方案，全面监测县域基础教育改革，全面建设素质教育合格学校，防止个别地方片面追求升学率，把时间还给学生，把健康还给学生，把能力还给学生，才会让家长叫好、学生受益。否则，在自治区范围内如果出现以县域高考排名，必将导致考试竞争“回潮”现象。

（五）坚持课程改革先行，着力在深化改革中创新人才培养模式

在基础教育阶段，课程改革是促进人才培养模式创新的重要载体。一是要回归课程本位。要科学把握课程改革与教学改革的界限，把重点、重心放在课程改革上，教什么比怎么教更重要。二是健全教材多样化编写机制。可探索建立一支高度专业化的各学科教材编写国家队，同时鼓励其他有资质、有实力的出版社参与竞争，力促教材的多样化。三是下大力气开发具有区域特色的课程资源。教育部门应组织有关方面，大力开发、提供丰富的课程资源，以形成宁夏区域的特色教育。四是给予学校更大的课程开发、设置空间。在实施国家课程方案的基础上，鼓励每所学校都建设自己独特的课程体系，保证每所学校都能真正开设充足的校本课程，使基础教育始终充满生机活力。五是进一步厘清基础教育阶段的课程教学性质，保证课改继续沿着科学的方向迈进。一方面要面向世界，全面、系统、科学把握世界教育改革大势和先进教育理论；另一方面要面向历史和本土，继承和发扬优秀传统文化，立足中国土壤和宁夏特色，这样才能总结、提炼出本土的教育教学理论，以指导课改始终沿着正确的方向推进。

（六）稳妥推进教师（校长）定期交流，切实为基础教育均衡发展提供师资保障

基础教育阶段教育最大的不均衡，是校长、教师资源分布的不均衡。软件不均衡是阻碍基础教育均衡发展最大的“拦路虎”，为此，推进教师（校长）县域内定期流动势在必行。一是建立县域内中小学教师

（校长）定期流动制度。比如规定在同一所学校任教超过一定年限（五年）的教师、校长，必须交流。二是健全与定期流动制度相配套的保障机制。不仅要在教师（校长）如何流动的具体操作上用制度加以规范，也要在细节设计上周密考虑教师（校长）权益如何保障等，同时，还需以组织、人事等其他相关制度配套改革为保障，稳妥推进。三是坚持试点先行，逐步推进。自治区要将中小学教师（校长）定期流动制度作为一项制度，选择在一些县域内进行试点，把好的做法制度化，鼓励更多地区在县域内朝着教师（校长）定期流动制方向迈进。四是注重学校特色积淀与文化传承。在推进中小学教师（校长）定期流动过程中，要注重激发和保护学校的自主性、创造性，尽量推动每一所学校自主制定中长期发展规划，强化学校的特色发展，防止造成新的“千校一面”，避免学校文化的传承受到影响。要大力支持学校明确发展方向，主动凝练发展特色，自觉传承或培育独特的学校文化，全面提升学校教育质量。

打造西部职业教育高地
服务“四个宁夏”建设

教育是民族振兴的基础，职业教育是提高劳动者素质、提升国家产业竞争力的基础工程。大力发展职业教育，培养高技能人才和高素质劳动者，是适应经济社会发展、促进广大劳动者就业创业、建设创新型国家和社会主义和谐社会的迫切需要。随着经济社会的发展，宁夏教育事业取得了长足进步，职业教育也随之进入了发展的快车道，成为宁夏教育领域的一大亮点。近年来，自治区党委、政府认真贯彻落实《中华人民共和国职业教育法》，大力实施国家和自治区《中长期教育改革和发展规划纲要（2010~2020 年）》，培养高素质技能型、应用型、复合型、创新型人才，着力提高职业教育的管理水平和质量，构建开放型现代职业教育体系，增强职业教育服务宁夏经济社会发展的能力，为协调推进“四个全面”战略布局、奋力建设“四个宁夏”提供人才支撑。

一、改革发展历程

党的十一届三中全会以来，特别是中共中央做出《关于教育体制改革的决定》以后，职业教育迅速的发展。自治区党委、政府全面贯彻党的教育方针，坚持以服务为宗旨，以就业为导向，以整合资源、优化结构、扩大规模为重点，以提高教学质量和办学效益为目标，推动职业教育在改革调整中不断发展，探索出了一条具有民族特色的职业教育发展道路。

（一）恢复和新建中等专业技术学校，试办职业中学阶段（1978~1983年）

1978年4月召开的全国教育工作会议，为新时期的教育工作指明了方向。邓小平在全国教育工作会议上强调，要“扩大农业中学、各种中等专业学校、技工学校的比例”。1979年进入改革开放时期以后，职业教育开始获得巨大的发展活力。为适应社会主义建设事业发展的需要，自治区教育行政部门和各业务部门把发展职业教育作为重要任务，积极着手筹备恢复和新建中等专业学校、技术学校。同时，为了改革不合理的中等教育结构，从1979年开始压缩、调整普通高中，并着手试办职业中学。

1978~1980年，全区先后恢复、新建13所中等专业技术学校，其中一些新建学校填补了宁夏中专科类的空白。恢复和新建的中等专业学校有宁夏农业学校、宁夏农业机械化学校、宁夏煤矿学校、宁夏人民警察学校、宁夏建筑工程学校、宁夏固原农业机械化学校、银南农业机械化学校、宁夏医学院附属医院护士学校、宁夏供销学校、宁夏商业学校、银川市人民医院护士学校、宁夏体育学校、宁夏艺术学校。

1980年4月，教育部召开全国中等专业教育工作会议，总结了新中国成立30年来中等专业教育工作的基本经验；研究了中专教育在新时期的任务和如何贯彻“调整、改革、整顿、提高”八字方针的措施。10月，国务院批转教育部、国家劳动总局《关于中等教育结构改革的报告》，开始对全国中等教育结构进行调整，重点是大力发展职业技术教育，促进高中阶段教育结构更加适应社会主义现代化建设的需要。同时，国务院又批转教育部《全国中等专业教育工作会议纪要》。自治区教育局和有关部门积极贯彻《全国中等专业教育工作会议纪要》精神，认真执行“调整、改革、整顿、提高”八字方针。1981年5月，自治区政府批转区教育局、劳动局《关于改革中等教育结构、发展职业技术教育的意见》（以下简称《意见》），要求各行署、市、县统筹兼顾，促进中等教育结构改革，积极发展职业教育。《意见》对发展职业技术教育作了明确规定：(1)中等教育结构改革，主要是改革高中阶段的教育。(2)中等教育结构改革涉及劳动制度、干部制度、经济发展规划等一系列问题，必须在党中央统一方针、政策指引下，由各级政府统一领导，组织各方面的力量统筹安排，具体实施。(3)改革现行招工制度，促进职业（技术）教育的发展。(4)充分调动各方面办学积极性。(5)要有计划地为发展职业技术教育培训师资。在各级有关部门的大力扶持下，银川、石嘴山、青铜峡首先恢复兴办了职业中学（班），开设烹饪、刺绣、理发、陶瓷、农业技术等专业。

1982 年，自治区教育局下发《改革中等教育结构、发展职业技术教育的通知》，要求：(1)改革普通中学（包括 8 所重点中学）高中课程，从 1982 年新学年开始，增设职业技术课（农村中学应增设农业技术课）。(2)有计划有步骤地在城镇改办一部分高级中学为职工中学（或职业班），已改办的可逐步扩大招生，欢迎各业务部门与学校挂钩联合举办所需要的职业学校。(3)各地视条件将农村有些高级中学和农垦、林业基地所办的普通高级中学改办为农业、林业、牧业中学。1982 年，西吉、固原、平罗、盐池 4 个农业现代化基地试点县，应首先各改办一所普通中学为农（牧）业中学。(4)建议各地计划、劳动部门根据需要与可能，积极组织各有关业务部门、厂矿企业单位开办职业技术学校（班）。

1975~1983 年，全区开办职业中学、农业中学 6 所（其中初级农业中学 2 所），25 所普通中学附设了职业班，共 21 个专业，65 个教学班，2563 名学生（其中初中 1268 人）。自治区机械、煤炭、电力、石油、水利、化工、轻纺、邮电、冶金、商业、建筑、交通等部门都办起了技工学校（班），不少学校已初具规模，成为职工技术培训的基地。1983 年，自治区对已有中等专业学校进一步调整，宁夏供销学校并入固原农业学校；撤销银南农业机械学校；银川市人民医院护士学校与宁夏医学院附属医院护士学校合并，成立宁夏护士学校；新建宁夏司法学校。

（二）调整中等教育结构，大力发展职业技术教育阶段（1984~1998年）

为进一步推动宁夏中等教育结构改革和发展职业技术教育，1984年8月，自治区党委、政府在永宁县召开改革中等教育结构、发展职业技术教育会议。会后，自治区党委、政府批准成立了自治区中等教育结构改革领导小组，自治区政府分管副主席担任组长，自治区教育厅、计委、经委、劳动人事厅、财政厅、农业厅、林业厅、乡镇企业局等部门的负责同志参加。同时，在自治区教育厅增加了分管职业技术教育工作人员编制。各市、县普遍召开常委会或县长办公会，传达永宁会议精神，并结合当地的实际情况，就改建或新建职业中学做出相应决定和规定。银川、石嘴山、贺兰、吴忠、灵武、中宁、中卫、盐池、同心等市、县相继成立了中等教育结构领导小组。银川、石嘴山两市教育局设立了职业技术教育科。吴忠、灵武、永宁等市、县配备了职业技术教育专职干部。

1985年，党中央做出《关于教育体制改革的决定》，明确提出："调整中等教育结构，大力发展职业技术教育""逐步建立起一个从初级到高级、行业配套、结构合理又能与普通教育相互沟通的职业技术教育体系""造就数以亿计的工业、农业、商业等各行各业有文化、懂技术、业务熟练的劳动者"。在机构改革中，自治区各主管厅（局）按照"干部四化"的要求，为各校配备了新的领导班子，对学校管理工作进行了改革。在各级主管部门的积极努力下，技工学校有了较大的发展，由1975年创办的3所（宁夏机械技工学校、宁夏电力技工学校、宁夏水利技工学校）发展到1985年的27所，在校生达5729人，共开设44个专业（工种）。1985年，经过调整、改革，新建宁夏电力学校、宁夏

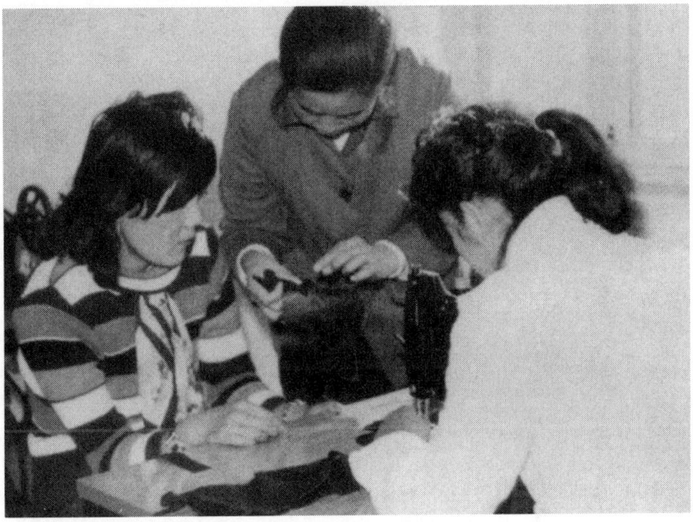
1985年，石嘴山市第一职业中学学生在皮革厂实习

计划物资统计学校，在宁夏水利技工学校中专班的基础上成立宁夏水利学校，供销学校从宁夏商业学校分出，恢复宁夏供销学校。1978~1985年为各行各业培养各种专业技术人才8441人。1985年，宁夏有职业中学29所（其中职业高中与普通初中合设的4所，职业初中4所），共48个专业、150个教学班，普通中学附设职业班87个，在校学生达10898人，教职工672人（其中专任教师473）。宁夏各市县基本上都办起了职业中学。

“七五”期间，自治区政府制定了《宁夏回族自治区中等职业技术教育规定》等多项规定，有力地促进了职业技术教育的发展与提高，建成了一批条件较好、办学质量较高、成效显著的骨干学校。由于各级政府对职业技术教育的重视，职业技术学校办学条件得到了较大改善，大部分职业中学新建、改建了教学、实验、实习用房，师资队伍建设通过外聘、调入、进修及高校毕业生分配等多种途径有了较大发展。随着职业技术教育的发展，经自治区政府批准，1989年2月，自治区教育厅正式成立职业技术教育处，加强了对职业技术教育发展与改革的宏观指导和方针、政策、措施的制定。1990年，全区各类职业技术学校达92所，18所普通中学附设职业高中班。各类中等职业技术学校在校学生达31933人，占高中阶段在校生总数的34.1%，年招生人数达11594人，与普通高中招生人数比为1:1.6。同时，为各行各业输送了6.5万多名中、初级的技术、服务、管理人才，有力地促进了宁夏经济建设的发展。农村中各种形式、各种层次的职业技术教育也有了较快发展。农村普通中学开始引进职业技术教育因素，“三加一”（三年初中教育再加一年职业技术教育）、“初三分流”“四年制”以及各种形式的初中后、高中后分流也有了一定发展，随着农村教育综合改革实验区的实施，大部分县开始按“三教统筹”的原则来制定教育发展规划。全区农村职业中学已发展到17所，高中职业班32个，初级职业班18个，毕业生人数达3927人，在校生人数1万余人，基本改变了农村教育结构单一的状况。

1991年，国务院做出《关于大力发展职业技术教育的决定》，要求各级政府高度重视职业技术教育的战略地位和作用，积极贯彻、大力发展职业技术教育的方针。自治区党委、政府对发展职业教育投入了很大的精力。自治区政府主管副主席亲自领队，组织相关县市的领导和农村职业中学的负责人赴北京、河北、甘肃等省市考察学习，并到农村职业中学蹲点，解决发展农村职业教育中的实际问题。从1991年起，自治区政府决定每年从支援不发达地区资金中安排50万元职教补助经费，自治区财政每年安排50万元的职教发展周转金，支持职业教育发展。1991年，全区有中等职业学校87所，其中普通中专学校26所、成人中专学校26所、职业中学35所。1992年4月，自治区教育、计划、人事劳动、农业4部门联合下发了《关于加强和发展职业技术教育的若干意见》，明确提出职业教育的主要任务是：调整布局，合理规划，办好中等职业示范学校和骨干学校；发展多种形式、多种层次的办学模式，加大短期培训力度；积极在普通教育中适当引进职业技术教育内容；建立健全教研、师资培训、教材编写等职业教育体系。同年，成立了自治区职业技术教育研究会，又制定了《关于发展与改革农村职业技术教育的若干意见》。1995年，职教专项补助经费又提高到100万元，全区中等职业学校增加到 91 所，其中普通中专学校 26 所，成人中专学校 29 所、职业中学 36 所。

1996 年《中华人民共和国职业教育法》正式颁布，对职业教育在国民经济和社会发展以及国民教育体系中的地位与作用，职业教育的体系结构、办学职责、管理体制等都做出了明确规定，确立了职业教育的法律地位，标志着我国职业教育走上的依法治教、规范发展的道路。8 月，在《职业教育法》正式实施之前，自治区政府召开职业教育工作会议，提出了“九五”期间到 2010 年发展职业教育的指导思想、方针、奋斗目标和政策措施，并做出了《关于实施〈职业教育法〉，加快发展职业教育的决定》（以下简称《决定》），为职业教育的改革与发展打下了坚实的基础。《决定》提出：专业设置力求适应和促进宁夏产业结构的调整，重点保证基础产业和支柱产业的需要；按照区域经济协调发展，逐步缩小地区发展差距的方针，中等职业学校布局和专业设置，要在地、市范围内统筹规划。同时，设立了每年 150 万元职业教育专项经费。1999 年全区教育大会上又将职业教育经费增加到每年 250 万元。重点扶持、建设了一批职业中学，使这些学校形成了一定的办学规模、改善了办学条件，提高了教学质量，促进了职业教育的发展。

1997 年 10 月 6~10 日，由自治区人大教科文卫委员会牵头，自治区教委和自治区人事劳动厅共同参与检查，对全区 19 个县（市、区）贯彻落实《职业教育法》及全区职业教育工作会议精神的情况进行了全面检查。此次检查对于《职业教育法》和全区职业教育工作会议精神的贯彻落实，起到了积极的促进作用。

（三）调整学校布局，优化资源配置，大力发展高等职业教育阶段（1999~2002 年）

1999 年，党中央、国务院做出《关于深化教育改革　全面推进素质教育的决定》，提出“积极发展包括普通教育和职业教育在内的高中阶段教育”“大力发展高等职业教育”。12 月，自治区党委、政府出台《关于加快教育改革和发展全面推进素质教育的决定》（以下简称《决定》），提出促进各类教育的相互贯通和衔接，构建开放式终身教育体系。《决定》要求：(1) 放宽中等职业学校的入学条件限制，允许初中毕业生免试进入中等职业学校学习，允许普通高中在校生转入职业高中学习；(2) 在普通高校和职业技术学院中，为高中和职业学校毕业生开辟学制相通、学习形式多样、各具特色的本专科教育直至研究生教育的“直通车”；(3) 实施“现代远程教育工程”；(4) 大力加强函授教育、自学考试等形式的成人教育，完善终身学习体系。

2000 年 4 月，自治区成立了由自治区政府分管副主席任组长的大中专学校体制改革领导小组，并下发《自治区政府批转〈自治区教委关于调整我区中等职业学校布局结构的意见〉的通知》，提出用 2~3 年的时间，按照产教结合、面向市场、自主发展的原则，引入市场机制，通过合并、联办、共建、划转、改制、兼并、成立职教集团等多种形式进行布局结构调整，进一步优化资源配置，扩大学校办学规模，提高教育质量和社会效益。从 2000 年起，将普通高中、职业高中、普通中专、技工学校招生考试合并进行，实行一次考试，分别录取的办法。同时，放宽中等职业学校的入学条件限制，允许国家级和省部级重点中等职业学校跨地区、跨省市招生，扩大了学校的办学自主权。全区中等职业学校由 1995 年 91 所，经过重新布局调整，到 2000 年中等职业学校 75 所，其中普通中专学校 25 所、成人中专学校 21 所、职业中学 29 所。2001 年，职业教育不断拓宽办学路子，批准吴忠职业技术学院等 3 所高职学院正式招生，打通了中等职业学校毕业生的升学通道。10 所试办两种类型职业教育的学校为：高等职业教育试点班（招收中等职业学校毕业生，学制三年），包括宁夏卫生学校（检验、药剂）、银川电力工业学校（电厂及变电站电气运行）、宁夏建筑工程学校（建筑装饰）、宁夏财经学校（财会电算化）、宁夏商业学校（烹饪）。“3+2”高等职业教育（招收应届初中毕业生，三年中等职业教育，两年高等职业教育），包括宁夏人民警察学校（治安管理）、宁夏司法警官学校（狱政、监狱管理）、宁夏交通学校（汽车运用与维修、公路与桥梁）、宁夏农业学校（养殖）、宁夏机电工程学校（机电技术应用）。

2002 年，自治区政府先后三次召开专题会议，研究中等职业学校布局调整的重大问题，批转了自治区教育厅《关于宁夏中等职业学校布局调整的实施意见》。《实施意见》中涉及到的中等职业学校有 38 所，其中普通中等专业学校 9 所，技工学校 5 所，成人中专学校 9 所，职业中学 5 所，普通高校两所，提出市、县政府所属的各类中等职业学校，由市、县政府统筹协调，组建县级职教中心，2002 年底完成实质性合并。9 月，自治区教育厅向教育部申报宁夏国家重点建设示范性职业学校和专业的学校名单。示范性职业学校（6 所）：中等职业学校为宁夏商业学校（自治区级重点）、隆德县职业中学（自治区级重点）、银川市第一职业中学（国家级重点）、固原农业学校（自治区级重点）；五年制高职学院为石嘴山高等职业学院、吴忠职业技术学院。示范性专业包括中等职业学校（6 个专业、11 所学校）：烹饪为宁夏商业学校（自治区级重点）、银川市第一职业中学（国家级重点），计算机及应用为银川市计算机中专学校（国家级重点）、石嘴山市第一职业学校（自治区级重点），机电技术应用为宁夏机电工程学校（自治区级重点）、西北外事中专学校（自治区级重点），畜牧兽医为固原农业学校（自治区级重点）、宁夏农业学校（自治区级重点），工业与民用建筑为宁夏建筑工程学校（自治区级重点）；汽车运用与维修为宁夏交通学校（自治区级重点）、青铜峡市职业中学（自治区级重点）。五年制高职学院（3 个专业、3 所学校）的计算机应用技术为石嘴山高等职业技术学院，幼儿教育为吴忠职业技术学院，高级护理为固原职业技术学院。

（四）扩大招生规模，提高办学质量，加快推进职业教育快速发展阶段（2003~2008 年）

党的十六大提出，要“造就数以亿计的高素质劳动者、数以千万计的专门人才和一大批拔尖创新人才”，要“形成比较完善的现代国民教育体系、科技和文化创新体系、全民健身和医疗卫生体系”。为推动职业教育更好地服务于小康社会建设，国务院做出了《关于推进职业教育改革与发展的决定》，提出职业教育是中国教育体系的重要组成部分，是推动国民经济和社会发展的重要基础。特别是把职业教育与实施科教兴国战略、促进经济社会可持续发展、促进就业和再就业、解决“三农”问题等方面联系起来，要求高度重视并加快职业教育的改革与发展。2003 年 5 月，教育部职成司下发《关于推荐职业技术院校开展技能型紧缺人才培养培训工作的通知》。自治区教育厅结合宁夏实际，决定推荐 7 所学校为宁夏先行实施“制造业与现代服务业技能型紧缺人才培养培训工程”学校。同时，按照自治区党委、政府的部署，在全区职业学校布局结构调整中，实施战略性重组，将办学条件较好、社会效益较好的 12 所中等职业学校进行优化组合，组建了 6 所职业技术学院，扩大了招生规模，提高了办学质量，健全完善了现代职业教育体系，拓展了中等职业学校毕业生进入高等职业学校学习的渠道。

2004 年，国务院批转的《2003~2007 年教育振兴行动计划》提出，要实施“职业教育与培训创新工程”。经国务院批准，教育部与国务院有关部委再次召开全国职业教育工作会议，制定了《教育部等七部门关于进一步加强职业教育工作的若干意见》，对推进职业教育在新形势下快速持续健康发展提出了一系列政策措施。自治区也颁布了《关于加快推进职业教育改革与发展的意见》，增加了对职业教育的投入，努力改善办学条件，使宁夏职业教育有了较大的发展。同时，加强与东南沿海地区职业教育的交流，组织 9 名国家级重点职业学校校长前往山东、浙江、福建三省考察职业教育。考察期间，与山东、福建两省的16所学校签订了650名联合办学、合作招生协议，进一步扩大了宁夏中等职业学校毕业生就业渠道。

2005年，为贯彻落实全国职业教育与成人教育工作会议和《教育部关于加快发展中等职业教育的意见》精神，自治区教育厅举办高等职业教育班，将13所中等专业学校的相关专业纳入高职院校的培训范围，包括宁夏第一工业学校的采矿，西北外事中专学校的数控技术应用，宁夏艺术学校的舞蹈，宁夏林业学校的葡萄种植与酿酒、园林，宁夏交通学校的汽车应用与维修、公路与桥梁，宁夏机电工程学校的机电技术应用、汽车应用与维修、商务外语（英语）、计算机应用，宁夏水利学校的农业水利技术、建筑装饰，固原市职业学校的畜牧兽医、种植，同心阿拉伯语学校的阿拉伯语，宁夏轻工职工中专学校制浆造纸，宁夏人民警察学校的公共治安管理，宁夏体育运动学校的运动训练，宁夏农业学校的园艺、畜牧兽医，共21个专业。宁夏职业技术学院、宁夏水利学校、隆德县职业中学等三所院校作为公办职业学校的改革试点学校，积

2006年1月，自治区党委、政府在银川召开全区职业教育工作会议

极推进公办职业学校内部人事分配制度的改革，促进学校校长、教师及其他专业技术人员、工勤人员的聘用（任）制度，优化教师队伍，促进人才合理流动，深化职业学校分配制度改革，把教职工收入与学校发展挂钩，岗位津贴与个人工作绩效挂钩，调动教职工的办学积极性，增强学校的办学活力。

从2005年开始，职业教育步入快速发展的新阶段。10月，国务院做出《关于大力发展职业教育的决定》，11月，国务院又召开了全国职业教育工作会议，温家宝总理在会上发表了重要讲话，提出要把职业教育作为经济社会发展的重要基础和教育工作的战略重点，大力发展有中国特色的职业教育。2006年，自治区党委、政府召开全区职业教育会议，建立了由政府主管领导负责、教育厅牵头、各有关厅局参与的职业教育厅际联席会议制度，并下发了《贯彻〈国务院关于大力发展职业教育的决定〉的实施意见》，以加快职业教育发展，使职业教育适应宁夏推进新型工业化、城市化和农业产业化进程，实现经济跨越式发展对高素质劳动者和技能型人才的迫切要求。2007年，全区共有职业院校43所，校均规模近2000人。中职招生规模连续四年快速增长，递增幅度

2007年11月，全区职业教育现场观摩会在银川召开

高于全国水平，连年受到教育部的表彰奖励。宁夏职业院校在校生规模达到8.5万人，其中高职在校生2.1万人、中职在校生6.4万人，在校生三年内增加了1倍多。11月3日至5日，自治区党委、政府召开了全区职业教育现场观摩会，自治区党委、政府主要领导先后赴各区各校进行调研与指导，反映出加快发展职业教育的决心。

宁夏职业教育基地建设奠基仪式暨自治区职业教育实验实训基地开工典礼

自治区党委、政府始终把发展职业教育作为一项重点工作，坚持每年列入自治区民生计划，高度重视，合力推进。2008年，自治区党委、政府出台《关于推进职业教育跨越式发展的意见》，进一步明确了自治区今后五年职业教育改革与发展的指导思想、目标任务和主要措施，确定了“使初中毕业未被普通高中录取、高中毕业未被大学录取的学生都要接受各种形式的职业教育或技能培训”的工作思路，特别是将职业教育专项资金由原来的每年2000万元增加到1亿元，并从2010年开始到2012年，每年再增加1000万元，市、县政府城市教育费附加中用于职业教育的比例不得低于30%，自治区还成立了以政府主席任组长的推进职业教育跨越式发展工作领导小组，建立了自治区职业教育跨越式发展工作联席会议制度，颁布了《市县政府推进职业教育跨越式发展工作责任考核办法》《职业院校工作责任考核办法》等一系列配套文件，为推进职业教育发展提供了强有力的政策支持和资金保障。

（五）加强职业教育基础能力建设，建立健全现代职业教育体系阶段（2009~2015年）

2010年7月，党中央、国务院印发《国家中长期教育改革和发展规划纲要（2010~2020年）》，提出到2020年形成适应经济发展方式转变和产业结构调整要求、体现终身教育理念、中等和高等职业教育协调发展的现代职业教育体系。在国家政策的引导和扶持下，自治区将发展职业教育上升为一项事关民族地区经济发展、民生改善的重要战略，基本建立起了与自治区经济社会发展相应的职业教育发展体系。自治区政府常务会议研究通过的《宁夏中长期教育改革发展规划纲要（2010~2020年）》明确提出，到2020年全区职业教育在校生达到17万人，加强职业教育基础能力建设，增强职业教育吸引力。

2011年2月，自治区党委、政府召开教育工作会议，对实施《宁夏中长期教育改革和发展规划纲要（2010~2020年）》做出全面部署，决定从2011年起，实施“教育移民工程”、利用中职教育和东西部合作联合招生、山川相济等措施，使宁南山区学生到异地接受优质教育，并稳定就业。到2020年基本实现教育强区目标，教育主要发展指标达到全国平均水平，部分指标达到全国先进水平，基本实现教育现代化，基本形成学习型社会，基本满足人民群众对教育的多样化需求，进入人力资源强区行列，为建设人民富裕、社会和谐、民族团结的新宁夏，提供强大的智力支持和人力资源保障。

2011年2月，全区教育工作会议召开

按照《宁夏“十二

五”中南部地区生态移民规划》和《宁夏“十二五”中南部地区教育移民实施方案》要求，针对35万生态移民子女的教育问题，自治区制定出台了一系列“教育移民”政策措施，区内各中职学校要与中南部职教中心建立联合招生合作培养新机制，引导中南部地区移民子女有序向川区转移；继续实施区内五年制高职招收移民子女初中毕业生接受职业教育；面向中南部地区招生的宁夏六盘山高中、育才中学试行高二分流直通高职就读的措施，使一部分不能升入高校的学生从高三开始接受高职教育；宁夏职业技术学院、宁夏财经职业技术学院、宁夏工商职业技术学院3所国家示范性高职院校22个专业，每年单独自主招生计划的50%定向切块到中南部移民区，招收移民子女。自治区教育厅还制定了《关于对中南部地区生态移民子女进行职业教育的实施方案》，确定使初中毕业未被普通高中录取、高中毕业未被大学录取的生态移民子女都要进入职业院校免费学习，最终实现稳定就业，自治区政府责成相关部门进行了多次专项督查。

2011年11月，宁夏职业教育福建工作站在厦门挂牌成立，为闽宁职业教育联合招生合作办学搭建广阔和发展平台。2013年，福建省省属高校安排面向宁夏跨省招生计划353人，其中本科211人，比上年增加20人，增幅为10.5%；高职高专142人，比上年增加了116人，增幅为446.2%。3月，自治区教育厅与福建省教育厅积极协商，确定了福州大学和银川能源学院一对一对口支援，为两省区高等教育交流和招生合作工作开辟了新渠道。11月，自治区教育厅与天津市教委签订了《宁津职业教育合作办学协议书》，利用天津市国家职业教育改革示范区的资源，对宁夏的职业院校教师进行培训。通过各种培训，有效提升了校长的管理水平和教师的教学水平。同时，还与台湾按照“优势互补、资源共享、互惠互利、共同发展”的原则，充分发挥两地的优势教育资源，开展职业教育合作办学。银川能源学院已经派12名中层干部到铭传大学进修，宁夏大学新华学院也派出部分学生到铭传大学交流学习。

2012年6月，自治区第十一次党代会提出，大力发展职业教育，对来自中南部地区农村和贫困家庭的学生实行减、免、补等优惠政策。为了使每一个家庭经济困难学生不因家庭贫困而辍学，在实施好国家资助政策、对涉农专业和农村学生免学费政策的基础上，2010年以来，各地结合实际，制定了特殊优惠政策，实施免费的中等职业教育，石嘴山市、中卫市沙坡头区、中宁县、灵武市、盐池县率先实施了免费中等职业教育。2013年6月，自治区政府批转自治区财政厅、教育厅关于扩大中等职业教育免学费范围的意见，从2013年秋季学期开始，在西部率先实现了以省为单位的免费中等职业教育。同时，认真贯彻落实全国教育信息化工作电视电话会议和教育部《教育信息化十年发展规划（2011~2020年）》总体部署，6月14日，自治区召开全区教育信息化工作会议，对当年及今后一个时期教育信息化工作进行了安排部署，会后印发了《宁夏教育信息化发展规划（2013~2017年）》《宁夏职业教育信息化发展意见》。

党的十八大提出，要加快发展现代职业教育，推动高等教育内涵式发展，积极发展继续教育，完善终身教育体系，建设学习型社会。党的十八届三中全会通过的《中共中央关于全面深化改革若干重大问题的决定》强调，加快现代职业教育体系建设，深化产教融合，校企合作，培养高素质劳动者和技能型人才。为加快发展现代职业教育，建设现代职业教育体系，服务实现全面建成小康社会目标，教育部、国家发展改革委、财政部、人力资源社会保障部、农业部、国务院扶贫办组织编制了《现代职业教育体系建设规划（2014~2020年）》。规划明确指出：“系统构建从中职、专科、本科到专业学位研究生的培养体系，满足各层次技术技能人才的教育需求，服务一线劳动者的职业成长。拓宽高等职业学校招收中等职业学校毕业生、应用技术类型高等院校招收职业院校毕业生通道，打开职业院校学生的成长空间。在确有需要的职业领域，可以实行中职、专科、本科贯通培养。”

2014年1月，自治区党委、政府出台《关于加快发展现代职业教育的意见》，提出到2020年基本建成具有宁夏特色、符合国家标准的开放型、合作式、国际化的现代职业教育体系，全力打造“机制一流、特色领先”的西部职业教育高地。用5~7年的时间，建立和完善适应宁夏经济发展方式转变和产业结构调整要求，体现终身教育理念，实现中等职业教育、高等职业教育、应用型本科教育和专业学位研究生教育协调发展的开放型现代职业教育体系。为确保上述目标如期实现，自治区将加大职业教育投入，从2014年开始，自治区财政预算内职业教育专项经费在每年7000万元的基础上，逐年增加1000万元，2017年将达到1亿元。同时，依托自治区职业教育基地内公共实训中心，建设西部领先、国内一流、特色鲜明、成效显著的国家级中国（宁夏）现代职业技能公共实训中心。

2015年10月，党的十八届五中全会审议通过了《中共中央关于制定国民经济和社会发展第十三个五年规划的建议》，紧紧围绕全面建成小康社会这个奋斗目标，立足“四个全面”战略布局和“五位一体”总体布局，顺应我国经济发展新常态的内在要求，科学分析国内外发展环境的重大变化，阐述了创新、协调、绿色、开放、共享的发展理念，明确了“十三五”时期经济社会发展的指导思想、目标任务和重大举措。全会提出，提高教育质量，推动义务教育均衡发展，普及高中阶段教育，逐步分类推进中等职业教育免除学杂费，率先从建档立卡的家庭经济困难学生实施普通高中免除学杂费，实现家庭经济困难学生资助全覆盖。12月，自治区党委十一届七次全会审议通过了自治区“十三五”规划建议，提出“打造西部职业教育高地。实施职业教育特色专业培育计划，适应我区产业发展需要，优化学科专业布局，打造一批具有宁夏特色、西部领先的品牌专业，培养更多的实用型、技能型复合人才。支持职业教育园区建设，建立职业技能公共实训中心教育资源共享机制，推进产教融合、校企合作，加强‘双师型’教师队伍建设，完善现代职业教育体系”。这不仅明确了今后一个时期职业教育工作的指导思想，也为我们指明了职业教育改革发展的主攻方向。

二、主要成就

改革开放以来，自治区党委、政府坚持大力发展职业教育的办学思路，不断提升职业教育在整个教育体系中的战略地位，采取了一系列强有力的政策和措施，高起点、高标准推进职业教育跨越式发展，形成了中高等职业教育快速发展、职业院校基础能力显著提高、产教结合和校企合作不断深入的良好局面，职业教育取得了巨大成就。

（一）职业教育的规模不断扩大

2001 年以来，宁夏中等职业教育逐步走出低谷，招生数大幅回升，其中 2003 年招生较上年增长 26.8%，增幅在全国排列第二。2002~2004 年，全区中等职业学校招生数从 14481 人增长到 21917 人，增长 51.35%，招生年均增长速度高于全国平均水平。2005~2009 年，全区中等职业教育年招生规模由 3.2 万人增加到 4.39 万人，增长了 37%，增幅远高于全国平均水平。以中等职业教育为主体，初、中、高等职业教育相衔接，与普通教育相沟通的职业教育体系框架基本形成。2010 年，全区有各类中等职业教育招生机构 44 个（其中保留中等职业教育办学层次的高职院校有 8 所，普通中等专业学校和职教中心有 28 所，成人中专有 3 所，实施学历教育的民办中等职业学校有 5 所），在校生 10.2 万人，比 2005 年增长了 65.4%。校均规模由 2005 年的 1927 人增加到 2318 人。各类职业培训机构 140 所，其中民办职业技术培训机构 120 所，年培训10.5 万人次。“十一五”期间，各级各类职业学校累计向社会输送13万多名毕业生，培养了一大批素质比较高的技术人员、管理人员、技工和农村实用技术人才，为提高广大劳动者的文化和职业技术素质做出了重要贡献。2011年，宁夏中职教育在校生规模增长了10.8%，而全国中职在校生数比上年下降了1.9%，东部和中部的中等职业教育在校生数分别下降了1.1%和4.5%，反差较大。截至2015年，全区共有独立设置的职业院校37所，其中高等职业院校10所、中等职业学校27所。在校生规模达到了15.2万人，其中高等职业教育在校生3万人、中等职业教育在校生达到12.2万人。中等职业学校校均规模由“十五”末的1927人增加到3297人（10所高职学院都有中等职业教育办学层次）。普通高中与中职招生比例达到5.5:4.5，基本实现了中职普通高中招生比例大体相当的目标。各职业院校开设了电子、数控机床、烹饪、建筑、机械、物流、商贸等100多个专业，毕业生总体就业率达到95.8%，基本建立起与宁夏经济社会发展相适应的职业教育体系。

（二）职业教育的基础条件显著改善

为加强职业教育基础能力建设，改善职业院校办学条件，增强办学活力和发展后劲，2007年自治区政府将财政预算内职业教育专项经费由“十五”期间的250万元增至2000万元，2008年增加到5000万元，以后逐年增加，到2017年达到1亿元。市、县政府城市教育费附加中用于职业教育的比例不低于30%。采取有效措施对职业教育布局、结构进行优化整合，努力提高办学规模和效益，组建了10所独立设置的高职学院，校均规模由不足2000人增至3862人，中职学校由38所调整到27所，校均规模由1927人增至3297人。在自治区层面，重点建设自治区职业教育园区。项目计划总投资61.74亿元，占地8.8平方公里，建筑面积171.3万平方米，涉及15所学校的调整，建成后可同时容纳10万人学习和实验实训。目前，已完成建筑面积67万多平方米，完成投资33.04亿元，已整合入住学校12所，3所正在规划之中，已有在校

西吉县职教中心汽修车间

生6.8万人。在地级市层面，重点支持5个地级市分别建设好一个综合性实验实训基地，已经全部投入使用。在县级层面，重点支持人口在20万以上的县建设好一个县级职教中心。目前，80%以上的县级职教中心改扩建或迁建工程部分已完工并投入使用。

（三）师资队伍建设水平全面提升

为适应经济社会发展的需求，自治区采取“送出去、请进来”和到生产一线学习实践等途径，加强对职业院校骨干专业教师的培训。从2008年开始，自治区推进职业教育跨越式发展工作领导小组每年都组成联合考核组，对全区各市、县政府发展职业教育工作进行全面考核，对成绩显著的市、县予以表彰奖励，调动了各市、县发展职业教育的积极性。积极争取国家资金，加大对职业院校骨干专业教师的培训力度，选派职业院校骨干专业教师参加国家级骨干教师培训。2007~2008年向教育部、财政部争取到经费93万元，选派宁夏中、高职院校20个专业的近百名骨干教师参加了国家级骨干教师培训。同时，要求各职业学校的实训课专任指导教师到企业生产一线学习、实践，提升职业教育师资队伍水平，教师的教学能力明显提升。2009年，对中等职业学校1000多名公共基础课和德育课教师进行了集中培训，并由自治区地方财政出资100万元，组织120名专业课、“双师型”教师和15名校长到江苏培训和挂职，校长、教师的管理和教学水平有大幅提升。除参加教育部安排的国家级骨干教师培训外，自治区财政每年出资 300 万元选派职业院校教师到国家级职业教育教师培养培训基地进行培训。2013 年，组织 330 名专业课、“双师型”教师到天津职业技术师范大学和宁夏理工学院等国家级职业教育教师培训基地进行培训。

（四）东西部合作与交流成果显著

从 2002 年开始，自治区对与东部发达省市联合招生、合作办学事项进行考察、研究。2003 年 11 月，教育部等部委联合下发《关于开展东部对西部、城市对农村中等职业学校联合招生合作办学工作的意见》后，自治区组织相关人员到福建、山东等地进行合作考察，建立了宁夏与福建、山东、浙江、天津的相关职业学校开展联合招生合作办学机制，达成了省际之间的合作协议。先后在山东烟台和福建厦门设立了宁鲁、宁闽职业教育联合招生合作办学工作站，自治区教育厅和相关市县教育行政部门、学校轮流派工作人员到工作站工作，加强与当地教育行政部门、学校沟通，帮助学生解决学习、生活以及就业等方面遇到的问题，及时掌握当地企业用工信息。同时，福建、河北、天津、山东、北京、浙江等省市的 200 多所中等职业院校与宁夏所有中、高等职业院校进行交流和洽谈，签订了数百个合作办学协议，确定了数万人的联合招生计划。为确保学生进得来、留得住、学得好、出得去，自治区与东部合作省市在学制上采用“2.5+

钳工专业的学生在实训车间

0.5”“2+1”“1.5+1.5”“1+2”和短期培训等形式开展合作。2011年，在全国中等职业教育招生模式推介会上，教育部将宁夏中等职业教育东西部联合招生合作办学工作作为“宁夏模式”向全国推广。2006~2012年，自治区赴东部中等职业学校学生7.4万~7.5万人，其中4万多人实现了稳定就业。2013年，中等职业学校通过扩大招生服务范围，争取往届初、高中毕业生，实行减免学费等措施，完成教育部下达4万人的招生计划，连续十年完成中职招生任务。东西部联合办学毕业学生总数已达到8万多人，其中约5万名学生已经在当地稳定就业。

（五）职业教育专业建设得到加强

认真实施“国家级中等职业教育改革发展示范校建设工程”，从2010年起，银川市职教中心、固原农业学校、宁夏交通学校等14所学校成功申报国家级中等职业教育改革发展示范校项目，争取到国家专项资金1.34亿元，2013年第一批建设的两所学校已进入国家验收阶段。遴选推荐8所高职学院的学前教育、清真食品生产加工等14个专业为“支持高等职业学校提升专业服务能力”项目专业，通过教育部评审，获得专业建设资金3100万元，各项目学校已完成建设任务。积极支持宁夏幼儿师范学校、宁夏艺术学校两所中职学校升格为高职院校，进一步提升职业教育办学水平。在自治区职业教育基地内筹建现代农业实验实训基地，为培养符合地区发展需要的人才创造条件。建立完善高职学院招收中等职业学校毕业生的人才培养方案和课程体系，扩大高职学院招收中职毕业生和初中后五年制学生的比例，2014年达到25%，2017年达到40%，2020年达到50%以上。推进中高等职业教育有机衔接。建立中等、高等职业教育协调发展的教学联盟，共享教育教学资源。深化应用型本科、专业学位研究生教育人才培养模式改革，在现有国家示范（骨干）高职学院选择部分专业经批准通过合作办学、联合培养等形式实施本科职业教育试点，选择具备条件的本科院校部分专业实施应用型本科职业教育试点，探索依托自治区职业教育园区内现有职业教育资源试办宁夏应用技术联合大学。

（六）职业教育移民工程取得实效

为贯彻落实《宁夏“十二五”中南部地区生态移民规划》和《宁夏“十二五”中南部地区教育移民实施方案》，2010年以来，全区各市、县（区）结合实际，制定了特殊优惠政策，实施免费的中等职业教育，石嘴山市、中卫市沙坡头区、中宁县、灵武市、盐池县率先实施了免费中等职业教育。面对宁南山区近百万贫困人口，2011年启动了有史以来最大的生态移民工程，决定拿出上百亿资金进行生态移民，计划用5年时间把其中最贫困的35万人，搬迁到近水、沿路、靠城适宜生活和创业的地方，以解决当地贫困人口脱贫和恢复生态难题。结合生态移民工程的实施，自治区制定了特殊优惠政策，将通过补助学费和生活费的方式，对没有考入普通高中的初中毕业生全部纳入区内中职学校学习培训；对没有考入普通高等院校的高中毕业生全部纳入区内高职院校学习培训。仅2012年就有3000名移民子女进入高职院校学习，其中有248名移民子女成为“教育移民工程”的受益者，进入自治区3所国家示范性高职院校。同时，自治区也给予了这项重要的民生政策以特殊优惠，对移民子女“两后”毕业生进入中职学校和高职院校学习，实行免收学费和补助生活费政策。

（七）服务社会的功能不断增强

大力实施“技能致富计划”“成人继续教育和再就业工程”“农村适用型人才培训工程”“农村劳动力转移培训工程”，面向宁南山区贫困家庭的职业培训计划和10万农民培训计划，服务农业产业化发展、特色优势产业布局和农村劳动力转移就业，努力构建以县职教中心为龙头、乡镇农民文化技术学校为骨干、村级农民文化技术学校为基础的农村职业教育培训网络。“十五”以来，全区各类中等职业学校共培训了

8万名技能型人才。全区中等职业学校通过服务“三农”，为农村劳动力转移培训和进城务工人员培训做出了积极贡献。2010年以来，通过农村劳动力输出前培训、城乡各类失业人员培训、创业意识与能力培训、劳动力转移培训（阳光工程）、贫困地区中长期培训等方式共计培训各类人员67.39万人次，其中获职业技能证的达到23.43万人。同时，加快推进农村中小学现代远程教育工程建设步伐，形成覆盖广大农村地区的中小学信息技术教育网络，充分发挥了“一网多用”功能，在服务教育教学的前提下，积极服务农村党员干部培训和农民实用技术培训，成为农村科学知识、农业技术和先进文化的传播中心，成为建设社会主义新农村的重要阵地。

（八）职业教育集团化办学上有所突破

积极推动教育、农业、水利、交通、能源化工、现代服务、建筑等行业、企业与学校组建职业教育集团和专业教学联盟，完善集团化（联盟）办学的体制机制，积极推进多元投资主体共建职业教育集团的改革试点，实现教育与产业的紧密衔接，促进职业教育链和区域产业链有机融合。“十五”和“十一五”期间，在自治区党委、政府的领导下，由自治区教育厅牵头，对中专、成人院校进行了一次较大范围的结构调整和资源重组，成立了宁夏职业技术学院等8所高等职业技术学院。目前，自治区职业教育园区已完成建筑面积67万多平方米，完成投资33.04亿元，整合入住学校14所，在建1所，已有在校生6.8万人。为了实现职业教育与自治区优势骨干产业零距离对接，按照“统一规划、整合资源、高端设计、错位发展”的思路，进一步完善自治区职业教育园区基础设施建设，依托相关职业院校和企业，建设西部领先、国内一流、特色鲜明、成效显著的国家级中国（宁夏）现代职业技能公共实训中心，全力打造电子信息、机械加工、能源化工、建筑技术、物流管理、现代服务、葡萄酒工程、设施农业、羊绒加工、清真食品、枸杞保鲜与加工等领域的专业公共实训中心。目前，电子信息、能源化工、物流管理、现代服务、设施农业、清真食品6个专业实训中心正在建设之中，葡萄酒工程、机械加工、建筑技术、枸杞保鲜与加工、羊绒加工5个实训中心建设方案通过自治区政府常务会议审定，2015年10月完成。建成后，能满足以上11个产业应用型人才培养培训和技能鉴定。

三、经验启示

自治区党委、政府高度重视职业教育改革与发展，建立了加快发展职业教育工作联席会议制度，经常召开专题会议研究职业教育工作，破解发展难题。逐步建立了“分级管理、地方为主、政府统筹、社会参与”的职业教育管理体制，形成了自治区、市、县三级职业教育办学体系。不断深化管理体制和运行机制改革，探索和创新灵活多样的办学形式、增强学校的办学活力、提高学校教育教学质量，积累了一些好的经验和做法。

（一）加大政策扶持、推进体制创新，全力推动职业教育又好又快发展

多年来，自治区不断加大对职业教育的政府扶持力度。2002年，自治区政府先后三次召开专题会议，研究宁夏中等职业学校布局调整的重大问题，制定了《关于全区中等职业学校布局调整的实施意见》。2004年，出台了《关于加快推进职业教育改革发展的决定》。2010年，自治区政府常务会议通过了《宁夏中长期教育改革发展规划纲要（2010~2020年）》。这些政策从客观上对宁夏职业教育的发展起到重要的指导作用，从调整结构入手，推动职业学校办学体制、管理体制和运行机制改革。

成立职业学校大中专体制改革领导小组，由分管教育的副主席任组长，并研究下发了《自治区政府批转自治区教委关于调整我区中等职业

学校布局结构的意见和通知》，提出用 2~3 年的时间，按照产教结合、面向市场、自主发展的原则，引入市场机制，通过合并、联合、共建、划转、改制、兼并、成立职教集团等多种形式进行布局结构调整，提高职业教育质量和效益。

（二）坚持科学发展，促进职业教育与普通教育、职业教育与经济社会协调发展

自治区党委、政府把发展职业教育纳入经济社会发展整体规划中，围绕自治区工业“三个千亿”计划（投资 2000 亿元发展战略性新兴产业、投资 2000 亿元改造提升传统产业、投资 3000 亿元做大做强优势特色产业）、农业“三大示范区”（引黄灌区现代农业示范区、中部干旱带节水农业示范区、南部黄土丘陵生态农业示范区）建设以及服务业“四大领域”（大物流、大旅游、大融资、大市场）的全面发展，建立适应经济发展转型升级，中职与高职相互衔接、学历教育与职业培训并举、全日制与非全日制并重、职业教育与普通教育互通融合的开放性职业教育体系，积极推动职业教育与普通教育、继续教育相互沟通，通过中职升高职、高职入本科、应用本科转专业硕士等多种途径，拓宽学生进入高一级院校继续学习的渠道，造就一大批适应经济社会发展需要的高素质劳动者和技能型人才。同时，职业院校根据市场和社会需要，不断更新教学内容，改进教学方法，合理调整专业结构，积极发展面向新兴产业、现代服务业、机械装备业和自治区重大经济建设项目的专业，建成了一批国家级、自治区级特色示范专业，改造、优化一批传统专业，进一步增强职业教育服务现代化建设能力。

（三）坚持优先发展，创新职业教育办学模式以及教学模式

为了适应经济社会发展的需要，不断改革教育管理体制，创新办学模式以及教学模式，逐步形成了政府主导、面向市场、多元办学的体制机制。深化办学模式改革，坚持学历教育和中短期培训并重，推广订单

式培养方式，鼓励校企合作、半工半读和分阶段完成学业（学分制）等办学形式。在办学体制上，充分发挥行业、组织、企事业单位、社会团体和公民个人办学的积极性，鼓励和支持民办职业教育的发展，形成以政府办学为主和社会各界共同参与办学、公办学校与民办学校共同发展的办学新体制。在办学模式上，采取“1+2”“1+1+1”“2+1”等不同模式合作办学，实现优势互补，共同发展。在运行机制上，探索出灵活多样的办学形式，长短并举，广开教育门路，强化内部管理，提高质量，输出特色。同时，积极推进职业教育东西部联合招生合作办学，与东部经济发达地区 200 多所学校开展合作，相继开展了宁津、宁苏、宁鲁、宁闽、宁台职业教育联合招生合作办学。

（四）坚持以服务为宗旨，增强经济社会服务水平，在服务中求生存、求支持、求发展和求创新

职业教育的目标是培养大批技能型人才和高素质的劳动者，始终坚持以服务为宗旨，面向社会、面向市场办学，不断适应经济发展方式转变、现代产业体系建设要求和人的全面发展，遵循职业人才成长规律，实现科学定位、科学分工和科学布局。统筹协调中等、高等职业教育发展，以课程衔接体系为重点，促进培养目标、专业设置、教学资源、招生制度、评价机制、教师培养、行业指导、集团化办学等领域相衔接，切实增强人才培养的针对性、系统性和多样性。为使未能升入高一级学校的初高中毕业生都能接受职业教育，学会一技之长，自治区政府启动实施了“技能致富计划”。一是层层落实责任。每年将中等职业教育招生任务完成情况列为政府效能考核目标，签订招生目标责任书，将责任落实到院校、落实到人头。二是加大宣传力度。组织所有高、中等职业院校在全区五市进行招生巡展，展示职业教育发展成果。三是组织在沿海地区学习和成功就业的先进代表组成演讲团，深入宁南山区各地进行宣传，展现东西部职业教育合作办学的成果。同时广泛开展农村实用人

才培养培训，培养有文化、懂技术、会经营的新型农民。

（五）坚持多元化办学体制，培养造就适应劳动力人才市场需要的人才

完善落实支持职业教育发展政策，逐步实行中职教育免费制度，积极推进学历证书和职业资格证书双证书制度，促进教育与就业的无缝衔接。积极探索高职院校自主招生，开通中职升高职、高职升应用型本科、培养专业硕士的直通车，使更多的优秀职业院校毕业生更为便捷地接受更高层次的教育。各类职业院校以提高学生的技能水平为核心，深化教育教学改革，加强实践环节教育，使学生适应职业岗位的要求。积极推进工学结合、半工半读的培养模式。与企业紧密结合，大力推行工学结合、校企合作，改革以学校和课堂为中心的传统人才培养模式。同时，结合工业化、城镇化和农业产业化的顺利推进，宁东能源化工基地建设和设施农业的不断发展，将职业教育东西部联合招生合作办学与山川相济并举，大力开展城市支援农村、川区支援山区中等职业教育，既保证中等职业教育学生毕业后顺利就业，又保证中等职业教育又好又快发展。

四、对策建议

《国家中长期教育改革和发展规划纲要(2010~2020 年)》提出了构建现代职业教育体系的基本思路和实践路径。在加快职业教育改革和发展过程中，宁夏职业教育事业虽然取得了较大发展，但从总体上看，仍然存在着薄弱环节。职业教育的发展理念相对滞后；专业设置特色不鲜明，优势不突出；校企合作、产教融合制度不完善，办学水平和质量有待提高；教师数量不足，质量不高，特别是“双师型”教师严重匮乏；社会对职业教育的认知和接受程度较低；等等。因此，加快发展现代职业教育，仍是当前和今后一个时期宁夏教育工作的战略重点和教育事业

改革发展的战略突破口。

“十三五”时期，是宁夏教育从规模发展向质量提升的冲刺阶段，也是完成宁夏中长期教育规划纲要各项任务，基本实现教育现代化，打造西部教育强区的攻坚期。要结合党的十八届五中全会和自治区党委十一届七次全会精神，按照《中共中央关于制定国民经济和社会发展第十三个五年规划的建议》和自治区“十三五”规划建议要求，加快推进宁夏现代职业教育体系建设，充分发挥职业教育推动社会经济发展的战略性基础作用，为自治区经济社会发展提供更加有力的人力资源保障。

（一）适应经济社会发展，加快建设现代职业教育体系，不断扩大职业教育办学规模和办学层次

现代职业教育是适应现代科学技术和生产方式，系统培养生产服务一线技术技能人才的教育类型。加快发展现代职业教育，必须充分重视职业教育的跨界性特征，充分认识职业教育政策的转型特征。要依据《宁夏空间发展战略规划》和自治区产业分布，整体规划全区职业教育，优化调整布局结构，做好构建现代职业教育体系的顶层设计，在更新理念、适应需求、体制创新、科学规范、有效运行、符合规律、突出特色、保障有力、人民满意等方面取得突破。要从外部适应性、内部适应性和系统协调性等方面对职业教育进行整体规划，切实促进职业教育科学发展。一是现代职业教育体系要适应经济发展方式转变和产业结构调整要求，实现专业建设与产业发展对接；二是现代职业教育体系要体现终身教育理念，既要重视培养学生的学习能力，也要坚持全日制教育与各类职业培训并举并重；三是现代职业教育体系是中等和高等职业教育协调发展，要求系统培养技能型人才，突破培养层次的局限。要加强中等职业教育与普通高中、高等职业教育之间的衔接，提高中等职业教育的开放性，形成更加完善的现代职业教育体系。

（二）实施教师素质提升计划，培养更多高素质的“双师型”教师

教师队伍建设是职业发展的关键，要高度重视职业教育师资队伍建设，根据职业教育的特殊性，制定加强师资培养和培训的相关政策和配套措施，尤其要通过特殊政策措施尽快提高职业学校教师的整体素质，改善职业学校专业课教师紧缺的现状。一要大力实施职业院校教师素质提高计划，重点培养教师的实训指导能力和“双师型”教师的培养。积极采取参加国家级培训、开展自治区级培训、选送区外境外进修培训等多种形式提高教师的教学水平，加快培养一批理论与实践紧密结合的优秀学科专业带头人。二要全面推行教师全员聘任制和岗位管理制度，深化内部收入分配改革，将教职工收入与学校发展、所聘岗位和个人贡献挂钩，按劳分配、按岗位定酬、按任务定酬、按业绩定酬，逐步建立起重实绩、重贡献、向优秀人才和关键岗位倾斜、自主灵活的分配激励机制。三要采取更加灵活的方式，畅通职业教育教师队伍的进口，加大力度从企事业单位选拔具有丰富实践经验的高技能人才充实到教师队伍，支持职业院校面向社会聘用工程技术人员、高技能人才，担任专业课教师或实习指导教师。四要对职业院校实施有别于基础教育阶段学校的教师队伍编制管理模式，编制部门对各职业院校的编制实行动态管理，根据学校实有学生人数适时核编。在此基础上，可扩大职业院校的用人自主权，逐步缩小纳入编制管理的教职工人数，采取灵活的方式，聘用更多的具有一定专业技能的人员到学校任教，扩大“双师型”教师的比例，适应职业院校不断发展的需求。

（三）深化院企对接，实施职业院校办学模式创新计划，适应经济社会发展对职业教育多样化的需求

深入推进教学与生产实践、技术推广、社会服务的紧密结合，实现传统学院式教育模式向市场驱动和就业导向的转变。积极推行“双元制”“双证制”“工学结合”“半工半读”“学分制”等办学模式，建

立弹性学习制度，推行学分制和主辅选修制。进一步落实公办职业院校的办学自主权，形成职业教育机构自主办学、自我发展、自我约束的新机制。继续推动公办职业学校与企业合作办学，形成前校后厂、校企合一的办学实体。支持鼓励公办职业学校积极吸纳民间资本和境外资金，探索以公有制为主导、产权明晰、多种所有制并存的办学体制。认真贯彻《民办教育促进法》，大力发展民办职业教育。鼓励和引导民间资本进入职业教育领域，确保民办院校的学生和教职工在升学、就业、资格认定、职称评定、工龄计算等方面享有同等待遇。指导规范民办职业院校的办学行为，对于办学成就突出的要旗帜鲜明地进行表彰奖励。鼓励行业、企业发展职业教育，支持有能力的企业办好本企业的职业学校和培训中心，鼓励职业院校与行业、企业开展联合办学，不断扩大职业教育对外开放，推进职业教育领域中外合作办学，努力开拓职业院校毕业生境外就业市场。要加大经费的投入力度，加强学校基础建设，改善办学条件，提高师资水平，缩小与普通高中学校及东部发达省区中职教育的差距，切实提高中职学校办学水平，保证中等职业教育的质量。

（四）实施职业学校骨干特色专业培育计划，打造具有宁夏特色的职业教育优势品牌

社会对优质教育需求不断增长的新形势下，职业教育只有做大做强，办出特色，提升质量，赢得社会认可，才能生存和发展。要紧紧围绕自治区支柱产业和优势特色产业发展，按照“统一规划、整合资源、高端设计、错位发展”的思路，提高人才培养与产业发展的契合度，引领职业教育发展。一是紧紧围绕自治区确定重点发展的“五优一新”优势特色产业和农业特色产业为重点，合理调整专业结构，建成一批国家级、自治区级特色示范专业，改造、优化一批传统专业。二是积极推进以“大专业、宽基础、活模块”为目标的课程改革，加强特色专业精品课程建设，组织编写一批反映新知识、新技术、新工艺、新方法，具有

宁夏特色的职业教育专业教材。三是建立特色骨干专业扶持基金，对符合自治区大的产业方向、在国内具有一定影响力的专业，经自治区专家委员会确定为自治区特色骨干专业后，每年给予一定资金的支持，促其做大、做出品牌。中等职业学校要紧紧围绕社会经济发展的实际，以社会需求为导向，与精准扶贫相结合，重点培育区域优势明显的专业，打造职业教育品牌，形成特色专业学科群，提升学校竞争力。

（五）以市场为导向，按需定培，促进职业教育跨越式发展

树立和落实科学发展观，坚持以人为本，从职业教育更好地服务于经济社会发展的高度，充分认识抓好职业教育工作的重要性和紧迫性，不断创新工作思路，强化工作措施，促进职业教育实现跨越式发展。一要坚持以市场为导向，以就业为目标。职业院校要面向劳动力市场、人才市场和劳务市场确立自己的人才培养模式，按照市场发展变化的规律规划、设置专业，安排课程与教学计划，选择教学方式方法，按照用人单位的“订单”培养学生，使学生毕业即可就业。二要坚持以素质为本位，以技能为特长。要坚持素质教育，培养学生综合的、全面的职业素质。同时要重视技能特长的培养，使学生掌握一项或几项技能，使其成为特长，以保证在岗位竞聘和就业竞争中拥有自己的优势。三要坚持工学结合，学以致用。要使专业及课程内容与相应的职业岗位紧密结合，需要什么就设置什么，按需而设、按需而教。在教育教学的过程和方式上，使课堂教学与实际工作岗位的操作训练相结合，使岗位操作训练成为教育教学的有机组成部分。同时，要安排合理的岗位实习，使学生能够充分运用所学知识，最终达到职业岗位的要求。

（六）继续加大投入，加强职业教育基础建设，提高职业教育创新发展能力

自治区职业教育园区是自治区党委、政府推进职业教育跨越式发展的重大战略部署，是教育系统的一号工程，其占地面积、投资额度、建

设规模在宁夏教育发展史上是空前的大手笔。要加快建设自治区职业教育园区，建立健全自治区职业教育实验实训基地共享机制，依托自治区职业教育基地内的公共实训中心，建设西部领先、国内一流、特色鲜明、成效显著的国家级中国（宁夏）现代职业技能公共实训中心，最大限度地实现职业教育资源的共享共用。全力打造电子信息、机械加工、能源化工、建筑技术、物流管理、现代服务、葡萄酒工程、设施农业、羊绒加工、清真食品、枸杞保鲜与加工等领域的国家级现代职业技能公共实训中心，创新管理体制和运行机制，支持职业院校特色化、规模化、品牌化发展，推进国家级示范性中职学校和高职学校建设。继续推进东西部联合招生合作办学，促进校企合作制度化，鼓励更多有实力企业，多种形式的参与职业教育，组建和完善行业性、区域性职业教育集团，促进校企深度融合。同时，按照教育部关于职业教育信息化“教师率先使用、职业教育率先部署、发达地区率先示范”的要求，加快推进职业教育信息化建设步伐。

加快高等教育改革发展
着力提升社会服务能力

宁夏是一个面积仅有 6.6 万余平方公里，人口只有 600 多万的小省区，尤其是与自治区同龄的宁夏高等教育，学校少、规模小，与一些高等教育大省、强省（区）不可同日而语。然而凡事“预则立，不预则废”。在党中央的关怀、支持下，在自治区党委、政府的正确领导下，宁夏高等教育坚持从实际出发，一步一个脚印，稳步发展推进，用不到 30 年时间实现了从小到大、从弱变强的华丽蜕变。进入新世纪，乘着国家实施西部大开发战略的东风，迈着“西部开发、教育先行”的步伐，以“小省也能办大事、也能有大作为”的决心和勇气，大力实施“科教兴宁”和“人才强区”战略，推动了全区高等教育在规模、结构、质量、效益方面，实现了新的历史性跨越，宁夏高等教育进入历史上最好的发展期，取得了辉煌的成就。

一、改革发展历程

（一）统一招生考试制度改革，高等教育进入恢复发展与稳步扩大规模阶段（1978~1990 年）

“文化大革命”期间，宁夏高等教育遭受严重破坏，仅有的宁夏大学、宁夏农学院、宁夏医学院 3 所高等院校管理基本陷于无政府状态。领导机构受到冲击，教育管理规章被废除，高校学术权威被打倒，优秀师资被强行下放，教学质量无从谈起，教育教学秩序极其混乱，高等教育事业一度停滞不前。1972 年，宁夏大学、宁夏农学院恢复招生，上海铁道医学院搬迁至银川，与宁夏大学医学系合并，重建宁夏医学院并开始招生，但学生全部都是推荐的工农兵学员，很大程度上影响了生源质量，至 1976 年末 5 届共培养工农兵大学生 3081 人。粉碎“四人帮”以后，特别是党的十一届三中全会以来，拨乱反正，各高等院校恢复了正常的教学秩序，实行统一招生考试制度改革，落实了知识分子政策，恢复和评定了教师职称，加强了师资队伍建设，宁夏高等教育事业进入了恢复振兴和稳步发展轨道。1978 年经国务院批准，成立宁夏工学院，建立固原师范专科学校。固原师范专科学校同年开始招生，专门为宁南山区培养中等学校师资。银川师范增设大专班，并于同年开始招生。1980 年，宁夏医学院增设大专班，连续招收了两届新生。在此期间，宁夏大学先后增设体育、地理、新闻等专业，宁夏农学院先后增设农田水利、农业经济、植物保护、生物等急需专业。

1983 年 8 月，自治区政府召开全区高等教育工作会议，专题讨论全区高等教育调整、改革与加速发展、增加经费等问题，提出了今后 5 年的发展规划，着手解决高、中等专门人才和本、专科人才的比例失调问题，决定宁夏工学院开始扩建并招生，成立银川师范专科学校。为保证向农村和边远地区特别是对回族聚居的固原地区输送人才，决定在区内高校招生时部分实行定向招生，毕业后定向分配。宁夏高等教育以工、农、医、师四大门类为主体，具有一定规模和水平的办学体系初步形成。同时，为了满足社会经济发展的需要，加快人才培养和科研工作，经自治区党委和政府批准，这一时期各高等院校的管理体制实行了如下改革：(1) 进一步扩大学校的自主权；(2) 实行人员定编和合理流动；(3) 建立科技开发管理制度；(4) 后勤工作逐步企业化；(5) 改革学生管理工作。

随后几年时间，全区高等教育认真贯彻执行《中共中央关于教育体制改革的决定》精神，根据国家教育“坚持方向、稳定规模、深化改革、优化结构、改善条件、提高质量”的24字工作方针，励精图治，开始了从小到大、不断探索、不断前进，适应了全区经济建设和社会发展的需要。高等院校科研队伍进一步壮大。先后出版自然科学专著15部，获得自治区级以上的奖励成果和论文共57项。先后与美国、德国、加拿大等国家互派访问学者和留学人员，在引进国外智力、聘请外国文教专家和教师、引进外资和设备等对外交流与合作方面取得了较快的进展。至1990年末，全区共有全日制高等院校6所，在校学生达7992人，比1985年增加1567人，增长24.39%；有教职工3579人，比1985年增加511人，增长16.66%。其中专任教师1609人，比1985年增加257人，增长19%。专任教师中教授22人、副教授268人，高级职务占专任教师总数的17.2%。教师中具备研究生学历的有233人，占13.8%，博士1人。共设置43个专业，53个专业点，硕士学位授予点5个。6所区属高校占有土地面积1744.05亩，拥有校舍建筑面积27.9万平方米，藏书126万册，教学仪器设备1.6万件（台），其中价值2万元以上155件（台），固定资产总额1.1亿余元。

（二）管理体制同教学改革并重，高等教育步入优化院校布局与全面发展阶段（1991~2000年）

1992年，中共中央和国务院颁发《关于加快发展第三产业的决定》，明确将教育划定为第三产业，教育产业化随之兴起。同年，自治区党委、政府批转了《关于深化宁夏高等教育综合改革的有关问题的意见》，宁夏各高等院校进入了全面改革阶段。1993年，自治区政府印发了《关于深化教育改革的若干意见》，提出扩大学校办学自主权，促进学校内部管理体制改革的一系列政策措施。1994年，自治区党委、政府决定将区属普通高校由原来的行业部门分管改为由自治区教育厅行政部门统一管理，加强了政府对高等教育的统筹规划和宏观管理。1994 年 7 月，国务院下发《关于中国教育改革和发展纲要的实施意见》，提出要进一步发挥高等院校在国家科学技术工作中的重要作用，实施“211 工程”（面向 21 世纪，重点建设 100 所左右的高等院校和一批重点学科）。宁夏大学开始申请加入“211 工程”高等院校。随后，全国掀起了高校大规模借贷建设大学城、高等院校合并和院校调整的热潮，进行大规模扩招和实行收费制度改革，学校后勤社会化改革，推动了宁夏高等院校的规模扩张和校办企业热。1997 年 2 月，宁夏高校实施了通过合并来扩大办学规模、优化院校布局的改革，原宁夏大学、宁夏工学院、银川师范专科学校、宁夏教育学院 4 校组成新的宁夏大学，并确定了区属各普通高校的发展方向及合理分工、专业设置，对学科专业进行了调整。

宁夏医科大学新貌

1998 年，随着“985 工程”的启动，《中华人民共和国高等教育法》的颁布实施，使中国近代高等教育在经历了整整一个世纪的曲折之后，终于有了明确的、与世界高等教育发展同步的理念、目标与方向。此后几年，在教育部、自治区党委和政府的正确领导下，宁夏高等教育坚持规模、结构、质量、效益协调发展的方针，坚持以培养人才服务地方经济建设作为根本出发点，明确了以教学工作为中心、以教学评价为重点的工作思路，积极推进教学改革，大力发展应用性科学、技术学科和新兴边缘学科。深入探索人才培养模式，修订了教学计划，调整专业结构，加强了重点学科、重点课程建设，加强了师资队伍建设，改善了办学条件，有力地促进了高等教育事业的发展。宁夏高等教育步入全面改革阶段并取得阶段性成效，主要进行了以下几个方面的改革：第一，以“共建、合并、合作、联合”为主要形式，改革管理体制，达到省市与国家部委共建、共管，实现改善布局、优势互补与资源共享、服务地方经济等目的。新的宁夏大学组建并被自治区确定为区属重点建设的大学。第二，招生制度改革由试点走向双轨制、全面并轨，实现了付费入学和多数毕业生双向选择分配或自主择业，毕业生就业渠道不断拓宽。第三，调整专业，加强学科建设，强化教学管理。各高校陆续增设了经贸类、工科类等 20 个应用性、技术性强的短线专业，组织修订了近 300 门必修课程教学大纲和专业教学计划，增加了专业方向选修课，5 所高校形成了理、工、农、医、法、师、艺术等 7 大门类为主体的学科体系。第四，高校科研工作取得历史性成就：10 年间，宁夏普通高校共承担国家自然科学基金项目 56 项，国家社会科学基金项目 8 项，国家教委社科研究项目 20 项；承担自治区级科研课题 94 项，自治区级社科规范项目 16 项，自治区教委课题 81 项。有 460 项科研成果通过国家及自治区鉴定评审验收，13 项获国家级成果奖，306 项获省部级科技进步成果奖。宁夏的高等教育步入了规模、结构、效益、质量相协调的发展阶段。

截至 2000 年末，全区共有普通高校 5 所，其中 4 所为地方院校（宁夏大学、宁夏农学院、宁夏医学院、固原高等师范专科学校），部委所属院校 1 所（西北第二民族学院，2008 年更名为北方民族大学）。普通高校共设本科专业 62 个，专科专业 43 个，本、专科专业中，工科类专业占 19.32%，农科类专业占 37.5%，医科类专业占 7.95%，理科类专业占 21.59%，社科类专业占 37.5%。5 所学校中，宁夏大学、宁夏农学院、宁夏医学院为硕士学位授予单位，共有 41 个硕士学位授予点。有自治区级重点学科6个。全区普通高校共有在校生13558人，较1990年增加5566人，增长了69.64%。其中在校研究生137人，本科生10012人，专科生3546人，本、专科生比例为1:0.34。普通高校职工3962人。区属高校占地面积1744亩，已完成校舍建筑面积41万平方米，藏书181万册，教学仪器设备（200元以上）总值4000万元，固定资产总额2亿余元。全区有成人高校5所，其中广播电视大学1所，职工高等院校4所。

（三）深化改革与资源整合“多轮驱动”，高等教育进入提质增效与科学发展阶段（2001~2010年）

进入新世纪以来，自治区大力实施“科教兴宁”和“人才强区”战略、教育优先发展的战略地位得到进一步落实。高等教育坚持以“改革、深化、提高、发展”为方针，以教育结构结构调整为主线，提高办学质量为核心，外延建设和内涵发展相结合，体制机制创新为突破口，不断优化资源配置，根据《教育部关于全面提高高等教育质量的若干意见》《高等院校创新能力提升计划》精神，大力提升人才培养水平、增强科学研究能力、调整引导高校特色发展，服务经济社会发展、推进文化传承创新，实现了与全国高等教育同步快速发展，呈现出协调可持续发展的良好态势。

2001年，自治区政府召开全区教育大会，对新世纪全区高等教育事业发展进行了全面部署，宁夏高等教育步入提质增效发展的快车道。在宁夏大学第一轮合并的基础上，先后实施了宁夏大学与宁夏农学院的第二轮合并办学，宁夏医学院和宁夏卫生学校、宁夏护士学校合并办学，固原师专和固原卫生学校，宁夏广播电视大学和宁夏农业学校的实质性合并办学。这一系列的资源整合、结构调整，不仅有效的扩大了高等教育的办学规模，增加了教育资源总量，而且涵盖了普通高等教育、高等职业教育和民办高等教育三个层次，教育结构更趋合理，初步形成了专业、学科门类比较齐全、布局较为合理、功能较为完善的高等教育办学体系。同时，积极推动宁夏大学在人才培养、知识创新及服务经济社会等方面迈上新的台阶，宁夏大学民族预科部扩建为宁夏大学民族预科教育学院，成为教育部直属的全国三大民族预科培养基地之一。西北第二民族学院更名为北方民族大学。固原师范高等专科学校升格为宁夏师范学院。宁夏医科大学成功实现升格并更名之后，博士点建设进入实质阶段。2008 年 9 月，宁夏大大学列入全国“211 工程”第三期建设的大学，填补了宁夏没有“211 工程”高校的空白，也将宁夏高等教育推入了国家高等教育发展的快车道。积极引进社会及区外优质教育资源，大力发展民办高等教育，银川科技职业学院、宁夏大学新华学院建成招生，石嘴山职业技术学院升格为宁夏理工学院，中国矿业大学银川分院完成一期建设工程，并实现正式招生，民办高等教育呈现出良好的发展态势。在深化管理体制改革的同时，自治区加大高校基础设施的投入力度，千方百计改善办学条件。宁夏大学、宁夏医科大学等高校的新校区相继落成并投入使用，其他高校都已完成或正在新建、改建、扩建了校区。同时，还加大高校科技创新平台的建设力度，重点支持建设与地方经济建设和社会发展结合紧密的能源化工、生物技术重点实验室、西北生态退化与恢复重建实验室、葡萄种植与酿酒工程技术中心以及有地方特色的西夏学研究院、回族医学研究中心、生育力保持研究中心等，为高校服务地方经济社

宁夏大学阿拉伯学院成立

会发展搭设了广阔的平台。通过重点投入和建设，西北土地退化与生态恢复实验室进入国家重点实验室培育基础行列，宁东基础煤化工资源循环利用工程实验室、国家级煤化工检测重点实验室、西北生态退化与恢复重建重点实验室、旱区现代农业水资源高效利用工程研究中心等成为国家部委的重点实验室和工程中心，葡萄与葡萄酒工程研究中心顺利通过教育部验收。教育交流与合作方面，10 年间，宁夏高校先后与 10 多个国家和地区以及国际组织建立了教育合作与交流关系，聘请外籍教师和外国文教专家近 50 名，接收来华留学生 700 余人。宁夏大学建立了宁夏大学阿拉伯学院、中国阿拉伯研究院，同时在阿联酋设立了孔子学院，对外合作交流领域不断拓展、层次不断提升。

仅 2010 年，全区高校完成了自治区级精品课程、实验教学示范中心、本科优势特色专业、高职骨干专业、双语示范课、教学团队、教改项目、大学生创新计划、人才培养实验区、示范性高职建设改革项目等 10 个项目类别的立项建设工作。同时，开发了高教工作平台，有力地推动了全区高校内涵发展和质量提升。作为宁夏高等教育的龙头，宁夏大学进入"211 工程"建设行列两年来，瞄准学科发展前沿和自治区经济社会发展以及行为发展重大需求，集中力量推进重点学科建设，在全国高等教育体系中打造具有浓郁区域特色的学科品牌。

截至 2010 年末，全区共有普通高校 16 所，已形成了由 1 所"211 工程"大学、2 所多科性大学、4 所本科学院（含独立学院）、3 所"全国百所示范性高职"及"百所骨干高职"和 6 所自治区高职学院组成的层次较高、种类齐全、结构合理的高等教育体系。民办高校占到全区高等教育的 27%，成为全区高等教育增量的主要组成部分。共设本科专业 218 个，专科（高职）专业 221 个，博士学位授权一级学科点 5 个，博士学位授权二级学科点（不含一级学科覆盖点）23 个，博士后流动站 12 个，硕士学位授权一级学科点 40 个，硕士学位授权二级学科点（不

宁夏大学新校区

含一级学科覆盖点）214个，国家重点（培育）学科3个，省部级重点学科（一级）5个，省部级重点学科（二级）30个，均创历史最好水平。区属高校占地面积1744亩，校舍建筑面积286.39万平方米，藏书675万册，教学仪器设备（200元以上）总值6.86亿元，固定资产总额2亿余元。全区有成人高校5所，其中广播电视大学1所、职企高等院校4所，高等教育毛入学率22.54%。

10年来，宁夏的高等教育实现了从精英教育向大众化教育成功转轨，高等教育内涵式发展取得新进展，速度最快、亮点最多、教育面貌变化大、成绩显著，已经站在了一个新的发展起点上，为高等教育的良好发展奠定了基础。

（四）结构优化与重点学科建设同步推进，高等教育逐步转向内涵式发展阶段（2011~2015年）

2011年自治区党委、政府召开了全区教育工作会议，下发了《宁夏中长期教育改革和发展规划纲要（2010~2020）》（以下简称《纲要》），明确了今后10年教育改革发展的战略目标、基本任务和工作重点。根据《纲要》，到2020年，宁夏要基本实现教育强区目标，主要发展指标达到全国平均水平，部分指标达到全国先进水平，基本实现教育现代化，基本形成学习型社会，基本满足人民群众对教育多元化的需求。自治区教育厅根据纲要编制了《宁夏教育事业发展“十二五”规划》，绘制了未来 5~10 年全区教育事业改革发展的宏伟蓝图。

2011 年 9 月，宁夏成功举办了首届中阿大学校长论坛，来自埃及、阿拉伯联合酋长国、伊拉克、科威特、也门等国家和国内的上百位大学校长和代表共商交流合作，通过了《中阿大学校长圆桌会议银川宣言》，并签署了一批校际合作协议，促进了中阿人文交流，推动了中阿在文化教育领域的务实合作，提升了宁夏高等教育国际影响力，开创了宁夏高校对外合作与交流的新局面。宁夏大学与阿联酋迪拜大学合作建设的孔子学院正式运营。宁夏大学草业科学学科成为国家重点学科，中国少数民族史学科成为国家重点培育学科，新增 4 个一级学科博士点，实现了国家重点学科零的突破和一级学科博士点零的突破，填补了宁夏高等教育发展史上的空白。

迪拜大学孔子学院揭牌

2012 年末，宁夏教育综合发展水平位列全国第十位，位居中西部前列。在教育部首次组织开展的全国教育行风测评中，宁夏以 96.54 分成绩位居全国第一。宁夏大学“211 工程”建设通过了国家验收，并进入一省一校建设平台和国家支持中西部高校提升综合实力工作行列；宁夏医科大学成为博士授权单位，宁夏师范学院取得三个教育专业硕士授权点。宁夏能源学院升格为本科学校。全区高考录取率首次突破 80%，高考录取率达到 81.5%，创历史最高水平。高等教育毛入学率达 27.54%，达到全国平均水平。

2013 年，宁夏高等教育内涵发展和对外交流合作步入常态化规范化轨道。普通高考录取率稳中有升，首次实现“零点招”。宁夏医科大

中国—阿拉伯国家大学校长论坛

学“临床医学硕士培养改革试点”经验被教育部《简报》刊发。成功举办了第二届中阿大学校长论坛，沙特阿拉伯、阿联酋、阿曼、阿尔及利亚、埃及、巴勒斯坦、巴林、卡塔尔等17个国家和地区的27所大学的校长、副校长、院士和专家学者，国内20余所大学的校长、副校长和阿拉伯研究专家学者，以及全区16所高校校长参加本届论坛，为中阿各国高校继续在高教合作平台建设、学生双向流动、应用技术人才培养、人文和自然科学等领域加强合作搭建了平台，宁夏高等教育实力得到不断提升。

2014年，宁夏高考录取率达83.12%，创历史新高，并实现了连续两年零点招、连续5年零投诉。

2015年，宁夏高等教育毛入学率达到31.48%，比2010年提高6个百分点。高考录取实现了网上填报志愿、网上平行志愿录取，改革取消了“政策性加分”，完成了考试招生改革的基础性工作。高考录取率达81.12%，连续实现3年零点招、连续6年零投诉。高校毕业生初次就业率达到76%，创业人数明显增加。宁夏大学与宁夏师范学院联合办学向纵深发展。整合资源组建了宁夏葡萄酒与防沙治沙职业技术学院，初步建立了葡萄酒人才培养体系。宁陕11所高校建立了对口支援合作关系。立项建设20个优势特色学科、23个重点学科和35个重点专业。建立了高校专业预警退出机制，发布了本科和研究生教育教学质量年度报告。深化与福建、山东、天津、陕西等省（区）职业教育合作办学，创新宁津合作机制，打造了职业教育东西部合作办学的“宁夏模式”；首次与台湾高校建立职业教育合作机制。同时，宁夏高等教育开放取得新进展：宁夏大学与美国密苏里州立大学建立合作办学关系，实施农业工程人才培养项目，首批派遣50名学生、10名教师赴美学习深造。邀请阿拉伯大学校长协会成功举办第三届中阿大学校长论坛，建立了中阿共办的办会机制，发表《2015~2019中阿高等院校战略合作共同行动计划》，签署合作协议160多项，使中阿高等教育务实合作迈上了新台阶。印发了《2016~2020阿拉伯语人才培养规划》，明确了阿语人才培养和中阿人文交流合作示范区建设目标任务，为更好服务开放宁夏建设奠定了基础。

二、主要成就

30多年来，在党中央、国务院的关心支持下，在自治区党委、政府的正确领导下，全区高教系统认真贯彻落实科学发展观，解放思想，抢抓机遇，深化改革，推动宁夏高等教育事业进入了跨越发展的新阶段，取得了令人赞叹的成绩。

（一）办学规模明显扩大，基本满足社会多元化需求

30多年来，通过高校合并，资源整合，办学层次类型调整，宁夏高等教育体系日趋完善，形成了功能较为完善的涵盖普通高等教育、高等职业教育和民办高等教育三个层次高等教育办学体系，覆盖研究生、本科和专科教育，为能源、化工、现代农业、制造业、服务业等地方经济社会发展支柱产业提供人才支撑。全区高校总量有效增加，高等教育规模进一步扩大，截至2015年末，全区共有普通高等院校18所，其中部委院校1所，本科院校7所，专科院校10所，全日制在校生119410人，其中本科54964人、专科40425人，在校生人数较2010年末增长了19.41%。教职工总数11469人，其中专任教师7987人。高等教育毛

入学率达到 31.48%，跨入大众化行列。

（二）高等院校旧貌换新颜，办学条件明显改善

多年来，通过加大投入、整合资源、深挖潜力，高等院校办学条件持续改善。高等院校新建、迁建、改扩建达到了 100%，硬件条件大大改善。宁夏大学建设了行政办公楼、体育场、图书馆等一大批基础设施，宁夏建设职业技术学院实现了整体搬迁，宁夏医科大学、宁夏师范学院、宁夏司法警官职业学院建设了新校区。

（三）教师队伍素质明显提高，高层次人才培养能力增强

多年来，各高校坚持“稳定、培养、引进、提高”的方针，始终将教师队伍建设放在突出的战略位置，下大力气引进海内外优秀学术人才的同时，注重教师人才梯队的培养，制定了积极的人才政策，逐步建立和完善了师资培训体系，加大了对青年骨干教师的培养力度，通过组织实施“西部地区人才培养特别项目”“春晖计划项目”“青年骨干教师出国研修项目”“双语教师培训项目”等培养计划，选拔和培养了一批创新人才、创新团队和骨干教师，高校教师队伍结构层次得到了改善，整体素质得到了提升。截至 2015 年末，全区高校共有教职工 11469 人，其中专任教师7987 人；拥有本科及以上学历的教师比例达到 98 %以上，其中博士研究生 855 人，硕士研究生 2740 人，分别占专任教师总数的10.9%和34.9%。据统计，仅“十二五”期间，全区高校新增博士、硕士导师170 多人，培养和引进了学科带头人70 多人，一支集教

宁夏医科大学新校区

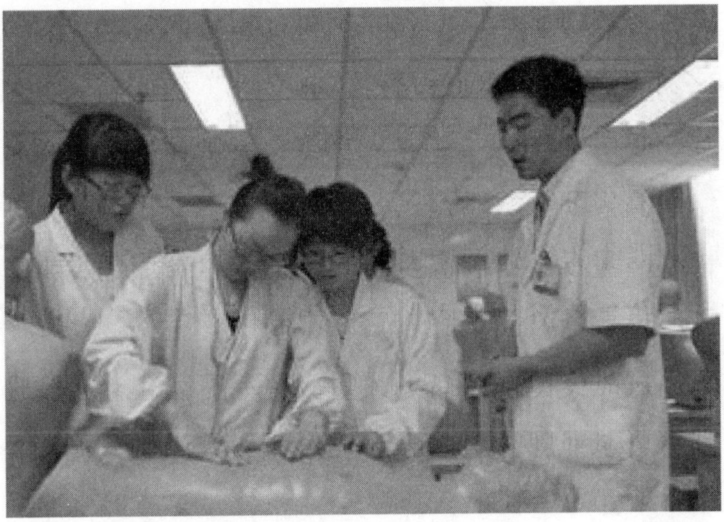

宁医大学生实践技能操作

学、科研、高层次人才培养于一体的学科群体和教师队伍已经形成。2015年，宁夏大学取得了博士授予单位资格，草业科学学科成为国家重点学科和宁夏第一个博士学位授予点，中国少数民族史学科成为国家重点培育学科，实现国家重点学科零的突破和一级学科博士点零的突破，新增4个一级学科博士点，填补了宁夏高等教育发展史上的空白。硕士学位点由“九五”期间的18个增加到“十二五”期间的62个。在职研究生教育和成人本科学位授予工作填补了学位与研究生教育的空白。学位与研究生教育能力进一步增强，研究生教育质量进一步提高。

目前，全区高等院校已形成有2名国家级教学名师、30名自治区级教学名师、2个国家级教学团队、40个自治区级教学团队的教师骨干队伍。建立了骨干教师队伍建设机制：定期举办全区高校校长论坛，每年支持高等院校聘请国内外专家教授来宁讲学，每年支持20名高校教师到国内知名高校访学。

（四）加强重点专业学科和课程建设，高等教育质量明显提高

切实加强高等院校教学工作、强化教学管理、深化教学改革，进一步增强高等教育办学实力。宁夏大学进入“211工程”建设行列，宁夏职业技术学院和宁夏财经职业技术学院、宁夏工商职业技术学院进入国家百所示范性高等职业院校建设计划，宁夏医学院、西北二民院更名，

宁夏大学精品课程教学

固原师专升格，都标志着宁夏高等教育质量和层次的提升。各高校以实施“质量工程”为主要内容，扎实推进自治区精品课程、实验教学示范中心、教学团队、本科优势特色专业、教学名师、大学生创新性实验计划、人才培养模式综合改革试验区、教学改革、大学英语教学上水平工程等自治区项目的立项建设，健全高等教育质量保证体系和质量监控信息系统。截至2015年末，全区高等院校形成了4门国家级精品课程、253门自治区精品课程、1门国家级双语示范课程、6门自治区级双语示范课程、11个国家级本科特色专业和35个自治区级本科特色专业的课程专业建设体系，建成了3个国家级实验教学示范中心、17个自治区实验教学示范中心。立项建设人才培养模式创新实验区37个、高等院校教育教学改革项目120项、大学生创新性实验计划项目1200多项，每年支持高校开展面向全区大学生的竞赛活动20多项。

（五）科研实力明显壮大，服务地方经济社会能力切实增强

不断加大高校科技创新平台的建设力度，重点支持与地方经济建设和社会发展结合紧密的能源化工、生物技术、西北地区退化生态恢复、葡萄种植与酿酒和有地方特色的西夏学、回族学等重点实验室、工程中心、研究中心的建设，为高校服务地方经济社会发展搭设了广阔的平台，宁夏医科大学回族医药实验室省部共建教育部重点实验室获批。自治区每年还设立高校科研项目100项，资助经费300万元，在支持基础研究的同时，把科研投入重点放在与自治区经济建设和社会发展紧密的

应用性研究。通过多年的不懈努力，宁夏高校科研水平得到明显提升，获得国家级项目立项和经费资助的能力大大增强。2015年，全区高校共争取各级各类科研项目657项，科技活动经费1800多万元。在研究项目中，仅国家自然科学基金、“973”计划、“863”计划、国家科技攻关计划等国家级重点项目立项就达27项。特别是随着学科体系和人才培养体系的不断完善，宁夏大学科研及服务地方水平也不断提高。近年来，该校围绕自治区提出的经济增长方式转变、加快现代农业发展、节能减排、提升自主创新能力、沿黄城市带发展、生态环境保护、文化传承与文化产业发展等一系列重大发展战略，主动贴近、积极参与，提供服务。高校派出的科技特派员比例逐年增加，高校科技成果转化逐年增多，高校与企业合作的产学研项目蓬勃发展，对经济社会发展的服务贡献能力不断提高。截至2015年末，全区已建成科研创新平台和科研基础10多个，其中省部共建国家重点实验室培育基地1个、省部共建科技部重点实验室1个、省部共建教育部重点实验室2个、教育部工程研究中心1个、教育部人文社科重点研究基地1个、自治区人文社科重点研究基地1个、自治区工程技术中心2个。围绕自治区支柱产业，加大新技术、新工艺、新材料的应用和研发，加速科技成果向生产力转化，科学研究成果学科覆盖面扩大，成果质量和层次提高，某些研究领域已接近或达到国内先进水平。

（六）高校内部改革明显深化，办学活力进一步增强

不断探索和完善民主集中制及党委领导下的校长负责制，探索党委领导、校长负责、教授治学、民主管理的有效途径和办法，校务公开、社会公示等制度逐步引入和推广，教代会、职代会、教授委员会等在高校民主管理中的作用得到了发挥。推行岗位聘任制和全员聘用合同制，建立了以岗位津贴为主体的分配制度，职务能上能下、人员能进能出的竞争机制和教师合理流动机制，干部人事制度改革取得显著进展。高等

教育层次结构、类型结构及学科专业结构不断优化，高等教育体系逐步完善。在依法办学、依法管理、规范发展的思想指导下，积极探索通过促进民办高等教育的发展，进行办学体制、投入体制和管理机制改革的有效途径。多年来，先后支持宁夏大学与上海交通大学、山东大学、华中科技大学等高校结成实质性交流合作关系，与日本岛根大学、阿联酋迪拜大学、美国密苏里州立大学、挪威红十字会北欧世界联合学院、新西兰梅西大学等结为重点合作伙伴，建立了阿拉伯学院、阿拉伯研究院，与阿联酋迪拜大学合作建立了孔子学院。支持宁夏医科大学与美国北上卡罗琳纳中央大学、澳大利亚国立大学、日本岛根大学、山东大学、复旦大学、北京大学、上海交通大学等建立长期交流与合作关系。对外合作交流领域不断拓展、层次不断提升。与此同时，还积极争取教育部“西部项目”及各类国家公派留学项目，每年派出高等院校留学人员 50 余名，并通过扩大宣传、设立留学生奖学金等一系列措施积极吸引外国留学生来宁留学，2015 年全区高校接收外国留学生近 800 人。

（七）党建工作明显加强，思想政治工作水平进一步提高

坚持以理想信念教育为核心，以爱国主义教育为重点，以思想道德建设为基础，以大学生全面发展为目标，以改革精神推进高校党的建设。自治区党委组织部、宣传部、教育工委每年召开一次全区高校党建工作会议，明确了高校基层党建工作的主要内容、工作目标、考核标准和创新方向，逐步建立健全加强高校党建工作的工作指导机制、条件保障机制、激励创新机制、检查评估机制和党建研究机制。为进一步加强高校思想政治理论课建设，从 2009 年起组织实施高校思政课“四大工程”，即 “名师培养工程” “精品课程建设工程” “教学质量提高工程” “保障体系建设工程”。通过实施“四大工程”，集中培养了一批坚持正确的政治方向、理论功底扎实、善于联系实际的教学领军人物、中

青年学术带头人和骨干教师，在全区高校建立起一支政治坚定、业务精湛、师德高尚、结构合理的思想政治理论课教师队伍；进一步推动高校思想政治理论课教学工作的改革创新，逐步建立以优质课程为主体的高校思想政治理论教育课程体系，为思想政治理论课建设提供学科支撑；政策、机构、师资等保障取得了显著成效，在连续多年的大学生问卷测评中，大学生对思想政治理论课教学工作满意率连续保持在95%以上。大学生思想政治教育工作呈现良好发展态势，大学生思想政治面貌发生了巨大变化。由宁夏大学打造的高校思想政治理论课建设的“宁夏模式”，在全国首创实施了共建高校马克思主义学院工作和特聘教授制度，被教育部作为典型经验向全国推广。

（八）热点问题备受关注，教育公平难题逐步得以解决

通过设立政府助学、奖学金，推进国家助学贷款、实施勤工助学，开展特困补助和学费减免，开通新生入学“绿色通道”等多种形式，资助高校贫困家庭大学生，全面建立了高校“奖、贷、补、减、免”等多元化资助政策体系，确保家庭经济困难学生完成学业。补贴高校公共服务，投入专项资金，保持高校学生食堂饭菜质量和价格稳定。在国家政策的指导下，不断进行改革探索，实行自主命题，推进“3+X”高考改革，实行了网上录取，阳光招生。针对日趋严峻的就业形势，建立了大学生就业指导中心，不断强化就业指导和服务。

在坚持各种信息“六公开”、严格执行“六不准”纪律的基础上，继续深化“阳光工程”内涵，通过提升服务质量进一步提高教育考试招生工作的社会满意度。一是进一步完善了教育考试招生国家、自治区、县（区）、学校、班级五级信息公示办法，细化了公示的基本内容、时间、地点及举报方式，做到了公示内容详尽、公示信息持续有效、监督举报不受时限，有力地防范和打击了各种资格造假。二是在5个地级市政府所在地的7个电子大屏幕、宁夏电视台、宁夏教育电视台、宁夏日

报等各种媒体上及时公开各种教育考试招生信息，接受社会监督。三是开通投档录取信息网上查询系统，考生可通过登录宁夏教育考试院信息网，在第一时间查询到自己的投档、录取信息。四是按照考生第一次填报志愿投档录取没有完成的普通高考招生计划，全部在网上及各种媒体上公布进行公开征集志愿，所有招生计划全部按照考生志愿录取。五是邀请自治区人大代表、政协委员以及考生、家长代表进入阅卷点等主要工作地，对工作过程近距离了解。六是邀请自治区纪检委、教育厅纪检组全程参与普通高考录取监督，录取点对记者开放，记者可随时进入录取点进行采访报道。七是进一步规范了普通高考部分政策性照顾项目。在评选表彰自治区级“三好学生”“优秀学生干部”的基础上，按照教育部规定增加了万分之一的“省级优秀学生”表彰项目，“省级优秀学生”具有保送上大学资格、加分可在全国使用的政策照顾项目；将原来全国使用的自治区级“三好学生”“优秀学生干部”加分项目调整为区内高校使用，并取消了区级“三好学生”“优秀学生干部”的保送资格。对政策性加分考生身份全部在招生“阳光平台”进行了公示。八是建立了宁夏国家教育考试考务管理网上巡查系统和宁夏教育考试招生信息管理系统，普通高考和成人高考实行了网上报名和网上填报志愿改革，提高了考务管理的现代化水平，提高了高考的公信度和社会满意度。

（九）就业创业服务明显加强，毕业生就业率逐步提高

针对日趋严峻的就业形势，近年来，采取一系列措施，大力推进大学生就业创业，取得了显著的成效。其中包括：召开全区大中专院校毕业生就业工作会议，对做好毕业生就业工作进行全面部署和安排，对毕业生就业工作先进集体和个人进行了表彰；坚持实行毕业生就业情况月报制度，定期召开全区高校毕业生就业工作联席会，及时了解和掌握各高校毕业生就业工作的进展情况；实施高校毕业生就业服务进校园活

动，即“就业政策进校园”“岗位信息进校园”“企业招聘进校园”“就业指导、失业登记指导进校园”“技能培训信息进校园”“创业政策、创业指导、创业培训信息进校园”“人事代理档案托管服务进校园”“创业意愿摸底进校园”；实施“创业大讲堂—优秀民营企业家进高校”活动，邀请区内外知名企业家到高校作创业讲座，加强对大学生创业知识与技能的教育培训；对全区高校毕业生入伍预征工作进了全面动员和安排部署，积极指导各高校、各地教育部门通过讲座、校报、网络、广播、电视等途径，积极作好入伍优惠政策宣传；切实加强毕业生就业市场建设，积极为毕业生充分就业提供信息服务；认真组织实施“农村和城市教师特岗计划”“大学生村官”计划、“三支一扶”计划。近年来，全区高校毕业生就业率达到75%以上。

三、经验启示

30多年来，宁夏高等教育在取得重大成就的同时，也积累了许多宝贵经验。

（一）政策扶持是宁夏高等教育发展的根本保障

宁夏高等教育改革与发展之所以取得显著的成绩，得益于自治区党委、政府始终坚持高举中国特色社会主义伟大旗帜，以邓小平理论和“三个代表”重要思想为指导，全面贯彻落实科学发展观，实施“科教兴国”和“人才强区”战略，坚持把教育放在优先发展的地位，把高等教育放在重点发展的地位，始终坚持党对教育、对高等教育的领导；得益于各级各类高校能认真贯彻落实党中央、国务院和自治区党委、政府对高等教育的要求和部署，全面贯彻党的教育方针，高举中国特色社会主义伟大旗帜，始终坚持正确的政治方向，牢牢把握社会主义办学方向，全面实施内涵式教育，培养德智体美劳全面发展的社会主义事业的建设者和接班人。

从宁夏高等教育37年的发展历程来看，国家或地方政府对高等教育的重视以及相应的政策扶持对于高等教育的健康发展的重要性不言而喻。尤其是进入新世纪以来，自治区党委、政府不断根据经济社会的发展实际，出台高等教育发展的一系列政策，下大力气加大投入，大力扶持高等教育发展，使宁夏高等教育事业进入到一个全新的发展时期，为广大人民群众提供了更好、更多、更公平的接受教育和培训的机会，极大地满足了人民群众的需求。

（二）改革创新是发展宁夏高等教育的不竭动力

从宁夏实际出发，坚持解放思想，改革开放，锐意创新，是宁夏高等教育改革与发展的动力，是不断突破高等教育发展面临的困难与障碍，推动高等教育事业的可持续健康发展的能量来源。

从宁夏高等教育30多年的历程来看，无论是在办学形式、招生体制、管理方式等方面，还是在专业设置、学科设计、师资培养等方面都在随着社会的发展与宁夏的实际情况不断创新和改革，研究适合和促进宁夏高等教育发展的措施和方法，创新实施了一系列的新举措。

（三）按教育规律办事是宁夏高等教育科学发展的基本遵循

宁夏高等教育的发展只有坚持“科教兴宁”和“人才强区”的战略，坚持稳步发展，以办好人民满意的高等教育为宗旨，才能开辟出有一条有中国特色、宁夏特点的社会主义高等教育发展道路。

在推进高等教育发展的进程中，必须坚持以科学发展观统领高等教育的改革和发展，遵循高等教育发展的规律和社会进步的客观要求，调整各级各类高校的功能定位，处理好规模与质量、内涵与外延、传统与特色、改革与稳定、共性与个性的关系，努力实现规模、结构、质量、特色、效益等内在统一，促使宁夏高等教育走内涵式发展之路。

（四）注重师资队伍建设是宁夏高等教育发展的关键

教师肩负着传播文明、开发智慧、影响灵魂的神圣使命，是素质教育的直接实施者。高校教师是高等教育的第一资源，是决定高等教育改革成败和高等教育方针政策得到落实的关键。高校教师是实施高等教育的关键，有了高素质的教师才能培养出高素质的学生。

建设一支结构合理、素质优良的高等教育教师队伍，是促进高等教育事业又好又快发展的重要保证，是全面提升宁夏高等教育质量和办学水平，促进高等教育均衡发展、扎实推进高等教育发展的必然要求。为保障高等教育发展，宁夏相继出台了一系列重大政治措施切实加强高校师资队伍建设，保障和提高教师的政治地位、社会地位和职业地位；制定了加强高校教师队伍建设的意见，启动实施了“人才强校”战略，采取引进、委培、自己培养、在职进修等一系列有力措施来提高高校教师队伍质量并取得显著成效，促进了高等教育教师专业发展，提升了高校教师的专业能力。

四、对策建议

“十三五”时期是宁夏全面建成小康社会的决胜阶段，是深化改革、扩大开放的攻坚期，是缩小差距、追赶发展的关键期。十八届五中全会阐述了创新发展、协调发展、绿色发展、开放发展、共享发展的发展理念，这五大理念反映了中国共产党对我国发展规律的新认识，是关系我国发展全局的一场深刻变革，对于破解发展难题、增强发展动力、厚植发展优势、开拓发展境界，加快推进社会主义现代化建设具有重大而深远的意义。自治区党委十一届七次全会通过的“十三五”规划建议，提出“实施教育质量提升工程”的重大部署，不仅明确了今后一个时期教育工作的指导思想，也为我们指明了教育改革发展的主攻方向。高等教育是科技第一生产力和人才第一资源的重要结合点，是区域核心竞争力的重要支撑。加快宁夏高等教育改革发展是建设开放、富裕、和谐、美丽新宁夏的重要保证。当前和今后一个时期，是宁夏加快发展内陆开放型经济试验区和打造丝绸之路经济带战略支点，推进跨越式发展，建设开放、富裕、和谐、美丽宁夏和全面建设小康社会的关键时期。西部大开发战略的深入实施，经济发展方式、社会管理方式、人民生活方式的转变，给高等教育发展提出了新目标、新任务和新挑战。由于历史、区位等因素影响，高等教育依然是宁夏教育事业发展的一个短板。高等教育的发展与全区经济社会发展的需求还不相适应，突出表现在办学定位不准、规划目标不清、发展动力不足、内部管理不活等方面。

《宁夏中长期教育改革和发展规划纲要（2010~2020)年》，明确了教育改革发展的战略目标、基本任务和工作重点。2015 年 4 月，《关于加快推进高等教育改革和发展的意见》（以下简称《意见》）出台，这是宁夏首次对高等改革发展做出系统部署，提出到 2020 年，宁夏高等教育在学总规模达到 14 万人以上，毛入学率达到全国平均水平以上，形成布局结构合理、学科专业优化、办学特色鲜明、公办民办共同发展的格局，高等教育治理体系趋于完善，治理能力不断提高。高等教育人才培养结构和科技创新能力与自治区产业结构调整优化的契合度明显提高，高校对经济社会发展特别是产业发展的支撑能力明显增强。确定了优化高等教育结构、提高人才培养质量、增强支撑发展能力、加强教师队伍建设、创新发展体制机制等方面的主要任务，并从加强高校党的建设、加大自治区统筹、加大经费投入与管理和营造良好发展环境方面为高等教育改革发展提供保障措施。《意见》对今后一个时期宁夏高等教育改革发展的顶层设计和制度安排，不仅指明了高等教育改革发展的方向和任务，同时也为高等教育改革发展增添动力与活力，必将有力推动宁夏高等教育的快速健康发展。

（一）充分认识当前高等教育发展新常态，在发展原则上坚持社会主义办学方向

当前，在这个问题上，高等院校确实面临着一些新形势和新挑战，也出现了一些新问题。坚持社会主义办学方向最根本的就是要坚持党的教育方针，坚持社会主义核心价值观，坚定建设社会主义一流大学的道路自信、理论自信、制度自信和文化自信。具体到各高校，就是要紧紧围绕立德树人核心任务，遵循高等教育发展规律、知识的发展规律和人的发展规律办好“三个满意”的高等教育，即在关心国家命运、服务国家战略上有所作为，让党和国家满意；在勇担社会责任、满足社会对优质高等教育需求上有所作为，让广大人民群众满意；在坚持以人为本，维护好、实现好、发展好高校师生员工根本利益上有所作为，让广大师生员工满意。

（二）主动适应高等教育发展新常态，在发展目标上加快建设国内一流大学

党的十八届五中全会通过的《中共中央关于制定国民经济和社会发展第十三个五年规划的建议》强调要“提高教育质量”。只有不断提高教育质量，实现“教育现代化取得重要进展，劳动年龄人口受教育年限明显增加”的目标要求，才能确保宁夏和全国同步迈进创新型地区和人才强区行列，人民思想道德素质、科学文化素质、身体素质明显提高，为如期全面建设小康社会奠定坚实基础。应该看到，宁夏还处在高等教育大众化发展初级阶段，还处在由高等教育小省份向高等教育强省区转变阶段，要建设国内一流大学，这个挑战是很大的。新一轮的科技革命、产业变革和文化冲突与融合，特别是人类面对共性问题达成的共同诉求，为我们提供了良好的发展机遇。全国政治、经济、教育、文化、科技发展的良好态势也为我们提供了新的动力和保障。而中阿交流合作、“一带一路”战略和“两区”建设则为我们提供了千载难逢的机

遇。我们要高举中国特色社会主义伟大旗帜，按照“四个全面”战略布局，深入实施学术立校、人才强校、创新兴校、开放活校、文化荣校“五大战略”，未来愿景是到宁夏大学建校100周年时基本建成国内一流大学，这是我们所有宁夏人的梦想。

（三）坚持与宁夏区域经济社会协调发展，切实推进高校体制机制创新

体制机制的突破是改革创新的重要前提。创新创业教育是一个系统工程，涉及教务、团委、学工、商学院等多个部门，牵涉多个校领导分工。如何在体制机制上有效整合校内资源、聚合校外资源，形成相互有效支撑、分工协作的机制，对于推动改革具有基础性和先导性作用。一是进一步落实高校办学自主权，使其依法充分行使自主办学权力，逐步形成自主管理、自主发展、自我约束、社会监督的机制，真正实现国家统筹规划、宏观调控管理和学校面向社会、依法自主办学相协调的高等教育管理体制。二是深化办学体制和模式改革，大力吸引社会资本参与办学，创立高校与科研院所、行业企业联合培养人才的新机制。支持公办高校与社会资本合作，按新机制、新模式创办独立学院，形成公办学校和民办学校优势互补、公平竞争、多种所有制形式共同发展的办学体制新格局。三是深化学校内部管理体制改革，完善中国特色的大学制度。为了充分调动教师从事教学与科研的积极性和主动性，营造高素质创新型人才脱颖而出的良好环境，以职务聘任和岗位管理为重点，推行教师聘任制。改革分配制度，实行绩效考核制度，完善教师的保障机制、激励机制和交流机制，促进教师资源的合理配置。四是深化招生与考试制度改革。深化高考内容改革，进一步突出对能力和综合素质的考查；稳步推进以统一考试为主、多元化考试和多样化录取相结合的高校招生制度改革，多种形式扩大高校自主招生，建立“依法自主招生与统一考试入学相结合”的高校招生考试制度。继续实施招生“阳光工程”，

使招生更加公开、公平、公正。改革研究生招生考试制度，突出对考生研究能力的考核。

（四）实施特色品牌战略，坚持特色办学

提升本科教育的实力与特色，是实现高等教育可持续发展的重要着力点。当前，国内以“人才强省（区）”“教育强省（区）”为战略支撑的综合省力竞争全面展开，教育特别是高等教育已经成为决定区域经济发展活力和发展水平的重要因素。今后一段时期，要面向全国，立足宁夏的支柱产业、优势产业、新兴产业发展及人才培养结构需要，针对自治区政府提出的经济增长方式转变、加快现代农业发展、世能减排、提升自主创新能力、沿黄城市带发展、生态环境保护、文化传承与文化产业发展等一系列重大发展战略，以分类指导、突出特色为原则，引导不同类型、不同层次高校办学与结构调整，引导高校合理定位，克服同质化倾向，形成各自的办学理念和风格，在不同领域办出特色，逐渐形成规模适当、结构优化、布局合理、特色鲜明的本科教育体系。继续推进“211工程”重点建设高校宁夏大学的建设，将其建成国内有重要地位的教学研究型综合大学；积极推进宁夏医科大学的发展，将其建设成为西部地区一流，有一流学科，有特色、现代化、高水平的综合性医科大学；努力提高北方民族大学、宁夏师范学院等本科院校教育教学质量和综合办学水平，把推动经济社会发展的重点领域作为主攻方向，注重产业优化升级、注重农业提质增效、注重改革开放和科技创新、注重保障和改善民生、注重促进社会和谐稳定，扎实推进经济建设、政治建设、文化建设、社会建设和生态文明建设的发展，以提升高等教育的综合竞争力和社会贡献力为重点，走内涵式发展的道路，全面提高创新人才培养质量，增强科技创新能力，提升社会服务水平。通过加强对各高校的分类管理与分类指导，引导、督促不同类型高校更新办学理念，科学分析学校的办学传统、资源条件和学科特点，因校制宜，科学定位，突出优势，选准突破口，推进特色化发展。同时，抢抓国家实施东部地区高校对西部地区高校对口支援和闽宁对口支援契机，促进区内部分高校和区外高校结成支援对子。围绕自治区经济社会和产业集群发展，有效探索建立区内高校联盟，强强联合、弱弱对口帮扶，推进高校之间教师互聘、课程互选、学分互认，推进图书文献资料、大型仪器设备等教学科技资源共享，鼓励区内高校实验室、实习实训场所相互开放，全方位实现资源共享、优势互补，共同提高、一体化发展，培育宁夏高等教育竞争力，提升高等教育服务地方经济社会的贡献力。打造高等教育的宁夏特色品牌。

（五）构建有针对性和实效性的创新创业教育课程体系，搭建分层和多样化的创新创业实践平台

紧密结合宁夏煤化工、生态纺织、现代农业、信息化等特色产业以及沙漠化治理、阿语、中阿商务复合型人才培育等领域和方面，大力引进一批学术、学科带头人，着力建设一批特色学科、特色专业，积极推进产学研一体化，力争几年内打造几个在国内外有一定影响力的学科和专业。建立与自治区产业结构相适应，结构合理、特色鲜明的学科专业体系。各高校要面向全体学生重点开设创新创业教育通识课，培养学生善于思考、敏于发现、敢为人先的创新意识，挑战自我、承受挫折、坚持不懈的意志品质，遵纪守法、诚实守信、善于合作的职业操守，以及创造价值、服务国家、服务人民的社会责任感。同时，着重避免创业教育与专业教育相互割裂、“两张皮”的做法，建立健全创业教育与专业教育紧密结合的教学体系，在专业教学中更加自觉培养学生勇于创新、善于发现创业机会、敢于进行创业实践的能力。学校还要着力建设覆盖校内各主要学科方向的学生科技类社团、创新兴趣小组、学生自发组织的科技创新沙龙与学术论坛，使有兴趣的学生从进入大学校门伊始，就能够找到与个人兴趣相结合的“科创小组”。各科创工作室、实验室、

工程训练中心等都应面向全校开放，学生可以进行跨学科的选择。支持举办各类科技创新、创意设计、创业计划等专题竞赛，以赛带训，增强创业教育的实践性和现场感。

（六）加大高等院校开放力度，推进高等教育交流与合作

把高等院校作为教育对外合作交流的重要领域，一是采取政府与民间并举、双边与多边并行的办法，积极开展以学科、学术、学者、学生为主体的国际交流，支持邀请世界著名学者、知名教授来宁任教或合作研究，不断扩大交流规模。建立一批对外交流的国内培训基地、国外办学基地和教师培训基地。二是开展中外合作办学。积极引进优质资源，合作举办高水平的教育机构。大力推进高校与国际知名高校、伊斯兰国家高校、科研机构联合办学，扩大国外留学生规模，进一步推进各本科院校留学生教育工作，进一步提高宁夏本科教育国际化水平。同时，有针对性地选派一批骨干教师作为访问者，到国内外一流大学研修和交流。开通宁夏高校毕业生外国留学渠道，扩大宁夏来华外国留学生的培养规模，积极推进对外汉语教学，吸引优秀的海外留学人员为宁夏的高等教育发展服务。

（七）加强队伍建设，实施师资队伍建设战略

“致天下之治者在人才，成天下之才者在教化。”教化之根本在师道，教师是教育发展的本源。提升教师队伍素质是高等教育事业发展的永恒主题，也是一项永不落幕的工程。要以深入贯彻落实《关于加快推进高等教育改革和发展的意见》为契机，下大力气改革高校教师评价体系，落实教授给本科生上课基本制度，调整和完善职称评聘、职务晋升、绩效考核、评优选先等政策标准与条件，把教师承担教学工作的业绩作为申报专业技术资格和聘任专业技术职务的必要条件。创造性地组建多元化、有特色的师资队伍。各高校要充分利用校内优秀师资和海外资深学者、杰出校友以及产业界领袖和创新创业实践者，共同组建一支

学术与实务相结合、创新与创业相结合、本土与国际相结合的课程教授和创业导师、创投导师团队，建设“创业教师”“创业导师”和“创投导师”三支队伍，促进校内外、区内外、专兼职、学界和产业界在创业教育与实践的结合，推进协同创新，培养创业人才。

（八）争取国家精准扶贫项目，重点实施高等教育扶贫

在“十三五”开局之年，自治区党委先后召开了十一届七次全会和脱贫攻坚誓师大会，提出要“举全区之力坚决打赢脱贫攻坚战，提前两年实现‘两个确保’脱贫目标”，“要全面实施教育扶贫工程，确保贫困家庭子女享受公平有质量的教育，阻断贫困代际传递，使4万贫困人口脱贫”，召开了脱贫攻坚誓师大会，提出“三年脱贫、两年巩固”的目标，“发展教育脱贫一批”成为脱贫攻坚的“五大工程”之一。教育扶贫作为扶贫攻坚的优先任务和教育事业发展的重点工作走在了脱贫致富决战阶段的前列。

治贫先治愚，扶贫先扶智，发展教育是阻断贫困代际传递，实施精准脱贫的治本之策。要精准扶贫，切忌喊口号，也不要定好高骛远的目标。三件事要做实：一是发展生产要实事求是，二是要有基本公共保障，三是下一代要接受教育。扶贫攻坚离不开教育支持。为群众栽下“摇钱树”，养上“下蛋鸡”，都只是暂时的扶贫手段，只有知识和能力才能改变最终贫困的现状。2012年以来，自治区政府陆续出台“国家专项”“高校专项”“地方专项”等一系列提高农村贫困地区学生上大学机会的政策，通过这些政策，促进农村贫困地区学子纵向流动的效应已初步显现。而要真正解决宁夏贫困人口多、贫困程度深、贫困根子牢的问题，关键是要改变人的因素，诸如群众思想观念较为落后，缺乏谋发展的科学思路；受教育程度较低，缺乏一定的技术技能，在劳动力市场上的议价能力不高等限制因素，必须要通过提高人的文化素质和就业能力来打赢精准扶贫的攻坚战。在这方面，高等教育起着至关重要的作

用。要通过积极争取国家精准扶贫项目，重点实施高等教育扶贫。一要切实加大智力扶贫力度。高等院校特别是重点院校对贫困地区要继续加大定向招生、定向服务力度，同时对贫困户的子女免除大学学杂费，让贫困地区拥有人才、留得住人才。二要根据全区高校专业设置特点，有针对性地开展科技扶贫和医疗扶贫等。

（九）全面推进依法治校，着力构建现代教育治理体系

当前，宁夏高等教育进入了全面提高质量、推进内涵式发展的新时期，全面深化综合改革进入了攻坚期和深水区，既需要用法治巩固发展成果，又需要用法治激发改革动力，更需要用法治保障前进方向。依法治校的地位、作用和要求比以往任何时期都更加突出、更加重要、更加迫切。高等院校全面推进依法治校，要牢固树立社会主义法治观念，推动落实和规范高校办学自主权，全面推动制度创新，依法落实师生主体地位，营造社会主义法治文化氛围，创新法治人才培养机制，培养造就熟悉和坚持中国特色社会主义法治体系的优秀法治人才及后备力量，使高等教育真正成为强民富区的重要基地。

实施“百所回民中小学标准化建设工程”提升民族骨干中小学教育质量

改革开放以来，在党中央、国务院的亲切关怀和自治区党委、政府的正确领导下，宁夏民族教育取得了长足发展。进入新世纪以来，面对全面建设小康社会对大力提高民族素质，加快培养民族人才的新标准和新需求，面对广大回汉群众要求子女接受优质教育的强烈愿望，自治区党委、政府决定实施“百所回民中小学标准化建设工程”（以下简称“百标工程”）。力争用5年左右的时间，在抓好普及义务教育的同时，相对集中力量，在城乡、山川分期分批建设好100所民族教育的骨干示范学校，使之在办学条件、师资力量、管理水平、教育质量等方面均能步入全区先进行列。这一工程的实施，不但显著提升了宁夏回民中小学的教育教学水平，推动了宁夏民族教育均衡发展，也带动了宁夏民族教育整体水平实现新的跨越，进而促进民族地区经济社会的全面发展，被人民群众称为“民心工程”“德政工程”和“造福宁夏各族群众的教育工程”。

一、改革发展历程

2000年1月，国务院决定实施西部大开发战略，为了抢抓这一历史性机遇，自治区党委、政府下发《关于加快教育改革与发展　全面推进素质教育的决定》，对宁夏新世纪教育改革与发展做出了全面的安排与部署，提出了一系列政策和措施。在民族教育方面，提出要在全区中小学中实施“百所回民中小学标准化建设工程”，旨在进一步加快民族教育发展，提高民族教育办学水平，进而加强民族工作。这是自治区首次提出要实施“百标工程”。2000 年 4 月，自治区党委、政府做出《关于进一步加强民族工作的决定》，将实施“百标工程”作为提高民族素质、全面推进民族聚居地区社会进步的一项重要措施，列入其中，统筹布局，全面启动，分期实施，重点推进，着力加快“百标工程”建设进度。

“百标工程”是指自治区每年拿出 1000 万元资金，市、县政府筹资配套，用 10 年左右的时间，分期分批建设 100 所回民中小学，使它们在办学条件、师资配备、教育质量和管理水平等方面达到全区先进水平。具体做法是采取国家贫困地区义务教育工程倾斜一点，自治区补助一点，市、县自筹一点，动员社会捐助一点的办法。自 2001 年正式启动至今 15 年来，“百标工程”先后经历了启动实施、第一期“百标工程”建设阶段、第二期“百标工程”建设阶段三个阶段 。

（一）启动实施阶段（2001 年上半年）

2001 年 3 月，自治区政府召开常务会议，专题研究在全区启动实施“百所回民中小学标准化建设工程”的有关问题。为了加强对此项工作的领导，专门成立了以自治区分管副主席为组长，自治区教育厅、民委、财政厅、发改委为成员单位的领导小组，领导小组办公室设在自治区教育厅，具体负责“百标工程”项目实施的日常工作。为精心组织实施好这一工程，领导小组提出了“遵循一个指导思想，围绕两个目标，实现三个要求，落实四个结合，建立五个机制”的一整套总体设计和实施纲领。一个指导思想是：在西部大开发的推进中，进一步解放思想，抢抓机遇，加快发展，与时俱进，开拓创新，通过工程的实施，促进民族教育上新台阶，带动基础教育上新水平，从而加快宁夏教育现代化的进程。两个目标是：从宏观上讲，整体奋斗目标是用 5 年或更长一点的时间，建设100所左右在办学条件、教学设施设备、师资力量、管理水平达到工程规定的标准化、规范化要求，整体办学水平跨入全区先进行列的回民中小学。从微观上讲，每一所工程项目学校的建设目标是实现“三化一高”，即教育观念现代化、办学条件标准化、学校管理规范化、教育质量明显提高。三个要求是：通过精心组织、精心实施，要使工程成为展示宁夏民族教育新世纪新风采的形象工程，成为宁夏基础教育在普及的基础上，狠抓质量，全方位提高学校办学水平的精品工程，成为全面推动素质教育，全面提高教育质量的示范工程。四个结合是：工程的实施要和制定落实基础教育的发展规划相结合，要和中小学布局结构调整相结合，要和其他教育工程项目相结合，要把硬件建设和软件建设相结合。五个机制是：一是准入申报评审机制。按照统筹安排、分批实施的原则，每年度哪些学校进入工程，必须由市县教育局正式申报，市县政府做出承诺，进行准入评审，达到准入条件者，方能列为年度项目学校。二是规划审核机制。为了确保办学条件标准化，每个项目学校，都必须画好两张图，一为校园建设布局规划图，二为新建校舍建筑设计图。这两张图既要符合一般规划和建筑规划标准，也要符合教育教学规律的要求，两张图都必须经工程办公室审定方可实施。三是检查指导机制。自治区、市、县（区）各级政府和教育行政部门都要按照“三化一高”的要求，加强对项目学校工作全方位的检查与指导。四是评估验收机制。当年进入工程的项目学校，当年实施，次年评估验收，达到标准者，授予标准化回民学校称号，达不到标准者，要限期达标，并暂停该县（市、区）下一年度的项目。五是跟踪督导机制。对先期达标学校的巩固提高情况，要进行跟踪督导，促进项目学校整体办学水平不断跃上新台阶。“五个机制”的工作思路，从指导思想、项目要求和运行机制上作了统筹部署，为“百标工程”的启动和顺利实施奠定了坚实的思想基础，提供了坚强的组织保证和工作保障。

2001年7月，自治区教育厅、民委、财政厅印发《百所回民中小学标准化建设工程实施意见》，明确了“百标工程”的总体目标、实施步骤、评估验收、组织领导，以及自治区、地方政府和项目学校的职责任务。7月18日，自治区政府隆重召开全区“百所回民中小学标准化建设工程”启动大会，向全区发出了实施“百标工程”的动员令。至此，“百所回民中小学标准化建设工程”实施的大幕全面拉启。

（二）第一期“百标工程”建设阶段（2001年下半年至2008年）

要达到自治区党委、政府对“百标工程”提出的标准和要求，对于十几年前全区的回民中小学特别是南部山区的学校来说，如同是翻山越岭。由于历史原因，当时的校园面积普遍较小，校舍建筑简单陈旧，教育装备水平落后，师资水平和管理水平也不高。即使基础相对较好的学校也几乎没有符合标准要求的实验室、仪器室、微机室、多媒体室、语音室、图书阅览室以及开展艺术教育所需的各类功能用房。

根据工程的总体设计和安排，自治区的1000万元投资只够用来为项目学校配备仪器设备以及音体美等活动器材，而征用土地、新建校舍及绿化美化等其他建设任务都必须由市、县（区）来承担。缺资金怎么办？政府拨，银行贷，学校筹，社会捐。工期紧怎么办？白天多流汗，晚上加班干。在第一期“百标工程”建设的8个年头里，自治区教育厅、民委、财政厅、发改委携手合作，精心安排，稳步推进。不仅积极参与工程的领导和实施，还通过各种渠道，动

“百标工程”实现了城乡教育公平

员各方力量，千方百计为工程增加投入。为使自治区党委、政府的决策真正深入人心，保证一期建设工程的顺利进行，自治区及各业务部门领导和工作人员不辞辛苦多次深入项目县、校，宣传工程的目标和要求，检查工程进展情况，为基层出谋划策，排忧解难。2002 年，自治区政府三次召开自治区“百标工程”领导小组会议，专题研究“百标工程”实施过程中的有关问题。同年 9 月 18~20 日，自治区政府在贺兰县回民中学、利通区回民中学、海原县回民中学召开“百标工程”首批项目学校验收现场会。自治区党委、人大、政府、政协及有关部门的领导同志全程参加了这次验收活动，对“百标工程”首批项目学校的阶段性成果给予了充分肯定，并就如何做好今后的“百标工程”建设工作提出了要求和希望。

宁南山区的海原县海固回中进入第一期“百标工程”后，海原县委、政府分别召开县委常委会和政府常务会，党政一把手亲自动员，要求举全县之力把海固回中建成山区最好的中学。学校建设的每个项目，县领导都是三天两头地往项目学校跑，“不去看看心里不踏实啊！”领导如是说，哪个父母不关心自己的儿女，项目学校如同他们的心尖尖。

项目学校的师生更是把工程当成了自己的家事。2001 年，吴忠市利通区回民中学需要征地 50 亩，征地计划批复下达后，学校当时没有钱，政府一时也拿不出来。学校教师知情后，纷纷把自己的钱拿出来先垫上，一周内共凑了 98 万元，硬是把地征了回来。海原县回民中学，校园

海固回中开展“弘扬民族精神”活动

同心县县城中小学开展“经典诵读”活动

内危旧平房要全部拆除，学校作了动员后，一周内这42户教职工全部迁出学校，没有一人提出任何条件。

2008年，在隆重庆祝自治区成立50周年的礼炮声中，第一期“百标工程”100所回民中小学校的标准化建设任务圆满完成，为自治区大庆献上了一份厚重的礼物。第一期“百标工程”总投资达3.2亿元，其中自治区财政投入8000万元，市县投资2.4亿元，这些建成的项目学校学生喜欢、家长满意、社会认同，成为“办好让人民满意的教育”的生动诠释。

（三）第二期“百标工程”建设阶段（2009年至今）

2009年，列入自治区民生项目的第二期“百标工程”如期启动，计划用10年左右时间完成全区所有回民中小学的标准化建设，全面优化宁夏民族教育资源。4月21日，自治区分管教育工作的副主席召开专题会议，研究“百标工程”二期建设。会议指出，“百标工程”是宁夏民族教育的亮点工程，具有鲜明的民族特色和浓郁的地方特色。一期工程的顺利实施，对宁夏民族教育的发展产生了积极的促进作用。进行“百标工程”二期建设，已列入自治区党委、政府的工作要点和民生计划，是必须抓好的一项重点工作。会议要求，自治区有关部门和各市、县（区）政府要从加快宁夏民族教育和民族事业发展的高度，坚定不移地做好“百标工程”二期建设。要认真总结经验，分析检查一期工程实施中的不足，加强薄弱环节，最大限度地发挥资金的使用效益。要加强协调配合，认真履行职责，切实将“百标工程”二期建设组织好、实施好。会议决定，一是原则上同意“百标工程”二期实施方案。自治区教育厅要认真吸纳与会单位的意见和建议，对方案进行补充和完善。方案中提出要增加学校标准化的内容，明确土建和设备配置等标准。要整合各类教育项目和资金，加快建设进度，力争在较短的时间内完成“百标工程”二期建设目标。二是抓紧筛选项目学校。2009 年“百标工程”的建设项目由自治区教育厅按新的建设标准进行筛选，确定 10 所左右的学校进行标准化建设。三是积极筹措资金。实施“百标工程”二期建设的经费每年为 1000 万元，由自治区发改委、教育厅、民委、财政厅等部门继续按一期建设各自承担的额度分年度筹措，其中发改委 160 万元、教育厅 280 万元、民委 400 万元、财政厅 160 万元。自治区筹措的补助资金集中统一使用，配备的教学设施、设备、器材一律实行政府采购，统一配发。四是做好衔接协调。“百标工程”二期建设要与学校布局规划、生态移民、扶贫开发、优质高中建设计划、初中校舍建设、中小学校舍安全工程等有机结合起来，共同推进，发挥整体效应。五是强化项目管理。自治区发改委、教育厅、民委、财政厅要密切配合，共同做好资金筹措工作，指导基层做好“百标工程”二期建设工作。要严格坚持建设标准，遵循建设程序，保证工程质量。六是召开“百标工程”一期总结暨二期建设启动会。二期“百标工程”启动后，以每年大约以 12 所学校的建设速度稳步推进，2009~2010 年共完成了 23 所学校的建设。进入二期建设的学校，在一期“百标工程”提出的“三化一高”（教育观念现代化、办学条件标准化、学校管理规范化，教育教学质量明显提高）标准上，明确提出了项目学校要走内涵式发展的道路，全面提升学校的软实力，着眼教育高端平台，全面提升学校教育质量。要在科学发展观的指导下，内部挖潜优化，强调学校文化建设，实现从数量规模的扩张到质量的提升，从单纯应试教育到学生全面健康的发展，从适应教育到适应学生，从金字塔式的垂直管理到扁平式管理，从封闭式发展到开放式发展的五个方面的大转变。根据教育发展形势以及一期“百标工程”的建设经验，自治区“百标工程”办公室对原有的“百标工程”评估验收细则进行修订，改变原细则内容繁杂、重点不突出等问题。突出10项内容，强化对工程建设，尤其是项目学校内涵式发展的指导。10项内容，即实施好学校长远发展规划；全面推进教师专业化建设，加强教师队伍建设；有效发挥教育教学仪器设备作用，建设规范化管理和使用的标准化实验室、功能室；重视推进探究性教学方法，培养学生的创新精神和实践能力；建立和完善学校自评和他评制度，实施好基础教育学校综合管理工程；立足学校和民族特色，打造学校特色品牌；积极开展民族团结教育活动，创建民族团结示范学校；等等。

2010年7月，为总结交流“百标工程”实施以来的成功经验，促进校际间互相学习、取长补短，“百标工程”办公室在银川市举行了项目学校校长论坛。自2001年以来的123所项目学校的校长，各市、县（区）教育局负责人，“百标工程”评估验收专家组成员，自治区教育厅相关处室负责人近200人会聚一堂，参加了论坛。

银川一中等8所学校的校长在大会上作了主题发言，介绍了实施“百标工程”的经验和做法，展示了“百标工程”给学校带来的崭新面貌和巨大变化，并就下一步内涵建设、促特色发展谈了思路。论坛分高中组、初中组、小学组进行了交流讨论。这次校长论坛是2001年“百标工程”实施以来的首次。

“百标工程”学校——宁夏隆德县第二小学

截至2015年末，二期“百标工程”国家和自治区投入资金7500多万元，建设少数民族骨干学校130所。项目学校整体面貌、校园管理、师资水平在原有的基础上都实现了历史性的大跨越，基本实现了“三化一高”的奋斗目标。

二、主要成就

“百标工程”实施以来，一批又一批教育理念先进、校舍建设一流、设施设备配套、校园环境优美、学校管理规范的学校在宁夏山川涌现，成为宁夏民族教育的靓丽窗口。

（一）项目学校教育观念逐步实现了现代化

“百标工程”建立了准入申报评审、规划设计审核、检查指导培训、评估验收和跟踪督导等机制。项目实施的过程，也是推进教育观念现代化的过程。每年的“百标工程”项目学校只进十几所，按照项目要求，谁有条件谁先上，谁有决心谁先上，谁最积极谁先上。项目学校确定后，实施阶段，落实征地方案、重新规划校园、设计基建图纸、筹措建设资金、选择施工单位、监督工程质量、采购仪器设备、培训领导骨干、开展教育科研等工作依次展开。实施完成后，还要进行评估验收和跟踪督导。伴随着项目工程的实施，在项目市、县（区）教育行政部门干部和学校领导班子中普及和强化了竞争意识、规划意识、标准意识、质量效益意识、法律意识等，教育优先发展的战略思想深入人心。每年的项目工程实施，都要对项目学校校长和教师进行培训，培训班围绕素质教育理念、新课程改革、教师专业化建设、以人为本和科学管理、内涵式发展、特色培育等内容进行专题培训。新思想、新理念如春风吹醒大地一般，激发校长和教师们对学校的管理和教学进行深入思考，对固有的教育观念和思想进行反思，研究探索科学管理和提高教学质量的方法、途径和模式。银川市金凤区回民四小践行“以人为本”的教育价值观，提出校长要由“领导”的角色转变为“服务”的角色，学校管理要协调好人本化管理与规范化管理的关系，协调好德治、情治和法治的关系，建立起学习型组织机制、自我管理机制、民主监督机制、激励性评价机制。固原市原州区六中组织教师进行以学生为中心的教学实践和有效教学的探究，使学校课程与教学内在地体现新时期的教育理念。青铜峡市回民中学落实“高效课堂”理念，开展“好课联评”活动，建立以理论学习、案例分析、教学反思、校园论坛、结对帮扶、经验交流、集体备课、课例研究、网上研讨等形式的校本教研体系。“百标工程”将现代化教育思想理念的种子植入到校园里，发芽生长，给项目学校带来了新生机和活力。

（二）项目学校的办学条件基本实现了标准化

“百标工程”资金主要用于改善学校办学条件。依托项目资金的投入，带动了各市、县（区）政府集中力量和资金改善项目学校办学条件的积极性。高标准规划，扩大学校占地面积，合理布局教学区、运动区、生活区。按照自治区Ⅰ类标准建设理化生实验室、艺术教育和信息技术教育专用教室、图书阅览室等，配置理化生、音体美、信息技术教育等设备器材，建设符合不同类别标准的田径运动场地。银川市兴庆区月牙湖回民中学是2006年的“百标工程”项目学校，项目工程为学校配备建设了标准化的理化生实验室、器材室和准备室，音体美器材室、多功能电教室、教师电子备课室、250米标准化运动场。当年，学校还争取到200万元的农村寄宿制工程项目，建成建筑面积2400平方米的科技教学实验楼。贷款20万元，配备了60台标准化学生计算机室。光纤接通学校网络，率先在兴庆区建立了学校信息网。平罗县回民高级中学是二期“百标工程”项目学校。学校利用项目资金充实并完善了电子备课室、多媒体室、语音室、音乐室、美术室、理化生实验室及图书阅览室等功能室，仪器配备达到自治区一类标准。学校音乐特色教学有专门教室，配有键盘、管乐、弦乐、打击乐等多种音乐器材38大类131件。美术画室艺术模型、雕塑器材由原来的几十件一下增加到28大类878种2375件。体育器材增加到7大类1143件。“百标学校”的创建，使学校面貌发生了翻天覆地的变化，校园布局更加合理，平整宽敞，整洁美观，各功能室齐全，设施先进，为学校全面提高教育质量奠定了坚实的物质基础。项目学校的办学条件基本实现了标准化。学校教育资源成倍增加，校园占地面积进一步扩大，教学区、运动区、生活区布局趋于合理，建成了不同类别的标准田径运动场地。按照自治区I类建设标准建成的理化生实验室以及艺术教育、信息技术教育、图书阅览等专用教室设计规范、布局合理。理化生、音体美、信息技术教育等设备器材先进实用，配套齐全。校园全面实现了绿化、美化、道路硬化，为学校全面深入实施素质教育奠定了坚实的物质基础。

（三）项目学校的管理趋于规范化

一所学校好不好，关键在于管理。“百标工程”致力于建设基础教育标准化、示范性学校，采取多种措施促进学校提升管理水平。学校树立了“以人为本”的管理理念，各项规章制度健全配套，工作运转高效、规范而有序，校园文化建设各具特色，营造了浓厚的育人氛围。吴忠市回民中学彰显“靠前引导、精细管理”的管理理念，建章立制，责任到人，细化措施，强化考核。从每一个学生抓起，从每一节课抓起，从每一道题抓好，日积月累，逐渐走向规范、严谨，走向精细，走向个性化。短短几年，学校就实现了跨越式发展，成为自治区回民标准化学校、吴忠市示范学校、全区示范性中学。贺兰县金贵回民中学抓管理、促规范，建立健全了学校考核机制、评价机制、激励机制和约束机制，促进学校管理上台阶，学校被授予市级文明单位。各项目学校树立科学管理的理念，各项规章制度健全配套，工作运转高效、规范而有序，校园文化建设各具特色，管理规范化水平大幅提升。

（四）项目学校的教学质量有了明显提高

各项目学校立足于提高教学质量这个核心，争取达到全区先进水平，普遍加强了教师队伍建设，开展“科研兴校”系列活动，面向全体学生深化课程改革，提高教师教育教学实践能力，提高课堂教学质量，教师敬业精神、学历层次、素质能力、业务水平有了较快提高，学校教育科研活动开展活跃，内容丰富，成效显著。固原市二中采取内引外联、举办讲座、组织课赛、岗位练兵、反思总结等方式，促进教师专业发展，落实“高效课堂”，教育质量稳步攀升。海原县李旺中学突出课堂教学目标管理，注重课堂教学过程管理，建立对每个教学环节检查督促的监控机制，建立对教师的教学行为、教学过程、教学实绩综合考评的评价体系，依靠奖优罚劣的机制保障教育质量的提高。学校中考各项指标均居本县同类农村学校前列。项目学校教育质量的提高，赢得了群众的广泛赞誉。

（五）标准化回民学校的建成对学校发展乃至全社会产生了强烈的影响，日益显示出明显的社会效益

一是学校的吸引力大大增强。“百标工程”的实施，使宁南山区一大批基础薄弱的民族学校一跃成为当地的优质学校，项目学校的各方面都发生了很大变化，办学条件进一步提高，管理工作明显加强，教师的教育思想更加开放、教学方法有了明显改进，校风、教风和学风明显改善，大大增强了民族学校对广大回汉等各族群众和学生的吸引力，广大群众和学生希望到项目学校上学的愿望更加强烈，各个学校招生空前繁忙。二是项目学校的辐射示范作用日益明显。周边省、市、县教育部门和学校，纷纷前来参观考察，规划自己学校的未来。不少项目学校已经成为当地教科研活动和现代教育技术培训的中心或基地。三是极大地改变了民族教育相对落后的状况，对宁夏的民族团结进步事业产生了积极而深远的影响。现在，“百标工程”作为民族教育的名牌，有效带动了

全区基础教育实现了跨越式发展。而所有经历了“百标工程”一期和二期建设项目学校，深得当地回汉各族群众的交口称赞。每个项目学校日新月异的变化是他们亲眼目睹的，并且他们和他们的子孙们将永远享受这一丰硕成果的福泽，对党和政府的感恩是发自内心的真实情感。同时，随着回汉孩子的共校共学，民族感情也越来越深厚，为宁夏的民族团结产生的影响和作用也是巨大而深远的。四是在实施“工程”的艰难攀登和奋力拼搏中，县、乡各级党委政府和教育部门的领导，项目学校全体教职工经受了锻炼和考验，在实践中锤炼和铸就了与时俱进、开拓创新、争创一流的精神；不惧艰苦，不怕困难，负重拼搏的精神；求真务实，认真严谨，一丝不苟的精神；敬业爱岗，无私奉献的精神，这是“工程”实施中收获的一笔宝贵的精神财富，值得我们永远珍惜，发扬光大。

三、经验启示

（一）加大硬件建设投入，提高民族中小学校办学条件的标准化水平

“百标工程”每年由自治区教育厅、民委、财政厅、发改委共同出资970万元，根据学校申报，为学校配置教育教学仪器设备。截至目前，自治区累计投资1.2亿元，使项目学校的办学条件得到了很大改善。

（二）建立准入申报机制，调动市、县（区）和学校的积极性

自治区制定“‘百所回民中小学标准化建设工程’学校年度准入评审标准”，从制定建设规划、落实建设资金、学校占地面积和建设面积、办学规模、校领导班子配备、教师队伍建设要求、少数民族学生比例、校园布局和环境优化等10个方面提出具体标准和要求，调动市、县（区）和学校的积极性，由各地教育局申报，市政府承诺，谁有条件谁先上，谁有决心谁先上，谁有积极性谁先上。一期“百标工程”首批进入项目学校的吴忠市利通回中，政府将学校占地面积由23亩扩大到78

亩，建筑面积由7000多平方米发展到近2万平方米，实验室由过去的3个增加到8个，运动场跑道由过去的200米扩展到800米。二期“百标工程”项目学校的永宁县杨和镇回民中学，政府为争取实施“百标工程”，筹集资金400万，拆迁了学校西南角的一个废旧工厂，扩大了学校的占地面积。

（三）重视软件建设，软硬结合，提升学校教育质量

“百标工程”注重学校硬件和软件建设相结合，加强学校师资队伍建设和教育教学科研，提高学校管理水平和教育质量。在一期“百标工程”提出的“五化三高”标准上，二期“百标工程”明确提出了学校走内涵式发展的道路，全面提升学校的软实力，搭建教育高端平台，全面提升学校教育教学质量。一是每年召开一次民族中小学内涵式发展现场会，组织“百标工程”项目学校及其他民族中小学校长参观学习，推广学校管理和提高质量的经验与做法。二是实施民族中小学教师“跟岗实践”培训计划，发挥优质学校和骨干教师的辐射带动作用，有计划地提高农村和边远地区民族中小学教师的教育教学实践能力和运用现代教育技术的能力，为民族中小学培训一批骨干教师，进而提高民族中小学的教育教学质量，促进城乡学校的校际交流。2012年首批培训了14人，历时两个月。三是实施民族中小学“小课题研究计划”。本着“问题即课题，教学即研究，成长即成果”的原则，组织民族中小学教师积极开展小课题研究，以教学过程中发现的具体问题为研究对象，解决教师在教育教学过程中出现的问题和困惑，培养教师的研究意识和综合能力，促进教师专业团队的成长。四是开展民族中小学“一校一特色”创建评选活动，鼓励各民族中小学立足传统和优势，在传统文化、课程设置、体育与艺术、校园文化、民族经典等方面深入挖掘，明确目标，培育特色，打造品牌。

（四）建立督导评估机制，加强对学校的指导

“百标工程”制定了中学和小学评估验收标准，从领导管理、师资队伍、办学条件、教育教学及教育质量、学校办学有特色等5个方面，对学校实施“百标工程”提出应达到的目标和要求，指导学校加强管理，提高质量。每年年底，自治区百标办都要组织专家对项目学校实施的情况进行督导评估，对学校好的方面给予肯定，同时，指出存在的不足，并提出解决问题的建议和意见。最后，按照评估标准对学校进行综合量化打分，达到目标的才正式授予“百标工程”学校的牌子。

四、对策建议

“百标工程”的实施，使宁夏民族教育无论在硬件还是软件建设上都实现了新的跨越，但是，由于历史、区位等诸多制约因素，总体而言，宁夏民族教育相对落后的状况尚未得到根本扭转。民族教育始终是宁夏教育事业发展的重点和难点。特别是20世纪80年代以来建立的一批回民中小学由于历史欠账较多，学校办学条件普遍较差，师资力量、管理水平普遍不高，办学质量普遍较低，难以发挥骨干示范作用。“十三五”期间，是宁夏民族教育步入现代化的有利契机，必须继续坚持重点工程项目带动战略，持续推进“百标工程”等重大项目实施，促进民族地区教育向更高层次迈进。

（一）坚持民族教育“优先发展、重点扶持”的方针

相对于全区教育来说，民族教育还有很大的差距，需要继续采取特殊政策措施，加大投入，加快宁南山区回族聚居县（区）教育的发展，重点建设一批优质民族骨干中小学，提高民族教育的发展水平，提高民族教育的现代化水平。

（二）实施项目带动战略，提升项目实施的效益

要依托项目的实施，推进教育的改革，落实各项目标和任务。如把

项目的实施与促进义务教育均衡发展、移民学校建设、薄弱学校改造、民族学校特色培育、高中课程改革等结合起来，提升项目实施的效益。要依托项目的实施，引导学校把质量效益放在中心位置，重视长远发展，科学规划，合理配置人、财、物等资源。重视内涵式发展，加强管理，加强师资队伍建设，深化教育教学改革，提高教育质量。改变基层教育行政部门和学校重投入轻管理，重硬件建设而学校内涵发展不足等问题。

（三）做好顶层设计，整体规划，分步实施

实施一个好的项目，首先要有一个好的方案。顶层设计，要把项目的实施与民族教育改革发展的目标任务结合起来，与解决当前民族教育存在的实际问题结合起来，与促进民族地区经济社会发展进步和民族团结和谐结合起来。要重视建立好的机制，能够调动地方政府和教育行政部门的积极性，引导学校主动适应教育改革发展的要求，改进学校的管理，积极完成项目规划的目标和任务。

（四）重视学校管理者和教师的培训，提高项目实施的能力和水平

好的计划项目，实施的好坏关键还在执行计划项目的人。必须加强对项目执行者的培训，保障项目计划达到既定的目标。民族中小学与其他学校的差距，不仅仅是教育教学设备等硬件上的差距，更多的是教育理念、管理能力、师资水平、教育教学科研等软件方面的差距。通过实施项目计划，一方面改善学校的硬件设施，另一方面把新的教育理念、管理和教学方法、现代化的手段带入学校，促进学校加强管理，提高教师专业化水平，改进教育教学方法，提高教育质量。

（五）建立督导评估机制，加强指导

要通过督导评估，及时发现问题，解决问题。要建立专家小组，对项目的实施进行指导，提供好的建议和措施，给项目实施以有力的支持。

实施帮扶支教工程　促进教育均衡发展

教育是基础性、先导性、全局性的事业，普及九年义务教育（以下简称“普九”）更是基础的基础、重点的重点。宁夏要加快经济社会发展步伐，必须优先发展教育，尤其是基础教育事业，坚定不移地实施“科教兴宁”战略。南部山区是宁夏的半壁河山，没有山区的全面小康，就没有整个宁夏的全面小康。基础教育的落后、人才的匮乏，一直是制约南部山区经济发展的重要因素。在宁南山区实施基本普及九年义务教育、基本扫除青壮年文盲（以下简称“两基”）攻坚任务，将有力地推动南部地区教育的发展，普遍提高劳动者素质，促进区域之间、城乡之间的经济社会协调发展，对于促进贫困地区群众脱贫致富奔小康，加快民族地区经济社会发展，维护民族团结和政治稳定的大局，从根本上解决宁夏贫困地区和少数民族地区“三农”问题，都具有十分重要的意义。

一、改革发展历程

改革开放以来，自治区党委、政府从全区经济基础薄弱、人民群众科学文化素质偏低的实际情况出发，不断深化对教育事业重要地位的认识，逐步确立了基础教育重中之重的地位，树立了扶贫先扶智、治贫先治愚的思想。发展南部山区的教育，是事关全区经济社会发展和脱贫致富奔小康的大事，迫切需要全区各级党政机关、事业单位和全社会各方面的力量长期的大力支援，形成全社会都来关心支持南部山区教育的良好氛围。

（一）开展支援基层教育工作的实施背景

基础教育是提高民族素质的奠基工程。普及九年义务教育、提高基础教育质量的任务非常艰巨，党中央、国务院历来高度重视发展基础教育，1985~1988 年，中央和省级党政机关曾派出讲师团培训中小学师资，一些国家部委和地方党政机关也一直坚持选派机关干部支援教育，这为教育的改革和发展、对培养锻炼干部都起到了重要作用。1993 年，党中央、国务院颁布《中国教育改革和发展纲要》及其实施意见，提出了到 20 世纪末基本普及九年义务教育、基本扫除青壮年文盲和全面贯彻教育方针、全面提高教育质量的目标。

1996 年，为确保《中国教育改革和发展纲要》及其实施意见提出的目标的实现，加强校长和教师队伍建设，中央办公厅、国务院办公厅关于转发中央组织部、国家教育委员会、人事部《关于从党政机关和事业单位选派人员支援基层教育工作的请示》，结合干部的培养锻炼和有关人员参加社会实践等工作，从党政机关和事业单位中选派人员参加支教工作。支教工作的主要任务是缓解城乡薄弱学校特别是贫困地区乡村中小学突出存在的师资紧缺问题，帮助贫困地区乡村中小学和城镇薄弱中小学加强校长和教师队伍建设，普遍提高这些学校的办学水平和教育质量。在参加支教人员的具体工作安排上，可根据支教人员专业等方面的不同情况和接受支教人员地区的实际需要，安排担任主管教育的副乡（镇）长、薄弱中小学的校长或教师。各省、自治区、直辖市，中央和国家机关各部委、各人民团体均须选派人员支援基层教育工作。参加支教的人员从县以上（含县级）党政机关、人民团体、高等院校和其他事业单位中选派。为使支教工作取得实效，支教人员在支教点工作的时间一般为2~3 年。

根据《国家八七扶贫攻坚计划》确定的定点扶贫任务，中央国家机关的支教工作主要是帮助贫困地区办好基础教育，支教点即为各部门对应的扶贫县。各单位支教工作的时间，要与《国家八七扶贫攻坚计划》和《中国教育改革和发展纲要》的要求相一致。各省、自治区、直辖市要把定点支援的县是否基本普及了九年义务教育，中小学校长和教师是否达到了国家督导检查的有关要求作为定点支教的具体标准，定期检查，严格考核，不解决上述问题不脱钩。中央国家机关要在定点支援的县选择一两个有代表性的教育工作薄弱的乡镇或教学薄弱的中小学，重点扶持，集中力量抓好，作为示范，推动全县九年义务教育普及。

支援教育工作是各级党政机关、人民团体及其事业单位义不容辞的责任。各级党政机关、人民团体及其事业单位必须给予高度重视，切实加强对支教工作的组织领导，积极选派人员参加支教工作，把支教工作同实施《中国教育改革和发展纲要》和《国家八七扶贫攻坚计划》相结合，努力建设高素质干部队伍，培养锻炼年轻干部相结合，统筹规划，认真实施。参加支教的人员，要发扬艰苦奋斗和无私奉献的精神，严格要求自己，虚心向基层的同志学习，努力了解国情、民情，扎扎实实地做好支教工作，积极为城乡中小学教育贡献力量。

（二）开展支援基层教育工作的实施阶段

支援基层教育工作是全面贯彻党中央、国务院提出的实施“科教兴国”战略，把教育摆在优先发展的战略地位的一项重要措施，也是落实《中国教育改革和发展纲要》和自治区党委、政府《关于贯彻〈中国教育改革和发展纲要〉的实施意见》以及《宁夏双百扶贫攻坚计划》和培养锻炼跨世纪青年干部的重要措施。根据中央办公厅、国务院办公厅关于转发中央组织部、国家教委、人事部《关于从党政机关和事业单位选派人员支援基层教育工作的请示》的通知精神，从1996年起，从全区党政机关、企事业单位陆续选派人员开展支援基层教育工作。在各级党委、政府的领导下，全区支教单位和支教队员，发扬艰苦奋斗和无私奉献的精神，作了大量深入、细致、卓有成效的工作，为推动南部山区基础教育事业的改革与发展做出了积极贡献，受到了受援县委、政府及教育部门、学校师生和广大群众的欢迎和好评，得到了国务院办公厅、教育部和国务院扶贫办的充分肯定。

1. 第一轮支援基层教育工作

20 世纪 90 年代，全区教育改革和发展的任务非常艰巨，各县（市、区）都不同程度地存在一批薄弱学校，特别是南部山区 8 县问题更为突出，中小学教师缺额 4000 余名。为缓解城乡薄弱学校特别是南部山区 8 县乡村中小学师资紧缺问题，帮助贫困地区乡村中小学和城镇薄弱中小学加强校长和教师队伍建设，普遍提高这些学校的办学水平和教学质量，1996 年，自治区党委办公厅、政府办公厅转发自治区党委组织部、教委、人事劳动厅《关于从党政机关和事业单位选派人员支援基层教育工作的意见》的通知，提出到 20 世纪末，在占全区总人口 70%以上的地区普及九年义务教育；占全区总人口 25%的地区普及初等义务教育；占全区总人口 5%的山区特困地区普及三至四年小学教育；全区初中阶段的入学率达到 80%左右，小学入学率达到 99%以上。实现上述目标，关键是提高学校领导和教师队伍的素质，解决师资短缺问题。1996 年，全区党政机关、事业单位开始选派人员支援基层教育工作，到 2000 年，凡定点支教的县达不到《纲要》《实施意见》目标要求的不脱钩，提前完成目标要求的，经评估验收合格，允许提前脱钩。同时，成立了自治区支援基层教育工作领导小组，负责全区支教的组织协调工作，制定支教的政策和措施，部署和检查支教工作的执行情况，协调解决支教工作中的矛盾和问题。领导小组下设办公室，负责日常事务。

为有效缓解宁南山区师资紧缺矛盾，加快推进宁南山区九年义务教育进程，提高山区教育教学质量和学校管理水平，切实改变山区教育落后面貌，根据中央办公厅、国务院办公厅《关于推动东西部地区学校对口支援工作的通知》的精神，2000 年 8 月，自治区党委办公厅、政府办公厅转发自治区教育厅《关于百名优秀教师支教工程的实施意见》，要求从2000年秋季新学年开始，每年从川区有关市、县（区）选派100名优秀中小学教师到南部山区回族聚居乡（镇）的中小学开展定期支教活动。银川市直学校、银川新城区对口支援西吉县；贺兰县、银川城区对口支援海原县；银川郊区、永宁县对口支援泾源县；石嘴山市直学校、大武口区对口支援固原县；平罗县、石嘴山区对口支援彭阳县；吴忠市直学校、青铜峡市对口支援隆德县；中宁县、中卫县对口支援同心县；灵武市、利通区对口支援盐池县；惠农县对口支援红寺堡开发区。各支援市、县（区）每年根据分配的名额，选派教师到对口支援县开展支教活动，每期为一学年，定期轮换。支教方式以任教为主，并根据所在乡（镇）和学校实际，通过上示范课、个别辅导、举办讲座、巡回讲学等多种方式开展教师培训，协助受援乡镇和学校积极开展教育科研活动。通过实施“百名优秀教师支教工程”，进一步推进南部山区普及九年义务教育进程，提高山区8县教育教学质量和学校管理水平，切实改变教育落后面貌。2001学年，全区118个支教单位共244人，参加宁南山区8县和红寺堡开发区75个乡镇69个村168所中小学、6所教师进修学校的支教活动，其中98个区直部门、企事业单位选派133名支教队员在130所中小学、6所教师进修学校支教。川区15个市、县（区）选派89名支教队员在27所中小学参加“百名优秀教师支教工程”。

从1996年起，从全区党政机关、企事业单位陆续选派了965名机关干部、345名教师和来自全国16所大学的68名研究生共1378名支教人员在南部山区8县和红寺堡开发区的69个乡镇70个村的中小学以及6所教师进修学校开展第一轮支教工作。据不完全统计，全区内各支教单位共向支教点投入各种资金、物资折合人民币5100多万元，培训中小学校长、教师13800多人次，捐赠助学款61万多元，资助贫困学生8200多名，福建省对口支教共捐款捐物折合人民币3200万元，使南部山区农村师资力量和经费短缺的问题得到了缓解，山区农村中小学辍学问题得到了有效地控制，由此提高了教育普及程度，加快了山区教育的改革与发展。

2. 第二轮支援基层教育工作

由于历史原因和受自然条件制约，南部山区基础教育改革与发展仍然面临很多困难和问题，实现“两基”攻坚目标任务仍然十分艰巨。因此，从全区党政机关和企业事业单位选派人员支援南部山区基层教育仍是一项战略任务，将长期开展下去。

为认真贯彻落实第三次全国教育工作会议、全国基础教育工作会议和全区教育大会精神，把支教工作作为实施西部大开发的重要举措，推动南部山区“两基”攻坚，全面推进素质教育，促进全区经济和社会协调发展。2002 年 8 月，自治区党委办公厅、政府办公厅转发自治区党委组织部等部门《关于从党政机关和企事业单位选派人员参加第二轮支援基层教育工作的意见》，明确支教工作的主要目标是坚持以教育扶贫，培养和锻炼跨世纪青年干部为宗旨，扶持南部山区尽快普及九年义务教育。支教工作的主要任务是充实和加强包干的偏远乡、村中小学师资；动员社会各方面力量，力所能及地从人力、物力、财力上，支援受援学校改善办学条件，重点是逐步配置成套的现代教育信息技术设施；协助当地党委、政府和受援学校加强学校的领导班子建设；抓好受援学校校长和教师的培训工作；协助受援地教育部门开展形式多样的教学科研活动，积极推进素质教育；动员社会各方面力量扶持特困生和回族女童入学，开展“手拉手”“结对子”等多种形式的支教活动；协同自治区妇联、团委搞好“春蕾计划”和青年志愿者活动；协助做好农村基层组织建设等工作。第二轮支教工作继续实行包干责任制，各支教单位是支教任务的承包方，对所确定的包干县、乡、村，原则上一定四学年不变。所有支教单位最迟到 2005 学年要达到评估验收标准，达不到评估验收标准的不脱钩。今后每学年要将支教单位党政主要领导的支教实绩列入年度考核内容，作为年度考核的主要依据之一。在支教工作中，要努力实现三个结合，即支教工作与扶贫工作相结合，支教工作与普及义务教育相结合，支教工作与锻炼培养干部相结合。

自治区支教办依据支教工作的主要目标和任务，在调研的基础上，制定了支教工作单位包干责任考核评估验收实施方案，由自治区支教领导小组批准实施。自治区支教领导小组从宏观上加强对支教的管理和监督，每学年定期到支教点检查指导工作，推动支教单位开展工作。2002年10月，自治区支教领导小组下发《关于为南部山区受援学校配置现代远程教育设施的通知》，提出第二轮（2002~2005学年）支教工作继续实行单位包干责任制，支教工作其中一项主要任务是："力所能及地从人力、物力、财力上支援受援学校改善办学条件，重点是逐步配置成套的现代教育信息技术设施。"各支教单位根据本单位具体情况，参照《农村学校实施现代远程教育基本配置方案》，帮助受援学校逐步达到相应的配置标准。通过先进的现代信息技术管理软件实现教学与教务管理的科学化、智能化，减轻学校的管理工作，缩小与发达地区的距离。

为了促进全区经济社会全面发展，改善南部山区基础教育相对落后的局面，2003年10月，自治区政府转发自治区教育厅《关于从教师超编的川区市、县（区）选派教师对口支援南部山区基层教育工作的方案》，决定2003年8月至2006年7月三学年，每年从教师超编的川区市、县（区）选派1000名教师到南部山区8县区和红寺堡开发区中小学开展支教工作。银川市直学校、银川西夏区对口支援西吉县；银川兴庆区、贺兰县对口支援海原县；银川金凤区、永宁县对口支援泾源县；石嘴山市直学校、大武口区对口支援原州区；石嘴山区、平罗县对口支援彭阳县；吴忠市直学校、青铜峡市对口支援隆德县；中宁县、中卫县对口支援同心县；灵武市、利通区对口支援盐池县；惠农县对口支援红寺堡开发区。11 月 25 日，自治区支教办又下发《关于从教师超编的川区市、县（区）选派教师对口支援南部山区基层教育工作的实施方案》的补充通知要求，切实做好自 2003 年 8 月至 2006 年 7 月三学年从超编教师中选派教师对口支援南部山区基层教育工作。2004 年 3 月又启动实施了从川区城镇选派教师支援南部山区教育工作。同年，“西部计划”大学毕业生青年志愿者和自治区普通高等院校应届毕业生青年志愿者开始在全区开展支教活动，从 2003 年起，自治区每年组织 1000 名大学毕业生志愿服务团，到南部山区开展支教工作。

随着全区基础教育的不断发展，为推动宁南山区“普九”攻坚工作的全面提速，自治区党委办公厅、政府办公厅转发《自治区教育厅、扶贫办关于开展第二轮“百名优秀教师支教工程”和“川区教师对口支教工程”的实施意见》，提出从 2005 年秋季新学年开始，自治区每年从川区 16 个市、县（区）选派 100 名优秀中小学教师和 500 名城镇骨干教师到南部山区九县（区）的中小学开展定期支教活动。第二轮“百名优秀教师支教工程”和“川区教师对口支教工程”实施期限定为三年。石嘴山市直及大武口区、惠农区对口支援原州区；银川市直及三区对口支援西吉县；平罗县对口支援海原县；贺兰县对口支援彭阳县；永宁县对口支援泾源县；青铜峡市对口支援隆德县；吴忠市直、中卫市直、中宁县对口支援同心县；灵武市和吴忠市利通区对口支援红寺堡开发区。

2005 年，全区支教队伍由自治区党政机关和企事业单位支教队、百名优秀教师支教队、川区教师对口支教队、闽宁对口教师支教队，区内大学生志愿者支教队，市县辖区内支教队组成。8 月下旬，全区正式启动“三支一扶”工作，1200 名支教队员在报名、审核、选派后开始开赴宁南山区各学校进行支教，全区支教力量进一步得到增强，困扰多年的南部山区中小学教师特别是农村学校教师不足的局面得到了很大改善。

3. “两基”攻坚实施及验收阶段

20世纪末，基本普及九年义务教育和基本扫除青壮年文盲，是一项对我国社会主义现代化建设事业具有战略意义的基础工程，也是我国教育改革与发展的重中之重。1994年9月，国家教育委员会下发《关于在九十年代基本普及九年义务教育和基本扫除青壮年文盲的实施意见》，提到2000年，普及地区人口覆盖率为85%，实践阶段入学率争取达到85%左右，在校生达到5500万人左右。到20世纪末，在90%以上地区扫除青壮年文盲，使青壮年人口中文盲率降到5%以下。

为认真贯彻落实《中国教育改革和发展纲要》和国家教育委员会《关于在九十年代基本普及九年义务教育和基本扫除青壮年文盲的实施意见》，1995年3月，自治区教育厅下发《关于九十年代普及义务教育和基本扫除青壮年文盲工作的实施意见》，提出到20世纪末，占全区总人口70%以上的地区普及九年义务教育；占全区总人口25%的地区普及初等义务教育；占全区总人口5%的特别贫困乡普及3~4年小学教育；全区小学入学率达到99%以上；全区45岁（1949年10月1日以后出生）以上的人口中青壮年非文盲率争取达到90%以上。

实现西部地区“两基”攻坚目标，是一项十分艰巨、复杂的任务，面临着严峻的挑战。自治区党委、政府牢牢把握住国家实施西部地区“两基”攻坚计划和农村义务教育经费保障机制改革的机遇，采取“分区规划、分步实施、重点突破”的方针，先后出台了一系列政策措施推动“两基”工作。根据《中共中央、国务院关于深化教育改革 全面推进素质教育的决定》的要求，自治区党委、政府下发了《关于加快教育改革和发展全面推进素质教育的决定》，提出到2005年，山区8县中，盐池县和隆德县基本普及九年义务教育，其他各县2002年基本普及初等义务教育，银川市和石嘴山市各区基本普及高中阶段教育，川区其他市、县（区）要积极创造条件，力争实施这一目标。到2010年，山区各县基本普及九年义务教育，川区各市、县（区）基本普及高中阶段教育，全民受教育年限达到全国平均水平。

2002年，为了推动普及义务教育工作，川区完成对石嘴山市石嘴山区、永宁县、中卫县、灵武市“普九”巩固提高复查。同时，对川区12个市（县、区）进行了“两基”复查，覆盖人口243.4万，比上年提高了57%。山区完成了对彭阳县、西吉县的“普初”验收，宁南山区6县实现了普及初等义务教育，覆盖人口达168.1万，比上年提高了70%。

为贯彻《国务院关于进一步加强农村教育工作的决定》，进一步推进西部大开发，实现西部地区“两基”目标，力争用5年时间完成西部地区“两基”攻坚任务，到2007年，西部地区普及九年义务教育人口覆盖率要达到85%以上，青壮年文盲率降到5%以下，自治区于2003年召开宁南山区“两基”工作动员大会，全面启动宁南山区“两基”攻坚工作，推动宁南山区“两基”攻坚工作，盐池县、隆德县、红寺堡开发区和川区吊庄移民乡镇先后通过了“两基”验收，其余6个山区县50%以上的乡镇实现了以乡为单位的“普九”目标，川区“两基”成果进一步巩固提高。9月，自治区政府颁布《关于加快新时期教育改革与发展的决定》，自治区教育厅认真贯彻落实决定精神，加大了山区“普九”攻坚的支持力度，制定海原、西吉、原州、隆德、彭阳、泾源、同心、盐池8县区“普九”时间

2003年，自治区召开宁南山区“普九”攻坚动员大会

表，以教育厅或市级政府组织召开各县“普九”攻坚动员大会，层层落实目标责任，建立“普九”攻坚情况通报制度，激励市、县、乡党委、政府，加大投入，实施初中学校建设工程，加强师资队伍建设，调动对口帮扶单位、广大人民群众捐资助学的积极性。2004年1月，自治区政府办公厅转发自治区教育厅《关于宁南山区“普九”攻坚实施意见的通知》，提出到2007年，实现基本“普九”，其中盐池县在2004年实现基本“普九”，隆德县、红寺堡开发区、川区移民吊庄点在2005年实现基本“普九”，原州区、泾源县、彭阳县在2006年实现基本“普九”，海原县、同心县、西吉县在2007年实现基本“普九”，基本做到学校容得下、家庭担得起、学生留得住、政策有保障，为基础教育的进一步发展和民族素质的提高打下坚实基础。同时，国家启动实施了西部地区“两基”攻坚计划。

2004年2月，国务院办公厅批转教育部等部门《国家西部地区“两基”攻坚计划（2004~2007年）》，指出：2000年，在全国范围内实现了“两基”目标；到2002年底，“两基”人口覆盖率达到91%。西部地区“两基”攻坚已经成为提高整个中华民族素质的当务之急，是必须做好的一项工作。到2007年，西部地区整体上实现基本普及九年义务教育和基本扫除青壮年文盲目标，“两基”人口覆盖率达到85%以上，初中毛入学率达到90%以上，扫除600万文盲，青壮年文盲率下降到5%以下；西部各省、自治区、直辖市及新疆生产建设兵团要分别实现各自的“两基”目标，切实巩固提高现有的“两基”成果，完成攻坚任务，有条件的省、自治区、直辖市通过国家的“两基”评估验收。

为进一步帮扶南部山区“普九”攻坚，2004年3月，自治区党委办公厅、政府办公厅关于转发《自治区教育厅、扶贫开发办公室关于自治区党政机关和事业单位帮扶南部山区“普九”攻坚的实施意见》通知，提出帮扶南部山区“普九”攻坚的总体目标是：到2007年南部山区整体实现“普九”目标。具体目标是：2004年盐池县实现“普九”，2005年隆德县、红寺堡开发区实现“普九”，2006年原州区、泾源县、彭阳县实现“普九”，2007年海原县、同心县、西吉县实现“普九”。自治区党政机关或企事业单位包乡镇、包学校帮扶，主要在资金、设备设施、仪器图书、电教器材以及教师、师资培训等方面帮扶，支持被帮扶乡镇按期完成“普九”任务，确保重点帮扶学校达到自治区示范初中的标准，不完成不脱钩。具体工作中：要配合支持乡镇政府开展“一帮一”助学活动，扶持特困生、回族女生、残疾儿童少年入学，保证适龄儿童、少年入学率达到95%以上，适龄残疾儿童、少年入学率达到60%以上，在校学生辍学率控制在3%以内，17周岁少年初级中等义务教育完成率达到80%以上；支持被帮扶乡镇聘请地市级以上单位骨干教师、学科带头人开展对学校校长和教师的培训和教科研活动，保证培训率达到100%，专任教师任职资格合格率达到100%，专任教师学历合格率达到80%，新增教师学历合格率达到100%，鼓励教师积极参加高层次学历（本科）进修；从人力、物力、财力上支持被帮扶乡镇改善学校的办学条件，保证初中生均占有校舍面积不少于5平方米，危房率控制在2%以内，教学仪器（包括要重点配置成套的现代远程教育信息技术设施）按二类标准配齐率达到100%，生均图书达到10册以上；帮助学校认真抓好教育教学质量，培养学生德、智、体、美、劳全面发展，保证毕业班学生毕业率达到90%以上。

为确保全区实现“两基”目标，自治区制订了《宁夏回族自治区“两基”攻坚计划》，对“两基”工作进行了再部署。同时，还制订了《宁夏回族自治区“两基”攻坚实施方案（2004~2007年）》，对山区各县区确定了具体规划。2004年，全区已基本实现扫除青壮年文盲的目标，青壮年非文盲率超过了93%，特别是2004年9月盐池县率先在宁南山区实现了“两基”目标，实现了山区“普九”零的突破，使全区以

2006年，自治区政府组成评估验收组，对彭阳县“两基”工作进行评估验收

县为单位实现“两基”的人口达到345.60万人，占全区总人口的59.57%，以乡为单位“两基”人口覆盖率超过70%。

2004年11月，自治区支教领导小组领导，率领由自治区党委组织部、编办、发改委、教育厅、财政厅、人事厅等6部门联合组成的四个督查组，对宁南山区9县区贯彻落实自治区“两基”攻坚工作部署和《自治区党委组织部、教育厅等部门关于加强宁南山区农村教师队伍建设的意见》的情况，进行为期一周的专项督查和调研。2005年初，自治区在红寺堡召开了宁南山区“两基”攻坚工作汇报会，对宁南山区“两基”攻坚工作进行了再动员、再部署。4月，自治区支教办在银川组织召开了宁南山区“普九”攻坚支教帮扶工作研讨会，讨论通过了《宁南山区九县区教育局支教办工作职责及要求》。同时，对全区支教帮扶工作现状和存在的问题进行了研讨。

2006年9月，南部山区全面实现了“两基”目标，标志着全区以县为单位提前一年实现了“两基”目标。2008年6月，国家“两基”督导检查组对宁夏“两基”工作进行督导检查。检查认定，“两基”所有指标均达到国家规定的标准，小学入学率、初中毛入学率分别达到99.64%和104.45%，小学、初中专任教师学历合格率分别达到99.05%和98.48%。全区“两基”人口覆盖率达到100%，提前一年实现了“两基”目标。

（三）闽宁教育对口支援协作

开展东西部对口扶贫协作是党中央、国务院做出的重大战略决策。1996年5月，国务院在北京召开扶贫协作会议，部署经济发达的13个省市对口帮扶经济欠发达的10个省区，确定了福建省对口帮扶宁夏，闽宁扶贫协作从此拉开了序幕。为积极响应党中央、国务院关于沿海发达省市对口帮扶西部贫困省区的号召，认真贯彻落实国家教委、国家民委1996年11月在深圳召开的全国教育对口支援协作工作会议精神，结合闽宁两省区展对口帮扶协议书的有关精神，福建省教育委员会与自治区教育委员会经多次协商洽谈。1997年4月，时任福建省委副书记、福建省闽宁对口帮扶领导小组组长习近平同志到宁夏调研，嘱托福建在宁夏挂职的干部，一定要静下心来，耐得住寂寞，把东部的经验带过来，把西部的精神带回去。

1997年8月，福建省与宁夏在固原县签订了闽宁两省区开展教育对口支援协作协议书。从1997年开始，宁夏每年选派中等师范学校、普通中专、职业技术学校和普通中小学具有培养前途的学校负责人各1名(全区共5名)，分别到福建省相应的学校进行为期半年至一年的培训锻炼。1997~2000年，福建省教委共筹集资金24万元，用于每年表彰200名宁夏少数民族地区、山区、贫困地区先进中小学教师（每名教师一次性奖励300元）。福建省中小学幼儿教师奖励基金每年组织优秀教师暑期活动中，列出专门指标邀请自治区优秀教师参加。1997~2000年，福建省教委共筹集资金16万元，用于每年扶助奖励宁夏中等师范学校困难学生200名（每名学生一次性扶助奖励200元）。协助各市（县、区）

组织、发动社会各界人士通过“手拉手”“一对一”等形式资助失学儿童和特困大中专学生，帮助宁夏南部山区总计3000名以上失学儿童和困难学生重返校园完成学业。同时，从1998年开始，福建省教委和各市（县、区）教育部门利用自身优势，积极做好牵线搭桥工作，促进和引进海外华侨、港台同胞、企业家和社会各界人士，积极捐资帮助宁夏贫困地区改善办学条件或兴办学校。

2000年4月，福建省教育厅与自治区教育委员会签订了闽宁两省区开展教育对口支援协作协议书。双方本着“积极支持，因地制宜，长期协作，共同发展”的原则，以促进宁夏教育事业发展为中心，积极组织、引导、协调、支持开展多种形式的支援、合作和交流。福建省把教育对口帮扶工作重点放在对宁夏西海固等县区的“两基”攻坚帮扶上，并逐步把援建学校基建项目转向加强学校教学仪器、器材设备的配备上，重点帮扶一批骨干性示范中小学。福建省8个对口支援县(市、区)每年帮扶受援县配备1所初级中学、1所小学的1~2个教学实验室仪器设备，受援县积极筹措配套资金，加大中小学校教学仪器设备经费投入，共建骨干性示范中小学，使其成为宁夏贫困地区的窗口学校。6月20日，《中共福建省委办公厅、省人民政府办公厅转发省教育厅等部门〈关于闽宁学校对口支援实施意见〉的通知》，明确了闽宁教育对口支援的地区、支教的要求、形式及主要任务。2001年8月，福建省和宁夏对口帮扶协作第五次联席会议在银川召开。会议全面回顾了开展闽宁对口扶贫协作以来，特别是第四次联席会议以来的工作，在充分肯定成绩和总结经验的基础上，对进一步加强两省区的对口扶贫协作进行了深入研究和探讨。为进一步加强两省区的协作与交流，2001~2003年，福建省继续选派一名熟悉经济工作的厅级干部到宁夏固原地区挂职（兼领队），选派8名副县级干部到宁夏南部山区对口帮扶县挂职，帮助开展工作。2002~2003年，福建每年免费为宁夏举办3期干部培训班，共培训县处级干部、乡镇领导干部和企业管理人员 180 人。

2002 年 6 月，闽宁教育对口支援座谈会在银川召开，福建省教育厅与自治区教育厅领导出席了会议，就进一步加强教育援助达成了初步意见。同时，福建教育出版社向宁夏捐赠校园网络费 25 万元。2002 学年，福建省选派了 96 名政治思想好、作风过硬、专业知识扎实、业务能力强、身体健康，并具有较为丰富的工作经验的教师来宁夏支教，他们都是宁夏南部山区学校紧缺学科的教师。在宁夏各级党委、政府的领导和关怀下，支教老师克服种种困难，坚决按照福建省委、省政府提出的“勤奋工作促发展，严于律己树形象”的要求，在艰苦的环境中得到了锻炼，提高了水平，增长了才干，对推动当地的支教工作起到了重要作用。2013 年 10 月，福建省委书记、人大常委会主任尤权，在自治区主席刘慧的陪同下考察六盘山高级中学时，对宁夏六盘山高级中学这样让山区的孩子们同样享有优质教育的办学模式给予赞誉。闽宁两省区教育行政管理部门及相关部门、学校进一步加强联系沟通，认真落实两省区教育对口帮扶协议。

自 2000 年 10 月，福建省选派第一批教师赴宁支教，到 2014 年 9 月，共有 16 批 1019 名年富力强、教学经验丰富的优秀教师来到宁南山区 368 所学校支教。据不完全统计，福建省教育系统累计为宁南山区受援学校捐款捐物达 4980.5 万元，极大地改善和提高了宁夏南部山区学校办学条件。福建省支教教师主要安排在宁南山区贫困县的中学教学一线，参与当地学校教学和管理工作。他们努力克服气候不适、水土不服、生活不便、语言障碍等种种困难，把先进的教育理念和教育教学方法带到受援学校，积极在当地顶岗教学、培训教师、承担教研课题，推广福建省基础教育教学成功经验，积极参与学校各项管理工作、帮扶贫困学生，为提高受援学校教育教学质量和管理水平做出了积极的贡献，得到宁夏教育行政部门和学校师生的充分肯定和好评。

（四）研究生支教团

中国青年志愿者扶贫接力计划——研究生支教团是团中央、教育部共同组织实施的全国示范项目，1999 年开始派遣，采取自愿报名、公开招募、定期轮换的“志愿加接力”方式，每年在部分全国重点高校中公开招募一定数量具备保送研究生资格、有奉献精神的应届本科毕业生或在读研究生，到中西部贫困地区中小学开展为期一年的志愿服务。入选志愿者服务期间，保留研究生学籍，在服务期满后攻读学位，由下一批志愿者接替其工作，形成“志愿加接力”的长效工作机制。

项目自实施以来，在团中央、教育部领导的亲切关怀下，全国部分重点高校和西部、边远受援地区高度重视、积极参与，取得了可喜的成绩，已成为中国志愿者行动的重点示范项目。自治区团委、宁夏大学生志愿服务西部计划项目管理办公室自 1998 年开始，在全国和地方学校应届本科毕业生中招募选拔大学生参与研究生支教团服务队。区外大学由厦门大学、复旦大学、北京航空航天大学、南京大学、中国科技大学、青岛科技大学、福州大学、暨南大学等高校组成，区内由宁夏大学和宁夏医科大学组成。

自 2002 年开始，宁夏大学已招募了九届服务队员共 24 人，其中有 21 人已完成支教服务。为了使研究生支教团成员在服务地充分发挥作用，以卓越的工作业绩回报社会，宁夏大学团委为研究生支教团制订了详细的培训计划。2013~2015 年选派 28 支研究生支教团，199 名志愿者赴宁夏 10 个县（市、区）的 64 所学校开展支教工作。截至 2015 年，研究生支教团已招募了 17 届服务队员，先后到宁南山区泾源县、月牙湖回民中学、狼皮子梁小学、盐池县高沙窝小学、红寺堡区回民中学、原州区三营中学、西吉平峰中学、西吉三合中学、隆德县第二中学、彭阳县城阳乡初级中学、海原贾塘中学、海原一中、海原回中、海原三中等64所学校进行支教服务，发扬“奉献、友爱、互助、进步”的志愿者精

第十五批厦门支宁教师给脱场小学捐赠书包文具

神，用他们的青春热情与不懈努力诠释着“爱心接力”的深层含义。

实践证明，组建研究生支教团，一是促进了中西部贫困地区基础教育事业发展，并通过支教团志愿者搭建了高校参与西部发展的桥梁，在服务人才强国和西部大开发战略，建设社会主义新农村、构建社会主义和谐社会进程中发挥了积极作用。二是在培养知国情、讲奉献、高素质的复合型青年人才方面做出了有益探索，在广大青年学生中树立了积极参与志愿服务、到祖国最需要的地方去锻炼成长的良好导向。三是探索建立了“接力服务、定期轮换”的长效工作机制，延伸了高校和服务县团组织的工作手臂，逐步成为共青团组织引导和鼓励青年学子服务基层，在与人民群众相结合、与实践相结合的生活中受锻炼、长才干、做贡献的有效载体。

二、主要成就

宁夏的“两基”攻坚是在教育基础相对薄弱、地方经济财力严重不足，尤其是山区贫困面较大的情况下开展的。面对巨大困难，自治区历届党委、政府高度重视教育，经过全区 600 多万回汉人民多年的艰苦奋斗和不懈努力，“两基”攻坚取得了历史性的成就。支教队伍不断扩大，支教形式各具特色，支教内容不断丰富，使受援学校的办学条件得到明显改善，学校管理和教育教学水平大幅度上升，中小学入学率明显提高，辍学率问题得到有效控制，极大地推动了山区教育事业的改革与发展。

（一）有效缓解中南部山区教师短缺局面，提高教育教学质量

从1996学年开始，每学年从区直机关、企事业单位选派人员到南部山区偏远乡村的中小学支教。2000学年，启动并实施“百名优秀教师支教工程”，每学年从川区16个市、县（区）选派优秀教师到南部山区民族聚集乡镇的中小学任教。福建省每学年都组织一批优秀教师开展闽宁对口帮扶支教活动。团中央、教育部每年发动并组织“中国青年志愿者扶贫接力计划”研究生支教团的支教活动。2002学年，川区16个市、县（区）选派了95名优秀教师对口支援宁南山区的29所中小学，他们发扬艰苦奋斗、扎实肯干的工作作风，深入到学校的教育教学中，把自己的知识、才华奉献给山区的教育事业。支援单位和教师向受援学校捐款13万元，捐赠计算机123台，捐赠教学器材728套（件）、学生学习用品47874件、图书7920册、衣物8801件，资助贫困学生319名，这些从一定程度上改善了受援学校的办学条件，丰富了教育教学内容，有效地控制了在校学生的流失，促进了教育教学质量的提高。2004年，自治区内外共有153个支教单位、1828名支教队员，参加了对宁南山区9县区87个乡镇93个行政村的216所中小学、9所教师培训中心的支教工作，其中福建支教教师70名，研究生青年志愿者26名，自治区党政机关、企事业单位182名，川区选派支教教师532名，启动实施了自治区党政机关和企事业单位帮扶南部山区“普九”攻坚工作。各支教单位捐款捐物改善办学条件、提高教育教学质量、资助贫困生等折合人民币497万余元，有效地改善了受援学校的师资状况。

（二）增加教学设施设备，有效改善办学条件

1996年以来，自治区和中央驻宁机关、企事业单位认真贯彻关于支援基层教育工作的文件精神，开展了扎实有效的支教工作。截至2001年，全区共派出支教队员1225人，捐款捐物、投工投料达5100多万元，其中投入资金2500多万元，为山区8县的100多所中小学新建、翻建校舍，修建围墙、操场、大门，硬化道路、打井窖；捐赠课桌椅、教学器材、图书和学习用品，安装卫星电视接收器，捐赠电教设备、计算机、打印机等，使受援学校的办学条件有了明显改善。2002年，福建省厦门市教育局的领导，先后率团两次来宁看望慰问支教老师，进行实地调研，为宁南山区慷慨捐助资金24万元，图书4万册，有力地支援了受援学校。截至2004年，全区各支教单位为山区新建希望小学11所，翻建中小学117所，修建围墙，硬化路面，平整操场，打井窖112个，为学校捐赠办公桌椅近3000套、课桌凳12000多套，教学器材上千种，图书近32万册，学习用品约36万件，捐赠电教设备、计算机、打

海原关桥中学新操场

印机近 2000 台（件）。福建省各界向宁南山区贫困县提供各类资金达 3300 多万元，兴建、扩建学校 96 所，购置教学设备和器材 61.8 万元，帮助挽救 5812 名贫困儿童、少年重返校园。2006~2008 学年各支教单位向山区学校投入资金 403 万元，购置计算机 543 台，添置价值 63 万元的电视机、DVD 等多媒体教学设备和一体机、复印机、速印机、打印机等现代化办公用品。有效地缓解了受援农村学校现代教育资源短缺和设备不足的问题。在帮助受援学校配置设备，保证必要运行费用的同时，各单位还发挥人才优势，对部分教师进行了现代信息技术教育运用和设备维修知识的培训。2008 年，组织区内外 2631 名支教队中参加宁南山区9 县区支教工作。各支教单位共向南部山区捐款捐物达 858.1 万元，比上年增加 200 多万元，是开展支教工作以来投入最多的一年。

（三）开展扶贫济困活动，资助贫困学生完成学业

面对贫困山村学生中途辍学、失学的情况，支教队员经过调查摸底，根据具体情况做工作。为了救助失学儿童，让每一个孩子都能接受义务教育，加快山区脱贫致富的步伐，各支教单位和广大支教队员开展了多种形式的捐资助学、劝学保生活动。2001 学年，复旦大学研究生支教团的同学们经过多方努力，联络自己的朋友、亲戚和社会有识之士，落实结对子资助款 35000 余元，使 120 多名因家庭经济困难的学生摆脱了面临辍学的困境，安心继续学习。同时，自治区党委、人大、政府、政协、纪委、宁夏军区、武警总

福建泉州市支宁教师向王团中学贫困生献爱心

队的领导同志以及自治区一部分厅局的领导同志，每人或每个家庭都资助了 1~2 名贫困生，为动员社会各界捐资助学做出了表率。全体支教人员还给山区农村带来了新思想、新知识、新观念，活跃了山区农民群众的文化生活，促进了当地农民群众思想观念的转变，为加快脱贫致富的步伐，推动农村精神文明建设起到了积极的促进作用。2006~2008 年，为切实保障山区农村学校家庭经济困难学生接受义务教育的权利，各支教单位投入帮扶资金 488 万元，资助了 11204 名家庭经济困难学生，为扶贫助困、控辍保学，提高受援学校义务教育普及程度作了卓有成效的工作。

（四）东西部对口支援为南部山区教育注入活力

2000 年起，根据国家“东部地区学校对口支援西部贫困地区学校工程”会议精神，福建省先后选派了 16 批共 1019 名年富力强、思想政治觉悟高、业务能力强、教学经验丰富的优秀青年教师到宁夏任教。支教老师们听从组织安排，带着福建人民的深情厚谊，带着火热的心，来到南部山区支教。在支教工作中，他们克服了气候不适、水土不服、语言障碍、思念亲人等许多困难，深入教学一线，把先进的教学思想、教学方法和教学理念带到受援学校。积极组织和参与教科研活动，听课、评课，指导撰写论文，举办教育专题讲座；积极承担优质课、示范课和观摩课，生动有效地把教师为主导，学生为主体，创新为核心，训练为主线，素质提高为目标等新课

福建支宁教师正在上课

改、新理念传授给当地老师，带动了一大批积极参与新课程改革的教师队伍，极大地提高了当地教师的教学技能。特别是在他们的带动下，网络、多媒体、图片、音像等现代化教学手段在南部山区学校课堂教学中有效使用，使当地教师教学方法发生了根本性变化，教育教学效果有了明显提高，给山区教师队伍带来了生机和活力，极大地缓解了山区教师数量不足，结构不合理的矛盾。支教队员把发达省区和川区先进的教育思想和教学方法带到南部山区，帮助南部山区改变教育观念，改进教学方法，推动教育质量的不断提高。根据闽宁两省区政府的统一部署，两省区教育行政部门明确了师资（人事）处为闽宁教育对口支援的具体工作管理机构，每年组成代表团互访，召开协调会议，每年签订两省区教育对口支援合作项目协议，商谈加强交流合作有关事宜，在捐资助学、师资培训、改善和提高宁南山区学校办学条件和办学水平；加强重点高中建设、教育资源共享、基础教育课程改革实验、职业教育等领域开展广泛的交流与合作，创造出东西部合作的“闽宁模式”，受到闽宁两省区人民高度赞扬和国家有关部门的充分肯定，让国家实施东西部教育对口协作战略真正落到了实处。

（五）帮助提高了适龄儿童的入学率、巩固率和完成率

支教队员以救助贫困生为抓手，走村串户，耐心做贫困生家庭的思想工作，采取“手拉手、结对子”的方式，为资助贫困生牵线搭桥，大大提高了宁南山区适龄儿童、少年接受义务教育的覆盖率。据不完全统计，在宁南山区的423所受援学校中，有358所小学（包括教学点）的入学率达到了96%以上，巩固率达到97%以上，完成率达到98%以上；65所初中的入学率达到70%以上，巩固率、完成率均达到85%以上。支教工作有效地支援了山区的教育事业，促进了南部山区的“普九”工作，2003年，宁南山区9县区已基本实现了普及初等义务教育的目标，这些成就的取得，凝聚着各级党委、政府的关心重视，凝聚着全区各族

人民和广大教育工作者的艰辛努力和无私奉献，也同样凝聚着社会各方面的大力支持及支教单位、支教队员的心血和汗水。截至2007年底，全区义务教育阶段共有中小学生98.89万人，全区小学适龄儿童入学率达到99.64%，初中阶段毛入学率达到100.45%，小学辍学率为0.33%，初中辍学率为1.61%，残疾儿童少年入学率达到83.05%。全区小学、初中专任教师学历合格率分别为99.05%和98.48%。小学、初中危房率分别为1.95%和1.02%，D级危房全部消除。教育经费逐年增长，教师工资按月足额发放，没有发生拖欠教师工资现象。全区青壮年非文盲率为97.13%。2015年，全区小学在校学生583509人，学龄儿童入学率达到99.98%，六年巩固率提高到94%；初中在校生（含完全一中学）274333人（其中少数民族在校生117476人），初中阶段入学率达到102.21%，三年巩固率提高到93.01%；高中在校生159663人（其中少数民族在校生52259人），高中阶段入学率达到90.99%。全区教师合格率小学、初中、高中分别达到99.86%、99.71%和97.52%。

三、经验启示

支教工作有力地推动了南部山区各类教育的发展，极大地提高了全区广大劳动者的素质，为促进自治区经济社会的全面发展，奠定了坚实的人才基础。全区上下形成了发展教育是改变落后面貌的根本出路的强烈共识，在支教工作中探索和积累了许多好的经验和做法。

（一）领导重视、认识到位是支教工作顺利开展的重要前提

支教工作是全党全社会的一件大事，也是自治区“科教兴宁”和“扶贫攻坚”的重要举措，搞好支教工作是各级党委、政府和教育主管部门义不容辞的责任。各支教单位认真贯彻支教工作会议精神，将支教工作列入本单位重要议事日程，精心组织，周密安排，及早部署，狠抓落实。从支教队员的选派、培训到支教队员进点，各单位领导同志都亲

自过问，广泛动员，许多单位还建立了支教领导小组，明确分工，落实责任，确保了支教工作的顺利进行。自治区党委、人大、政府、政协的领导也十分重视和关心支教工作，经常过问支教工作的情况和进程。各支教单位主要领导和分管领导不定期地到支教点调查研究，关心和询问支教队员的工作、学习和生活安排，帮助他们解决实际问题，极大地激发了广大支教队员的工作热情，有力地推动了支教工作的顺利进行。支教工作实践证明，只要各级党政领导认识到位，统筹协调，精心组织，措施得力，对支教队员做到政治上关心、生活上关照、工作上支持，支教工作才能取得比较好的成效。

（二）实行支教包干责任制，调动各方面积极性，是推进和深化支教工作的重要措施

支教工作有其自身的特点，时间短、人员变换频繁，地处偏远，点多面广，帮扶内容广泛，工作连续性差，人员不易管理，教育时效性难以体现，不利于调动社会各方面积极性，工作稍有不实，容易流于形式。鉴于此种情况，自治区支教办在调查研究的基础上，提出了《在全区支教工作中实行单位包干责任制的意见》，由每个支教单位承包一个乡镇的农村中小学的支教工作，限期达标，不达标不脱钩。由于实行了单位包干责任制，各单位在支教的实践中不断认识到南部贫困地区普及义务教育任务的艰巨性，仅靠当地不能解决这一问题，发展南部山区教育，还需要上级党政机关、企事业单位和社会各界的大力支持和援助。许多厅局把支教任务当作本单位分内工作的一项主要任务来抓，为所包的县、乡、村的教育发展，想实招，办实事，取得了实效。各支教人员派出单位既是支教主体，又是目标承包方，任务更重了，责任更大了。包干责任支教，充分调动了各部门支援教育的积极性，创造了全社会尊师重教的良好风尚，为营造全社会重视教育，优先发展教育事业的良好氛围奠定了基础。

（三）支教与扶贫工作有机的结合，有效地发挥了各种支教资源的作用

扶贫工作与教育密不可分，“扶贫先扶智，扶智抓教育”已成为各单位的共识。支援教育的根本目的是帮助贫困地区加快脱贫致富的步伐，达到共同富裕。针对区直单位支教点与扶贫点不在一起，不便于支教工作的开展，结合各单位扶贫的具体情况，扶贫点设在哪里，支教点就确定在哪里，有利于各单位统一规划，统一行动，统一管理，将人力、物力、财力集中投入到所包的乡村。在支教过程中，各支教队员与扶贫队员心往一处想，劲往一处使，形成既扶贫又扶智的强大合力。扶贫支教提高了劳动者的素质，使村民们致富的路子宽了，视野远了，由被动脱贫变主动脱贫，为所包的县、乡、村的教育发展，想实招，办实事，取得实效。

（四）把好派出人员质量关，建设一支纪律严明、业务熟悉、团结奋进的支教队伍是搞好支教工作的保证

培养一支高素质、纪律严明、团结奋进的支教队伍尤为重要，它不仅是各派出单位、受援学校、支教工作管理部门的责任，也是作为一名合格教师的基本要求。实践证明，宁夏支教工作之所以能够顺利进行，不仅是全体支教人员共同努力的结果，也与各支教人员派出单位的高度重视，密切配合，大力支持，把住了用人质量关是分不开的。各部门在选派支教队员时，注重选派政治素质好、文化程度高、组织和业务能力强、身体健康、有培养前途、专业较对口的中青年干部。在支教工作中，由于各支教单位的高度重视和热情支持，各受援县和受援学校的密切配合，广大支教人员都把支教工作当作实现自己人价值的一个重要阶段，把支教工作当作为人民服务的具体实践，扎扎实实地到基层接受锻炼，老老实实地向人民群众学习，认认真真开展支教工作，着实获得净化心灵、增长才干的成效，尤其是中国青年志愿者接力计划研究生支教

团的各位支教队员和川区以及福建的百名优秀教师，他们不仅用自己独特的教学方法、全新的思想观念和踏实的工作，影响、改变着学生的学习生活，而且用自己火一般的热情和真心换来了学生、家长和当地教师和真心与好评。

（五）动员社会各方面力量支援基层教育工作，是支教工作常抓不懈、健康发展的生命所在

支教工作实质是一项社会性活动，离不开社会各方面的支持。由于在前期支教工作偏重于从自治区党政机关和事业单位选派人员到宁南山区基层学校支教，而放松了川、山区县与县之间，山区条件好的学校与条件差的学校的对口支援。在落实各单位目标承包责任制的同时，及时调整支教工作思路。经济条件较好的川区县市的中小学校长、教师，可按一定比例到山区薄弱学校担任领导或任教。经济条件好的县以上中小学以及自治区大中专院校，对口支援贫困地区师资力量相对薄弱的中小学。帮助学校培训教师、传播教育信息，制订教学计划，普及义务教育，参与学校的教育教学改革等工作。

四、对策建议

支教工作是一项功在当代、泽被子孙的千秋伟业，是一项光荣而崇高的神圣事业，推动了宁南山区教育事业的发展和“两基”目标的实现。由于历史的原因和自然条件的制约，宁夏教育事业的发展还很不平衡，南部山区发展基础教育的困难和问题仍然很多。义务教育城乡、山川差距仍然存在，义务教育均衡发展任务艰巨；部分山区群众对教育不够重视，尤其是少数民族相对集中的乡、村，由于部分家庭经济困难等因素的影响，中小学高年级学生辍学率较高，师资队伍整体水平还不高，直接影响着教育教学水平的提高，使山区基础教育事业的发展受到影响和制约。因此，“两基”目标的实现是宁夏基础教育事业一个新的

起点，今后要进一步贯彻落实《义务教育法》，做好“两基”巩固提高工作，确保“普九”各项指标不反弹，继续加强教师队伍建设，不断提高教育教学质量与办学效益，大力推进义务教育均衡发展，全面实施素质教育，为全区经济社会发展和构建和谐社会做出新的更大贡献。

（一）巩固和提高“两基”成果，保证义务教育各项指标不反弹

巩固和提高义务教育要把重点放在相对落后的农村地区，继续采取多项措施，保持对薄弱地区、学校和扶持与政策倾斜，保证义务教育的持续发展，不断扩大中小学校校均规模，提高生均建筑面积，改善寄宿条件。农村小学布局调整要在坚持适龄儿童就近入学的前提下，积极稳妥地撤并一些规模过小、质量不高的村小和教学点，除南部山区必须保留的部分教学点外，川区一般不设教学点，打破村村办小学的体制，建立联村办小学格局。南部山区各县区要进一步完善以乡镇中心学校和寄宿制学校相结合的发展方向，促使中心学校、较大规模寄宿制学校成为辐射附近学校的区域性师资培训中心、教育教学研究与管理中心，逐步形成中心小学、完全小学、教学点相互关联的教育结构。川区各县市要继续实行联村办学，完全小学要设置在人口集中、规模较大的行政村或乡镇。提倡寄宿制办学，积极举办寄宿制初中，在部分交通不便的农村地区也可举办九年一贯制学校。进一步扩大校均办学规模，优化教育资源，提高办学质量与效益。全面提高教育质量，关键是要建立健全基础教育质量保障体系。要建立以素质教育理念为核心的基础教育质量标准，改革和完善基础教育质量评价与督导机制，建立基础教育质量监测体系，以科学的评估监测为导向，充分发挥评价的激励作用，推进素质教育的实施。

（二）以提高教师队伍素质为突破口，全面推进义务教育均衡发展

义务教育均衡发展的最大难题是师资的不均衡，提高农村尤其是贫困地区的师资水平是义务教育均衡发展的关键。教师是教育事业的第一

资源，是推动教育改革与发展的关键要素，建设一支高素质的教师队伍是实现教育强区的根本保障。造成城乡、南北教育质量差异的关键性因素不全在校舍等基础设施建设上，而主要在于师资队伍建设上。在师资引进方面要优先满足薄弱学校的需求。落实和完善农村支教制度，倡导优秀校长、优秀教师轮流到薄弱学校任教，提高薄弱学校教师整体水平。实行区域内的骨干教师统筹调配，派遣毕业生或选调优秀教师到经济欠发达地区、薄弱学校任教。以实施绩效工资为契机，提高农村教师的待遇。同时，要加大对农村和薄弱地区教师的培训力度，通过多种方式提高农村教师的素质。要不断引导教师树立新教育观、人才观、质量观、学生观、评价观，深入开展新一轮以新理念、新课程、新技术和师德教育为主要内容的中小学教师全员培训，加强骨干教师队伍建设，要注重中小学薄弱学科的培养、培训工作，努力开创教师教育的新局面。

（三）建立教师培训交流长效机制，使教师培训交流常态化、制度化

各县（市、区）要广泛开展优质学校与农村学校和城市薄弱学校之间的“强弱联合”“以强带弱”“捆绑式”一体化发展战略，实施“送课下乡”“教师交流”“管理人员交流任职”等政策，使农村、城市薄弱学校的师资得到培训提高。加大对贫困地区教育的扶持力度，保障弱势群体受教育的权利。在办学条件上要约束政府合理配置教育资源共享，规范义务教育阶段学校的办学条件。一是加快教师交流配套机制建设，为教师交流创造条件和环境，完善和改进有利于教师交流的编制管理。二是教师交流要从支教、帮扶等短期行为向常态化、制度化转变，改变教师临时任教应付差事等心理，让所有教师公平地参与交流。三是针对城市和农村的具体情况，因地制宜地制定教师交流制度。在教师交流过程中不搞形式主义，要通过交流真正带动薄弱学校的发展，避免给教师增加麻烦，给管理增加负担。尤其是新一轮的课程改革中所透露出来的新理念、新要求、新思维、新问题、新知识，都要求教师务必与时

俱进、开拓创新，始终保持教师专业的先进性。

（四）切实加快教育资源区域内流动，实现良好教育资源共享

通过加快教育信息化建设步伐，以信息化带动基础教育现代化，促进农村优质教育的快速发展，建立现代教育资源共享机制。现代远程教育具有扩大教育对象和教育空间的优势、提高教育效率和效益的优势、快速传播知识和大规模培养人才的优势，为教育资源更广泛、更有效地利用开辟了道路。要进一步加大对全区信息技术的资金投入和工作力度，继续深入实施“校校通工程”和农村现代远程教育工程，以各学校建设数字化校园为契机，构建学校公共数字资源库和信息平台，推进教育信息化建设，进一步扩大信息技术教育的覆盖面，使资源效益最大化，提高南部山区学校教育教学的现代技术水平，促进教育跨越式发展。各县要合理制定政策，在图书、仪器、体育场所、局域网等固定教育资源配置上实现区域内一定程度上的共享，最大限度地发挥教育资源的作用。借助教育信息化来缩短城乡之间、强校与弱校之间的办学差距，实现真正意义上的均衡发展。

坚持重点扶持
加快民族教育改革与发展

宁夏是全国五个省级少数民族自治区之一。2015 年末有回族人口 240.74 万，占宁夏总人口的 36.05%，占全国回族总人口的五分之一还要多。民族教育的发展历来是宁夏教育事业发展的重要组成部分，也是宁夏实施《民族区域自治法》的重要内容。可以说，在宁夏教育发展的史册上，民族教育始终是其中最绚丽的篇章。改革开放以来，自治区党委、政府致力于全区的经济社会发展，把大力发展民族教育，提高少数民族人口素质，作为全区经济社会跨越式发展和民族振兴的根本出路，大力实施“科教兴宁”战略和“人才强区”战略，始终坚持“优先发展、重点扶持”的政策，不断创新发展思路，完善体制机制，破解发展难题，民族教育有了长足发展，培养了一大批各行各业专门人才，有力地促进了全区的经济繁荣、民族团结，社会和谐稳定。

一、改革发展历程

（一）恢复与稳步发展阶段（1978~1985 年）

自治区成立至改革开放以前，宁夏民族教育一直伴随着国家政治经济社会的曲折发展艰难前行。1976 年拨乱反正以后，特别是 1978 年以来，各级党委、政府和教育行政部门认真执行党的十一届三中全会和十二大所制定的路线、方针、政策，切实尊重和保障少数民族在政治上、经济上、文化教育上的平等权利，全区的民族教育事业开始步入稳步发展的轨道，迎来了新的春天。

1980 年，根据中央落实民族教育政策、发展少数民族教育事业指示精神，自治区党委做出了《关于贯彻中央对西藏工作的指示精神，加强民族工作的决定》，提出在回族较多的地区兴办回民中小学，发放助学金，高校设立民族班，在回族聚居较为集中的固原、西吉、海原、同心、泾源、吴忠、灵武 7 个县市，按照重点学校的要求，建成了 7 所寄宿制回民中学、77 所寄宿制回民小学，按统一标准给中学生发放生活补助费。其他各市县也根据回族群众的要求和财力，开办了回民中学和回民小学。

在招生政策上，根据国家规定对少数民族放宽录取分数段，要求大专录取新生中少数民族学生比例不低于 20%；在人才培养上，宁夏大学、宁夏医学院、宁夏农学院和固原师范专科学校及银川、吴忠、石嘴山三所师范学校陆续设立了民族班（宁夏大学和固原师专于 1980 年先行试办）。从 1984 年起先后在教学设备好、师资力量强的银川一中、吴忠中学、固原一中三所自治区级重点中学开设了寄宿制民族高中班，招收南部山区回族应届初中毕业生，规定在招生人数中回族女生不得少于 30%，自治区对民族班学生实行医疗费、取暖费、交通费、书本费等全免的优惠政策，对家庭特别困难的学生还发放服装、被褥等生活用品。1985 年 3 月，同心阿拉伯语学校建成招生。

1980 年 10 月，教育部和国家民委下发《关于加强民族教育工作的意见》，对切实抓好中小学教育，发展少数民族中等专业教育和高等教育，培养少数民族“四化”建设人才；大力发展民族师范教育，培养一支合格的民族教师队伍；解决民族教育必要经费；保证自治地方教育事业的自主权以及恢复民族教育行政机构等方面明确地提出了明确要求。1981 年 2 月，第三次全国民族教育工作会议召开，会议总结了全国民族教育工作的经验，研究调整和发展民族教育的方针任务。宁夏民族教育在强有力的政策推动下大踏步前进，呈现出快速发展、稳步提高的态势。

截至 1985 年末，全区各种形式的民族中小学共有 134 所，在校生达到 239917 人。高等院校有回族学生 867 人，占在校生总数的 14.1%；22 所全日制中等专业学校有回族学生 1135 人，占在校生总数的 12.7%；14 所教师进修学校有回族学生 96 人，占在校生总数的 25.5%；436 所普通中学有回族学生 34685 人，占 14.6%；29 所农业职业学校回族学生 1478 人，占 13.6%；4359 所小学有回族学生 182854 人，占 27.95%；157 所幼儿园有回族幼儿 3610 人，占 11.2%。全区 7~11 周岁小学适龄儿童入学率达 79.6%。寄宿制回民中小学的开办，不仅为回族地区培养了人才，同时也建立起寄宿制民族学校的教师队伍。到 1985 年，中小学回族教师队伍也已增加到 7229 人。

（二）改革与快速发展阶段（1986~1993 年）

1985 年，党中央、国务院召开全国教育工作会议并颁布《关于教育体制改革的决定》，之后宁夏民族教育事业进入全面改革、快速发展、稳步提高的历史新时期。这一时期，除继续执行和完善以往行之有效的政策外，围绕结构改革、政策倾斜、经费保障等，得到了长足发展，民族教育水平全面提高，取得了重大成就。

一是巩固与发展少数民族基础教育。1986 年起，自治区党委、政府相继下发了《宁夏回族自治区普及初等义务教育暂行条例》《宁夏回族自治区扫除文盲工作条例》，针对宁夏实际，明确提出要“采取特殊政策和措施，加快民族教育的发展”。规定要在南部山区小学生继续实施免费义务教育，大力办好现有的回民寄宿制中小学，并有计划地开办或增设一批回民寄宿制学校和班级，在一些重点学校开设寄宿制回族高中班，有条件的地方举办回族女子学校（班），提高回族女生入学比例，在宁夏大学等高等院校和中等专业学校开设民族预科班，并集中人力、财力、物力扩大招生规模，逐步提高少数民族学生入学比例，为自治区高等院校集中培养少数民族预科生，为高校输送民族本、专科生，为民族地区培养高级建设人才。

二是不断增加民族教育投入，有效扩大民族教育规模。自治区除每年保证民族教育专项经费外，投资兴建了同心海如女子中学、银川唐徕回民中学等学校，先后在南部山区新建了 299 个教学点，以加快培养回族教师，特别是回族女教师的步伐，同时集中解决了居住分散的宁南山区乡村适龄儿童就近入学问题。

同心县海如女子中学的学生课间活动

三是对少数民族采取倾斜政策。除继续执行和完善以往行之有效的政策外，这一时期的政策更多地体现在了重视和加强对回族教师的培养、培训。加强固原师范的建设，重点为回族聚居的南部贫困山区培养回族教师，特别是回族女教师。1986 年，固原师范改为固原民族师范。从 1989 年起，先后在固原师范、吴忠师范增办一年制师范班，加快了培养回族教师的步伐。1990 年起，又相继在固原民族师范和同心阿伯语学校举办回族女子师范班，培养回族女教师 500 多名。同时，在全区民办教师转正、教师进修等方面，对回族教师都给予特别照顾。1988 年，自治区下达民办教师考核转正指标 600 个，全部用于回族教师的转正。与此同时，宁南山区各县利用 1986 年以来建立的 5 个教育电视差转台、146 个乡卫星电视接收站和 125 个放像点，运用现代化的电教手段组织教师进行在职进修和提高业务素质，使回族教师队伍无论是数量还是质量都有较大提高。

四是民族教育成效斐然。1987 年上前年，吴忠市普及初等教育达到了国家教委和自治区规定的标准，通过了检查验收，实现了普及初等教育和脱盲的双目标。石嘴山市平罗县被命名为基本扫除文盲县，通过了自治区普及初等教育的检查验收，实现 “普初” 和 “扫盲” 双目标。同年 8 月，自治区在银川召开回族教育研讨会，国家教委、国家民委和天津等 9 省市区回族聚居的州和县的代表应邀参加会议。会议就宁夏回族教育的特点、经验、存在的问题和发展方向进行了认真的探讨，为发展民族教育提供了理论指导。12 月，灵武县通过了自治区普及初等教育检查验收。1992 年，在宁南山区回族聚居的 8 所农村小学进行整体优化女童教育环境的国家课题实验研究，总结形成了成功的经验，并将课题成果广泛推广应用。国家在银川召开女童教育试验汇报交流会。全国妇联领导及北京大学 5 位女专家到会，并在会后到同心阿语学校给女子师范班学员讲座。

截至 1993 年末，全区共有各级普通学校 4972 所，在校生 1028947 人，其中回族在校生 278230 人，占在校学生总数的 27.04%，较 1985 年提高了 3.96 个百分点，回族学校儿童的入学率由 1985 年的 79.6%提高到 85.9%。

（三）创新与跨越发展阶段（1994~2008 年）

1994 年 6 月召开的全国教育工作会议，是我国教育发展史上具有里程碑意义的重要会议，对我国教育的发展产生着深远的影响。会议确立了教育优先发展的战略地位，提出在 20 世纪末基本普及九年义务教育和基本扫除青壮年文盲（简称“两基”）的重大目标，以及调整教育结构、改革办学体制、改革教育管理体制、改革中高等教育招生收费和毕业生就业等多项改革。同年 12 月，全区第二次教育工作会议召开，确定了宁夏到 20 世纪末各类教育的发展目标、教育改革的任务和政策。以这次会议为契机，自治区落实教育优先发展战略，深入推进教育管理体制和办学体制的改革，落实各级党委和政府发展教育的职责，加大对基础教育事业的投入，全力实施“两基”目标。

1995~2000 年，自治区党委、政府根据中央的民族教育政策，结合实际，先后发布了《中共宁夏回族自治区委员会 宁夏回族自治区人民政府关于贯彻〈中国教育改革和发展纲要〉的实施意见》《宁夏回族自治区教育厅在九十年代普及义务教育和基本扫除青壮年文盲工作的实施意见》《关于进一步改革和发展民族教育若干问题的意见》《宁夏回族自治区贫困地区女童教育促进会章程》《关于加快教育改革与发展，全面推进素质教育的决定》等文件，制定了一系列发展民族教育的特殊政策，规定：从 1995 年起，自治区每年增设民族教育专项补助资金 100 万元，并在教育经费、师资培训等方面对回族聚居的贫困山区采取特殊的倾斜政策；加大资金投入，切实改善回族聚居的贫困山区中小学的办学条件，加快其普及九年义务教育的进程；高度重视回族女童教育，通过设立回族女童助学金、社区教育委员会、女童教育促进会，兴办母亲培训中心或家长学校，举办回民女子小学、女子班，有效解决南部山区回族女童入学难的问题，提高女童入学率；继续办好银川一中、吴忠中学、固原一中民族高中班，按重点中学的要求办好七所寄宿制回民中学；进一步办好高校和中专少数民族预科部（班），到 20 世纪末，高校预科部扩大到 300 人的规模，中专预科部（班）达到 300 人的规模，主要招收回族学生，其中回族女生不低于 40%；优先办好固原民族师范学校和其他学校的民族师范班，加快回族教师特别是回族女教师的培养；采取特殊措施培养一批优秀回族教育管理干部和学科带头人；实行普通大中专院校招生，除继续执行对少数民族考生降低 10 分录取的照顾政策外，从1995 年起，对全区回族考生再降低 10 分录取。与此同时，除继续执行大中专院校在校生中确保少数民族考生录取比例年递增 1%的政策外，从 1995 年起，区属大中专院校招收回族考生的比例每年要递增 1%，直到达到规定标准的大中专院校招生录取工作中对少数民族的照顾政策；实行从1995年起，录取到区内外普通高校（包括国家计划内自费生）的南部山区八县农村户口回族女生，凡定向到南部山区八县工作的，对其应交纳的学杂费国家将给予资助专项补助资金100万元的回族妇女人才政策；实行自治区在寄宿制回民中小学设立奖学金，并对特别困难学生增加补助的政策等一系列强有力的优惠政策，有效助推宁夏民族教育发展驶上高速发展的快车道，取得重大成果。1996年3月，宁夏、甘肃、青海、贵州四省区协作研究的“八五”哲学社会科学规划重点课题——“农村女童教育现状、问题及对策研究”通过了专家组鉴定，该研究成果有力地推动了西部民族贫困地区女童教育的改革和发展。1996年，经自治区评估验收，吴忠、青铜峡两市达到“普九”和“扫盲”标准，实现了“两基”目标。吴忠市也是第一个经自治区评估验收实现“两基”目标的地级市。

正在专心上课的回族女学生

截至1999年末，宁夏高校民族预科班共招生11届，为全区各高校培养输送合格预备生2192人，其中回族预科生占总人数的88%，满、蒙古、壮、锡伯等少数民族预科生占12%。

从2001年起，自治区紧紧抓住国家实施西部大开发战略的历史机遇，在推进城镇化、工业化和农业产业化的过程中，先后制定了《关于贯彻〈中共中央、国务院关于进一步加强民族工作　加快少数民族地区经济社会发展的决定〉的意见》《自治区党委　人民政府关于加快新时期教育改革与发展的决定》等文件，进一步采取有力措施加快发展民族教育，使全区民族教育实现了新的跨越。

一是法制化建设取得了重大成果。2001 年 9 月，自治区第八届人民代表大会常务委员会第二十一次会议审议通过了《宁夏回族自治区民族教育条例》，将发展民族教育的原则、方针和行之有效的特殊政策用地方法规的形式固定并颁布实施，标志着宁夏民族教育法制化建设取得了重大成果。

二是“两基”目标提前实现。宁南山区于 2003 年全部实现了普及初等义务教育目标，标志着全区已经完成基本普及初等义务教育的历史性任务。2006 年底，全区 8 个攻坚县全部实现“两基”，提前一年实现了“两基”目标，使“两基”人口覆盖率从 2000 年的 55%提高到现在的100%，实现了历史性的跨越。全区小学、初中入学率分别达到 99.64%和 104.45%；小学、初中专任教师学历合格率分别达到 90%和 80%以上，中小学校长持证上岗率与培训合格率均为 100%；青壮年人口非文盲率达到 97.13%。2008 年全区以县为单位实现“两基”目标。

三是实施民族教育重点工程。自治区先后实施了改善中小学办学条件的“一无两有六配套工程”［中小学校校无危房，班班有学生、人人有课桌凳，校门、围墙、水井（水窖）、旗杆、厕所、操场配套设施齐全］“中小学危房改造工程”“吊庄点学校建设工程”“国家贫困地区义务教育工程”（Ⅰ期、Ⅱ期）、“农村寄宿制学校建设工程”“农村中小学现代远程教育工程”“世界银行贫困项目”等，总投资 25 亿元，新建扩建中小学校舍 254 万平方米，改造危房 72 万平方米，使全区中小学学校面貌发行了根本性的变化。

四是创办寄宿制回民中学。按照“一流的条件、一流的师资、一流的管理、一流的质量”创办了宁夏六盘山高级中学和宁夏育才中学，六盘山高级中学建设规模 3000 人，育才中学建设规模 1 万人，全面面向南部山区以及移民吊庄地区招收优秀初中毕业生，学生免收学杂费并享受生活补助。同时，迁建了银川一中（宁夏回民高级中学），并逐年扩

宁夏六盘山高级中学

大银川一中民族高中班的招生规模，满足了回族群众接受优质教育的需求。在各项特殊政策扶持下快速发展的六盘山高级中学，现在是自治区示范高中、中国教育学会宁夏实验学校和中国人民大学附中宁夏实验学校，是中央党校青少年党史教育活动基地、北京师范大学高中教育研究基地。目前有教学班120个，教职工408人，在校学生6000名。

五是启动实施“百所回民中小学标准化建设工程”（简称“百标工程”）。为了加快民族教育的发展，使民族教育更好地适应全区经济、社会发展，造就全面推进素质教育的需要，自治区党委、政府决定在全区实施“百标工程”。从2001年开始，自治区教育厅、自治区民委、自治区发改委、自治区财政厅计划每年拿出1000万元，用10年时间使全区100所回民中小学在办学条件、师资力量、管理水平和教育质量等方面达到全区先进水平，以带动民族教育整体水平实现新的跨越，从而促进民族地区经济社会的全面发展。“百标工程”自2001年7月启动，至2008年末，已完成一期全部建设任务，涵盖全区所有县（市、区）的100所回民中小学，总投资3.2亿元。已建成的标准化回民学校经重新规划和全面建设，教育观念先进、校舍设备一流、育人环境优美、学校管理规范、教师敬业爱岗、学生乐学自信、教育质量稳步提高，迅速跃升为当地基础教育的示范学校。

“百标工程”学校——西吉县回民小学

六是在普通中学设立民族高中班。民族高中班学生享受助学金、生活补助费、对困难学生免收学杂费。

七是加快高校民族预科规模建设。2005 年 3 月，自治区教育厅、民委和宁夏大学三方签订了共建宁夏高校民族预科部的协议，进行了高校民族预科教育办学体制多元化结构管理的成功尝试。宁夏大学民族预科部自成立就坚持以自我发展为主、高校积极支援、地方大力扶持、国家宏观管理的指导思想，坚持“依托宁大、立足宁夏、服务西部、面向全国”的发展思路，坚持规模、结构、质量和效益相统一的办学原则，始终保持旺盛的发展势头和活力。截至 2008 年末，宁夏大学民族预科部有教职工 54 人，专职教师 35 人，教师中有高级职称者 6 人，有中级职称者 25，在读博士 3 人，具有研究生学位或学历者比例达到 71.4%，1 人享受国务院特殊津贴。还聘请了经验丰富的兼职教师，形成了一支稳定的专兼职教师队伍。现有少数民族预科生 1681 人，其中区内高校民族预科生 832 人、区外高校民族预科生 849 人。学生来源于 37 个少数民族、18 个省区的 19 所高校，其中区内高校 3 所、区外高校 16 所（含西北农林科技大学、西安电子科技大学、长安大学、南京大学、东南大学、南京农业大学、天津大学、浙江大学等重点高校)。

(四)全面发展提高阶段(2009~2015年)

2008年以县为单位实现“两基”目标后,全区民族教育事业进入了一个新的快速发展阶段,以推动民族学校内涵式发展,加强民族学校建设,完善民族教育发展政策机制为重点,推动了民族教育与全区教育的同步协调发展。

一是民族教育发展的政策、机制进一步完善。从2008年起,自治区先后下发了《关于进一步加强学校民族团结教育工作的实施意见》《关于在全深入开展民族团结宣传教育活动的意见》《进一步推进民族教育改革和发展的实施意见》《宁夏阿拉伯语人才培养计划》等,分别提出了教育中长期发展背景下民族教育发展的新思路和今后宁夏阿拉伯语人才培养的目标、主要任务和政策措施。同时,为指导民族中小学校进一步加强管理,提高质量,加快发展,还研究制定了《独立设置民族中小学内涵式发展五年行动计划》,为制定推进民族教育改革发展的政策措施奠定了基础。2010年12月,自治区党委、政府印发《宁夏中长期教育改革和发展规划纲要(2010~2020)》(以下简称《纲要》)。《纲要》明确了未来十年宁夏教育改革发展的指导思想、工作方针、战略目标、主要任务和保障机制,对民族教育的发展提出了新的要求。优先发展民族教育。按照“公共教育资源配置优先满足民族教育、财政资金安排上优先保障民族教育的原则”,确保民族教育优先发展。加快发展民族聚居区学前教育,巩固提高民族聚居区“两基”水平,采取支持民族地区发展高中教育、职业教育、办好民族学校等特殊政策,实现各级各类学校中少数民族在校生与少数民族人口自然比例相当。加强骨干学校建设。打造民族教育优势品牌。重点支持宁夏大学外语学院、宁夏民族职业技术学院和同心阿语学校阿语专业扩大招生规模,把宁夏打造成全国重要的阿拉伯语人才培养培训基地和阿语商贸服务专项专业技能考试试点单位；引导学校形成鲜明的民族办学特色；实施少数民族重点专业支持计划，从办学经费、师资培养、实验实训基地建设等方面，支持高校加强阿拉伯语、清真食品加工、穆斯林用品生产加工等民族专业品牌建设；支持高校与中东穆斯林国家合作办学，培养面向阿拉伯国家和穆斯林地区的对外商贸和交流人才。2011 年 5 月，在《宁夏回族自治区教育事业第十二个五年规划》中明确了今后 10 年教育改革发展的战略目标、基本任务和工作重点。根据《纲要》精神，到 2020 年，宁夏要基本实现教育强区目标，主要发展指标达到全国平均水平，部分指标达到全国先进水平，基本实现教育现代化，基本形成学习型社会，基本满足人民群众对教育多元化的需求。自治区教育厅根据纲要编制了《宁夏教育事业发展“十二五”规划》，绘制了未来 5~10 年全区教育事业改革发展的宏伟蓝图。《纲要》和教育“十二五”规划，对宁夏民族教育改革和发展给予了有力的指导。

二是“百标工程”学校内涵式发展全面推进。在顺利完成一期 100 所“百标工程”学校建设的基础上，注重提高质量，实施好二期“百所回民中小学标准化建设工程”，不断改善项目学校的办学条件，提升项目学校教育质量和管理水平。同时，结合贯彻《“宁夏基础教育质量提升年”活动方案》和《宁夏“树师德新风，促质量提升”活动方案》，突出推进“百标工程”项目学校内涵式发展，建设示范性民族中小学校。扩大“百标学校内涵发展行动研究”课题实施范围，学校由过去的 9 个扩大到所有的县（市、区），每个县（市、区）都有 1~2 所课题实验学校，会同自治区教科所深入推进课题的实施；召开“百标工程”项目学校内涵发展课题研究成果推广及 2011 年度项目学校创建现场会，组织 60 名“百标工程”项目学校校长和教育局有关负责人到银川、青铜峡、中宁的项目学校进行现场观摩和交流，推广“百标工程”项目学校内涵发展行动研究课题成果及其经验，并安排部署了项目学校实施“百标工程”的各项工作。推进项目学校小课题研究，征集课题 50 多个，小课题研究对促进项目学校提高教育教学质量和管理水平发挥了积极的作用。2012 年 9 月，自治区教育厅在灵武市召开“全区民族中小学内涵发展现场会”，推进民族中小学校内涵式发展，提高教育质量。各市（县、区）教育行政人员和民族中小学校 158 人参加了会议。至 2015 年，二期“百标工程”建设项目学校 75 所，“百标工程”项目学校建设总计 175 所。

三是高质量实施“营养改善计划”。为了进一步提高农村中小学学生体质，保证农村中小学生健康成长，促进教育公平和义务教育均衡发展，切实提高和改善农村学生健康水平，2011 年，国家启动农村义务教育学生营养改善计划，宁夏在同心、泾源、彭阳、中宁等 11 个县（市、区）30 多所农村中小学实施了“农村义务教育学生营养改善计划”，共有 39 万中小学生受益，贫困地区少数民族中小学生的营养健康得到了明显改善，教育保障水平大幅提高。2012 年，“营养改善计划”经历了艰难起步和稳步推进之后，在总结试点经验的基础上，每年投入 3 亿元，分别在西海固地区农村小学和初中全面推行。2013 年，自治区又把全区独立设置的特殊教育学校学生也纳入了实施范围。2014 年 9 月，为了促进全区营养改善计划工作迈上新台阶，逐步实现规范化管理，在全区开展了创建农村义务教育学生营养改善计划示范校活动，评定出 26 所学校为全区创建农村义务教育学生营养改善计划示范校。

宁夏西海固地区学生享用免费午餐

截至目前，中央、自治区已经投入了近 6 亿元新建和改建了 1318 所学校食堂，配置了厨房设备。全区享受营养改善计划的学生有 28.68 万人，占全区农村义务教育学生的 90%。

四是实施普及高中阶段教育计划、学前教育计划，推进义务教育均衡发展，开展创建教育强县区活动，进一步提升民族地区基础教育的普及水平和少数民族的受教育水平。优化教育结构，大力发展职业教育，新建和改扩建了一批中、高等职业院校，为少数民族学生接受职业教育创造条件。建立和完善了宁夏六盘山高级中学和宁夏育才中学“高二分流”模式。2015 年 4 月，自治区招生工作委员会印发了《宁夏回族自治区关于进一步减少和规范高考加分项目和分值的实施方案（试行）》，在全国减少和规范高考加分的新形势下，仍然保留了宁夏少数民族高考加分的政策，保留了山区地方扶持性加分项目，并对山区生源范围作了进一步明晰。

五是少数民族高层次骨干人才培养工作不断加强。根据自治区经济社会发展的需求，研究制订了《宁夏回族自治区“十二五”期间少数民族高层次骨干需求规划和年度培养计划》《自治区教育厅“少数民族高层次人才计划”专项资金使用管理办法》。提高高等教育质量，实施少数民族高层次人才计划，落实少数民族招生政策，少数民族高层次人才数量不断增加。截至 2014 年末，完成国家下达宁夏少数民族高层次骨干人才计划，录取博士 56 人，硕士 146 人，实现了此项工作从招生服务到强化政策指导层面的提

蓬勃发展中的北方民族大学

宁夏大学阿拉伯语学校师生合影留念

高，逐步提升了实施该项计划的水平。

六是抓好民族团结教育工作。自治区先后印发了《关于进一步加强学校民族团结教育工作的实施意见》《关于在全深入开展民族团结宣传教育活动的意见》，明确规定了宁夏中小学开展民族团结教育的指导思想、基本原则、目标与任务、主要内容、实施途径和方法，师资培养与培训、组织实施等，进一步完善各级各类学校民族团结教育课的教学工作，建立了民族团结教育进中小学校的制度，使民族团结教育进教材、进课堂、进学生头脑。

七是民族教育对外开放取得丰硕成果。从2011年9月至今，成功举办了三届中阿大学校长论坛。先后有来自埃及、阿拉伯联合酋长国、伊拉克、科威特、也门等国家和国内的上百位大学校长和代表共商交流合作，有效促进了中阿人文交流，推动了中阿在文化教育领域的务实合作，提升了宁夏民族教育国际影响力。宁夏大学与阿联酋迪拜大学合作建设的孔子学院正式运营。宁夏乃至我国的第一个阿拉伯学院——宁夏大学阿拉伯语学院于2012年9月成立。2014~2015年，宁夏大学共选派了200多名少数民族本科生和研究生到埃及苏伊士运河大学等阿拉伯大学访学。

二、主要成就

改革开放30多年来，自治区党委、政府高度重视民族教育事业的发展，制定了《宁夏回族自治区民族教育条例》，实施了一系列具有地方特色的促进民族教育发展的特殊政策和措施，坚持优先发展、重点扶持和提高质量并举的政策，民族教育取得了举世瞩目的成就。

（一）初步建立了较为完整的民族教育体系，各级各类学校民族教育都有了不同程度的发展

宁夏是一个以回族为主体的少数民族地区，以回族为主体的民族教育历来受到自治区党委、政府的高度重视。改革开放30多年来，经过努力，全区的民族教育初步形成了以各级各类普通民族学校和附设于各类学校的民族班、民族预科班为特色和主体，以各级各类普通、成人、职业教育为依托的民族教育体系。截至2015年末，全区有独立设置挂牌的民族中小学校221所，其中小学177所、中学42所。有民族高校1所，少数民族预科学院1所，民族职业学校2所。少数民族在校生总数586924人，占全区在校生总数的40.71%，高于全区回族人口的自然比例。普通高等院校有少数民族学生37205人，占普通院校在校生总数的32.19%，少数民族在校生比1985年的867人增加了近43倍；普通中等专业学校有少数民族学生24445人，占普通中等专业学校在校生总数的29.82%，同1985年相比，少数民族在校生增加了12.47倍；普通中学在校少数民族学生166509人，占普通中学在校生总数的37.69%，同1985年的34685人相比，少数民族在校生增加了4.8倍；职业中学少数民族在校生10101名，占职业中学在校生总数的26.20%；普通小学少数民族在校生283624名，占普通小学在校生总数的48.18%，同1985年的182854人相比，少数民族在校生增加了1.55倍。全区幼儿园少数民族在园生67986名，占在园生总数的37.59%。

（二）创新民族教育发展模式，大批贫困地区的少数民族群众享受到优质教育资源

20世纪80年代以来，民族教育不断创新发展模式。1986年集中举办了一批寄宿制民族中小学，国家给优秀的寄宿生提供助学金。90年代普及义务教育，为了鼓励回族女童接受义务教育，举办了女子学校、女童班；大力培养女教师，设立了女子中师班；普通高中采取“借塘养鱼”的办法，在三所重点中学举办民族高中班；在高等院校举办了民族预科班等。这些民族教育发展模式，为少数民族群众提供了优质教育资源，增强了民族教育的吸引力。为了让更多的山区孩子特别是回族孩子接受优质教育，自治区党委、政府在银川市建设了宁夏六盘山高级中学、宁夏育才学校两所优质普通高中，面向民族地区、中南部山区以及移民吊庄地区择优招收初中毕业生，不仅免收学费、住宿费，政府还为每位农村户口学生每年提供1000元的生活补助，异地培养少数民族贫困学生。这两项工程创新了民族教育的发展思路，为民族地区学生提供了优质教育，不仅帮助更多的孩子走出大山，而且有力拉动了民族高中的发展，极大地推动了民族地区、中南部山区教育的发展，受到了社会各界及广大回汉群众的普遍欢迎和广泛赞誉，满足少数民族群众接受优质教育的需求，民族教育优质资源进一步扩大。目前两校在校学生已达14000人，遍布中南部地区各乡镇。两所学校创办以来，已累计培养毕业生18000多名，两所学校高考二本以上录取率分别达到72%和64%以上，远远超过全区高考平均录取率，成为全区名副其实的优质学校。于2012年9月成立的宁夏大学阿拉伯学院，进一步加强了宁夏大学与阿拉伯国家的合作与交流，有效推动宁夏大学的国际化进程，作为宁夏民族教育的一大亮点，是宁夏高层次阿拉伯语人才培养基地和宁夏阿拉伯研究和服务中心之一，在为中阿合作交流提供持久的智力支持和人才保障，发挥着极其重要的作用。

（三）民族教育重点工程建设成效显著，一批高质量、高水平的民族教育骨干学校已经建成

多年来，全区教育重点工程项目全部面向回族聚居的中南部山区倾斜。2010~2013 年，3 年为回族聚居的 9 县区新建、改建和增设幼儿园 199 个，建筑面积 286753 平方米，投资 3.2 亿元，分别占全区建设总数、建筑面积和投资金额的 52%、46%和 49.4%。仅 2013 年一年，全区教育重点工程项目 16 个，总投资 147657 万元，而回族聚居的 9 个县区就投入了 75276.6 万元，约占 51%。校安工程全区总投入 42.5 亿元，回族聚居的 9 个县区投入 19.06 亿元，约占总投入的 45%。全区教学点数字资源中心建设 12 个县区 283 个点，其中回族聚居 6 县区建设 210 个，投入资金 252 万元。中小学暖气改造工程，民族中小学数量及面积均达到改造总数的一半。自治区财政为每个县（市、区）新建 2~3 个公办幼儿园，为每个乡镇新建和改扩建 1 所幼儿园。大量的图书和教育教学仪器设备充实民族中小学校，为民族教育发展奠定了良好基础。

2001~2008 年，实施了一期“百所回民中小学标准化建设工程”，共投入资金 3.2 亿元，建设“百标工程”项目学校 100 所，在全区建设了一批优质民族中小学校，形成了民族教育的窗口学校，使民族学校教师的教育观念和育人环境发生了翻天覆地的变化；学校管理逐步规范，教师的敬业精神增强，学生学习的主动性、积极性提高，教育教学质量稳步提升，“百标学校”迅速跃升为当地基础教育的示范学校，成为全区民族教育新的亮点，受到民族群众的广泛赞誉，被社会各界人士称为民族教育的璀璨明珠、党的民族政策的丰硕成果，赞誉“百标工程”是“民心工程”“德政工程”。“百标工程”的实施，充分调动地方政府和广大回汉群众的积极性，形成了上下联动、全社会关心支持“百标工程”的良好局面。有力地推动了宁夏民族基础教育整体水平的提高。

(四) 重视回族女童教育，提高了回族女童的入学率和巩固率

多年来，自治区党委、政府高度重视贫困地区女童教育的发展，采取多种措施提高女童入学率和巩固率。特别是国家“八五”哲学社会科学规划重点课题“农村女童教育现状、问题及对策研究”的实施，使宁夏回族女童的入学率、在校女生比例、学前班入学率、女校长、女教师比例大幅度提高，流失率、留级率明显下降。全区8所试验学校学龄女童入学率由试验初的71.2%上升到97%，提高了25.8个百分点。女校长由原来的1人增加为8人，女教师的比例由试验前的36.1%提高到46.5%，提高了10.4个百分点。通过组织实施中国与联合国儿童基金会促进贫困地区女童教育项目，使女童教育健康顺利的发展，解决了贫困地区女童就学难的问题，女童受教育的合法权益得到了保障。女童辍学率、留级率逐年降低，有效地促进了贫困地区普及初等义务教育的发展，提高了教育教学质量和办学效益。

(五) 普及基础教育取得辉煌成就，培养了一大批少数民族高层次人才

多年来，自治区党委、政府采取特殊政策，加快培养少数民族高层次人才。一是以实施宁夏大学“211工程”三期建设、国家示范性高等职业院校建设计划为契机，提高宁夏高等教育办学水平，加快培养少数民族中高级人才。自2003年起，在少数民族学生高考录取比例达到30%的基础上，继续保持逐年增长。在高校和中专招生中，对少数民族学生实行降低分数段录取政策，对川区回族学生照顾20分、山区照顾30分录取。2010年，全区回族考生的录取比例已从十年前的18%提高到了34.5%，增长了16.2个百分点。二是大力发展高等院校少数民族预科教育。2005年，自治区教育厅、自治区民委、宁夏大学共建宁夏大学民族预科班，2006年经教育部批准，宁夏大学民族预科班扩建成为全国三个少数民族预科教育基础之一，作为民族高等教育的民族预科教育在培养少数民族合格大学本专科预备生方面占有十分重要的地位，起

到了特殊作用。每年向区内外高校培养 1400 多名预科生。为国家培养了大批高素质专业人才。通过预科教育，促进了民族高等教育的发展，有力地加快了宁夏特别是南部贫困山区人才培养的步伐，提高了少数民族学生的知识水平，为少数民族学生升入大学提供了进一步学习深造的机会，为高等院校培养了合格的生源。宁夏高校民族预科教育已成为全区和全国培养少数民族人才的重要教育基地之一。从 2006 年起，还积极组织实施了国家定向培养少数民族高层次骨干人才计划。截至 2014 年末，累计培养少数民族硕、博士研究生 726 人，一大批毕业生已经回到宁夏服务经济社会发展。

（六）少数民族家庭经济困难学生享受国家资助政策覆盖率高，实现了所有的家庭经济困难少数民族学生都能够上得起学的目标

为了鼓励少数民族少年儿童上学，解决家庭经济困难学生上不起学的问题，多年来国家对少数民族学生实行了补助课本费、减免学杂费和助学金制度。但在 2005 年以前，这一制度还仅是部分学生才能享受到。助学金发放一般只占到在校生总数的 10%。尤其是中南部山区，许多少数民族学生因为家庭经济困难被迫辍学。自 2005 年国家实施义务教育“两免一补”政策至今，全区基本健全了普通本科高校、高等和中等职业学校国家奖学金、助学金和国家助学贷款制度，建立健全了义务教育阶段免费制度和普通高中、学前教育家庭经济困难学生资助制度，初步形成了奖、贷、助、补、减和勤工俭学有机结合的家庭经济困难学生资助政策体系，使家庭经济困难学生都能上得起学。全区少数民族在校生受资助面达到 35%，高于全区在校生资助比例 5 个百分点，实现了少数民族家庭经济困难学生资助从部分资助到全部覆盖的跨越式飞跃，迎来了家庭经济困难学生资助从个别到普惠的新时代。

（七）实施“营养工程”，民族地区学生的营养健康水平全面提升

由于自然环境恶劣、经济欠发达，宁南山区的人民群众生活水平普

遍比较低，许多孩子每天上学都是带着几个煮熟的土豆和饼子当一天的饭菜。为了改善中南部山区学生的营养健康状况，2010年秋季，自治区政府开始实施“营养早餐工程”，投入资金5000多万元，为中南部民族地区义务教育阶段约39万农村学生每天早餐免费提供一个新鲜的熟鸡蛋。享受营养早餐的少数民族学生共有20.8万多人，占享受营养早餐学生总数的53.3%。一个鸡蛋对城市学生不足挂齿，但对于民族贫困地区长身体的学生来说却很重要。固原市原州区杨忠堡村小学的一位数学老师告诉记者：“虽然只是一颗小小的鸡蛋，但对于正在长身体的娃娃们来说太重要了，感觉现在他们上课时注意力集中了，早上跑操的时候也更有劲了。”2011年秋季，自治区开始在中南部山区9县区开展“免费午餐工程”试点，试点学校学生2万名，在校期间每天免费提供一顿标准为4元的午餐。从2012年起，国家全面推行民族县、贫困县农村小学生营养改善计划，中央和自治区每年投入资金近3亿元，全区有26万农村小学生受益，民族地区学生营养健康水平全面提升。

（八）民族教育事业为促进各民族共同繁荣发展做出了突出贡献

加快民族教育发展是促进民族地区繁荣稳定的客观需要。社会主义国家的性质和平等、团结、互助、和谐的民族关系，决定了我们必须把促进各民族的团结进步与共同繁荣作为一项重大战略任务。各民族的和睦团结和繁荣进步，包括各民族平等权利的保障、民族地区经济和社会事业的全面发展以及各民族自身素质的提高，都离不开教育事业的发展。多年来，教育事业特别是民族教育的改革和发展，教育惠民计划的实施，让宁夏各族人民群众切身感受到党和政府的温暖，切实享受到教育改革发展的成果，增强了脱贫致富的信心，看到了未来发展的希望，真心拥护和支持党和国家的民族政策，增强了党和政府的向心力和凝聚力，为促进宁夏各民族共同繁荣发展、团结和谐做出了突出贡献。宁夏在全国民族团结工作中多年来一直是榜样，民族教育功不可没。

三、经验启示

30多年来，宁夏民族教育在取得重大成就的同时，也积累了许多宝贵经验。

（一）优惠的政策和有效的措施是发展民族教育的根本保证

民族教育在全区的教育工作中具有十分重要而特殊的地位。总结宁夏民族教育成功的经验，自治区党委、政府的倾斜政策是有力的保证。为了促进民族教育事业的发展，自治区党委、政府认真贯彻落实党中央、国务院关于发展民族教育的各项政策措施，加大投入并相继制定和实施了一系列具有地方特色的促进民族教育发展的特殊政策和措施，推动民族教育不断迈上新台阶。对民族教育采取“优先发展，重点扶持”的政策，落实资金投入向民族教育倾斜、优惠政策向民族教育倾斜、重点工程向民族教育倾斜、工作重点向民族教育倾斜的四个倾斜，在重点解决民族教育的难点问题和薄弱环节的同时，实施“百所回民中小学标准化建设工程”“百名优秀教师支教工程”一系列教育重点工程，创办宁夏六盘山中学和宁夏育才学校，大力加强民族教育的投入，快速发展民族教育，提升了民族教育的质量和水平，使民族教育与全区教育同步协调发展。

（二）深化发展民族教育思想认识，提高民族地区教育优先发展思想内涵是发展民族教育的重要前提

改革开放以来，“科教兴国”“人才强国”及教育在现代化建设中具有先导性、全局性、基础性作用等的战略思想逐步确立，提高了全社会对教育的认识，确立了教育优先发展的战略地位，引导人们重视教育，加大对教育的投入，发展教育。可以说，每一次教育改革的大发展，都是在破除旧有传统观念，提高思想认识的进程中取得重大成效的。民族地区教育和少数民族教育，同样是在提高思想认识的过程中不

断发展，取得重大成果的。在发展民族地区教育和少数民族教育过程中，各级党委、政府和教育部门普遍认识到，发展民族教育是民族工作的重要内容，对于保障和改善民生、促进社会公平，推动少数民族和民族地区的经济发展和社会进步，发展平等团结互助和谐的社会主义民族关系，维护国家统一和长治久安，具有基础性、先导性、全局性作用。加快推进民族教育发展，是党和国家的重要政治使命，是各级党委、政府义不容辞的责任。在民族地区解决贫困问题和发展民族教育过程中，确立了“治贫先治愚、治愚靠教育”的思想观念，通过教育不仅能够改变一个人的命运，还能够让一个家庭走上脱贫致富的道路。

（三）坚持以普及为重点，切实提高少数民族整体文化素质是发展民族教育的根本目的

发展教育事业，根本的目的在于提高全民族的科学文化素质。只有全体民众科学文化素质的提高，才能够推进民族地区经济社会的发展和文明的进步。改革开放以来，自治区坚持不懈地推进义务教育的普及，实施普及高中阶段和学前教育计划，使回族和其他少数民族的整体受教育水平大幅提高，全区少数民族受教育年限达 9 年，这是一个了不起的成就，不仅为民族地区培养了大批有文化的劳动者，也为培养少数民族高层次人才奠定了坚实的基础。

（四）坚持因地制宜和适应民族特点，采取特殊政策措施是发展民族教育的重要保障

宁夏北部河套平原地势平坦，沟渠纵横，生产生活条件优势；南部为黄土高原丘陵沟壑区，是全国有名的“苦瘠甲天下”的西海固地区。由于历史原因，形成了宁夏回族主要聚居在南部山区的格局。山川差距巨大，民族教育深受地域及当地经济社会发展水平的影响，社会人文环境复杂多样。宁夏是回族自治区，回族人口占全区总人口的 36.05%。民族教育还深受其心理特点、宗教信仰和风俗习惯的影响。文化教育基础

薄弱、家庭人口多、信息闭塞、重男轻女等思想观念对发展民族教育尤其是回族教育都有很大的影响。发展民族教育，必须重视民族地区客观存在的种种制约因素和适应性的客观需求。在普及教育过程中，自治区对回族聚居的贫困地区实行了降低标准、重视回族女童教育、发挥宗教人士支持教育工作等措施，取得了积极成效。联合国官员曾经评价说，宁夏这些实践经验，不仅对于中国，对于世界其他地区也都有借鉴意义。

（五）坚持国家扶持和自力更生相结合，动员全社会力量参与是发展民族教育的有效举措

1994年，国家教育改革发展研究中心到宁夏西海固地区对普及“两基”进行调研，得出的结论是，这一地区如果没有国家的支持，是无法在20世纪完成“两基”目标任务的。其后，国家实施了一系列教育项目，投入大量资金改善贫困地区学校办学条件，包括“世界银行贷款项目”“国家贫困地区义务教育工程”一期和二期项目、“中小学危房改造工程”“农村寄宿制学校建设工程”“农村中小学现代远程教育工程”等教育重点工程，总投资25亿元，新建扩建中小学校舍254万平方米，改造危房72万平方米，使全区中小学学校面貌发生了根本的改变。在这一过程中，自治区推进基础教育管理体制的改革，落实市、县（区），尤其是县一级政府的职责，督促地方各级政府落实“两个增长”，加大对教育的投入；乡镇政府和学校履行职责，深入乡村群众家里动员适龄少年儿童入学，动员辍学生返校。可以说，以县为单位普及“两基”，各个市、县（区）都是集全县之力，才得以完成目标的。民族地区教育的发展，既要国家的大力支持，还要自身高度重视，发挥地方的积极性和主动性，才能取得良好成效。

（六）坚持教育和宗教相分离的原则，依法保障少数民族的受教育权利，依法提高少数民族的教育水平是发展民族教育的基本原则

自治区贯彻《中华人民共和国宪法》《民族区域自治法》《义务教育

法》等，坚持教育和宗教相分离的原则，在1986年的《宁夏回族自治区普及初等义务教育条例》和2001年的《宁夏回族自治区民族教育条例》中都做出了明确规定。规定所有适龄儿童、少年，无论性别、民族，都必须接受义务教育。各个清真寺遵守国家法律法规和自治区教育条例，不接收义务教育阶段回族儿童上寺念经。许多宗教人士支持教育事业的发展，举办学校，捐资助学，动员回族家长送子女接受义务教育。各级政府改善办学条件，加强师资队伍建设，依法保障少数民族儿童的受教育权利。提高了少数民族的受教育水平。

四、对策建议

加快民族教育事业发展，对于推动少数民族和民族地区经济社会发展，促进各民族共同团结奋斗、共同繁荣发展，具有重大而深远的意义。改革开放30多年来，宁夏民族教育有了长足进步，少数民族的受教育程度空前提高，但是我们必须清楚地看到，宁夏的民族教育水平依然较低，与发达地区相比仍存在一定的差距。学前教育基础薄弱，缺少地方政府公共财政的强力保障，回族聚居贫困县区发展水平低；农村教师队伍问题对于教育均衡发展和学校内涵提高的瓶颈制约日益突显；中南部山区受经济社会发展水平制约，缺乏现代工业和服务业支撑，职业教育规模小，实训设备少，专业结构狭窄，办学模式和培训方式不合理，办学水平低，满足不了人民群众的需要，吸引力不高；高等教育少数民族在校生比例还比较低，致使宁夏各行各业少数民族干部和高层次人才匮乏；地方财力薄弱，教育欠债多，影响教育事业的发展；少数民族地区和少数民族传统教育思想观念仍然制约着民族教育的发展；民族学校缺乏本土化特点、民族教育没有特色等因素还严重制约和影响着宁夏民族教育的发展，发展教育事业任重道远。

《国家中长期教育改革和发展规划纲要（2010~2020年）》对我国民

族教育发展的目标和任务提出了明确而具体的要求，为宁夏民族教育的改革和发展指明了方向：到2020年进一步建立和完善满足需求、资源共享、功能健全、布局合理、结构优化、设施完善、投入保障、师资优良、管理高效、体制健全、机制灵活、服务优质的现代民族教育体系，为全面实现建设西部教育强省区和教育现代化目标奠定坚实的基础。2010~2020年是宁夏推进民族教育改革的重要战略机遇期，也是宁夏民族教育实现跨越式发展的关键时期。宁夏要以全面贯彻落实《国家中长期教育改革和发展规划纲要（2010~2020年）》为契机，通过落实《宁夏中长期教育教育改革和发展规划纲要（2010~2020年）》和十八届五中全会关于教育发展的最新要求，结合宁夏实际制定《宁夏教育事业第十三个五年发展规划》，全面推动全区民族教育在新的基础上更好更快发展。

（一）继续坚持优先发展民族教育，着力提高少数民族人口受教育比例

按照教育事业发展规划中优先谋划民族教育、公共教育资源配置优先满足民族教育、财政资金安排优先保障民族教育的原则，确保宁夏民族教育优先发展。加快发展民族聚居区学前教育，巩固提高民族聚居区“两基”水平，采取加大民族高中班招生等特殊政策，重点提高高中阶段少数民族在校生比例，实现各级各类学校中少数民族在校生比例不低于少数民族在全区人口中的自然比例。

（二）进一步夯实民族基础教育，提高少数民族基础教育的普及水平

加快普及学前教育，推进义务教育均衡发展，提高高中阶段教育普及水平，进而提高学前教育少数民族3~6岁儿童的入园率，提高义务教育阶段少数民族儿童少年的五年和三年巩固率，提高高中阶段少数民族适龄少年的毛入学率，为继续提高少数民族受教育水平奠定坚实的基础。

（三）不断扩大职业教育少数民族教育规模，让更多少数民族学生接受良好教育

以就业为导向，采取“借船出海”“借塘养鱼”的方式，支持更多的少数民族学生到经济发达的地区学习职业技能并能够在当地就业，解决宁夏职业教育水平不高、就业市场小等问题。

（四）进一步完善高等教育培养少数民族体系，采取特殊优惠政策，加快培养少数民族高层次人才

扩大高等院校预科教育规模，提高预科教育质量。落实好高等教育本专科少数民族高考加分政策，继续提高少数民族学生高考录取率。实施好少数民族高层次骨干人才计划，定向培养为当地经济社会发展服务的少数民族硕、博士研究生。实施少数民族高端人才培养工作，培养一批政治素质高、学术造诣深、具有国际影响力和话语权的少数民族优秀人才。国家公派留学西部特别项目，支援中西部地区招生协作计划、农村贫困地区定向招生专项计划、教育部直属高校及其他自主招生试点高校招收农村学生专项计划等向民族地区倾斜。

（五）实施好中南部山区教育扶贫计划，全力推进教育精准扶贫

借助国家和自治区实施六盘山集中连片地区扶贫攻坚计划，落实“跳出贫困地区发展贫困地区教育”的思想，通过多种途径，让更多的少数民族学生从贫困地区走出来，享受优质教育，改变贫困生活，解决贫困山区因地域而产生的多种民族教育问题，进一步缩小山川教育差距。统筹好移民搬迁和学校规划布局，通过加大移民力度，把更多的少数民族学生从偏远山区乡村搬迁出来，安置到川区自然环境和经济条件较好的地方集中办学，进一步减少中南部山区规模较小少数民族教学点的数量，解决这些教学点管理难度大、教育质量低、学生难以巩固等问题。

（六）进一步提高少数民族学生的教育保障水平，促进民族教育发展，改善民生

完善家庭经济困难学生资助政策体系，建立高等院校预科学生资助制度。随着经济发展，逐步提高家庭经济困难学生资助标准，提高职业教育少数民族学生生活补助费标准，实行职业教育全免费政策。扩大中南部山区中小学“营养改善计划”的实施范围，将“营养改善计划”从农村中小学扩大到城市寄宿制中学，凡在县城寄宿制中学就读的农村户口和城市低保家庭的学生均享受这一惠民政策。

（七）推进民族教育内涵发展，提高各级各类民族教育质量，扩大民族优质教育资源

质量是教育的生命和活力所在，它能够让人民群众感受到教育所带来的希望，能够增强少数民族群众送子女接受教育的吸引力。提高教育质量，关键在于教师和学校管理。要重点加强对民族地区和民族中小学校教师和校长的培训，提高他们教育教学和管理学校的素质和能力。要实施好乡村教师支持计划，提高偏远乡村教师的待遇，让民族贫困地区和民族中小学的乡村优秀教师留得住、乐意教。

（八）突出民族教育特色，精心打造高质量、特色鲜明的民族教育优势品牌

重点支持宁夏大学外国语学院、宁夏民族职业技术学院和同心阿语学校阿语专业扩大招生规模，提高教育质量，加快培养阿拉伯语人才，把宁夏打造为全国最大的阿拉伯语人才培养培训基地。在全区回民中小学中挖掘和开发具有少数民族特点的校本课程，引导学校形成鲜明的民族办学特色。实施少数民族重点专业支持计划，从办学经费、师资培养、实验实训基地建设等方面，支持高校加强阿拉伯语、清真食品加工、穆斯林用品生产加工等民族专业品牌建设。支持宁夏大学与中东穆斯林国家合作办学，培养面向伊斯兰国家的对外商贸和交流人才。

（九）必须坚持依法治教，保障民族教育健康稳定发展

依据国家法律法规，运用法治思维和法治方式深化民族教育综合改革，扎实推进教育行政部门依法行政、学校依法治校，依法保障少数民族学生受教育权利，保障民族教育健康稳定发展。

（十）进一步加强民族团结教育，促进各民族团结进步、共同繁荣

高度重视民族教育在建设开放、富裕、和谐、美丽宁夏中的重要作用，认真贯彻《国家民族团结教育指导纲要》，扎实推进民族团结教育进教材、进课堂、进学生头脑，深入开展“三个离不开”教育，增强教育的针对性和时效性。大力培训民族团结课程教师，建设民族团结和爱国主义教育基地，丰富学生社会实践活动，增强学生的民族精神和凝聚力。

地 方 篇

银川市教育改革与发展史研究

银川市是宁夏回族自治区的首府，是宁夏政治、经济、文化、教育中心，是国家历史文化名城，是历史移民城市。改革开放30多年来，全市人民在银川市委、政府的坚强领导下，坚持“教育要面向现代化、面向世界、面向未来”的发展方向，把教育摆在优先发展战略地位，坚定不移推进教育改革，努力构建中国特色社会主义教育体系，举全市之力改革发展教育事业，经过艰苦卓绝的努力取得了辉煌的历史性成就。

一、改革发展历程

改革开放以来，银川市教育改革与发展主要经历了拨乱反正与改革整顿、体制改革与拼搏发展、战略改革与优先发展、科学改革与公平发展、深化改革与跨越发展五个阶段。

（一）拨乱反正与改革整顿阶段（1978~1985年）

经历了“文化大革命”十年浩劫后，这一阶段主要任务是拨乱反正、改革整顿、改造校舍危房与设施建设、恢复改革招生考试制度。

1. 拨乱反正

1978年，党的十一届三中全会召开，银川市教育系统开始拨乱反正，清理和平反“文化大革命”及历次运动中教育系统遗留的冤假错案104件，为教育系统53人彻底平反昭雪，为670多人落实了政策。1985年，国家重新颁布大中小学工作条例，教学秩序逐步恢复，学校把工作重点转移到教学上来，教学质量逐步提高。

2. 调整、改革、整顿、提高

认真贯彻中央“调整、改革、整顿、提高”的方针，解决教师短缺等困难和问题。1981 年，银川市恢复自治区重点中学 3 所、重点小学 3 所，市重点中学 4 所、重点小学 6 所。将不具备条件的高中、初中改为初中、小学。恢复高中三年、小学六年学制。全市中等教育结构单一化开始扭转，高等教育走上恢复发展改革时期，成人教育、农村扫盲均取得重大成果。“七二一”大学、“五七”农民大学全部撤销。一批受迫害而离岗或改行的教师重返教育战线。学校干部的选拔以“四化”要求中的年轻化、知识化为主要条件。1984 年，银川市区原有小学校长平均年龄 54 岁，中专以上学历 16 人，占 33%，小学着重选拔 30 岁左右优秀教师进入校级领导班子。调整后，有正、副校长 35 人，教导主任 28 人，校长平均年龄 43 岁，学历也大幅度提高。1985 年，自治区政府授予银川市 8 名中小学教师模范教师称号。是年，全市共有各类学校 384 所，在校学生达 169655 人。全市文盲、半文盲人数下降到 35%。

3. 改造校舍危房与购置设备

1977 年，银川市教育局所属中小学有校舍危房 1511 间，占校舍总面积的 19.7%。至 1985 年，投入 760 万元，翻建危房 4.13 万平方米，维修校舍 3527 间，建楼 4 幢，共 0.88 万平方米。同期，翻建新中国成立前建立的小学 21 所、新中国成立初的小学 20 所，新建小学 4 所。建楼（24 幢）与建砖瓦房共 4.25 万平方米。1977 年，全市有木制课桌凳子 3.63 万套、泥台子 1096 个，1980 年消除了泥台子。1985 年，实现了中学“三室”（图书室、阅览室、实验室）基本齐全。

4. 恢复改革招生考试制度

1981 年，银川市教育局规定，初中招生重点中学择优录取，非重点中学分区划片录取。对优秀学生干部、少数民族及侨眷子女录取时适当照顾。1983 年，小学招生坚持就近入学原则，回民小学可在片外适当招收汉族学生。初中、高中招生考试，重点与非重点学校分别划录取分数线。1985年，初中招生取消重点初中择优录取规定，以校区划片就近考入初中。1977年，恢复中等专业学校招生考试，自治区统一命题、单独考试、择优录取、统包统分。当年，全市高中中专录取70人，初中中专（技工）录取593人。1977年恢复高考，教育部统一命题，市、县（区）组织考试，自治区组织阅卷，重点与一般院较，分别划定录取分数线，择优录取。山区、少数民族、特殊群体、特长生等考生给予降分数段照顾。全市报名5894人，录取645人，录取率为10.9%。

（二）体制改革与拼搏发展阶段（1985~1992年）

1985年，中央下发《中共中央关于教育体制改革的决定》（以下简称《决定》），银川市深入贯彻《决定》精神，在教育体制改革与贯彻义务教育法、基础教育、招生考试、干部与教师队伍建设面向现代化、其他各类教育等方面进行了改革。

1. 教育体制改革与贯彻义务教育法

1985年，为贯彻落实《决定》，市教育局制定了各类学校德育工作方案；中等职业技术教育形成了办学网络；普通高校挖掘师资力量，培养适应经济和社会发展人才；成人教育转向岗位培训和大专学历进修；师范类大中专毕业生分配到县区，充实基层师资力量。启动教师继续教育，进行教材教法、专业合格证考试，持证上岗。1988年，开展了中小学教师专业职称评审，树立“教书育人，为人师表”典型。

1987年，经自治区评估验收，银川市成为全区第一个基本脱盲市。制定下发《实施九年义务教育的意见》，精心组织实施。1992年，经市政府评估验收“普初”全市合格。5年来全市投入1.449亿元，完成辖区中小学竣工建筑面积23.45万平方米，彻底消除了危房和土坯校舍，市辖区学校新建楼42幢，新建面积已达总面积的78%，中小学实现了“一无两有六配套”，提高了中小学“三室”配置水平。1991年，全市中小学在校生分别为68373人、119993人；专任教师普通中学4210人、小学5216人。教材建设、师资建设等各方面均有较快发展。

2. 基础教育改革与发展

1984年，为推进中小学管理体制改革工作，银川市印发《关于贯彻〈中共中央关于教育体制改革的决定〉的意见》，提出全市、县（区）以及镇在三年内分批实现校长（园长）负责制。实行校党支部监督和保证学校贯彻执行党的方针、政策；学校定编、定员、定工作量，实行教职工考核制；建立健全教职工代表大会制和各项民主管理制度。至1990年，全市实行了党支部监督下的校长负责制，县级单位是党支部领导下的校长负责制。

1989年，市教育局成立幼教科，全市共有121所注册幼儿园，另有学前班272个。通过切实贯彻《幼儿园教育指导纲要》，有3所幼儿园成为中国幼儿教育的实验基地。1991年，通过逐级签订责任书，完成“两基”攻坚任务。1993年，两县和郊区初等义务教育通过市政府验收。1980年，全市初中考入高中录取率为53%。1990年，高中、职业高中招新生3870人，录取率为70.1%。1992年，完成初中与高中分离，有完全高中、高中共17所。执行国家教委关于高一年级新生将实行普通高中毕业会考合格证和普通高中毕业证制度。初、高中分离办学后，24所初中下放三区教育局管理。1990年，国家教委颁布《学校电化教育工作暂行规程》，市教育局电教中心成立。电教初中以第二课堂学习为主；高中一年级开设计算机选修课，主要内容为BASIC语言。

1981年、1988年，教育部分别颁发《学生守则》《日常行为规范》，加强对学生的素养教育。银川市在初中普遍开设法律常识课，其他各类学校进行常态化法制宣传教育，并及时配备法律专业教师60名，法制教育使学生违法犯罪行为明显减少。1991年，各级学校成立了“二五”普法领导小组，齐抓共管、依法治校。1990年，市教育局发布《进行爱国主义教育的规划意见》，并组织实施。

升国旗

1979年，教育部颁发《体育教学大纲》并发行教材，银川市实施《国家体育锻炼标准》，每天安排学生1小时体育锻炼时间。高一和大一新生实行军训制。1984年，贯彻国家《中小学体育工作暂行规定（试行草案）》。1989年，实施《宁夏回族自治区实施中学生体育合格标准的实行办法的意见》，体育不合格的学生不得报考大学。1980年，贯彻落实国家《关于中小学卫生工作暂行条例规定（草案）》，建立了学校卫生组织和学生体质健康卡片制度。1991年开始，全市中小学恢复开展爱国卫生运动，建立了常态化的保洁卫生制度，贯彻《全国学生常见病综合防治方案》，中学每周安排0.5课时健康教育课。

3. 招生考试与改革

1987年，银川市首次保送13名优秀高中毕业生上大学，并招收自费大学生。1988年，高中招生择优录取，少数民族、特殊群体考生降一个分数段录取。1989年，国家教委发布《普通高校招生暂行条例》，确立了高校招生的法规体系。1990年，银川市取消初中招生考试。1991年，银川师范等中专进行切块、定向分配、单独划线。其他中专就业逐步走向市场。1992年，高校招收不包分配，毕业生就业走向市场。

4. 教师与干部队伍建设面向现代化

1984年，全市有小学教师3777人，中师、高中以上学历2516人，学历达标率为67%；有初中专任教师1336人，专科以上文化程度的有

534人，学历达标率为40%；高中专任教师686人，本科以上文化的有391人，学历达标率为57%。师资队伍学历达标率低、年龄偏大。1988年，全市中小学教师首次进行职称评定：中学高级教师160名、小学高级教师700名。1984年，全市有民办教师1122人，逐步通过统考、直转、进修，全部录为公办教师。1989年，市教育局下发《银川市中小学校长、教育管理干部培训安排意见》，进行新一轮培训，按照《全国中小学校长岗位培训课程教学大纲》要求，加强授课与考核，对教师先后进行了教材教法考试、专业合格证全国统考、学历达标进修，进一步提高了教师的综合素质。

5. 其他各类教育改革与发展

职业教育有了较快发展。1983年，根据教育部《中等师范学校教学计划（试行草案）》，在银川师范的基础上成立银川师范专科学校。在原银川教师进修学校基础上建了新的银川师范。1984年，实行“先培训后就业”的原则，使中等职业教育取得突破性发展。同时，自治区聋哑学校建成招生。至1985年，全市新办中等职业学校12所，共招生20543人。全市有18所中专，在校生5000人，专任教师815人。1990年，全市有职业中学5所，普通高中附设职业班6个，在校生2387人。全市有特殊教育学校2所，在校生228人，有专任教师43人。

民族教育有了长足发展。驻银川市的各高校开办民族预科班（部），重点中学设立民族班，国家和地方财政拨专款建设民族中小学，为民族学生发放助学金、生活补助、奖学金。1985年，全市有回民小学15所、中学3所、伊斯兰经学院和民族学院各1所，在校少数民族中小学生2.68万人、高校学生1287人。1991年起，各类招生，对少数民族学生采取定向招生，用划定比例、降分数段与名额切块相结合的办法，确保民族学生年录取递增比例不低于2%。

成人教育改革有了新突破。1985年，银川市完成了职工初中文化、初级技术补课任务，之后进行岗位培训和成人学历教育。至 1990 年共培训了近 4 万名职工。实施“231 工程”，将乡村高质量扫除文盲、科盲与城市成人职业教育结合进行，使 10 万多人受到培训。1986 年，成人高校全国统考统招，银川市设函授、电大、夜大、党校、自学考试等成人招生考试，至 1990 年，全市有成人高校 6 所、成人中专 25 所，全市成人大专学历教育共录取 6366 人。

（三）多元化改革与优先发展阶段（1993~2002 年）

1993 年《中国教育改革和发展纲要》（以下简称《纲要》）颁布，提出中小学要由应试教育转向全面提高国民素质教育的轨道，标志教育改革进入了新阶段。为实施《纲要》，银川市在加快教育教学教研改革与发展、改革招生考试、实行校长竞聘制、教师全员聘用制与考核、改变教育改革实现观念大转变，以及建设高标准校舍与设备投入等方面做了大量工作。

1. 加快教育教学教研改革与发展

（1）推进中小学素质教育改革。1994 年，银川市提出“科教兴市”战略。1997 年，银川市通过自治区“两基”验收，成为全区第一个完成“两基”工作的地市级单位。2000 年，市区有中小学校 179 所，共有在校生 112586 人，其中初中 28316 人、小学 68750 人。1998 年，对 86 个“两基”工作先进集体、120 个先进个人以及 15 个尊师重教先进集体、先进个人进行了表彰。同时，积极推进素质教育，至 2000 年，全市 1~9 年级学生参加各项竞赛 32 万余人次，获奖 2 万余人次。

高中教育在艰难中改革。1994 年，银川一、二、九中试办艺术、英语等特色班。1996 年，银川市教委下发《关于推进中小学全面实施素质教育的若干意见》。1997 年，创办了综合高中、特色高中，批准民办学校中实力雄厚的学校进入普通高中。1999 年《中共中央、国务院关于深化教育改革全面推进素质教育的决定》颁发后，银川市教委在银川二中举办课堂教学落实素质教育观摩现场会，在银川唐中举办普通高中综合教学模式研讨会，贯彻学生德智体美全面发展的教育方针，进行素质教育教学模式的探索研究。2000 年，取消了高中自费生制度，纠正将教育办成产业的错误倾向。当年，市辖区内有公办高中、完全高中 18 所，在校高中生 11510 人，批准民办中学在银川市区各校自主招生，一些公办高中，用公办教师和其他国有资源办民办高中班或民办初中，招收自费生。同时，普通高中又扩大民办班招生计划。

（2）面向 21 世纪的教学教研改革与发展。1981 年，银川市三区教研室成立，形成了三级教研体系。1991 年，银川市教育科学研究所建立，至 2002 年有教研员 19 人，其中高级职称 15 人，三区两县有专业教研人员 59 名，部分学校建立了教研室并配有兼职教研员，组成教研共同体，深入学校蹲点服务。实施市级教研课题 130 余项，其中 31 项获奖。编发教研专刊《银川教育》，十年间，出刊 164 期。市教育学会下属 27 个分会，其间，参加各种论文评选活动 65 次，收到论文 7210 篇，其中 3020 篇获奖；参加全国性学术活动 104 次，参加 465 人次；举办各种学科研讨活动 389 次，参加 3.89 万人次；参加各种竞赛 10.9 万人次，获全国一等奖 470 人次、二等奖 1224 人次，获全区一等奖 740 人次。

举办三届优质课评选活动，获奖教师 67 人，参加自治区优质课评选，共获一等奖 15 名。至 2000 年，参加全国优质课评比，获一等奖 7 名、二等奖 5 名。优质课评选，促进了教师教学能力和业务水平的提高。至 1997 年，全市 70%的中学建立了计算机室，计算机教师持证上岗。至 2002 年，市教育局举办了全市计算机师资培训班 22 期，有 2800 多名中小学教师参加了由教育部和人事部安排的微机应用培训，经考试全部合格。90%以上中小学建起了校园网，并联通互联网。全市中小学有微机 9000 余台，有计算机教师 317 人，有多媒体教室 180 个，每年接受信息技术教育的学生有 9 万余人，银川市电教跨入全国先进城市行列。

（3）中学公办民办体制改革与走向集团化试验。2002年，自治区批准银川市高级中学和宁大附中，在国有资产、公办学校性质以及学校原隶属关系不变的前提下，试行按民办教育机制运作，享有民办教育的优惠政策。自治区教育厅批准成立银川二中教育集团，试行国有民助体制改革试验。集团新办的景博中学，实行公有民办机制，按民办学校机制运行；集团所含银川二十中按民办学校机制运行。服务学区内的学生按上级招生计划和项目收费，允许跨学区招生，这部分学生可按民办学校标准收费。1997年，银川市教委党委、教委发布《关于推进学校管理体制改革的实施意见》（以下简称《意见》），将以前的“五定”改为“三定”（定编、定岗、定员），同时实行“三制”，即岗位责任制、教职工考核制和教职工奖惩制。《意见》的实施，促进了教师不断进步，完善了教师竞争机制。

（4）立德树人教育。1994年，贯彻中央《爱国主义教育实施纲要》，市教育局制定下发了实施文件，确定了13个青少年爱国主义以及中小学德育教育基地，系统地对学生进行中国近代史、现代史教育与国情教育。之后，中学班年均法制课40课时，逐步实现从“人治”到“法治”的观念转变。至1996年，银川市教育系统5年内有1300多名高中生、师范生参加了党课学习，有450名学生写了入党申请书，有25名学生被发展为中国共产党党员。1998年，中央组织部、国家教委、共青团中央发布《关于加强对中学生进行党的基本知识教育的意见》，银川二中、唐中等学校，先后办起高中生党校，注重在高中、中专学生中培养发展党员。

1996年，银川市辖区22所小学体育平均达标率94.2%，15所中学平均达标率91.9%。2000年，全市中小学体育器材设施基本达标。至2000年，全市中小学生参加全国各种体育竞赛，两人获个人第二名，获金、银、铜牌6枚；在全区各类竞赛中，破自治区记录30余项。

1995年，全市各校均建有卫生室，设备按国家标准配备齐全，对全市中小学生进行笔试检查，健康知识及格率分别为90%、98%。根据《银川市创建国家卫生城市规划》，中小学开展创建卫生学校、无吸烟学校活动。按照国家教委《学校健康教育评价方案（试行）》评价标准，全市对城市46所初（完）中小学评价，得85分以上41所，占89.13%。

2. 招生考试改革

1993年，自治区教育厅发文规定，初中毕业生当年升学考试增加体育考试，分数计入总分。高中招生由自治区计委制订计划，自治区会考办根据计划核定各市（县）招生人数，每年各市（县）按计划的10%招收自费生。1993年，中专录自费生。1995年，市教育局批准各高中在完成计划招生任务后，可扩招1~2个班的自费生。批准职业学校计划外招收25%的自费生，可降分录取。2000年，自治区教委规定：取消招收普通高中自费生的政策。

3. 校长竞聘制、教师全员聘用制与考核

1996年，为贯彻中央《党政领导干部选拔任用工作暂行条例》，市教委党委下发《关于学校机构设置和中层领导干部任用若干意见》。全市中小学在岗校长（书记）429人实现了持证上岗。2000年，新城区对11所小学校长岗位进行公开竞聘试点，取得成功。郊区推行“校长任期目标责任制、教师全员聘任制”改革，之后又竞争选拔任用了51名小学校长，有15名原小学校长改当教师，确立了能进能退的任用机制。同时公开竞聘校长助理挂职锻炼，建立了干部资源储备机制。2001年，银川市政府出台《银川市教育系统推行领导竞争上岗实施办法》，市教委机关公开竞聘、竞争上岗选任科级干部9名、中学校长2名。

1997年，按照《宁夏回族自治区事业单位工作人员考核暂行办法》《银川市国家公务员年度考核实施细则》实行考核。2000年，市教委制定了《银川市教育系统国家公务员、事业单位管理人员、专业技术人员、工勤人员年度考核定量测评指导标准》。市教委直属单位在编2484人，参加考核2388人，其中优秀、良好分别占9.7%、77.6%。2002年，市教育局制定《关于师德建设的实施意见》，将师德纳入教师考核体系。实施“万名教师访千家万户”等活动，使教育行业在全市行风评比中由倒数第二跃居前五名。

4. 其他教育改革实现观念大转变

（1）高等教育、中职教育改革与发展。1995年，大学招生由统招统分改为就业双向选择，经费由国家全包改为成本合理分摊、全员缴费。2000年，全市在校大学生28879人，其中普通高等院校在校生15901人。普通高校有本科专业62个，专科专业43个，有硕士授予点41个。在校研究生192人。有专任教师1648人，其中教授138人、副教授425人。2002年，民办银川大学、宁夏大学新华学院成立。

1995年，市教育局做出《关于银川市第三职中、银川市商业学校和银川市第一职业高中联合办学的决定》，迈开了职业教育强强联合办学的步子。《中华人民共和国职业教育法》正式实施后，实行学历文凭和职业资格证书并重制度，银川市从教育附加费中拿出15%~20%用于发展职业教育。1998年，职业学校招生占整个高中阶段招生人数42.62%。2002年，自治区政府下发《关于宁夏中等专业学校调整实施意见》，银川市有16所驻市中专学校，合并组成5所高等职业技术院校；市区有中等专业学校18所，在校生18621人；技工学校11所，在校生3765人。共有专任教师1556人。

（2）优先发展民族教育。1985年，银川一中创办民族高中班，至2005年民族高中班共培养民族高中生1347人，其中716人考入大学。2005年，西北第二民族学院已有7个学科门类、19个系（部）、33个本科专业、7个研究机构，在校生8000余人，少数民族学生占学生总数的85%，教职工780人，其中教授48人、副教授170余人。至1997年，中央财政设立“支援经济不发达地区的发展资金”，支援银川市民族教育79.6万元，至1998年，自治区财政为银川市民族教育补助221.5万元，用于回民中小学新建与扩建。2000年，银川市区有14所回民中小学被确定为自治区标准化学校，标准化建设投资700余万元。2001年，银川市投资3000万元，新建、翻建、扩建回中12所、回小53所。对学生实行减免学杂费、补助书本费和住校生活费。当年，经市教育局与市民族宗教局对全市79所回民中小学资格认定，确定回小54所、回中11所。全市少数民族在校生44842人，占全市在校生的21.52%。

（3）“没有围墙的大学”与民办教育。2000年，进行了春秋两次高教自学考试，开考专业78个，254门课程，全市有4.34万人次报考，创银川市成人学历教育报考之最。这种教育形式被称为“没有围墙的大学”。1989年，银川首家民办高中成立。2000年，市辖区有全日制民办中学10所、全日制民办小学13所、幼儿园74所，各类培训机构73个。

5. 高标准校舍建设与设备投入增速

1991~2000年，银川市教育基础设施建设投入2.431亿元，新建改建中小学14所，为12所中小学增建了教学实验楼，为农村中小学绿化了校园、硬化了道路，推进了学校办学条件标准化建设，并接受日本援助唐中1.25亿日元的设备。银川市教委直属中小学32所，初步实现了新“三室”（实验室、微机室、语音室）的标准化配置。至2002年，银川市教育办学条件基本保证了学校教学活动。

（四）科学改革与公平发展阶段（2002~2010年）

1. 银川市获基本普及高中阶段教育奖

2006年，银川市积极推进“双高普九”，免除义务教育阶段学杂费，提高办学水平。2010年，小学学龄人口入学率达100%，辍学率为零，小学毕业升学率100%，初中学龄人口入学率达99.27%，普通初中辍学率2%，初中毕业生升学率达86.82%。2010年，银川市获自治区政府颁发的银川市基本普及高中阶段教育奖。

自治区政府授予银川市基本普及高中阶段教育奖

2005 年，完成九年义务教育课程教材试验，为全国推广和应用新教材提供了成功经验。十年共申报自治区课题 43 项，国家级课题 9 项，均取得丰硕成果。全市教师出版专著 23 种、教研员出版教学教辅 20 种。开展教师大练五项基本功，在书法、简笔画过关后，共举办了八届普通话大赛，市属 32 所学校，1100 名专任教师参加了二级乙等以上普通话考核，合格率 89.1%。全市开展“做课、观摩、交流”的教学教研新常态工作模式。2005 年，通过国家一类城市语言文字达标审验，获“普通话初步普及、汉字社会应用基本规范”达标城市奖牌。2003~2005 年，投资 1252 万元，完成郊区农村现代远程教育工程项目和市电教中心购置电教设备项目，银川市信息技术教育上了新台阶。

《未成年人保护法》《义务教育法》颁布后，2002 年，自治区教育厅与银川市教育局对“十项规定”进行了修订，将高中和初中分离。自治区教育厅印发《宁夏回族自治区普通高中学籍管理规定》，将初中与小学学籍管理规定合并为《银川市初中小学学籍管理规定》。新规定增加了“义务教育阶段学生不实行留级制”“对严重违反纪律的学生，可酌情给予警告、严重警告、记过等处分，但不准大会宣布或公示”等内容。2004 年，新的《小学生日常行为规范》《中学生日常行为规范》发布执行。全市各中小学协调社会各界各方力量协助学校抓好对学生立德树人教育。

2005 年，经考核全市各校学生健康知识及格率 85%以上，健康行为形成率75%以上。高中、职中将预防艾滋病、禁烟和禁毒等学校卫生工作纳入教学计划。2010年，银川市举办了首届中小学生游泳比赛运动会，贯彻落实国家中小学生“阳光体育一小时”政策。

2. 中专招生放开与高考改革

初中中专招生放开，学校负责，招办监督，双向选择，自主择业。1977~2005年，共录取初中中专（技工）34743人。1977~2000年，共录取高中中专（技工）7629人。此后，由于市场对技术人才需求提高门槛，初中、高中、中专缺生源。2004年，考生电子档案增加了诚信记录，电子监控进考场。

3. 教师素质、薪酬、地位显著提高

2004年，银川市教委对中小学校长进行第二轮提高培训，培训小学校长116名，部分校长被选送外地挂职培训，民办学校校长纳入了国家培训计划。2005年，市区小学专任教师中有中教高级20人、小教高级1750人；初中教师有高级职称491人；高中教师中有高级职称523人。教师的年工资：1996年5724元，2005年32267元。2005年，市辖区教育系统年末从业人员人均月薪1868.58元，全市国有单位从业人员人均月薪1540元，市辖区教育系统从业人员月薪高出21.34%。是年，政府机关公务员人均月薪1569.5元，市辖区教育系统从业人员月薪比其高19.06%。中小学教师的工资待遇有了很大提高。2000年，市教育系统的干部领导，98%来自教师队伍。二十世纪八九十年代，为中小学教师新建住宅楼22幢。1978~2002年，有17名教师获国务院奖励，有127名教师获国家各部委表彰，有373名教师获自治区党委、政府奖励。1978~2005年，自治区政府授予银川市中学特级教师51人、小学特级教师21人。

4. 全面推进各类教育改革

至2005年，银川市有驻市普通大学9所，在校生4.09万人，在校研究生1443人，有专任教师3161人。由宁夏幼儿师范学校等4所学校合并建成新的宁夏幼儿师范学校，有专任教师168名，在校生2750人。2010年，全市有职业学校4所，在校生9404人，毕业生就业率达95%以上。有普通中等专业学校12所，技工学校16所，在校生共46079人。2006年，城区“普九”有特教班27个，智力障碍儿童随班学习，在校生453人，专任教师64人。市特殊教育形成语言康复训练、手语能力培养，幼教、小学和初级职业技能培训等完整的体系。2001~2005年，新创办民办中小学、幼儿园25所，吸纳社会资金3亿元，民办教育基础设施建设有了较快发展。2005年，成人高考报名8452人，录取率为108.4%，是1986年录取人数的6.69倍。成人教育的发展，为建设学习型社会创造了条件。2010年，银川市有成人高校1所，当年招生10785人，在校生28454人；成人中等专业学校3所，在校生1324人。

5. 高标准建设校舍，教学设备不断优化升级

2001~2005年，银川市政府接受企业办中小学21所，教育重点建设工程总投资6.94亿元，建成多媒体网络化厅室、卫星地面接收站等项目866个，实现了中小学基础设施建设跨越式发展。“十五”期间，全市累计完成教育基础设施投入19亿元，吸纳社会资金近4亿元，新建、迁建、翻建中小学382所。2005年，银川市回民中小学校舍改造建设与设备购置共投入资金3.49亿元，使回民中小学校硬件基本达标。2008年，通过国家“两基”检查。各县（市、区）投入8617万元购置教学设备，使教学办公进入互联网时代。

（五）深化改革与跨越发展阶段（2010~2015年）

1. 教育改革实现跨越式发展

（1）基础教育以改革提质量、促公平。2010年，《国务院关于当前加快学前教育发展的若干意见》颁布实施，银川市出台了《银川市公有民办幼儿园管理办法（试行）》，市政府主导，社会参与，公办民办并举，

形成了学前教育公共体系，各级财政与民间资本共投入9亿元，更新设施发展幼儿教育。2014年，银川市有幼儿园242所（公办44所），在校幼儿5.912万人，专任教师3689人，学前一年入园率达93%。加强九年义务教育均衡发展力度，各项指标达99%以上 。有中学（含中职）88所、小学200所、特教2所，办学质量不断提升。学生学籍管理全部实现了数字化，学校管理实现规范化，学生在校内和上下学时段实现了平安管理。

（2）教学教研求实求真。教学教研坚持“学术工作学术化”的工作思路，网上评审教研成果，遏制了抄袭现象，端正了学风。举办五届“中小学教科研骨干研修班培训”，承担了国家《农村薄弱中小学大面积提高教育质量和效益的实证研究》课题，小学400余名教研人员与骨干教师的研究成果编辑成集，用于指导教学工作。部分中小学进行以“慕课、微课”为载体的“翻转课堂”教学模式探索，推进课堂教学改革。举办第五届青年教师基本功大赛，153人获个人全能奖，获奖比例从上届的23%升至51%。银川市已拥有先进的教学设施，信息技术教育跨入了数字网络与课件自制应用时代，学生从小学就进入了家庭数字网络时代，高中生可借助云计算掌握软件编程、视频编辑制作等。

银川市中学生在法国波黑沃市中心广场表演后合影

（3）理论认同与全面推进素质教育。2010~2014年，银川市全面推进素质教育与社会主义核心价值观教育，组织各校创建书香校园、绿色学校，开展文体比赛、机器人比赛、创意动漫赛、传统文化征文等活动。立德树人教育与法治教育实现了常态化。举办了首届中小学生游泳比赛，贯彻落实国家中小学生“阳光体育一小时”政策。至2014年，银川市中小学体育运动场所高标准达标，已举办全市中小学体育运动会25届，为打造“运动休闲城市”而努力。全市配备中小学心理健康专业教师50名，开展学生心理健康教育辅导课。全面推进素质教育，形成了良好的校风。

（4）招生切块改革解决择校难题。《银川市2010年中小学招生工作意见》将示范性普通高中招生计划总额50%，平均切块分配给各初中学校，严格规范各高中挖生源招生行为。2014年，银川市高考报名19423人，普高录取16390人，录取率84.38%。1977~2014年，全市共录取普通大学生174096人。

2. 校长、教师交流轮岗制与“梯级”名师培养

2011~2014年，银川市公开竞聘选拔中小学正、副校长123名，并推行校长、教师交流轮岗制。先后选派138名中小学校长到南京师范大学或北师大等处挂职培训或参加高级研修班。校长教师二次学历升级进修，四轮全员培训考试，实现了培训定期化、常态化。市教育局下发了《银川市教育系统综合管理绩效考评实施方案（试行）》，奖惩和部分工资挂钩，强化考评结果。2013年，全市教育事业单位在岗教职工27755人，人均月薪4423.58元，与2005年相比增长了136.7%。至2014年，全市在岗中小学教师评定县（市、区）骨干教师1800多人、市级骨干教师599人、

自治区特级教师

凤城名师44人、自治区骨干教师783人、特级教师48人、“313”人才13人、“塞上名师”13人、国家级骨干教师29人。建特级教师工作室10个，给予课题科研基金支持。是年，银川市共有中小学专任教师17403人，已经形成一支师德高尚、业务精良、充满活力、结构比较合理的高素质中小学教师队伍。

3. 实施高标准防震校舍安全项目

汶川地震后，对全市校舍进行了全面评估，做出学校建筑防震标准全面升级的决定。2009~2012年累计投入51.33亿元，实施高标准防震校舍安全项目176个，共67.42万平方米，新建、翻建、改建69所中小学、72所幼儿园、19所农村中小学塑胶操场。2013年，全市投资6亿元对100所中小学及幼儿园实施新建、改造项目和设施设备配套工程。2010年，设备购置投入4030万元。2014年，全市教学设施实现标准化、数字化、网络化，而高标准的办学条件又促进了教学质量的提高。

4. 扩大教育开放力度，实施教育强市、人才强市战略

宁夏大学以中日联合研究所、回族研究院以及阿语人才培养、阿拉伯文化研究和生物研究技术、生态研究为平台，与美国等十几个国家十多所高校结为重点合作伙伴。至2014年已接受20多个国家千余名来宁学习的留学生。北方民族大学与美国萧尔大学等多所大学开展交流与合作，与德、英、日、法、俄等国家的部分高校签订合作意向开展交流合作。与美国大学生开展“中美语言文化夏令营”活动，学生艺术团到多国演出交流。加大阿拉伯语人才培养力度，开展阿语水平等级鉴定，打造国内一流的阿语复合型国际化人才培养基地。市职业教育中心与法国葡萄酒大学合作开设葡萄酒工艺与管理专业，引进德国“赛德尔职业教育基金”等，打通银川市与国外职业教育交流与技能人才互通的渠道。

2014年，全市共有各级各类学校548所，受教育人口51.3424万人，占全市总人口的24.12%。2014年与1978年各级各类学校在校生相

比：普通高等院校增长 34.19 倍，中等专业学校增长 18.61 倍，普通中学增长 2.28 倍，小学增长 3.18 倍。有专任教师 21092 人，学历全部达标，并形成了四级梯次骨干教师队伍体系。

2015 年 10 月，党的十八届五中全会提出，提高教育质量，推动义务教育均衡发展，普及高中阶段教育，逐步分类推进中等职业教育免除学杂费，率先从建档立卡的家庭经济困难学生实施普通高中免除学杂费，实现家庭经济困难学生资助全覆盖。12 月 24~25 日，自治区党委十一届七次全会审议通过了自治区“十三五”规划建议，提出“实施教育质量提升工程”。要推动义务教育均衡发展，打造西部职业教育高地，提高高等教育发展质量，促进教育公平，深化教育教学改革。银川市教育要结合党的十八届五中全会和自治区党委十一届七次全会精神，按照“中心提升、城乡协调、区域联动、优势均衡”的发展思路，通过大力实施教育强市、人才强市战略，全力打造“教育在银川”品牌，基本形成了地方特色与民族特色的现代国民教育体系。教育规模、质量和效益显著提升，教育服务现代化建设的能力不断增强，为实现中华民族伟大复兴稳步前进。

二、主要成就

（一）教育投入大幅增加，办学条件显著改善

1978~2014 年，银川市财政共投入教育事业费 161.087 亿元。2002~2014 年，市财政教育预算 1.96 亿万元。校办企业助学、社会捐助、民间资金等共计投入 16.539 亿元。三项合计共支付179.585 亿元。2001 年，教育事业费投入是 1978 年的 35.32 倍。2014 年，教育事业费投入是 2002 年的 11.03 倍。改革开放 30 多年来，教育投入逐步分阶段大幅度增加，全市各类教育重点工程有效地实施，无论校舍危房改造、校舍高标准建设、先进设备设施的升级配套，还是2009~2012 年累计投入51.33 亿元实

施的高标准防震校舍安全项目等，都为教育事业的较快发展打下了基础，教育的物质基础和保障条件更加坚实，办学条件显著改善。

（二）高水平完成“两基”攻坚，各类教育协调发展

从1986年颁布义务教育法，特别是党的十四大提出到20世纪末“基本普及九年义务教育，基本扫除青壮年文盲”的目标以来，市委、政府明确提出要加快全市“两基”进程，明确目标、增加投入、落实责任、全力攻坚。坚持农村义教育重中之重地位不动摇，举全市之力，攻“两基”之坚，采取一系列政策措施，巩固提高“普九”成果，使“两基”迈上了新台阶。全市以区县为单位实现了“两基”目标，“两基”人口覆盖率达到100%。1997年，银川市通过自治区“两基”验收合格，成为全区第一个完成“两基”工作的地市级单位，实现了几代人为之努力的目标。为进一步提高教育资源的使用效益，加快实施第二轮中小学布局结构调整，优化了市域内中小学结构布局，中小学办学规模和效益不断提高，各类教育得到了协调发展。

（三）完成普及高中阶段教育，实施优质教育扩面提升

2010年，银川市全面实现基本普及高中阶段教育目标，获自治区政府颁发的“银川市基本普及高中阶段教育”奖。2011年，银川二中、唐中分别办“双文凭实验班”“中法国际班”。2014年，全市普通高中有5所学校发展成集团共同体。推进义务教育均衡化、优质化、一体化进程，着力破解群众“上好学难”的问题，市政府创新组建“学校发展共同体”“校际发展合作体”和协调“地方高校共建体”，通过共享，推进各阶段教育科学、和谐和可持续发展，实现城乡优质教育资源逐步全覆盖。当年，全市有普通高中23所，在校生5.47万人，专任教师3376人，学历合格率100%。2014年高中在校生与1978年相比，增长了7.24倍。

（四）职业教育快速发展，成为新的教育增长点

至1985年，市区新办中等职业学校12所，共招生20543人，培养

各类中等专业人才 11247 人。实施“先培训后就业”的原则，使中等职业教育获得突破性进展。1995 年，职业高中走强强联合办学道路，国家《职业教育法》正式实施后，实行学历文凭和职业资格证书并重制度，增加职业教育投入。1998 年，全市职业学校招生占整个高中阶段招生人数 42.62%，职业高中走与大学联合办学之路。2010 年，3 所职中合并成立银川市职业技术学院，职业中学教育逐渐转型升级。1985 年，全市有 18 所中等专业学校，在校生 5000 余人。有技工学校 10 所，在校生 1783 人。2002 年，自治区政府下文，16 所驻市中专学校合并组成 5 所高等职业技术学院。2010 年，有普通中等专业学校 12 所，技工学校 16 所，在校生共 46079 人。2014 年，全市有中等职业学校 18 所，招生 1.49 万人，在校生 4.11 万人，毕业生 2.04 万人，毕业生就业率达 95%以上。全市城镇非私营单位在岗职工年职业培训 10 万余人次。全市职业教育发展进入“快车道”，规模质量持续提高。

（五）高等教育办学层次提升，结构进一步优化

1978 年，市辖区有 4 所全日制大学。1983 年，首次招录硕士研究生。1985 年，市辖区有全日制高校 6 所，专业 32 个，在校本、专科生 6425 人，在读研究生 36 人，专任教师 1352 人。1995 年开始，高校引入了民办资本办学；毕业生分配改为双向选择；经费改为成本分摊、全员缴费。四校合并组建新的宁夏大学，坚持改革创新，办学层次和质量得到提升，规模不断扩大。宁夏大学被列为国家“211 工程”院校。2000 年，成立两所民办大学。2014 年，银川有普通高等院校 15 所，共开设本科专业 80 多个，涵盖 11 个学科门类；开设高职高专专业 130 多个，涵盖 17 个大类 50 多个二级类。在校大学生 9.35 万人。有硕士学位授予点 87 个，开创博士授予点 3 个，在校研究生 4085 人。2014 年在校本专科生是 1985 年在校本专科生的 14.55 倍。1977~2014 年，全市共录取普通大学生 17.41 万人。与此同时，1986 年，全国成人高校统考统

招。至1990年，全市成人大专学历教育共录取6366人。当年，全市有成人高校6所。高教自学考试，被称为“没有围墙的大学”。2014年，全市有成人高校1所，招生1.22万人，在校生2.72万人，毕业生1.27万人。改革开放以来，全市成人本、专科毕业生18万余人。成人教育的发展，为建设学习型社会创造了条件。银川市高等教育已初步形成了具有区域特色的现代高等教育体系，步入了高等教育大众化阶段。为提升层次，高等教育在高层次人才培养和学科建设上有了新突破，实现了跨越式发展。

（六）民族教育得到加强，形成了较完善的民族教育体系

30多年来，银川市实施在各类教育招生中降低分数段录取少数民族考生等优惠政策，中央和地方财政对民族教育进行了大量投入。高校设立了民族预科班（部），重点中学设立民族班或直接改为回民高中。1985年，全市有回民中小学18所、伊斯兰经学院和民族学院各1所，有的高中创办了民族班。至2001年，全市新建、翻建、扩建回中、回小65所。对学生实行免学杂费、补助书本费和住校生活费。2005年，全市回民中小学学校软硬件基本达标，建成自治区标准化回民中小学14所。当年，驻市西北民族大学，在校生8000余人，少数民族学生占学生总数的85%。2010年，全市有回民中小学及幼儿园89所。少数民族在校生占全市学生总数的27.5%，少数民族专任教师占全市专任教师总数的21%。

（七）促进民办教育发展，形成政府为主和社会力量办学共同发展的局面

《中华人民共和国民办教育促进法》及《中华人民共和国民办教育促进法实施条例》实施以来，银川市民办教育得到了新的发展。1989年，银川首家民办高中成立。2000年，全市有全日制民办中小学及幼儿园97所，各类培训机构73个。共有在校学生2.5万余人。各类培训机构年培训2.22万余人。在校专职教师502人，兼职教师1258人。民

办教育基础设施建设实现了较快发展。2010 年，全市有民办中小学及幼儿园共 130 所，在校中学生 9501 人、小学生 2984 人、幼儿 2.31 万人。教职工 3167 人。至 2014 年，全市有民办大学 4 所。民办高等教育从无到有，逐步加快发展，成为银川市高等教育的重要组成部分。银川市民办教育改革入列国家试点，形成政府办学为主体、社会各界共同参与、公办学校和民办学校共同发展的办学格局。

（八）加强教师队伍建设，教师学历全部合格并有提升

1984 年，银川市小学、初中、高中教师学历达标率分别为 67%、40%、57%。30 多年来，银川市对教师先后进行了专业合格证全国统考、学历达标进修、大学毕业生充实、二次学历升级进修、四次全员培训，提高了教师的综合素质，形成了终身学习型的群体。2005 年，市辖区有小学专任教师 6856 人，学历合格率为 99.6%，大专以上学历 73%；市辖区初中专任教师 4011 人，学历合格率为 98.7%，本科以上学历达 71.73%；市区有高中专任教师 1370 人，学历合格达 95.3%，研究生以

银川市教育局局长孙武平在市 27 期中小学校长岗位培训班讲课

上学历达 2.77%。之后，转向学历升级进修。2014 年，全市共有中小学专任教师 17403 人，学历 100%达标，其中有县、市、省、国家四个等级的骨干教师或名师 3329 人。高校教师队伍通过引进人才、加强国内外校级合作、加大中青年教师培养、吸收优秀大学生进校从教等措施，现有专任教师 6119 人，其中教授 512 人、副教授 1570 余人。银川市已经形成三支师德高尚、业务精良、充满活力、结构比较合理的高素质大学和中小学教师队伍。

（九）全面实施素质教育，学生德智体美全面发展

《中国教育改革和发展纲要》提出，中小学要由应试教育转向全面提高国民素质教育的轨道，培养德智体美全面发展的社会主义合格建设者和可靠接班人。1997 年，市教委下发《关于推进中小学全面实施素质教育的若干意见》，要求开好“两史一情”课，上好艺体卫生教育、法制教育、安全教育等课。1999 年，中共中央、国务院《关于深化教育改革全面推进素质教育的决定》颁布后，银川市进一步加强了大学生思想政治教育和中小学德育工作；进行教学模式的探索研究，组织各校创建平安校园、绿色校园、书香校园、智慧校园，开展文体艺术博览群书、网络摄影、古诗文诵读、书法美术摄影展、创意动漫展、传统文化征文等活动；开设了学生心理健康教育辅导课，全面推进素质教育。同时推动大学生思想政治教育进网络、进社团、进公寓工作，开展社会主义核心价值观教育，增强了学校德育工作的吸引力和感染力。实施教育系统思想政治工作“七个一计划”，基本形成了每所学校有一个比较过硬的领导班子；培养了一支过硬的班主任、辅导员队伍；已建成建全得力的德育工作体系；已树立了一批先进的基层党团组织和师德典型；创建了一批安全文明学校。积极贯彻落实国家中小学生“阳光体育一小时”政策，打造“运动休闲城市”，使学生道德和健康两个水平不断得到提高。

（十）教育为人口文化素质提高创造了辉煌的成就

2010 年第六次全国人口普查，银川市常住人口 199.31 万人。各种受教育人口 184.95 万人，占 6 岁以上总人口的 92.79%。其中，具有大学文化程度的 34.34 万人，占 18.56%；高中文化程度 34.04 万人，占 18.40%；初中文化程度 68.8 万人，占 37.20%；小学文化程度 40.52 万人，占 21.90%。文盲人口 7.25 万人，占应受教育人口的 3.92%。

2010 年与 1982 年相比，银川市大学文化程度人口由 3.73%提升到 18.56%，提升了 14.83 百分点。百人中增加了 14.83 名大学文化人口、3.38 名高中文化人口、5.06 名初中文化人口。文盲人口由占应受教育人口的 22.11%下降到 3.92%。社会人口文化素质的提高，是社会最大的财富。改革开放以来，银川市教育为本市劳动人口文化素质提高做出了重要的贡献。

三、经验启示

（一）优先发展教育是教育事业发展的重要前提

银川市坚持把教育摆在各项事业中优先发展的战略地位，是改革开放 30 多年来，教育发展取得巨大成就的重要前提，也是新形势下教育事业更好更快发展的根本保障。银川市教育优先发展战略地位在教育投入上得到了切实体现。30 多年来，银川市在公共教育投入上，超额完成财政性教育经费占国民生产总值 4%。银川市坚决落实党中央“三个增长”（各级人民政府教育财政拨款的增长应当高于财政经常性收入的增长，并使按在校学生人数平均的教育费用逐步增长，保证教师工资和学生人均公用经费逐步增长）的方针。银川市已经达到了教育发展数量、规模方面的许多预期目标。

（二）科学发展教育是促进社会发展的必由之路

“教育要面向现代化，面向世界，面向未来。”因此必须坚持教育事业的科学发展。银川市在制定教育发展战略时，首先确定符合本市发展实际的、科学的战略目标，使之统筹教育发展和社会发展，统筹教育的规模、结构、质量和效益；统筹各级各类教育发展；统筹城乡和县市教育发展。银川市高水平“普九”后，随着经济和社会的发展，推进教育在层次结构上逐步上移，攻坚克难普及了高中教育。把大力发展职业教育作为战略重点之一，在应用型人才培养模式方面有了新的突破和进展。银川市在大教育的棋盘上，推进继续教育升级为终身教育、义务教育走向均衡发展、非义务教育协调发展。银川市教育发展的特点是因地制宜、分类指导，首先是发展，核心是以人为本，基本要求是全面协调可持续发展，根本方法是统筹兼顾。近现代教育早就具有科学发展的意识，关键是银川市将这种认识落实到了实际工作中去，坚持教育事业的科学发展是实现教育促进社会发展与人的发展的必由之路。

（三）求真求公和改革开放是教育事业发展的根本动力

坚持“解放思想、实事求是”的思想路线和改革开放的伟大实践是教育事业发展的根本动力。30多年来，银川市教育始终坚持以改革促发展，才取得了今天的巨大成就。建立以政府投入为主、多渠道筹措教育经费的投入体制，坚持基础教育管理体制改革逐步深入，高等院校毕业生、职业教育毕业生就业制度改革，适应社会主义市场经济和社会发展要求，以社会需求为导向，促进高等院校、职业学校的专业调整和教学改革。在高度重视教育公平的同时，立足于银川市处于西部不发达少数民族地区的实际，坚持以发展促公平，坚持教育优先发展，切实促进教育公平。首先推进义务教育均衡发展，破解择校难题，确保全市通过国家义务教育均衡验收。随着经济的发展，逐步在更高层次和更深程度上推进，实现均衡水平的动态提升，实现优质均衡。教育改革需要社会改革的支持，这是一个长期的、复杂的社会系统工程，不仅需要突破和超越传统教育制度和体系，也需要社会制度、经济、组织、技术等多方面的变革与支持，需要教育工作者和全社会的共同努力。

（四）素质教育是教育工作的战略主题

坚持全面实施素质教育是教育工作永久的战略主题。30多年来，银川市坚持从实际出发，贯彻党和国家的教育方针，坚持立德树人，增强学生的社会责任感、创新精神、实践能力，培养中国特色社会主义建设者和接班人。这是中国特色社会主义教育事业的根本特征，必须坚定不移地实施和推进。必须把以人为本实施素质教育和提高教育质量摆在教育工作的重要位置。以人为本积极推进和全面实施素质教育，不仅是克服应试教育弊端的总对策，是实施“教育强市”和“人才强市”战略、全面建设小康社会和实现社会主义现代化的必然要求，也是知识经济时代和学习型社会发展的要求。30多年来，广大教育工作者在教育内容、教育方法、人才培养模式等方面进行了大量的卓有成效的实践探索，所创造和积累的宝贵经验，是我们进一步推进教育改革、全面实施素质教育的重要精神财富。

四、对策建议

改革开放以来，银川市高度重视教育，为全市各项事业的发展提供了智力支持，推动了社会经济的全面发展。但在改革与发展过程中，也存在着很多问题。一是应试竞争激烈，改革力度不大。二是素质教育乏力，实践不全面、不系统、不深入。三是干部尚德短板，教师通才全才不足。党的十八届五中全会提出，要提高教育质量、促进教育公平。自治区党委十一届七次全会提出，要实施教育质量提升工程。按照中央及自治区党委、政府的有关要求，结合银川市的教育现状，需要从以下几方面提高银川市的教育质量，促进教育公平。

（一）建立健全终身教育体系，创新发展素质教育，必须以立德树人为根本

必须切实构建通过多种学习成才的渠道，落实并深化考试招生制度改革和教育教学改革，才能促进素质教育公平发展和质量提升。

必须构建相互沟通和衔接的教育体系。要进一步促进普通教育与职业教育、职前教育与职后教育、学历教育与非学历教育的相互沟通和衔接。民族地区教育、民办教育与国家教育体系的沟通与衔接。银川市应建立以学分制为基础的弹性学制，为已离开学校者再返校继续学习开辟途径。可从非义务教育阶段入手，实行普遍的学分考核制度，逐步实行弹性的教学管理制度。

要丰富教育形式，以多样化的教育适应人们多渠道成才的需求。充分利用现有学校教育资源，为社会成员提供多样化的学习机会；大力发展企事业单位和社会各个领域的继续教育和培训，加强学习型组织和学习型社区建设；推进教育信息化，发展远程教育，扩大优质教育资源覆盖面；充分利用现代信息技术，探索继续教育、终身学习的新形式。银川市需建立通过各种途径学习的成果登记、认证和转换，建立个人学习账号和学分累计制度。将这一制度作为认定相关专门技能等级、颁发专业资格证书、晋升职务以及进入高一级普通学校进行学习进修等的实效性权重率依据。

要畅通继续教育、终身教育通道，建设有利于激励多种学习渠道成才的政策制度和社会环境。要进一步推进劳动人事制度改革，建立知识、能力与技能并重，学历资格与职业技能资格相互沟通的国家资格体系。健全终身教育体系，坚持以立德树人为根本。在职权内加强招生考试改革力度。

必须用国际大视野研究以中国特色为统领的素质教育理论与实践，切实落实素质教育的战略主题地位。落实素质教育的战略主题地位，要

有充分的教育理论自信。要按照中国文化和实践轨迹，科学阐释素质教育实践。落实素质教育的战略主题地位，必须把全面实施素质教育作为教育改革发展的核心理念，系统设计、整体规划各级各类教育中素质教育的重点任务。落实素质教育的战略主题地位，必须改革人才培养模式，推进教育教学改革。要按照实施素质教育总体要求，以课程改革为突破口，对课程体系进行全方位的系统设计、整体优化，同时辅之以缜密精准的策划和精细的落实举措。

（二）夯实优先发展教育战略，优化顶层设计，提高改革决策的科学性和发展的实效性

要以简政放权和转变政府职能为重点，深化教育管理体制改革，提高公共教育服务水平。明确各级政府责任，规范学校办学行为，促进管办评分离，形成政事分开、权责明确、统筹协调、规范有序的教育管理体制。市政府及下属各级政府要切实履行统筹规划、政策引导、监督管理和提供公共教育服务的职责，建立健全公共教育服务体系，改变直接管理学校的单一方式，综合应用立法、拨款、规划、信息服务、政策指导和必要的行政措施，减少不必要的行政干预。要提高政府决策的科学性和管理的有效性，重大教育政策出台前要公开讨论，充分听取群众意见，提高重大教育决策的科学性。确保国家教育基本标准的实施。要依法依规开展教育工作的专项督导，明确督导内容、程序、结果应用方式，重点督导经费保障、质量管理、进展成效、社会监督等情况，建立评价、激励、问责机制，推动地方政府履行责任，保障工作进度和成效。积极发挥行业协会、专业学会、基金会等各类社会组织在教育公共治理中的作用。

支持和规范民办教育发展，鼓励社会力量和民办资本提供多样化教育服务，进一步加大对社会力量办学的统筹规划与管理指导，促进民办教育有序健康发展。全市各级政府要把发展民办教育作为重要的工作职

责，支持民办学校创新体制机制和育人模式，提高质量，办出特色。依法落实民办学校与公办学校平等的法律地位，保障民办学校办学自主权。积极探索和制定促进民办教育发展的优惠政策。对具备学士和硕士学位授予单位条件的民办学校，按规定程序申请审批。建立完善民办学校教师社会保险制度，健全公共财政对民办教育的扶持政策。银川市政府委托民办学校承担有关教育和培训任务，拨付相应教育经费。银川市与辖区各级政府可以根据本行政区域的具体情况设立专项资金，用于资助民办学校。民办学校承担的义务教育任务，享有公办学校市财政投入政策，不再向学生收费。市教育局依法负责民办教育发展的统筹、规划和管理工作，开展对营利性和非营利性民办学校分类管理试点。规范民办学校法人登记，完善民办学校法人治理结构。民办学校依法设立理事会或董事会，保障校长依法行使职权，逐步推进监事制度。积极发挥民办学校党组织的作用，完善民办高等院校督导专员制度。依法明确民办学校变更、退出机制，切实落实民办学校法人财产权。依法建立民办学校财务、会计和资产管理制度。建立民办学校办学风险防范机制和信息公开制度。加强对民办教育的评估，促进民办教育的改革与发展。

（三）用好民族政策，强化政策支持，促进教育公平和提高教育质量

全面落实民族教育优先发展战略，进一步争取国家对民族地区教育事业政策优惠与扶持。全面落实民族教育优先发展战略，推动少数民族和民族地区经济社会发展，促进各民族共同进步、共同繁荣发展。加强对民族教育工作的领导，全面贯彻党的民族政策，切实解决少数民族教育事业发展的突出问题。在各级各类学校广泛开展民族团结教育，推进党的民族理论和民族政策、国家法律法规进课堂、进教材、进头脑，引导广大师生牢固树立马克思主义民族观、宗教观，增强中华民族凝聚力。公共教育资源向民族教育倾斜，争取中央财政加大对民族教育支持力度，市政府按照事权划分增加财政向民族教育投入，加强民族移民吊

庄寄宿制学校校舍建设，提升普及高中阶段教育水平，支持驻市民族高中和大学改革发展。大力发展民族职业教育，支持宁夏经学院、北方民族大学等加强学科和人才队伍建设，提高办学质量和管理水平。进一步办好高校民族预科部，办好阿语学校。认真组织和落实福建等省对银川市民族教育支援工作。加大对民族教育师资培养培训力度，提高民族教师的政治素质和业务素质。制定优惠政策，鼓励支持高等院校毕业生到民族基层学校任教。支持民族教育发展现代远程教育，扩大优质教育资源覆盖面。

（四）创新中高等职业教育人才培养机制，办好职业教育，推进终身职业技能培训制度化

全面推进现代职业教育体系建设，改革创新职业本科教育，深化产教融合，支撑创新驱动发展战略，鼓励具备条件的普通本科学校向应用型转变。继续把职业教育摆在更加突出的位置，着力培养学生的职业道德、职业技能和就业创业能力，满足社会对高素质劳动者和技能型人才的需要。实行工农学结合、校企合作、顶岗实习的人才培养模式。抓紧“一带一路”国家战略的历史机遇，一要抓住民族清真品牌，发挥回族善于经商的特长，加大丝路商贸力度；二要抓住湖城旅游、高新技术开发、电商等品牌带动产业专业人才培养；三要加大工业园区所涉专业人才与宁东能源和绒业人才培养力度；四要抓住银川首府的政治经济文化教育中心区位优势，加强国际合作，带动职业教育走向世界。要把提高质量作为重点，以服务为宗旨，以就业为导向，推动内涵发展、科学发展。加强“双师型”教师队伍和实训基地建设，聘任具有实践经验的专业技术人员和高技能人才担任专兼职教师，教师必须持“双证”上岗。建立健全政府主导、行业指导、企业参与的办学机制，制定促进校企合作办学法规，促进校企合作常态化、法制化。实行中等职业教育免费、经济困难学生资助政策。改革招生和教学模式，建立健全职业教育课程

互通衔接体系。提高技能型人才的社会地位和待遇，形成行行出状元的良好社会氛围。

（五）加强教育队伍建设，培养适应现代智能化教育要求的高素质教师队伍

加强教师职业理想和职业道德教育，增强广大教师教书育人的责任感和使命感。将德才兼备作为教师考核、聘用和评价的首要权重内容。用党内治理腐败的决心，查处学术不端行为，形成良好学风，设计求真求严的培训规划，提高教师真实的专业水平和教学能力。通过有效的研修培训、学术交流、项目资助等方式，培养教育教学骨干、“双师型”教师、学术带头人和校长，造就教学名师和学科领军人才。加强中小学校长实效培训，重视班主任和辅导员培训。制定校长任职资格标准，促进校长专业化，推行校长职级制。提供成就事业的环境，依法保证教师平均工资逐步提高，吸引优秀人才长期从教、终身从教。大力提高高校教师教学水平、科研创新和社会服务能力，要在基础理论研究上有所突破，走向世界。实施海外高层次人才引进、长江学者奖励和国家杰出青年科学基金等项目，为高校集聚具有国际影响的学科领军人才。对长期在农村基层和移民吊庄工作的教师，在工资、职务职称等方面给予优惠政策。对在农村长期从教、贡献突出的教师给予奖励。中小学编制标准，乡下应给予优惠政策。

（六）抓好“一带一路”战略机遇，扩大教育开放，加强教育国际交流与合作

抓住“一带一路”战略机遇，开展教育国际交流与合作，提高本市教育国际化水平。加快职业教育发展，与蒙古国、苏丹、加拿大、澳大利亚、美国、俄罗斯等国的大学合作开办中外合作办学项目。推动银川市职业教育走向国际化。吸引更多世界一流的专家学者来本市从事教学、科研和管理工作，有计划地引进海外高端人才和学术团队。引进境

外优秀教材。吸引海外优秀留学人员回银川服务。支持中外大学间的教师互派、学生互换、学分互认和学位互授联授。加强与国外高水平大学合作，联合推进高水平基础研究和高技术研究。加强中小学、职业学校对外交流与合作。组织市内中小学生与国外学校开展双向夏令营活动，办好国际青少年音乐节，办好高中国际“双文凭实验班”。加强与港澳台地区的教育交流与合作。加强国际理解教育，增进学生对不同国家、不同文化的认识和理解。

推动教育机构海外办学，支持宁夏大学与阿联酋迪拜大学办好联合建立的海湾地区第一所孔子学院，提高办学质量和水平。公开选拔推荐优秀教师进入国外高水平大学和研究机构学习。加强对自费出国留学的政策引导，加大对优秀自费留学生资助和奖励力度。坚持“支持留学、鼓励回国、来去自由”的政策，提高对留学人员的服务和管理水平。加强与联合国教科文组织等国际组织的合作，搭建高层次国际教育交流合作与政策对话平台，加强阿拉伯世界教育研究领域和教育创新实践活动的国际交流与合作。

石嘴山市教育改革与发展史研究

改革开放以来，石嘴山市全面贯彻落实党的十一届三中全会和历次党代会精神，用科学发展观统领教育工作全局，始终把教育摆在优先发展的战略地位，以实施西部大开发战略为契机，大力实施科教兴市和人才强市战略，抢抓向新型工业化城市转型的有利机遇，加大教育投入，加快教育改革与发展步伐，构建了较为完备的教育体系，促进了全市各级各类教育健康、快速、协调发展，为全市经济社会科学发展提供了坚强的人力和智力支撑。

一、改革发展历程

党的十一届三中全会后，国家经济、社会的发展步入了改革开放的快车道。石嘴山市教育事业经过拨乱反正、正本清源，教育教学秩序得到恢复，教育事业步入正轨，跨入了新的历史时期。随着经济的快速发展，人民群众对优质教育资源的需求日益增长，各级党委、政府对教育高度重视，通过改革教育管理体制，调整教育结构，转变教育教学理念，不断增加投入，改善办学条件，健全完善各项制度，加强师资培训等，全面推进教育事业走上科学发展之路。回顾改革开放以来石嘴山市的教育改革发展历程，大体经历了五个阶段。

（一）拨乱反正与恢复重建阶段（1977~1985 年）

这一阶段，石嘴山市教育工作在历经拨乱反正等工作的基础上，把恢复和重建教育教学秩序作为教育的主要任务，摆在重中之重，按照

“三个面向”的教育方针和“四有新人”的培养目标，以认真贯彻落实中央《关于加强和改革农村学校教育若干问题的通知》、新修订的“中教四十条”和“小教三十条”等政策为主线，按照中央“调整、改革、整顿、提高”八字方针要求，实施教育结构调整，压缩、撤销部分普通高中学校，恢复中小学教育教学秩序，倡导学习科学文化知识，营造尊师重教的良好氛围。为了提高办学质量，以创办重点中小学作为示范引领，对教育内部结构进行调整，在恢复整顿中提高质量，为新时期的教育教学探索出一条新途径。

这一阶段，各级各类教育在恢复中不断调整规范并蓬勃发展。石嘴山市落实《全区托幼事业发展规划》，成立了石嘴山市托幼工作领导小组。1980年，市政府开始在大武口区建立市幼儿园，截至当年底，全市幼儿园、托儿所发展到29所。为了满足城乡群众的需求，1982年，第一个民办学前班在大武口区创建，拉开了石嘴山市民办学前教育的序幕。截至1985年底，全市学前教育蓬勃发展，办园形式呈现多样化趋势，幼儿园发展到66所，与1980年相比，增加了37所，城市幼儿入园率达31.5%。中小学教育开始恢复正常教学秩序，恢复党支部领导下的校长分工负责制。1979年，按照石嘴山市委、政府“大力普及小学教育，农村抓好五年教育”的部署，对开办的一些半日制、隔日制、巡回制简易小学进行整合规范，形成了简易小学、全日制小学、重点小学3种规格，个别地方结合实际，仍保留了早

石嘴山市第六中学旧平房教室

职业教育学生在电焊课堂上

晚班、复式班、农闲班。

1982 年，根据教育部的指示精神，开始实行小学学制改革试点，其后试行“注音识字、提前读写”教改实验，并逐步推行。为了集中资金办好中学，根据中央“调整、改革、整顿、提高”的方针，各级政府对城乡中学进行压缩调整，撤销、合并了部分普通中学初中班及高中部，并建立了学生学籍，规范了学籍管理。按照国务院批转教育部、国家劳动总局《关于中等教育结构改革的报告》，着力解决职业教育结构单一的问题，石嘴山市委、政府制定了《“七五”期间发展职业教育规划》，成立了石嘴山市中等教育结构改革领导小组，推动职业教育体制改革，对职业教育的办学方针、经费统筹、毕业生就业等问题给予明确规定，调动了部门、企事业单位兴办职业中学的积极性，促进了全市职业教育的快速发展。

随着国家恢复高考制度，经自治区政府批准，1978 年设立石嘴山市师范学校，纳入自治区中等专业学校，面向银北地区招生。1980 年秋季，为缓解平罗县及邻近县区中学英语教师短缺问题，平罗教师进修学校设置英语中专班，主要承担公办教师在职进修、学历培训、民办教师培训转正等任务，为当地培养了一大批教师，解决了本县及周边县区教师短缺、学历层次与素质较低等问题。石炭井矿务局技工学校等技校正式恢复，并对部分技工学校进行了整合更名。宁夏有色金属冶炼厂等企业兴办的“721 大学”经自治区政府批准改办为职工大学或职工专科学校，成人高等教育开始步入规范发展阶段。1985 年，石嘴山联合职工大学（简称职大）经自治区政府批准筹建，成为宁夏首家民办公助性质的地方职业高等院校，并于当年建校、当年招生。同年，中央做出《关于教育体制改革决定》（以下简称《决定》），提出分级办学、分级管理的原则，要求政府拨款，逐年增加学生人均费，为教育体制改革吹响了前奏。

1990 年石嘴山联合职业大学

（二）教育体制改革与转型发展阶段（1986~1992 年）

为贯彻落实《决定》，增强地方办学活力，1986 年 1 月，自治区党委、政府发布《关于改革和加强教育工作的决定》，明确提出要在全区实行地方负责、分级管理的教育新体制。石嘴山市认真落实中央、自治区的决策和要求，通过加快改革与形势和任务不相适应的原有体制，强化基础设施建设，引导教师爱岗敬业，建立健全各种激励机制，逐步规范各级教育教学机构，扫除文盲，大力普及九年义务教育，发展职业技术教育等，有力地促进了全市教育工作的转型发展。

期间，全市学前教育经历了由政府单一办园到社会各方面多渠道多形式办园的发展过程，按照“地方负责、分级管理”的原则，政府对民办幼儿园给予财力、政策方面的大力支持和扶助。1991 年，按照国家教委《关于改进和加强学前班管理的意见》，针对当时学前班出现的用管小学生的方式方法管教幼儿、幼儿教育小学化倾向等现象，进行了有针对性的整顿。市委、政府认真贯彻落实《中华人民共和国义务教育法》《中华人民共和国义务教育法实施细则》《宁夏回族自治区普及初等义务教育暂行条例》，专门研究制定了《石嘴山市实施义务教育规划》及配套措施，推进了义务教育的全面普及。1989 年，全市基本普及了初等教育，高中教育按照自治区教育厅印发的《关于从严控制普通高中发展的通知》精神，加快调整学校结构，实行高、初中分离，集中人力、物力、财力办学，促进中学教育教学质量的提高。1991 年，全市开始参加由自治区统一组织的高中会考，并作为颁发高中毕业证书和参加高考的必备条件。市委、政府认真贯彻落实国务院《关于大力发展职业教育的决定》和自治区《关于加强和发展职业技术教育的若干意见》精神，制定了《石嘴山市关于改革和发展职业技术教育的决定》，成立了职业技术教育委员会，统筹、指导、检查各级各类职业教育工作，帮助解决办学过程中出现的问题，改革劳动人事制度，实行“先培训后就业”，不仅为职业教育发展拓宽了渠道，也为学生就业提供了政策支持，创造了良好的外部环境，使职业教育步入加

20 世纪 90 年代普通高中毕业教育报告会

速发展的快车道。1992 年，为充分发挥职业教育的优势，更好地为当地经济建设服务，结合“231 工程”的实施，市第五中学根据经济建设和生产发展需要，积极联合大武口乡开办塑料暖棚蔬菜栽培技术培训班，从农民需要出发，开办农经类专业，使之成为一所多功能的学校。

石嘴山师范学校进行了“提前、单独、定向”招生改革试点工作，采取报名与录取名额切块到各县区，对边远地区适当照顾。在计划经济体制作用下，各中专学校办学规模、招生人数、学生入学积极性空前高涨，尤其以农村学生为主，纷纷报考中专学校，通过毕业包分配，尽快转变了身份。这一时期，全国成人高校开始实行统一招生，石嘴山市在成立自学考试办公室的基础上，又成立了卫星电视教育办公室，主要承担教师的学历教育。宁夏工业职业学院、宁夏理工学院等高校重点是调整增设专业，解决专业人才紧缺问题。有些学校积极拓宽发展途径，与宁夏大学等联合举办夜大班等，学校综合办学水平有了进一步提高。1986 年，电大工作站通过普通高校招生考试录取新生，不再单独招生，于 1987 年撤销，成立宁夏电视大学石嘴山分校，1990 年与石嘴山市进修学校合并。1992 年，卫星电视教育由教师学历教育转为全市中小学电教管理，之后石嘴山市继续教育中心成立，卫星电视教育办公室合并到石嘴山市继续教育中心。期间，由于国家教委提倡在岗业余进修，主管部门一般不再派出脱产进修，中小学教师为提高学历，参加函授教育的人员逐年增多，函授教育得以快速发展。

这一阶段，教育改革的重点是从学校体制入手，同时对学校内部管理、教育教学内容和方法进行了积极的改革探索。期间，市政府印发《关于加快和深化教育改革的意见》，围绕“两基”和教育改革的目标要求，在城市实行市管中学、区管小学、厂矿学校由厂矿管理的体制；在农村按照分级办学、分级管理的原则，实行县管中学、乡镇管小学的两级管理、两级负责的管理体制。同时，改革学校管理体制，实行校长负

20世纪90年代开展扫盲教育

责制，校长对学校的教改、教育、教学等行政工作享有自主权和决策权。面向当地，进一步搞好中等教育改革，农村初中实行“三加一”（三年初中教育，一年职业技术教育）。积极进行教学内容、教学方法的改革，适当增加乡土教材、职业技术教育和劳动技术等教育内容。

（三）加快改革与协同发展阶段（1993~2002年）

为全面落实中共中央、国务院发布的《中国教育改革和发展纲要》（以下简称《纲要》）和自治区政府《关于贯彻〈中国教育改革和发展纲要〉的实施意见》，石嘴山市针对各级各类教育出台了一系列具体办法和措施。1993年以来，石嘴山市政府颁布《石嘴山市公民个人举办幼儿园、学前班管理办法（试行）》《石嘴山市实施义务教育办法》《石嘴山市实施义务教育补充规定》等规范性文件，对基础教育进行规范管理基础上，加快学校内部管理改革和教学方法改革，着力提高教育教学质量。幼儿教育从将各种游戏列入课程表，到启动综合主题教学改革，再到加强对幼儿自主能力、创造能力的培养，经历了探索式推进、渐进式改革的过程，促进了办园的规范性和幼儿教育的健康发展。

1993年，全市逐步实行中学阶段初、高中分离办学，集中力量办好初中，扩大初中招生规模，依法强化义务教育。1995年，全市初中招生取消了考试录取制度，小学毕业生就近进入初中就读。同年，在自治区政府组织的评估验收中，石嘴山市城区“两基”工作高标准通过评估验

石嘴山市幼儿园第二分园新貌

收，在全区率先实现基本普及九年义务教育和基本扫除青壮年文盲目标。1996年11月，惠农县“两基”工作通过自治区政府评估验收，成为全区第一个实现“两基”目标县。1998年6月，平罗县“两基”工作通过自治区政府评估验收，被评为“全国两基先进县”，同年10月，陶乐县“两基”工作通过自治区政府评估验收。2000年11月，大武口区“两基”巩固、提高工作通过自治区政府复查验收。

2001年，全市中小学“课堂教学质量工程”启动，从秋季开始，全市小学全部实行六年制，统一使用六年制教材。2002年，大武口区进行义务教育阶段新课程改革实验，统一选择课程改革实验教材，开始实施新课程。同年，市区部分小学按规定开设信息技术教育课程。

这一时期，石嘴山市教育体制改革主要是包括农村义务教育实行多渠道集资办学、“人民教育人民办”；积极落实义务教育相关规定，推进初中、高中的整合分离，扩大初中招生规模；中小学改革产权制度，引入民间投资，实行名校办民校，提高收费标准，支持鼓励校办企业；1999年，市政府开始接收厂矿、企业小学；职业教育随着企业改制、用工制度由计划用工改为自主用工等因素影响，陷入了生源短缺、举步维艰境地，部分职业中学与宁夏大学、宁夏教育学院等单位联系合作，开设了自学考试大专辅导班，部分职业中学只能停止招生。《职业教育法》颁布后，通过市域内职业教育资源整合、转型，到2000年，全市具有独立建制的职业中学只有市第一职业中专学校，其他职业中学虽未明文撤销建制，但已名存实亡。2001年起，石嘴山市对民办幼儿园(班)在建设用地、公房租用、教师职称评定、招生等方面给予与公办幼儿园同等政策待遇。

在优化调整中快速发展，各级各类教育资源不断整合、规模逐步扩大，标准化进程明显加快。市教育行政主管部门不断加大对幼教机构、人员设置、年检制度、内容、形式、方法的管理和制度的落实，促进了办园的规范性。严格执行教育部《面向21世纪教育振兴行动计划》，市教委会同市妇幼保健所分期分批对部分社会力量所办的幼儿园、学前班进行检查，对办园质量达不到相关规定标准的，限期责令整改或责令停办。同时，对民办幼儿园（班）在建设用地、公房租用、教师职称评定、招生等方面给予与公办幼儿园同等政策，涌现出一批教育理念先进，注重幼儿能力、个性培养，独具特色的民办幼儿园。期间，实施中小学标准化建设工程，通过新建、关停、并转等措施，合理调整学校布局，优化整合教育资源，使中小学教育得到健康快速发展。1999年，全市城区小学全部实现办学条件标准化，农村乡镇中心小学办学条件也基本达到规定标准。2000年8月，进一步调整全市普通高中学校布局，进行初、高中分离，

石嘴山市第七中学学生在信息技术教育课堂上

石嘴山市举办教育信息化发展研究论坛

扩大普通高中学校的办学规模。市第一中学高、初中分设，成为高级中学；石嘴山师范学校改制为普通中学，更名为石嘴山市回民高级中学，停止招收师范生。全市普通高中招生数占初中毕业生数的比例由1998年的37%（其中城镇为52%）上升到2000年的46%（其中城镇为71%）。普通高中招生规模的扩大，增加了重点高中的压力。

2002年，市教育局制定《石嘴山市信息教育技术建设实施方案》，全面实施信息技术教育“校校通”工程和校园网络建设工作，为各级各类学校加强信息交流、改进教学方式搭建了良好的平台。这一时期，教育的跨越式发展和产业化趋势，也引发了乱收费、择校热等行业不正之风，教育问题已成为社会关注度高、群众反映最强烈的问题之一。

这一时期，石嘴山市教育最大的亮点是教育理念、人才培养模式的改革。从中央提出由应试教育向全面素质教育转变以来，市委、政府动员全市上下，及时解放思想，更新教育理念，采取各种有效措施，积极进行基础教育课程改革实验，大力推进素质教育。1996年，针对基础教育出现的应试教育倾向，制定了《石嘴山市“九五”期间中小学实施素质教育方案》，全面部署实施素质教育。重点加强学校常规管理，规范教学活动，严格执行国家教委及自治区教委颁布的课程教学计划，初中不得举办重读班。严格控制学生在校活动时间，严格控制考试次数和科目，加强教学用书管理，坚决制止乱编、乱印、乱购各种名目的复习资料、练习册、习题集等现象。1997 年，召开全市中小学素质教育经验汇报会，总结经验，推广素质教育成果，并明确从秋季开学，禁止各类学校举办或变相举办初中毕业生重读班或招收插班生；不准普通中学分重点班、尖子班、快慢班；严格控制择校生，坚决制止用不正当的手法控制优生、赶走差生；严格控制班额；严格课程教学计划，开齐开足所有科目和课时，不准随意增减课时和节假日补课。通过这些措施，当年市区无一所学校办初中复读班、尖子班。1998 年，制定《石嘴山市普通中学实施素质教育评价方案》，建立符合素质教育要求的督导评估体系和课程评估方案，并组织实施。1999 年，全市初级中学认真贯彻中央《关于深化教育改革全面推进素质教育的决定》精神和自治区教委《中小学实施素质教育教学工作目标管理评价细则（试行稿）》《关于推进素质教育维护教育教学秩序的“十不准”》等配套措施，建立从德、智、体、美、劳诸方面对学生素质进行全面评价体系，健全完善教师评价指标体系，改变以升学率和分数高低为主要指标评估教育政绩优劣、办学水平高低、教师工作优劣的做法。2000 年 7 月，改革中考制度，实行中考三考合一，即普通高中(含职业高中)、初中中专、技工学校招生实行一次考试，分别录取的办法。进入 21 世纪，市初级中学教育由应试教育向素质教育快速推进。2001 年 1 月，市委印发《关于加快教育改革与发展全面推进素质教育的决定》，进一步强化素质教育理念，加快教育内容、教育方式的改革与创新，推进素质教育向更高层次迈进。

（四）稳步改革与优先发展阶段（2003~2009 年）

2003 年，随着科学发展观的提出和建设和谐社会目标任务的确立，解决农村教育、义务教育、教育公平等社会关注问题被列入教育改革发展的重点，促进教育公平成为教育公共政策的基本取向。教育部印发《关于进一步推进义务教育均衡发展的若干意见》，着手解决择校热、上学难、上学贵问题。自治区党委、政府按照科学发展观的要求，把教育摆在优先发展的战略地位，及时调整政策措施，着力解决教育公平问题。石嘴山市委、市政府进一步加大教育结构和学校布局调整力度，优化教育资源配置，推进农村义务教育免费，促进义务教育均衡发展。为提高高中阶段教育的普及程度，市委、政府借助国家和自治区政策优势，采取多种形式，扩大优质普通高中资源。2003 年初，市政府经过调查研究，反复论证，制定了《石嘴山市教育资源整合规划方案》，提出《优质普通高中教育工程建设实施意见》，确定了全市发展普通高中教育的近期目标任务及实施步骤。2006~2007 年，石嘴山市抓住经济转型，国家实施采煤沉陷区综合治理项目和贺兰山矿区群众下迁的有利时机，统筹规划优质普通高中学校发展，市第一中学改扩建，平罗中学、石嘴山市光明中学等新建项目陆续开工。2008 年，石嘴山市在全区率先对进城务工人员子女报考普通高中、录取中取消户籍限制，全市有 754 名外来务工人员子女享受了这一优惠政策。同时，扩大示范性高中学校指标到校计划录取比例和招生计划比例。2009 年，石嘴山市在全区首批实现基本普及高中阶段教育。

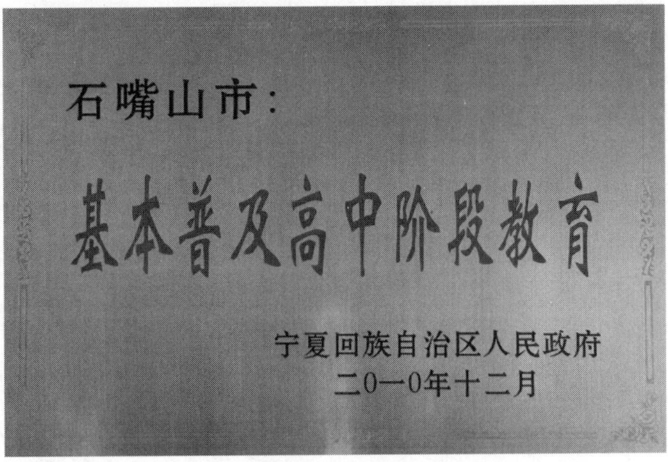

石嘴山市获基本普及高中阶段教育奖

教育结构调整力度加大，学校布局进一步优化。学前教育规范化建设率先推进，

2003年起，全市城市区撤销了小学附设学前班，采取公办民助、集体办民助、公私合办等多种形式，向社会各界筹措资金，维修、扩建、新建幼儿园，增添教学设备。在旧城改造和居民小区的兴建过程中，由政府规划管理，布局建立社区幼儿园，全市幼教事业呈现出一片生机勃勃的发展势头。2007年，市委、市政府先后印发了《关于深化全市中小学人事制度改革的意见》和《石嘴山市2007年教育资源整合方案》，将分布在贺兰山腹地的石炭井、白芨沟等矿区的规模小、条件差的初中学校全部下迁整合，组建了寄宿制初级中学（市第七中学），实现了矿区中小学生全部到城市享受优质教育的目标。2009年，市政府继续对全市初中学校进行整合，撤并薄弱学校，扩大优势学校办学规模，集中有限的财力、人力、物力资源，提高办学效益，实现教育资源的优化配置。进一步加大了农村中小学校舍建设力度，改善了农村中小学办学条件，加快推进了全市城乡教育一体化进程。

围绕幼儿园规范化建设，不断加大师资培训力度，全市公办幼儿园园长持岗位培训合格证上岗率达100%，幼儿教师学历达标率为100%。中小学以提升教育教学质量为龙头，不断优化人才资源配置，强化学校校本教科研活动，先后在惠农区举办全市“课堂教学质量工程”观摩研讨会，全面推进教育信息化工程；在全市组织实施中小学二期“课堂教学质量工程”，开展义务教育阶段学校进入新一轮基础教育课程改革试验；改革招生办法，采用“阳光招生”的办法划片招生，努力解决城乡学生择校和“大班额”问题；在中小学实行义务教育阶段学校“一费制”收费改革的基础上，深化农村义务教育经费保障机制改革，落实相关政策，全市所有城区、县区、乡镇免除义务教育学杂费、课本费、免学生住宿费，并进行生活补助，全市实现了免费义务教育，杜绝了因贫困失学问题的出现。这一时期，为培养农村中小学骨干教师队伍，各县区组织城市学校选派了一大批优秀教师“送课下乡”，开展支教交流活动。同时，进一步加大农村学校师资培训力度，先后选派中小学校长、骨干教师到上海、无锡等发达地区参加为期一学期的“牵手工程”学习培训，到银川市重点中小学参加为期一年的“基层之光”学习培训，有效地更新了农村中小学校长的办学理念，极大地提高了教师的教育教学水平，缩小了城乡教育差距。

中等职业教育在积极探索中走出低谷，在深化改革中步入跨越式发展轨道。2003 年，市第一职业中专学校与平罗监狱联合办学，招收监狱服刑人员 150 人进行技能培训；经自治区教育厅批准，与上海浦东新区振华外经贸职业技术学校联合办学。2005 年，市第一职业中专学校并入宁夏理工学院。同年，理工学院招生范围除宁夏本地外，还扩大到山东、福建等十多个省市，办学规模和师资力量得到了较快发展。2006 年，宁夏理工学院除进行高、中等职业教育外，还承担起北京大学、东北大学、西安交大、中国农业大学等高校在宁夏开办本科、硕士研究生等高层次的学历教育。同时，成立了面向全区城乡劳务产业化的职业技术培训中心，被教育部定为全国重点建设的职业教育师资培训基地，被石嘴山市命名为全市首批专业技术人员继续教育基地和现代化农业培训基地。2007 年，市委、政府先后制定出台了《关于加快职业教育改革与发展的意见》和《石嘴山市推进职业教育跨越式发展实施方案》，提出建立职业教育经费保障机制，决定每年市财政安排 200 万元用于职业教育发展。同时，建立了地方政府助学制度，对在全市接受中等职业教育的农村户籍和城镇低收入家庭子女减免学费，所缺经费由各级政府、学校及学生按照比例分担（市财政承担 30%、县区财政承担 20%、学校承担 20%、学生家长承担 30%）。为农民子女、农村贫困家庭子女等上职业学校解决了后顾之忧。2008 年，市第一职业中专学校从宁夏理工学院分离，独立办学。2009 年 6 月，对市第一职业中专学校和西北外事中专两所学校相同或相近专业、师资、教育教学设施设备等资源进行了优化整合，市第

石嘴山市举办2009宁夏·石嘴山职业教育发展论坛

一职业中专学校迁入西北外事中专学校校区，与西北外事中专学校一套班子，两块牌子，为新时期中等职业教育发展提供了新的空间。

（五）深化改革与着力推进均衡发展阶段（2010~2015年）

2010年7月召开的全国教育工作会议，围绕《国家中长期教育改革和发展规划纲要（2010~2020年）》（以下简称《纲要》）确定的战略目标，对未来的教育改革和发展进行了全面部署，为教育事业科学发展指明了前进方向。自治区第十一次党代会全面落实《纲要》精神，对大力推进教育优先发展，加大教育投入，增加优质教育资源，办好人民满意教育进行了全面系统的安排部署。尤其是自治区党委十一届三次全会，对深化教育领域综合改革，推进办学体制改革，打造西部职业教育高地，探索建立基础教育集团化办学机制，促进基础教育均衡发展等重大事项提出了具体改革措施，为加快实现教育公平、均衡发展提供了强大动力。石嘴山市委、政府紧紧围绕全面推进素质教育、加快义务教育均衡发展、实现教育公平等重点，认真落实中央和自治区出台的各种配套政策，结合市情，采取有效措施解决教育领域存在的各种突出问题，使影响教育科学发展诸多矛盾得以缓解，教育综合改革逐步深化，素质教育全面推进，均衡发展取得了实效，教育公平惠及千家万户。

市委、政府围绕“抓均衡发展，办人民满意教育”的目标，主动适应新常态，通过规范办学行为，引入社会力量办学、联合办学等多种方式，使教育在均衡发展方面迈出了新步伐，呈现出良好的发展态势。一是进一步规范办园行为，不断提高学前教育普及程度。2011年，市教育体育局制定《学前教育三年行动计划》，要求扩大学前教育资源，重点发展农村学前教育。2012年，以推进园所建设、规范办园行为、提升教师素质为重点，大力推行名园办分园、合作办园模式，进一步扩大学前教育规模。2013年以来，实施了幼儿园定级分类评估工作，促进学前教育规范化发展。2014年，积极探索政府购买学前教育服务办法，学前三年毛入园率达到84.8%，位列全区最高水平。二是鼓励支持社会力量办学，为教育均衡发展注入活力。进一步鼓励支持社会力量兴办教育，规范民办教育办学，以“公建民办”方式，积极引入优质教育资源，促进了健康和谐发展。三是积极探索联合办学模式，推进义务教育均衡发展。实施初中学校联合办学，实行一个法人代表、一套领导班子的管理模式，统一调配两校教师，统一招生，统一使用经费，统一学校日常管理等，实现了理念共享、资源共享、成果共享、优势互补、相互促进、共同提高，切实推动了强弱学校均衡发展。四是合理配置教育资源，重点向边远、贫困、少数民族集聚的农村地区倾斜。大力支持特殊教育和民族教育，提高家庭经济困难学生资助水平，积极推动农民工子女平等接受教育，全市进城务工人员随迁子女在公办学校接受免费义务教育比例达99%。

围绕全面推进素质教育，把提高教育教学质量作为“办人民满意教育”的关键抓手，通过实施学分认定、综合素质评价、学业水平测试等

石嘴山市高中国际课程班

制度，推进素质教育，积极促进学生全面发展。全面落实普通高中课改方案，促进教学方式和学习方式的转变。积极探索普通高中学校多样化办学模式，支持市第一中学、第三中学与北京现代管理大学国际学院合作办学，举办国际课程班，进一步加强高中教育的国际合作交流，促进普通高中多样化发展。为解决高中学校优秀教师缺乏，不断改革高中学校人才招聘办法，在全国范围内为市第一中学、第三中学、光明中学引进硕士研究生 6 名，同时接收免费师范生 12 名，招考教师 32 名，特岗教师 24 名，共引进各类人才 74 名，为全市教育事业的长远发展注入了新的活力。通过加快教育内部机制改革，农村偏于地区师资力量趋于稳定。通过稳步推进中小学教师职称制度改革，改变过去过分强调论文、学历倾向，使农村和边远地区教师得到了公平待遇。建立健全了骨干教师奖励津贴激励机制，深化教师绩效工资改革，完善绩效考核机制，依法保障了教师收入水平。实施农村教师周转宿舍建设工程，落实乡村教师支持计划，完善农村和艰苦边远地区以及从事特殊教育的教师发放补贴政策，切实维护了教师权益，调动农村教师的积极性。建立中小学、幼儿园教师定期培训制度，实施中小学幼儿园“教师全员岗位培训”项目、“名师、名校长”工程，努力提高师德水平和业务能力，全面提高教育教学质量。

市政府把教育事业发展作为每年的十件民生实事之一，不断加大投入，持续用力，先后实施了“校安工程”、普通高中改造计划、“全面改薄”项目、农村中小学体育运动场和供暖设施改造项目等，极大改善了中小学办学条件。同时，立足于石嘴山市老工业基地转型发展的现实需要，不断增加职业教育投入，加大改革力度，推进职业教育快速发展，努力形成地方特色，以西北外事中专学校为核心，着力打造国家高技能人才培养基地。在西北外事中专学校做试点，与市第十三中学联办综合高中（作为西北外事学校的分校），学生实行“双学籍”，将基础课程放在市第十三中学，利用西北外事学校公共实训基地，让有限的教育资源得到优势互补，办学效益实现最大化。积极整合职业教育资源，组建石嘴山联合学院，统筹全市职业教育和职业培训，对市内 5 所职业院校原有的 30 个专业进行优化重组，调整为 1 部 7 系 23 个专业，实行统一招生管理、统筹专业设置、优化师资配备、共享教学资源，增强职业教育服务内陆开放型经济试验区建设的能力。以“三中心一平台”建设为重点，努力提升高技能人才培养基地的硬件条件。以宁夏理工学院为重点，采取委托培养的形式，与大型国有企业签订就业协议，与名校对接，走联合培养之路，为应用型人才的培养和创业创新拓展了新领域。

二、主要成就

多年来，石嘴山市教育走出了一条特色发展道路，各级各类教育规模迅速扩大，实现了教育的大发展和大跨越。

（一）基础教育实现跨越发展，适龄儿童受教育机会得到充分保障

30 多年来，按照优先发展、育人为本、改革创新、促进公平、提高质量的要求，深入实施教育体制改革和强化基础设施建设，不断加快推进学前教育、义务教育、普通高中教育、特殊教育改革发展，实现了教育质量和规模同步发展。通过逐年加大教育经费投入，改进办学条件，优化整合资源，充实师资力量，使全市基础教育得到了长足发展。到 2015 学年，全市共有各类公办、民办幼儿园 92 所，3~6 岁儿童入园

18634人，学前三年毛入园率达到84.8%，高于全区17.81个百分点；九年义务教育高标准普及，“两基”攻坚率先完成，城乡学校办学条件不断改善，教师队伍素质明显提高，教育信息化进程加快推进，弱势群体、外来工子女的入学问题得到有效解决，义务教育学校办学水平和教育质量显著提高。全市三个县区的义务教育均衡发展工作全部通过自治区政府督导团的评估验收，率先在全区实现了区域内义务教育基本均衡的发展目标。大武口区、惠农区分别于2013年、2014年顺利通过“国检”，惠农区获得93.4分的好成绩，位居全区五个县区第一。高中阶段教育规模显著扩大，高中阶段毛入学率由1990年的24.5%提高到2015学年的95.6%，在校生达到26674人；普通高考全市录取率为85.6%，高于全区录取率2.8个百分点。中等职业教育以就业为导向，在调整中加快发展，2014年招生规模达到3769人，在校生规模超过历史最高水平，教育教学和师资力量得到强化，到2015年，全市共有教师8281名，其中高中级职称的教师3867名，大学本科以上学历6029人，中专以上学历2253名，为教育强市奠定了坚实的基础。投资2亿多元加快信息化建设，实现了高标准校校通。农村及偏远地区儿童上学实现了校车接送，学校操场全部实现塑胶硬化，全市各级学校基础设施、软硬件配套、规模、层次、质量、水平上都上了新的台阶，确保了教育事业的良性发展和全市学生人人有受教育的机会。

（二）教育政策落实到位，教育公平惠及广大人民群众

30多年来，通过认真贯彻执行国家及自治区各项普惠政策，不断改进教育管理体制，完善各类保障机制，广大人民群众享受到了更多的教育公平，学龄儿童受教育权得到更好保障。在入学机会上，30年前市民子女只有三分之一能够读完初中，2015年已有95%以上的能够完成初中学业；30年前农村的孩子只有10%左右能够进入各类高中学习，2015年已经达到95.6%以上。城乡学生入学比例差距的大幅度缩小表

明，由入学机会扩大带来教育公平较大的进步。加上已建立的农村义务教育经费保障新机制，全市有近 10 万名义务教育阶段学生受益农村义务教育经费保障机制和“两免一补”政策，3.8 万名农村学生接受了免费教科书、教辅资料，1511 名家庭经济困难学生享受了寄宿生生活补助，义务教育阶段免除杂费覆盖率达 99.4%。自 2011 年起，免除中职高一、高二和普通高中高三学生的学费，城市区共有 30413 名学生享受了这一优惠政策，免除学费 9660 余万元，全市 10207 多名中等职业学校学生，得益于奖、免、贷、助、补等全方位的学生资助政策，实现了人人享有公平受教育的机会。对高校贫困大学生实行了“绿色通道”及相关的助学政策，有力地保障了家庭经济困难的学生享有公平接受各级各类教育的机会，在教育公平上取得重大进步。

（三）保障机制健全完善，办学条件得到明显改善

在国家及自治区的亲切关怀、大力支持和市委、市政府的正确领导下，教育经费及各项投入快速增长，全市各级各类学校办学条件和环境得到明显改善。从 20 世纪 80 年代初到 90 年代，实现了“一无两有”（校校无危房，班班有教室，学生人人有课桌凳），校舍、桌凳、大门、围墙、操场、厕所“六配套”。进入新世纪，校舍改造、中小学办学条件达到标准化建设，学校信息化、校安工程的大力实施，农村边远地区学校得到整合，开通了校车，实现了免费接送。实现“普九”的学校仪器设备配备达到国家和自治区规定的一、二类标准。师资力量配备充足。截至 2015 年，全市有幼儿及小学教师 4248 名，学历合格率99.97%；初中教师 2185 名，学历合格率 100%；高中教师 1171 名，学历合格率 98.89%以上，优质资源得以充分发挥。各级各类学校办学条件得到明显改善，先后投资 80 亿元，新建、改建、扩建 120 所中小学（幼儿园），建设中小学公益性电子阅览室 120 个、心理辅导室 86 个、学校少年宫 74 所，实现了乡村中心学校少年宫全覆盖的目标要求，民生工程的实施，使学校告别了旧校舍，用上了坚固、宽敞、明亮的新楼房，家长放

心、教师安心、学生开心，城乡校园面貌焕然一新。

（四）各类教育统筹推进，教育教学质量明显提高

大力发展学前教育，通过规范办园行为、强化幼儿教师专业培训，使学前教育质量和普及程度日益深化，建设了92所幼儿园，基本满足了城乡幼儿入园需求。深入推进义务教育均衡发展，巩固提高“两基”成果，大力实施“中小学标准化、优质高中及职业教育示范学校建设”“两名三提高”“校校通、班班通暨数字化校园”建设等工程，进一步扩大优质学校办学规模和信息化建设，强化师资力量配备，在全区率先完成九年义务教育和“两基”攻坚目标。根据全市经济结构调整、发展方式转变、产业转型升级，加强职业教育基础能力建设，强化优势专业，开设新专业，为全市经济社会转型发展提供了全方位的技术和技能支撑，以此带动促进了职业教育跨越式发展。通过整合教育资源和办学力量，抓教育质量、促管理发展，实施“课堂教学质量提升”等工程，使全市教育教学质量得到极大提升，先后荣获全国“两基”工作先进地区、全国未成年人思想道德建设先进城市、全国教育系统关心下一代工作先进集体、全区基本普及高中阶段教育先进集体等，在全区率先实现义务教育基本均衡发展目标。2014年，荣获“全国最佳教育公平示范城市”称号；2015年被评为“全国教育优先发展示范城市”。

（五）职业教育优势特色明显，技能人才培养基地建设卓有成效

石嘴山市是宁夏重要的工业基地，自20世纪80年代起，为解决全市各类企业用工需求，培养各领域急需的专业型人才，全市通过不断加强基础设施建设，优化配置师资力量，调整专业结构设置，实现了职业教育从弱到强、由小到大逐步规范发展。近年来，依托宁夏理工学院高职部、西北外事中专学校、市第一职业中专学校、平罗县职业教育中心组建了石嘴山联合学院，在全区率先打通中高职通道。同时，优化各县区、各部门职业培训资源，成立了石嘴山职业教育培训中心，面向社会

开展各种职业技能培训，为经济社会发展培养了一大批技能型实用人才。重点以宁夏高技能人才培养基地“三中心一平台”为依托，不断创新机制，培育特色，建立起本科、高职、中职、社会教育培训协调发展的现代职业教育体系和高技能人才培养体系，形成了门类齐全、结构较为合理的技能型人才培养基地。通过采取走出去与请进来相结合的方式，与德国、瑞士、中国台湾等发达国家和地区的企业、院校、研究机构合作，引入了46名实用技术研发专家，通过举办专家研讨会，企业家年会、技术论坛等活动，为国内外专家进行交流合作和技术服务提供了良好平台。先后与天津职业技术师范大学、浙江金华职业技术学院开展高技能人才培养合作，建立了“就业+升学”“学历+技能”等人才培养模式，构建了职业资格证书与学历证书互认机制，使培养的高技能人才在学历和技能方面双重受益，进一步畅通从中职到高职、从高职到应用型本科、从应用型本科到专业学位研究生的培养通道，破解职业教育“断头路”问题，实现了院校与院校之间、院校与企业之间、院校与地方建设之间优势互补、资源共享，走出了一条产教融合、服务发展的特色之路。每年开展14类237个工种的职业技能培训1万多人次，开展职业技能鉴定8000多人次。先后主办、承办了全区、全市职工技能比赛21场次，在全社会形成了崇尚技能、尊重技能的浓厚氛围。目前，全市已有各类职业教育学校4所，涉及各类专业43个，教职工数388人，专任教师292人，在校职业学生10423人，每年为社会输送技能中高级实用型人才3000多名，使宁夏维尔铸造、宁夏天地奔牛等一批企业的核心竞争力得到显著提高，为全市产业转型和技术创新做出了积极贡献。

三、经验启示

（一）坚持教育优先发展战略是实现教育强市目标的关键

石嘴山市始终坚持把贯彻党的教育路线方针政策，教育优先发展摆在强市战略的重要地位。经济社会发展规划优先安排教育事业，财政资金优先保障教育投入，公共资源优先满足教育和人力资源开发的需要。通过加大教育的基础性、前瞻性等设施建设，全面提高各类学校的教育教学质量，优化师资队伍结构，倡导教育公平和均衡发展，保障学有所教向学有优教转变，办人民满意教育已成为最大的民生工程。教育优先发展战略的持续实施，为社会培养了一大批知识型、专业型、实用型人才，在调整产业结构、开拓内陆经济试验区等工作中，发挥了极大地促进作用，为推进石嘴山资源型城市转型与发展提供了强有力的人才保障和智力支撑。把教育摆在优先发展的战略地位，是石嘴山市实现可持续发展的根本保障，也是实现教育强市目标关键所在。

（二）坚持立足市情不断推进改革是加快教育发展的动力

教育改革与发展必须建立在实事求是的思想基础之上，有所为、有所不为是促进教育改革与发展的关键选择。石嘴山市立足全市教育基础较为扎实、群众认识程度较高、财力相对充裕的现实，积极改革管理体制，调整压缩学校布局，把不具备办学条件或人数较少的学校进行合并，把矿区学校迁到市区，集中资金办好标准化学校，统筹提升教育教学质量，较好地实现了优质资源的重新配置，使教育教学逐步规范化、制度化，让学生提前享受到优质的教育资源，率先在全区实现了普及九年义务教育和“两基”攻坚目标。坚持因地制宜，改革创新，分类指导，统筹推进，为加快教育协调发展注入了强大的动力。立足全市资源型城市的特点，定位厂矿企业较多，需要大量技术型工人的现实，加速职业教育改革与发展，为石嘴山市经济总量的逐年提升、开发高精尖产品和经济结构的调整、创造就业机会奠定了坚实的基础。通过完善农村义务教育管理体制，缩小了城乡义务教育差距，推进了全市义务教育均衡发展；通过对办学体制、投入体制、行政管理体制等三大体制的改革，吸引更多的社会资金投入教育；积极支持鼓励社会力量办学，落实学校办学自主权，形成公办学校、民办学校齐头并进的多元化发展格局；通过创新学校干部、人事、分配、教育评价等机制，建立现代学校管理制度，极大地调动了广大教育工作者的积极性、创造性，使教育事业的发展始终充满着生机与活力。

（三）坚持教育公平是办好人民满意教育的基本遵循

不断扩大教育规模和提高供给总量，为适龄学童提供了更多的受教育机会，创造起点公平的环境，是各级政府和教育部门的基本职责和使命，也是办好人民满意教育的基本遵循。为了不断满足群众对优质教育资源的需求，在教育改革与发展过程中，不断加大资源整合力度，努力缩小城乡差别，调整配备好师资力量，大力改善办学条件，着力提高教育教学质量，在满足群众有学上的基础上，努力创造条件，让更多的孩子都能上好学，教育公平与质量的协同推进，使群众有了更多的获得感，共享了教育改革发展成果。多年来，通过在全市范围内基本实现普及九年义务教育，加快矿区学校等教育结构调整，发展职业教育以提高高中阶段入学率，为适龄青年创造了多样化的学习机会；通过扩大高中教育规模，初步实现了高中教育的大众化，有效地保障了更多的人的受教育权利，获得了更大范围的教育公平。

（四）坚持政府主导和社会力量相结合是教育发展的必然路径

实践证明，政府为主强调的是教育作为公共事业具有很强的公益性，教育投入、教育管理上政府负有义务与责任。同时，政府调动社会力量承担起教育的部分责任，促进教育的结构、类型、教育管理方式向更高质量和更丰富多元的教育发展是必不可少的，也是在社会主义市场经济条件下，满足群众多元需求所不可或缺的必然路径。实践中，石嘴山市通过采取公办民助、公私结合、联合办学，允许社会力量办学校，较好地解决了办学规模、质量、师资力量不够等现状，如私立幼儿园解决了城乡幼儿入园难的问题；宁夏理工学院公私结合，办活了教育模式，提升了质量，扩大了生源；新成立的宁夏工业学校，在政府的支持下，大力发展职业教育，与企业厂矿签订培训订单，根据需求适时调整专业结构，调动了各方面的积极性，拓大了生源，培养了大量高技能人才，增加了就业机会，助推了全市经济社会的协调发展。

四、对策建议

伴随着经济社会快速发展，石嘴山市教育改革发展取得可喜成果，但也面临新的形势和挑战，存在诸多矛盾和问题：一是城市公办幼儿园数量不足，新建公办幼儿园无机构、无人员编制；农村学前教育发展缓慢；民办学前教育总体办学水平不高，保教工作有待进一步规范。二是城市规划中教育发展空间考虑不够，农村人口向城市转移后城区学校尤其是小学大班额现象比较突出。三是职业教育校企合作体制机制还不够完善，管理体制和运行机制需要进一步创新，办学活力有待进一步增强。四是教科研的整体创新和服务能力还不够强，对教育教学改革的指导和支撑能力还需不断提高。鼓励青少年科技创新发明的机制还不完善，创新发明成果不多。五是师资队伍建设还不能满足教育教学需求，教师队伍结构还不尽合理，高层次人才比例低，部分教师的师德师风建设还需加强，业务素质和教学能力还需进一步提高，学校内部管理分配机制有待于进一步规范完善。六是信息化教学应用软件配备和应用能力培训还有差距，信息化教学设备的作用还不能充分发挥等等。这些矛盾和问题必须引起各方面高度关注，采取有效措施，认真加以解决。

党的十八届五中全会通过的《中共中央关于制定国民经济和社会发展第十三个五年规划的建议》，为全面深化教育改革、加快教育科学发展指明了方向。自治区第十一届人民代表大会第五次会议审议通过的《关于自治区国民经济和社会发展第十三个五年规划纲要的决议草案》（以下简称《宁夏“十三五”规划纲要》），把深化教育教学改革、促进教育公平、推动义务教育均衡发展、提高教育质量作为全区教育改革与发展的主攻方向，并为未来的教育发展规划了宏伟蓝图。“十三五”期间，面对人民群众对教育公平的更加关注，对优质教育资源与机会均等的渴望，石嘴山市教育改革与发展面临的任务依然艰巨，挑战更为严峻，必须坚持创新、协调、绿色、开放和共享发展，切实把“五大发展理念”融入教育改革发展全过程。必须坚持立德树人，努力促进学生全面发展；必须坚持优化结构，切实推进教育协调发展；必须坚持教育公平，有效保障发展成果共享；必须坚持保障有力，逐步提升教育发展能力；必须坚持改革创新，全面增强学校办学活力；必须坚持创新创业，着力提高社会服务能力；必须坚持问题导向，不断深化改革；要持续用力，统筹布局，全面推进，从以下六个方面着力，寻求新的突破。

（一）义务教育要在向“两头延伸”上有新突破

根据石嘴山市经济社会发展水平和教育发展实际，在城乡义务教育阶段全部免学杂费的基础上，使义务教育向学前教育和高中阶段教育两头延伸，力争到2020年高水平普及15年基础教育。逐步建立政府主导、社会参与、公办与民办并举的办园体制。大力发展公办幼儿园。将学前教育纳入城市发展规划和新农村建设规划，扩大学前教育资源。引导和支持民办幼儿园提供普惠性服务。到2020年所有县区建成标准化、现代化的幼儿园，充分体现教育事业的公益性和普惠性，在促进教育公平方面迈出更大步伐。健全完善义务教育经费保障机制，实现全市义务教育学校高标准健康发展。适应城镇化发展需要，进一步调整优化布局，保证进城务工人员随迁子女平等接受义务教育。关心和支持特殊教育，健全特殊教育保障机制。全面落实资助政策，确保每个适龄少年儿童不因家庭经济困难等原因失学。狠抓高中常规管理，强化业务指导，深化课堂改革，着力推动高中多样化发展。促进普通高中与中等职业教育同步发展。全面实施中等职业教育免费全覆盖工程和普通高中学生资助政策。各高中深度挖掘自身优势，努力创建学校特色和品牌。到2020年，全市高质量、高水平普及高中阶段教育，全面满足初中毕业生接受高中阶段教育的需求。

（二）基础教育要在标准化建设方面实现新突破

学校标准化建设是提升办学水平和教育质量的基础性工程，是素质教育全面有效实施的重要保障。重点是积极推进学前教育工程，坚持公办和民办并举的方针，积极发展标准化的公办幼儿园，推动民办幼儿园实现标准化办学，多种形式扩大学前教育资源。实施义务教育学校标准化建设工程。以农村寄宿制学校和城市薄弱学校为重点，持续推进“改薄工程”，逐步使义务教育学校师资、教学仪器设备、图书、体育场地全面达标。进一步改善农村寄宿制学生生活条件，建设符合标准的食堂、宿舍、厕所和卫生室，确保学生在校健康安全。继续提升高中新课程实验的实施水平，做好普通高中教育技术装备标准化建设工作，促进高中办学条件规范化、标准化和现代化。

（三）城乡义务教育要在推进均衡发展方面实现新突破

要积极推进全市义务教育均衡发展，把缩小义务教育差距作为促进教育公平的首要任务。根据石嘴山市实际，到2020年实现市域范围内义务教育基本均衡。进一步调整优化教育资源，实现县区内师资、办学条件、经费投入等教育资源均衡配置，缩小县区内校际差距。加强义务教育师资均衡配置制度建设，建立县区内校长和教师合理流动机制。建立和完善义务教育学校之间的协作机制，积极推进市域范围内义务教育均衡发展。建立城乡一体化义务教育发展机制，在财政拨款、学校建设、教师配置等方面向农村和城镇薄弱学校倾斜。解决县区和市直学校“大班额”问题，逐步推行标准班教学。进一步完善优质普通高中招生名额分配到区域内初中制度，逐步实现全市义务教育学校办学条件标准化、师资配备均衡化、教育管理精细化、课程教学规范化，全面提高教育教学质量。建立对县（市、区）义务教育均衡发展工作评估、通报和奖惩制度，对义务教育均衡发展进展迟缓的县（市、区）实施问责，确保均衡配置教育资源，办好每一所学校，教好每一个孩子，回应人民群众的热切期待。

（四）推进素质教育要在全面改进教学方式上实现新突破

坚持立德树人，拓展德育工作思路与渠道，增强德育工作实效。贯彻落实中共中央《关于培育和践行社会主义核心价值观的意见》，大力开展爱学习、爱劳动、爱祖国“三爱教育”和节粮、节水、节电“三节教育”，扎实做好诚信教育。深入贯彻《3~6 岁儿童学习与发展指南》，探索建设幼儿园游戏化课程。以义务教育教材修订应用、普通高中课程标准修订为契机，不断完善国家、地方、学校三级课程体系。创新教学观念和方法，倡导启发式教学和研究性学习，重视学生社团组织指导，强化实践教学环节。强化体育课和课外锻炼，确保学生每天 1 小时锻炼时间和充足睡眠时间，通过多种形式让学生掌握一两项终身受益的运动技能，养成终身受益的锻炼身体习惯。改进美育教学，注重课程教学渗透，积极开展课外校外文艺活动，充分发掘当地传统艺术资源，教会学生使用一两种乐器，培养一两项艺术爱好，提高学生良好的审美情趣和人文素养。推进教育信息化建设，确保信息技术与教育教学的全面深度融合，提高教师和学生信息技术能力，促进教学方式和学习方式变革，实现教与学、教与教、学与学的有效互动，培养学生的合作与创新思维能力，提高素质教育质量与水平。

（五）职业教育要在教育发展模式创新上实现新突破

创新职业教育发展模式，注重对学生技能、现代职业道德、职业素质的培养。重点依托宁夏工业学校和宁夏理工学院，开发市场急需的专业，采取与市场充分衔接的体制机制，与国内外著名高校联合办学，大力培养高技能型人才，实现毕业即就业，助推全市经济转型。大力引进国内外知名专家学者和优秀人才参与职业教育，打造职教创新团队。在本市企业和国内大型企业建立实训基地，注重技能人才的培养和实际操作能力的提升，进一步扩大产教融合领域。切实把人才培养和社会需要结合起来，立足市场需求，调整优化学科结构、专业结构、课程结构，改革人才培养模式，让学生能更好地投入经济建设，发挥更大的作用。

（六）教师队伍建设要在优化专业结构方面实现新突破

加强教师队伍建设，努力造就一支师德高尚、业务精湛、结构合理、充满活力的高素质专业化教师队伍。加强教师职业理想和职业道德教育，建立师德建设长效机制，完善师德考核评价体系和监督机制，将师德表现作为教师考核评价、聘任（聘用）、评模评优的重要依据。精心编制教师队伍培养培训规划，完善职业教育和高校人才培养培训体系，开启“校企专业人才”流动通道，建立面向市场、适应市场的教师补充机制，优化队伍结构，提高教师专业水平和教学能力。以“国培计划”为引领，通过研修培训、交流学习等多种方式，造就一批教学名师和学科领军人才。建立和完善中小学校、中等职业学校教职工编制标准和编制定期调整机制。逐步实行城乡统一的中小学教职工编制标准、学校岗位设置标准和教师专业技术职务职数结构比例。加强学校岗位管理，全面推行教职工聘用制，形成以聘用制和岗位管理为主要内容的新型用人机制。在全面落实义务教育阶段教师绩效工资的基础上，改革校领导班子参与本校绩效考核及分配机制，由各级政府建立教育奖励基金，由教育主管部门对校领导班子单独考核、单独奖励，切实消除“小集团切分蛋糕”引起的分配不公矛盾，最大限度地调动教师的积极性和创造性。逐步实施非义务教育阶段教师绩效工资改革，依法保障教师平均工资水平不低于或者高于国家公务员平均工资水平。同时，不断改善教师工作、学习和生活条件，加强对优秀教师的表彰和奖励，营造全社会尊师重教的良好氛围。

吴忠教育改革与发展史研究

吴忠市面积为2.07万平方千米，辖利通区、红寺堡区、青铜峡市、盐池县、同心县，人口总数为141.6万人，其中回族人口74.5万人，占总人口的52.6%，是全国回族人口相对集中的地级市。

由于黄河流经吴忠市，使吴忠灌区水网密布，阡陌纵横，交通发达，是古代“丝绸之路”必经的水旱码头，享有“塞上江南”的美誉。优越的自然环境，四季分明的气候条件，为创设良好先进的人文环境和经济发展提供了基础性保证，也为吴忠教育的健康发展提供了良好的地理环境。党的十一届三中全会以来，吴忠市教育以改革促发展，在发展中求跨越，在跨越中树丰碑，建构了幼儿学前教育、基础教育、普通高中教育、大专和中等职业技术教育、特殊教育、成人电大自考教育等门类齐全、结构合理、人人都能享受教育权利的教育格局，很好的落实了党中央和国务院提出的教育必须为物质文明、精神文明和政治文明服务的战略性任务，教育的社会效益得到了全社会的高度认可。

一、改革发展历程

改革开放以来，吴忠市教育的发展历程同全国教育的发展历程一样，大胆改革，励精图治，从一个辉煌走向另一个辉煌，是新中国成立以来最好的时期之一。

（一）拨乱反正重新规划教育发展布局，教育进入了良性发展的快车道（1978~1984 年）

以党的十一届三中全会为标志，吴忠市教育认真落实党的知识分子政策，拨乱反正，正本清源，大力肃清“文化大革命”对教育的错误影响，恢复和建立了符合教育规律，为现代化建设服务的新型教育机制和教育体系，使全市教育进入了良性发展的快车道。

1. 这一时期教育的主要特点

（1）教育的春天温暖着每一位教师的心。落实知识分子政策，平反冤假错案，走教育改变人生，改变家庭面貌，改变社会环境和富强国家的道路，是当时教育最为紧迫的问题。全市广大教职工在学习和讨论《光明日报》评论员文章《实践是检验真理的唯一标准》过程中，思想上受到了空前的震动。他们看到了国家的希望，更感受到了教育新的希望，同时也感受到了自己又可以干一番事业了。教育美好的前途令他们激动不已，吴忠县上海支宁教师在学习讨论后相约在一起，合影留念，庆贺自己的新生，决心拿起粉笔，在三尺讲台上重新谱写自己的人生。

（2）教育的真谛关怀着每一位莘莘学子。1978 年，教育部编印了全日制十年制教材，印发了《全日制十年制中小学各科教学大纲（试行草案)》，一个学习研读新教材、执行新大纲的热潮在银南行署各县市全面铺开。各校撤销了红小兵、红卫兵组织，恢复了少先队和共青团组织，加强了党对学校教育领导。尤其是《中小学生守则（试行草案)》的颁布，为 1981 年学校“五讲四美”活动的开展，奠定了公共道德和自我约束机制。所有这些变化，昭示着一个美好的未来，我们的学校，将把莘莘学子，领进改变人生的知识殿堂。

（3）正确的理论指引着每一所学校的方向。1983 年，邓小平提出了“教育要面向现代化，面向世界，面向未来”和培养“有理想、有道德、有知识、有纪律”新一代接班人的教育新目标。党的十二大又把“三个面向”和“四有”确立为新时期教育的指导思想。1984年3月，银南行署召开由各县市主管教育工作的副县（市）长和教育局（科）长工作会议，研讨落实“三个面向”指导思想的措施和办法，各县市均在适当的时候召开了由党委或政府主持的教育工作会议，调整教育结构，改革教育管理体制，加快教育为现代化建设服务的步伐。自此开始，教育工作纳入了各县市党委和政府的重要议事日程。

（4）教育的深入改革改变着教育新的面貌。1984年5月，县级中共吴忠市委和政府召开教育工作会议，决定设立乡镇教育委员会，实行分级办学、分级管理，明确了县、乡镇、村三级办教育各自的责任。同时改变了中小学教育（基础教育）单一模式，建立起了基础教育、职业技术教育和农村成人教育“三教统筹”新的教育体系，教育管理体制和教育结构改革逐步实施。同年，同心县、青铜峡县也相继成立了改革中等教育结构领导机构，教育改革成为了银南大地的热点话题。

2. 落实党的“尊重知识，尊重人才”的政策

1977年，邓小平旗帜鲜明提出了“尊重知识、尊重人才”的知识分子政策，直接推动了教育领域的拨乱反正和正本清源工作。

（1）拨乱反正，确立了教师是工人阶级一部分的社会地位。1977年，根据中央有关“工宣队”“贫宣队”必须从学校撤出的指示精神，进驻吴忠中学、吴忠师范和吴忠县、青铜峡县、同心县和盐池县的各级各类学校的“工宣队”和“贫宣队”全部撤出。1979年，各县教育局（科）都设立了落实政策办公室，清理历次政治运动中强加给教师的冤假错案，吴忠县教育局平反冤假错案165件、青铜峡县248件、同心县212件，盐池县对错划为“右派”分子的教职工全部重新安排工作。各县相继召开教职工表彰大会，对在教育教学工作、“五讲四美”学习活动中涌现出来的优秀教师给予表彰奖励，广大教师真正感到教育又迎来了春天。

教师为备战高考的学生辅导

（2）恢复高考，圆了高中毕业生积压了十年的大学梦。1977年11月，恢复全国统一高校招生考试后，许多往届和应届高中学生奔走相告，复习功课，报名参加考试。作为回族人口最为集中的同心县，这一年参加高考的学生有207人，本科录取13人，其中贾月霞为同心县第一名本科大学生。这一历史事件在同心县引起了极大的反响，为同心穆斯林群众送女童入学读书开了好头。1978年，由全国统一命题，大中专招生真正恢复了正常的考试轨道。

（3）狠抓质量。确立了教学工作是学校工作的中心任务。1978年2月，教育部编印了全日制十年制中小学各科教材、《全日制十年制学校中小学各科教学大纲（试行草案）》。各县重新明确了教学质量依然是学校工作的重心任务。银南行署教育处调进了一些教学经验丰富、教学方法先进的教师充实教研室，加强了教研力量。各县市把学习新教材，研读新大纲，改进教材教法列为本县教育的重点工作，率先在全区开展了任课教师教材教法培训和教材教法过关考试，促进了教师学习新大纲，研读新教材，探究新教法的热情。

（4）调整学制，建立了一批全面提高教育质量的示范性中小学。1980年12月，教育部要求中小学学制由“文化大革命”确定的10年恢复为12年，并在中小学重新建立重点学校。银南行署为加快中小学教育教学质量的全面提高，要求川区县（市、区）小学由五年制改为六年制，山区仍然暂时实施五年制，截至1988年，全部实施了六年制；初中全部由两年制改为三年制，普通高中为三年制，并确立吴忠县利通一小、朝阳小学、青铜峡汉坝小学、盐池一小、同心县县城一小为自治区重点实验小学，吴忠中学为自治区八所重点中学之一。多年以来，这些重点学校发挥了它们的示范作用，为吴忠市中小学全面贯彻教育方针，大面积提高教育教学质量做出了应有的贡献。

3. 锐意进取，开创教育改革发展新局面

1984 年 2 月，银南行署召开了由各县主管教育的副县长、教育局（科）长参加的推进初等教育、扫盲工作和改革中等教育工作会议，部署教育工作。会后，各县市相继召开教育工作会议，部署本县市教育改革和发展规划；开展普及初等义务教育和农村扫除文盲工作，开辟教育新领域；设立教师进修学校，为部分学历不达标、教育教学水平亟待提高的教师提供培训基地；开办职业技术学校，改变中学教育单一机构；大力开展“五讲四美”教育活动，强化了学校德育工作，使银南地区教育进入了黄金发展阶段。

吴忠市教育园区

4. 实施分级办学管理体制

1984 年 5 月，中共吴忠县委、政府制定下发了《大力推行“分级办学，分级管理”教育管理体制改革和教育结构调整实施意见》，把乡村的办学权交由乡一级政府管理，调动了乡镇办教育的积极性。吴忠县上桥乡自己投资 76 万元，为本乡回民小学建成全县农村第一座教学大楼（面积 2600 平方米）。第二年，又为本乡回民中学建成教学大楼，有力地推动了吴忠县教育管理体制改革顺利进行。

5. 深入开展普及初等教育

1983 年 8 月，教育部下发《关于普及初等教育基本要求的暂行规定》，自治区政府同年 10 月制定《宁夏回族自治区普及初等义务教育暂行条例》，要求川区县市于 1988 年普及初等教育，山区县市 1990 年实现该目标。1983 年 10 月，银南行署要求各县制定实施“普初”的方案，加快工作部署。各县市都把普及初等教育列入了本县市工作的重中之重，一场声势浩大的普及初等教育工作在银南地区拉开序幕。

6. 开展扫除农村文盲工作，塑造新农民

1980 年，银南行署根据党中央和国务院关于在农村大力开展扫除青壮年文盲工作的文件精神，要求各县要设立农村教育领导小组，下设扫盲教育办公室，挂靠在教育局（科），主抓扫盲工作。各县利用农闲和寒假，以乡镇为扫除单位，各村小为教学场所，开展扫盲教学。青铜峡县组织扫盲干部赴湖南桃江县考察扫盲工作，推广桃江县扫盲工作实行“三包”和编写乡土教材的经验。1985 年，自治区教育厅和银南行署对青铜峡广武乡的扫盲予以复查，认定扫盲工作扎实，各项指标全部完成，成为自治区扫盲工作试点乡镇。

7. 调整中等教育结构，建立教育新机制

1984 年 9 月，吴忠县大力调整中等教育结构，建立起了以吴忠职业技术教育高级中学为龙头，上桥回民中学、东塔中学、马莲渠中学、秦渠中学等农村初级中学职业技术教育班为依托的职教体系。吴忠职业技术教育高级中学设立金融、建筑、艺术和幼教四个专业。其他农村初级中学当年分别设立了建筑、奶牛养殖、温棚蔬菜、花卉栽培、缝纫等专业，实行“3+1”或“2+1”办班形式，开展农村职业技术教育和培训。同年 6 月，同心县也于成立了由主管教育的副县长为组长的改革中等教育结构领导小组，8 月在同心二中附设两个初等职业技术教育班，专业为建筑和财会。青铜峡县根据县委和政府教育工作会议精神，9 月在青铜峡四中附设两个制糖专业职业技术教育班。10月，盐池县委、政府召开全县教育工作会议，会议决定设立由一位副县长任组长的盐池县中等教育结构改革领导小组，至此，全市中等教育结构调整工作拉开了序幕。

8. 大力发展民族教育，夯实团结新风尚

20世纪80年代，为了贯彻落实党的民族政策，银南行署根据自治区党委和政府大力发展民族教育的决定，要求回族比较集中的同心县和吴忠县要建立一批回民中小学，保障回族青少年儿童接受教育的权利，兴办回民中小学。截至1984年，银南地区设有回民小学24所、回民女子小学1所，在校学生9200人；回民完全寄宿制中学3所、回民女子中学1所，吴忠中学民族班6个，在校学生3800人。吴忠师范民族班1个，每年从回民中学招收回族学生40人，为少数民族教育培养教师。民族教育的大力开展，不但加强了民族团结，也为全市实现“两基”目标奠定了基础。

吴忠民族教育蒸蒸日上

9. 开办教师进修学校

1983年，自治区政府根据部分在岗教师学历不达标，影响初等教育的实施和教育教学质量全面提高的严峻现实，要求各县市开办教师进修学校。银南行署所辖县市都开办了教师进修学校。1984年3月，吴忠县教师进修学校建成，首批招收了36名小学教师进行短训。同年秋开办了第一届两年制离职进修班，择优录取46名教师学员，使用中等师范教材。此后，该校规模不断扩大，截至1990年，共招6届学员，共计

356 人。从 1991 年开始，教师进修学校转变职能，成为教师培训中心，仍然承担着师资培训任务。

（二）不断深化教育领域的各项改革，促进教育事业蓬勃健康发展（1985~1989 年）

1985 年 5 月，中共中央印发《中共中央关于教育体制改革的决定》，这是新时期教育改革的动员令，也是指导教育改革的总政策。在这一文件精神指引下，银南地区教育进入了历史最为辉煌的发展时期。

1. 教育管理体制改革不断深化

为认真落实《中共中央关于教育体制改革的决定》，各县市相继成立了由主管科教的副书记或副县长任主任委员，教育、工业、农业、科委、工青妇等部门一把手为委员的工农教育委员会，把基础教育、成人教育和农村扫盲工作纳入统筹规划，协调发展阶段，改变了教育由教育部门唱独角戏的被动局面，开创了“大教育”的新局面。在此基础上，各县市相继成立乡镇教育委员会，由乡镇党委书记兼任委员会主任，把农村办学权下放到乡镇，极大地调动了乡镇办教育的积极性。截至 1988 年，当时的县级吴忠市共筹措农村中小学校舍改造资金 4800 万元，改建校舍 10.2 万平方米、附属用房 7360 平方米、围墙 13174 米，添置课桌凳 3 万套，学校基本实现了砖瓦化和楼房化，实现了“一无两有六配套”（无危房，有教室，有课桌凳，有校门、围墙、操场、旗杆、水井、厕所），学校育人环境发生了翻天覆地的变化，彻底结束了农村学校“破屋

搬进新教室的孩子们开心地上课

子，泥台子，黑孩子”的办学历史。县级吴忠市人民政府被评为“全国教育先进单位”，获奖金20万元；市教育局也被国务院评为“全国民族团结先进集体”称号。

2. “普初”使教育进入依法治教轨道

1986年，《中华人民共和国义务教育法》颁布，银南行署要求各县市依据《义务教育法》把普及初等教育延伸到普及九年义务教育。各县市结合本地实际，制定了一系列推动教育发展的地方性法规和措施，从组织领导、思想动员、经费筹措、常规管理、师资建设、改善办学条件等方面都作了明确规定。吴忠市进一步细化了县、乡和教育行政部门以及学校的责权利，把“普初”任务通过目标责任书，逐级分解，落实到人，纳入各级领导的任期目标和政绩考核之中。形成了党委以重教为先，政府以治教为任，学校以育人为本，人民以助教为荣的“普初”局面。1987年4月，自治区政府对吴忠市普及初等教育进行验收，9月又进行了复验，小学学龄儿童入学率为96.7%，普及率为93.9%，毕业率为92.2%，当年巩固率为98.6%，符合自治区“普初”要求，为县级吴忠市颁发了普及初等教育合格证书。同时，银南行署颁发了基本扫除文盲证书。吴忠市成为全区第一个实现了基本普及初等教育和基本扫除文盲的“两基”县级单位，为其他县市树立了榜样。1988年，青铜峡市、盐池县普及初等教育通过自治区政府验收并获普及初等教育合格证书，盐池县成为全区第一个山区普及初等教育县。

3. 成人教育蓬勃发展

为大力落实“科教兴国”的战略方针，银南行署设立了由主管科教文卫副专员为主任委员的成人教育委员会，指导银南的成人教育工作。

（1）扫除农村青壮年文盲工作任重道远。各县市都成立了由主管教育工作的副县（市）长为组长的扫盲工作领导小组，下设扫盲办公室负责日常工作，各乡镇由本乡镇教育委员会负责扫盲工作，学区主任或中心小学校长主抓本乡镇扫盲工作。到1989年，原县级吴忠市、青铜峡市、盐池县和同心县共扫除12~40周岁青壮年文盲57713人，占该年龄段61337人的90.32%，农村扫盲工作取得了显著成果。

（2）电大、函授和自学考试迅速开展。1980年，银南行署教育处设立电大工作站，此后，各县市也都相继都设立了电大工作站。截至1990年，共开设电大专业班28个，毕业学生1953人，单科结业2395人。1985年，设立银南地区成人自考委员会，开设32个专业，报考人数6.4万，有1860人获得了本、专科毕业证书。同年，各县都设立函授教育工作站，挂靠在电大工作站，实行成人考试统一管理，到1989年，取得函授本、专科毕业证书的函授生有268人。电大、函授和自考工作的开展，为没有进入大学的有志青年，打开了大专教育的大门，也为各行各业培养了大批管理人才和技术人才。

（3）卫星电视教育覆盖全市。1986年，根据国家教委等九部委《关于利用卫星电视开展中师教育招生工作的通知》的精神，银南地区建成教育卫星电视台1座，卫星电视地面接收站13个，覆盖率达79%。招收学员为学历不合格在职中小学教师，共开设中学语文、数学、历史等24门课程。到1990年，培训小学教师4100人，毕业3150人；培训初中教师1500人，毕业1065人；高师“三沟通”培训1350人，毕业1039人。卫星电视教育的开办，不但加快了教师学历合格率培训步伐，也为教师远程接受教育教学新理念、新方法、新信息提供了方便，强化了师资培训工作。

4. 尊师重教使教师欢欣鼓舞

1985年1月，第六届全国人大常委会第九次会议做出决议，将每年的9月10日定为我国的教师节。根据这一决议，这年的9月10日，银南行署各县市都隆重集会，庆祝第一个教师节，表彰优秀教师和教育先进工作者。地区和行署领导带领班子全体成员，赴各县市慰问教师，把党的温暖送进教师的心窝。县级吴忠市这一年投资62万元，兴建了一栋面积为3640平方米的教师住宅楼，解决了50户教龄30年教师的住房困难，还为在岗的1500多名教师进行了全面体检。青铜峡市通过政府出一点、教师自己拿一点的办法，先后兴建教师住房15965平方米，基本解决了在城镇工作教师的住房问题。1985年10月，为在岗工作的教职工增加工资，人均18元，是新中国成立以来增幅面最宽、增资量最大一次调资。社会地位的提高和生活条件的改善，使广大教师欢欣鼓舞，极大地调动了他们工作的积极性和创造性。1987年，各县市根据中央职称改革领导小组（1986）112号文件精神，开展中小学教师职称评定工作。1988年，兑现教师职称工资，并在工资总额基础上上浮10%，教师待遇有了极大改善，社会地位更加提高。

5. 全面贯彻党的教育方针

1986年颁发的《中华人民共和国义务教育法》对党的教育方针进行了新的表述："教育必须为社会主义现代化建设服务，必须与生产劳动相结合，培养在德、智、体等方面全面发展的社会主义建设者和接班人。"新的教育方针的颁布和贯彻，使学校办学方向和培养目标更加明确。

（1）着力提高教育的社会效益。1986年5月，银南地区和行署召开会议，要求各县市和各级各类学校在学习新的教育方针的基础上，要拿出认真正确贯彻教育方针的措施和办法。会后，县级吴忠市先后制定了《吴忠市教育教学量标管理实施办法》《吴忠市中小学教学工作常规要求》《吴忠市中小学班主任工作常规要求》等文件，为学校全面贯彻教育方针提供了制度保障。尤其是在推行教育教学质量"分类推进，量标管理"的过程中，基础教育段教育质量逐年提高，赢得了社会和学生家长的一致好评。同心县为落实"五育并举，德育领先"，制定了《关于在学校加强理想和纪律教育的意见》，使学校的德育工作内容具体，措施有力，保证了德育工作在学校工作中的领先地位。

（2）加强教学研究工作。1986 年 9 月，自治区和银南地区在县级吴忠市召开县乡校三级教研网现场会，要求进一步健全和完善教研机构，强化教研力量；乡镇要设立教研站，加强对乡村教师的业务辅导和培训；学校设立教研组或备课组。截至 1989 年，全银南地区设立县镇教研站 96 个，专兼职教研员 204 人，活跃了乡村学校教学研究工作。

（3）坚定不移贯彻教育为社会主义建设服务的方针。1986 年颁布的教育方针，强调“教育为社会主义建设服务”，各县市坚决贯彻和强化新的教育方针，大力调整教育结构，相继开办职业高中 6 所，县级吴忠市职业技术高级中学改为银南职教中心，起到了全银南职业技术教育的龙头作用。

（三）农村教育综合改革发展迅猛，教育有了新的突破（1990~2002 年）

这一时期吴忠教育显著的特点是“大教育”呈现跨越式发展，为社会主义经济建设服务作用更为突出。

1. 进一步加强学校思想政治工作

1990 年，国家教委要求各级各类学校都要强化学校思想政治和军训工作。各县市认真贯彻上级精神，在初中以上的学校全部开展军训，让新生入学必须接受军事训练。此项训练，锻炼了学生的意志，培养了坚韧不拔的品质，加强了他们的纪律性，有益于学生的学习生活。还进一步加强了军民共建，强化了军民关系，实现了军民鱼水情，此后，军训成为了学校的常规性工作，使国防教育和纪律性教育成为了学校思想政治教育的主要内容。2012 年，吴忠中学被评为全国军民共建先进集体，学校军训工作结出了军民共建的累累硕果。

2. 加快“两基”工作步伐

1990 年，银南地区和行署要求各级党委和政府要把 20 世纪末基本普及九年义务教育和基本扫除农村青壮年文盲（简称“两基”）作为工作重中之重来抓。到 1996 年，县级吴忠市和青铜峡市率先在全区完成了“两基”任务，县级吴忠市获得全国基础教育先进集体光荣称号。到1998年银南地区撤地设市时，全地区已有5个县市（含灵武、中宁和中卫）普及了九年义务教育，实现了“两基”目标，普及九年义务教育人口覆盖率达到73.2%，高于全区的65%和全国72%的当年指标。在实施“两基”工作中，各县市一是继续强化了“三级办学，两级管理，以县为主”的管理体制，进一步明确了各级党委和政府办教育的责任，实行“两基”工作责任制，层层签订目标责任书，落实到人，加强了各级政府对教育的领导。二是完善了以法治教机制，保证了教育经费的“三个增长”。到2000年，利通区投入教育经费1.04亿元，中小学建筑面积达到24万平方米；“三室”（实验室、图书室、微机室）投资4049.7万元；校园实现了“三化”（绿化、净化、美化），优化了学校的育人环境。三是提高了教师的总体素质。通过鼓励在职教师离职进修和通过自学、函授、“三沟通”等学习形式提高综合素质，到1998年地级吴忠市成立，全市小学教师学历合格率达到92.6%，中学教师学历合格率86.3%，分别比1984年实施“普初”时提高了30.7%和53.2%。在岗校长培训率高达97.7%。四是保证了适龄儿童的入学。为确保义务教育阶段适龄儿童进得来、留得住、学得好。各县市建立了“三包一定”、义务教育入学通知书等制度，提高了入学率，加强了巩固率，1998年，全市小学入学率为98.3%，初中入学率为89.7%，初中在校

吴忠市利通一小的学生们正在上课

学生为109795人，比1984年多47617人。“普九”工作的全面实施，为基础教育注入了活力，带来了生机。

3. 深化农村教育综合改革

1989年，国家教委下发了《关于在全国建立“百县农村教育综合改革实验区”的通知》。自治区政府把试验区的任务交给了县级吴忠市，使其成为全国115个农村综合改革实验区之一。1990年7月，自治区政府主要领导在银南地区和行署领导的陪同下，到马莲渠乡、汉渠乡、金积镇调研农村教育。认为县级吴忠市设立乡镇农民文化技术教育学校，村设立分校，一校管两学（学文化，学科技），是提高农村劳动者素质，促进“三农”发展的好办法。不久，自治区政府制订了“231工程”实施方案。银南行署和各县市都设立了“231工程”办公室，银南地区成为了全区实施“231工程”的发祥地，全地区（含中宁、中卫和灵武）108个乡镇844个行政村相继建立了农民文化技术教育学校，每年培训农民达100万人次之多。1992年，全地区各县市为进一步强化“231工程”，相继建立健全了基础教育、职业教育、成人教育“三教统筹”和“农科教”结合大教育体系，科技示范乡、示范村、示范户遍及银南大地，有近乎一半农村初中都开设了“3+1”或“2+1”职业技术教育班。“学一技之长，带一家致富，做一代新型农民”在农村深入人心。大教育体系的建构和发展，加快了银南地区“两基”工作的进展步伐，到1996年，除同心县外，其他县市基本扫除了文盲，青壮年非文盲率达到96.96%，农民人均受教育年限达到5.1年，16~50岁的农村劳力学习了农业或其他产业的实用技术，为农村经济发展和家庭致富提供了技术支撑。丰硕的农民教育成果，得到了上级部门的肯定和表彰，1994年，县级吴忠市被国家教委评为“全国农村教育综合改革先进单位”。

4. 培养农村学生良好的卫生习惯

1991年，银南地区根据当时国家教委《关于农村教育综合改革实验县贯彻〈学校体育工作条例〉和〈学校卫生工作条例〉的意见》，又把县级吴忠市推荐为全国实验县。地区领导十分重视此项工作，多次会同县级吴忠市的领导深入中小学检查贯彻执行情况，并为学生做卫生示范（正确刷牙、清洗头发等），教育学生养成良好卫生习惯，从小处入手，天天梳洗干净，穿戴整洁，极大地改善了学生的精神面貌，学生显得更加朝气勃勃，落落大方，树立起了良好的行为习惯。县级吴忠市荣获“全国农村学校卫生工作先进单位”。

5. 大力开展“课堂教学质量达标工程”和推进基础教育课程改革

2000 年，《九年义务教育全日制教学大纲（试用修订版）》颁布，自治区教育厅要求各县市在义务教育段开展“课堂教学质量达标工程”。全市各县市都制定了《中小学教师“课堂教学质量达标工程”实施方案》。2002 年，自治区教育厅又将这一工程升华为“基础教育质量效益年活动”，吴忠市也制定了相应的实施方案，到 2003 年，全市参加“课堂教学质量达标工程”的专任教师有 17952 人，达标教师16994 人，达标率为 94.7%，有效地促进了课堂教学质量的提高。2001 年，在党中央、国务院的领导下，教育部正式启动了新一轮基础教育课程改革，颁发了《基础教育课程改革纲要（试行）》等一系列政策文件，全国基础教育课程改革试点开始运行。2002 年，利通区抢抓机遇，进入了自治区首批试点单位，并带动青铜峡、盐池、同心和红寺堡等其他县市区共同实施课程改革，使吴忠市成为自治区基础教育课程改革的领头单位，优化了学生在学习中的主体地位。

吴忠三中举行春季运动会

（四）大力促进教育公平，为共筑中国梦谱写教育新篇章（2003~2015 年）

进入新世纪，吴忠市通过义务教育均衡发展促进教育公平，并把教育公平作为构建和谐社会、推进民主化建设的重大举措加以实施。

1. 不断实现基础教育新辉煌

吴忠市把办好基础教育列为全市的民生工程。市委决策，政府落实，人大、政协监督落实，全市基础教育十年跨了四大步，走在了全区的前列。

（1）创建并实施了教育强市县区。2003 年，吴忠市利通区开始创建教育强区，市政府为加强对教育强区工作的领导，成立了吴忠市教育强区领导小组，加大了对教育强区的领导力度。2006 年，利通区教育强区工作通过自治区验收，成为自治区首批教育强市县区单位。2007 年，青铜峡市通过自治区教育强市验收。2012 年，盐池、同心和红寺堡也相继实现了教育强县市区的任务，吴忠市成为全区首个教育强市地（市）级单位。

（2）打胜了“两基”攻坚战。在教育强县市区的推动下，吴忠市“两基”工作也加快了步伐。2007 年，中共吴忠市委下发了《吴忠市“两基”迎“国检”工作实施的通知》，成立了由市长任组长的迎“国检”领导小组，不断加大投资力度，加快校舍改扩建和新建步伐。2006~2012 年，青铜峡、盐池、同心和红寺堡相继通过自治区基本普及九

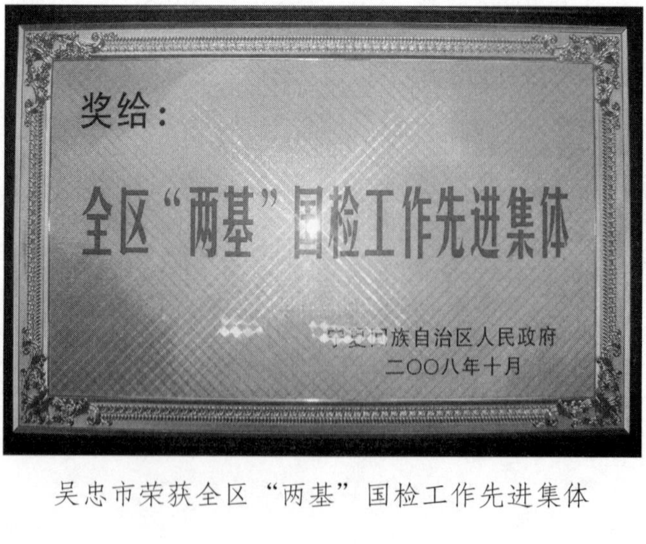

吴忠市荣获全区“两基”国检工作先进集体

年义务教育和基本扫除农村青壮年文盲的验收，吴忠市基础教育走在了全区的前列。

2. 深入开展基础教育和普通高中课程改革

2003~2007 年，为使基础教育和普通高中课程改革落实到每个教师身上，市教育局组织了一支由市教研员和骨干教师组成的培训团队深入各县市中小学，对教师进行通识培训和专题讲座，先后培训教师31900多人次，学习新课程理念，转变观念，投身改革，运用新课标，成为全市基础教育课程改革的主旋律。吴忠市课程改革的深入开展，引起了国家课程改革实验中心的关注，将吴忠市区列为全国新课程改革校本教研推普基地，向全市辐射，现在已发展为全市各县市联片教研活动，使全市中小学 15000 多名教师由教学型教师向教研型教师转变，为全市实施“三名工程”（名学校、名教师、名校长）奠定了业务基础。

3. 抢抓机遇谋发展

2008~2014 年，吴忠市教育抓住中小学和职业技术教育校舍改建机遇，先后投资 50.4 亿元，改建、扩建中小学 150 座；投资 5 亿元，迁建了宁夏民族职业技术学院、青铜峡职教中心、盐池职业中学，占地面积分别为 980 亩、230 亩和 77 亩；兴建和改建了吴忠中学、吴忠回民中学、豫海回民中学、青铜峡高级中学、吴忠市高级中学和盐池县第一中学等普通高中 6 所，建筑面积近 20 万平方米。各级各类学校面貌焕然一新，优化了吴忠市的育人环境。

精品艺术进校园活动

4. 拓宽素质教育的新渠道

吴忠市委、政府十分重视学校的素质教育。一是要求各级各类学校都要创建符合本校实际特色学校，以创建特色学校活动年为推力，办好特色学校。二是各个学校以艺术教育、传统文化教育、创新教育和学生实践教育活动为突破口，活跃和丰富了学生的学习生活。三是由市教育局牵头，2008~2010 年连续举办了三届由中国书法家协会认可的全国中小学生书法展，扩大了吴忠市在全国的知名度，提高了中小学生的书写水平，学校素质教育推向了一个新的领域。

5. 强化信息化为教育服务的功能

吴忠市积极推进“宽带中国”工作，全市 431 所中小学校有 360 所接入了互联网，60%的中小学光纤接入不低于 10 兆，川区学校接入率达到了 100%。市区 80%的教学班开展了交互式多媒体教学。同心县有 38 个山区教学点实施了数字教育资源全覆盖，有效缓解了学科不配套的问题，保证了山区孩子平等接受教育的权利。全市五个县（市、区）共培育自治区级教育信息化资源应用试点学校 9 所，国家级试点校 1 所，建立了一整套从幼儿教育到普通高中教育阶段的教师信息化资源应用培训培养基地。2009 年至今，中小学计算机教学设备数量的扩大和更新，缩短了山区学校和川区学校、农村学校和城镇学校的办学差距，实现了城乡教育公平。

信息化教育走进山区课堂

6. 全力做好义务教育均衡发展

2005 年 5 月，教育部发出《关于进一步推进义务教育均衡发展的若干意见》，本着“早谋划、稳发展”的战略决策，市政府全面实施教育强县（市、区）和“两级工作”。2012 年 8 月，市政府召开全市义务教

吴忠市政府与市教育局签订目标责任书

育均衡发展推进会，对推进义务教育均衡发展工作进行动员、部署。市政府与市教育、财政等部门及各县（市、区）政府签订了目标责任书。2011~2013 年，全市财政性教育投入 50.4 亿元，年均增长 11%以上。各县（市、区）财政性教育经费支出均占地方国民生产总值的 4%以上。到 2014 年，利通区和青铜峡市先后通过自治区和国家的验收，成为全国首批实现教育均衡发展县（市、区）。

7. 打造具有鲜明个性的特色学校

2014 年，吴忠市积极推进特色学校创建和品牌培育工作，并将这一年确定为创建特色学校年。截至 2015 年，先后打造了“211 自主学习模式”“1241 教研运行模式”和“三段四环节课堂教学模式”“随笔画教育”等特色教学模式。培育出民族团结教育、非物质文化传承以及乡村少年宫、蜜蜂社、八个好习惯等特色教育品牌和形式。共创建特色学校 5 所，特色项目 9 个，特色活动 13 项，落实以奖代补资金 70 万元，真正实现了引导和支持学校走内涵式发展之路。

吴忠市钢琴辅导班的小学员

二、主要成就

30多年的教育改革发展，极大地提高了吴忠市回汉各族人民的科学文化素质，为社会主义现代化建设和民族团结提供了坚实的人才支撑，也为全市经济发展、社会进步和山区农村的脱贫工作做出了重大贡献。

2014~2015年，全市共有各级各类学校514所，其中小学321所、九年制学校13所、初级中学34所、高级中学11所、中等职业技术学校3所、高等职业学院1所、幼儿园129所（其中民办幼儿园98所）、特殊教育学校2所、电大1所、教学点71个（不包括在学校数内）。在校学生数279777人，其中接受义务教育的学生为198795人，接受义务教育的学生占该年龄段学生总数的99%以上。

（一）依法保证教育投入逐年增加，不断改善和优化学校的育人环境

2012年，市财政实现了地方GDP收入的4%用于教育，落实了教育的“三个增长”。实现了教育投入以县为主向以国家为主的历史性转变。在国家出大头、地方财政补充小部分教育投入政策的推动下，全市各级各类学校全部实现了新建、增建和改扩建，学校环境幽雅，成为了当地一道靓丽的风景线。

1. 教育基础设施建设发生了巨大变化

2011年以来，全市用于学校基础设施的建设资金达24亿元，其中“校安工程”投入11.1亿元，对387所学校87.6万平方米校舍进行了改造；其他投入12.9亿元。其中，利通区“校安工程”、薄弱学校改造等基础设施建设投入3.8亿元；市政府投入7.4亿元，在市区建设了覆盖幼儿园、小学、初级中学、回民高级中学、职业技术学院完整的教育园区，利通区在校学生达11000人之多；红寺堡区、青铜峡市、盐池县、同心县分别投入资金3.1亿元、2.89亿元、2.49亿元、4.32亿元，新建和改扩建了一大批学校，提升了教育硬件建设水平。

2. 教育教学设备配备得到了极大的改善

2011~2014年，全市先后投入1.09亿元，为利通区配置教学设备、仪器和各类功能室、计算机、图书、课桌凳等；青铜峡市安排专项资金1.25亿元提升薄弱学校、寄宿制学校办学水平；红寺堡区投入6500万元改善办学条件；盐池县投入1500万元购置教学器材和设备，并从2012年起每年投入100万元用于设备更新；同心县通过"百标"建设，先后投入780万元装备了120个教学功能室。教育投入的大幅增加，把学校建成最安全、最放心的地方，为师生的学习和工作提供了良好的育人环境，也为义务教育均衡发展提供了财力保证。2013年，吴忠市"校安工程"荣获自治区一等奖。2015年，吴忠市又投入教育项目建设资金2亿元，其中市区已完成项目建设资金9600万元，占全年任务的160%。截至2015年10月，吴忠市示范性综合实践基地主题教育馆、吴忠中学文体馆已完成主体建设；第九小学新建教学楼、实验楼主体已完成封顶；吴忠市幼儿园第一分园、高级中学实验楼、第三中学艺教楼，滨河小学、第十小学、第十五小学标准化体育运动场也将开工建设。

吴忠市利通一小校园

（二）大力调整教育结构，强化教育为社会进步和经济建设服务的育人功能

1984年以来，银南行署就从调整中等结构入手，逐步建立起了由幼儿学前教育、基础教育、普通高中教育、中等职业技术教育和大专院校教育这一完备的结构性育人体系，基本满足了全市人民群众对教育的需

求，也有力地支持了全市经济和社会发展的人才需求。

1. 基础教育有了长足的发展

基础教育从普及初等教育、普及九年义务教育到义务教育均衡发展，跨越了三大步，走出了一条基础教育发展之路。2012 年，吴忠市高标准的完成了“两基”任务，进入了实现教育公平新的历史时期。为加快义务阶段教育均衡发展的步伐，一是通过对学校建设用地、学校校舍建设、学校装备条件、师资配备标准等方面的指标进行了新的核查和监控，把学校新建和改扩建纳入全市民生工程，在资金投入上予以优先。二是解决了学校标准化建设、城乡薄弱学校改造、师资交流、择校治理、缓解“大班额”等问题，让义务教育所覆盖的学生都能够享受良好的教育资源。到 2014 年，全市小学入学率为 100% ，初中为 98.5%；小学无辍学学生，初中辍学率仅为 1.35%；小学当年巩固率为 100%，初中为 98.6%，初中毕业生升学率为 97.2%。高中阶段毛入学率为 86.9%。无论是山区县还是川区县，人均受教育年限都有了大幅提高。2014 年 12 月，利通区、青铜峡市顺利通过国家对义务教育发展均衡县（市、区）评估认定验收。盐池、同心和红寺堡也把义务教育均衡发展作为政府工作的重中之重强力推进，先后投入校舍改造资金 11.71 亿元，其中红寺堡区 3.93 亿元、盐池县 1.98 亿元、同心县 5.8 亿元。极大地改善了办学条件，拉近了和川区学校硬件建设的差距。

2. 幼儿和学前教育稳步发展

2008~2013 年，建立起了以政府为主导，公办、民办、城乡统筹多元发展幼儿教育和学前教育行动计划，新增幼儿园 32 所，创建自治区级示范幼儿园 8 所、市级示范幼儿园 7 所，学前三年毛入园率达 67.56%，比 2010 年提高了 4 个百分点；学前一年毛入园率 95%，比 2010 年提高了 5 个百分点。2013 年，共争取资金 2093 万元，为利通区新建改建幼儿园 12 所；拨付民办教育专项资金 220 万元，为 7 所普惠性民办幼儿园改善办园条件、添置玩具和教具等设施，全市幼儿教育和学前教育开创了新局面。

3. 普通高中教育向普及阶段发展

2007 年以来，先后新建和改扩建了吴忠中学、吴忠回民中学、吴忠高级中学、青铜峡一中、同心豫海中学、盐池高级中学等一批高级中学。2014 年，普通高中在校人数达 30163 人，全市高中阶段毛入学率达到 86%以上，全市基本实现了普及高中阶段教育的目标。同时通过优化学校管理、教科研兴校等措施，促进了高中教育的内涵式发展，提高了教育质量。目前，10 所普通高中有 8 所进入自治区普通示范性高中行列，3 所进入自治区“百标”行列。

4. 职业技术教育发展后力强劲

全市以宁夏民族职业技术学院为龙头、公办职业学校为主体，统筹发展职业教育。先后投入资金 3.8 亿元，在吴忠教育园区迁建占地近千亩的宁夏民族职业技术学院，并引进中国长江三峡集团投资建设残疾人职业教育培训基地，在校学生数达到了 3567 人。青铜峡市投入6616 万元建成占地 230 亩的职教中心；盐池县投入 850 万元扩建职教中心。全市中职在校学生数达到了 7992 人。

5. 特殊教育得到了重视

全市建有特殊学校 2 所，在校学生 145 人，填补了特殊教育的空白。2014 年，为每个在校就读的有语言障碍和智力障碍的孩子提供特殊教育经费 500 元/月，提高了特殊教育学校生均公用经费标准。市政府为特殊教育学校划拨专项经费添置教学、生活和康复训练设施，配齐配全康复中心设备，优化了办学条件。市教育局对特殊教育教师进行专业培训，提高教育教学水平。2014 年，全市三类残疾儿童义务教育入学率达到了 90%以上。

6. 民族教育优先发展

吴忠市委、政府大力发展民族教育，制定了各级各类回民学校优先发展的策略，实现了教育各阶段回民学校设施标准化办学目标，提升民族教育发展水平和培养质量，保持各级各类教育在校民族学生与民族自然人口比例相当。采取多种措施提高回族儿童特别是回族女童的入学率、巩固率，扩大民族高中的办学规模，推进民族寄宿制高中发展，扩大贫困地区、少数民族学生到城市享受优质教育资源的比例。2014 年，全市各级各类学校在校回族学生有 166756 人，占在校学生总数 279777 人的 59.6%。

7. 民办教育有了新的突破

1992 年以来，根据中共中央和国务院《关于加快发展第三产业的决定》精神，明确将教育定义为第三产业，制定了一系列鼓励支持民办教育发展的政策，允许民办教育拥有办学自主权，在这个政策的推动下，大力鼓励个人或企业开办民办教育。进入新世纪，建立起了公共财政支持民办教育发展新的措施和办法，促进了民办教育健康发展。在民办教育领域，幼儿教育和艺术类教育发展迅速。目前，全市有民办幼儿园98 所，在园幼儿 19230 人，弥补了公办幼儿园幼儿入园难的问题。

蓬勃发展的吴忠民办教育

（三）健全和完善科学有效的教育评价机制，做好让人民满意的教育

办人民满意的教育，是党中央和国务院对教育的新要求。根据这一要求，全市各级各类学校把办人民满意的教育为己任，健全和完善了旨

在促进教育教学质量全面提高的评价机制，促进了全市各级各类学校教育教学质量的稳步上升，提高了教育的社会效益。

1. 教学质量稳步提升

1986年，市区学校就建立起了教育教学质量“分类推进，量标管理”和中小学基础学科实行统一教学质量（课程标准）检测制度，学校教育教学质量成为学校中心工作。围绕“科学技术是第一生产力”这一指导思想，在全市推行“科研兴校，科研兴教”，以教师业务培训和继续教育为抓手，以提高课堂教学为起点，以提高每个学生学习能力为落脚点，先后开展了“领导干部进课堂”“中、高考研讨会”“联片教研”等教学教研活动，全面提升教育教学质量。近年，全市各县（市、区）高考上线人数逐年增长，多名教师、学生在全区、全国学科竞赛中获奖。2014年，高考一、二本上线人数3486人，上线率达到30%以上，三本和其他大专院校的录取率也不断攀升。

2. 德智体美和社会实践活动全面发展成果突出

基于“五育并举，德育领先”的要求，全市各级各类学校结合新课改要求，积极探索各种形式提高学生综合素质。一是建立健全了“家校合一”德育工作新机制，把学校德育工作引向全社会，形成了学校、家长和全社会齐抓共管德育工作的新局面。同时结合社会主义核心价值观教育，进一步加强了中小学生养成教育，将学生文明礼仪和行为习惯纳入学校考核内容，拓展中小学生养成教育途径，把社会主义核心价值观教育落在了实处。二是开展第二课堂，成立科学、美术、音乐、舞蹈、书法等兴趣小组或社团，开展各种文体活动，培养学生个性特长。鼓励学校走内涵发展道路，培育出了民族团结教育、非物质文化传承以及乡村少年宫、蜜蜂社、八个好习惯等特色教育品牌。三是开展和巩固特色学校创建成果，制定评估考核细则，将特色学校创建纳入学校年度教育教学质量督导评估之中，组织开展了全市中小学（园）学校特色工作观摩展示及评比活动，以德育、体育、艺术教育及高效课堂教学活动为主要内容的校园特色建设体系初步形成，有力地促进了学生全面发展和健康成长。四是投资6000万元兴建吴忠市中小学生综合社会实践基地，实践基地内的吴忠市教育史馆已经建成开放，通过参馆，使师生较为全面地了解了家乡的百年教育历程与百年社会变迁史。

3. 安全保障更加有力

关爱生命，保障师生安全，是文明社会的一部分。随着改革开放的不断深入，学校安全保障力度日益加大，市区合署办公以来，全市先后共为学校配备专职保安321人，配置标准警务室165个。市区学校共配置标准警务室14个，配备专职保安114名，配置移动红绿灯20套，在校园重要部位安装摄像头，切实提高学校安保级别。在全区率先实施市县联动农村学生道路交通安全保障工程，并把其列为市政府办理的民生实事，有将近4000名偏远农村学生被纳入保障范围，为贫困学生免除交通费，切实解决农村学生乘车难、车费贵、不安全的实际问题，加大了偏远地区孩子上学的安全系数，深受家长和村民的欢迎。2013年，自治区校园安全现场观摩会在吴忠市成功召开，这是对吴忠市学校安全工作的高度肯定。

（四）全面落实好尊师重教的各项政策，保证了师资队伍的健康发展

尊师重教是我国的优良传统，但是在“文化大革命”中受到了极大的破坏。改革开放后，党和政府重新确立了尊重知识、尊重人才的尊师重教政策，在政治上提高教师的社会地位，设立了教师节；在经济上提高了教师的工资待遇；在教师业务学习上，重视教师学历进修，业务培训工作，成立了教师进修学校，设立了师资培训机构，形成了培训制度，为教师专业进修和业务水平提升创造了极为优越的条件，也为教育质量的不断提高，创造了良好的师资条件。

1. 加强教师队伍建设

1985~2014 年，全市有 500 余名教师被评为自治区特级教师。每年教师节，市委、政府和教育局都要表彰一批在教育教学工作中成绩突出的教职工。仅 2014 年就评选出市级名校长 10 名、名师 100 名、教坛新秀 50 名，推荐自治区塞上名师、名校长共 11 名。特别是“教师世家”的评选，温暖了教师的心，极大地提高了教师的社会地位，调动了教师的工作积极性和创造性。2011 年以来，通过为大龄教师办理提前退休手续，使一些虽然不到退休年龄，但身体状况不太好的教师提前退休，享受退休工资待遇，真正让广大教师感受到了党的温暖。通过“阳光工程”，加大教师招聘的透明度，公开招考事业单位教师、特岗教师、免费师范生等措施吸纳优秀大学生从教，减轻了社会就业压力，并为师资队伍注入了新鲜血液。开展名师评选和“名师工作室”建设工程，实施“421 人才培养”工程，培养市级骨干教师 220 人、县级骨干教师 290 人，拓宽了培养优质师资的渠道。

2. 加强校长队伍建设

校长是学校的法人代表，学校发展的领军人。校长的思想政治、文化业务和人文素质，直接关系学校的办学质量和水平，关系教育事业的健康发展，关系莘莘学子的茁壮成长。基于这一认识，一是建立起了校长培训机制，通过国家级校长培训班、“西部之光”“影子校长”“牵手工程”等项目，全市先后培训校长 1000 人次，选送沿海省市著名学校挂职锻炼，开办校长专职培训班和校长论坛，加强对校长的培训工作，不断给他们充电，不断提升他们的业务和管理水平。二是重视学校班子队伍过程管理、阶段考核和全年目标管理考核。实行校长任课制度，改革校长任用办法，加大校长公开竞聘和交流任用力度，建立能上能下的干部竞争激励机制，调动了校长工作的创造性和积极性。

3. 加大教师培训力度

教师是学校教育教学质量不断提高的主力军，加强教师的继续教育和业务培训，是时代赋予教育的重大任务。1986 年，各市县设立教师继续教育办公室，把教师继续教育和培训工作纳入教育工作的重要日程，成为经常性工作，要求 50 周岁以下的专任教师，包括校长，必须参加继续教育和继续教育考试，有力地促进了教师综合素质的提高。近 30 年来，参加教师继续教育、新教材大纲、课标、现代化教学手段掌握与运用、业务培训的教师达 30 多万人次。尤其是 2011 年以来，全市共安排教师培训资金 2601 万元，落实自治区国培计划"421 人才培养"工程资金 1000 多万元，培训各级校长、骨干教师 5 万多人次，教师队伍综合素质明显提升，使教师在教育理念更新、教学方法改进、远程教育和信息化教学手段掌握上都有了新的提高。教师继续教育和培训工作实施，进一步加强了师资队伍整体素质。2014 年，全市小学、初中、高中专任教师学历合格率分别为 99.9%、99.7%、96.4%，各级骨干教师 3183 名，比"十一五"末增加 2205 名，其中国家级 1 名、自治区级 586 名、市级骨干教师 816 名、县级骨干教师 1779 名，为学校教育教学质量的稳步上升奠定了坚实的基础。

4. 完善科学评价激励机制

健全和完善旨在调动教师工作积极性、主动性和创造性的评价机制，是教育现代化管理重大课题。为了把竞争机制引进学校，化为教师的自觉行为，在评价依据上，制定了《教学工作常规要求》和《班主任工作常规要求》以及各项规章制度，以《常规》开展教育教学工作，使学和育人有要求，评价有依据。在评价制度上，加大教师考核力度，的评先选优、职称评聘、选拔任用、人事调配与工作实绩考核相评价的透明度。在评价机制上，大力开展评优选模活动，每大会，大力表彰教育工作成绩突出的优秀教师，召开专题演讲会，介绍他们的先进事迹，让身边事教育身边人，强化激励功能，并让绩效工资与工作实绩相挂钩，真正使评价发挥其激励作用。

（五）着力实施依法行政和依法治教，极大地提高了学校办学的社会效益

《义务教育法》《教育法》《教师法》《职业技术教育法》等法规文件的颁布与实施，使教育由行政事务性管理转入了以法治教的法治化轨道。

1. 依法实施教育督导

从1988年开始，银南行署和各县（市、区）相继设立教育督导室，并设有教育督导专项经费，推进督导机构独立行使职能，依法对教育进行督导检查。尤其是进入新时期以来，吴忠市从加强督学队伍建设入手，通过督学选拔聘任、督学资格认定建立起了一支专兼职督导队伍。工作中坚持督政与督教督学、监督与服务指导相结合，加强对政府履行教育职责的督导，强化对政府落实教育法律法规政策，特别是教育投入情况的督导。开展对教育热点、难点问题的督查，完善了各级各类教育质量督导机制，丰富和创新了督导内容。建立了督导结果公告制度和限期整改制度，有效地促进了吴忠市各级各类学校依法治教，依法治校，依法保障教师和学生的合法权益的法制建设。

2. 依法推进教育行政和教育管理

一是依法开展农村学前教育机制改革，推进义务教育均衡发展，保证优质高中招生名额分配到区域内初中学校，探索普及高中阶段教育的措施和办法，强化基础教育质量检测机制，保证了幼儿、适龄儿童和青少年接受教育的权利。二是改善民办教育发展环境等改革试点。按照统筹规划、分步实施、先行试点、逐步推开的原则，在总结试点经验的基础上，逐步推开，确保吴忠市教育体制改革的平稳顺利，富有成效。三是在教师职称评聘、评优选模、招聘录用和义务教育段招生区域划片等

敏感和热点问题上，实施“阳光工程”，做到了公平、和谐、文明。

3. 依法改进教育行风和工作作风

党的十八大以来，根据中央“八项规定”和国家有关法律规定，教育局制定了《教育系统治庸问责管理办法》，重点解决标准不高、办事拖沓、不守纪律、不讲效率等不良现象，出台了“三个严禁”“四项铁律”“八条禁令”等规定，对违规行为采取“零容忍”，落实师德“一票否决制”，发现一起查处一起。对群众关心的择校、有偿家教、体罚学生等教育热点难点问题，通过“五评一访”活动，以及强有力的检查监督等措施，逐步逐一破解，极大地促进了教育行风的好转，强化了依法治教的力度。

三、经验启示

改革开放不但极大地解放了生产力，调动了人们工作和创业的积极性，而且使各个领域、各条战线都释放出了巨大的活力和动力。吴忠市教育领域也在这一大潮的推动下，自加压力，开拓进取，硕果累累，成绩斐然。之所以能取得令人振奋和喜人的成绩，原因很多，归结起来主要表现以下八个方面。

（一）正确的指导思想为教育指明了方向

改革开放以来,吴忠市各级各类学校以“三个面向”和培养“四有”新人为指导思想，大力开展教育工作和教育改革，学校形成了良好的校风、教风和学风，教学秩序井然，人人都享受着优质的教育，教育改变了千家万户的命运，也促进了吴忠市物质文明和精神文明建设的和谐发展。

（二）明确的育人目标为教育确立了基调

改革开放以来，为适应经济社会的快速发展，确定了教育“必须为经济建设服务”的目标。吴忠市为贯彻这一目标，在教育改革领域，始终坚持教育在全市社会进步和经济建设中的基础性、先导性、全局性地位。同时，学校始终坚持教育教学质量是学校的生命线的认识不动摇，把办人民满意的教育作为教育工作的第一要务天天讲，年年抓，每年都有90%以上的高中毕业生进入大专院校就读，学生从职业高级中学和民族职业技术学院毕业后就可以就业，把吴忠市的人口压力转化为了人力资源优势，成为一批有技术、有特长的建设生力军。

（三）优先发展的战略地位为教育增加了后劲

坚持教育优先发展战略，坚定不移地实施“科教兴国”和“人才强国”战略是我们的国策，也是吴忠市大力实施“科教兴市”“教育强市”的战略任务。1998年撤地建市以来，市委和政府把教育发展摆在各项事业发展的第一位，坚持人力、物力、财力向教育倾斜。教育经费年均增长11%以上，占公共财政预算支出的12%。无论是学校的硬件建设还是软件建设成绩都令人鼓舞。花园式学校，现代化教学设施，信息化的远程教育，遍及全市的村村落落。

（四）改革的不断深化为教育注入了活力

改革转变了人们的观念，改革催生了社会新的进步。吴忠市教育迎着改革的大潮，谱写了一曲又一曲教育的新篇章。教育管理体制的改革，使“两基”工作奏凯歌，基础教育迈进了义务教育均衡发展的快车道。人事管理制度的改革，演奏出了“学校人”向“系统人”转变的协奏曲，建立健全了区域内校长、教师交流新机制。教学方法和教学模式的改革，唱响了高效课堂的共鸣曲，为学生的健康发展补养了教育的多种维生素。推进评价机制改革，“管办评”成为了“政府管教育、学校办教育、社会评教育”最为和谐的交响曲，把办人民满意教育的话语权交给了人民。

（五）合理的人文政策为教育带来了动力

改革开放的最终目的，就是让国家富强、人民幸福。如果说改革开放使教师感受到了春天般的温暖，那么教师节的设立，体现了党和国家对教育及教育工作者的重视，体现了广大人民群众对教师的尊重，体现了社会对教师的关怀，体现了教师职业的崇高价值。进入到新世纪以来，全市各级各类学校教代会的健全和完善，教育工会工作的不断加强，强化了教师主人翁的社会地位。教师世家的评选和表彰，名师的评选和名师工作室的建立，“强师德、铸师魂、练师能”活动的开展，使教师风采得到彰显。尤其是制定和完善的面向扎根农村基层和偏远乡村教师的政策倾斜，以及极具人文情怀的教育慈善基金的建立，为解决患有重大疾病或家庭极度困难的教师提供帮助有了资金保障。急教师所急，帮教师所需，这是人文的关怀，也是党的温暖，更是激发教师爱岗敬业、积极工作的强大动力。

（六）先进的育人理念为教育铺设了新路

与时俱进，是改革开放的一个显著特点。社会的发展，时代的进步，必然会产生许多具有时代特点的新理念。作为先导性、基础性的教育，新的理念也会在社会实践中产生。正是在学习中理解和掌握了新的教育理念，并用新理念指导我们的工作，才使全市教育年年都有“更上一层楼”的惊喜。当“人民教育人民办，办好教育为人民”成为教育的主旋律时，抓住机遇，集资办学，初步改善了办学条件。当“为了每一个孩子的成长”成为新课程的目标追求时，建构起了自主学习、合作学习、探究学习的新型学习模式，培养了学生自主自立的能力。利通一小多次代表吴忠市在全国中小学各种创意和创新大赛中获得团体金奖，显示了吴忠市中小学创新教育的朵朵浪花。新的教育理念，的确为吴忠市教育铺设了一条喜人的七彩路。

（七）均衡发展体现了教育公平

没有基础教育的均衡发展，就没有教育的公平，更谈不上社会的公平。因为教育是提高全民族思想道德素质、科学文化水平的基地。特别是教育的均衡发展，它是构建和谐社会，实现中国梦最为直接的举措。为了教育的公平，为了加快民主建设的步伐，吴忠市从大力优化教育资源，合理学校布局，强化教育内涵发展，加强师资队伍入手，建成了市区教育园区、同心县教育园区，新建、改建和翻建各级各类学校 150 多所，41 所回民中小学进入自治区“百标学校”行列。投入 2.2 亿元，按标准配置教育教学硬件设施，现代远程教育实现了“校校通”，为全面实施义务教育均衡发展提供了强有力的条件。市政府每年投入 250 万元开通农村学生交通保障专线，方便了学生，也保障了学生上学的交通安全。同心、盐池、红寺堡三县区全面实施了营养改善计划。“校安工程”、标准化学校、教育信息化建设均走在全区前列，教育公平在吴忠大地结出了累累硕果。

（八）按教育规律育人是学校永恒的主题

按教育规律搞教育，就要既尊重其自身的规律，但又不能拘泥于僵化的教条，要注重变化和新的发展。30 多年来，吴忠市牢牢抓住教育规律，无论是深化教育改革，还是制定教育发展规划，都在与时俱进的前提下，按教育规律办教育，不跟风，不破坏教育规律。有时还要耐得住寂寞，抗得住潮流，顶得住诱惑。在义务教育领域，杜绝了义务教育阶段教育的高消费。大力开拓素质教育，走特色兴校的道路，既遵从了教育规律，又走出了一条特色育人、文化化人新的办学路子。还营造了上至领导，下至教师及家长，人人都来关注教育规律研究与实践的新局面，开办家长学校和“家校合作共育”教育机制的建立和完善，使“人人都为了孩子”的教育规律又有了新的内容。义务教育均衡发展就是最大的教育规律，无论是川区还是山区，义务教育均衡发展必然能经得住历史的检验。对山区县区，不走“削峰填谷”之路，而是给它们创设更多优惠的政策，提供更多的财力，使吴忠市义务教育均衡发展走在了共同发展的道路上，让山区县区能迎头赶上，共同发展，在发展中逐步实现均衡和公平，增强了全市的教育实力和水平。

四、对策建议

教育是托起明天太阳的事业，是先导性、基础性工作，也是全面建成小康社会的重要考核指标。目前，教育改革进入深水区，改革的难度加大；教育投入不足，义务教育均衡发展难以进入快车道；城区学校布局不合理，“入学难”和“大班额”现象十分严峻；师资队伍数量不足、结构不合理，影响了教育优先发展的全面落实等问题仍然制约着吴忠教育的科学发展。党的十八届五中全会为我国绘制了“十三五”发展蓝图，宁夏“十三五”规划纲要和自治区“十三五”教育事业发展规划为吴忠教育改革和发展指明了方向，确定了目标。我们要牢牢把“五大发展理念”融入教育改革发展各个环节，通过保障教育经费依法到位、深化人事制度改革、优化教育顶层设计、建立依法治教的法制体系等一系列新思路、新举措，确保吴忠市教育实现新的跨越。

（一）巩固“两基”成果，加快义务教育均衡发展步伐

在巩固提高“两基”的基础上，进一步做强做大利通区和青铜峡市义务教育均衡发展的软实力。以沿海发达地区为追赶目标，办全国一流的义教均衡发展体系，实现真正意义上的教育公平。继续加大盐池县、同心县、红寺堡区中小学软硬件建设，健全和完善义务教育普及程度和均衡发展指标监控系统，加强学生就学动态监控，杜绝中小学生中途辍学，保证全市义务教育阶段小学适龄儿童入学率达到100%，初中适龄少年入学率达到95%以上，辍学率初中控制在1.8%以内，小学控制在0.6%以内。力争到2018年，让这三个单位通过自治区和国家义务教育均衡发展验收，争取使吴忠市成为全区第一个实现义务教育均衡发展的地级市。

（二）大力发展幼儿教育、学前教育和特殊教育，保证幼儿教育达到国家规定标准

到“十三五”末，全市要建成自治区级示范幼儿园20所，市区要达到8所，青铜峡市6所，其他县区各2所。全市要普及学前一年教育，利通区和青铜峡实现普及学前两年教育的目标。要加大0~3岁幼儿教育的培养力度，每个乡镇都要有一所标准化幼儿园，实现学前一年幼儿入园（班）率达到98%，学前三年幼儿入园（班）率达到85%以上。要重视发展特殊教育，按国家要求，逐年提高特殊学校在校残疾儿童费用补助标准，大力改善其生活水平和学习环境，温暖他们的心灵。要继续做好残疾儿童少年随班就读工作，保障残疾儿童少年接受义务教育，使全市三类残疾儿童义务教育入学率达到85%以上。

（三）加强高中阶段教育，优化职业技术教育，力争使职业教育与普通高中教育发展比例大体相当

党的十八届五中全会已经把高中阶段教育列入党和国家工作的重要议事日程。吴忠教育工作一定要把加快高中教育列为“十三五”项目建设重点予以实施。要以超前的历史眼光，在现有普高、中职和高职基础上，以实施“优质高中工程”为抓手，一是在市区再建一所规模为36班型的高级中学，招生对象面向全市，以满足更多初中毕业生的求学愿望。同时，打造一批现代化的示范性高级中学。到2020年，使全市高中教育实现历史性跨越。二是对现有职高要扩大其办学规模，为其扩大招生创造条件，到2020年招生数达到6000人，在校学生达到1.8万人。三是以“敢上九天揽月，敢下五洋捉鳖”的豪迈气概，做大做强高等职业教育，使宁夏民族职业技术学院成为吴忠市教育、文化及各类产业所需人才的培养基地。力争到2020年，专业建设达到国家级骨干专业5个，自治区级骨干专业10个。精品课程建设达到自治区级20门。在校生规模达1万人以上，就业率达98%以上，使其成为吴忠市输送职业技

术人才的龙头。

（四）着力提高教育教学质量，真正使教育让党放心，让人民满意

教育教学质量，是教育工作的立足点，也是学校的生命线。各级各类学校要从提高优质教育资源的比重和课堂实效性入手，加强教育内容、方法和手段的改革，努力使学生全面发展，提高办学效益。要进一步健全和完善名校引领机制，拓展“名校带新校”“名校带弱校”合作机制，走强若结对、互促共赢之路。要坚持“教研兴教”“教研兴校”的方向，健全完善建市、县（市、区）、乡镇、校四级教研网络，强化教研队伍建设，使各级教研员进了教室能上课、见了教师能指导，拿起话筒能讲座，握起笔来能写作，真正使教研员成为本学科的领军人物。建立科学合理的学校综合管理体系和考核奖励机制，健全严格的教育教学考评制度和教学常规管理制度。扎实开展以校本教研为中心并辐射到区域联片等教研活动，加大学习交流的力度，实现教师由教学型向教研型的历史性跨越，促进教师专业成长，为全面提高教育教学质量奠定坚实的师资基础。

（五）加强教师思想政治教育和专业素质培养，造就一支高素质的教师队伍

要以造就一支素质优良、甘于奉献、扎根乡村的教师队伍为目标，强力推进“教师素质提升工程”。一是要继续开展“三名”创建工程，培养一批有人格魅力、管理水平、创新精神的校长和一批师德高尚、业务精良的名师，发挥好引领带动作用。二是要进一步加强“师德师风”建设，克服教师中的职业倦怠情绪。三是扩大山区、农村教师特岗计划实施规模，补充乡村教师严重不足现状。四是全面落实乡村教师生活补助政策，提高乡村教师生活待遇。五是落实好职称（职务）评聘向乡村学校倾斜政策，稳定教师队伍。六是积极开展教师全员培训工作，不断更新教师的育人理念和教学方法，使全市教师队伍综合素质实现质的提升。

（六）强化教育顶层设计，确保规划引领到位

吴忠教育一定要坚持“五大发展理念”，以新理念、新思路、新举措指导做好吴忠市“十三五”教育发展规划，以大力推进学前教育普及化、义务教育均衡化、高中教育优质化、职业教育集团化为建设目标，努力实现各级各类教育的统筹发展、内涵发展。要突出教育的基础性、战略性、全局性、先导性特点，搞好教育“十三五”规划顶层设计，使制定的蓝图宏伟远大，措施得力，引领全市广大教职工以敢为人先，敢于改革，敢于发展为己任，再创教育新业绩。制定好吴忠市教育事业改革与发展“十三五”规划，要靠广大教职工的群策群力，广泛听取社会各界的意见建议，在不断加大小学教育乡镇化、规模化和中学教育城市化的基础上，使学校布局更趋局合理，教育资源配置更为有效，办学质量和办学效益进一步提高。要注重推进城乡教育一体化进程，在管理体制、布局调整、办学条件、师资配备、教研教培等方面加快实现一体化，满足全市回汉人民对优质教育资源的共享需求。要加快吴忠市示范性综合实践基地的建设的步伐，使全市基础教育体系更加完善。

（七）继续加大教育投入，确保教育改革各项措施落实到位、保障有力

教育是关系千秋大计的事业，承载着国家的希望，也孕育着民族的未来。做好教育工作，事关国家兴衰，情系千家万户，必须不断加大投入，做好保障，改革创新，转好落实。一是教育经费要依法保障到位。进一步健全完善以政府投入为主、多渠道筹集教育经费的体制。要继续保障教育经费占地方 GDP 收入的 4%以上，保证教育经费的“三个增长”，并逐步提高区域内各级学校生均经费基本标准和生均财政拨款基本标准。二要健全与完善资助政策体系。逐步加大对农村经济困难家庭和城镇低保家庭子女学前教育资助力度。提高农村义务教育经济困难家庭寄宿生生活补助标准，改善中小学学生营养状况。完善普通高中家庭

经济困难学生资助制度和中等职业学校、高等职业学校家庭经济困难学生资助政策。完善助学贷款体制，推进生源地信用助学贷款。三是人事制度改革要落实到位。进一步深化和推进校长负责制、岗位责任制、评聘分离制、绩效工资制、责任追究制等“六制”，形成职务能上能下、轮岗交流、能进能出的竞争机制。要通过健全城乡校长、教师定期交流制度，鼓励和吸引更多优秀人才长期从教、终身从教，特别是要到农村边远地区从教，不断缩小区域、城乡间的师资差异。四是教育环境要优化到位。增强教育可持续发展能力，必须改善教育条件，优化教育环境，大力实施义务教育薄弱学校改造工程、优质高中建设工程、职业教育基础能力建设工程、学前教育推进工程、民族教育发展工程、特殊教育发展工程、教育信息化工程等一批大项目，组织实施一批重大工程，以重大项目工程推进教育现代化，以信息化引领教育现代化。

（八）坚持依法治教，不断完善教育法制体系

要让每个孩子都公平享有受教育的机会，让每个人都拥有人生出彩的机会，必须坚持依法治教，不断完善教育法制体系，保障人民群众享有公平教育权利和机会。要通过推进依法行政、依法治校、开展普法教育、完善督导制度和监督问责机制等，确保依法治教落到实处。一要推进依法行政。教育局工委要把依法行政纳入工委日常工作，按照建设法治政府的要求，依法管理教育工作。政府教育督导室要履行既要督学又要督政的督查职能，加强对教育部门和学校以法治教、依法治校情况的督导。二要推进依法治校。学校要建立完善符合法律规定的学校章程和制度，依法履行教育教学和管理职责。尊重教师权利，加强教师管理。保障学生受教育权，对学生实施奖励与处分要符合公平、公正原则。健全符合法治原则的教育救济制度，使学校的法制建设不仅要有约束性，也要具有人文性，民主管理，从严治教。三要加大普法教育力度。要把法制教育和基本法治常识的普及引进学校德育工作，经常开展法制讲座、

法制进课堂等教育活动，不断提高师生法律素质和公民意识。四要完善督导制度和监督问责机制。政府教育督导室要敢于开展教育督导和督查工作，坚持督政与督学并重、监督与指导并重。加强教育行政单位工作的透明度，加大政府和学校在学前教育、基础教育、普通教育和职业技术教育等方面的责任履行情况督查，并将督查情况及时予以反馈，对发现的问题，要建议政府、教育行政部门和学校采取有效措施予以整改，真正落实政府对教育的督导作用。

固原市教育改革与发展史研究

改革开放以来，在党中央、国务院的亲切关怀及自治区党委、政府的正确领导和大力支持下，固原教育得到又好又快发展，实现了教育投入大幅增长，办学条件显著改善，教育改革逐步深化，办学水平不断提高，教育体系日趋完善，区域教育逐渐均衡，群众受教育权利有效保障的历史性跨越。固原历届市委、政府高度重视教育发展，将教育摆在优先发展战略位置，先后九次召开全市教育工作大会，为教育事业发展助力加油、谋篇布局。新世纪初，在全市经济发展水平还很低的情况下，市委、政府审时度势，提出“科教兴市”“人才强市”战略，以办好人民满意的教育为宗旨，不断强化政府责任，持续加大教育投入，全面贯彻党的教育方针，积极推进素质教育，努力加快教育创新，将沉重的人口负担转化为重要的人力资源，为固原经济社会发展培养了大批合格人才。教育对推动固原经济发展、社会进步、民族团结、文化繁荣和“四个固原”建设发挥了重大作用。

一、改革发展历程

固原教育事业的发展，与全国教育改革开放相伴随，以恢复高考制度为新起点，以实现教育公平和提升教育质量为目标，从改善办学条件入手，全面深化各项教育改革，取得了从解决中小学“一无两有六配套”到实现“两基”[①]、教育强县区、基本普及高中阶段教育、实施义务教育均衡发展各项战略目标的辉煌成绩。

（一）拨乱反正，恢复重建，教育步入正确发展的轨道（1978~1988年）

“尊师重教”“振兴教育”是历史转折时期教育发展的主题。1977年恢复高考制度，特别是1978年党的十一届三中全会后，经过拨乱反正，全面整顿教育系统领导班子和校长队伍，中小学教育秩序和学校管理秩序迅速恢复正常。从1980年开始各县每年从大中专院校中选拔大批合格毕业生充实师资队伍，1982年错划为“右派”的教师得到平反，1985年，国家设立第一个教师节，按照中共中央《关于教育体制改革的决定》精神，固原地委、行署印发《关于加强教育工作的决定》。1986年，《中华人民共和国义务教育法》颁布，固原地委、行署审时度势，把教育摆在优先发展的位置，当年10月出台《关于普及九年制义务教育若干问题的规定》和《固原地区普及九年制义务教育规划》，开始了固原地区以基本普及初等义务教育和基本扫除青壮年文盲为目标的“两基”历程。1988年为中小学教师恢复专业技术职称职务评聘等，这些重要措施使教育回归到正常发展的轨道，使城乡学校教师教书育人、敬业奉献的积极性空前高涨，教学活动不断规范，教育教学质量逐步提高。

这一时期，固原教育的主要任务是恢复学校领导班子和正常的教学秩序，重建教育体系及管理机制，撤并学校，优化组合，大力改善办学条件，创办寄宿制学校（中小学），确保学校复学，学生复课，启动实施“两基”攻坚。经过国家、自治区的大力支持和社会各界的共同努力，村级以上完全小学除“校校无危房”的目标没有达到外，基本达到

①“两基”是教育部提出的为贯彻《国务院关于进一步加强农村教育工作的决定》（国发〔2003〕19号），进一步推进西部大开发，实现西部地区基本普及九年义务教育，基本扫除青壮年文盲（简称“两基”）目标。

20 世纪 80 年代破败不堪的乡村学校

了班班有教室，学生人人有课桌凳，学校有围墙、大门、水井、厕所、旗杆、操场的“一无两有六配套”标准，结束了一孔窑洞就是一个教室，两间土房就是一所学校的办学历史。各学校努力创造条件开齐课程、开足课时，教师按照《教学大纲》组织教学成为常态，教学质量逐步提升。对小学撤并、优化组合，由 1978 年的 2592 所稳定到 1988 年的 1645 所，在校小学生稳中有升，校均规模由 70 人增加到 131 人，适龄儿童入学率由 1978 年的 83.3%提高到 87.8%。中学教育认真贯彻“调整、改革、整顿、提高”八字方针，全地区大队办初中经过撤并仅保留固原县红庄乡盐泥中学等 10 所中学，普通中学由 221 所调整到 121 所，整合学校比例高达 45%，初、高中学校基本办学条件逐步有所改善。

固原教育体制改革的重点是中小学改革学制；高中及大学理顺管理体制，恢复高、中考制度，转变办学模式，规范专业设置，增加民族预科班。1988 年小学学制开始逐步改为六年制。1983 年和 1986 年分别恢复了初、高中各三年学制，初、高中学校理化实验室从无到有、从关到开，逐步告别了黑板上做实验的历史，物理、化学、生物等实验科学的教学质量不断得到提升。中学教学质量逐年提高，一批又一批优秀毕业生走出大山，走向大中专院校，教育让人民群众获得了改变命运的机会。高、中考招生制度恢复后，固原师范等 3 所中等专业学校办学体制由“开门办学”“推荐上学”等转变为国家计划招生、考试择优录取、毕业分配等，学制由两年转为三年和四年，课程、专业设置逐步规范，办学规模由 1978 年的 1429 人增加到 1988 年的 2046 人。5 所单一涉农的职业中学逐步转变为多元专业的职业中学，开设刺绣、缝纫、家电维修等简单实训课程。1978年5月，在原六盘山大学基础上，经国务院批准，创建固原师范专科学校。建校初设中文、英语、数学、化学4个专业，学制两年。1980年后相继增设民族预科班和物理系、政史系，学制改为三年。同时组建无线电、电磁学、力热学、原子物理、光学、电工学和有机化学、无机化学、分析化学、教学法及电热、天平等13个实验室，还设有语言实验室、听音室、微机室及录音演播室、图书馆，并创办了《固原师专学报》。随着党的民族政策的恢复落实，大中专院校招生对回族学生实行降低1~2个分数段录取。1980年，宁夏大学、固原师专、固原师范均增设民族预科班，回族学生进入大中专院校学习的绝对人数和相对比例均显著提高。

学校师资力量不断发展壮大，教师队伍素质有所提高，工作积极性明显增强。高、中考制度的恢复和知识分子待遇的落实，以及全社会尊师重教氛围的形成，极大地调动了广大教师教书育人的积极性。民办教师[①]队伍通过两年离职培训，学历有了较大提高。边教学、边学习、边提高学历的在职进修成为教师提高专业水平的主要途径。以高等教育自学考试，电大学历达标为主要内容，以中小学教师为主要对象的成人教育自考本、专科专业平均每年都在60个专业以上，参加考试学员累计达83740多人次，使全地区在原有师资基础上形成了一批学历合格、师德良好、爱岗敬业、胜任教学的教师队伍。

（二）改革探索，强化保障，教育步入健康发展阶段（1988~1996年）

“领导苦抓、教师苦教、学生苦学”，“再穷不能穷教育，再苦不能苦孩子”是这一阶段教育发展的主要精神。由于自然条件和历史的原

①民办教师是我国特定历史条件下形成的中小学教师队伍重要组成部分，是不列入国家教师编制的教学人员，为农村普及初等义务教育补充师资不足的主要形式，生活待遇上，除享受所在地区同等劳动力报酬外，另有国家按月发给极少量现金补贴。

因，当时固原经济基础十分薄弱，百业待兴和地方财政捉襟见肘的矛盾十分突出。仅靠政府力量发展教育事业力不从心。但各级政府不等不靠，实行“政府引导、部门帮扶、社会募捐、争取外援、群众参与”的工作机制普及初等义务教育，扶持高中阶段教育，发展民族教育，顽强的支持着固原教育由小向大发展。

固原在持续抓好“两基”工作的同时，把高中教育和高等教育作为一项重点任务抓紧抓实。1988 年 10 月，地区行署召开固原教育改革开放以来首次高考质量分析会议。会后全地区 40 多名高中校长和教育局长奔赴甘肃省会宁县考察高中教育，领导苦抓、教师苦教、学生苦学的“三苦”精神成为固原经久不衰的教育精神。1993 年，地委办公室出台《关于全地区各级各类学校全面推行内部管理改革的意见》，并决定调整普通高中学校布局，整合优化教育资源，实现多出人才、出好人才的教育目标。一是压缩农村高中数量，到 1996 年将农村高中学校由 31 所调整到 20 所。二是扩大县城高中学校数量，通过争取项目、社会援助、群众捐助等方式新建县城高中学校 5 所，全地区县城高中学校达到 13 所，高中教育重心逐步转移到县城，形成了相对合理的高中学校布局，使高中学校办学条件通过自我修复有所改善，艰难地适应着越来越激烈的高考竞争局势。为加强职业教育管理，促进职业教育与经济建设的有机结合，1994 年 5 月，地委、行署召开了固原地区职业技术教育现场会。通过现场会，推广产教结合，以产促教；服务方向城乡结合，以乡为主；专业设置长短结合，以短为主；师资选用专兼结合，以兼为主；培训与就业相结合，围绕支柱产业，部门联合办学，形成了具有固原地区特色的职业教育模式，固原县职业中学被自治区政府授予省级重点高级职业中学称号。1993 年，经教育部批准，固原师范专科学校更名为固原师范高等专科学校（2002 年，与原固原卫生学校合并建成新的固原师专，2006 年，学校升格为本科院校，更名为宁夏师范学院），六盘山区有了自己的高等院校。

“希望工程”和闽宁合作援建“希望学校”，为固原教育发展提供了强大的外援，为民族教育进入快速发展注入了生机和活力，也成为固原教育的最大亮点之一。以救助失学儿童为宗旨的“希望工程”，仅1994年，各方为固原地区援建“希望工程”小学36所（宁夏军区援建27所），捐资218.5万元，救助贫困家庭小学生48000余人、中学生45人、大学生8人。同年，共计捐资60174元资助教育。1995年国家投资700万元扶持义务教育发展。1996年，福建省重点结对帮扶固原地区的教育，开启了闽宁合作序幕。期间，地委、行署印发了《固原地区民族基础教育质量效益年活动安排意见》，在全地区开展为期3年的“民族基础教育质量效益年”活动，1997年，对“民族基础教育质量效益年”活动进行了评估检查，全地区回族适龄儿童入学率达87.5%。

（三）改革体制，合力攻坚，教育进入优先发展阶段（1996~2010年）

“举全市之力，攻两基之坚”“抓教育就是抓扶贫、抓经济、抓发展”等成为这一时期教育事业发展内外宣传的主旋律。2001年5月，国务院做出《关于基础教育改革与发展的决定》，对农村义务教育管理体制作了重大调整，由过去的“分级办学，分级管理”转向“实行国务院领导下，由地方负责、分级管理、以县为主的管理体制”，“人民教育人民办”转变为“义务教育政府办”，固原教育坚持突出重点，合力攻坚，与时俱进，优先发展，以切实的保障机制、行之有效的措施和坚强的意志，推动教育向又好又快的方向发展。

一是合力攻“两基”之坚，义务教育全面普及。自1996年“两基”工作实施以来，在自治区党委、政府的高度重视和正确领导下，全地区始终坚持“两基”工作重中之重的地位不动摇，把“两基”工作作为一把手工程和最大的政治任务，大力宣传义务教育法律法规和政策，积极动员适龄儿童少年入学，坚持依法治教、依法促教、依法保教，实行了

“两基”攻坚工作责任制和“三包三保”的承包责任制，经过各级党委、政府和全地区人民、广大教育工作者的负重拼搏和不懈努力，“两基”工作取得了突破性进展，2000 年 11 月，固原六县基本扫除青壮年文盲工作通过自治区政府评估验收，2003 年，全市实现基本普及初等义务教育目标。在“普初”的基础上，全市顺势而为，进一步加大“普九”攻坚力度，使九年义务教育工作在普及程度、办学条件、师资水平、教育质量和教育经费等方面有了很大的提高。2005 年，隆德县在全市率先实现了普及九年义务教育目标，2006 年，泾源县、彭阳县、西吉县、原州区提前一年通过自治区政府的评估验收，“两基”人口覆盖率达到 100%。“两基”目标的实现，成为固原市教育事业改革与发展史上的一个新的里程碑。2008 年全市“两基”工作通过国家教育督导团评估验收。

乡镇干部和教师到回族群众家中动员适龄少年入学

二是实施重大教育项目工程，着力改善办学条件。1996 年以来，中央和自治区对固原进行政策倾斜支持，实施了“国家贫困地区义务教育工程”“校安工程”等一系列重大教育项目，新建、改扩建学校 1511 所，全面消除了 D 级危房，使小学、初中生均校舍面积分别提高到 7.3 平方米和 10.63 平方米。一所所学校走出了窑洞，告别了危房，实现了砖瓦化、楼房化、标准化的目标，“破房子、土台子，里面坐着泥孩子”成为历史的回忆，学校成为最安全的地方，花园式的学校成了农村最靓丽的风景。

三是坚持内涵式发展，教育教学质量持续提升。1998年，地委出台《关于学校领导班子和教师队伍建设问题的若干规定》，同年，地区行署印发《固原地区行政公署关于积极推进素质教育的意见》和《关于加快改革和发展职业教育的意见》。2004年，市委、政府出台《关于加快新时期教育改革与发展的意见》。2006年，市政府下发《关于加快教育发展的若干意见》《固原市中小学教学基本管理制度》《固原市中小学校长培训计划》《固原市普通高中课程改革实验工作方案》等一系列重要文件，先后召开了全市提高中小学教学质量工程活动启动会、教育表彰会等一系列教育专题会议，初步建立了教育又好又快发展的政策体系，形成了抓教学质量，办优质教育的良好氛围。教育部门不断深化教育改革，坚持把德育贯穿在学校的管理工作、教学工作和服务工作的全过程，把推进了素质教育作为提高教育教学质量的有效抓手，认真实施基础教育课程改革和自治区一、二期课堂教学质量工程，通过建立教学质量目标管理责任制和教学质量监测机制，在全体教师中牢固的树立了质量意识，教育质量逐年提高。2010年，全市小学毕业率达到100%，初中毕业考试及格率比2004年提高17个百分点，普通高考录取率达到68%。

四是创造性落实惠民政策，建立完善困难学生资助体系。2004年，固原市率先落实国家实施义务教育阶段“两免一补”的惠民政策，自治区党委、政府又安排资金拓展为“三免一补”①，既解决了群众的家庭经济困难，也极大地调动了广大群众送子女入学的积极性，彻底消除了制约“普九”进程的瓶颈。原州区寨科乡中心小学几位领到免费教科书的小学生欣喜的照片挂在教育部长办公室，成为中国教育发展史的见证。2009年秋季新学年，自治区开始在固原农村义务教育阶段学校实

①“三免一补”是宁夏在国家“两免一补”的基础上又增加免除一套教辅资料费，“三免”指免课本费、免杂费、免一套教辅资料费；“一补”指给寄宿学生补助生活费。

施营养早餐，每位学生每天早上免费食用一个熟鸡蛋。2010 年 6 月，时任国务委员刘延东视察固原市基础教育工作时提出：在固原市率先实施义务教育阶段学生营养改善计划，在每天早餐为每位学生补助一个熟鸡蛋的基础上，每天中午补助 4 元标准的营养午餐。地方政府积极行动，克服困难，在每一所农村小学和初中建起了食堂和餐厅，自筹资金配厨师、配设备，使全市 12 万农村中小学生吃到了营养、卫生、热乎、可口的营养午餐，让群众再次真真切切地感受到党和政府惠民政策的温暖。

（四）深化改革，注重质量，教育步入现代化发展新阶段（2010~2015 年）

2010 年，《国家中长期教育改革和发展规划纲要（2010~2020 年）》（以下简称《纲要》）正式发布，对未来教育改革和发展进行了全面部署，也开启了我国从教育大国迈向教育强国的新征程。"办好人民满意的教育""促进教育公平，提升教育质量"成为这一阶段教育发展的主要目标。市委、政府大力发展教育，倾力支持教育，把办好人民满意教育作为重点工作，努力实现教育强县区创建、基本普及高中阶段教育等重大教育目标，使教育事业不断取得新突破，向着 2020 年基本实现教育现代化的目标扎实迈进。坚持推进教育综合改革，精准发力，教育发展难题取得新突破。一是把改革课堂教学作为推进全市中小学提高教学质量的重点和突破口，2013 年开始，借力《中国教师报》和全国著名教育专家团队，通过多次考察、反复论证，在全市遴选 42 所"高效课堂”基地学校，强化顶层设计，尊重基层创新，实施高端培训，鼓励试验，大胆突破，课堂教学改革试点工作成效明显。二是把释放教育发展活力作为推进学前教育体制改革的突破口，在全市遴选 3 所民办幼儿园，开展政府购买学前教育试点，义务教育向学前开始延伸。三是把人才培养模式改革作为推进职业教育发展活力的突破口，通过破季招生、动态专业、联合办学、订单培养、多证就业、多元实训等途径使职业教育由被动发展转为主动发展。

学生在现代化的教室里学习

坚持分类指导、同步推进，各类教育发展目标取得新突破。自 2010 年以来，全市各类教育呈现更为良好的发展态势。2013 年，市政府印发《固原市关于扶持民办幼儿园发展的实施意见》，随着一、二期发展学前教育三年行动计划的落地，学前三年毛入园率达到 55.9%，较 2011 年提高 15 个百分点，2011 年，自治区政府在彭阳县召开学前教育现场会，学前教育全面推进；义务教育普及程度不断巩固，质量稳步提升，县域教育均衡发展的目标将如期实现；特殊教育与普通教育有效融合，创出了固原特殊教育新模式，残疾儿童少年入学率达到 76.9%；普通高中办学质量与效益居全区前列，2012 年顺利实现基本普及高中阶段教育目标，高中阶段毛入学率达到 89.54%，普通高考录取率达到 82%；职业教育始现多元盘活，招生、教学、实训、就业等进入新常态。2011 年四县一区实现教育强县区创建目标，固原教育迈上一个新台阶。

持续不断改善办学条件，着实在优化教育环境方面有了新突破。仅近三年全市教育项目投入就达15亿元，接近前十年投入总和。实施了城乡幼儿园建设、中小学校舍安全和薄弱校改造工程，建成幼儿园100所，市区新建扩建学校25所。随着标准化学校建设和薄弱学校改造速度的加快，“三通两平台”①建设的推进，电子白板、触摸一体机、实物投影仪、数字实验室、录播教室等高端现代的信息化教学设备进入教室，进入教学点，信息化引领全市教育向教育现代化迈进。期间，全市建立了从学前教育、义务教育、普通高中教育、职业教育、高等教育全阶段学生的资助体系，惠民政策实现了全覆盖。市委、政府还出台了《关于努力办好人民满意教育的实施意见》，启动实施了“六盘名师”培养、城乡校长教师轮岗交流等一批教育重大政策和项目，为更好更深入实施素质教育，提高教育质量，促进教育公平，创造了更为和谐宽松的氛围和环境，教育事业又迎来了灿烂的春天。

二、主要成就

30多年来，固原教育以“不到长城非好汉”的六盘山精神发展前进，取得了令人瞩目的成就，教育成为全市经济社会发展30多年辉煌历程中一张亮丽的名片。

（一）学校基础建设力度加大，城乡教育环境变化显著

教育硬件配备水平以及教育供给与人民群众日益增长的教育需求之间的矛盾是全市教育发展面临的主要矛盾之一，也是教育改革发展必须攻克的重点难题。30多年来，固原市紧紧抓住改革开放、西部大开发等历史机遇，在国家和自治区的大力支持下，克服地方财力困难，坚持多渠道筹集建设资金，多方面争取项目支持，相继启动了一大批教育重

①“三通两平台”，即宽带网络校校通、优质资源班班通、网络学习空间人人通，建设教育资源公共服务平台、教育管理公共服务平台。

点建设项目，使教育环境发生了翻天覆地的变化。

寄宿生良好的住宿环境

1. 办学条件明显改善，中小学标准化建设全面推进

先后启动实施了贫困地区义务教育工程、农村寄宿制中小学建设工程、农村初中学校改造工程和自治区校舍安全工程、薄弱学校改造工程等一系列教育建设项目，投入资金近 30 亿元，使全市所有中小学全部得到改扩建或新建，并配备一大批标准化的教学仪器和教学设备。特别是自治区校舍安全改造工程自 2009 年实施至今，争取校安工程投入 11.68 亿元，完成校舍改造面积 126.38 万平方米，其中重建校舍 59.42 万平方米，完成单体建筑 3282 栋，涉及学校 1323 所，使全市中小学 D 级危房全部消除，中小学校舍达到 9 级抗震设防标准。

各类项目的实施，使全市学校办学条件得到显著改善，小学、中学生均校舍面积从 3.2 平方米和 4 平方米分别提高到 7.3 平方米和 11.57 平方米，生均占地面积从 27.3 平方米和 22 平方米分别增加到 43 平方米和 35.7 平方米，小学、中学生均图书由 10.5 册和 8.6 册增加到 20.1 册和 24.5 册。

2. 中小学布局逐步调整，教育结构全面优化

全市结合自治区行政区域调整、撤乡并镇和生态移民，按照统筹规划、因地制宜、分步实施的原则，以教育建设项目为带动，以农村中小学为重点，通过撤、并、合、组等方式，先后进行了三轮中小学布局结

培养学生动手操作能力

构调整，全市小学、初中、高中校均规模分别达到 154 人、1231 人和 3002 人。同时，按照教育发展进程，及时调整市区教育布局，完成了固原师专和固原卫校合并，组建了综合性的宁夏师范学院；在固原农校迁址新建的基础上，实现了与固原财贸技工学校、固原职业中学合并，组建了固原民族职业技术学院；固原一中与固原民族师范合并组建了新的固原一中。另外，随着城市化进程不断加快，按照固原市区发展规划路线，先后制定了《固原市区中小学布局调整规划》《固原市区中小学布局发展规划》和《固原市中长期教育改革与发展规划纲要实施意见》，为今后 10 年市区教育发展绘就了蓝图。

（二）教育民生纵深推进，人民群众获得更多实惠

教育公平是社会公平的重要组成部分，享受公平的教育机会、得到有力的教育保障是山区群众实现学有所教最为殷切的期盼。改革开放以来，伴随着国家、自治区一系列教育普惠政策的出台，全市在精心组织实施各类教育惠民工程的基础上，不断创新工作方式，大力提升教育保障能力，健全了全方位的教育保障机制和资助机制，实现了从义务教育收费向全面免费教育，从单一入学保障向营养、就学全面保障，从争取社会救助向依靠资助机制全面保障的根本性转变。

1. 教育资助逐步延伸至学前教育

2012 年，自治区政府开始对幼儿园家庭经济困难幼儿实施补助，全

市5周岁30%在园幼儿每年享受资助金1000元，固原市童辉幼儿园等一批普惠性民办幼儿园相继建成，通过政府购买服务，每月为在园幼儿减免保教费90元/人~150元/人，学前三年教育入园率提高到49.24%。

2. 保障机制全面覆盖义务教育

义务教育实行免除杂费、课本费、一套教辅资料费和补助寄宿生生活费的全免费教育，城市义务教育阶段中小学生全部纳入义务教育经费保障范围，公用经费小学、初中从2006年每生每年168元和258元分别提高到现在的650元和750元，“一补”标准从小学、初中每生每天1元、2元提高到4元、5元，范围扩大到所有义务教育阶段寄宿生，实现了义务教育零收费。

3. 营养计划不断增强学生体质

根据《国务院办公厅关于实施农村义务教育学生营养改善计划的意见》和《宁夏回族自治区农村义务教育学生营养改善计划试点方案》等文件精神，固原市政府印发了《固原市农村义务教育阶段学生营养改善计划实施方案》，全市农村义务教育阶段学生全部享受到学生营养改善计划，在学校学生即可吃到营养、卫生、热乎、可口的营养午餐。第一，解决了全市农村学生营养水平低，特别是一些偏远贫困地区学生吃不上午饭的实际困难，减轻了学生上学的家庭负担。第二，学生营养水平明显提高。第三，学生行为习惯得到规范。第四，学生思想感情得到升华。第五，“两基”水平得到进一步巩固提高，入学率低、辍学率高的低水平“普九”得到根本改观。营养改善计划不但成为“营养工程”，而且已成为民心工程和民生工程。

4. 帮扶资金全面救助家庭困难学生

积极统筹社会帮扶资金，通过国家普通高中家庭经济困难学生助学金为主的项目和宏志班、民族班、工会班以及燕宝基金等社会其他项目资助，使普通高中家庭经济困难学生就学得到有效保障，仅国家普通高中家庭经济困难学生助学金一项覆盖面高达 54%，年资助金额 2476.94 万元，每年有 26440 人受到 1500 元/人资助，确保了无一名学生因家庭经济困难而辍学。中职生补助制度和大学生生源地贷款工作全面落实。自 2008 年开始，全市中职一、二年级学生全面享受到了国家每年 2000 元助学金补助。同时，职业学校涉农专业学生全部享受免除学费政策，每年资助金额达 2644.45 万元。燕宝基金会给予中职学生每人每年 2000 元资助。中职学生基本实现零缴费上学。

大学生生源地信用助学贷款以每人每年 8000 元的标准资助到每一位需要资助的学生；宁夏燕宝慈善基金会全覆盖资助全市考入二本以上的大学生，每生每年 4000 元；市政府每年筹资 100 万元对三本、预科、高职贫困生实施资助，成为全区首个实现贫困大学新生资助全覆盖的地区。全面建立弱势群体教育保障机制。制定了《关于进一步加强我市农村义务教育阶段留守儿童教育的意见》和《关于进一步做好进城务工人员子女接受义务教育工作的意见》，建立了留守儿童登记和档案制度、监护人联系制度、情况报告制度和结对帮扶制度，对进城务工人员随迁子女按照流入地为主和公办学校为主的“两为主”原则实现和城市学生同等的入学机会。截至 2014 年，全市 7049 名农村留守儿童、少年和 14721 名进城务工人员子女全部入学，残疾儿童、少年入学率达 80%以上。

关爱残障儿童

（三）深入实施素质教育，教育教学质量显著提高

教育质量是教育发展的生命线，也是人民群众在教育上得到的最大实惠。改革开放以来，全市始终抓住提高质量这一核心任务，不断深化教育教学改革创新，不断总结积累教育教学经验，走出了一条符合地方实际，卓有成效地内涵发展之路。

1. 以社会主义核心价值观教育为切入点，努力提升学生道德素质

坚持立德树人，增强中小学生社会责任感，先后实施了中小学校园文化示范校创建、书香校园创建、德育“七个一”计划、民族团结教育和中华经典诵读等5项育人工程，组织开展了“绿色校园、文明校园、安全校园”创建活动，积极创设中华传统美德教育的浓厚氛围，使社会主义核心价值观教育进教材、进课堂、进师生头脑，促进了师生学教双赢，共同成长。

2. 以校园文化建设为抓手，不断优化教育管理

牢固树立向管理要质量，以管理促质量的办学理念，全市启动实施了为期三年的校风建设活动和校园文化建设示范校创建活动。通过近10年的不懈努力，全市各级各类学校管理水平得到显著提升，营造了浓厚的校园文化氛围，涌现出固原一中、原州区三营镇鸦儿沟小学、西吉县第三中学、隆德县第二中学、泾源县白面镇民族小学、彭阳县红河中学等一大批校园文化建设示范学校，使育人环境更加优化。

3. 以平安校园创建为着力点，切实提升学校安全工作水平

以安全常识教育为基础、以安全演练为常态、以安全隐患排除为保障、以师生生命财产安全为目的，建立健全了校园安全工作机制和突发事件应急机制，层层签订安全工作目标责任书，真正做到工作有部署、经费有保障、任务有落实。2010年，全市共投入1000万元资金在城市中小学校、幼儿园和规模较大的农村学校聘用专业保安人员、安装视频监控、一键式报警器和周界报警设备等技防设施，有力地保障广大师生

生命财产安全。30 多年来，全市未发生一起重特大校园安全事故。

4. 以教学改革为突破口，全力提高教学质量

在全市各中小学校开展了教育质量提升年、教学质量工程、基础教育学校综合管理质量工程和“树师德新风、促质量提升”等活动，大力提升教育管理质量和教学质量。同时，依托“校本教研”“联片教研”和“同题研讨”活动，不断加强校际间的横向交流，提高教师课堂教学能力。“高效课堂”的高位引入和推进，为全市中小学课堂教学效益的提高引入助推剂，使课堂教学呈现突变式变革。2014 年，普通高考在取消宁南山区照顾加分政策的前提下，一次性本科上线率较上年提高 3.45 个百分点，高出全区平均水平 4.29 个百分点，全市普通高考录取率较改革开放初期提高 74 个百分点，近三年先后有 31 名学生被清华、北大录取，36 名学生被北京体育大学、中央美术学院等特色院校录取。2014 年，中考总分及格率和优秀率较 2011 年分别提高 4.3 个百分点和 10.87 个百分点，成绩结构分布由“金字塔形”转向“橄榄形”。中职招生人数稳居全区前列，毕业生就业率达到 98%以上，初步打破了多年来普高和职高一头热一头凉的局面，市民族职业技术学院成为全区唯一一所首批国家中职改革示范学校。

（四）队伍建设不断加强，教师专业化程度显著提高

以教师队伍建设为根本，坚持多措并举，拓宽渠道，优化结构，不断提高教师队伍专业化水平。

1. 坚持畅通渠道与严格准入相结合，确保教师队伍数量够用，质量合格

近年来，全市通过实施“特岗计划”招聘特岗教师 1260 名，编内考录教师 400 多名，接受免费师范生 42 名，让不适应教学工作教师提前退休，空出编制补充教师 932 名，组织支教教师 4000 多名。各县区自然减员空出的编制首先补充教师，有效地缓解了教师短缺问题，全市中小学教

职工总数由1978年的9450人（包括海原县）增加到2014年的16743人。

2. 坚持严格管理，加强培训，全面提升教师队伍整体素质

实施了中小学教师能力提升计划和校长培训计划，启动了“千、百、十园丁工程”、骨干教师建设工程和“六盘名师”等一系列师资队伍建设工程，建立了以加强教师职业道德、创新能力和综合素质培训为重点，符合固原市实际的市、县(区）区域化、本土化的低成本、高效益教师培训和校本级教师继续教育培训体系。通过“国培计划”等全市年均培训中小学教师1.5万名，完成了全市中小学校长市级轮训，中小学校长持证上岗率达到100%，校长、教师队伍的整体素质进一步提高。

3. 坚持健全完善科学有效的激励机制和约束机制

固原市政府每年筹措100万元资金用于教育表彰，形成了重教、兴教、助教、乐教的良好氛围。实行中小学教职工聘用制和绩效工资制，建立健全了教师考核制度，启动了骨干教师津贴制度和教师周转房建设工程，截至2014年，全市农村中小学共建成教师周转房近30万平方米，使农村教师住宿条件得到极大改善，同时为农村教师补贴交通费、补贴午餐费，使农村教师不再因生活条件困扰而产生不稳定和心理沮丧等负面情绪。目前，全市师资结构基本合理，梯队完备，小学、初中、高中教师分别为8521人、4684人、3054人，学历合格率分别达到99.66%、99.33%和96.59%。

4. 坚持有效保障教师的政治权益与荣誉

固原市教师中有中国共产党第十八次全国代表大会代表1名，各级人大代表131名，政协委员150名。荣获“六盘英才”称号2人，荣获国家、区、市、县劳动模范、优秀教师、先进工作者称号1864人次，其中市级以上767人次，拥有特级教师25人、自治区级骨干教师120人、市级骨干教师1000人。

（五）教育改革不断深化，教育发展活力不断增加

教育改革是教育事业发展的不懈动力。针对全市教育发展过程中出现的优质教育资源不足、区域教育资源配置不均衡以及“大班额”“大校额”“大通铺”“入园难”等群众反映强烈的突出问题，全市坚持不断实践、不断探索、不断创新，走出了一条教育改革创新之路，使全市教育发展步入了快车道。

1. 坚持深化办学体制改革，优质教育资源辐射面进一步扩大

按照政府主导、社会参与、办学主体多元、办学形式多样、充满活力的目标，在学前教育阶段，认真贯彻落实《民办教育法》，采取减免税费、奖补制度等措施，积极鼓励社会力量兴办幼儿园，全市民办幼儿园从1978年的空白发展到现在的62所。中学阶段，在公办学校为主的基础上，积极探索以国有民办的形式在市区重点高中实行名校办民校，成立了固原一中、固原二中教育集团，依托优质教育资源，创办了五原中学、弘文中学，初步形成了以政府办学为主体、全社会积极参与、公办学校和民办学校共同发展的格局。

2. 积极深化评价机制改革，教育质量评价体系日趋完善

坚持把建立和改进教育教学质量评价制度作为推进教育内涵式发展的重要举措之一，相继建立了《固原市义务教育阶段学校评估标准》《固原市中小学发展性评价制度》和《非义务教育阶段学校评估办法》，建立了全市中、高考质量分析评价制度，定期召开全市质量评价分析会，在全市中、高考教育质量评价方面做出了有益探索，积累了宝贵经验。

3. 不断深化招生考试改革，积极探索解决教育均衡公平发展问题

市区小学招生实行免试就近入学制度与义务教育（初中）入学通知书制度；实行高中招生将学生综合素质计入总分、55%优质高中招生计划切块到薄弱初中学校等改革措施，高考综合改革已于2014年起步实施，使教育热点问题不断降温。

4. 全面实施新课程改革，积极探索素质教育新模式

按照国家和自治区基础教育课程改革的总体要求，全市义务教育和普通高中课程改革先后于2002年和2004年启动，课程改革以来，各级教育部门按照“先培训、后上岗，不培训、不上岗”的原则，积极组织教师培训和调研总结工作，不断研究和解决课程改革过程中的新情况、新问题和新矛盾，形成《关于对全市普通高中课程改革实验中几个突出问题的指导意见》，被自治区教育厅加编者按转发全区。“高效课堂”在全市地引入、实验和推进，为课程改革寻找到了新的突破口和新的途径，保证了课程改革的顺利进行，逐步确立了以学生发展为本的新型教学模式，为全区课程改革积累了宝贵经验。

5. 不断深化人事管理体制改革，为教育科学发展注入新动力

全市中小学内部管理体制改革从学校试点到全面推开，从局部探索到逐步完善。加强编制管理，圆满地完成了中小学教职工编制核定任务，规范了学校机构和岗位设置。建立健全了小学、初中、高中及中等职业学校和其他教育机构面向社会的教师资格认定制度，教师资格认定工作走上科学化、制度化、规范化的道路。全面推行教职工聘用（聘任）制度和城乡教师对口帮扶制度，逐步实现了教师职务由“身份管理”向“岗位管理”转变。进一步完善校长负责制，大力推行中小学校长聘任制，采取在本系统或面向全社会公开招聘、平等竞争、严格考核、择优聘任的办法选拔任用中小学校长，造就了一批朝气蓬勃、敢于创新、具有高学历的新生代校长，有力地促进了学校的管理水平和教育教学质量的提高。

（六）坚持教育协调发展，各类教育成效显著

改革开放以来，对基础薄弱、教育资源紧缺、投入不足和教育发展层次低、普及程度低等一系列巨大难题，固原历届党委、政府从全国、全区发展的大格局着眼，从全市经济社会发展的实际出发，不懈怠、不

气馁，响亮提出了教育决定固原未来的战略思想，把教育作为全市经济社会发展最重要的基础性工作和最大的民生任务来抓，坚持以提高教育质量和促进教育公平为重点，以各项攻坚计划为抓手，以重点工程为带动，以破解教育难题为突破口，各类教育从重点推进向全面协调发展。

1. 学前教育事业发展不断加快，普及学前教育全面起步

坚持政府主导、社会参与、公办与民办并举的方针，从保基本办学条件，满足群众基本就学需求入手，将学前教育发展纳入教育事业总体规划，市、县（区）逐级制定《学前教育发展三年行动计划》，城乡幼儿园建设工程全面启动，全市幼儿园从 1978 年的 10 所增加到 174 所，在园幼儿由 3056 人增加到 33288 人，净增 30232 人，学前三年毛入园率达到 49.24%，农村学前一年受教育率达到 77.98%。

2. “两基”攻坚目标全面实现，义务教育步入均衡发展轨道

改革开放以来，“两基”任务是摆在市委、政府面前最为艰巨一项战略任务。按照自治区 2007 年全面实现“两基”的总体目标，全市各级党委、政府迎难而上，认真落实《义务教育法》，2003 年全市实现了普及初等义务教育的目标，2006 年全市“两基”工作提前一年通过自治区政府的评估验收，2008 年 6 月，“两基”工作顺利通过国家教育督导团评估验收，专家组给予了“两个领先、一个跨越”的高度评价。2010 年，全市 62 个乡镇全部实现教育强乡镇创建目标。2011 年，全市四县一区实现创建教育强县区目标。目前，全市小学、初中适龄儿童少年入学率分别达到 100%和 96.4%，辍学率分别降低到 0.16%和 0.63%，全市人均受教育年限由 2002 年的 5.8 年提高到 8 年。

3. 普及高中阶段教育强力推进，高中教育发展步伐加快

大力实施高中标准化建设工程，先后投入资金 20 多亿元，完成了固原一中、固原市回民中学、西吉中学迁建，原州区五中、西吉四中、泾源县高级中学、隆德高级中学和彭阳三中新建工程，2014 年高中学

位总量达到 37000 个，实现了初、高中分离办学和高中全部建在市区或县城的目标。强力推进高中内涵建设，认真实施高中课程改革，积极开展自治区示范性高中创建工作，固原一中、固原二中等 7 所高中被评为自治区示范性高中。2012 年，全市实现基本普及高中阶段教育目标，目前全市高中在校生达到 36028 人，高中阶段毛入学率达到 89.54%。

4. 职业教育基础能力明显加强，服务地方经济发展能力持续提升

面对普高过热、职教萎缩、中等职业教育生源严重不足等各种不利因素，固原市牢固树立抓职业教育就是抓经济、抓就业、抓扶贫、抓增收的发展思路，坚持把推进职业教育跨越式发展纳入全市教育发展总体规划和年度目标管理考核，以就业为导向，不断加强职业教育基础能力建设，不断深化中职招生制度和办学模式，走出了一条富有特色的职业教育发展路子。先后制定出台了《固原地区行署关于加快改革与发展职业教育的意见》《关于加快改革和发展职业教育的意见》《固原市推进职业教育跨越式发展实施方案》和《中共固原市委 固原市人民政府关于推进职业教育跨越式发展的实施意见》。先后投资 2 亿元，完成了固原市民族职业技术学院搬迁新建，西吉职中、泾源职中扩建，隆德职中、彭阳职中搬迁工程，相继完成固原高科技旱作农业示范园建设等一批实训基地，初步形成了以市民族职业技术学院为龙头，辐射四县职教中心的中职办学体系。积极扩大招生规模。全力推动东西部联合办学，坚持政府主导，学校参与，合同管理的原则，采取“1+2”“2+1”

职业学校的学生将赴沿海地区实习

“0.5+2.5”等联办形式，不断加大职业学校之间的联合与合作，先后与北京、福建、广东、山东、上海、江苏、四川、天津等十多个省市的40多所职业学校和企业开展了联合招生、合作办学，年均输送学生达5000名，约有2.2万人通过联合办学走出大山，年均就业率达到90%以上。截至目前，职业学校在校生达到12693人。

5. 高等教育综合实力不断增强，人才培养质量明显提升

宁夏师范学院是宁夏南部山区唯一的一所高校，也是宁夏唯一的高等本科师范院校。学校开设中文、政法、外语、数学与计算机科学、物理与信息技术、化学工程、初等教育、艺术、体育、医疗、护理等专业及医学基础部（2015年初医疗卫生专业与宁夏医科大学合并）。建校30多年来，共培养毕业生14000多名，培训各类专业技术人员4800多名。目前宁南山区中学教师有85%，县、乡医护人员有80%是宁夏师范学院毕业生，宁夏师范学院顶起了宁南教育、卫生半边天。

6. 民族教育发展基础不断夯实，民族人口受教育水平显著提高

坚持民族教育优先发展、重点扶持的原则，采取特殊措施，把民族教育纳入经济社会发展的总体规划，全市各县区在教育经费紧张、资金缺口较大的情况下，优先保证民族教育经费，对回族学生的入学、上学和升学实行补贴和激励等优惠政策，确保了回族儿童进得来、留得住、学得好，实现了民族教育的长足发展，民族教育的整体实力不断增强。改革开放以来，全市先后组织实施了自治区“百名优秀青年教师支援民族地区教育”和“百所回民中小学标准化建设”的“双百工程”等一系列工程项目，先后投资3000万元使33所中小学校进入“百标工程”，使民族中小学校条件装备得到明显改善，这些学校率先成为宁南山区民族教育的窗口学校。全市小学、初中、高中回族学生占在校生比例分别达到55.3%、44.3%和28.5%，小学回族适龄人口入学率达到100%。

7. 信息技术教育发展快速推进，教育现代化水平不断提高

自 2003 年开始，启动实施了“农村中小学现代远程教育试点（示范）项目”和“宁夏农村现代远程教育试点项目”，全市共建成光盘播放点 495 个，卫星地面接收站 753 个，计算机网络教室 138 个。拥有计算机 5594 台，信息技术教育走向中小学，原州区、隆德县、泾源县信息化教育覆盖率达到 100%，其中原州区头营中学进行现代远程教育资源综合应用试点取得了显著成效，受到了党和国家领导人的关注与肯定。2008 年启动创建教育强县区、强乡镇活动，全市通过自筹和争取项目相继投入 2.3 亿元，配备计算机 21649 台，实现了村级完小以上学校全部配备计算机教师和接入光纤互联网的目标。目前，全市接受信息技术教育覆盖率达到 90%以上，各县区均建立了县级教育教学信息资源库。

三、经验启示

回顾 30 多年奋斗历程，固原教育在不断向前发展中积累了许多宝贵的经验和有利于教育事业发展的启示。

（一）政策倾斜、项目扶持，是贫困地区教育发展的关键

作为贫困地区的固原，教育事业的蓬勃发展离不开党中央、国务院的亲切关怀和政策扶持，离不开自治区党委、政府的高度重视和大力支持。改革开放以来，固原教育始终牵动着各级领导的心与情，习近平、胡锦涛、江泽民、李克强、温家宝、贾庆林等党和国家领导人相继来到固原，视察教育工作，亲切看望山区教师，关心贫困山区孩子成长。自治区党委、政府先后五次召开固原工作会议，把教育事业发展列入推进固原经济社会发展的重点内容和改善民生的重点项目，在资金、项目和政策上优先向固原倾斜，支持固原教育发展。自治区党委、政府主要领导经常深入固原，指导教育改革发展，帮助解决教育难题。特别是国务院将固原纳入六盘山集中连片贫困地区和西部扶贫攻坚重点地区，自治

区把固原作为宁南山区中心城市建设和大县城建设重点，给予固原经济社会发展一系列政策和项目支持，为教育事业发展带来了前所未有的广阔空间。党中央、国务院和自治区党委、政府的高度重视，各级领导的亲切关怀，不但使固原教育发展在政策、资金、项目等方面获得了巨大支持和倾斜，也极大地激发了固原广大干部群众的工作信心和干事热情，使固原教育走过了极不平凡的30多年。

（二）党政重教、全民兴教，是教育发展的坚实基础

改革开放以来，历届固原市委、政府坚持尊师重教，秉持“固原发展，教育先行”的思想，始终把教育作为经济社会发展的奠基工程和最大的民生工程来抓，大力推进教育改革创新，强势推动教育发展。一是建立教育发展的责任保障体系。坚持把教育纳入市、县（区）经济社会发展总体规划之中，实行政府一把手总负责，党委常委会、政府常务会定期研究教育工作，解决教育发展难题。人大、政协坚持每年进行1~2次教育工作专项视察，督查指导教育工作。建立了厅级领导干部联系学校制度和教育重点工作部门联席会议制度，每年开展1次全社会兴教助学活动，形成了政府统筹、教育主管、各部门齐抓共管、社会各界鼎力帮扶的教育发展格局。同时，市委、政府把教育纳入县区年度目标考核之中，作为主要领导干部的任期重点考核指标之一，市、县（区）政府每年把教育作为政府承诺为民办的大事、实事重点内容之一，保障教育发展。二是切实落实教育经费保障责任。始终把保教育投入作为全市财政的第一保障，努力做到“三个优先”，即年初预算时优先考虑教育，执行预算中优先满足教育，年终追加预算时优先照顾教育，努力实现教育经费“三个增长”。三是科学谋划教育发展。针对教育发展各阶段实际，先后出台了《固原市人民政府关于加快教育发展的若干意见》《固原市中小学校长培训计划》《固原市关于推进职业教育跨式发展的实施意见》《固原市基本普及高中阶段教育实施方案》《固原市发展学前幼儿

教育三年行动计划》和《固原市市区中小学幼儿园布局规划调整方案(2010~2015)》等一系列指导性政策、措施，推动教育发展。特别在《国家中长期教育改革和发展规划纲要》颁布后，市委、政府在认真学习纲要精神和深入开展调查研究的基础上，制定了《固原市关于贯彻落实宁夏中长期教育改革和发展规划纲要的实施意见》，提出“到 2012 年全市实现基本普及高中阶段教育，2017 年初步实现义务教育均衡发展，2020 年普及学前幼儿教育，实现教育强市”的战略目标。四是动员全社会力量兴办教育。充分利用各类新闻媒体，在全社会弘扬尊师重教典型，大力营造全社会助教、兴教的浓厚氛围，先后争取世行贫 II 项目、明德项目、希望工程、邵逸夫等社会组织和知名人士以及地方企业家助学资金 2 亿多元。各级党委、政府一次次攻坚克难，一系列的战略谋划，一项项务实举措，一件件大事实事，使教育的基础性、全局性的地位更加突出，教育事业发展的活力和发展后劲日益增强，为全市教育的科学发展、跨越发展奠定了坚实的基础。

（三）深化改革、探索创新，是增强教育活力的不竭源泉

改革推动创新，创新促进发展，改革是教育事业可持续发展的强大动力。30 多年来，全市上下用改革创新，解决了教育发展过程中存在的很多困难和问题。通过完善“以县为主”的农村义务教育管理体制，实现基本普及九年义务教育，缩小城乡义务教育差距，推进全市义务教育均衡发展，巩固义务教育基础；通过对办学体制、投入体制、行政管理体制等三大体制的改革，吸引更多的社会资金投入教育；落实学校办学自主权，形成公办学校、民办学校共同发展的多元化发展格局；通过创新学校干部、人事、分配、教育评价等机制，迅速建立现代学校管理制度，极大地调动了广大教育工作者的积极性、创造性，使教育事业的发展始终充满着生机与活力。

（四）以人为本、人民满意，是教育科学发展的根本要求

以人为本是教育发展的核心理念。30多年来，固原教育坚持以科学的理念为指导，在教育管理中注入人文精神，形成了彰显教师个性、发挥教师潜能、实现教师价值、为教师不断成长而服务的管理模式，建立了帮助学生成长、解决学生困难、维护学生权益的服务体系。全市教育系统从机关到基层、从学校到家庭、从教师到学生，基本做到了亲切融洽、和谐发展，营造了政通人和、心齐气顺的干事环境。与此同时，始终围绕人民满意的办学宗旨，适时解决教育发展过程中出现的新困难、新矛盾和新问题，不断规范办学行为，夯实教育发展基础，赢得了人民群众的广泛支持，社会各界和广大群众始终以高度的热情，对教育工作给予了极大的理解、支持和关注，成为推动全市教育事业发展的强大后盾。

（五）质量为先、提高素质，是教育发展的永恒主题

质量是教育发展的生命线。固原市把推进素质教育、深化课程改革、提升办学质量作为教育工作的中心，从而使教育始终保持着旺盛的生命力。30多年来，全市广大教育工作者努力贯彻党和国家教育方针，培养了大批品学兼优的人才，取得了显著成绩。特别是20世纪90年代以来，全市中小学结合青少年身心发展特点和认知规律，准确把握素质教育的内涵，按照“质量立校、管理兴校、科研强校”的办学思路，通过相继组织开展的“学大纲用大纲活动”，“三课活动”“教坛新秀评选活动”“五个百评选活动”“杏坛杯”教师教育教学案例评选、“片区教研活动”“教师全员培训”等序列性研训活动，大幅提升了教师专业水平和教学管理的规范化，产生了显著的办学效益。积极稳妥地推进基础教育课程改革和普通高中课程改革是教学管理、教学过程和教学质量得以提升的原因所在，近六年来，全市基础教育质量逐步跃升全区前列。

（六）依法治教、强化督导，是教育发展的有力保障

依法治教是全面推进依法治国基本方略的必然要求。改革开放以来，各级政府、各有关部门和学校，不断增强法治意识，认真贯彻执行国家和自治区有关教育工作的法律、法规，加强依法治教，严格履行法律赋予的职责，运用法律手段调整、规范和解决教育改革发展中出现的问题，切实保障了教育以及学校、师生的合法权益，初步形成了政府、学校、家庭、社会等几方面共同努力的依法治教新局面。各级政府高度重视教育督导工作，建立和完善了有利于新形势下教育发展的全新督导机制，用符合素质教育要求的评价手段对学校进行监督、评价和检查，引导学校和教师全面实施素质教育，提高教育教学质量。加强执政能力建设，强化教育系统领导干部的执政意识、执政艺术和执政水平，坚持科学执政、民主执政、依法执政，保证了教育事业健康发展。

四、对策建议

实现“两个一百年”奋斗目标、中华民族伟大复兴的中国梦，归根结底靠人才、靠教育。回眸过去，强劲的发展势头，给教育事业带来了无限生机，党的十八大和十八届三中、四中全会为教育事业发展提出了具体要求，指明了前进方向，规划了宏伟蓝图。2015 年 10 月，党的十八届五中全会提出：提高教育质量，推动义务教育均衡发展，普及高中阶段教育，逐步分类推进中等职业教育免除学杂费，实现家庭经济困难学生资助全覆盖。固原市经济社会发展和“四个固原”建设对教育工作要求更高、更强烈，教育在经济发展和社会进步中将呈现出越来越突出的重要作用。固原教育事业发展又站在新的历史制高点上，任务十分艰巨。我们也清醒地看到，当前教育发展仍面临不少矛盾和问题：一是优质教育资源总量仍旧不能满足全面建成小康社会的建设需要和人民群众的需求，县域内教育发展还不够均衡；二是教育改革的力度、深度、

广度不够，师德师风建设仍是教育行风建设的主要任务，学校内部管理体制改革还有待于进一步完善和落实；三是教育经费投入总量不足，举债办教育的问题还没有解决，投入不足仍是制约教育快速发展的主要问题；四是“普九”水平和质量还较低，高水平、高质量普及九年义务教育的任务还相当重；五是职业教育发展缓慢，实训条件落后，专业教师不足，就业渠道狭窄，群众送子女入学的积极性不高，职业教育距经济社会发展的要求还有较大差距；六是民办教育的发展有待进一步规范。

（一）均衡发展，巩固提高义务教育

进一步加大《义务教育法》的执行力度，依法让适龄少年儿童接受义务教育。进一步完善农村义务教育经费保障机制，强化和完善贫困学生救助机制，加大对贫困学生救助工作力度。继续把巩固“两基”成果，提高普及程度作为教育工作的一项长期任务来抓。切实贯彻落实“巩固、深化、提高、发展”的工作方针，把义务教育的工作重心进一步落实到办好每一所学校和关注每一个孩子健康成长上来，积极改善农村学校和城镇薄弱学校的办学条件，确保到2017年实现县域义务教育的均衡发展。努力减少城市大班额现象，在农村逐步推行小班化教学。

（二）学前试点，两头延伸普及教育

对照教育改革与发展规划纲要的目标，结合实际制定切实可行的第二期学前教育三年行动计划，探索公建民办、民建公助等办法，抓住国家启动计划的机遇，尽快争取项目建设，在每个乡镇建1所中心幼儿园，基本形成完善的幼儿教育体系，力争在宁南山区农村率先实现免费学前教育，努力提高幼儿教育普及率，到2020年，全市学前三年儿童受教育率达到80%以上；继续加快普通高中教育发展，提升办学能力和总体实力，进一步扩大优质普通高中教育规模，巩固和提升基本普及高中阶段教育成果，使高中阶段教育普及程度进一步提高；进一步转变观念，更新理念，创新发展，强化高中校长、名师、教科研队伍建设，持续改进教学方式，不断提高教学质量，2020 年，将全市 12 所普通高中全部建成省级示范高中，确保高中教育和高考成绩在全区有位置，打响固原高中教育品牌。

（三）特普融合，重视发展特殊教育

认真落实国务院全国特殊教育工作电视电话会议精神，理清思路，创新方法，多措并举，坚持特教特办的原则，采取建设特教中心（特殊学校），或在相应学校设立特教班，随普通班就读以及送教上门等办法，在残疾儿童中普及义务教育。要合理调整专业结构，以“三教”为核心，采取医教结合、特普融合的办法，让更多的残疾孩子融入小社会，和普通孩子一样共同接受良好的教育，努力使残疾少年儿童入学率达到 85%。让社会发展更为公平、更为和谐。

（四）创新创业，深化发展职业教育

全面贯彻落实全国职业技术教育会议精神和《国务院关于加快发展现代职业教育的决定》，把职业教育摆在更加突出的位置，到 2020 年，5 所职业学校在校生规模达到 15000 人以上，基本实现普职比大体相当的高中阶段教育目标。在加强市职业技术学院基础能力建设的基础上，加快建设适应经济社会发展需求、校企紧密结合、产教深度融合、中高职衔接、职教和普高有效沟通的现代职业教育体系。一方面抓住“双师型”队伍建设这个关键，以打造优势专业为突破口，选派教师到企业学习实践，同时采取在企业聘任技术人员到职业技术学院做兼职教师的办法，解决师资力量不足的问题；另一方面，把握校企合作、校校协作这个核心，采取内引外联的办法，加快实训基地建设和学历层次提升，使全市职业教育更具特色、更有吸引力，为争取六盘山职业技术学院建设夯实基础。

（五）健全机制，提高教师队伍素质

加强师德师风建设，引导广大教师严格遵守《中小学教师职业道德规范》和区、市相关规定，大力弘扬“学为人师、行为世范”的良好风尚，教育和引导广大教师，做到爱岗敬业、严谨治学、勇于创新、教书育人、为人师表，向学生传播正能量，展示阳光心理。以教师自身素质的提升和业务能力的提高，推动教育健康持续发展。加强教师培训及素质提升工作，提高教师适应教育改革和发展的能力。2020年，全市高中、初中教师要全部实现学历达标，小学教师具有专科学历者要达到60%，具有本科学历者要达到20%，初中教师具有本科学历要达到50%；高中教师具有研究生学历者要达到10%。继续推进“六盘名师”和教师队伍素质提升工程。积极推进校本培训工作，开展教师全员培训，强化教师教学技能，提高教师队伍整体素质。进一步完善校长选拔制、教职工聘任制，建立健全重能力、重实绩的学校管理体制。积极探索建立适应现代教育体制的中小学校长培养机制，加强校长队伍建设。

（六）立德树人，全面提升教育质量

全面贯彻党的教育方针，落实立德树人根本任务，大力实施以培养学生社会主义核心价值观和社会责任感为主要内容的德育教育，培养以提高学生创新精神、实践能力为核心内容的素质教育，建立和完善以全面提高学生素质为目标的课程体系，优化教学过程。积极稳妥地有计划、有步骤地进行课程改革，把先进的教育理念、教学方法、教学资源融入到课堂教学中，培植改革新动力，构建教学新课堂，打造课改新学校，成就教育新经验，全面提高教育教学质量，形成具有固原特色和县域或学校特色的高效课堂教学新模式。认真执行课程计划，加强对教学过程的管理，建立相应的制度。建立与素质教育相适应的考试、招生和教育教学评价体系。继续坚持小学和初中阶段免试就近入学，深化中考改革，完善中小学生综合素质评定工作。

（七）调整布局，优化学校资源建设

本着先规划后建设、新校建设与布局调整相结合的原则，根据全市城镇化进程规划的总体方案，制定固原市学校建设总体规划，努力扩大办学规模，满足城市化进程的需要。根据固原区域中心城市化进程所带来的人口增加及学龄人口分布的变化，科学合理地安排新校建设工作。到 2017 年，在西南新区新建第八中学和两所小学，积极争取建设六盘山职业技术学院，满足城市化进程对教育的新需求。

（八）统筹发展，扎实促进教育公平

坚持教育优先发展、协调发展、和谐发展，统筹城乡、区域教育，统筹各级各类教育，统筹教育发展的规模、速度、结构、质量和效益，统筹教育的改革、发展和稳定。坚持公共教育资源向农村倾斜，逐步缩小城乡、区域教育发展差距。建立遍布城乡学校的现代远程教育网络，形成面向全市学校的公共教育服务体系，统筹区域内义务教育均衡发展。推进教育事业持续协调健康发展。

回首 30 多年的光辉历程，展望固原教育的发展前景，我们充满了信心和决心。只要我们认真贯彻落实党中央、国务院“四个全面”的战略布局，把“五大发展理念”融入教育改革与发展的各环节，树立抓铁有痕、踏石留印的求真务实精神，抓住机遇、迎接挑战，锐意改革、开拓进取，就一定能在 2020 年基本实现教育现代化的新目标，建立固原教育科学和谐发展新常态，谱写出新时期固原教育改革和发展新的光辉篇章。

中卫市教育改革与发展史研究

改革开放以来，中卫的教育规模不断扩展，教育普及水平大幅提高，办学条件明显改善，教育质量逐年攀升。尤其是2004年4月撤县设地级市以来，市委、政府将教育事业作为“德政工程”“民生工程”，摆在优先发展的地位，以经费投入促办学条件持续改善，不断强化教师队伍建设，着力提升教育质量，推进全市教育实现了跨越发展，为全市经济社会发展提供了人才保障和智力支撑。

一、改革发展历程

党的十一届三中全会以来，中卫市的教育改革与发展紧跟全市政治、经济社会发展步伐，大致可以划分为四个阶段。

（一）拨乱反正，恢复整顿重建阶段（1977~1984年）

以1977年全国恢复高考制度为起点，中卫的教育改革全面启动。1978年，全国教育工作会议、科学技术大会先后召开，在大会精神指引下，中卫县在教育领域率先拨乱反正，逐渐恢复正常教学秩序，撤销学校革委会（领导小组），撤出工宣队，学校实行党支部领导下的校长分工负责制，全面贯彻“调整、改革、整顿、提高”的八字方针，恢复正常的教育教学秩序。

首先，在全县恢复传统学制，实行多种形式办学。1979年，中卫县西园公社夹道小学试办学前班，随后又率先办成全区第一所农村示范性幼儿园。小学教育转轨定向，恢复五年学制，坚持“保证重点（基础教育）、面向农村、两条腿走路、多种形式”办学。把普及五年义务教育作为教育工作的重点，全县集中大量的人力、物力、财力投入到小学，掀起了扫盲与普及小学教育的热潮。县城三小、柔远小学、镇罗小学被列为全区首批重点小学。全面贯彻教育部《全日制五年制小学教学计划》，年授课36周，复习考试4周，机动2周，寒暑假10周。教学中狠抓基础知识与基本技能训练、读写训练，以及新法教学实验，基本形成了县、乡、村三级教研网络，教学质量明显提高。此后，为了方便农村学生读初中，又确定县城三小、四小和柔远、镇罗、宣和、永康、常乐、夹道、曹闸、孟家湾等10个乡镇的10所小学为中卫县首批八年制学校，附设了初中班。乡村中学均按教育部《全日制五年制中学教学计划试行（草案）》开设课程，高中、初中分别实行“二二”制。1979年，农村初中改为三年制，高中暂实行两年制，采用全国统编教材。直到1981年后，学制才固定为“三三”制，即初中、高中各为三年，政治科目因年级不同而异，初一开设《青少年修养》，初二为《法律常识》，初三为《社会发展简史》；高中各年级开设《政治经济学》与《辩证唯物主义》。整个中学阶段还开设代数、几何、动物、植物、语文、物理、化学、英语等课程。每周计28~34课时，每课时45分钟。1984年11月，中卫县“四率”均达到国家规定的要求，被确认为全区第一个普及初等教育县。

其次，逐步完善教育体系，加强职工业余教育和中职教育。1980年，针对新职工比例大，总体素质差，多数达不到合格学历，与实际学历不相符的状况，采取文化、技术补课（简称“双补”），半脱产进修，鼓励职工报考各类函授、电大、卫星电视学校学习，逐步提高职工文化技术素质。职业中学自1981年起，学制定为2~3年，除执行普通中学教学大纲外，文化课视各校师资情况和实际需要有所删减，增设的职业技术课因无固定的教员，依课程内容由各学校随时聘任，生产技术与实践多由挂靠单位协助教学。此后，为了加强职工教育工作，1982 年 2 月，中卫县还成立职工教育办公室，专门负责全县职工教育的组织领导，职工正常的培训、进修主要仍以所在的部门来组织进行。

最后，因地制宜调整学校布局，加强中小学领导班子建设。1979 年起，中卫县逐步调整中学设置布局，确定完全中学 11 所，八年制学校 31 所（完全小学附初高中班）。其中，中卫中学列为自治区重点中学，中卫一中定为县属重点中学。1980 年，全县保有完全中学 11 所、初级中学 29 所，“浮肿”现象基本消除。1983 年 7 月，中卫县城镇中学改为完全中学，招收两个高中班。1984 年 1 月，教育系统机构改革，调整了中小学领导班子，撤销各乡文教专干，设中心小学校长，一批年富力强，具有一定教育领导水平的中青年教师走向学校领导岗位。

在恢复教育重建整顿时期，中宁县（当时行政区划归银南行署管理，2004 年 4 月正式划归中卫市管辖）于 1977 年 11 月结束了工宣队管理学校的历史，工会和共青团工作全面恢复。是月，恢复高考的第一次招生考试在中宁中学开考，全县 1034 名考生参加考试，当年大专录取 72 名，中专录取 157 名。1978 年 1 月，根据全县教育发展现状，对全县中学布局进行调整，调整后全县有完全中学 4 所、初级中学 12 所、七年制学校 20 所。截至 1979 年，中宁县委落实知识分子政策办公室将全县 54 名错划为“右派”的教师全部予以平反。从 1981 年 8 月起，中宁县各中学全部实行初、高中“三三”分段的六年制，中学各科教材，依照《全日制六年制重点中学教学计划》和大纲要求进行修订。海原县（当时行政区划归固原行署管理，2004 年 4 月正式划归中卫市管辖）自 1978 年党的十一届三中全会后，各学校开始拨乱反正，建立健全党、团组织，平反教师冤、假、错案，并为一批教育工作者恢复名誉，各科实施新《教学大纲》，确保了教学计划与教学任务的全面完成。1979 年，海原县成立教师进修学校，开始为全县培养、培训小学教师，以缓解教师数量不足的困难。1980~1984 年，因农村实施生产责任制，部分偏远山区的中小学生弃学务农现象严重，对基础教育发展产生了一些消极影响。

（二）建章立制，管理体制规范阶段（1985~1993 年）

1985 年 5 月，党中央、国务院召开第一次全国教育工作会议，并颁布《中共中央关于教育体制改革的决定》（以下简称《决定》），提出我国教育体制改革四个方面的内容：第一，把发展基础教育的责任和管辖权交给地方，有步骤地实行九年制义务教育。第二，调整中等教育结构，大力发展职业技术教育。第三，改革高等院校的招生计划和毕业生分配制度，逐步实行校长负责制，扩大高等院校办学自主权。第四，加强领导，调动各方面积极因素，保证教育体制改革的顺利进行。《决定》的颁布为教育工作指明了方向，中卫县委、政府及教育系统从端正教育指导思想入手，不断改革管理体制与机制，积极推进分级管理，调整优化教育结构，改善办学条件，促进教育事业步入规范化发展轨道。

这一时期，中卫在教育体制改革方面主要是按照中央《决定》精神和《宁夏回族自治区基础教育分级管理暂行规定》等政策性文件，坚持“人民教育人民办，办好教育为人民”的方针，改变过去教育单纯依靠国家“包下来”的状况，实行基础教育“地方负责，分级管理”的教育管理体制改革，把发展基础教育的主要责任下放到县级，交由地方负责，进一步简政放权，重心下移。县、市（区）实行三级办学、两级管理，明确了县、乡、村各自的义务、权利和管理职责，乡一级普遍成立了教委或教育办公室，由乡镇政府领导兼任教委或办公室主任，强化了乡一级政府对教育统筹管理的职能。学前办学体制改革成为教育改革的先行者和样板，较好解决了办学经费不足的问题。为缓解幼儿入托、入校难问题，自 1987 年开始，采取“县里拨一点、乡里补一点，村里集一点，家长出一点”的办法，促进了学前教育发展，全县开办学前班

22个。翌年，全面推行“分级办学，分工管理”制度，把学前教育的任务落实到基层，采取“以园养园，以班养班”的办法，增加家长交纳学费比例，以弥补开班费用之不足。这一时期，中宁县的教育改革同步拉开了序幕。1985年7月，中宁县委决定撤销文化教育科，分设文化科和体育运动委员会。1987年10月，县委、政府做出《关于初等教育管理体制改革的决定》，实行“人事县、乡分管，国拨经费包干到乡”的县、乡、村三级办学管理办法，由县上办好中等教育，乡镇重点抓好中心小学、乡村办好所属农村小学。1990年，为激发内部活力，增强竞争意识，县教育科在中宁中学进行教师聘任制试点工作，并逐步在全县推开。1993年，全县教育系统认真学习贯彻国务院《中国教育改革和发展纲要》精神，有序深化内部机制改革，积极探求市场经济条件下搞好教育的途径。这一时期，海原县也积极加快改革步伐。1985年，海原县基础教育实行“地方负责，分级管理”，极大地调动了社会各界办学的积极性，对全县教育起到了巨大推动作用。1986年，为确保各级各类学校的教育经费，县教育科实行教育经费包干制。1992年，县教育局制定了《海原县关于加强全县学校管理工作的规定》和《海原县中小学管理规范要求》，决定改革旧的教育管理体制，在海原中学、海原二小、李旺学区进行校长负责制、教职工聘任制、结构工资制的试点工作。1993年，在试点的基础上，经广泛征求意见、反复论证研究，县教育局印发了《校长负责制实施办法（试行）》《教职工聘用合同制实施办法（试行）》和《改革教职工奖励工资发放办法（试行）》等文件，对教育改革深化提供了政策依据。

这一时期，中卫的教育在改革中奋力前行，教师队伍稳定发展，教科研活动组织活跃，教育教学质量逐步提高，学校基础设施建设投入力度不断加大，办学条件有所改善，教育结构调整力度较大，中等职业教育发展取得了一定成效。期间，中卫县1378名中小学教师达到国家规定的学历要求，747 名中小学教师获得中、高级职称，初步形成一支稳定、合格、配套的师资队伍。1985 年以后，针对学校教育只抓“重点班”“尖子生”，忽视大多数学生，只抓毕业班，忽视非毕业班的状况，中卫县决心大面积提高教学质量，纠正片面追求升学率的做法。随后，幻灯片、录音、录像、计算机等电化教学手段引入教学领域，并组织课外科技与兴趣活动小组，开展第二课堂，教学、教改、教研逐步规范。在社会各界的大力支持下，办学条件也得到了改善。仅 1988 年，全县就集资 112.5 万元、国家投资 85 万元，对县域中小学 14713 平方米的一类危房进行了改造。1993 年 12 月，高标准扫盲工作通过自治区政府评估验收，非文盲率达到 97.98%。1993 年，中卫全县已办幼儿园、托儿所 8 所，其中教育部门办 1 所、其他部门办 6 所、个体户办 1 所。在幼儿园托儿所幼儿 1134 人，教职员工 148 人。共有 96 所小学附设学前班 131 个，在校幼儿 5086 人，其中镇罗、西园、城关、城郊实现校校有学前班。城乡分布普通中学 30 所，其中完全中学 10 所、初级中学 6 所、八年制学校 14 所； 在校学生 18163 名，其中高中 2611 名、初中 15552 名。期间，海原县教育行政部门也整顿教育教学秩序，对部分学校所存在的乱收费、乱招生、乱转学、乱发毕业证、乱招聘雇佣教师等不正之风进行纠正。

（三）转型升级，推进教育优先发展阶段（1994~2003 年）

1993 年初，中共中央和国务院发布《中国教育改革和发展纲要》，明确提出：在新形势下，全社会要对教育的改革和发展具有紧迫感，真正树立社会主义建设必须依靠教育和“百年大计，教育为本”的思想，采取切实有力措施，落实教育的战略地位。《纲要》是教育改革与发展决策性的文件，标志着我国教育改革进入了新阶段。教育理念由传统的应试教育向素质教育转变，教育改革步入了一个转型升级、逐步深化的重要机遇期，随着党的十五大的召开，“科教兴国”上升为国家战略，教育摆在了优先发展的战略地位。中卫县全面贯彻《纲要》和自治区的一系列重大决策部署，紧紧围绕“争取到本世纪末基本普及九年义务教育，基本扫除青壮年文盲”（以下简称“两基”）的目标，坚持教育优先发展战略，采取“分区规划、分步实施、重点突破”的方法，多措并举，明确责任，限定时间，压茬推进，加快了“两基”目标的提前实现，在办人民满意的教育上取得了新成效。

这一时期，中卫教育改革与发展呈现出三个主要特点：一是有序推进依法管理，积极探索改革教育方法和教学手段。1994 年，中卫县贯彻执行《义务教育法》和《教师法》，学校管理日趋规范化。在原有教学网点基础上狠抓学龄儿童的入学率和巩固率，保证全县适龄儿童普及九年义务教育规划的实施。二是加大教育内部机制改革，逐步健全完善各种规章制度。1996 年，中卫县政府做出了《关于加快教育发展步伐 确保完成普及九年义务教育任务的决定》，全县教育系统进一步加强宣传教育工作，提高全社会对教育优先发展战略地位的认识；用足用活政策，增加教育投入，努力改善办学条件；加强领导，强化措施，确保“普九”工作健康发展；加强法规、政策宣传，增强全民“普九”意识。为加大改革力度，县教育局先后出台《关于整顿教师队伍作风的意见》和《关于进一步加强教师队伍品德行为的管理意见》，重新修订《关于中小学教师津贴发放意见》《关于加强教师专业技术职务评聘管理工作的意见》，积极推行人事调配、选拔、考核、竞聘制度和大中专毕业生分配、教师调动“双向选择”试岗制度。三是狠抓“普九”任务落实，学校办学条件升级达标卓有成效。经多方积极协调，中卫县争取到香港陈廷骅、邵逸夫两位先生的教育捐款，建成福和希望小学和逸夫小学。进一步加大基础设施建设力度，对全县中小学 35 个基建工程及时加强质量监督，逐级明确监督责任，使新建校舍工程质量有了较大提高。2003 年，中卫县积极开展学校办学条件升类达标活动，全县办学条件达到一类标准的学校有6所，达到二类的有19所，有23所学校建起微机室，有4所学校建起语音室，有3所学校安装双向控制闭路电视系统和多媒体电教室。期间，中宁县将“普九”达标验收作为政府工作的重中之重，动员一切可以动员的力量，利用一切可以利用的条件，在全县开展“普九”攻坚战，经过三年的不懈努力，“普九”初战告捷。2001年，积极争取逸夫资金，并借全区中小学危房改造东风，争取国家、自治区的支持资金800多万元，对城镇中学、新堡中学、长山头中学、朱台完小、东华完小、跃进完小、创业完小危房进行翻建改造，完成翻建扩建面积10700平方米。2003年，按照“调整小学、稳定初中、发展高中”的工作思路，通过合并、撤销、重组、加强、扩建等措施，撤并了新堡镇毛营、鸣沙镇养马两所完小，将长滩、红滩、黄辛、石空镇王营、黄庄、史营5所完小降为初小，将石空镇关帝初中撤并到关帝完中，在原校址由王营、黄庄、史营、关帝完小四校合一，组建新的关帝完小，将长滩中学、红滩中学、黄辛中学三校合并，组建了长滩九年制学校，启动实施了中宁中学高、初中分离，中宁中学初一不再招收新生。

这一时期，作为宁夏中部干旱带的海原县，把教育摆在优先发展的战略地位，1995年，提出“科教兴县”战略目标，在海原县社会各界形成共识，也成为全县各项工作的重点。为确保教育投入，海原县正式开征城乡教育事业附加费。同时，社会各界捐资助学，加大教育投入，极大地改善了全县各学校办学条件。1998年，海原县积极组织实施“中国—联合国儿童基金贷款促进贫困县初等教育项目”“闽宁对口帮扶”“义教工程”“希望工程”和“春蕾计划”等重大教育项目工程，使全县各学校的办学基础设施有较大改善。2003年，海原县制定《关于做好进城务工人员子女依法接受义务教育工作的通知》，通知要求各学区（校）保障进城务工人员子女接受规定年限的义务教育。

这一时期，第三次全区教育工作会议于1999年召开，自治区党委、政府出台了《关于深化教育改革和发展 全面推进素质教育的决定》，自治区教委制定了《中小学实施素质教育教学工作目标管理评价细则（试行稿）》等配套措施。中卫、中宁、海原各县认真落实中央和自治区的各项要求，进一步解放思想，更新观念，积极推进应试教育向素质教育转变，改革创新教育方式和教育内容。各乡镇、学校都相继成立了素质教育研讨小组，边学习，边探索。教育理念的更新，素质教育的全面推进已成为这一时期教育改革的最大亮点。

（四）扩规提质，促进教育公平发展阶段（2004~2015 年）

2004 年 4 月，中卫撤县，成立地级市，下辖沙坡头区（原中卫县）、中宁县和海原县。中卫市教育局随之成立。新市的设立为教育改革发展带来了前所未有的机遇，也为中卫教育的跨越式发展创造了极为有利的条件。2005 年，中卫市争取国家开发银行贷款 3000 万元，市财政投入 300 万元，完成中卫一中迁建工程。2006 年 5 月，根据城区第二轮学校布局调整工作方案，将香山乡初中部全部撤并到市区办学。是月，中卫

中卫一中校园一景

一中由老校区顺利迁入新校区，办学条件进一步改善，办学规模进一步扩大，中卫三中由老校区顺利迁入中卫一中原校区。2007 年，中卫市教育局围绕“稳定、发展、创新、提高”的工作方针，深化改革，求真务实，开拓创新，充分整合教育资源，市城区教育教学改革进一步深化，教育现代化水平进一步提高，素质教育积极推进，教育教学质量稳步提高，党建和精神文明建设不断加强，教育事业稳步协调发展。

农村教育改革成为全面深化改革的重点，多项改革措施同步推进，取得了一定成效。本着进一步优化布局，整合教育资源，实现资源效益最大化的原则，撤销蔡桥、高营、敬农 3 所小学，教学点 6 个；将新水、磙子井两所小学撤为教学点；城区学校总数由原来的 114 所减少到 103 所，学校布局结构更趋合理。针对农村基础教育较为薄弱的实际情况，中卫市城区积极争取项目资金 2685.6 万元，对农村学校校舍、围墙等教育教学辅助设施进行改造和维修，改善农村学校办学条件。按照自治区教育厅精神，坚持“公开、公平、竞争、择优”的原则，于 5 月 20 日组织 1180 名大中专毕业生参加全区特岗教师招聘笔试，将招聘到的 250 名特岗老师全部分配到农村学校试岗，并抽调 20 多名教师、14 名青年志愿者到山区和宣和、永康学区支教，有效缓解了山区和部分学区、学校教师紧缺的矛盾，优化了农村教师队伍年龄和学科结构，增强了农村学校师资力量。

课程改革力度加大，校际交流不断扩大。结合新课程改革，中卫市将课堂质量工程作为提高课堂教学质量的有效手段常抓不懈，按照课堂教学质量工程实施方案，对 52 所中小学进行达标验收，促进课堂教学质量的整体提高。组织开展骨干教师巡回讲座和课堂教学观摩活动 4 次，举办讲座 5 场次，上示范课 80 余节，为有效提高教学质量提供示范和经验。组织开展大教研活动，实施听评课和经验交流制度，打破学区、学校间相对封闭的教育教学格局，形成互帮互学、共同提高的良好氛围，为教师的成长搭建平台。开展小学各学科教学评优活动，组织获奖教师在全市范围内公开做课和送教下乡，选拔和培养一大批中青年骨干教师，充分发挥他们的示范引领作用。在国家、区、市级优质课评选活动中，有40名青年教师获奖，其中一人获国家级一等奖。体育活动方面，贯彻执行《关于加强青少年体育增强青少年体质的意见》和“阳光体育”的要求，组织师生开展传统球类、棋类、操类的阳光体育活动和丰富多彩的“大课间”活动，确保学生每天锻炼1小时。各学区、中小学制定了“阳光体育”活动实施方案，加大宣传力度，认真组织师生开展各类体育竞赛活动，做到校校有项目、班班有活动、人人都参与，广大师生逐步形成热爱体育、崇尚运动、健康向上的良好风气；校园集体舞在各学校顺利开展，部分学校教师率先参与，为学生做出积极表率，促进学生在体能、健康等基本素质方面全面发展。

改革为中卫市教育快发展、大发展注入了强大动力，使中卫市教育事业步入了跨越发展的新时期。2008年，中卫市委、政府周密布署，强化责任，落实措施，严格要求，扎实做好“两基”迎国检各项准备工作，“两基”工作顺利通过国家教育督导评估验收。一是加大教育投入。市政府将缺额的1127.24万元公用经费全部按时填平补齐，确保教育经费“三个增长”落实到位。二是提高普及程度。积极动员适龄儿童少年和辍学学生返校就读，为义务教育阶段学生免除教科书费，为寄宿生补助生活费，减轻了义务教育阶段学生家庭经济负担，适龄儿童少年入学率、巩固率全部达标。三是推进扫盲工作。市政府划拨扫盲经费20万元，用于做好扫盲教育和档案建设工作，确保扫盲对象按时脱盲。四是改善办学条件。加大危房改造力度，消除所有D级危房，改扩建一大批校舍，装备一大批教学仪器设备，中小学办学条件得到有效改善。五是加强校园“四化”建设。广泛动员社会各界投工献料，为校园“四化”伸出援手，发扬自力更生、艰苦奋斗的精神，组织师生利用休息时间净化、硬化、绿化、美化校园，学校面貌变化显著，校园文化品味不断提高，学生智力开发、实践探究、品德养成、环境育人工作迈上新台阶。是年，中卫市设立了中职助学管理机构，制定《中卫市国家中职助学金管理办法》和《实施细则》，为落实国家资助政策提供制度保障。2007~2008 年，沙坡头区共发放国家中职助学金 133.66 万元，资助率为 100%。

2009 年，中卫市调整农村学校布局。争取资金 420 万元，于 8 月底建成占地 40 亩，概算总投资 1139 万元，建筑面积 5200 平方米，有 30 个教学班的中卫市第十小学暨特殊教育学校。实现双渠、赵桥、白桥、谢滩 4 村联村办学，打破村村办学校的历史格局，对于发挥教育资源集中优势，改善学校办学条件，有效解决老师学科结构不合理问题，进一步扩大优质教育资源，更好地满足特殊教育群体接受教育的需求，提供了成功经验。在充分调查论证的基础上，积极探索城乡学校“捆绑”联动发展的办学模式。将市区一至七小和部分农村中心完全小学共 10 所学校确定为主校区，为每个主校区各确定 1 所农村薄弱学校为分校区，实行“捆绑”联动发展，通过发挥主校区师资力量、办学条件等方面优势，带动农村薄弱学校提高发展水平，缩小城乡教育发展差距。各联动学校积极行动，修定完善了发展规划和管理制度，组织教师、学科带头人，开展互动教研，促进联动学校教育教学水平的提高。邀请联动学校师生到主校开展联谊活动，深化联动学校师生情感交流，促进联动工作的深入开展。同时，各主校区充分挖掘潜力，积极筹措资金 14 万元，为联动农村学校添置电教设备 120 件，有效改善农村学校办学条件，不断推进城乡义务教育均衡发展。制定印发了《中卫市直属义务教育学校实施绩效工资办法》，提高义务教育阶段教师的工资水平，严格执行《中卫市沙坡头区中小学教师管理办法》《中小学教师月工资考核发放办法》，规范教师管理，改革工资发放方式，体现国家收入分配制度效率优先、兼顾公平的改革发展方向，调动教职工的工作积极性。

2010 年 7 月，党中央、国务院召开全国教育工作会议，发布了《国家中长期教育改革和发展规划纲要（2010~2020)》，对未来十年的教育改革和发展进行了全面部署，开启了我国从教育大国迈向教育强国的征程。2011 年，中卫市把发展学前教育作为加快教育发展的突破口，创新办学机制，加大投入力度，切实加快学前教育的发展步伐。一是认真贯彻实施《中卫市沙坡头区学前教育三年行动计划》，新建兴仁镇中心幼儿园，改建镇罗镇、迎水桥镇中心幼儿园。二是鼓励社会力量投资创办新时代、新墩两所民办幼儿园。三是提请市委、政府印发《关于进一步加快发展学前教育的实施意见》，进一步贯彻落实《国务院关于当前发展学前教育的若干意见》精神，切实加快发展学前教育，构建覆盖城乡、布局合理的学前教育公共服务体系，努力提高学前教育入学率，最大限度缓解入园难问题。

认真贯彻落实《中共中央、国务院关于进一步加强和改进未成年人思想道德建设的若干意见》，中卫市教育局树立科学的教育质量观，把学生健康成长作为教育的出发点和落脚点，着力培养学生道德素养、自主学习能力、交流合作能力、动手实践能力和探究创新精神，为学生终身发展打好基础。一是认真组织开展“爱党、爱国、爱家乡、爱社会主义”青少年诗歌朗诵会、庆六一艺术展演活动、“孝敬父母月”“感恩励志教育中国行”“我们的节日”等主题教育活动。二是组织参加庆祝建党 90 周年红歌传唱及歌咏比赛活动，开展“颂歌献给党”广场文化活动。三是大力实施“阳光体育”活动工程。组织开展全国第四届中学学生阳光体育冬季长跑活动，举办沙坡头区 2011 年小学生田径运动会，组织参加全区中学生篮球、足球、沙滩排球比赛。

2012 年，中卫市教育局强化“以质量求生存”办学理念，将每年的 3 月和 9 月定为“课堂教学质量月”，结合“两考一评”活动，着力打造“实效课堂、活力课堂、和谐课堂和发展课堂”，积极向教学改革要质量，引导广大教育工作者切实把精力集中在抓管理、抓课堂、抓质量上来，牢固树立建立在素质教育基础上的教育教学质量观，切实提高教育教学质量，努力办人民满意的教育。2月，中卫市40辆国标校车正式投入运营。为保障校车安全运营，市教育局会同市公安局出台《中卫市校车运营即时监管制度》，对校车运营实行即时监控，从源头上消除学生超载、超速、非法营运车辆的安全隐患，为广大师生架设安全往返校园的绿色通道和平安通道。为切实改善贫困地区中小学生营养状况，制定出台《中卫市农村义务教育学生营养改善计划实施方案》《中卫市学生营养改善计划实施办法》《学生营养改善计划食品安全保障管理办法》《农村义务教育学生食堂管理办法》《农村义务教育学生营养改善计划实名制学生信息管理办法》《农村义务教育学生营养改善计划信息公开公示办法》等5个配套制度。顺利完成免费午餐厨房改造和厨具配套，解决厨师工资；同时，按照每人每天4.6元的标准，投入资金5863.4万元，确保山区中小学生营养改善计划如期实施，使学生按时吃到饭，吃好饭，吃到家长放心的饭，该工程惠及全市430所学校86127名农村中小学生。

中卫市探索“放心校车”新模式

2012年，中卫市大力推进教育事业改革创新，加大投入，加快整合，构建学前教育、义务教育、高中阶段教育、成人教育和特殊教育布局合理、协调发展的办学格局。是年，中卫市共争取建设项目8类325

个，投资 6.5 亿元，建筑面积 34.1 万平方米，完成校舍安全工程、职业教育二期工程、薄弱学校改造工程、生态移民工程以及营养改善计划等建设任务，师生工作和学习环境明显改善。

2013 年，中卫市制定实施《中卫市义务教育均衡发展实施行动方案》，邀请自治区专家就推进义务教育均衡发展进行专题辅导，对照《宁夏义务教育办学条件标准》对全市义务教育办学条件进行全面准确摸底，在项目建设和教育资源配置方面，重点向农村学校和薄弱学校倾斜。优化教育资源配置，把调整学校布局、改善办学条件、强化师资配备、提升教育教学质量有机结合起来，实行捆绑式推进。在加强义务教育学校标准化建设的同时，实行城乡学校托管联动发展，建立托管联动发展共同体 34 个，实行一校 N 区，连锁办学，联动发展，统一管理，捆绑考核，实现托管联动全覆盖。落实校长联校例会、教师联组教研、班级联谊制度、学生联手帮扶及优质学校骨干教师、音体美教师到共同体学校送课和巡回授课，建立同步共进的发展平台，通过输出教育管理，交流教学教研，优化师资配置，充分发挥优质学校的教育教学优势和品牌效应，引领农村学校教师不断更新教育教学理念，提高专业发展水平，促进农村学校不断提高管理水平和教育教学质量，推动城乡一体发展、互动发展、均衡发展。

中卫市实施素质教育战略引领工程，素质教育成效凸显。完善素质教育评估体系，举办第二届全市中学生运动会及“我的中国梦”初中生汉字听写公益大赛，开展“我的中国梦”演讲、征文和“美德少年”评选、器乐大赛、校园文化艺术节等内容丰富、形式多样的德育实践活动，促进学生全面发展。在市区小学五年级学生中开设游泳课，拓展学生生存技能，提升学生体质健康水平，赢得人民群众及社会各界的广泛赞誉。

2014 年，经自治区政府批准设立宁夏大学中卫校区，当年招生 355

人，填补了中卫高等教育的空白。为促进义务教育均衡发展，加快薄弱学校改造计划，中宁县政府投资8000万元，为义务教育学段97所学校高标准配备信息化及教学仪器等设备。认真实施农村义务教育学生营养改善计划，投入2201.1万元，为64所学校的22942名学生提供营养早餐和免费午餐，为1044名教师补贴营养改善计划配餐资金75万元。海原县研究制定了《海原县关于加快推进教育优先发展的实施意见》纲领性文件，从人才引进等22个方面，对今后一段时间内教育优先发展做出安排部署。

2015年，中卫市总工会积极争取自治区总工会支持，筹集资金18万元，在中卫一中设立“工会班”，在2014年招收50名学生的基础上，继续招收困难职工和农民工子女，由市总工会为每名学生每年资助1800元学杂费，直至高中学业完成，帮助家庭困难学生完成高中学业。

中卫一中“工会班”

2015年10月，党的十八届五中全会审议通过了《中共中央关于制定国民经济和社会发展第十三个五年规划的建议》。全会提出：提高教育质量，推动义务教育均衡发展，普及高中阶段教育，逐步分类推进中等职业教育免除学杂费，实现家庭经济困难学生资助全覆盖；促进就业创业，坚持就业优先战略，实施更加积极的就业政策，完善创业扶持政策，加强对灵活就业、新就业形态的支持，提高技术工人待遇。12月24~25日，自治区党委十一届七次全会审议通过了自治区“十三五”规划建议，提出实施教育质量提升工程。要推动义务教育均衡发展，打造西部职业教育高地，提高高等教育发展质量，促进教育公平，深化教育教学改革。这不仅明确了今后一个时期教育工作的指导思想，也为我们指明了教育事业发展的主攻方向。

二、主要成就

在市委、政府的领导和上级业务部门的指导下，中卫市教育系统全体工作者牢固树立和落实科学发展观，以“富民强市”为目标，把发展教育事业作为实现经济社会跨越式发展的助推器，紧紧围绕办人民满意教育这一主线，大力实施科教兴市和人才战略强市，坚持教育发展规模、速度与经济建设相统一，着力优化教育结构，科学配置教育资源，促进教育均衡发展，教育教学质量明显提高，推动了全市教育事业的稳步发展。

（一）办学条件明显改善

中卫市积极争取筹措教育资金，逐年加大教育资金投入，教育教学条件明显改善。自 2007 年以来，投资 28.18 亿元（沙坡头区 10.56 亿元），新建了中卫职业技术学校、中卫六中、八小、九小、十小、中卫特殊教育学校、康乐学校、中宁一中、海原回中等 48 所学校；实施了校舍安全、危房改造和薄弱学校改造等工程，总建筑面积 163.47 万平方米，消除 D 级危房 28.26 万平方米，生均校舍建筑面积由 5.4 平方米提高到 7.9 平方米；新建标准化运动场 70 个，为教育教学顺利开展提供了宽敞安全的场所；对农村学校实施供暖锅炉改造项目，使所有中小学彻底告别火炉子取暖的历史。切实加强学校标准化

中卫市第六中学

建设，投资2.62亿元，配备教学仪器318.76万件，职业学校、普通高中、幼儿园均达到了自治区规定标准，沙坡头区、中宁县义务教育学校全部实现了办学条件标准化，生均设备值由425元提高到1244元，为全市教育可持续发展奠定了坚实的基础。

（二）师资队伍不断壮大

自2007年以来，全市招聘教师4094名，有力地缓解了教师总量不足、年龄老化、学科结构不合理的问题。在农村偏远地区和实施营养改善计划的学校，聘用代课教师、厨师和保安等近2000人，全市教育系统班师比为43:100，生师比为17:1。建立教师关爱机制，高度重视教师培训工作，采取请进来、走出去、校本研修、网络研修、跟岗锻炼等多种形式，持续开展继续教育培训、影子校长和国培计划等各级各类培训，全方位加强教师培训培养，有力地促进了教师专业化发展。截至目前，全市教育系统具有研究生学历61人，评定为高级职称的专任教师1019人，中级职称的专任教师3703人，初级职称的专任教师4507人，还未评定职称的专任教师2589人。采取严把入口关和学历补偿教育相结合的方式，提高教师学历水平，小学教师学历合格率由95.3%提高到100%，初中教师学历合格率由94%提高到100%，高中教师学历合格率由83%提高到98.3%，职业学校“双师型”教师由5%提高到30.5%。通过努力，建立健全了校长培养、选拔、业绩考核评价机制，打造了一支年富力强、精于管理、规范办学、引领教育改革与发展的校长队伍。

（三）教育质量稳步提升

中卫市深入推进素质教育，学生道德素养、实践能力和体质健康水平显著提升。通过实施“两考一评”、各年级质量监测、打造高效课堂等措施，进一步健全完善学校办学、教师教学、学生学业评价机制，实施学生全面“减负工程”，引导学校、教师、学生全面可持续发展。坚持以赛促考、以赛促教，竞赛成绩走在全区前列，在初（高）中物理、化学、数学等各级各类竞赛中，共获得国家级和自治区级奖 2623 人次，获奖人数占全区的 18.4%。切实加强教学常规管理，积极推行“轻负高效”课堂教学，教育教学质量实现了大幅提升，高考一本上线率由 2007 年的 5.23%提高到 2014 年 20.61%，二本以上上线率由 14.32%提高到 39.44%。2014 年，沙坡头区一本录取率位居全区 22 个县区第三名，二本录取率位居全区 22 个县区第二名。普通高中教学质量逐年攀升，切实满足了广大群众让子女上好大学的愿望，得到社会各界一致好评。

（四）惠民工程全面落实

2006 年秋季起，中卫市认真贯彻落实“两免一补”等优惠政策，积极将各项教育免费和助学等惠民政策落到实处，仅 2014 年，为 1.55 万名普通高中和中等职业学校学生发放助学金 1216.8 万元，为 9273 名学生减免“三免一补”等各类费用 1028.8 万元，为 2696 名高校录取新生争取宁夏燕宝慈善基金、中卫市慈善基金会金秋“圆梦行动”助学金等各类助学补助 1120.8 万元；积极开辟绿色通道，为 1.37 万名大学生办理生源地助学贷款 7607.5 万元，切实解决了广大学生入学难的问题。探索建立取暖资金财政支付制度，积极协调市财政局，将小学生每人每年由过去的 40 元提高到 90 元，初中生每人每年由过去的 60 元提高到 110 元，高中生每人每年由过去的 100 元提高到 150 元，切实解决了中小学冬季取暖资金不足的问题。认真实施“营养改善计划”，每年争取专项资金 6432.5 万元，共惠及 4.7 万名农村中小学生。对市区学校采取划片入学的招生办法，确保适龄儿童就近入学，严格按照市委、政府《关于进一步做好进城务工人员随迁子女工作的意见》，对进城务工人员子女与其他学生同样对待，保障进城务工人员子女上学问题，着力营造和谐稳定的教育氛围。

（五）各类教育协调发展

1. 学前教育全面覆盖

中卫市着眼于提高区域内人均受教育水平和儿童智力开发，加快发展学前教育，在市区、县城新建了中卫市第二幼儿园、中卫市第三幼儿园、中宁县第二幼儿园、海原县第二幼儿园等5所幼儿园，较好地解决了市区、县城适龄儿童“入园难”问题。新建、改扩建了镇罗镇中心幼儿园等34所农村幼儿园，实现了每个乡镇有一所中心幼儿园的目标，解决了农村儿童入园难题，建立起了覆盖城乡的学前教育体系。结合《学前教育三年行动计划》实施，切实加强学前教育宣传，提高适龄儿童入园率，全市学前教育三年入园率由2007年的38.5%提高到2014年的64.7%。

2. 义务教育均衡发展

认真贯彻实施《义务教育法》，着力巩固提升“普九”成果，小学入学率由99.78%提高到100%，初中入学率由98.24%提高到99.2%，位居全区第二。合理规划调整义务教育学校布局，新建了中卫六中、中卫八小、中卫九小、中宁六中、海原四中等9所（沙坡头区3所）市区、县城学校，有效解决了进城务工人员子女入学和“大班额”问题，新建了中卫十小、徐套小学、红羊中学等16所（沙坡头区8所）农村学校，适时撤并110所农村小学和85个教学点，加强农村中心学校和寄宿制学校建设，有效整合了农村教育资源。建立了城乡学校托管联动发展机制和城乡教师轮岗交流机制，发挥城市优质学校辐射带动作用，促进了农村学校管理水平和教育质量的全面提升，扩大了农村优质教育覆盖面；扎实开展义务教育均衡发展县（区）创建工作，筹资2亿元，全力推进标准化学校建设，沙坡头区、中宁县义务教育均衡发展工作顺利通过自治区评估验收，区域内义务教育迈进了优质均衡发展阶段。

3. 普通高中教育内涵发展

根据教育发展需求，将普通高中全部集中到市区、县城，充分扩大优质教育资源规模。切实加强高中学校管理，深入推进课程和教育教学改革，深化教研活动，促进高中学校内涵发展。全面普及高中阶段教育，大力加强普通高中贫困生资助工作，受助学生覆盖面由 7%提高到48%，保障了贫困家庭学生顺利完成高中学业，初中毕业生升学率由87.5%提高到 96.52%。

4. 职业教育稳步发展

加快发展职业教育，新建了中卫职业技术学校、中宁县和海原县职教中心，为职业教育快速发展创造了良好条件。切实加大职业教育招生宣传力度，职业教育规模不断扩大，中职在校生由 3707 名增加到 9004 名。紧紧结合产业发展和就业市场需求，优化调整专业设置，打造了旅游与酒店管理、学前教育、刺绣等特色专业，深化以职业素养和实操技能为主的职业人才培养模式改革，加强与企业的对接合作，推进了集团化办学，就业率由 83%提高到 96%，中卫职业技术学校、海原县职教中心顺利通过了全国中等职业教育改革发展示范学校验收。

中卫职业技术学校

5. 高等教育创新发展

2014 年 4 月 17 日，经自治区政府批准，设立宁夏大学中卫校区，8 月 23 日开学迎新。自成立来，宁夏大学中卫校区坚持“宁大办学、多校支持、校企融合、政府保障、协同育人”的办学思路，教育教学顺利开展，管理保障规范平稳，应用技术教改有序推进。宁夏大学中卫校区教育教学采取订单式培养、企业家授课、生产化实训、应用型科研等措施，培养理论够用、技术过硬、产业需求的应用技术型人才。2014 年设置软件工程（云计算、大数据方向）、旅游管理、电子商务、化学工程与工艺、市场营销 5 个专业，目前在校学生 355 人，2015 年招生 430 名。宁夏大学中卫校区的建设和发展，将为中卫“二次创业”培养一批高素质的应用型、复合型和创业创新型人才，填补中卫高等教育的空白，成为自治区“教育云”的试验区，成为宁夏大学开展应用技术型教育的示范区，成为推动中卫经济社会发展、产业转型升级的重要基地，成为中阿经贸合作、人文交流的重要平台。

宁夏大学中卫校区成立暨2014 年新生开学典礼

三、经验启示

（一）加强领导、科学决策，是推动教育事业发展的坚强保证

教育是经济发展、社会进步的基石，是提升国民素质、造福子孙后代的根本之策。长期以来，中卫市委、政府高度重视，将发展教育作为经济社会发展的基础性、先导性、全局性工程，把推进教育均衡发展作为市委常委会、政府常务会的重要议题，定期研究，专项部署，强力推

进；市人大、政协以视察、检查促发展，以专题调研、议案、提案促落实，助推教育均衡协调发展；教育、发改、财政等部门协调联动，齐抓共管，形成强大合力，推动教育各项工作高效开展；教育部门实行领导包片、科室干部包校蹲点制度，下派业务骨干对各学校工作进行全方位指导，做到了组织领导到位、安排部署到位、思想动员到位、督导检查到位，形成了上下联手、齐抓共促的工作氛围，为教育强市创建工作提供了强有力的组织保证。

（二）把握大势、开拓创新，是推动教育事业发展的强大动力

市委、市政府始终把教育工作的发展摆上工作议事日程，高度关注国家教育事业发展的新动态、新亮点，做到把握大势、与时俱进。在研究全市经济社会大政方针和规划决策部署时，始终把教育事业优先发展放在工作首位，与经济工作同谋划、同布局、同安排、同实施，确保教育事业发展与经济工作同向发展、并驾齐驱，确保了党的教育事业各项方针政策的贯彻落实。近年来，根据教育事业发展变化形势，紧紧抓住中国教育改革大局，抢抓“两基”评估验收、“教育强县”创建、民办教育发展、中小学危房改造、中等职业教育发展、寄宿制学校建设、初中校舍改造工程、希望工程、义务教育均衡发展等重大机遇，科学谋划、精心组织、统筹兼顾、周密安排，积极争取国家以及自治区教育事业发展各项资金，大力夯实教育基础，新建了中卫中学、中卫一中、中宁一中、中卫六中、中卫八小、中卫九小、海原四中等学校等一大批教育基础建设重点项目，改善了办学条件，促进了教育事业发展。

（三）以人为本、关注民生，是推动教育事业发展的有效途径

百年大计，教育为本。教育事业的发展事关社会发展全局，与广大人民群众的切身利益息息相关。教育事业发展的每一环节都与人民群众需要和广大人民群众的理解和大力支持密不可分。改革开放以来，市委、政府和全市各级教育部门以及教育系统干部职工，始终坚持“以人

为本，关注民生”施政理念，把“办人民满意的教育”作为教育工作的出发点和立足点，全力推进教育事业改革发展，在教育基础设施建设，师资力量配备，学生入学、升学、择校、住宿、就餐、学业水平测试等各相关环节大力推行科学决策、人性化管理，科学制定相关规章制度，切实维护广大人民群众利益，不断满足人民群众对优质教育资源的需求，不断提升教学质量和教育事业发展水平，使人民群众充分享受教育改革发展成果，促进和谐社会建设。长期以来，把满足人民群众对教育优势资源需求和教育质量的提高作为推动教育事业发展的重要任务来抓，在改革发展中不断总结新经验，取得新成就，有力地促进了全市教育事业发展，提高了全体公民的文化素养，为建设和谐中卫奠定了基础。

（四）政府主导、全民参与，是促进教育事业发展的有效措施

教育事业是一项关系国计民生的系统工程，涉及面广，影响力大，在社会发展中具有举足轻重的地位。做好教育工作，需要全社会的大力配合和广泛支持，在做好政府主导的同时，要充分发挥社会各界力量，让他们充分发挥自身优势，大力支持教育事业发展，在全社会形成关心支持教育事业发展的良好氛围，为教育事业健康发展打下坚实的基础。近年来，在市委、政府的主导下，全社会关心支持教育事业发展蔚然成风，捐资助学、尊师重教、奉献爱心成为推动中卫教育事业发展的靓丽的风景。一大批具有强烈社会责任感的企业和个人踊跃捐资助学，兴办了一批教育基础设施，为全市教育各项事业的发展做出了积极贡献。

（五）深化改革、科学管理，是推进教育事业发展的本质要求

加快教育事业发展，就要深化改革，破除阻碍教育事业发展的障碍，要有革故鼎新的勇气，要有开拓进取的魄力，要有居安思危的谋略，要有抓铁有痕的毅力，要有求真务实的态度，要有奋发有为的信心。改革创新是教育发展的第一驱动力，近年来，市委、政府制定出台了一系列事关教育事业发展的政策措施，深化了教育改革的机制，废弃

了一些不适应新形势下教育事业发展的桎梏，近年来，教育部门通过健全城乡教师轮岗交流长效机制、深化城乡学校托管联动机制、全面普及高中阶段教育、认真落实职业教育制度、创新发展高等教育、深化校园安全风险防范机制、建立校车安全有效运营与安全即时监管机制、在市区小学开设游泳课等，进一步深化教育领域综合改革。全市教育改革与时代发展同频共振，与时俱进，迈向新的发展里程。事关教育事业发展每一项新的政策的出台，都凝聚着市委、政府和教育系统全体干部职工的智慧。每一项改革措施的贯彻落实，都饱含着全市人民的殷切希望，都对教育改革发展进程起到了积极的促进作用。正是这一件件、一桩桩经过科学决策的政策措施的实施，在不间断地推动着全市教育事业持续发展。教育改革的顺利推进，为全市教育事业发展带来了勃勃生机。

四、对策建议

在全力推进中卫教育持续发展的进程中，虽然取得了一定成效，但是离“办人民满意教育”的目标还有一定差距，主要表现在：一是城乡教育发展存在差距。近年来，城市化进程不断加快，市区学校“大班额”问题突出，部分学校生均校舍建筑面积、教学及辅助用房、体育活动场（馆）面积不达标，农村学校生源逐年减少，出现了校舍、场地等教育资源闲置的现象。二是教育信息化水平相对较低。中卫设市较晚，经济基础薄弱，在教育信息化建设方面相对滞后，各学校网络基础设施比较薄弱，教育信息化水平还不能适应教育改革与发展的需要。三是教师队伍建设还需进一步加强。教师队伍依然存在总量不足和学科不配套的问题，尤其是音体美专业教师结构性短缺问题较突出；教师职称结构比例设置较低，造成许多具备职评和岗位晋升条件且工作业绩突出的教师无法按时评聘职称和岗位晋级，严重影响了教师工作的积极性；学前教育、中职教育师资配备还不能适应发展需求。截至目前，自治区尚未对学前教育、职业教育核定专项编制，长期以来，一直挤占中小学教师编制。四是中职教育与经济社会发展需求及其他市还存在一定差距。近年来，由于受观念影响，社会各界及广大学生家长普遍认为，孩子只有通过上普通高中后参加高考才是学有所成，导致职业教育存在招生困难等问题，再加上中宁县、海原县中职教育规模较小等因素的影响，全市职业教育发展水平有待进一步提升。

“十三五”时期是中卫市全面建成小康社会的决胜阶段，是深化改革、扩大开放的攻坚期，也是中卫市教育综合改革攻坚克难、提质增效，教育事业追求公平、均衡发展的关键期。自治区第十一届人民代表大会第五次会议审议通过的《关于自治区国民经济和社会发展第十三个五年规划纲要的决议草案》(以下简称《宁夏“十三五”规划纲要》)，把深化教育教学改革、促进教育公平、推动义务教育均衡发展、提高教育质量，作为“十三五”期间全区教育改革与发展的主攻方向，提出“实施教育质量提升工程”等重大部署，不仅明确了今后一个时期教育工作的指导思想，也为中卫市的教育改革发展绘制了宏伟蓝图。全力推进中卫市“十三五”时期的教育改革和发展，要注重解决好以下七个方面的问题。

(一) 稳步提高教学质量，促进教育各阶段全面、协调、健康发展

一是政府主导与社会参与并举，促进学前教育全面健康发展。健全完善“政府主导、社会参与、公办民办并举”的办园体制，积极引导社会力量投资兴办幼儿园，形成公办、民办示范园为主导，公办、民办互补的学前教育体系；着力加强学前教育的规范化管理，全面提高幼儿园的保教水平，提高办学的社会效益。二是改善条件与布局调整同步，促进义务教育优质均衡发展。进一步巩固提高“普九”成果，全面提高教育质量，确保适龄儿童少年接受良好义务教育。在全面完成标准化学校建设任务，实现义务教育师资、设备、图书、校舍等资源均衡配置的基

础上，不断扩大优质教育资源的覆盖面，推动义务教育优质教育资源品质的持续升级。三是内涵提升与推进改革并重，促进高中教育优质特色发展。根据学龄人口变化趋势和高中阶段教育结构调整的需要，合理调控普通高中办学规模；配合全国、全区高考改革实施，积极进行高中课程设置和教育教学模式改革，推动普通高中内涵发展及多样化、特色化发展，促使人才培养的目标和模式向全面提高学生综合素质转变。四是扩大规模与集团办学并举，促进职业教育提质增效发展。全面提升中卫职业技术学校办学水平，进一步加强中宁、海原职教中心的办学管理，扩大办学规模，提高办学效益。积极引导企业参与成立中卫职业教育集团，扶持建设职业教育校内外实训基地，形成学校企业双元互动的职业教育办学模式，使职业教育的办学目标由解决新增劳动力就业问题向服务地方产业发展转型升级。五是规划建设与高效办学同步，促进高等教育转型跨越发展。按照应用技术型大学的办学方向，合理规划设置专业，确保人才培养模式和目标与产业紧密对接，确保人才培养质量和就业率。逐步扩大中阿科技大学招生规模，使中卫高等教育发展全面步入正轨。

（二）坚持建设与管理使用并重，促进教育教学信息化发展

通过努力，形成多层次、多功能、交互式的教育信息资源服务体系和终身教育学习体系，基本实现“数字中卫教育”目标；建成比较完善的市、县、校三级教育网络，农村中小学基本实现“班班通”；基本建成教育信息化公共服务平台；加强教学资源开发和整合，推进教育教学资源共建共享，基本建成覆盖城乡的公共教学资源库；全面完成中小学实验室、图书室等功能室信息化达标建设；加大农村信息技术教师队伍培训，切实指导各校加强远程教育的课程开设与研究、网上资料利用与网络资源共享等方面的工作，以教育信息化推动教育现代化。

（三）深化人才培养体制改革，全面推进素质教育纵深发展

创新人才培养模式。遵循教育教学规律和人才成长规律，深化教育教学改革，创新人才培养思路与方法，努力把学生培养成为品学兼优、全面发展、具有创新能力和实践能力的社会主义事业的建设者和接班人。大力倡导启发式、开放式、探究式、讨论式、参与式等课堂教学，帮助学生学会学习。继续推进新课程改革，加强校本课程建设，优化课堂教学，培养学生自主、探究、合作学习的精神与能力。加强生产劳动实践基地建设，开发实践课程和活动课程，增强学生科学实验、技能实训的成效。加强学生社团组织指导，鼓励学生积极参与志愿服务和公益事业。改革教育质量评价制度，探索由政府、学校、社会各方面共同参与的教育质量评价办法，探索促进学生发展的多种评价方式，激励学生乐观向上、自主自立、努力成才。

（四）切实加强教师队伍建设，为教育发展提供强大人才支撑

把师德师风建设摆在教师队伍建设首位，培养和树立“敬业爱生、服务奉献”的师德典型，表彰奖励优秀教师。制定教师职业行为准则，建立和完善教师职业道德评价、考核、奖惩机制，实施学校师德建设评估制度，不断提高教师的政治素质和社会责任感，全面提高教师思想政治素质和职业道德水平。以中小学素质提升工程为载体，以促进教师专业成长为重点，全面实施名优教师培养工程。通过集中培训、校本研修、自修提高相结合，学历提升和非学历教育相结合，传统培训和远程培训相结合的方式，为教师提供优质高效的终身学习平台，大力提高在职教师学历层次。加快中青年骨干教师的培养，为中青年骨干教师在教育科学研究、教学改革等方面创造良好的条件。加强校长干部队伍建设。通过任职资格培训、分岗培训、提高培训、研修培训及读书会、学习日等形式，加强教育培训，提高校长干部的理论素养和业务水平。创新培训模式，增强干训工作的针对性和实效性。大力加强后备干部队伍

建设。健全校长考核、评价、激励、监督机制，努力培养一批学者型、创新型、个性化的优秀校长，积极建设一支专家型校长队伍。进一步深化干部任用、教师聘任、人才流动和分配制度等方面改革，健全充满活力的人才激励机制。依法全面实施教师资格制度，加强教师编制管理，调整优化教师队伍结构，实施“教师优岗计划”，合理配置教师资源，促进教育事业均衡发展。按照“按需设岗、公开招聘、平等竞争、择优聘任、严格考核、合同管理”的原则，进一步完善教师聘任制度，加强聘后管理，不断完善教师专业技术职务评定、聘任、分配和人才流动机制。

（五）切实加强教育教学科研，促进教育质量持续实现提升

加强对教育科研工作的领导，建立健全以提高教育质量为目的的教育科研管理机制。优化教育科研体制，推进教科研工作，为教育发展提供理论支撑。加强教育科研机构及学校教科室建设，发展教育教学科研网络，重视对本区域教学质量的调研和分析，探索切合本县实际，有效促进教学质量提升的新路子。建立规范、系统的激励机制，提升教育科研的层次，扎实开展校本研修，让教师在理论与实践的结合中自主生成教育思想。加大教育科研经费投入，提高经费使用效益，加强教育科研实验基地建设，按照“行为问题化、问题课题化、经验理论化”的要求，倡导基于课堂、基于学生、基于教师的务实教学研究活动，充分发挥教育科研在教师专业成长、新课程改革和教育行政决策中的引领、推动、参谋作用。加强高考及高中、初中学业水平考试专题研究，积极探索提高高考及高中、初中学业水平考试质量的新途径、新举措，全面提高教育质量。

（六）切实加大教育经费投入，保障教育事业持续健康发展

积极争取各级党政的重视，按照建立公共财政的要求，调整财政支出结构，依法落实教育经费的“三个增长”。建立依法确保财政性教育投入增长的监督、检查机制，建立财政性教育经费同级公告制度，定期向

社会公布，接受监督。按照中央政策要求，足额征收和拨付城市教育费附加，按规定落实城市维护建设税用于教育的比例。积极争取上级教育专项资金，鼓励社会捐资助学。建立公平公开的公共教育经费分配制度，充分发挥公共财政的导向作用，增强工作透明度。建立科学合理的学校经费管理制度和使用制度，推进学校财务决策民主化。加强教育经费使用全过程的监督与审计，提高经费使用的规范性、安全性和有效性。

（七）切实规范学校办学行为，深入推进依法治教

建立完善符合法律规定的学校章程和制度，依法履行教育教学和管理职责，大力推进校务公开和民主治校进程。坚持开展普法教育，不断提高师生法律素质和公民意识。教育师生遵守公共生活秩序，知法守法。加强教育督导工作。认真贯彻落实《国家教育督导条例》，进一步健全教育督导制度。加强教育督导队伍建设，不断强化教育督导职能。坚持督学与督政相结合、监督与指导并重。加强义务教育督导检查，积极探索区域内义务教育均衡发展的督导评价机制。开展学前教育、高中阶段教育和民办教育的督导检查。建立督导检查结果公告制度和限期整改制度，健全完善发展性评价制度。

文 献 篇

中央及国家部委文献

中共中央关于教育体制改革的决定

中发〔1985〕12号

一、教育体制改革的根本目的是提高民族素质，多出人才、出好人才

党的十二届三中全会关于经济体制改革的决定，为我国社会生产力的大发展、为我国社会主义物质文明和精神文明的大提高，开辟了广阔的道路。今后事情成败的一个重要关键在于人才，而要解决人才问题，就必须使教育事业在经济发展的基础上有一个大的发展。

教育必须为社会主义建设服务，社会主义建设必须依靠教育。社会主义现代化建设的宏伟任务，要求我们不但必须放手使用和努力提高现有的人才，而且必须极大地提高全党对教育工作的认识，面向现代化、面向世界、面向未来，为九十年代以至下世纪初叶我国经济和社会的发展，大规模地准备新的能够坚持社会主义方向的各级各类合格人才。要造就数以亿计的工业、农业、商业等各行各业有文化、懂技术、业务熟练的劳动者。要造就数以千万计的具有现代科学技术和经营管理知识，具有开拓能力的厂长、经理、工程师、农艺师、经济师、会计师、统计师和其他经济、技术工作人员。还要造就数以千万计的能够适应现代科学文化发展和新技术革命要求的教育工作者、科学工作者、医务工作

者、理论工作者、文化工作者、新闻和编辑出版工作者、法律工作者、外事工作者、军事工作者和各方面党政工作者。所有这些人才，都应该有理想、有道德、有文化、有纪律，热爱社会主义祖国和社会主义事业，具有为国家富强和人民富裕而艰苦奋斗的献身精神，都应该不断追求新知，具有实事求是、独立思考、勇于创造的科学精神。这就向我国教育事业的发展和教育体制的改革，提出了伟大而又艰巨的任务。

建国以来，我国教育事业的发展走过了曲折的道路。经过解放初期的接管改造和以高等学校院系调整为中心的教育改革，我们把旧中国的半殖民地半封建教育事业转变成为社会主义教育事业。三十几年来，依靠广大教育工作者的辛勤努力，教育事业取得了中国历史上从来没有过的巨大的发展，成绩是显著的。今天战斗在我国各条战线上的广大有文化的劳动者和各方面工作的骨干力量，绝大部分都是建国以后培养出来的。但是，另一方面，从五十年代后期开始，由于全党工作重点一直没有转移到经济建设上来，由于“阶级斗争为纲”的“左”的思想的影响，教育事业不但长期没有放到应有的重要地位，而且受到“左”的政治运动的频繁冲击。“文化大革命”更使这种“左”的错误走到否定知识、取消教育的极端，从而使教育事业遭到严重破坏，广大教育工作者遭受严重摧残，耽误了整整一代青少年的成长，并且使我国教育事业同世界发达国家之间在许多方面本来已经缩小的差距又拉大起来。

十一届三中全会以后，经过指导思想的拨乱反正，党中央对教育工作做出了一系列新的论断和决策，我国教育事业得到了恢复，开始走上了蓬勃发展的道路。但是，轻视教育、轻视知识、轻视人才的错误思想仍然存在，教育工作方面的“左”的思想影响还没有完全克服，教育工作不适应社会主义现代化建设需要的局面还没有根本扭转。特别是面对着我国对外开放、对内搞活，经济体制改革全面展开的形势，面对着世界范围的新技术革命正在兴起的形势，我国教育事业的落后和教育体制的弊端就更加突出了。现在的主要问题是：

（一）在教育事业管理权限的划分上，政府有关部门对学校主要是对高等学校统得过死，使学校缺乏应有的活力；而政府应该加以管理的事情，又没有很好地管起来。

（二）在教育结构上，基础教育薄弱，学校数量不足、质量不高、合格的师资和必要的设备严重缺乏，经济建设大量急需的职业和技术教育没有得到应有的发展，高等教育内部的科系、层次比例失调。

（三）在教育思想、教育内容、教育方法上，从小培养学生独立生活和思考的能力很不够，发扬立志为祖国富强而献身的精神很不够，生动活泼地用马克思主义思想教育学生很不够，不少课程内容陈旧，教学方法死板，实践环节不被重视，专业设置过于狭窄，不同程度地脱离了经济和社会发展的需要，落后于当代科学文化的发展。

中央认为，要从根本上改变这种状况，必须从教育体制入手，有系统地进行改革。改革管理体制，在加强宏观管理的同时，坚决实行简政放权，扩大学校的办学自主权；调整教育结构，相应地改革劳动人事制度。还要改革同社会主义现代化不相适应的教育思想、教育内容、教育方法。经过改革，要开创教育工作的新局面，使基础教育得到切实的加强，职业技术教育得到广泛的发展，高等学校的潜力和活力得到充分的发挥，学校教育和学校外、学校后的教育并举，各级各类教育能够主动适应经济和社会发展的多方面需要。

发展教育事业不增加投资是不行的。在今后一定时期内，中央和地方政府的教育拨款的增长要高于财政经常性收入的增长，并使按在校学生人数平均的教育费用逐步增长。现在，各级都有一些领导干部，宁肯把钱花在并非必要的方面，对于各种严重浪费也不感到痛心，唯独不肯为发展教育而花一点钱，这种状况必须改变。但是同时必须认识，国家对教育的投资毕竟要受经济发展水平的制约，当前办学经费困难和教师待遇较低的状况只能逐步改善。因此，现在的问题就是如何在有限的财力物力条件下，把教育搞上去，满足社会主义现代化建设的迫切需要。这就要求我们通过改革来更好地调动各级政府、广大师生员工和社会各方面的积极性，团结一致，同心同德，多想办法，发挥各方面的潜力，使教育事业一年比一年更好地向前发展。要下真工夫，才能做到这一点。全党同志和全国人民应该为此而努力。

二、把发展基础教育的责任交给地方，有步骤地实行九年制义务教育

实行九年制义务教育，实行基础教育由地方负责、分级管理的原则，是发展我国教育事业、改革我国教育体制的基础一环。义务教育，即依法律规定适龄儿童和青少年都必须接受，国家、社会、家庭必须予以保证的国民教育，为现代生产发展和现代社会生活所必需，是现代文明的一个标志。我国基础教育还很落后，这同我国人民建设富强、民主、文明的现代化社会主义国家的迫切要求之间，存在着尖锐矛盾，决不能任其继续。现在，我们完全有必要也有可能把实行九年制义务教育当作关系民族素质提高和国家兴旺发达的一件大事，突出地提出来，动员全党、全社会和全国各族人民，用最大的努力，积极地、有步骤地予以实施。为此，需要制定义务教育法，经全国人民代表大会审议通过后颁行。

由于我国幅员广大，经济文化发展很不平衡，义务教育的要求和内容应该因地制宜，有所不同。全国可以大致划分为三类地区：

一是约占全国人口 1/4 的城市、沿海各省中的经济发达地区和内地少数发达地区。在这类地区，相当一部分已经普及初级中学，其余部分应该抓紧按质按量普及初级中学，在 1990 年左右完成。

二是约占全国人口一半的中等发展程度的镇和农村。在这类地区，首先抓紧按质按量普及小学教育，同时积极准备条件。在1995年左右普及初中阶段的普通教育或职业和技术教育。

三是约占全国人口1/4的经济落后地区。在这类地区，要随着经济的发展，采取各种形式积极进行不同程度的普及基础教育工作。对这类地区教育的发展，国家尽力给予支援。

国家还要帮助少数民族地区加速发展教育事业。

地方各级人民代表大会根据本地区的情况，制订本地区的义务教育条例，确定本地区推行九年制义务教育的步骤、办法和年限。

在实行九年制义务教育的同时，还要努力发展幼儿教育，发展盲、聋、哑、残人和智力障碍儿童的特殊教育。

建立一支有足够数量的、合格而稳定的师资队伍，是实行义务教育、提高基础教育水平的根本大计。为此，要采取特定的措施提高中小学教师和幼儿教师的社会地位和生活待遇，鼓励他们终身从事教育事业。与此同时，必须对现有的教师进行认真的培训和考核，把发展师范教育和培训在职教师作为发展教育事业的战略措施。要大力提倡和鼓励教师密切结合教学进行自学和互教；要为在职教师举办函授和广播电视讲座；要切实办好教师进修院校，并且利用现有设施，分期分批轮训教师；还要有计划地动员、挑选和组织高等学校的一部分教员和高年级学生、研究机构的一部分研究人员和党政机关的一部分具备条件的干部，参加帮助培训中小学教师的工作。总之，要争取在5年或者更长一点的时间内使绝大多数教师能够胜任教学工作。在此之后，只有具备合格学历或有考核合格证书的，才能担任教师。从幼儿师范到高等师范的各级师范教育，都必须大力发展和加强。师范院校要坚持为初等和中等教育服务的办学思想，毕业生都要分配到学校任教，其他高等学校毕业生也应有一部分分配到学校任教。任何机关、单位不得抽调中小学合格教师改任其他工作。

基础教育管理权属于地方。除大政方针和宏观规划由中央决定外，具体政策、制度、计划的制定和实施，以及对学校的领导、管理和检查，责任和权力都交给地方。省、市（地）、县、乡分级管理的职责如何划分，由省、自治区、直辖市决定。为了保证地方发展教育事业，除了国家拨款以外，地方机动财力中应有适当比例用于教育，乡财政收入应主要用于教育。地方可以征收教育费附加，此项收入首先用于改善基础教育的教学设施，不得挪作他用。地方要鼓励和指导国营企业、社会团体和个人办学，并在自愿的基础上，鼓励单位、集体和个人捐资助学，但不得强迫摊派。同时严格控制各方面向学校征收费用，减轻学校的经济负担。

三、调整中等教育结构，大力发展职业技术教育

社会主义现代化建设不但需要高级科学技术专家，而且迫切需要千百万受过良好职业技术教育的中、初级技术人员、管理人员、技工和其他受过良好职业培训的城乡劳动者。没有这样一支劳动技术大军，先进的科学技术和先进的设备就不能成为现实的社会生产力。但是，职业技术教育恰恰是当前我国整个教育事业最薄弱的环节。一定要采取切实有效的措施改变这种状况，力争职业技术教育有一个大的发展。

职业技术教育问题已经强调多年，局面没有真正打开，重要原因在于长期以来对就业者的政治文化技术准备缺乏应有的要求，在于历史遗留的鄙薄职业技术教育的陈腐观念根深蒂固。因此，要在全党和全社会进行教育，树立行行光荣、行行出状元的观念，树立劳动就业必须有一定的政治、文化和技能准备的观念，并且在改革教育体制的同时改革有关的劳动人事制度，实行“先培训后就业”的原则。今后各单位招工，必须首先从各种职业技术学校毕业生中择优录取。一切从业人员，首先

是专业性技术性较强行业的从业人员，都要像汽车司机经过考试合格取得驾驶证才许开车那样，必须取得考核合格证书才能走上工作岗位。有关部门应该制定法规，逐步实行这种制度。

根据大力发展职业技术教育的要求，我国广大青少年一般应从中学阶段开始分流：初中毕业生一部分升入普通高中，一部分接受高中阶段的职业技术教育；高中毕业生一部分升入普通大学，一部分接受高等职业技术教育。在小学毕业后接受过初中阶段的职业技术教育的，可以就业，也可以升学。凡是没有升入普通高中、普通大学和职业技术学校的学生，可以经过短期职业技术培训，然后就业。要充分发掘现有中等专业学校和技工学校的潜力，扩大招生，并且有计划地将一批普通高中改为职业高中，或者增设职业班，加上新办的这类学校，力争在 5 年左右，使大多数地区的各类高中阶段的职业技术学校招生数相当于普通高中的招生数，扭转目前中等教育结构不合理的状况。

发展职业技术教育要以中等职业技术教育为重点，发挥中等专业学校的骨干作用，同时积极发展高等职业技术院校，优先对口招收中等职业技术学校毕业生以及有本专业实践经验、成绩合格的在职人员入学，逐步建立起一个从初级到高级、行业配套、结构合理又能与普通教育相互沟通的职业技术教育体系。

中等职业技术教育要同经济和社会发展的需要密切结合起来，在城市要适应提高企业的技术、管理水平和发展第三产业的需要，在农村要适应调整产业结构和农民劳动致富的需要。要着重职业技能的训练，训练的范围不要太窄，基础教育也要适当配合，以适应长期广泛就业、进行技术革新和继续进修的需要；同时还要重视职业道德和职业纪律的教育。

发展职业技术教育，要充分调动企事业单位和业务部门的积极性，并且鼓励集体、个人和其他社会力量办学。要提倡各单位和部门自办、联办或与教育部门合办各种职业技术学校。这些学校除了为本单位和部门培训人才外，还可以接受委托为其他单位培训人才并招收自费学生。

师资严重不足，是当前发展中等职业技术教育的突出矛盾。各单位和部门办的学校，要首先依靠自身力量解决专业技术师资问题，同时可以聘请外单位的教师、科学技术人员兼任教师，还可以请专业技师、能工巧匠来传授技艺。要建立若干职业技术师范院校，有关大专院校、研究机构都要担负培训职业技术教育师资的任务，使专业师资有一个稳定的来源。中等职业技术教育主要由地方负责。中央各部门办的这类学校，地方也要予以协调和配合。

四、改革高等学校的招生计划和毕业生分配制度，扩大高等学校办学自主权

高等学校担负着培养高级专门人才和发展科学技术文化的重大任务。我国高等教育发展的战略目标是：到本世纪末，建成科类齐全，层次、比例合理的体系，总规模达到与我国经济实力相当的水平；高级专门人才的培养基本上立足于国内；能为自主地进行科学技术开发和解决社会主义现代化建设中重大理论问题和实际问题做出较大贡献。为了实现这个目标，当前高等教育体制改革的关键，就是改变政府对高等学校统得过多的管理体制。在国家统一的教育方针和计划的指导下，扩大高等学校的办学自主权，加强高等学校同生产、科研和社会其他各方面的联系，使高等学校具有主动适应经济和社会发展需要的积极性和能力。

要改革大学招生的计划制度和毕业生分配制度。改变高等学校全部按国家计划统一招生，毕业生全部由国家包下来分配的办法，实行以下三种办法：

（一）国家计划招生。要做好发展高等教育的总体规划和人才需求的中长期预测，切实改进招生计划工作，努力克服招生计划同国家远期

和近期需要脱节的状况。这部分学生的毕业分配，实行在国家计划指导下，由本人选报志愿、学校推荐、用人单位择优录用的制度。为了保证边远地区及工作环境比较艰苦的行业能分配到一定数量的毕业生，应按国家招生计划的一定比例实行定向招生，到这些地方工作的毕业生待遇从优。为了保证国防的需要，要为人民解放军培养一定数量的毕业生。

（二）用人单位委托招生。为了鼓励学校挖掘潜力多招学生，为了更好满足社会对人才的需求，近年来行之有效的用人单位委托学校培养学生的制度，要继续推行和逐步扩大，使之成为国家招生计划的重要补充。委托单位要按议定的合同向学校交纳一定数量的培养费，毕业生应按合同规定到委托单位工作。

（三）还可以在国家计划外招收少数自费生。学生应交纳一定数量的培养费，毕业后可以由学校推荐就业，也可以自谋职业。

不论哪类学生，都必须经过国家考试合格，由学校录取。

要改革人民助学金制度。师范和一些毕业后工作环境特别艰苦的专业的学生，国家供给膳宿并免收学杂费。对学习成绩优异的学生实行奖学金制度，对确有经济困难的学生给以必要的补助。现已在校的学生，仍按原来的规定办理。

要扩大高等学校的办学自主权。在执行国家的政策、法令、计划的前提下，高等学校有权在计划外接受委托培养学生和招收自费生；有权调整专业的服务方向，制订教学计划和教学大纲，编写和选用教材；有权接受委托或与外单位合作，进行科学研究和技术开发，建立教学、科研、生产联合体；有权提名任免副校长和任免其他各级干部；有权具体安排国家拨发的基建投资和经费；有权利用自筹资金，开展国际的教育和学术交流；等等。对不同的高等学校，国家还可以根据情况，赋予其他的权力。与此同时，国家及其教育管理部门要加强对高等教育的宏观指导和管理。教育管理部门还要组织教育界、知识界和用人部门定期对高等学校的办学水平进行评估，对成绩卓著的学校给予荣誉和物质上的重点支持，办得不好的学校要整顿以至停办。

为了调动各级政府办学的积极性，实行中央、省（自治区、直辖市）、中心城市三级办学的体制。中央部门和地方办的高等学校，要优先满足主办部门和地方培养人才的需要，同时要发挥潜力，接受委托，为其他部门和单位培养学生，积极倡导部门、地方之间的联合办学。

高等教育的结构，要根据经济建设、社会发展和科技进步的需要进行调整和改革。改变高等教育科类比例不合理的状况，加快财经、政法、管理等类薄弱系科和专业的发展，扶持新兴、边缘学科的成长。改变专科、本科比例不合理的状况，着重加快高等专科教育的发展。大学本科主要通过改革、扩建和各种形式的联合，充分发挥潜力，近期内一般不建新校。

要根据中央关于科学技术体制改革的决定，发挥高等学校学科门类比较齐全，拥有众多教师、研究生和高年级学生的优势，使高等学校在发展科学技术方面做出更大贡献。为了增强科学研究的能力，培养高质量的专门人才，要改进和完善研究生培养制度，并且根据同行评议、择优扶植的原则，有计划地建设一批重点学科。重点学科比较集中的学校，将自然形成既是教育中心，又是科学研究中心。

在高等教育体制改革的同时，按照理论联系实际的原则，在辩证唯物主义和历史唯物主义的思想指导下，改革教学内容、教学方法、教学制度，提高教学质量，是一项十分重要而迫切的任务。要针对现存的弊端，积极进行教学改革的各种试验，例如改变专业过于狭窄的状况，精简和更新教学内容，增加实践环节，减少必修课，增加选修课，实行学分制和双学位制，增加自学时间和课外学习活动，有指导地开展勤工助学活动等等。为了提高教师的教学和学术水平，有条件的学校，教学任务较重的副教授以上的教师今后每 5 年中应有 1 年时间供他们专门用来进修、从事科学研究和进行学术交流。要尽可能改善教学的物质条件，增添现代化的教学手段，更新和充实试验室、图书馆。

高等学校后勤服务工作的改革，对于保证教育改革的顺利进行，极为重要。改革的方向是实行社会化。学校所在地方的党政领导机关要把解决好这个问题的责任担当起来。

五、加强领导，调动各方面积极因素，保证教育体制改革的顺利进行

在教育体制改革中，必须尊重教育工作的规律和特点，坚持实事求是，一切从实际出发。大政方针必须集中统一，具体办法应该灵活多样，决不可一哄而起，强制推行。改革既要坚决，又要谨慎，注重试验。涉及全局和广大范围的改革措施，要经上级批准。在整个教育体制改革的过程中，必须牢牢记住改革的根本目的是提高民族素质，多出人才、出好人才。衡量任何学校工作的根本标准不是经济收益的多少，而是培养人才的数量和质量。紧紧掌握这一条，改革就不会迷失方向。

为了加强党和政府对教育工作的领导，成立国家教育委员会负责掌握教育的大政方针，统筹整个教育事业的发展，协调各部门有关教育的工作，统一部署和指导教育体制的改革。在简政放权的同时，必须加强教育立法工作。今后地方发展教育事业的权力和责任更大了，各级党委和政府都要按照党的十二大的决策，把教育摆到战略重点的地位，把发展教育事业作为自己的主要任务之一，上级考查下级都要以此作为考绩的主要内容之一。应该特别提出，农村实行农业生产责任制以后，党的农村基层组织应该把更多的精力放到党员和群众的思想政治教育和文化技术教育上来，放到办好本村本乡的教育事业上来。中央认为，在新的经济和教育体制之下，各地将有充分的可能发挥自己的经济和文化潜力，加快教育事业的发展。不仅要承认全国各省市区之间经济文化发展

的不平衡性，而且要承认在一个省、一个市、一个县范围内的发展也是不平衡的，所以必须鼓励一部分地区先发展起来，同时鼓励先发展起来的地区帮助后进地区，达到共同的提高。

改革教育体制要调动各方面的积极性，最重要的是要调动教师的积极性。我国已有近千万人的教师队伍，长时间来，他们中的绝大多数人，无论生活如何清苦，无论经历什么政治风雨，都始终不渝地坚信党、热爱社会主义祖国、忠于人民的教育事业，不愧为人师表。在教育体制改革中，必须紧紧地依靠教师，认真听取他们的意见，充分发挥他们的作用，有关学校自身的重大改革都必须经过教师充分讨论。随着国民经济的发展和国家财力的增强，各级政府和有关部门今后每年都要为教师切实地解决一些问题。要在全社会范围内，大力树立和发扬尊重各级各类教师的良好风尚，使教师工作成为最受人尊重的职业之一。在改革中还要充分注意调动学校思想政治工作人员、行政管理人员、后勤工作人员和其他工作人员的积极性。要根据他们的劳绩和贡献，给予合理的待遇和应有的鼓励。

学校逐步实行校长负责制，有条件的学校要设立由校长主持的、人数不多的、有威信的校务委员会，作为审议机构。要建立和健全以教师为主体的教职工代表大会制度，加强民主管理和民主监督。学校中的党组织要从过去那种包揽一切的状态中解脱出来，把自己的精力集中到加强党的建设和加强思想政治工作上来；要团结广大师生，大力支持校长履行职权，保证和监督党的各项方针政策的落实和国家教育计划的实现；要坚持用马克思主义教育广大师生，激励他们立志为祖国的富强奋勇进取、建功立业，保证学生德智体的全面发展，使学校真正成为抵御资本主义和其他腐朽思想的侵蚀，建设社会主义精神文明的坚强阵地。

要动员和教育全党、全社会和全国人民关心和支持教育体制改革，发展教育事业。鼓励各民主党派、人民团体、社会组织、离休退休干部和知识分子、集体经济单位和个人，遵照党和政府的方针政策，采取多种形式和办法，积极地自愿地为发展教育贡献力量。

教育体制改革要总结我们自己历史的和现实的经验，同时也要注意借鉴国外发展教育事业的正反两方面的经验。特别是在新技术革命条件下，一系列新的科学技术成果的产生，新的科学技术领域的开辟，以及新的信息传递手段和认识工具的出现，对教育产生了重大的影响，发达国家在这方面的经验尤其值得注意。要通过各种可能的途径，加强对外交流，使我们的教育事业建立在当代世界文明成果的基础之上。

本决定着重解决的是学校教育体制改革的问题。有关干部、职工、农民的成人教育和广播电视教育是我国教育事业极为重要的组成部分，国家教育委员会应就改进和加强这方面工作，做出专门的决定。

军事系统学校的改革问题，由中央军委决定。

中央相信，只要各级党委和政府加强领导，坚持正确方针，经过全党、全社会和全国各族人民的共同努力，教育体制改革必将获得成功，具有中国特色的社会主义教育事业必将空前繁荣，从而强有力地推动我国的社会主义现代化建设，把全民族的文化科学素质和精神境界提高到一个崭新的水平。

一九八五年五月二十七日

中国教育改革和发展纲要

中发〔1993〕3号

中国共产党第十四次全国代表大会在建设有中国特色社会主义理论的指导下，确定了90年代我国改革和建设的主要任务，明确提出“必须把教育摆在优先发展的战略地位，努力提高全民族的思想道德和科学文化水平，这是实现我国现代化的根本大计”。为了实现党的十四大所确定的战略任务，指导90年代乃至下世纪初教育的改革和发展，使教育更好地为社会主义现代化建设服务，特制定本纲要。

一、教育面临的形势和任务

（1）当前，我国改革开放和现代化建设事业进入了一个新阶段。建立社会主义市场经济体制，加快改革开放和现代化建设步伐，进一步解放和发展生产力，使国民经济整体素质和综合国力都迈上一个新台阶。这对教育工作既是难得的机遇，又提出了新的任务和要求。在新的形势下，教育工作的任务是：遵循党的十四大精神，以建设有中国特色的社会主义理论为指导，坚持党的基本路线，全面贯彻教育方针，面向现代化，面向世界，面向未来，加快教育的改革和发展，进一步提高劳动者素质，培养大批人才，建立适应社会主义市场经济体制和政治、科技体制改革需要的教育体制，更好地为社会主义现代化建设服务。

（2）建国四十多年来，我国教育工作取得了显著成就。社会主义教育制度已经基本确立；教育事业有了很大发展，为社会主义建设培养了大批人才；形成了上千万人的教师队伍；办学的物质条件程度不同地有所改善。特别是党的十一届三中全会以来，教育改革逐步展开；九年义务教育开始有计划、分阶段地实施，全国已有百分之九十一人口的地区普及了小学教育；职业和技术教育得到相当程度的发展，中等职业技术学校招生和在校学生人数占高中阶段学生人数的比例，均已超过百分之五十，改变了中等教育结构单一化的局面。高等教育发展较快，普通高等学校和成人高等学校在校学生已达到376万人，初步形成了多种层次、多种形式、学科门类基本齐全的体系；形式多样的成人教育和民族教育也得到很大发展；农村基础教育实行地方负责、分级管理的体制取得了明显效果。教育同科技、农业的统筹结合开始显示出生命力；涌现出一批尊师重教并取得较大成绩的地区、部门和单位。国际教育交流和合作也得到广泛开展。我国教育工作取得的成就，是坚持改革开放的结果，体现了社会主义制度的优越性，是我国教育进一步改革和发展的基础。

同时，必须看到，我国教育在总体上还比较落后，不能适应加快改革开放和现代化建设的需要。教育的战略地位在实际工作中还没有完全落实；教育投入不足，教师待遇偏低，办学条件较差；教育思想、教学内容和教学方法程度不同地脱离实际；学校思想政治工作还需要进一步加强和改进；教育体制和运行机制不适应日益深化的经济、政治、科技体制改革的需要。对教育工作中存在的这些问题，必须随着经济的发展和改革的深化，认真加以解决。

（3）四十多年来，我国教育经历了曲折的发展历程，为发展社会主义教育事业积累了宝贵经验。初步明确了建设有中国特色社会主义教育体系的主要原则：第一，教育是社会主义现代化建设的基础，必须坚持把教育摆在优先发展的战略地位。第二，必须坚持党对教育工作的领导，坚持教育的社会主义方向，培养德智体全面发展的建设者和接班人。第三，必须坚持教育为社会主义现代化建设服务，与生产劳动相结合，自觉地服从和服务于经济建设这个中心，促进社会的全面进步。第四，必须坚持教育的改革开放，努力改革教育体制、教育结构、教学内容和方法，大胆吸收和借鉴人类社会的一切文明成果，勇于创新，敢于试验，不断发展和完善社会主义教育制度。第五，必须全面贯彻党和国家的教育方针，遵循教育规律，全面提高教育质量和办学效益。第六，必须依靠广大教师，不断提高教师政治和业务素质，努力改善他们的工作、学习和生活条件。第七，必须充分发挥各级政府、社会各方面和人民群众的办学积极性，坚持以财政拨款为主、多渠道筹措教育经费。第八，必须从我国国情出发，根据统一性和多样性相结合的原则，实行多种形式办学，培养多种规格人才，走出符合我国和各地区实际的发展教育的路子。这些主要原则，需要在今后的实践中进一步丰富和发展。

（4）邓小平同志指出，实现四个现代化，科学技术是关键，基础在教育。为了完成党的十四大确定的 90 年代的主要任务，必须把经济建设转到依靠科技进步和提高劳动者素质的轨道上来。我国企业经济效益低、产品缺乏竞争能力的状况之所以长期得不到改变，农业科学技术之所以得不到普遍推广，宝贵的资源和生态环境之所以不能得到充分利用和保护，人口增长之所以不能得到有效的控制，一些不良的社会风气之所以屡禁不止，原因固然很多，但一个重要的原因是劳动者素质低。发展教育事业。提高全民族的素质，把沉重的人口负担转化为人力资源优势，这是我国实现社会主义现代化的一条必由之路。

当今世界政治风云变幻，国际竞争日趋激烈，科学技术发展迅速，世界范围的经济竞争、综合国力竞争，实质上是科学技术的竞争和民族素质的竞争。从这个意义上说，谁掌握了面向 21 世纪的教育，谁就能在21世纪的国际竞争中处于战略主动地位。为此，必须高瞻远瞩，及早筹划我国教育事业的大计，迎接21世纪的挑战。

面对加快改革开放和现代化建设的新形势，各级政府、广大教育工作者和全社会，必须对教育的改革和发展具有紧迫感，真正树立社会主义建设必须依靠教育和“百年大计，教育为本”的思想，采取切实有力的措施，落实教育的战略地位，加快教育的改革和发展，开创教育事业的新局面。

二、教育事业发展的目标、战略和指导方针

(5) 根据我国社会主义现代化建设“三步走”的战略部署，到本世纪末，我国教育发展的总目标是：全民受教育水平有明显提高；城乡劳动者的职前、职后教育有较大发展；各类专门人才的拥有量基本满足现代化建设的需要；形成具有中国特色的、面向21世纪的社会主义教育体系的基本框架。再经过几十年的努力，建立起比较成熟和完善的社会主义教育体系，实现教育的现代化。

90年代，在保证必要的教育投入和办学条件的前提下，各级各类教育发展的具体目标是：

——全国基本普及九年义务教育（包括初中阶段的职业技术教育）；大城市市区和沿海经济发达地区积极普及高中阶段教育。大中城市基本满足幼儿接受教育的要求，广大农村积极发展学前一年教育。

——高中阶段职业技术学校在校学生人数有较大幅度的增加，未升学的初中和高中毕业生普遍接受不同年限的职业技术培训，使城乡新增劳动力上岗前都能得到必需的职业技术训练。

——高等学校培养的专门人才适应经济、科技和社会发展的需求，集中力量办好一批重点大学和重点学科，高层次专门人才的培养基本上立足于国内，教育质量、科学技术水平和办学效益有明显提高。

——全国基本扫除青壮年文盲，使青壮年中的文盲率降到百分之五以下。通过岗位培训、继续教育和在职学历教育，提高广大从业人员的思想文化素质和职业技能。

各地区、各部门根据实际情况，制定本地区本行业的分阶段教育发展目标和任务。

（6）为了实现上述目标，应采取深化教育改革，坚持协调发展，增加教育投入，提高教师素质，提高教育质量，注重办学效益，实行分区规划，加强社会参与的发展战略。

——在教育事业发展上，不仅教育的规模要有较大发展，而且要把教育质量和办学效益提高到一个新的水平。

——在结构选择上，以九年义务教育为基础，大力加强基础教育，积极发展职业技术教育、成人教育和高等教育，把提高劳动者素质，培养初、中级人才摆到突出的位置。

——在地区发展格局上，从各地经济、文化发展不平衡的实际出发。因地制宜，分类指导。鼓励经济、文化发达地区率先达到中等发达国家80年代末的教育发展水平，积极支持贫困地区和民族地区发展教育。

（7）基础教育是提高民族素质的奠基工程，必须大力加强。各级政府要认真贯彻执行《中华人民共和国义务教育法》及其实施细则，以积极进取的精神，从本地区的实际出发，把普及九年义务教育的目标落到实处。要建立检查、监督和奖惩制度，确保义务教育法的贯彻执行。政府、社会、家长要认真履行自己的义务，保证适龄儿童入学，制止学生的辍学。对招用学龄儿童和少年就业的组织和个人，必须坚决依法制裁。

发展基础教育，必须继续改善办学条件，逐步实现标准化。中小学要由“应试教育”转向全面提高国民素质的轨道，面向全体学生，全面提高学生的思想道德、文化科学、劳动技能和身体心理素质，促进学生生动活泼地发展。办出各自的特色。普通高中的办学体制和办学模式要多样化。

（8）职业技术教育是现代教育的重要组成部分，是工业化和生产社会化、现代化的重要支柱。各级政府要高度重视，统筹规划，贯彻积极发展的方针，充分调动各部门、企事业单位和社会各界的积极性，形成全社会兴办多种形式、多层次职业技术教育的局面。到本世纪末，中心城市的行业和每个县，都应当办好一、两所示范性骨干学校或培训中心，同大量形式多样的短期培训相结合，形成职业技术教育的网络。

发展职业技术教育要与当地经济发展的需要相适应。基本普及九年义务教育的地区，应以发展初中后职业技术教育为重点；尚未普及九年义务教育的地区，对不能升入初中的小学毕业生应实行职业技术培训；各地要积极发展多样化的高中后教育，对未升入高等学校的普通高中毕业生进行职业技术培训。普通中学也要分别不同情况，适当开设职业技术教育课程。

各级各类职业技术学校都要主动适应当地建设和社会主义市场经济的需要。要在政府的指导下，提倡联合办学，走产教结合的路子，更多地利用贷款发展校办产业，增强学校自我发展的能力，逐步做到以厂（场）养校。

要认真实行“先培训、后就业”的制度。优先录用经过职业技术教育和培训的学生就业，专业性、技术性较强的岗位，应在获得岗位资格证书后上岗。对未经培训已就业的，要进行岗前培训。

（9）高等教育担负着培养高级专门人才、发展科学技术文化和促进现代化建设的重大任务。90 年代，高等教育要适应加快改革开放和现代化建设的需要，积极探索发展的新路子，使规模有较大发展，结构更加合理，质量和效益明显提高。

高等教育的发展，要坚持走内涵发展为主的道路，努力提高办学效益。要区别不同地区、科类和学校，确定发展目标和重点。制订高等院校分类标准和相应的政策措施，使各种类型的学校合理分工，在各自的层次上办出特色。要大力加强和发展地区性的专科教育。特别注重发展面向广大农村、中小企业、乡镇企业和第三产业的专科教育，努力扩大研究生的培养数量。要基本稳定基础学科的规模，适当发展新兴和边缘学科，重点发展应用学科。为了迎接世界新技术革命的挑战，要集中中央和地方等各方面的力量办好100所左右重点大学和一批重点学科、专业，力争在下世纪初，有一批高等学校和学科、专业，在教育质量、科学研究和管理方面，达到世界较高水平。

高等学校科学技术工作要认真贯彻国家对科学技术工作的方针，坚持“科学技术是第一生产力”的思想，坚持面向经济建设，坚持同教学相结合。要根据不同条件，大力开展技术开发、推广应用和咨询服务，兴办科技产业，使科技成果尽快转化为现实生产力。要加强基础科学和应用科学的研究，组织精干力量承担国家科技攻关项目和发展高新技术任务。要有计划地建成一批国家重点实验室和工程研究中心，促进相关学科的科研水平进入世界先进行列。

哲学社会科学的教学与科学研究，必须以马克思主义和建设有中国特色社会主义的理论为指导，紧密联系实际，努力研究和解决社会主义现代化建设中的理论和实际问题，为繁荣哲学社会科学，建设有中国特色的社会主义做出贡献。

（10）成人教育是传统学校教育向终生教育发展的一种新型教育制度，对不断提高全民族素质，促进经济和社会发展具有重要作用。90年代，要适应经济建设、社会发展和从业人员的实际需要，积极发展。要本着学用结合、按需施教和注重实效的原则，把大力开展岗位培训和继续教育作为重点。重视从业人员的知识更新。国家建立和完善岗位培训制度、证书制度、资格考试和考核制度、继续教育制度。

大力发展农村成人教育，积极办好乡镇成人文化技术学校，全面提高农村从业人员的素质。抓紧扫除青壮年文盲，坚持标准。讲求实效，把文化教育和职业技术教育结合起来。各级政府要增加扫盲拨款，设立扫盲基金，并加强领导，把扫盲任务落实到乡、村。

成人学历教育要加强和普通学校的联系与合作，努力体现成人教育的特色，注重提高质量。不具备颁发学历文凭资格的各种成人教育机构，可以发给毕业生写实性学习证书；毕业生要取得国家承认的学历文凭，可以参加国家组织的文凭考试或自学考试。要完善和发展自学考试制度，鼓励自学成才。

（11）重视和扶持少数民族教育事业。中央和地方要逐步增加少数民族教育经费。对有特殊困难的少数民族地区，要采取倾斜政策和措施。在国家安排的少数民族地区各项补助费及其他扶贫资金中，要划出一定比例的经费用于发展民族教育。对志愿到边疆少数民族地区工作的大中专毕业生的待遇，各地要制订优惠政策。认真组织和落实内地省、市对民族地区教育的对口支援。各民族地区要积极探索适合当地实际的发展教育的路子。

（12）重视和支持残疾人教育事业。各级政府要把残疾人教育作为教育事业的组成部分，采取单独举办残疾人学校或普通学校招收残疾人入学等多种形式，发展残疾人教育事业。逐步增加特殊教育经费，并鼓励社会力量办学、捐资助学。要对残疾人学校及其校办产业给予扶持和优惠。

（13）积极发展广播电视教育和学校电化教学推广运用现代化教学手段。要抓好教育卫生电视接收和播放网点的建设，到本世纪末，基本建成全国电教网络，覆盖大多数乡镇和边远地区。

（14）进一步扩大教育对外开放，加强国家教育交流与合作。大胆吸收和借鉴世界各国发展和管理教育的成功经验。出国留学人员是国家的宝贵财富，国家要给予重视和信任。根据“支持留学，鼓励回国，来去自由”的方针，继续扩大派遣留学生；认真贯彻国家关于在外留学人员的有关规定，支持留学人员在外学习研究，鼓励他们学成归来，或采用多种方式为祖国社会主义现代化建设做出贡献。改革来华留学生的招生和管理办法，加强我国高等学校同外国高等学校的交流与合作，开展与国外学校或专家联合培养人才、联合开展科学研究。大力加强对外汉语教学工作。

三、教育体制改革

（15）党的十四大确定我国经济体制改革的目标是建立社会主义市场经济体制。在90年代，随着经济体制、政治体制和科技体制改革的深化，教育体制改革要采取综合配套、分步推进的方针，加快步伐，改革包得过多、统得过死的体制，初步建立起与社会主义市场经济体制和政治体制、科技体制改革相适应的教育新体制。只有这样，才能增强主动适应经济和社会发展的活力，走出教育发展的新路子，为建立具有中国特色的社会主义教育体系奠定基础。教育体制改革要有利于坚持教育的社会主义方向，培养德智体全面发展的建设者和接班人；有利于调动各级政府、全社会和广大师生员工的积极性，提高教育质量、科研水平和办学效益；有利于促进教育更好地为社会主义现代化建设服务。

（16）改革办学体制。改变政府包揽办学的格局，逐步建立以政府办学为主体、社会各界共同办学的体制。在现阶段，基础教育应以地方政府办学为主；高等教育要逐步形成以中央、省（自治区、直辖市）两级政府办学为主、社会各界参与办学的新格局。职业技术教育和成人教育主要依靠行业、企业、事业单位办学和社会各方面联合办学。

国家对社会团体和公民个人依法办学，采取积极鼓励、大力支持、正确引导、加强管理的方针。国家欢迎港、澳、台同胞、海外侨胞和外国友好人士捐资助学。在国家有关法律和法规的范围内进行国际合作办学。举办具有颁发国家承认的学历文凭资格的各类学校，应按国家有关规定办理审批手续。

（17）深化中等以下教育体制改革，继续完善分级办学、分级管理的体制。

——中等及中等以下教育，由地方政府在中央大政方针的指导下，实行统筹和管理。国家颁发基本学制、课程设置和课程标准、学校人员编制标准、教师资格和教职工基本工资标准等规定。省、自治区、直辖市政府有权确定本地区的学制、年度招生规模，确定教学计划，选用教材和审定省编教材，确定教师职务限额和工资水平等。省以下各级政府的权限，由省、自治区、直辖市政府确定。

——积极推进农村教育、城市教育和企业教育综合改革，促进教育同经济、科技的密切结合。县、乡两级政府要把教育纳入当地经济、社会发展的整体规划，分级统筹管理基础教育、职业技术教育、成人教育、统筹规划经济、科技、教育的发展，促进“燎原计划”与“星火计划”“丰收计划”的有机结合，落实科教兴农战略。要积极推进城市教育综合改革，探索城市教育管理的新体制。

——中等及中等以下各类学校实行校长负责制。校长要全面贯彻国家的教育方针和政策，依靠教职员工办好学校。

——支持和鼓励中小学同附近的企业事业单位、街道或村民委员会建立社区教育组织，吸引社会各界支持学校建设，参与学校管理，优化育人环境，探索出符合中小学特点的教育与社会结合的形式。

（18）深化高等教育体制改革。进行高等教育体制改革，主要是解决政府与高等学校、中央与地方、国家教委与中央各业务部门之间的关系，逐步建立政府宏观管理、学校面向社会自主办学的体制。

——在政府与学校的关系上，要按照政事分开的原则，通过立法，明确高等学校的权利和义务，使高等学校真正成为面向社会自主办学的法人实体。要在招生、专业调整、机构设置、干部任免、经费使用、职称评定、工资分配和国际合作交流等方面，分别不同情况，进一步扩大高等学校的办学自主权。学校要善于行使自己的权力，承担应负的责任，建立起主动适应经济建设和社会发展需要的自我发展、自我约束的运行机制。

政府要转变职能，由对学校的直接行政管理，转变为运用立法、拨款、规划、信息服务、政策指导和必要的行政手段，进行宏观管理。要重视和加强决策研究工作，建立有教育和社会各界专家参加的咨询、审议、评估等机构，对高等教育方针政策、发展战略和规划等提出咨询建议，形成民主的、科学的决策程序。

——在中央与地方的关系上，进一步确立中央与省（自治区、直辖市）分级管理、分级负责的教育管理体制。中央直接管理一部分关系国家经济、社会发展全局并在高等教育中起示范作用的骨干学校和少数行业性强、地方不便管理的学校。在中央大政方针和宏观规划指导下，对地方举办的高等教育的领导和管理，责任和权力都交给省（自治区、直辖市）。按照这个精神中央要进一步简政放权，扩大省（自治区、直辖市）的教育决策权和包括对中央部门所属学校的统筹权。省（自治区、直辖市）在充分论证、严格审议程序，自选解决办学经费，以及统筹中央和地方所属高校毕业生就业去向的条件下，有权决定地方高等学校招生规模和专业设置。设置高等学校，由全国高等学校设置评议委员会评议，国家教委审批。

——在国家教委与中央业务部门的关系上，国家教委负责统筹规划、政策指导、组织协调、监督检查、提供服务。中央业务部门要加强对本行业的人才预测和规划，协助国家教委指导本行业的人才培养工作，负责管理其所属学校，包括在国家宏观指导下，决定所属学校的招生规模、专业设置、经费筹措、学生就业等，随着中央业务部门职能的转变和政企分开，中央业务部门所属学校要面向社会，其办学体制和管理体制分别不同情况，采取继续由中央部门办、中央部门和地方政府联合办、交给地方政府办、企业集团参与和管理等不同办法。目前先进行改革试点，逐步到位。

（19）改革高等学校的招生和毕业生就业制度

——改变全部按国家统一计划招生的体制，实行国家任务计划和调节性计划相结合。在现阶段，国家仍要提出指导性的宏观调控的招生总量目标，并通过国家任务计划重点保证：国家重点建设项目、国防建设、文化教育、基础学科、边远地区和某些艰苦行业所需要的专门人才。在保证完成国家任务计划的前提下，逐步扩大招收委托培养和自费生的比重，这部分调节性计划由学校及其主管部门根据社会需求和办学条件确定。

——改革学生上大学由国家包下来的做法，逐步实行收费制度。高等教育是非义务教育，学生上大学原则上均应缴费。设立贷学金，对家庭经济有困难的学生提供帮助；国家、企事业单位、社会团体和学校均可设立奖学金，对品学兼优的学生和报考国家重点保证的、特殊的、条件艰苦的专业的学生给予奖励。

——改革高等毕业生“统包统分”和“包当干部”的就业制度，实行少数毕业生由国家安排就业，多数由学生“自主择业”的就业制度。近期内，国家任务计划招收的学生原则上仍由国家负责在一定范围内安排就业，实行学校与用人单位“供需见面”，落实毕业生就业方案，并逐步推行毕业生与用人单位“双向选择”的办法；委托和定向培养的学生按合同就业；自费生自主择业。随着社会主义市场经济体制的建立和劳动人事制度的改革，除对师范学科和某些艰苦行业、边远地区的毕业生，实行在一定范围内定向就业外，大部分毕业生实行在国家方针政策指导下，通过人才劳务市场，采取“自主择业”的就业办法。与此相配套，建立人才需求信息、就业咨询指导、职业介绍等社会中介组织，为毕业生就业提供服务。

（20）完善研究生培养和学位制度。通过试点，改进硕士学位授权点和博士生导师的审核办法，同时加强质量监督和评估制度。在培养教学、科研岗位所需人才的同时，大力培养经济建设和社会发展所需的应用性人才。鼓励有实践经验的优秀在职人员采用多种形式攻读硕士、博士学位。研究生学习期间，实行兼任教学、研究和管理等辅助工作的制度，其待遇视学校内部管理体制改革的进展、所兼工作的实绩，参照在职人员的水平，由学校确定。

（21）改革对高等学校的财政拨款机制，充分发挥拨款手段的宏观调控作用。对于不同层次和科类的学校，拨款标准和拨款方法应有所区别。改革按学生人数拨款的方法，逐步实行基金制，在国家和地方预算下达的教育经费之外，学校可依法筹集资金。

（22）参照高等学校招生、毕业生就业制度改革的精神，加快改革中专、技校招生、毕业生就业制度。根据国家有关政策，由地方人民政府或主管部门制定具体办法。通过联合办学和委托培养、自费等形式，使毕业生面向城乡多种所有制单位就业。中等专业教育和技工教育的重大方针政策，由国家制定，地方政府负责统筹规划和指导。

（23）积极推进以人事制度和分配制度改革为重点的学校内部管理体制改革。在合理定编的基础上，对教职工实行岗位责任制和聘任制，在分配上按照工作实绩拉开差距。改革的核心在于，运用正确的政策导向、思想教育和物质激励手段，打破平均主义，调动广大教职工积极性，转换学校内部运行机制，提高办学水平和效益。

学校的后勤工作，应通过改革逐步实现社会化。

（24）深化人事劳动制度改革，同教育体制改革相配套。

——建立和完善高等学校毕业生的考核录用制度，推行学历文凭、技术等级证书、岗位资格证书并重的制度，扭转升学、文凭、职称对于教育运行的片面导向作用。逐步建立职业岗位资格考核机构，实施各种岗位的资格考试和资格证书制度。

——改革高等学校职称评定和职务聘任制度。评定职称既要重视学术水平，又要重视有实用价值的研究成果和教学工作、技术推广应用的实绩。高等学校教师实行聘任制。中小学逐步实行教师资格制度和职务等级制度。

——动用劳动工资等政策杠杆，推动教育体制改革。大、中专学校毕业生的起点工资，用人部门可以按照实际水平和实际表现拉开档次。为鼓励各级各类学校毕业生到农村、边远地区、艰苦行业工作，各地要制定津贴和奖励政策。

（25）加快教育法制建设，建立和完善执法监督系统，逐步走上依法治教的轨道。制订教育法律、法规，要注意综合配套，逐步完善。要抓紧草拟基本的教育法律、法规和当前急需的教育法律、法规，争取到本世纪末，初步建立起教育法律、法规体系的框架。地方要从各自的实际出发，加快制定地方性的教育法规。

（26）加强教育和发展的理论研究和试验。各级政府和教育行政部门要把教育科学研究和教育管理信息工作摆到十分重要的地位。社会主义市场经济体制的建立，对教育的改革和发展提出了许多新的课题。教育理论工作者和实际工作者，要以马克思主义为指导，研究和回答建设有中国特色的社会主义教育体系的理论问题和实际问题。要积极开展教育决策咨询研究，密切教育科研同教育决策、教育实践的联系，发挥教育科研对教育改革和发展的促进作用。鼓励和支持学校、教师和教育研究工作者积极进行教育改革试验。

四、全面贯彻教育方针，全面提高教育质量

（27）教育改革和发展的根本目的是提高民族素质，多出人才，出好人才。各级各类学校要认真贯彻“教育必须为社会主义现代化建设服务，必须与生产劳动相结合，培养德、智、体全面发展的建设者和接班人”的方针，努力使教育质量在90年代上一个新台阶。

（28）用马列主义、毛泽东思想和建设有中国特色的社会主义理论教育学生，把坚定正确的政治方向摆在首位，培养有理想、有道德、有文化、有纪律的社会主义新人，是学校德育即思想政治和品德教育的根本任务。要进一步加强和改进德育工作，在实践中不断创造改革开放条件下学校德育工作的新经验，把德育工作提高到一个新水平。

对广大青少年要加强党的基本路线教育，爱国主义、集体主义和社会主义思想教育，近代史、现代史教育和国情教育，引导学生运用马克思主义的立场、观点、方法认识现实问题，走与工农结合、与实践结合的成长道路，促进学生逐步树立科学的世界观和为人民服务的人生观，增强学生抵制资产阶级自由化和一切剥削腐朽思想的能力，坚定建设有中国特色的社会主义的信念。要重视对学生进行中国优秀文化传统教育。对中小学生还要注重进行文明行为的养成教育。

要从各级各类学校的实际出发，分层次地确定德育工作的任务和要求，改进德育教材和德育方法，注重实效，使德育落到实处。

（29）重视和加强德育队伍的建设。加强德育工作是全体教师的共同职责。教师应当把德育贯穿和渗透到教育教学的全过程中，并以自己的楷模作用，促进学生的全面成长。

高等学校要建设好一支以精干的专职人员为骨干、专兼职结合的思想政治工作队伍。中小学要充分发挥思想品德课和思想政治课教师、班主任及共青团、少先队干部的作用。对从事思想政治工作的人员要进行

培训，不断提高他们的思想政治素质和政策、业务水平，并采取实际措施解决他们的待遇问题。

（30）完善政策导向，加强学校管理。在招生、毕业生就业、评奖评优、教师职务评聘、工资晋级和出国留学等方面，坚持德才兼备的原则。教师从事德育工作和参加社会实践的成绩，应与其他业务工作成绩同等对待。

要严格执行校规、校纪，教育学生遵守行为规范，建设健康的、生动的校园文化，树立良好的校风、学风，使学校成为建设社会主义精神文明的重要阵地。

（31）进一步转变教育思想，改革教学内容和教学方法，克服学校教育不同程度存在的脱离经济建设和社会发展需要的现象。要按照现代科学技术文化发展的新成果和社会主义现代化建设的实际需要，更新教学内容，调整课程结构。加强基本知识、基础理论、基本技能的培养和训练，重视培养学生分析问题和解决问题的能力，注意发现和培养有特长的学生。中小学要切实采取措施减轻学生过重的课业负担。职业技术学校要注重职业道德和实际能力的培养。高等教育要进一步改变专业设置偏窄的状况，拓宽专业业务范围，加强实践环节的教学和训练，发展同社会实际工作部门的合作培养，促进教学、科研、生产三结合。

要逐步改革和完善升学考试制度，稳步推进小学毕业生就近入学、初中毕业生升学考试、高中毕业生会考和高考制度的改革。

（32）建立各级各类教育的质量标准和评估指标体系。各地教育部门要把检查评估学校教育质量作为一项经常性的任务。要加强督导队伍，完善督导制度，加强对中小学学校工作和教育质量的检查和指导。对职业技术教育和高等教育，要采取领导、专家和社会用人部门相结合的办法，通过多种形式进行质量评估和检查。各类学校都要重视了解用人单位对毕业生质量的评估。

（33）学校教材要反映中国和世界的优秀文明成果以及当代科学技术文化的最新发展。中小学教材要在统一基本要求的前提下实行多样化。提倡各地编写适应农村中小学需要的教材。职业技术学校要逐步形成配套的教材系列。高等学校教材要在积极扩大种类的同时，不断提高质量，加强理论与实际的联系，力求思想性与科学性统一。

（34）进一步加强和改善学校体育卫生工作，动员社会各方面和家长关心学生的体质和健康。各级政府要积极创造条件，切实解决师资、经费、体育场地、设施问题，逐步做到按教学计划上好体育与健康教育课。

重视国防教育，增加国防观念。继续组织高等学校、中等专业学校和高级中学学生参加多种形式的军事训练。各级教育部门、军事部门和学校要统筹安排，认真组织实施。

（35）美育对于培养学生健康的审美观念和审美能力，陶冶高尚的道德情操，培养全面发展的人才，具有重要作用。要提高认识，发挥美育在教育教学中的作用。根据各级各类学校的不同情况，开展形式多样的美育活动。

（36）加强劳动观点和劳动技能的教育，是实现学校培养目标的重要途径和内容。各级各类学校都要把劳动教育列入教学计划，逐步做到制度化、系列化。社会各方面要积极为学校进行劳动教育提供场所和条件。

（37）全社会都要关心和保护青少年的健康成长，形成社会教育、家庭教育同学校教育密切结合的局面。家长应当对社会负责，对后代负责，讲究教育方法，培养女子具有良好的品德和行为习惯。新闻出版、广播影视、文化艺术等部门，要把提供有益于青少年身心发展的、丰富多彩的精神产品作为义不容辞的责任。在城镇建设中，要注意兴建科学馆、博物馆、图书馆、体育馆和青少年之家等设施，要制定和完善公共文化设施对学生开放和减免收费的制度。各级政府要认真贯彻《未成年人保护法》，采取严厉措施，查禁淫秽书刊、音像制品，打击教唆、残害青少年的犯罪活动，优化育人环境。

（38）坚持党对学校的领导，加强学校党的建设，是全面贯彻教育方针，加强教育改革和发展，全面提高教育质量的根本保证。学校党组织要认真贯彻党的十四大精神，用建设有中国特色的社会主义理论教育全体党员和师生员工，深入研究学校改革和发展中的重大问题，坚持改革的正确方向。要加强党的基层组织建设，发挥党员的先锋模范作用，密切党员和群众的联系，带动群众推进改革。实行党委领导下的校长负责制的高等学校，党委对重大问题进行讨论并做出决定，同时保证行政领导人充分行使自己的职权。实行校长负责制的中小学和其他学校，党的组织发挥政治核心作用。

五、教师队伍建设

（39）振兴民族的希望在教育，振兴教育的希望在教师。建设一支具有良好政治业务素质、结构合理、相对稳定的教师队伍，是教育改革和发展的根本大计。要下决心，采取重大政策和措施，提高教师社会地位，大力改善教师的工作、学习和生活条件，努力使教师成为最受人尊重的职业。

（40）教育的改革和发展对教师提出了新的更高的要求。教师是人类灵魂的工程师，必须努力提高自己的思想政治素质和业务水平；热爱教育事业，教书育人，为人师表；精心组织教学，积极参加教育改革，不断提高教学质量。

（41）进一步加强师资培养培训工作。师范教育是培养中小学师资的工作母机，各级政府要努力增加投入，大力办好师范教育，鼓励优秀中学毕业生报考师范院校。进一步扩大师范院校定向招生的比例，建立师范毕业生服务期制度，保证毕业生到中小学任教。其他高等学校也要积极承担培养中小学和职业技术学校师资的任务。要制定教师培训计划，促进教师特别是中青年教师不断进修提高，使绝大多数中小学教师更好地胜任教育教学工作。到本世纪末，通过师资补充和在职培训，绝大多数中小学教师要达到国家规定的合格学历标准，小学和初中教师中具有专科和本科学历者的比重逐年提高。

高等学校师资培养培训工作要坚持立足国内、在职为主、加强实践、多种形式并举的原则。要充分发挥教学科研力量较强的高等学校在师资培训中的骨干作用。采取多种形式促进教师和社会的密切联系，聘请实际工作部门有较高水平的专家到校任教，加强高等学校之间教师的相互交流。要建立扶持和培养中青年骨干教师使中青年学术带头人脱颖而出的制度。

（42）改革教育系统工资制度，提高教师工资待遇，逐步使教师的工资水平与全民所有制企业同类人员大体持平。“八五”期间，教育系统平均工资要高于当地全民所有制职工平均水平，在国民经济十二个行业中居中等偏上水平，其中高等学校平均工资高于全民所有制企业职工平均水平。

要建立符合教育特点的工资制度和正常的工资增长机制，切实保证教师的工资水平随国民收入的增长逐步提高。要贯彻按劳分配原则，克服平均主义、论资排辈的倾向，使贡献大的、教学质量高的教师有更高的工资收入。改革过于集中统一的工资管理体制，在国家宏观调控的前提下，使地方、部门和学校享有自主权。国家规定教育系统工资制度的基本原则和基本工资标准，由各省、自治区、直辖市政府和中央主管部门，在不低于基本工资标准的前提下确定具体工资标准，不搞全国“一刀切”。学校具有调整内部工资关系、增加工资和学校基金分配的自主权。

（43）精简机构和人员，提高办学效益。适应面向21世纪的需要，必须走建设一支人员精干、素质优良、待遇较高的师资队伍的路子。要制订合理的学校人员编制标准，严格考核，精简人员，提高每一教师负担的学生人数。对超编人员，各级人事、劳动、教育部门和学校，要在政府统筹下，通过多种就业渠道妥善安置，使其各得其所，发挥所长。

（44）在住房和其他社会福利方面实行优待教师的政策。各级政府要制订切实可行的计划，尽快使城市教职工家庭人均住房面积达到当地居民的平均水平。在住房制度改革中，要对教职工住房的建设、分配、销售或租赁，实行优先、优惠政策，逐步社会化。教职工住房建设的责任在地方政府和主管部门，基建投资实行多渠道筹集的办法。地方政府和主管部门要增加对教职工住房建设的投资。“八五”期间，力争使学校教职工住房条件有明显改善。

各地逐步建立医疗、退休保险等方面的教师保障制度。

（45）进一步改善民办教师工作。目前农村学校存在大量的民办教师，是历史形成的。各地要改进民办教师工资管理体制和统筹办法，增加民办教师补助费，改善民办教师待遇，逐步使民办教师与公办教师同工同酬。对离职民办教师，给予生活补助，有条件的地方要逐步建立民办教师保险福利基金。师范院校要定向招收部分民办教师入学深造。各地要根据当地的实际情况，每年划拨一定数量的劳动指标，从优秀民办教师中选招公办教师。通过多种途径，逐步减少民办教师的比重。

（46）各级政府和学校，对优秀教师和教育工作者，要进行精神物质的奖励，对有突出贡献的教师要给予特殊津贴或奖励，并形成制度。提倡和鼓励各级政府、社会团体、企业和个人建立教师奖励基金。

六、教育经费

（47）改革和完善教育投资体制，增加教育经费。目前教育经费相当紧缺，不仅不能适应加快改革开放和现代化建设对人才的需求，而且也难以满足现有教育事业发展的基本需要。增加教育投资是落实教育战略地位的根本措施，各级政府、社会各方面和个人都要努力增加对教育的投入，确保教育事业优先发展。要逐步建立以国家财政拨款为主，辅之以征收用于教育的税费、收取非义务教育阶段学生学杂费、校办产业收入、社会捐资集资和设立教育基金等多种渠道筹措教育经费的体制。通过立法，保证教育经费的稳定来源和增长。

（48）筹措教育经费的主要措施：

——逐步提高国家财政性教育经费支出（包括：各级财政对教育的拨款，城乡教育费附加，企业用于举办中小学的经费，校办产业减免税部分）占国民生产总值的比例，本世纪末达到百分之四，达到发展中国家八十年代的平均水平。计划、财政、税务等部门要制定相应的政策措施，认真加以落实。

——各级政府必须认真贯彻《中共中央关于教育体制改革的决定》所规定的“中央和地方政府教育拨款的增长要高于财政经常性收入的增长，并使按在校学生人数平均的教育费用逐步增长”的原则，切实保证教师工资和生均公用经费逐年有所增长。要提高各级财政支出中教育经费所占的比例，“八五”期间逐步提高到全国平均不低于百分之十五。省（自治区、直辖市）本级财政、县（市）级财政支出中教育经费所占比例，由各省、自治区、直辖市政府确定。乡镇财政收入主要用于发展教育。

——进一步完善城乡教育费附加征收办法。凡缴纳产品税、增值税、营业税的单位和个人，按“三税”的百分之二至百分之三计征城市教育费附加；农村教育费附加征收办法和计征比例，由各省、自治区、直辖市政府制定。上述所征款主要用于普及九年义务教育。地方政府还可根据当地教育发展的实际需要、经济状况和群众承受能力，开征其他用于教育的附加费。

——提高非义务教育阶段学生学费标准，同时按不同情况确定义务教育阶段学校杂费收费标准。学费和杂费收取标准和办法，由省、自治区、直辖市政府和直接管理学校的中央业务部门考虑群众承受能力确定。要加强收费管理，严禁乱收费。要创造条件，鼓励和支持学生参加勤工俭学，对家庭确有困难的学生，可减免学杂费或提供贷学金。

——继续大力发展校办产业和社会服务，逐步建立支持教育改革和发展的服务体系，各级政府和有关部门要给予优惠政策。

——鼓励和提倡厂矿企业、事业单位、社会团体和个人根据自愿、量力原则捐资助学、集资办学，不计征税。欢迎港澳台同胞、海外侨胞、外籍团体和友好人士对教育提供资助和捐赠。各级政府要加强对集资工作的统筹管理。

——运用金融、信贷手段，融通教育资金，支持校办产业、高新科技企业以及勤工俭学的发展，开办教育储蓄和贷学金等业务。具体办法由国家教委会同有关部门制定。积极开展教师退休养老基金、医疗保险基金等项工作。

（49）重视解决各级各类学校，特别是中小学、职业技术学校仪器设备、教科书和图书资料短缺的问题，增加用于购置仪器设备和图书资料的资金。各级政府对教科书及教学用图书资料的出版发行和教学仪器设备的生产、供应，实行优先、优惠的政策。继续加强学校危房改造工作，凡属危房不得使用，由当地政府负责限期解决。学校房屋倒塌造成师生伤亡事故的，要追究当地政府主要负责人的责任。坚决制止占用学校校舍和运动场地，保证学校活动正常进行。

（50）各级教育部门和学校必须努力提高教育经费的使用效益。要合理规划教育事业的规模，调整教育结构和布局，避免结构性浪费；要坚持艰苦奋斗、勤俭办学的方针，建立健全财务规章制度，加强财会队伍建设。各级财政和审计部门要加强财务监督和审计，共同把教育经费管好用好。

一九九三年二月十三日

中华人民共和国教育法

（1995 年 3 月 18 日第八届全国人民代表大会第三次会议通过
1995 年 3 月 18 日中华人民共和国主席令第 45 号公布
自 1995 年 9 月 1 日起施行）

第一章　总　则

第一条　为了发展教育事业，提高全民族的素质，促进社会主义物质文明和精神文明建设，根据宪法，制定本法。

第二条　在中华人民共和国境内的各级各类教育，适用本法。

第三条　国家坚持以马克思列宁主义、毛泽东思想和建设有中国特色社会主义理论为指导，遵循宪法确定的基本原则，发展社会主义的教育事业。

第四条　教育是社会主义现代化建设的基础，国家保障教育事业优先发展。全社会应当关心和支持教育事业的发展。全社会应当尊重教师。

第五条　教育必须为社会主义现代化建设服务，必须与生产劳动相结合，培养德、智、体等方面全面发展的社会主义事业的建设者和接班人。

第六条　国家在受教育者中进行爱国主义、集体主义、社会主义的教育，进行理想、道德、纪律、法制、国防和民族团结的教育。

第七条　教育应当继承和弘扬中华民族优秀的历史文化传统，吸收人类文明发展的一切优秀成果。

第八条 教育活动必须符合国家和社会公共利益。国家实行教育与宗教相分离。任何组织和个人不得利用宗教进行妨碍国家教育制度的活动。

第九条 中华人民共和国公民有受教育的权利和义务。公民不分民族、种族、性别、职业、财产状况、宗教信仰等，依法享有平等的受教育机会。

第十条 国家根据各少数民族的特点和需要，帮助各少数民族地区发展教育事业。国家扶持边远贫困地区发展教育事业。国家扶持和发展残疾人教育事业。

第十一条 国家适应社会主义市场经济发展和社会进步的需要，推进教育改革，促进各级各类教育协调发展，建立和完善终身教育体系。

国家支持、鼓励和组织教育科学研究，推广教育科学研究成果，促进教育质量提高。

第十二条 汉语言文字为学校及其他教育机构的基本教学语言文字。少数民族学生为主的学校及其他教育机构，可以使用本民族或者当地民族通用的语言文字进行教学。学校及其他教育机构进行教学，应当推广使用全国通用的普通话和规范字。

第十三条 国家对发展教育事业做出突出贡献的组织和个人，给予奖励。

第十四条 国务院和地方各级人民政府根据分级管理、分工负责的原则，领导和管理教育工作。中等及中等以下教育在国务院领导下，由地方人民政府管理。高等教育由国务院和省、自治区、直辖市人民政府管理。

第十五条 国务院教育行政部门主管全国教育工作，统筹规划、协调管理全国的教育事业。县级以上地方各级人民政府教育行政部门主管本行政区域内的教育工作。县级以上各级人民政府其他有关部门在各自的职责范围内，负责有关的教育工作。

第十六条 国务院和县级以上地方各级人民政府应当向本级人民代表大会或者其常务委员会报告教育工作和教育经费预算、决算情况，接受监督。

第二章 教育基本制度

第十七条 国家实行学前教育、初等教育、中等教育、高等教育的学校教育制度。国家建立科学的学制系统。学制系统内的学校和其他教育机构的设置、教育形式、修业年限、招生对象、培养目标等，由国务院或者由国务院授权教育行政部门规定。

第十八条 国家实行九年制义务教育制度。各级人民政府采取各种措施保障适龄儿童、少年就学。适龄儿童、少年的父母或者其他监护人以及有关社会组织和个人有义务使适龄儿童、少年接受并完成规定年限的义务教育。

第十九条 国家实行职业教育制度和成人教育制度。各级人民政府、有关行政部门以及企业事业组织应当采取措施，发展并保障公民接受职业学校教育或者各种形式的职业培训。国家鼓励发展多种形式的成人教育，使公民接受适当形式的政治、经济、文化、科学、技术、业务教育和终身教育。

第二十条 国家实行国家教育考试制度。国家教育考试由国务院教育行政部门确定种类，并由国家批准的实施教育考试的机构承办。

第二十一条 国家实行学业证书制度。经国家批准设立或者认可的学校及其他教育机构按照国家有关规定，颁发学历证书或者其他学业证书。

第二十二条 国家实行学位制度。学位授予单位依法对达到一定学术水平或者专业技术水平的人员授予相应的学位，颁发学位证书。

第二十三条 各级人民政府、基层群众性自治组织和企业事业组织应当采取各种措施，开展扫除文盲的教育工作。按照国家规定具有接受扫除文盲教育能力的公民，应当接受扫除文盲的教育。

第二十四条 国家实行教育督导制度和学校及其他教育机构教育评估制度。

第三章 学校及其他教育机构

第二十五条 国家制定教育发展规划，并举办学校及其他教育机构。国家鼓励企业事业组织、社会团体、其他社会组织及公民个人依法举办学校及其他教育机构。任何组织和个人不得以营利为目的举办学校及其他教育机构。

第二十六条 设立学校及其他教育机构，必须具备下列基本条件：

（一）有组织机构和章程；

（二）有合格的教师；

（三）有符合规定标准的教学场所及设施、设备等；

（四）有必备的办学资金和稳定的经费来源。

第二十七条 学校及其他教育机构的设立、变更和终止，应当按照国家有关规定办理审核、批准、注册或者备案手续。

第二十八条 学校及其他教育机构行使下列权利：

（一）按照章程自主管理；

（二）组织实施教育教学活动；

（三）招收学生或者其他受教育者；

（四）对受教育者进行学籍管理，实施奖励或者处分；

（五）对受教育者颁发相应的学业证书；

（六）聘任教师及其他职工，实施奖励或者处分；

（七）管理、使用本单位的设施和经费；

（八）拒绝任何组织和个人对教育教学活动的非法干涉；

（九）法律、法规规定的其他权利。

国家保护学校及其他教育机构的合法权益不受侵犯。

第二十九条 学校及其他教育机构应当履行下列义务：

（一）遵守法律、法规；

（二）贯彻国家的教育方针，执行国家教育教学标准，保证教育教学质量；

（三）维护受教育者、教师及其他职工的合法权益；

（四）以适当方式为受教育者及其监护人了解受教育者的学业成绩及其他有关情况提供便利；

（五）遵照国家有关规定收取费用并公开收费项目；

（六）依法接受监督。

第三十条 学校及其他教育机构的举办者按照国家有关规定，确定其所举办的学校或者其他教育机构的管理体制。学校及其他教育机构的校长或者主要行政负责人必须由具有中华人民共和国国籍、在中国境内定居、并具备国家规定任职条件的公民担任，其任免按照国家有关规定办理。学校的教学及其他行政管理，由校长负责。学校及其他教育机构应当按照国家有关规定，通过以教师为主体的教职工代表大会等组织形式，保障教职工参与民主管理和监督。

第三十一条 学校及其他教育机构具备法人条件的，自批准设立或者登记注册之日起取得法人资格。学校及其他教育机构在民事活动中依法享有民事权利，承担民事责任学校及其他教育机构中的国有资产属于国家所有。学校及其他教育机构兴办的校办产业独立承担民事责任。

第四章　教师和其他教育工作者

第三十二条 教师享有法律规定的权利，履行法律规定的义务，忠诚于人民的教育事业。

第三十三条 国家保护教师的合法权益，改善教师的工作条件和生活条件，提高教师的社会地位。教师的工资报酬、福利待遇，依照法律、法规的规定办理。

第三十四条 国家实行教师资格、职务、聘任制度，通过考核、奖励、培养和培训，提高教师素质，加强教师队伍建设。

第三十五条 学校及其他教育机构中的管理人员，实行教育职员制度。学校及其他教育机构中的教学辅助人员和其他专业技术人员，实行专业技术职务聘任制度。

第五章 受教育者

第三十六条 受教育者在入学、升学、就业等方面依法享有平等权利。学校和有关行政部门应当按照国家有关规定，保障女子在入学、升学、就业、授予学位、派出留学等方面享有同男子平等的权利。

第三十七条 国家、社会对符合入学条件、家庭经济困难的儿童、少年、青年，提供各种形式的资助。

第三十八条 国家、社会、学校及其他教育机构应当根据残疾人身心特性和需要实施教育，并为其提供帮助和便利。

第三十九条 国家、社会、家庭、学校及其他教育机构应当为有违法犯罪行为的未成年人接受教育创造条件。

第四十条 从业人员有依法接受职业培训和继续教育的权利和义务。国家机关、企业事业组织和其他社会组织，应当为本单位职工的学习和培训提供条件和便利。

第四十一条 国家鼓励学校及其他教育机构、社会组织采取措施，为公民接受终身教育创造条件。

第四十二条 受教育者享有下列权利：

（一）参加教育教学计划安排的各种活动，使用教育教学设施、设备、图书资料；

（二）按照国家有关规定获得奖学金、贷学金、助学金；

（三）在学业成绩和品行上获得公正评价，完成规定的学业后获得相应的学业证书、学位证书；

（四）对学校给予的处分不服向有关部门提出申诉，对学校、教师侵犯其人身权、财产权等合法权益，提出申诉或者依法提起诉讼；

（五）法律、法规规定的其他权利。

第四十三条 受教育者应当履行下列义务：

（一）遵守法律、法规；

（二）遵守学生行为规范，尊敬师长，养成良好的思想品德和行为习惯；

（三）努力学习，完成规定的学习任务；

（四）遵守所在学校或者其他教育机构的管理制度。

第四十四条 教育、体育、卫生行政部门和学校及其他教育机构应当完善体育、卫生保健设施，保护学生的身心健康。

第六章 教育与社会

第四十五条 国家机关、军队、企业事业组织、社会团体及其他社会组织和个人，应当依法为儿童、少年、青年学生的身心健康成长创造良好的社会环境。

第四十六条 国家鼓励企业事业组织、社会团体及其他社会组织同高等学校、中等职业学校在教学、科研、技术开发和推广等方面进行多种形式的合作。企业事业组织、社会团体及其他社会组织和个人，可以通过适当形式，支持学校的建设，参与学校管理。

第四十七条 国家机关、军队、企业事业组织及其他社会组织应当为学校组织的学生实习、社会实践活动提供帮助和便利。

第四十八条 学校及其他教育机构在不影响正常教育教学活动的前提下，应当积极参加当地的社会公益活动。

第四十九条 未成年人的父母或者其他监护人应当为其未成年子女或者其他被监护人受教育提供必要条件。未成年人的父母或者其他监护人应当配合学校及其他教育机构，对其未成年子女或者其他被监护人进行教育。学校、教师可以对学生家长提供家庭教育指导。

第五十条 图书馆、博物馆、科技馆、文化馆、美术馆、体育馆（场）等社会公共文化体育设施，以及历史文化古迹和革命纪念馆（地），应当对教师、学生实行优待，为受教育者接受教育提供便利。广播、电视台（站）应当开设教育节目，促进受教育者思想品德、文化和科学技术素质的提高。

第五十一条 国家、社会建立和发展对未成年人进行校外教育的设施。学校及其他教育机构应当同基层群众性自治组织、企业事业组织、社会团体相互配合，加强对未成年人的校外教育工作。

第五十二条 国家鼓励社会团体、社会文化机构及其他社会组织和个人开展有益于受教育者身心健康的社会文化教育活动。

第七章 教育投入与条件保障

第五十三条 国家建立以财政拨款为主、其他多种渠道筹措教育经费为辅的体制，逐步增加对教育的投入，保证国家举办的学校教育经费的稳定来源。企业事业组织、社会团体及其他社会组织和个人依法举办的学校及其他教育机构，办学经费由举办者负责筹措，各级人民政府可以给予适当支持。

第五十四条 国家财政性教育经费支出占国民生产总值的比例应当

随着国民经济的发展和财政收入的增长逐步提高。具体比例和实施步骤由国务院规定。全国各级财政支出总额中教育经费所占比例应当随着国民经济的发展逐步提高。

第五十五条 各级人民政府的教育经费支出，按照事权和财权相统一的原则，在财政预算中单独列项。各级人民政府教育财政拨款的增长应当高于财政经常性收入的增长，并使按在校学生人数平均的教育费用逐步增长，保证教师工资和学生人均公用经费逐步增长。

第五十六条 国务院及县级以上地方各级人民政府应当设立教育专项资金，重点扶持边远贫困地区、少数民族地区实施义务教育。

第五十七条 税务机关依法足额征收教育费附加，由教育行政部门统筹管理，主要用于实施义务教育。省、自治区、直辖市人民政府根据国务院的有关规定，可以决定开征用于教育的地方附加费，专款专用。农村乡统筹中的教育费附加，由乡人民政府组织收取，由县级人民政府教育行政部门代为管理或者由乡人民政府管理，用于本乡范围内乡、村两级教育事业。农村教育费附加在乡统筹中所占具体比例和具体管理办法，由省、自治区、直辖市人民政府规定。

第五十八条 国家采取优惠措施，鼓励和扶持学校在不影响正常教育教学的前提下开展勤工俭学和社会服务，兴办校办产业。

第五十九条 经县级人民政府批准，乡、民族乡、镇的人民政府根据自愿、量力的原则，可以在本行政区域内集资办学，用于实施义务教育学校的危房改造和修缮、新建校舍，不得挪作他用。

第六十条 国家鼓励境内、境外社会组织和个人捐资助学。

第六十一条 国家财政性教育经费、社会组织和个人对教育的捐赠，必须用于教育，不得挪用、克扣。

第六十二条 国家鼓励运用金融、信贷手段，支持教育事业的发展。

第六十三条 各级人民政府及其教育行政部门应当加强对学校及其

他教育机构教育经费的监督管理，提高教育投资效益。

第六十四条 地方各级人民政府及其有关行政部门必须把学校的基本建设纳入城乡建设规划，统筹安排学校的基本建设用地及所需物资，按照国家有关规定实行优先、优惠政策。

第六十五条 各级人民政府对教科书及教学用图书资料的出版发行，对教学仪器、设备的生产和供应，对用于学校教育教学和科学研究的图书资料、教学仪器、设备的进口，按照国家有关规定实行优先、优惠政策。

第六十六条 县级以上人民政府应当发展卫星电视教育和其他现代化教学手段，有关行政部门应当优先安排，给予扶持。国家鼓励学校及其他教育机构推广运用现代化教学手段。

第八章 教育对外交流与合作

第六十七条 国家鼓励开展教育对外交流与合作。教育对外交流与合作坚持独立自主、平等互利、相互尊重的原则，不得违反中国法律，不得损害国家主权、安全和社会公共利益。

第六十八条 中国境内公民出国留学、研究、进行学术交流或者任教，依照国家有关规定办理。

第六十九条 中国境外个人符合国家规定的条件并办理有关手续后，可以进入中国境内学校及其他教育机构学习、研究、进行学术交流或者任教，其合法权益受国家保护。

第七十条 中国对境外教育机构颁发的学位证书、学历证书及其他学业证书的承认，依照中华人民共和国缔结或者加入的国际条约办理，或者按照国家有关规定办理。

第九章　法律责任

第七十一条　违反国家有关规定，不按照预算核拨教育经费的，由同级人民政府限期核拨；情节严重的，对直接负责的主管人员和其他直接责任人员，依法给予行政处分。违反国家财政制度、财务制度，挪用、克扣教育经费的，由上级机关责令限期归还被挪用、克扣的经费，并对直接负责的主管人员和其他直接责任人员，依法给予行政处分；构成犯罪的，依法追究刑事责任。

第七十二条　结伙斗殴，寻衅滋事，扰乱学校及其他教育机构教育教学秩序或者破坏校舍、场地及其他财产的，由公安机关给予治安管理处罚；构成犯罪的，依法追究刑事责任。侵占学校及其他教育机构的校舍、场地及其他财产的，依法承担民事责任。

第七十三条　明知校舍或者教育教学设施有危险而不采取措施，造成人员伤亡或者重大财产损失的，对直接负责的主管人员和其他直接责任人员，依法追究刑事责任。

第七十四条　违反国家有关规定，向学校或者其他教育机构收取费用的，由政府责令退还所收费用；对直接负责的主管人员和其他直接责任人员，依法给予行政处分。

第七十五条　违反国家有关规定，举办学校或者其他教育机构的，由教育行政部门予以撤销；有违法所得的，没收违法所得；对直接负责的主管人员和其他直接责任人员，依法给予行政处分。

第七十六条　违反国家有关规定招收学员的，由教育行政部门责令退回招收的学员，退还所收费用；对直接负责的主管人员和其他直接责任人员，依法给予行政处分。

第七十七条　在招收学生工作中徇私舞弊的，由教育行政部门责令退回招收的人员；对直接负责的主管人员和其他直接责任人员，依法给予行政处分；构成犯罪的，依法追究刑事责任。

第七十八条 学校及其他教育机构违反国家有关规定向受教育者收取费用的，由教育行政部门责令退还所收费用；对直接负责的主管人员和其他直接责任人员，依法给予行政处分。

第七十九条 在国家教育考试中作弊的，由教育行政部门宣布考试无效，对直接负责的主管人员和其他直接责任人员，依法给予行政处分。

非法举办国家教育考试的，由教育行政部门宣布考试无效；有违法所得的，没收违法所得；对直接负责的主管人员和其他直接责任人员，依法给予行政处分。

第八十条 违反本法规定，颁发学位证书、学历证书或者其他学业证书的，由教育行政部门宣布证书无效，责令收回或者予以没收；有违法所得的，没收违法所得；情节严重的，取消其颁发证书的资格。

第八十一条 违反本法规定，侵犯教师、受教育者、学校或者其他教育机构的合法权益，造成损失、损害的，应当依法承担民事责任。

第十章 附 则

第八十二条 军事学校教育由中央军事委员会根据本法的原则规定。宗教学校教育由国务院另行规定。

第八十三条 境外的组织和个人在中国境内办学和合作办学的办法，由国务院规定。

第八十四条 本法自 1995 年 9 月 1 日起施行。

中共中央　国务院关于深化教育改革全面推进素质教育的决定

中发〔1999〕9号

当今世界，科学技术突飞猛进，知识经济已见端倪，国力竞争日趋激烈。教育在综合国力的形成中处于基础地位，国力的强弱越来越取决于劳动者的素质，取决于各类人才的质量和数量，这对于培养和造就我国二十一世纪的一代新人提出了更加迫切的要求。我国正处在建立社会主义市场经济体制和实现现代化建设战略目标的关键时期。新中国成立50年来特别是改革开放以来，教育事业的改革与发展取得了令人瞩目的巨大成就。但面对新的形势，由于主观和客观等方面的原因，我们的教育观念、教育体制、教育结构、人才培养模式、教育内容和教学方法相对滞后，影响了青少年的全面发展，不能适应提高国民素质的需要。全党、全社会必须从我国社会主义事业兴旺发达和中华民族伟大复兴的大局出发，以邓小平理论为指导，全面贯彻落实党的十五大精神，深化教育改革，全面推进素质教育，构建一个充满生机的有中国特色社会主义教育体系，为实施科教兴国战略奠定坚实的人才和知识基础。

一、全面推进素质教育，培养适应二十一世纪现代化建设需要的社会主义新人

1. 实施素质教育，就是全面贯彻党的教育方针，以提高国民素质为

根本宗旨，以培养学生的创新精神和实践能力为重点，造就“有理想、有道德、有文化、有纪律”的、德智体美等全面发展的社会主义事业建设者和接班人。

全面推进素质教育，要面向现代化、面向世界、面向未来，使受教育者坚持学习科学文化与加强思想修养的统一，坚持学习书本知识与投身社会实践的统一，坚持实现自身价值与服务祖国人民的统一，坚持树立远大理想与进行艰苦奋斗的统一。

全面推进素质教育，要坚持面向全体学生，为学生的全面发展创造相应的条件，依法保障适龄儿童和青少年学习的基本权利，尊重学生身心发展特点和教育规律，使学生生动活泼、积极主动地得到发展。

2. 实施素质教育应当贯穿于幼儿教育、中小学教育、职业教育、成人教育、高等教育等各级各类教育，应当贯穿于学校教育、家庭教育和社会教育等各个方面。在不同阶段和不同方面应当有不同的内容和重点，相互配合，全面推进。在不同地区还应体现地区特点，尤其是少数民族地区的特点。

实施素质教育，必须把德育、智育、体育、美育等有机地统一在教育活动的各个环节中。学校教育不仅要抓好智育，更要重视德育，还要加强体育、美育、劳动技术教育和社会实践，使诸方面教育相互渗透、协调发展，促进学生的全面发展和健康成长。

3. 各级各类学校必须更加重视德育工作，以马克思列宁主义、毛泽东思想和邓小平理论为指导，按照德育总体目标和学生成长规律，确定不同学龄阶段的德育内容和要求，在培养学生的思想品德和行为规范方面，要形成一定的目标递进层次。要加强辩证唯物主义和历史唯物主义教育，使学生树立科学的世界观和人生观。要有针对性地开展爱国主义、集体主义和社会主义教育，中华民族优秀文化传统和革命传统教育，理想、伦理道德以及文明习惯养成教育，中国近现代史、基本国情、国内外形势教育和民主法制教育。把发扬中华民族优良传统同积极学习世界上一切优秀文明成果结合起来。高等学校要进一步加强邓小平理论“进教材、进课堂、进学生头脑”工作。职业学校要加强职业道德教育。

进一步改进德育工作的方式方法，寓德育于各学科教学之中，加强学校德育与学生生活和社会实践的联系，讲究实际效果，克服形式主义倾向。针对新形势下青少年成长的特点，加强学生的心理健康教育，培养学生坚韧不拔的意志、艰苦奋斗的精神，增强青少年适应社会生活的能力。加强民族团结教育，规范国防教育，提高学生的国家安全意识，继续搞好军训工作并使之制度化。加强校园的精神文明建设，严禁一切封建迷信和其他有害于学生身心健康的活动及物品传入校园。加强共青团、少先队和学生会工作，在培养和提高学生素质方面发挥更大的作用。社会各方面要为青少年提供优秀的精神文化产品和德育活动基地，形成学校、家庭和社会共同参与德育工作的新格局。

4. 智育工作要转变教育观念，改革人才培养模式，积极实行启发式和讨论式教学，激发学生独立思考和创新的意识，切实提高教学质量。要让学生感受、理解知识产生和发展的过程，培养学生的科学精神和创新思维习惯，重视培养学生收集处理信息的能力、获取新知识的能力、分析和解决问题的能力、语言文字表达能力以及团结协作和社会活动的能力。高等教育要重视培养大学生的创新能力、实践能力和创业精神，普遍提高大学生的人文素养和科学素质。职业教育和成人教育要使学生在掌握必需的文化知识的同时，具有熟练的职业技能和适应职业变化的能力。减轻中小学生课业负担已成为推行素质教育中刻不容缓的问题，要切实认真加以解决。各级政府都要建立健全减轻学生课业负担的监督检查机制。要重视婴幼儿的身体发育和智力开发，普及婴幼儿早期教育的科学知识和方法。

5. 健康体魄是青少年为祖国和人民服务的基本前提，是中华民族旺盛生命力的体现。学校教育要树立健康第一的指导思想，切实加强体育工作，使学生掌握基本的运动技能，养成坚持锻炼身体的良好习惯。确保学生体育课程和课外体育活动时间，不准挤占体育活动时间和场所。举办多种多样的群体性体育活动，培养学生的竞争意识、合作精神和坚强毅力。地方各级人民政府要统筹规划，为学校开展体育活动提供必要条件。培养学生的良好卫生习惯，了解科学营养知识。根据农村的实际条件和需要，有针对性地加强农村学校的体育和卫生工作。

6. 美育不仅能陶冶情操、提高素养，而且有助于开发智力，对于促进学生全面发展具有不可替代的作用。要尽快改变学校美育工作薄弱的状况，将美育融入学校教育全过程。中小学要加强音乐、美术课堂教学，高等学校应要求学生选修一定学时的包括艺术在内的人文学科课程。开展丰富多彩的课外文化艺术活动，增强学生的美感体验，培养学生欣赏美和创造美的能力。地方各级人民政府和各有关部门要为学校美育工作创造条件，继续完善文化经济政策，各类文化场所（博物馆、科技馆、文化馆、纪念馆等）要向学生免费或优惠开放，鼓励文化艺术团体到学校演出高雅健康的节目。农村中小学也要充分利用当地文化资源，因地制宜地开展美育活动。

7. 教育与生产劳动相结合是培养全面发展人才的重要途径。各级各类学校要从实际出发，加强和改进对学生的生产劳动和实践教育，使其接触自然、了解社会，培养热爱劳动的习惯和艰苦奋斗的精神。建立青少年参与社区服务和社区建设的制度。中小学要鼓励学生积极参加形式多样的课外实践活动，培养动手能力；职业学校要实行产教结合，鼓励学生在实践中掌握职业技能；高等学校要加强社会实践，组织学生参加科学研究、技术开发和推广活动以及社会服务活动。利用假期组织志愿者到城乡支工、支农、支医和支教。社会各方面要为学校开展生产劳动、科技活动和其他社会实践活动提供必要的条件，同时要加强学生校外劳动和社会实践基地的建设。

二、深化教育改革，为实施素质教育创造条件

8. 基本普及九年义务教育和基本扫除青壮年文盲（简称“两基”），是全面推进素质教育的基础。地方各级人民政府要继续将“两基”作为教育工作的重中之重，确保2000年“两基”目标的实现和达标后的巩固与提高。各地要从实际出发，改造薄弱学校，提高义务教育阶段的整体办学水平。2000年后要继续实施“国家贫困地区义务教育工程”，加大对贫困地区和少数民族地区的扶持力度，继续加强发达地区对少数民族贫困地区的教育对口支援工作，切实解决农村初中辍学率偏高的问题，同时大力提高义务教育阶段残疾儿童少年的入学率。

9. 调整现有教育体系结构，扩大高中阶段教育和高等教育的规模，拓宽人才成长的道路，减缓升学压力。通过多种形式积极发展高等教育，到2010年，我国同龄人口的高等教育入学率要从现在的百分之九提高到百分之十五左右。要在确保“两基”的前提下，积极发展包括普通教育和职业教育在内的高中阶段教育，为初中毕业生提供多种形式的学习机会。在城市和经济发达地区要有步骤地普及高中阶段教育。

高等职业教育是高等教育的重要组成部分。要大力发展高等职业教育，培养一大批具有必要的理论知识和较强实践能力，生产、建设、管理、服务第一线和农村急需的专门人才。现有的职业大学、独立设置的成人高校和部分高等专科学校要通过改革、改组和改制，逐步调整为职业技术学院（或职业学院）。支持本科高等学校举办或与企业合作举办职业技术学院（或职业学院）。省、自治区、直辖市人民政府在对当地教育资源的统筹下，可以举办综合性、社区性的职业技术学院（或职业学院）。

10. 构建与社会主义市场经济体制和教育内在规律相适应、不同类型教育相互沟通相互衔接的教育体制，为学校毕业生提供继续学习深造的机会。职业技术学院（或职业学院）可采取多种方式招收普通高中毕业生和中等职业学校毕业生。职业技术学院（或职业学院）毕业生经过一定选拔程序可以进入本科高等学校继续学习。

高等学校和中等职业学校要创造条件实行弹性的学习制度，放宽招生和入学的年龄限制，允许分阶段完成学业。大力发展现代远程教育、职业资格证书教育和其他继续教育。完善自学考试制度，形成社会化、开放式的教育网络，为适应多层次、多形式的教育需求开辟更为广阔的途径，逐渐完善终身学习体系。

11. 进一步简政放权，加大省级人民政府发展和管理本地区教育的权力以及统筹力度，促进教育与当地经济社会发展紧密结合。今后 3 年，继续按照“共建、调整、合作、合并”的方式，基本完成高等教育管理体制和布局结构的调整，形成中央和省级人民政府两级管理、以省级人民政府管理为主的新体制，合理配置教育资源，提高教育质量和办学效益。经国务院授权，把发展高等职业教育和大部分高等专科教育的权力以及责任交给省级人民政府，省级人民政府依法管理职业技术学院（或职业学院）和高等专科学校。高等职业教育（包括高等专科学校）的招生计划改由省级人民政府制定，其招生考试事宜由省级人民政府自行确定。

继续完善基础教育主要由地方负责、分级管理的体制。根据各地实际，加大县级人民政府对教育经费、教师管理和校长任免等方面的统筹权。地方各级人民政府要加强对职业教育和成人教育的统筹。学历教育由教育行政部门负责管理。在高中及其以上教育的办学水平评估、人力资源预测和毕业生就业指导等方面，进一步发挥非政府的行业协会组织和社会中介机构的作用。

按照《中华人民共和国高等教育法》的规定，切实落实和扩大高等学校的办学自主权，增强学校适应当地经济社会发展的活力。加强对高等学校的监督和办学质量检查，逐步形成对学校办学行为和教育质量的社会监督机制以及评价体系，完善高等学校自我约束、自我管理机制。进一步扩大高等学校招生、专业设置等自主权，高等学校可以到外地合作办学。深化学校内部管理体制改革，进一步精简机构，减员增效。改革分配和奖励制度，实行多劳多得、优劳优酬。加大学校后勤改革力度，逐步剥离学校后勤系统，推动后勤工作社会化，鼓励社会力量为学校提供后勤服务，发展教育产业。

12. 进一步解放思想、转变观念，积极鼓励和支持社会力量以多种形式办学，满足人民群众日益增长的教育需求，形成以政府办学为主体、公办学校和民办学校共同发展的格局。凡符合国家有关法律法规的办学形式，均可大胆试验。在发展民办教育方面迈出更大的步伐。鼓励社会力量以各种方式举办高中阶段和高等职业教育。经国家教育行政主管部门批准，可以举办民办普通高等学校。在保证适龄儿童、少年均能就近进入公办小学和初中的前提下，可允许设立少数民办小学和初中，在这个范围内提供择校机会，但不搞“一校两制”。积极发展以社区为依托的、公办与民办相结合的幼儿教育。要因地制宜地制定优惠政策(如土地优惠使用、免征配套费等)，支持社会力量办学。

各级人民政府要加强对民办教育的管理、引导和监督，国家要加快民办教育的立法，促进民办教育的健康发展。各级各类民办学校都要依法办学，不断提高办学水平。

13. 加快改革招生考试和评价制度，改变“一次考试定终身”的状况。改革高考制度是推进中小学全面实施素质教育的重要措施，按照有助于高等学校选拔人才、中小学实施素质教育和扩大高等学校办学自主权的原则，积极推进高考制度改革。进行每年举办两次高等学校招生考试的试点。高考科目设置和内容的改革应进一步突出对能力和综合素质的考查。鼓励有条件的省级人民政府进行多种形式的高考制度改革试验，扩大学校的招生自主权和考生的选择机会。逐步建立具有多种选择的、更加科学和公正的高等学校招生选拔制度。

在普及九年义务教育的地区，实行小学毕业生免试就近升学的办法。鼓励各地中小学自行组织毕业考试，采取多种形式改革高中阶段学校的招生办法，改革高中会考制度。建立符合素质教育要求的对学校、教师和学生的评价机制。地方各级人民政府不得下达升学指标，不得以升学率作为评价学校工作的标准。鼓励社会各界、家长和学生以适当方式参与对学校工作的评价。

14. 调整和改革课程体系、结构、内容，建立新的基础教育课程体系，试行国家课程、地方课程和学校课程。改变课程过分强调学科体系、脱离时代和社会发展以及学生实际的状况。抓紧建立更新教学内容的机制，加强课程的综合性和实践性，重视实验课教学，培养学生实际操作能力。要增强农村特别是贫困地区义务教育的课程、教材与当地经济社会发展的适应性。促进教材的多样化，进一步完善国家对基础教育教材的评审制度。积极推进教学改革，提高课堂教学的质量，国家和地方要奖励并推广符合素质教育要求的优秀教学成果。

职业教育要增强专业的适用性，开发和编写体现新知识、新技术、新工艺和新方法的具有职业教育特色的课程及教材。高等教育要加快课程改革和教学改革，继续调整专业结构和设置，使学生尽早地参与科技研究开发和创新活动，鼓励跨学科选修课程，培养基础扎实、知识面宽、具有创新能力的高素质专门人才。

15. 大力提高教育技术手段的现代化水平和教育信息化程度。国家支持建设以中国教育科研网和卫星视频系统为基础的现代远程教育网络，加强经济实用型终端平台系统和校园网络或局域网络的建设，充分利用现有资源和各种音像手段，继续搞好多样化的电化教育和计算机辅助教学。在高中阶段的学校和有条件的初中、小学普及计算机操作和信息技术教育，使教育科研网络进入全部高等学校和骨干中等职业学校，逐步进入中小学。采取有效措施，大力开发优秀的教育教学软件。运用现代远程教育网络为社会成员提供终身学习的机会，为农村和边远地区提供适合当地需要的教育。

16. 努力改变教育与经济、科技相脱节的状况，促进教育和经济、科技的密切结合。高等教育实施素质教育，要加强产学研结合，大力推进高等学校和产业界以及科研院所的合作，鼓励有条件的高等学校建立科技企业，企业在高等学校建立研究机构，高等学校在企业建立实习基地。采用多种形式，使高等学校科研机构进入企业，提高高等学校科技成果的转化率，加快实用科技成果向企业的转移，增强企业的技术创新能力，培育新的经济增长点。要创建若干所具有世界先进水平的一流大学和一批一流学科，在高等学校建设一批既出人才、又出成果的基础研究和应用研究基地，为国家创新体系建设和现代化建设做出贡献。继续推进城市教育综合改革。职业教育和成人教育要通过多种方式，为加快提高劳动者素质，为转岗、分流、下岗职工再就业提供教育和培训。

进一步推进农科教结合，全面推进农村教育综合改革，促进农村普通教育、成人教育和职业教育的统筹协调发展，使农村教育切实转变到主要为农村经济和社会发展服务上来。要把文化知识教育和扫除青壮年文盲与实用生产技术培训结合起来，与农民脱贫致富结合起来。要采取灵活多样的教育培训形式，抓紧培养一大批农村急需的实用技术推广人才、乡镇企业管理人才和医疗卫生人才。

三、优化结构，建设全面推进素质教育的高质量的教师队伍

17. 建设高质量的教师队伍，是全面推进素质教育的基本保证。教师要热爱党，热爱社会主义祖国，忠诚于人民的教育事业；要树立正确的教育观、质量观和人才观，增强实施素质教育的自觉性；要不断提高思想政治素质和业务素质，教书育人，为人师表，敬业爱生；要有宽广厚实的业务知识和终身学习的自觉性，掌握必要的现代教育技术手段；要遵循教育规律，积极参与教学科研，在工作中勇于探索创新；要与学生平等相处，尊重学生人格，因材施教，保护学生的合法权益。

18. 把提高教师实施素质教育的能力和水平作为师资培养、培训的重点。加强和改革师范教育，大力提高师资培养质量。调整师范学校的层次和布局，鼓励综合性高等学校和非师范类高等学校参与培养、培训中小学教师的工作，探索在有条件的综合性高等学校中试办师范学院。2010 年前后，具备条件的地区力争使小学和初中阶段教育的专任教师的学历分别提升到专科和本科层次，经济发达地区高中阶段教育的专任教师和校长中获硕士学位者应达到一定比例。提高高等学校教师中具有博士学位教师的比例。

开展以培训全体教师为目标、骨干教师为重点的继续教育，使中小学教师的整体素质明显提高。中小学专任教师以及师范学校在校生都要接受计算机基础知识和技能培训。注意吸收企业优秀工程技术和管理人员到职业学校任教，加快建设兼有教师资格和其他专业技术职务的“双师型”教师队伍。地方各级人民政府要多渠道筹资设立骨干教师专项资金，在大中小学培养一批高水平的学科带头人和有较大影响的教书育人专家，造就一支符合时代要求、能发挥示范作用的骨干教师队伍。

19. 建立优化教师队伍的有效机制，提高教师队伍的整体素质。全

面实施教师资格制度，开展面向社会认定教师资格工作，拓宽教师来源渠道，引入竞争机制，完善教师职务聘任制，提高教育质量和办学效益。中小学根据学校编制聘用教师，可面向社会公开招聘，经县以上教育行政部门审批；高等学校依法自主聘任教师，吸引优秀人才从教。继续关心和改善教师的工作条件和生活待遇。

加强编制管理，精简富余人员，富余人员原则上在教育系统内部进行培训和安排。各地要认真做好各级各类学校转岗教师的管理服务工作，进一步建立和完善人才流动的社会化服务体系，搞好人才供求信息的收集和发布工作，开展转岗前职业培训，协调和促进教师的合理流动。地方各级人民政府的人事、劳动和社会保障、财政部门要提供必要的政策指导和经费支持。

20. 合理配置教师资源。各地要制定政策，鼓励大中城市骨干教师到基础薄弱学校任教或兼职，中小城市（镇）学校教师以各种方式到农村缺编学校任教，加强农村与薄弱学校教师队伍建设。城镇中小学教师原则上要有一年以上在薄弱学校或农村学校任教经历，才可聘为高级教师职务。采取优惠政策，吸引和鼓励教师到经济不发达地区、边远地区和少数民族地区任教。经济发达地区和城市也要采取多种形式，帮助少数民族地区和农村提高教师队伍水平。

21. 努力造就能够带领广大教师和教育工作者积极实施素质教育的学校领导以及管理干部队伍。学校校长在推进素质教育中具有特殊作用，要率先转变教育观念，把领导教职工创造性地实施素质教育作为重要职责。要继续巩固和完善中小学校长岗位培训和持证上岗制度，试行校长职级制，逐步完善校长选拔和任用制度，鼓励优秀校长到薄弱学校任职。对于富余的学校管理人员要转岗分流。

四、加强领导，全党、全社会共同努力开创素质教育的新局面

22. 全面推进素质教育，必须切实加强党和政府的领导。邓小平同志指出：“我们要千方百计，在别的方面忍耐一些，甚至于牺牲一点速度，把教育问题解决好。”各级党委和人民政府要切实落实教育优先发展的战略地位。全面推进素质教育是党和政府的重要职责，各级领导干部要转变观念，充分认识素质教育的重要性和紧迫性，把思想统一到中央的决定上来，认真贯彻落实。建立自上而下的素质教育评估检查体系，逐级考核省、市、县、乡各级党委和政府及其主要领导干部抓素质教育工作的情况。各级党委和政府及其有关部门要通力协作，为实施素质教育创造良好的政策环境，注意研究新情况和新问题，鼓励大胆实践，尊重群众的首创精神。重视和加强教育科学研究，提高政府决策和管理的科学性。

23. 全面推进素质教育，根本上要靠法治、靠制度保障。各级人民政府和各部门要切实做到依法行政，保证教育方针的全面贯彻执行。各级党政领导和广大教育工作者要深入进行教育法律法规的学习、宣传活动，提高法律意识，严格履行保护少年儿童和学生身心健康发展的法律职责，坚决制止侵犯学生合法权益的行为，抵制妨碍学生健康成长的各种社会不良影响。各地要依法保障教师的合法权益，不得拖欠教师工资。要整治校园内部和周边环境，维护学校正常秩序。

继续完善国家教育立法，加大教育执法力度，加强教育法制机构和队伍建设，完善教育行政执法监督机制。制定有关素质教育的制度和法规，逐步实现素质教育制度化、法制化。

进一步健全教育督导机构，完善教育督导制度，在继续进行“两基”督导检查的同时，把保障实施素质教育作为教育督导工作的重要

任务。

24. 努力采取有效措施，切实加大教育投入，逐步实现国家财政性教育经费支出占国民生产总值百分之四的目标。各级人民政府必须按照《中华人民共和国教育法》的规定，确保教育经费有较大增长。中央决定，自1998年起至2002年的5年中，提高中央本级财政支出中教育经费所占的比例，每年提高1个百分点。各省、自治区、直辖市人民政府也要根据本地实际，增加本级财政中教育经费的支出。要进一步依法加强城乡教育费附加的征收和管理，农村教育费附加实行乡征、县管、乡用，确保完全用于教育。

进一步完善教育经费拨款办法，充分发挥教育拨款在宏观调控中的作用，不断提高教育经费的使用效益。政府的教育拨款主要用于保证普及义务教育和承担普通高等教育的大部分经费。地方各级人民政府要确保义务教育的资金投入并做到专款专用。在非义务教育阶段，要适当增加学费在培养成本中的比例，逐步建立符合社会主义市场经济体制以及政府公共财政体制的财政教育拨款政策和成本分担机制。加强教育经费的管理，严格禁止乱收费。认真组织实施教育储蓄、教育保险和助学贷款制度，完善奖学金制度。积极运用财政、金融和税收政策，继续鼓励社会、个人和企业投资办学和捐（集）资助学，不断完善多渠道筹措教育经费的体制。

25. 社会用人制度对于实施素质教育有着重要的导向作用，改革用人制度是全面推进素质教育的当务之急。要依法抓紧制定国家职业（技能）标准，明确对各类劳动者的岗位要求，积极推行劳动预备制度，坚持实行“先培训、后上岗”的就业制度，继续改革大中专毕业生就业制度，使学生树立正确的择业观。地方政府教育部门要与人事、劳动和社会保障部门共同协调，在全社会实行学业证书、职业资格证书并重的制度。转变传统的人才观念，形成使用人才重素质、重实际能力的良好风气。

26. 全面推进素质教育，是我国教育事业的一场深刻变革，是一项事关全局、影响深远和涉及社会各方面的系统工程。要进一步加强学校党的工作，充分发挥党员在实施素质教育中的模范带头作用。要通过新闻媒体的正确舆论导向，深入动员社会各界关心、支持和投身素质教育。学校、家庭和社会要互相沟通、积极配合，共同开创素质教育工作的新局面。

要继续认真落实国务院批转的《面向二十一世纪教育振兴行动计划》。全面推进素质教育，是党中央和国务院为加快实施科教兴国战略做出的又一重大决策，各级党委和人民政府要结合本地实际情况，创造性地把素质教育落到实处，在以江泽民同志为核心的党中央的领导下，高举邓小平理论伟大旗帜，为实现社会主义现代化建设宏伟目标和中华民族伟大复兴做出更大的贡献。

军队系统学校如何落实本文件精神，由中央军委做出决定。

一九九九年六月十三日

国家中长期教育改革和发展规划纲要
(2010~2020年)

中发〔2010〕12号

序　言

百年大计，教育为本。教育是民族振兴、社会进步的基石，是提高国民素质、促进人的全面发展的根本途径，寄托着亿万家庭对美好生活的期盼。强国必先强教。优先发展教育、提高教育现代化水平，对实现全面建设小康社会奋斗目标、建设富强民主文明和谐的社会主义现代化国家具有决定性意义。

党和国家历来高度重视教育。新中国成立以来，在以毛泽东同志、邓小平同志、江泽民同志为核心的党的三代中央领导集体和以胡锦涛同志为总书记的党中央领导下，全党全社会同心同德，艰苦奋斗，开辟了中国特色社会主义教育发展道路，建成了世界最大规模的教育体系，保障了亿万人民群众受教育的权利。教育投入大幅增长，办学条件显著改善，教育改革逐步深化，办学水平不断提高。进入本世纪以来，城乡免费义务教育全面实现，职业教育快速发展，高等教育进入大众化阶段，农村教育得到加强，教育公平迈出重大步伐。教育的发展极大地提高了全民族素质，推进了科技创新、文化繁荣，为经济发展、社会进步和民生改善作出了不可替代的重大贡献。我国实现了从人口大国向人力资源大国的转变。

当今世界正处在大发展大变革大调整时期。世界多极化、经济全球化深入发展，科技进步日新月异，人才竞争日趋激烈。我国正处在改革发展的关键阶段，经济建设、政治建设、文化建设、社会建设以及生态文明建设全面推进，工业化、信息化、城镇化、市场化、国际化深入发展，人口、资源、环境压力日益加大，经济发展方式加快转变，都凸显了提高国民素质、培养创新人才的重要性和紧迫性。中国未来发展、中华民族伟大复兴，关键靠人才，基础在教育。

面对前所未有的机遇和挑战，必须清醒认识到，我国教育还不完全适应国家经济社会发展和人民群众接受良好教育的要求。教育观念相对落后，内容方法比较陈旧，中小学生课业负担过重，素质教育推进困难；学生适应社会和就业创业能力不强，创新型、实用型、复合型人才紧缺；教育体制机制不完善，学校办学活力不足；教育结构和布局不尽合理，城乡、区域教育发展不平衡，贫困地区、民族地区教育发展滞后；教育投入不足，教育优先发展的战略地位尚未得到完全落实。接受良好教育成为人民群众强烈期盼，深化教育改革成为全社会共同心声。

国运兴衰，系于教育；教育振兴，全民有责。在党和国家工作全局中，必须始终坚持把教育摆在优先发展的位置。按照面向现代化、面向世界、面向未来的要求，适应全面建设小康社会、建设创新型国家的需要，坚持育人为本，以改革创新为动力，以促进公平为重点，以提高质量为核心，全面实施素质教育，推动教育事业在新的历史起点上科学发展，加快从教育大国向教育强国、从人力资源大国向人力资源强国迈进，为中华民族伟大复兴和人类文明进步作出更大贡献。

第一部分　总体战略

第一章　指导思想和工作方针

（一）指导思想。高举中国特色社会主义伟大旗帜，以邓小平理论和“三个代表”重要思想为指导，深入贯彻落实科学发展观，实施科教兴国战略和人才强国战略，优先发展教育，完善中国特色社会主义现代教育体系，办好人民满意的教育，建设人力资源强国。

全面贯彻党的教育方针，坚持教育为社会主义现代化建设服务，为人民服务，与生产劳动和社会实践相结合，培养德智体美全面发展的社会主义建设者和接班人。

全面推进教育事业科学发展，立足社会主义初级阶段基本国情，把握教育发展阶段性特征，坚持以人为本，遵循教育规律，面向社会需求，优化结构布局，提高教育现代化水平。

（二）工作方针。优先发展、育人为本、改革创新、促进公平、提高质量。

把教育摆在优先发展的战略地位。教育优先发展是党和国家提出并长期坚持的一项重大方针。各级党委和政府要把优先发展教育作为贯彻落实科学发展观的一项基本要求，切实保证经济社会发展规划优先安排教育发展，财政资金优先保障教育投入，公共资源优先满足教育和人力资源开发需要。充分调动全社会关心支持教育的积极性，共同担负起培育下一代的责任，为青少年健康成长创造良好环境。完善体制和政策，鼓励社会力量兴办教育，不断扩大社会资源对教育的投入。

把育人为本作为教育工作的根本要求。人力资源是我国经济社会发展的第一资源，教育是开发人力资源的主要途径。要以学生为主体，以教师为主导，充分发挥学生的主动性，把促进学生健康成长作为学校一切工作的出发点和落脚点。关心每个学生，促进每个学生主动地、生动活泼地发展，尊重教育规律和学生身心发展规律，为每个学生提供适合的教育。努力培养造就数以亿计的高素质劳动者、数以千万计的专门人才和一大批拔尖创新人才。

把改革创新作为教育发展的强大动力。教育要发展，根本靠改革。要以体制机制改革为重点，鼓励地方和学校大胆探索和试验，加快重要领域和关键环节改革步伐。创新人才培养体制、办学体制、教育管理体制，改革质量评价和考试招生制度，改革教学内容、方法、手段，建设现代学校制度。加快解决经济社会发展对高质量多样化人才需要与教育培养能力不足的矛盾、人民群众期盼良好教育与资源相对短缺的矛盾、增强教育活力与体制机制约束的矛盾，为教育事业持续健康发展提供强大动力。

把促进公平作为国家基本教育政策。教育公平是社会公平的重要基础。教育公平的关键是机会公平，基本要求是保障公民依法享有受教育的权利，重点是促进义务教育均衡发展和扶持困难群体，根本措施是合理配置教育资源，向农村地区、边远贫困地区和民族地区倾斜，加快缩小教育差距。教育公平的主要责任在政府，全社会要共同促进教育公平。

把提高质量作为教育改革发展的核心任务。树立科学的质量观，把促进人的全面发展、适应社会需要作为衡量教育质量的根本标准。树立以提高质量为核心的教育发展观，注重教育内涵发展，鼓励学校办出特色、办出水平，出名师，育英才。建立以提高教育质量为导向的管理制度和工作机制，把教育资源配置和学校工作重点集中到强化教学环节、提高教育质量上来。制定教育质量国家标准，建立健全教育质量保障体系。加强教师队伍建设，提高教师整体素质。

第二章 战略目标和战略主题

（三）战略目标。到2020年，基本实现教育现代化，基本形成学习型社会，进入人力资源强国行列。

实现更高水平的普及教育。基本普及学前教育；巩固提高九年义务教育水平；普及高中阶段教育，毛入学率达到90%；高等教育大众化水平进一步提高，毛入学率达到40%；扫除青壮年文盲。新增劳动力平均受教育年限从12.4年提高到13.5年；主要劳动年龄人口平均受教育年限从9.5年提高到11.2年，其中受过高等教育的比例达到20%，具有高等教育文化程度的人数比2009年翻一番。

形成惠及全民的公平教育。坚持教育的公益性和普惠性，保障公民依法享有接受良好教育的机会。建成覆盖城乡的基本公共教育服务体系，逐步实现基本公共教育服务均等化，缩小区域差距。努力办好每一所学校，教好每一个学生，不让一个学生因家庭经济困难而失学。切实解决进城务工人员子女平等接受义务教育问题。保障残疾人受教育权利。

提供更加丰富的优质教育。教育质量整体提升，教育现代化水平明显提高。优质教育资源总量不断扩大，更好满足人民群众接受高质量教育的需求。学生思想道德素质、科学文化素质和健康素质明显提高。各类人才服务国家、服务人民和参与国际竞争能力显著增强。

构建体系完备的终身教育。学历教育和非学历教育协调发展，职业教育和普通教育相互沟通，职前教育和职后教育有效衔接。继续教育参与率大幅提升，从业人员继续教育年参与率达到50%。现代国民教育体系更加完善，终身教育体系基本形成，促进全体人民学有所教、学有所成、学有所用。

健全充满活力的教育体制。进一步解放思想，更新观念，深化改革，提高教育开放水平，全面形成与社会主义市场经济体制和全面建设小康社会目标相适应的充满活力、富有效率、更加开放、有利于科学发展的教育体制机制，办出具有中国特色、世界水平的现代教育。

（四）战略主题。坚持以人为本、全面实施素质教育是教育改革发展的战略主题，是贯彻党的教育方针的时代要求，其核心是解决好培养什么人、怎样培养人的重大问题，重点是面向全体学生、促进学生全面发展，着力提高学生服务国家服务人民的社会责任感、勇于探索的创新精神和善于解决问题的实践能力。

坚持德育为先。立德树人，把社会主义核心价值体系融入国民教育全过程。加强马克思主义中国化最新成果教育，引导学生形成正确的世界观、人生观、价值观；加强理想信念教育和道德教育，坚定学生对中国共产党领导、社会主义制度的信念和信心；加强以爱国主义为核心的民族精神和以改革创新为核心的时代精神教育；加强社会主义荣辱观教育，培养学生团结互助、诚实守信、遵纪守法、艰苦奋斗的良好品质。加强公民意识教育，树立社会主义民主法治、自由平等、公平正义理念，培养社会主义合格公民。加强中华民族优秀文化传统教育和革命传统教育。把德育渗透于教育教学的各个环节，贯穿于学校教育、家庭教育和社会教育的各个方面。切实加强和改进未成年人思想道德建设和大学生思想政治教育工作。构建大中小学有效衔接的德育体系，创新德育形式，丰富德育内容，不断提高德育工作的吸引力和感染力，增强德育工作的针对性和实效性。加强辅导员、班主任队伍建设。

坚持能力为重。优化知识结构，丰富社会实践，强化能力培养。着力提高学生的学习能力、实践能力、创新能力，教育学生学会知识技能，学会动手动脑，学会生存生活，学会做人做事，促进学生主动适应社会，开创美好未来。

坚持全面发展。全面加强和改进德育、智育、体育、美育。坚持文化知识学习与思想品德修养的统一、理论学习与社会实践的统一、全面发展与个性发展的统一。加强体育，牢固树立健康第一的思想，确保学生体育课程和课余活动时间，提高体育教学质量，加强心理健康教育，促进学生身心健康、体魄强健、意志坚强；加强美育，培养学生良好的审美情趣和人文素养。加强劳动教育，培养学生热爱劳动、热爱劳动人民的情感。重视安全教育、生命教育、国防教育、可持续发展教育。促进德育、智育、体育、美育有机融合，提高学生综合素质，使学生成为德智体美全面发展的社会主义建设者和接班人。

第二部分　发展任务

第三章　学前教育

（五）基本普及学前教育。学前教育对幼儿身心健康、习惯养成、智力发展具有重要意义。遵循幼儿身心发展规律，坚持科学保教方法，保障幼儿快乐健康成长。积极发展学前教育，到 2020 年，普及学前一年教育，基本普及学前两年教育，有条件的地区普及学前三年教育。重视 0 至 3 岁婴幼儿教育。

（六）明确政府职责。把发展学前教育纳入城镇、社会主义新农村建设规划。建立政府主导、社会参与、公办民办并举的办园体制。大力发展公办幼儿园，积极扶持民办幼儿园。加大政府投入，完善成本合理分担机制，对家庭经济困难幼儿入园给予补助。加强学前教育管理，规范办园行为。制定学前教育办园标准，建立幼儿园准入制度。完善幼儿园收费管理办法。严格执行幼儿教师资格标准，切实加强幼儿教师培养培训，提高幼儿教师队伍整体素质，依法落实幼儿教师地位和待遇。教育行政部门加强对学前教育的宏观指导和管理，相关部门履行各自职责，充分调动各方面力量发展学前教育。

（七）重点发展农村学前教育。努力提高农村学前教育普及程度。着力保证留守儿童入园。采取多种形式扩大农村学前教育资源，改扩建、新建幼儿园，充分利用中小学布局调整富余的校舍和教师举办幼儿园(班)。发挥乡镇中心幼儿园对村幼儿园的示范指导作用。支持贫困地区发展学前教育。

第四章　义务教育

（八）巩固提高九年义务教育水平。义务教育是国家依法统一实施、所有适龄儿童少年必须接受的教育，具有强制性、免费性和普及性，是教育工作的重中之重。注重品行培养，激发学习兴趣，培育健康体魄，养成良好习惯。到 2020 年，全面提高普及水平，全面提高教育质量，基本实现区域内均衡发展，确保适龄儿童少年接受良好义务教育。

巩固义务教育普及成果。适应城乡发展需要，合理规划学校布局，办好必要的教学点，方便学生就近入学。坚持以输入地政府管理为主、以全日制公办中小学为主，确保进城务工人员随迁子女平等接受义务教育，研究制定进城务工人员随迁子女接受义务教育后在当地参加升学考试的办法。建立健全政府主导、社会参与的农村留守儿童关爱服务体系和动态监测机制。加快农村寄宿制学校建设，优先满足留守儿童住宿需求。采取必要措施，确保适龄儿童少年不因家庭经济困难、就学困难、学习困难等原因而失学，努力消除辍学现象。

提高义务教育质量。建立国家义务教育质量基本标准和监测制度。严格执行义务教育国家课程标准、教师资格标准。深化课程与教学方法改革，推行小班教学。配齐音乐、体育、美术等学科教师，开足开好规定课程。大力推广普通话教学，使用规范汉字。

增强学生体质。科学安排学习、生活、锻炼，保证学生睡眠时间。大力开展“阳光体育”运动，保证学生每天锻炼一小时，不断提高学生体质健康水平。提倡合理膳食，改善学生营养状况，提高贫困地区农村学生营养水平。保护学生视力。

（九）推进义务教育均衡发展。均衡发展是义务教育的战略性任务。建立健全义务教育均衡发展保障机制。推进义务教育学校标准化建设，均衡配置教师、设备、图书、校舍等资源。

切实缩小校际差距，着力解决择校问题。加快薄弱学校改造，着力提高师资水平。实行县（区）域内教师、校长交流制度。实行优质普通高中和优质中等职业学校招生名额合理分配到区域内初中的办法。义务教育阶段不得设置重点学校和重点班。在保障适龄儿童少年就近进入公办学校的前提下，发展民办教育，提供选择机会。

加快缩小城乡差距。建立城乡一体化义务教育发展机制，在财政拨款、学校建设、教师配置等方面向农村倾斜。率先在县（区）域内实现城乡均衡发展，逐步在更大范围内推进。

努力缩小区域差距。加大对革命老区、民族地区、边疆地区、贫困地区义务教育的转移支付力度。鼓励发达地区支援欠发达地区。

（十）减轻中小学生课业负担。过重的课业负担严重损害儿童少年身心健康。减轻学生课业负担是全社会的共同责任，政府、学校、家庭、社会必须共同努力，标本兼治，综合治理。把减负落实到中小学教育全过程，促进学生生动活泼学习、健康快乐成长。率先实现小学生减负。

各级政府要把减负作为教育工作的重要任务，统筹规划，整体推进。调整教材内容，科学设计课程难度。改革考试评价制度和学校考核办法。规范办学行为，建立学生课业负担监测和公告制度。不得以升学率对地区和学校进行排名，不得下达升学指标。规范各种社会补习机构和教辅市场。加强校外活动场所建设和管理，丰富学生课外及校外活动。

学校要把减负落实到教育教学各个环节，给学生留下了解社会、深入思考、动手实践、健身娱乐的时间。提高教师业务素质，改进教学方法，增强课堂教学效果，减少作业量和考试次数。培养学生学习兴趣和爱好。严格执行课程方案，不得增加课时和提高难度。各种等级考试和竞赛成绩不得作为义务教育阶段入学与升学的依据。

充分发挥家庭教育在儿童少年成长过程中的重要作用。家长要树立正确的教育观念，掌握科学的教育方法，尊重子女的健康情趣，培养子女的良好习惯，加强与学校的沟通配合，共同减轻学生课业负担。

第五章　高中阶段教育

（十一）加快普及高中阶段教育。高中阶段教育是学生个性形成、自主发展的关键时期，对提高国民素质和培养创新人才具有特殊意义。注重培养学生自主学习、自强自立和适应社会的能力，克服应试教育倾向。到 2020 年，普及高中阶段教育，满足初中毕业生接受高中阶段教育需求。

根据经济社会发展需要，合理确定普通高中和中等职业学校招生比例，今后一个时期总体保持普通高中和中等职业学校招生规模大体相当。加大对中西部贫困地区高中阶段教育的扶持力度。

（十二）全面提高普通高中学生综合素质。深入推进课程改革，全面落实课程方案，保证学生全面完成国家规定的文理等各门课程的学习。创造条件开设丰富多彩的选修课，为学生提供更多选择，促进学生全面而有个性的发展。逐步消除大班额现象。积极开展研究性学习、社区服务和社会实践。建立科学的教育质量评价体系，全面实施高中学业水平考试和综合素质评价。建立学生发展指导制度，加强对学生的理想、心理、学业等多方面指导。

（十三）推动普通高中多样化发展。促进办学体制多样化，扩大优质资源。推进培养模式多样化，满足不同潜质学生的发展需要。探索发现和培养创新人才的途径。鼓励普通高中办出特色。鼓励有条件的普通高中根据需要适当增加职业教育的教学内容。探索综合高中发展模式。采取多种方式，为在校生和未升学毕业生提供职业教育。

第六章 职业教育

（十四）大力发展职业教育。发展职业教育是推动经济发展、促进就业、改善民生、解决“三农”问题的重要途径，是缓解劳动力供求结构矛盾的关键环节，必须摆在更加突出的位置。职业教育要面向人人、面向社会，着力培养学生的职业道德、职业技能和就业创业能力。到2020年，形成适应经济发展方式转变和产业结构调整要求、体现终身教育理念、中等和高等职业教育协调发展的现代职业教育体系，满足人民群众接受职业教育的需求，满足经济社会对高素质劳动者和技能型人才的需要。

政府切实履行发展职业教育的职责。把职业教育纳入经济社会发展和产业发展规划，促使职业教育规模、专业设置与经济社会发展需求相适应。统筹中等职业教育与高等职业教育发展。健全多渠道投入机制，加大职业教育投入。

把提高质量作为重点。以服务为宗旨，以就业为导向，推进教育教学改革。实行工学结合、校企合作、顶岗实习的人才培养模式。坚持学校教育与职业培训并举，全日制与非全日制并重。制定职业学校基本办学标准。加强“双师型”教师队伍和实训基地建设，提升职业教育基础能力。建立健全技能型人才到职业学校从教的制度。完善符合职业教育特点的教师资格标准和专业技术职务（职称）评聘办法。建立健全职业教育质量保障体系，吸收企业参加教育质量评估。开展职业技能竞赛。

（十五）调动行业企业的积极性。建立健全政府主导、行业指导、企业参与的办学机制，制定促进校企合作办学法规，推进校企合作制度化。鼓励行业组织、企业举办职业学校，鼓励委托职业学校进行职工培训。制定优惠政策，鼓励企业接收学生实习实训和教师实践，鼓励企业加大对职业教育的投入。

（十六）加快发展面向农村的职业教育。把加强职业教育作为服务社会主义新农村建设的重要内容。加强基础教育、职业教育和成人教育统筹，促进农科教结合。强化省、市（地）级政府发展农村职业教育的责任，扩大农村职业教育培训覆盖面，根据需要办好县级职教中心。强化职业教育资源的统筹协调和综合利用，推进城乡、区域合作，增强服务“三农”能力。加强涉农专业建设，加大培养适应农业和农村发展需要的专业人才力度。支持各级各类学校积极参与培养有文化、懂技术、会经营的新型农民，开展进城务工人员、农村劳动力转移培训。逐步实施农村新成长劳动力免费劳动预备制培训。

（十七）增强职业教育吸引力。完善职业教育支持政策。逐步实行中等职业教育免费制度，完善家庭经济困难学生资助政策。改革招生和教学模式。积极推进学历证书和职业资格证书“双证书”制度，推进职业学校专业课程内容和职业标准相衔接。完善就业准入制度，执行“先培训、后就业”“先培训、后上岗”的规定。制定退役士兵接受职业教育培训的办法。建立健全职业教育课程衔接体系。鼓励毕业生在职继续学习，完善职业学校毕业生直接升学制度，拓宽毕业生继续学习渠道。提高技能型人才的社会地位和待遇。加大对有突出贡献高技能人才的宣传表彰力度，形成行行出状元的良好社会氛围。

第七章　高等教育

（十八）全面提高高等教育质量。高等教育承担着培养高级专门人才、发展科学技术文化、促进社会主义现代化建设的重大任务。提高质量是高等教育发展的核心任务，是建设高等教育强国的基本要求。到2020年，高等教育结构更加合理，特色更加鲜明，人才培养、科学研究和社会服务整体水平全面提升，建成一批国际知名、有特色、高水平的高等学校，若干所大学达到或接近世界一流大学水平，高等教育国际竞争力显著增强。

（十九）提高人才培养质量。牢固确立人才培养在高校工作中的中心地位，着力培养信念执著、品德优良、知识丰富、本领过硬的高素质专门人才和拔尖创新人才。加大教学投入。把教学作为教师考核的首要内容，把教授为低年级学生授课作为重要制度。加强实验室、校内外实习基地、课程教材等基本建设。深化教学改革。推进和完善学分制，实行弹性学制，促进文理交融。支持学生参与科学研究，强化实践教学环节。加强就业创业教育和就业指导服务。创立高校与科研院所、行业、企业联合培养人才的新机制。全面实施“高等学校本科教学质量与教学改革工程”。严格教学管理。健全教学质量保障体系，改进高校教学评估。充分调动学生学习积极性和主动性，激励学生刻苦学习，增强诚信意识，养成良好学风。

大力推进研究生培养机制改革。建立以科学与工程技术研究为主导的导师责任制和导师项目资助制，推行产学研联合培养研究生的“双导师制”。实施“研究生教育创新计划”。加强管理，不断提高研究生特别是博士生培养质量。

（二十）提升科学研究水平。充分发挥高校在国家创新体系中的重要作用，鼓励高校在知识创新、技术创新、国防科技创新和区域创新中做出贡献。大力开展自然科学、技术科学、哲学社会科学研究。坚持服务国家目标与鼓励自由探索相结合，加强基础研究；以重大现实问题为主攻方向，加强应用研究。促进高校、科研院所、企业科技教育资源共享，推动高校创新组织模式，培育跨学科、跨领域的科研与教学相结合的团队。促进科研与教学互动、与创新人才培养相结合。充分发挥研究生在科学研究中的作用。加强高校重点科研创新基地与科技创新平台建设。完善以创新和质量为导向的科研评价机制。积极参与马克思主义理论研究和建设工程。深入实施“高等学校哲学社会科学繁荣计划”。

（二十一）增强社会服务能力。高校要牢固树立主动为社会服务的意识，全方位开展服务。推进产学研用结合，加快科技成果转化，规范校办产业发展。为社会成员提供继续教育服务。开展科学普及工作，提高公众科学素质和人文素质。积极推进文化传播，弘扬优秀传统文化，发展先进文化。积极参与决策咨询，主动开展前瞻性、对策性研究，充分发挥智囊团、思想库作用。鼓励师生开展志愿服务。

（二十二）优化结构办出特色。适应国家和区域经济社会发展需要，建立动态调整机制，不断优化高等教育结构。优化学科专业、类型、层次结构，促进多学科交叉和融合。重点扩大应用型、复合型、技能型人才培养规模。加快发展专业学位研究生教育。优化区域布局结构。设立支持地方高等教育专项资金，实施中西部高等教育振兴计划。新增招生计划向中西部高等教育资源短缺地区倾斜，扩大东部高校在中西部地区招生规模，加大东部高校对西部高校对口支援力度。鼓励东部地区高等教育率先发展。建立完善军民结合、寓军于民的军队人才培养体系。

促进高校办出特色。建立高校分类体系，实行分类管理。发挥政策指导和资源配置的作用，引导高校合理定位，克服同质化倾向，形成各自的办学理念和风格，在不同层次、不同领域办出特色，争创一流。

加快建设一流大学和一流学科。以重点学科建设为基础，继续实施“985 工程”和优势学科创新平台建设，继续实施“211 工程”和启动特色重点学科项目。改进管理模式，引入竞争机制，实行绩效评估，进行动态管理。鼓励学校优势学科面向世界，支持参与和设立国际学术合作组织、国际科学计划，支持与境外高水平教育、科研机构建立联合研发基地。加快创建世界一流大学和高水平大学的步伐，培养一批拔尖创新人才，形成一批世界一流学科，产生一批国际领先的原创性成果，为提升我国综合国力贡献力量。

第八章　继续教育

（二十三）加快发展继续教育。继续教育是面向学校教育之后所有社会成员的教育活动，特别是成人教育活动，是终身学习体系的重要组成部分。更新继续教育观念，加大投入力度，以加强人力资源能力建设为核心，大力发展非学历继续教育，稳步发展学历继续教育。重视老年教育。倡导全民阅读。广泛开展城乡社区教育，加快各类学习型组织建设，基本形成全民学习、终身学习的学习型社会。

（二十四）建立健全继续教育体制机制。政府成立跨部门继续教育协调机构，统筹指导继续教育发展。将继续教育纳入区域、行业总体发展规划。行业主管部门或协会负责制定行业继续教育规划和组织实施办法。加快继续教育法制建设。健全继续教育激励机制，推进继续教育与工作考核、岗位聘任（聘用）、职务（职称）评聘、职业注册等人事管理制度的衔接。鼓励个人多种形式接受继续教育，支持用人单位为从业人员接受继续教育提供条件。加强继续教育监管和评估。

（二十五）构建灵活开放的终身教育体系。发展和规范教育培训服务，统筹扩大继续教育资源。鼓励学校、科研院所、企业等相关组织开展继续教育。加强城乡社区教育机构和网络建设，开发社区教育资源。大力发展现代远程教育，建设以卫星、电视和互联网等为载体的远程开放继续教育及公共服务平台，为学习者提供方便、灵活、个性化的学习条件。

搭建终身学习“立交桥”。促进各级各类教育纵向衔接、横向沟通，提供多次选择机会，满足个人多样化的学习和发展需要。健全宽进严出的学习制度，办好开放大学，改革和完善高等教育自学考试制度。建立继续教育学分积累与转换制度，实现不同类型学习成果的互认和衔接。

第九章　民族教育

（二十六）重视和支持民族教育事业。加快民族教育事业发展，对于推动少数民族和民族地区经济社会发展，促进各民族共同团结奋斗、共同繁荣发展，具有重大而深远的意义。要加强对民族教育工作的领导，全面贯彻党的民族政策，切实解决少数民族和民族地区教育事业发展面临的特殊困难和突出问题。

在各级各类学校广泛开展民族团结教育。推动党的民族理论和民族政策、国家法律法规进教材、进课堂、进头脑，引导广大师生牢固树立马克思主义祖国观、民族观、宗教观，不断夯实各民族大团结的基础，增强中华民族自豪感和凝聚力。

（二十七）全面提高少数民族和民族地区教育发展水平。公共教育资源要向民族地区倾斜。中央和地方政府要进一步加大对民族教育支持力度。

促进民族地区各级各类教育协调发展。巩固民族地区义务教育普及成果，确保适龄儿童少年依法接受义务教育，全面提高普及水平，全面提高教育教学质量。支持边境县和民族自治地方贫困县义务教育学校标准化建设，加强民族地区寄宿制学校建设。加快民族地区高中阶段教育发展。支持教育基础薄弱地区改扩建、新建一批高中阶段学校。大力发展民族地区职业教育。加大对民族地区中等职业教育的支持力度。积极发展民族地区高等教育。支持民族院校加强学科和人才队伍建设，提高办学质量和管理水平。进一步办好高校民族预科班。加大对人口较少民族教育事业的扶持力度。

大力推进双语教学。全面开设汉语文课程，全面推广国家通用语言文字。尊重和保障少数民族使用本民族语言文字接受教育的权利。全面加强学前双语教育。国家对双语教学的师资培养培训、教学研究、教材开发和出版给予支持。

加强教育对口支援。认真组织落实内地省市对民族地区教育支援工作。充分利用内地优质教育资源，探索多种形式，吸引更多民族地区少数民族学生到内地接受教育。办好面向民族地区的职业学校。加大对民族地区师资培养培训力度，提高教师的政治素质和业务素质。国家制定优惠政策，鼓励支持高等学校毕业生到民族地区基层任教。支持民族地区发展现代远程教育，扩大优质教育资源覆盖面。

第十章　特殊教育

（二十八）关心和支持特殊教育。特殊教育是促进残疾人全面发展、帮助残疾人更好地融入社会的基本途径。各级政府要加快发展特殊教育，把特殊教育事业纳入当地经济社会发展规划，列入议事日程。全社会要关心支持特殊教育。

提高残疾学生的综合素质。注重潜能开发和缺陷补偿，培养残疾学生积极面对人生、全面融入社会的意识和自尊、自信、自立、自强的精神。加强残疾学生职业技能和就业能力培养。

（二十九）完善特殊教育体系。到2020年，基本实现市（地）和30万人口以上、残疾儿童少年较多的县（市）都有一所特殊教育学校。各级各类学校要积极创造条件接收残疾人入学，不断扩大随班就读和普通学校特教班规模。全面提高残疾儿童少年义务教育普及水平，加快发展残疾人高中阶段教育，大力推进残疾人职业教育，重视发展残疾人高等教育。因地制宜发展残疾儿童学前教育。

（三十）健全特殊教育保障机制。国家制定特殊教育学校基本办学标准，地方政府制定学生人均公用经费标准。加大对特殊教育的投入力度。鼓励和支持接收残疾学生的普通学校为残疾学生创造学习生活条件。加强特殊教育师资队伍建设，采取措施落实特殊教育教师待遇。在优秀教师表彰中提高特殊教育教师比例。加大对家庭经济困难残疾学生的资助力度。逐步实施残疾学生高中阶段免费教育。

第三部分　体制改革

第十一章　人才培养体制改革

（三十一）更新人才培养观念。深化教育体制改革，关键是更新教育观念，核心是改革人才培养体制，目的是提高人才培养水平。树立全面发展观念，努力造就德智体美全面发展的高素质人才。树立人人成才观念，面向全体学生，促进学生成长成才。树立多样化人才观念，尊重个人选择，鼓励个性发展，不拘一格培养人才。树立终身学习观念，为持续发展奠定基础。树立系统培养观念，推进小学、中学、大学有机衔接，教学、科研、实践紧密结合，学校、家庭、社会密切配合，加强学校之间、校企之间、学校与科研机构之间合作以及中外合作等多种联合培养方式，形成体系开放、机制灵活、渠道互通、选择多样的人才培养体制。

（三十二）创新人才培养模式。适应国家和社会发展需要，遵循教育规律和人才成长规律，深化教育教学改革，创新教育教学方法，探索多种培养方式，形成各类人才辈出、拔尖创新人才不断涌现的局面。

注重学思结合。倡导启发式、探究式、讨论式、参与式教学，帮助学生学会学习。激发学生的好奇心，培养学生的兴趣爱好，营造独立思考、自由探索、勇于创新的良好环境。适应经济社会发展和科技进步的要求，推进课程改革，加强教材建设，建立健全教材质量监管制度。深入研究、确定不同教育阶段学生必须掌握的核心内容，形成教学内容更新机制。充分发挥现代信息技术作用，促进优质教学资源共享。

注重知行统一。坚持教育教学与生产劳动、社会实践相结合。开发实践课程和活动课程，增强学生科学实验、生产实习和技能实训的成效。充分利用社会教育资源，开展各种课外及校外活动。加强中小学校外活动场所建设。加强学生社团组织指导，鼓励学生积极参与志愿服务和公益事业。

注重因材施教。关注学生不同特点和个性差异，发展每一个学生的优势潜能。推进分层教学、走班制、学分制、导师制等教学管理制度改革。建立学习困难学生的帮助机制。改进优异学生培养方式，在跳级、转学、转换专业以及选修更高学段课程等方面给予支持和指导。健全公开、平等、竞争、择优的选拔方式，改进中学生升学推荐办法，创新研究生培养方法。探索高中阶段、高等学校拔尖学生培养模式。

（三十三）改革教育质量评价和人才评价制度。改进教育教学评价。根据培养目标和人才理念，建立科学、多样的评价标准。开展由政府、学校、家长及社会各方面参与的教育质量评价活动。做好学生成长记录，完善综合素质评价。探索促进学生发展的多种评价方式，激励学生乐观向上、自主自立、努力成才。

改进人才评价及选用制度，为人才培养创造良好环境。树立科学人才观，建立以岗位职责为基础，以品德、能力和业绩为导向的科学化、社会化人才评价机制。强化人才选拔使用中对实践能力的考查，克服社会用人单纯追求学历的倾向。

第十二章　考试招生制度改革

（三十四）推进考试招生制度改革。以考试招生制度改革为突破口，克服一考定终身的弊端，推进素质教育实施和创新人才培养。按照有利于科学选拔人才、促进学生健康发展、维护社会公平的原则，探索招生与考试相对分离的办法，政府宏观管理，专业机构组织实施，学校依法自主招生，学生多次选择，逐步形成分类考试、综合评价、多元录取的考试招生制度。加强考试管理，完善专业考试机构功能，提高服务能力和水平。成立国家教育考试指导委员会，研究制定考试改革方案，指导考试改革试点。

（三十五）完善中等学校考试招生制度。完善初中就近免试入学的具体办法。完善学业水平考试和综合素质评价，为高中阶段学校招生录取提供更加科学的依据。改进高中阶段学校考试招生方式，发挥优质普通高中和优质中等职业学校招生名额合理分配的导向作用。规范优秀特长生录取程序与办法。中等职业学校实行自主招生或注册入学。

（三十六）完善高等学校考试招生制度。深化考试内容和形式改革，着重考查综合素质和能力。以高等学校人才选拔要求和国家课程标准为依据，完善国家考试科目试题库，保证国家考试的科学性、导向性和规范性。探索有的科目一年多次考试的办法，探索实行社会化考试。

逐步实施高等学校分类入学考试。普通高等学校本科入学考试由全国统一组织；高等职业教育入学考试由各省、自治区、直辖市组织。成人高等教育招生办法由各省、自治区、直辖市确定。深入推进研究生入学考试制度改革，加强创新能力考查，发挥和规范导师在选拔录取中的作用。

完善高等学校招生名额分配方式和招生录取办法，建立健全有利于促进入学机会公平、有利于优秀人才选拔的多元录取机制。普通高等学校本科招生以统一入学考试为基本方式，结合学业水平考试和综合素质评价，择优录取。对特长显著、符合学校培养要求的，依据面试或者测试结果自主录取；高中阶段全面发展、表现优异的，推荐录取；符合条件、自愿到国家需要的行业、地区就业的，签订协议实行定向录取；对在实践岗位上做出突出贡献或具有特殊才能的人才，建立专门程序，破格录取。

（三十七）加强信息公开和社会监督。完善考试招生信息发布制度，实现信息公开透明，保障考生权益，加强政府和社会监督。公开高等学校招生名额分配原则和办法，公开招生章程和政策、招生程序和结果，公开自主招生办法、程序和结果。加强考试招生法规建设，规范学校招生录取程序，清理并规范升学加分政策。强化考试安全责任，加强诚信制度建设，坚决防范和严肃查处考试招生舞弊行为。

第十三章　建设现代学校制度

（三十八）推进政校分开、管办分离。适应中国国情和时代要求，建设依法办学、自主管理、民主监督、社会参与的现代学校制度，构建政府、学校、社会之间新型关系。适应国家行政管理体制改革要求，明确政府管理权限和职责，明确各级各类学校办学权利和责任。探索适应不同类型教育和人才成长的学校管理体制与办学模式，避免千校一面。完善学校目标管理和绩效管理机制。健全校务公开制度，接受师生员工和社会的监督。随着国家事业单位分类改革推进，探索建立符合学校特点的管理制度和配套政策，克服行政化倾向，取消实际存在的行政级别和行政化管理模式。

（三十九）落实和扩大学校办学自主权。政府及其部门要树立服务意识，改进管理方式，完善监管机制，减少和规范对学校的行政审批事项，依法保障学校充分行使办学自主权和承担相应责任。高等学校按照国家法律法规和宏观政策，自主开展教学活动、科学研究、技术开发和社会服务，自主设置和调整学科、专业，自主制定学校规划并组织实施，自主设置教学、科研、行政管理机构，自主确定内部收入分配，自主管理和使用人才，自主管理和使用学校财产和经费。扩大普通高中及中等职业学校在办学模式、育人方式、资源配置、人事管理、合作办学、社区服务等方面的自主权。

（四十）完善中国特色现代大学制度。完善治理结构。公办高等学校要坚持和完善党委领导下的校长负责制。健全议事规则与决策程序，依法落实党委、校长职权。完善大学校长选拔任用办法。充分发挥学术委员会在学科建设、学术评价、学术发展中的重要作用。探索教授治学的有效途径，充分发挥教授在教学、学术研究和学校管理中的作用。加强教职工代表大会、学生代表大会建设，发挥群众团体的作用。

加强章程建设。各类高校应依法制定章程，依照章程规定管理学校。尊重学术自由，营造宽松的学术环境。全面实行聘任制度和岗位管理制度。确立科学的考核评价和激励机制。

扩大社会合作。探索建立高等学校理事会或董事会，健全社会支持和监督学校发展的长效机制。探索高等学校与行业、企业密切合作共建的模式，推进高等学校与科研院所、社会团体的资源共享，形成协调合作的有效机制，提高服务经济建设和社会发展的能力。推进高校后勤社会化改革。

推进专业评价。鼓励专门机构和社会中介机构对高等学校学科、专业、课程等水平和质量进行评估。建立科学、规范的评估制度。探索与国际高水平教育评价机构合作，形成中国特色学校评价模式。建立高等学校质量年度报告发布制度。

（四十一）完善中小学学校管理制度。完善普通中小学和中等职业学校校长负责制。完善校长任职条件和任用办法。实行校务会议等管理制度，建立健全教职工代表大会制度，不断完善科学民主决策机制。扩大中等职业学校专业设置自主权。建立中小学家长委员会。引导社区和有关专业人士参与学校管理和监督。发挥企业参与中等职业学校发展的作用。建立中等职业学校与行业、企业合作机制。

第十四章　办学体制改革

（四十二）深化办学体制改革。坚持教育公益性原则，健全政府主导、社会参与、办学主体多元、办学形式多样、充满生机活力的办学体制，形成以政府办学为主体、全社会积极参与、公办教育和民办教育共同发展的格局。调动全社会参与的积极性，进一步激发教育活力，满足人民群众多层次、多样化的教育需求。

深化公办学校办学体制改革，积极鼓励行业、企业等社会力量参与公办学校办学，扶持薄弱学校发展，扩大优质教育资源，增强办学活力，提高办学效益。各地可从实际出发，开展公办学校联合办学、委托管理等试验，探索多种形式，提高办学水平。

改进非义务教育公共服务提供方式，完善优惠政策，鼓励公平竞争，引导社会资金以多种方式进入教育领域。

（四十三）大力支持民办教育。民办教育是教育事业发展的重要增长点和促进教育改革的重要力量。各级政府要把发展民办教育作为重要工作职责，鼓励出资、捐资办学，促进社会力量以独立举办、共同举办等多种形式兴办教育。完善独立学院管理和运行机制。支持民办学校创新体制机制和育人模式，提高质量，办出特色，办好一批高水平民办学校。

依法落实民办学校、学生、教师与公办学校、学生、教师平等的法律地位，保障民办学校办学自主权。清理并纠正对民办学校的各类歧视政策。制定完善促进民办教育发展的优惠政策。对具备学士、硕士和博士学位授予单位条件的民办学校，按规定程序予以审批。建立完善民办学校教师社会保险制度。

健全公共财政对民办教育的扶持政策。政府委托民办学校承担有关教育和培训任务，拨付相应教育经费。县级以上人民政府可以根据本行政区域的具体情况设立专项资金，用于资助民办学校。国家对发展民办教育做出突出贡献的组织、学校和个人给予奖励和表彰。

（四十四）依法管理民办教育。教育行政部门要切实加强民办教育的统筹、规划和管理工作。积极探索营利性和非营利性民办学校分类管理。规范民办学校法人登记。完善民办学校法人治理结构。民办学校依法设立理事会或董事会，保障校长依法行使职权，逐步推进监事制度。积极发挥民办学校党组织的作用。完善民办高等学校督导专员制度。落实民办学校教职工参与民主管理、民主监督的权利。依法明确民办学校变更、退出机制。切实落实民办学校法人财产权。依法建立民办学校财务、会计和资产管理制度。任何组织和个人不得侵占学校资产、抽逃资金或者挪用办学经费。建立民办学校办学风险防范机制和信息公开制度。扩大社会参与民办学校的管理与监督。加强对民办教育的评估。

第十五章　管理体制改革

（四十五）健全统筹有力、权责明确的教育管理体制。以转变政府职能和简政放权为重点，深化教育管理体制改革，提高公共教育服务水平。明确各级政府责任，规范学校办学行为，促进管办评分离，形成政事分开、权责明确、统筹协调、规范有序的教育管理体制。中央政府统一领导和管理国家教育事业，制定发展规划、方针政策和基本标准，优化学科专业、类型、层次结构和区域布局。整体部署教育改革试验，统筹区域协调发展。地方政府负责落实国家方针政策，开展教育改革试验，根据职责分工负责区域内教育改革、发展和稳定。

（四十六）加强省级政府教育统筹。进一步加大省级政府对区域内各级各类教育的统筹。统筹管理义务教育，推进城乡义务教育均衡发展，依法落实发展义务教育的财政责任。促进普通高中和中等职业学校合理分布，加快普及高中阶段教育，重点扶持困难地区高中阶段教育发展。促进省域内职业教育协调发展和资源共享，支持行业、企业发展职业教育。完善以省级政府为主管理高等教育的体制，合理设置和调整高等学校及学科、专业布局，提高管理水平和办学质量。依法审批设立实施专科学历教育的高等学校，审批省级政府管理本科院校学士学位授予单位和已确定为硕士学位授予单位的学位授予点。完善省对省以下财政转移支付体制，加大对经济欠发达地区的支持力度。根据国家标准，结合本地实际，合理确定各级各类学校办学条件、教师编制等实施标准。统筹推进教育综合改革，促进教育区域协作，提高教育服务经济社会发展的水平。支持和督促市（地）、县级政府履行职责，发展管理好当地各类教育。

（四十七）转变政府教育管理职能。各级政府要切实履行统筹规划、政策引导、监督管理和提供公共教育服务的职责，建立健全公共教育服务体系，逐步实现基本公共教育服务均等化，维护教育公平和教育秩序。改变直接管理学校的单一方式，综合应用立法、拨款、规划、信息服务、政策指导和必要的行政措施，减少不必要的行政干预。

提高政府决策的科学性和管理的有效性。规范决策程序，重大教育政策出台前要公开讨论，充分听取群众意见。成立教育咨询委员会，为教育改革和发展提供咨询论证，提高重大教育决策的科学性。建立和完善国家教育基本标准。整合国家教育质量监测评估机构及资源，完善监测评估体系，定期发布监测评估报告。加强教育监督检查，完善教育问责机制。

培育专业教育服务机构。完善教育中介组织的准入、资助、监管和行业自律制度。积极发挥行业协会、专业学会、基金会等各类社会组织在教育公共治理中的作用。

第十六章　扩大教育开放

（四十八）加强国际交流与合作。坚持以开放促改革、促发展。开展多层次、宽领域的教育交流与合作，提高我国教育国际化水平。借鉴国际上先进的教育理念和教育经验，促进我国教育改革发展，提升我国教育的国际地位、影响力和竞争力。适应国家经济社会对外开放的要求，培养大批具有国际视野、通晓国际规则、能够参与国际事务和国际竞争的国际化人才。

（四十九）引进优质教育资源。吸引境外知名学校、教育和科研机构以及企业，合作设立教育教学、实训、研究机构或项目。鼓励各级各类学校开展多种形式的国际交流与合作，办好若干所示范性中外合作学校和一批中外合作办学项目。探索多种方式利用国外优质教育资源。

吸引更多世界一流的专家学者来华从事教学、科研和管理工作，有计划地引进海外高端人才和学术团队。引进境外优秀教材，提高高等学校聘任外籍教师的比例。吸引海外优秀留学人员回国服务。

（五十）提高交流合作水平。扩大政府间学历学位互认。支持中外大学间的教师互派、学生互换、学分互认和学位互授联授。加强与国外高水平大学合作，建立教学科研合作平台，联合推进高水平基础研究和高技术研究。加强中小学、职业学校对外交流与合作。加强国际理解教育，推动跨文化交流，增进学生对不同国家、不同文化的认识和理解。

推动我国高水平教育机构海外办学，加强教育国际交流，广泛开展国际合作和教育服务。支持国际汉语教育。提高孔子学院办学质量和水平。加大教育国际援助力度，为发展中国家培养培训专门人才。拓宽渠道和领域，建立高等学校毕业生海外志愿者服务机制。

创新和完善公派出国留学机制，在全国公开选拔优秀学生进入国外高水平大学和研究机构学习。加强对自费出国留学的政策引导，加大对优秀自费留学生资助和奖励力度。坚持“支持留学、鼓励回国、来去自由”的方针，提高对留学人员的服务和管理水平。

进一步扩大外国留学生规模。增加中国政府奖学金数量，重点资助发展中国家学生，优化来华留学人员结构。实施来华留学预备教育，增加高等学校外语授课的学科专业，不断提高来华留学教育质量。

加强与联合国教科文组织等国际组织的合作，积极参与双边、多边和全球性、区域性教育合作。积极参与和推动国际组织教育政策、规则、标准的研究和制定。搭建高层次国际教育交流合作与政策对话平台，加强教育研究领域和教育创新实践活动的国际交流与合作。

加强内地与港澳台地区的教育交流与合作。扩展交流内容，创新合作模式，促进教育事业共同发展。

第四部分　保障措施

第十七章　加强教师队伍建设

（五十一）建设高素质教师队伍。教育大计，教师为本。有好的教师，才有好的教育。提高教师地位，维护教师权益，改善教师待遇，使教师成为受人尊重的职业。严格教师资质，提升教师素质，努力造就一支师德高尚、业务精湛、结构合理、充满活力的高素质专业化教师队伍。

（五十二）加强师德建设。加强教师职业理想和职业道德教育，增强广大教师教书育人的责任感和使命感。教师要关爱学生，严谨笃学，淡泊名利，自尊自律，以人格魅力和学识魅力教育感染学生，做学生健康成长的指导者和引路人。将师德表现作为教师考核、聘任（聘用）和评价的首要内容。采取综合措施，建立长效机制，形成良好学术道德和学术风气，克服学术浮躁，查处学术不端行为。

（五十三）提高教师业务水平。完善培养培训体系，做好培养培训规划，优化队伍结构，提高教师专业水平和教学能力。通过研修培训、学术交流、项目资助等方式，培养教育教学骨干、“双师型”教师、学术带头人和校长，造就一批教学名师和学科领军人才。

以农村教师为重点，提高中小学教师队伍整体素质。创新农村教师补充机制，完善制度政策，吸引更多优秀人才从教。积极推进师范生免费教育，实施农村义务教育学校教师特设岗位计划，完善代偿机制，鼓励高校毕业生到艰苦边远地区当教师。完善教师培训制度，将教师培训经费列入政府预算，对教师实行每五年一周期的全员培训。加大民族地区双语教师培养培训力度。加强校长培训，重视辅导员和班主任培训。加强教师教育，构建以师范院校为主体、综合大学参与、开放灵活的教师教育体系。深化教师教育改革，创新培养模式，增强实习实践环节，强化师德修养和教学能力训练，提高教师培养质量。

以“双师型”教师为重点，加强职业院校教师队伍建设。加大职业院校教师培养培训力度。依托相关高等学校和大中型企业，共建“双师型”教师培养培训基地。完善教师定期到企业实践制度。完善相关人事制度，聘任（聘用）具有实践经验的专业技术人员和高技能人才担任专兼职教师，提高持有专业技术资格证书和职业资格证书教师比例。

以中青年教师和创新团队为重点，建设高素质的高校教师队伍。大力提高高校教师教学水平、科研创新和社会服务能力。促进跨学科、跨单位合作，形成高水平教学和科研创新团队。创新人事管理和薪酬分配方式，引导教师潜心教学科研，鼓励中青年优秀教师脱颖而出。实施海外高层次人才引进计划、“长江学者奖励计划”和“国家杰出青年科学基金”等人才项目，为高校集聚具有国际影响的学科领军人才。

（五十四）提高教师地位待遇。不断改善教师的工作、学习和生活条件，吸引优秀人才长期从教、终身从教。依法保证教师平均工资水平不低于或者高于国家公务员的平均工资水平，并逐步提高。落实教师绩效工资。对长期在农村基层和艰苦边远地区工作的教师，在工资、职务（职称）等方面实行倾斜政策，完善津贴补贴标准。建设农村艰苦边远地区学校教师周转宿舍。研究制定优惠政策，改善教师工作和生活条件。关心教师身心健康。落实和完善教师医疗养老等社会保障政策。国家对在农村地区长期从教、贡献突出的教师给予奖励。

（五十五）健全教师管理制度。完善并严格实施教师准入制度，严把教师入口关。国家制定教师资格标准，提高教师任职学历标准和品行要求。建立教师资格证书定期登记制度。省级教育行政部门统一组织中小学教师资格考试和资格认定，县级教育行政部门按规定履行中小学教师的招聘录用、职务（职称）评聘、培养培训和考核等管理职能。

逐步实行城乡统一的中小学编制标准，对农村边远地区实行倾斜政策。制定幼儿园教师配备标准。建立统一的中小学教师职务（职称）系列，在中小学设置正高级教师职务（职称）。探索在职业学校设置正高级教师职务（职称）。制定高等学校编制标准。加强学校岗位管理，创新聘用方式，规范用人行为，完善激励机制，激发教师积极性和创造性。建立健全义务教育学校教师和校长流动机制。城镇中小学教师在评聘高级职务（职称）时，原则上要有一年以上在农村学校或薄弱学校任教经历。加强教师管理，完善教师退出机制。制定校长任职资格标准，促进校长专业化，提高校长管理水平。推行校长职级制。

创造有利条件，鼓励教师和校长在实践中大胆探索，创新教育思想、教育模式和教育方法，形成教学特色和办学风格，造就一批教育家，倡导教育家办学。大力表彰和宣传模范教师的先进事迹。国家对做出突出贡献的教师和教育工作者设立荣誉称号。

第十八章　保障经费投入

（五十六）加大教育投入。教育投入是支撑国家长远发展的基础性、战略性投资，是教育事业的物质基础，是公共财政的重要职能。要健全以政府投入为主、多渠道筹集教育经费的体制，大幅度增加教育投入。

各级政府要优化财政支出结构，统筹各项收入，把教育作为财政支出重点领域予以优先保障。严格按照教育法律法规规定，年初预算和预算执行中的超收收入分配都要体现法定增长要求，保证教育财政拨款增长明显高于财政经常性收入增长，并使按在校学生人数平均的教育费用逐步增长，保证教师工资和学生人均公用经费逐步增长。按增值税、营业税、消费税的3%足额征收教育费附加，专项用于教育事业。提高国家财政性教育经费支出占国内生产总值比例，2012年达到4%。

社会投入是教育投入的重要组成部分。充分调动全社会办教育积极性，扩大社会资源进入教育途径，多渠道增加教育投入。完善财政、税收、金融和土地等优惠政策，鼓励和引导社会力量捐资、出资办学。完善非义务教育培养成本分担机制，根据经济发展状况、培养成本和群众承受能力，调整学费标准。完善捐赠教育激励机制，落实个人教育公益性捐赠支出在所得税税前扣除规定。

（五十七）完善投入机制。进一步明确各级政府提供公共教育服务职责，完善各级教育经费投入机制，保障学校办学经费的稳定来源和增长。各地根据国家办学条件基本标准和教育教学基本需要，制定并逐步提高区域内各级学校学生人均经费基本标准和学生人均财政拨款基本标准。

义务教育全面纳入财政保障范围，实行国务院和地方各级人民政府根据职责共同负担，省、自治区、直辖市人民政府负责统筹落实的投入体制。进一步完善中央财政和地方财政分项目、按比例分担的农村义务教育经费保障机制，提高保障水平。尽快化解农村义务教育学校债务。

非义务教育实行以政府投入为主、受教育者合理分担、其他多种渠道筹措经费的投入机制。学前教育建立政府投入、社会举办者投入、家庭合理负担的投入机制。普通高中实行以财政投入为主，其他渠道筹措经费为辅的机制。中等职业教育实行政府、行业、企业及其他社会力量依法筹集经费的机制。高等教育实行以举办者投入为主、受教育者合理分担培养成本、学校设立基金接受社会捐赠等筹措经费的机制。

进一步加大农村、边远贫困地区、民族地区教育投入。中央财政通过加大转移支付，支持农村欠发达地区和民族地区教育事业发展，加强关键领域和薄弱环节，解决突出问题。

健全国家资助政策体系。各地根据学前教育普及程度和发展情况，逐步对农村家庭经济困难和城镇低保家庭子女接受学前教育予以资助。提高农村义务教育家庭经济困难寄宿生生活补助标准，改善中小学生营养状况。建立普通高中家庭经济困难学生国家资助制度。完善普通本科高校、高等职业学校和中等职业学校家庭经济困难学生资助政策体系。完善助学贷款体制机制。推进生源地信用助学贷款。建立健全研究生教育收费制度，完善资助政策，设立研究生国家奖学金。根据经济发展水平和财力状况，建立国家奖助学金标准动态调整机制。

（五十八）加强经费管理。坚持依法理财，严格执行国家财政资金管理法律制度和财经纪律。建立科学化、精细化预算管理机制，科学编制预算，提高预算执行效率。设立高等教育拨款咨询委员会，增强经费分配的科学性。加强学校财务会计制度建设，完善经费使用内部稽核和内部控制制度。完善教育经费监管机构职能，在高等学校试行设立总会计师职务，提升经费使用和资产管理专业化水平。公办高等学校总会计师由政府委派。加强经费使用监督，强化重大项目建设和经费使用全过程审计，确保经费使用规范、安全、有效。建立并不断完善教育经费基础信息库，提升经费管理信息化水平。防范学校财务风险。建立经费使用绩效评价制度，加强重大项目经费使用考评。加强学校国有资产管理，建立健全学校国有资产配置、使用、处置管理制度，防止国有资产流失，提高使用效益。

完善学校收费管理办法，规范学校收费行为和收费资金使用管理。坚持勤俭办学，严禁铺张浪费，建设节约型学校。

第十九章　加快教育信息化进程

（五十九）加快教育信息基础设施建设。信息技术对教育发展具有革命性影响，必须予以高度重视。把教育信息化纳入国家信息化发展整体战略，超前部署教育信息网络。到2020年，基本建成覆盖城乡各级各类学校的教育信息化体系，促进教育内容、教学手段和方法现代化。充分利用优质资源和先进技术，创新运行机制和管理模式，整合现有资源，构建先进、高效、实用的数字化教育基础设施。加快终端设施普及，推进数字化校园建设，实现多种方式接入互联网。重点加强农村学校信息基础建设，缩小城乡数字化差距。加快中国教育和科研计算机网、中国教育卫星宽带传输网升级换代。制定教育信息化基本标准，促进信息系统互联互通。

（六十）加强优质教育资源开发与应用。加强网络教学资源体系建设。引进国际优质数字化教学资源。开发网络学习课程。建立数字图书馆和虚拟实验室。建立开放灵活的教育资源公共服务平台，促进优质教育资源普及共享。创新网络教学模式，开展高质量高水平远程学历教育。继续推进农村中小学远程教育，使农村和边远地区师生能够享受优质教育资源。

强化信息技术应用。提高教师应用信息技术水平，更新教学观念，改进教学方法，提高教学效果。鼓励学生利用信息手段主动学习、自主学习，增强运用信息技术分析解决问题能力。加快全民信息技术普及和应用。

（六十一）构建国家教育管理信息系统。制定学校基础信息管理要求，加快学校管理信息化进程，促进学校管理标准化、规范化。推进政府教育管理信息化，积累基础资料，掌握总体状况，加强动态监测，提高管理效率。整合各级各类教育管理资源，搭建国家教育管理公共服务平台，为宏观决策提供科学依据，为公众提供公共教育信息，不断提高教育管理现代化水平。

第二十章　推进依法治教

（六十二）完善教育法律法规。按照全面实施依法治国基本方略的要求，加快教育法制建设进程，完善中国特色社会主义教育法律法规。根据经济社会发展和教育改革的需要，修订教育法、职业教育法、高等教育法、学位条例、教师法、民办教育促进法，制定有关考试、学校、终身学习、学前教育、家庭教育等法律。加强教育行政法规建设。各地根据当地实际，制定促进本地区教育发展的地方性法规和规章。

（六十三）全面推进依法行政。各级政府要按照建设法治政府的要求，依法履行教育职责。探索教育行政执法体制机制改革，落实教育行政执法责任制，及时查处违反教育法律法规、侵害受教育者权益、扰乱教育秩序等行为，依法维护学校、学生、教师、校长和举办者的权益。完善教育信息公开制度，保障公众对教育的知情权、参与权和监督权。

（六十四）大力推进依法治校。学校要建立完善符合法律规定、体现自身特色的学校章程和制度，依法办学，从严治校，认真履行教育教学和管理职责。尊重教师权利，加强教师管理。保障学生的受教育权，对学生实施的奖励与处分要符合公平、公正原则。健全符合法治原则的教育救济制度。

开展普法教育。促进师生员工提高法律素质和公民意识，自觉知法守法，遵守公共生活秩序，做遵纪守法的楷模。

（六十五）完善督导制度和监督问责机制。制定教育督导条例，进一步健全教育督导制度。探索建立相对独立的教育督导机构，独立行使督导职能。健全国家督学制度，建设专职督导队伍。坚持督政与督学并重、监督与指导并重。加强义务教育督导检查，开展学前教育和高中阶段教育督导检查。强化对政府落实教育法律法规和政策情况的督导检查。建立督导检查结果公告制度和限期整改制度。

严格落实问责制。主动接受和积极配合各级人大及其常委会对教育法律法规执行情况的监督检查以及司法机关的司法监督。建立健全层级监督机制。加强监察、审计等专门监督。强化社会监督。

第二十一章　重大项目和改革试点

（六十六）组织实施重大项目。2010~2012年，围绕教育改革发展战略目标，着眼于促进教育公平，提高教育质量，增强可持续发展能力，以加强关键领域和薄弱环节为重点，完善机制，组织实施一批重大项目。

义务教育学校标准化建设。完善城乡义务教育经费保障机制，科学规划、统筹安排、均衡配置、合理布局。实施中小学校舍安全工程，集中开展危房改造、抗震加固，实现城乡中小学校舍安全达标；改造小学和初中薄弱学校，尽快使义务教育学校师资、教学仪器设备、图书、体育场地基本达标；改扩建劳务输出大省和特殊困难地区农村学校寄宿设施，改善农村学生特别是留守儿童寄宿条件，基本满足需要。

义务教育教师队伍建设。继续实施农村义务教育学校教师特设岗位计划，吸引高校毕业生到农村从教；加强农村中小学薄弱学科教师队伍建设，重点培养和补充一批边远贫困地区和革命老区急需紧缺教师；对义务教育教师进行全员培训，组织校长研修培训；对专科学历以下小学教师进行学历提高教育，使全国小学教师学历逐步达到专科以上水平。

推进农村学前教育。支持办好现有的乡镇和村幼儿园；重点支持中西部贫困地区充分利用中小学富余校舍和社会资源，改扩建或新建乡镇和村幼儿园；对农村幼儿园园长和骨干教师进行培训。

职业教育基础能力建设。支持建设一批职业教育实训基地，提升职业教育实践教学水平；完成一大批“双师型”教师培训，聘任（聘用）

一大批有实践经验和技能的专兼职教师；支持一批中等职业教育改革示范校和优质特色校建设，支持高等职业教育示范校建设；支持一批示范性职业教育集团学校建设，促进优质资源开放共享。

提升高等教育质量。实施中西部高等教育振兴计划，加强中西部地方高校优势学科和师资队伍建设；实施东部高校对口支援西部高校计划；支持建设一批高等学校产学研基地；实施基础学科拔尖学生培养试验计划和卓越工程师、医师等人才教育培养计划；继续实施“985 工程”和优势学科创新平台建设，继续实施“211 工程”和启动特色重点学科项目；继续实施“高等学校本科教学质量与教学改革工程”“研究生教育创新计划”“高等学校哲学社会科学繁荣计划”和“高等学校高层次创新人才计划”。

发展民族教育。巩固民族地区普及九年义务教育成果，支持边境县和民族自治地方贫困县实现义务教育学校标准化；重点扶持和培养一批边疆民族地区紧缺教师人才；加强对民族地区中小学和幼儿园双语教师培养培训；加快民族地区高中阶段教育发展，启动内地中职班，支持教育基础薄弱县改扩建、新建一批普通高中和中等职业学校；支持民族院校建设。

发展特殊教育。改扩建和新建一批特殊教育学校，使市（地）和 30 万人口以上、残疾儿童少年较多的县（市）都有一所特殊教育学校；为现有特殊教育学校添置必要的教学、生活和康复训练设施，改善办学条件；对特殊教育教师进行专业培训，提高教育教学水平。

家庭经济困难学生资助。启动民族地区、贫困地区农村小学生营养改善计划；免除中等职业教育家庭经济困难学生和涉农专业学生学费；把普通高中学生和研究生纳入国家助学体系。

教育信息化建设。提高中小学每百名学生拥有计算机台数，为农村中小学班级配备多媒体远程教学设备；建设有效共享、覆盖各级各类教育的国家数字化教学资源库和公共服务平台；基本建成较完备的国家级和省级教育基础信息库以及教育质量、学生流动、资源配置和毕业生就业状况等监测分析系统。

教育国际交流合作。支持一批示范性中外合作办学机构；支持在高校建设一批国际合作联合实验室、研究中心；引进一大批海外高层次人才；开展大中小学校长和骨干教师海外研修培训；支持扩大公派出国留学规模；实施留学中国计划，扩大来华留学生规模；培养各种外语人才；支持孔子学院建设。

（六十七）组织开展改革试点。成立国家教育体制改革领导小组，研究部署、指导实施教育体制改革工作。根据统筹规划、分步实施、试点先行、动态调整的原则，选择部分地区和学校开展重大改革试点。

推进素质教育改革试点。建立减轻中小学生课业负担的有效机制；加强基础教育课程教材建设；开展高中办学模式多样化试验，开发特色课程；探索弹性学制等培养方式；完善教育质量监测评估体系，定期发布测评结果等。

义务教育均衡发展改革试点。建立城乡一体化义务教育发展机制；实行县（区）域内教师、校长交流制度；实行优质普通高中和优质中等职业学校招生名额合理分配到区域内初中的办法；切实解决区域内义务教育阶段择校问题等。

职业教育办学模式改革试点。以推进政府统筹、校企合作、集团化办学为重点，探索部门、行业、企业参与办学的机制；开展委托培养、定向培养、订单式培养试点；开展工学结合、弹性学制、模块化教学等试点；推进职业教育为“三农”服务、培养新型农民的试点。

终身教育体制机制建设试点。建立区域内普通教育、职业教育、继续教育之间的沟通机制；建立终身学习网络和服务平台；统筹开发社会教育资源，积极发展社区教育；建立学习成果认证体系，建立“学分银行”制度等。

拔尖创新人才培养改革试点。探索贯穿各级各类教育的创新人才培养途径；鼓励高等学校联合培养拔尖创新人才；支持有条件的高中与大学、科研院所合作开展创新人才培养研究和试验，建立创新人才培养基地。

考试招生制度改革试点。完善初中和高中学业水平考试和综合素质评价；探索实行高水平大学联考；探索高等职业学校自主考试或根据学业水平考试成绩注册入学；探索自主录取、推荐录取、定向录取、破格录取的具体方式；探索缩小高等学校入学机会区域差距的举措等。

现代大学制度改革试点。研究制定党委领导下的校长负责制实施意见。制定和完善学校章程，探索学校理事会或董事会、学术委员会发挥积极作用的机制；全面实行聘任制度和岗位管理制度；实行新进人员公开招聘制度；探索协议工资制等灵活多样的分配办法；建立多种形式的专职科研队伍，推进管理人员职员制；完善校务公开制度等。

深化办学体制改革试点。探索公办学校联合办学、中外合作办学、委托管理等改革试验；开展对营利性和非营利性民办学校分类管理试点；建立民办学校财务、会计和资产管理制度；探索独立学院管理和发展的有效方式等。

地方教育投入保障机制改革试点。建立多渠道筹措教育经费长效机制；制定各级学校学生人均经费基本标准和学生人均财政拨款基本标准；探索政府收入统筹用于支持教育的办法；建立教育投入分项分担机制；依法制定鼓励教育投入的优惠政策；对长期在农村基层和艰苦边远地区工作的教师实行工资福利倾斜政策等。

省级政府教育统筹综合改革试点。探索政校分开、管办分离实现形式；合理部署区域内学校、学科、专业设置；制定办学条件、教师编制、招生规模等基本标准；推进县（市）教育综合改革试点；加强教育督导制度建设，探索督导机构独立履行职责的机制；探索省际教育协作改革试点，建立跨地区教育协作机制等。

第二十二章　加强组织领导

（六十八）加强和改善对教育工作的领导。各级党委和政府要以邓小平理论和“三个代表”重要思想为指导，深入贯彻落实科学发展观，把推动教育事业优先发展、科学发展作为重要职责，健全领导体制和决策机制，及时研究解决教育改革发展的重大问题和群众关心的热点问题。要把推进教育事业科学发展作为各级党委和政府政绩考核的重要内容，完善考核机制和问责制度。各级政府要定期向同级人民代表大会或其常务委员会报告教育工作情况。建立各级党政领导班子成员定点联系学校制度。有关部门要切实履行职责，支持教育改革和发展。扩大人民群众对教育事业的知情权、参与度。

加强教育宏观政策和发展战略研究，提高教育决策科学化水平。鼓励和支持教育科研人员坚持理论联系实际，深入探索中国特色社会主义教育规律，研究和回答教育改革发展重大理论和现实问题，促进教育事业科学发展。

（六十九）加强和改进教育系统党的建设。把教育系统党组织建设成为学习型党组织。深入学习马克思列宁主义、毛泽东思想、邓小平理论、“三个代表”重要思想以及科学发展观，坚持用发展着的马克思主义武装党员干部、教育广大师生。深入推动中国特色社会主义理论体系进教材、进课堂、进头脑。深入开展社会主义核心价值体系学习教育。

健全各级各类学校党的组织。把全面贯彻党的教育方针、培养社会主义建设者和接班人贯穿学校党组织活动始终，坚持社会主义办学方向，牢牢把握党对学校意识形态工作的主导权。高等学校党组织要充分发挥在学校改革发展中的领导核心作用，中小学党组织要充分发挥在学校工作中的政治核心作用。加强民办学校党的建设，积极探索党组织发挥作用的途径和方法。

加强学校领导班子和领导干部队伍建设，不断提高思想政治素质和办学治校能力。坚持德才兼备、以德为先用人标准，选拔任用学校领导干部。加大学校领导干部培养培训和交流任职力度。

着力扩大党组织的覆盖面，推进工作创新，增强生机活力。充分发挥学校基层党组织战斗堡垒作用和党员先锋模范作用。加强在优秀青年教师、优秀学生中发展党员工作。重视学校共青团、少先队工作。

加强教育系统党风廉政建设和行风建设。大兴密切联系群众之风、求真务实之风、艰苦奋斗之风、批评和自我批评之风。坚持标本兼治、综合治理、惩防并举、注重预防的方针，完善体现教育系统特点的惩治和预防腐败体系。严格执行党风廉政建设责任制，加大教育、监督、改革、制度创新力度，坚决惩治腐败。坚持从严治教、规范管理，积极推行政务公开、校务公开。坚决纠正损害群众利益的各种不正之风。

（七十）切实维护教育系统和谐稳定。加强和改进学校思想政治工作，加强校园文化建设，深入开展平安校园、文明校园、绿色校园、和谐校园创建活动。重视解决好师生员工的实际困难和问题。完善矛盾纠纷排查化解机制，完善学校突发事件应急管理机制，妥善处置各种事端。加强校园网络管理。建立健全安全保卫制度和工作机制，完善人防、物防和技防措施。加强师生安全教育和学校安全管理，提高预防灾害、应急避险和防范违法犯罪活动的能力。加强校园和周边环境治安综合治理，为师生创造安定有序、和谐融洽、充满活力的工作、学习、生活环境。

实 施

《教育规划纲要》是21世纪我国第一个中长期教育规划纲要，涉及面广、时间跨度大、任务重、要求高，必须周密部署、精心组织、认真实施，确保各项任务落到实处。

明确目标任务，落实责任分工。贯彻实施《教育规划纲要》，是各级党委和政府的重要职责。各地区各部门要在中央统一领导下，按照《教育规划纲要》的部署和要求，对目标任务进行分解，明确责任分工。国务院教育行政部门负责《教育规划纲要》的组织协调与实施，各有关部门积极配合，密切协作，共同抓好贯彻落实。

提出实施方案，制定配套政策。各地要围绕《教育规划纲要》确定的战略目标、主要任务、体制改革、重大措施和项目等，提出本地区实施的具体方案和措施，分阶段、分步骤组织实施。各有关部门要抓紧研究制定切实可行、操作性强的配套政策，尽快出台实施。

鼓励探索创新，加强督促检查。充分尊重人民群众的首创精神，鼓励各地积极探索，勇于创新，创造性地实施《教育规划纲要》。对各地在实施《教育规划纲要》中好的做法和有效经验，要及时总结，积极推广。对《教育规划纲要》实施情况进行监测评估和跟踪检查。

广泛宣传动员，营造良好环境。广泛宣传党的教育方针政策，广泛宣传优先发展教育、建设人力资源强国的重要性和紧迫性，广泛宣传《教育规划纲要》的重大意义和主要内容，动员全党全社会进一步关心支持教育事业的改革和发展，为《教育规划纲要》的实施创造良好社会环境和舆论氛围。

二〇一〇年七月八日

教育部关于贯彻落实科学发展观进一步推进义务教育均衡发展的意见

教基一〔2010〕1号

各省、自治区、直辖市教育厅（教委），新疆生产建设兵团教育局：

我国义务教育已经全面普及，进入了巩固普及成果、着力提高质量、促进内涵发展的新阶段。面对全面建设小康社会和加快推进社会主义现代化的新任务，面对将人力资源大国建设成人力资源强国的新形势，面对人民群众要求接受更加公平和更高质量教育的新期待，需要全面贯彻落实科学发展观，进一步推进义务教育均衡发展。现就此提出如下意见：

一、按照《义务教育法》要求，将推进均衡发展作为义务教育改革与发展的重要任务

1. 地方各级教育行政部门要在同级政府的领导下，从贯彻落实科学发展观，建设社会主义和谐社会、促进教育公平的高度，把义务教育作为教育改革与发展的重中之重，把均衡发展作为义务教育的重中之重，按照促进义务教育均衡发展的法律要求，以适龄儿童少年接受更加公平更高质量的义务教育为目标，合理配置教育资源，不断提高保障水平，大力推进素质教育。东部地区和中西部有条件地区要在推进教育现代化过程中，不断深化改革，提升义务教育均衡发展水平。广大中西部农村

地区要不断夯实义务教育发展基础，在巩固提高义务教育普及水平的基础上，大力推进义务教育均衡发展。

2. 地方各级教育行政部门要以提高教育质量为核心，通过制度建设和机制创新，整体提高教育教学水平，促进义务教育的内涵发展和均衡发展。要以大力提高农村地区、经济欠发达地区、少数民族地区、边疆地区和薄弱学校义务教育水平为重心，进一步加大财力、人力、物力等方面的支持力度。要进一步完善农村义务教育经费保障机制，提高保障水平。要以县级行政区域内率先实现均衡为工作重点，大力推进区域内学校与学校之间义务教育均衡发展，积极鼓励有条件的地方努力推进区域与区域之间义务教育均衡发展。

3. 省级教育行政部门要加大指导和统筹力度，制订和完善本地区义务教育学校基本办学标准，完善出台支持薄弱地区义务教育均衡发展的政策措施，加强对义务教育均衡发展状况的督导和监测，督促本行政区域内教育行政部门切实履行推进义务教育均衡发展职责。市（地）级教育行政部门要切实加强领导，研究制订本地区义务教育均衡发展规划，着重缩小区域内县与县之间义务教育发展差距。县级教育行政部门要在同级人民政府的领导下，切实履行以县为主的管理职责，并把推进义务教育均衡发展作为履行职责的重要内容，着力缩小学校间的发展差距，全面提高教育质量。

4. 经过努力，力争在 2012 年实现区域内义务教育初步均衡，到 2020 年实现区域内义务教育基本均衡。农村地区义务教育的办学条件和教育质量进一步改善，义务教育保障水平稳步提高，义务教育均衡发展的保障机制更加健全，素质教育取得积极成果，努力满足人民群众对较高质量义务教育的需求。

二、以提高教育质量、促进内涵发展为重点，推进义务教育均衡发展

5. 各地要围绕全面实施素质教育，促进学生德智体美全面发展，进一步完善政策措施，在配置资源和安排资金时要优先保障推进课程教学改革和质量提高的需要，整体提升学校教育教学水平。要制定面向全体学生、关注所有学生健康成长的工作制度和机制，把德育工作融入教育教学各个环节，大力开发社会教育资源，建立学生参加社会实践和社区服务制度。深化课程改革，全面落实国家课程方案和各学科课程标准。转变教学方式和学习方式，切实减轻学生课业负担，着力提高课堂效率。要制定具体措施和办法尽快提高农村和薄弱学校教学质量。要探索建立学校教育质量监测评价制度、教育质量目标管理制度和提高教育质量的保障机制。

6. 各地要对义务教育学校合理定编，科学设岗，满足义务教育均衡发展对师资的需要。要健全教师培养机制，加大对教师尤其是农村教师的培训力度，促进教师专业发展。健全城乡教师交流机制，推动校长和教师在城乡之间、校际之间的合理流动，鼓励优秀校长和骨干教师到农村学校和薄弱学校任职、任教，发挥示范、辐射和带动作用。建立完善城镇教师到农村学校任教服务期制度。继续实施农村义务教育学校教师特设岗位计划，创新教师补充机制。积极改善农村教师的工作生活条件，提高农村教师待遇，全面实施并不断完善义务教育阶段教师绩效工资制度。

7. 地方各级教育行政部门要加大合理配置教育资源的力度，通过促进校长教师合理流动、完善招生政策、共享优质教育资源、加快改造薄弱学校、减少大班额现象、规范办学行为、整体提高学校教育教学水平等多种举措，促进义务教育学校办学水平基本均等，保障学生免试就近

入学，有效缓解城市择校问题，保障进城务工人员随迁子女与当地学生平等接受义务教育。积极协助政府建立健全政府主导、社会共同参与的农村留守儿童关爱和服务体系。高度重视和大力扶持特殊教育，不断提升残疾儿童少年义务教育普及水平。

8. 地方各级教育行政部门在调整中小学布局时，要统筹考虑城乡经济社会发展状况、未来人口变动状况和人民群众的现实需要，坚持实事求是，科学规划，既要保证教育质量，又要方便低龄学生入学，避免盲目调整和简单化操作。对条件尚不成熟的农村地区，要暂缓实施布局调整，自然环境不利的地区小学低年级原则上暂不撤并。对必须保留的小学和教学点，要加强师资配备，并充分利用现代远程教育手段传送优质教育资源，保证教育教学质量。对已经完成布局调整的学校，要改善办学条件特别是寄宿条件，保障学生的学习生活。要进一步规范学校布局调整的程序，撤并学校必须充分听取人民群众意见，避免因布局调整引发新的矛盾。

9. 各地要把全面推进中小学教育信息化作为促进义务教育均衡发展的重要战略举措，以教育信息化带动教育现代化。进一步推进农村中小学现代远程教育，不断提高教育信息化的普及水平和应用水平。大力开发和整合优质教育资源，不断促进优质教育资源共享，充分运用信息化的手段和方式，把优质教育资源引进课堂教学，有效促进教育质量的提高。

三、加强制度建设，依法建立和完善推进义务教育均衡发展的有效工作机制

10. 建立和完善对县级行政区域内义务教育均衡发展督导评估和表彰奖励机制。各级教育督导部门要建立和完善对政府推进义务教育均衡发展的督导评估制度。国家和省级教育督导部门要研究制订义务教育均

衡发展评估指标和标准，定期对县域内的义务教育均衡发展状况进行监测和督导评估，督促纠正区域内教育资源配置不当或学校差距过大的现象。要建立表彰制度，形成推进义务教育均衡发展的有效机制。

11. 地方各级教育行政部门要坚持依法行政，依法治教，以科学发展观为指导，进一步加强对推进义务教育均衡发展工作的领导，落实法律规定，完善政策制度，创新工作机制，明确推进义务教育均衡发展的政府职责。要积极争取各级政府的领导和支持，将义务教育均衡发展纳入经济社会发展规划，不断提高公共财政对义务教育的保障水平。进一步加大省级统筹力度，继续向农村义务教育倾斜，积极支持财政困难地区推进义务教育均衡发展。

12. 建立和完善现代学校管理机制。要进一步发挥学校党组织的政治核心作用，积极推进依法治校，完善校长负责制和教师代表会议制度，探索学生家长和社会有关人士参与学校管理的途径，健全学校管理制度，建立学校依法、依章程自我管理、自我约束、自主发展的机制。大力加强学校文化建设，推动学校特色发展。

二〇一〇年一月四日

宁夏地方文献

自治区党委 人民政府
关于改革和加强教育工作的决定

宁党发〔1986〕1号

一、明确教育体制改革的根本目的，极大地提高全党对教育工作的认识

中国共产党全国代表会议通过的《中共中央关于制定国民经济和社会发展第七个五年计划的建议》，和此前公布的《中共中央关于教育体制改革的决定》，特别强调了教育在四化建设中的战略地位，并为教育体制改革做出了重大决策，为我国社会主义教育事业的发展，展示了宏伟蓝图。认真按照党中央的决定，改革和加强教育工作，从而提高民族素质，多出人才，出好人才，这是新的历史时期全党同志面临的非常重要的历史任务。

宁夏回族自治区的教育事业，自党的十一届三中全会以来，在党中央一系列方针政策的正确指导下，经过各级党委、政府和各族人民的共同努力，有了很大的发展，但还存在不少问题：轻视教育、轻视知识、轻视人才的错误思想和教育工作方面的“左”的思想影响，还没有完全克服；教育管理体制不适应现代化建设的需要，统得过多，管得过死，学校缺乏应有的生机和活力；教育结构不够合理，基础教育薄弱，

中等教育结构单一，高等学校长期达不到预定规模，高等教育内部的科类层次比例不够协调；职业技术教育发展缓慢，民族教育落后，合格师资缺乏，办学条件差，教育质量不高。这种状况不尽快改变，势必影响“宁夏要先翻身”这一战略目标的实现，影响回汉民族的平等、团结和共同繁荣。党中央一再要求全党同志要极大地提高对教育工作的认识，面向现代化，面向世界，面向未来，为九十年代和下世纪初我国经济和社会的发展，准备一支能够坚持社会主义方向、具有现代科学技术知识的人才大军。各级党委、政府、教育部门、经济部门以及社会各方面，都要牢固树立“教育必须为社会主义建设服务，社会主义建设必须依靠教育”的根本指导思想，正确理解和处理教育工作与经济工作的关系，下大决心，像抓经济建设那样把教育工作抓好。

二、有步骤地实施九年制义务教育

实施九年制义务教育，是发展教育事业的基础环节，是关系提高民族素质和国家兴旺发达的一件大事。要动员全区各方面的力量，以极大的努力，有步骤地实施。宁夏经济文化发展很不平衡，普及义务教育的要求和内容也应因地制宜，有所不同。全区大致可分为三类地区：

约占全区人口17%的银川、石嘴山两市，在1988年普及小学教育，1990年普及初中教育；约占全区人口40%的引黄灌区，在1990年普及小学教育，1995年普及初中阶段的普通教育或职业技术教育；约占全区人口43%的南部山区，在1995年基本普及小学教育，2000年或稍后一段时间，基本普及初中阶段的教育或职业教育。

在实施九年制义务教育的同时，要抓紧扫除青壮年文盲，努力发展幼儿教育，发展盲、聋、哑及智力障碍儿童的特殊教育。

现阶段，宁夏实施九年制义务教育的重点是普及小学教育，在师资、基建投资和经费等方面，要保证小学教育的需要。普及初中教育要在切实普及小学教育的基础上进行。普及小学教育和普及初级中等教育，都要从实际出发，实事求是，注重质量，讲求实效。要继续办好重点中小学，充分发挥它们的示范作用。

九年制义务教育由地方负责，实行分级管理的原则。自治区根据中央的有关方针政策，负责制定实施九年制义务教育的规划和要求，并进行指导和检查；地、市、县负责制定具体的普及方案和办法，并组织实施；乡、镇要用更多的精力抓好基础教育，落实本乡镇普及义务教育的任务。

厂（场）矿企业办的中小学，仍由厂（场）矿企业及其主管部门领导和管理，当地教育行政部门应积极给予指导和帮助。

三、调整中等教育结构，大力发展职业技术教育

中等教育担负着为高等学校输送人才和为社会提供和培养有文化懂技术的劳动者的双重任务。大力发展职业技术教育，培养一支受过良好职业技术教育的劳动技术大军，是宁夏四化建设的迫切需要。但是宁夏职业技术教育恰恰是整个教育事业的薄弱环节，必须尽快改变这种状况，力争到1990年，城市、引黄灌区的多数县和厂（场）矿企业高中阶段的各类职业技术学校（包括中专、技工学校和职业中学）招生数与普通高中招生数大体相当，使中等职业技术教育有一个较大的发展。

为了适应发展职业技术教育的要求，学生一般应从中学阶段开始分流培养。要有计划地改一些普通高中（班）为职业高中（班）。城市还要举办多种形式的短期职业技术教育培训班，农村要注意发展初级职业技术学校（班）。各行各业都要自办、联办或与教育部门合办各种职业技术学校，实行教育部门办学和各有关部门、厂（场）矿企业办学并举，以各有关部门、厂（场）矿企业为主的原则。鼓励集体、个人和其他社会力量兴办职业技术学校。各地、各部门要在自治区教育行政部门

的指导下，根据人才需求情况，制定职业技术教育发展规划，统筹安排，合理布局。

发展职业技术教育要以中等职业技术教育为重点，发挥中等专业学校的骨干作用。各主管部门要采取措施，改善中专、技工学校的办学条件，充分挖掘潜力，打破部门界限，扩大招生，逐步提高招收初中毕业生的比例。并实行在国家计划指导下，由学校推荐，用人单位择优录用的毕业分配办法。

发展职业技术教育必须采取切实有力措施，解决专业师资问题。要有计划地每年分配一定数量的大专毕业生到职业学校任教；鼓励普通中学相近学科的教师经过培训改教专业课；聘请科研单位、厂（场）矿企业的研究人员和工程技术人员及社会上的能工巧匠到学校兼课，传授技艺；各师范院校和宁夏农学院、宁夏工农院及有条件的中专，都要承担一定的职业技术师资培养、培训任务；创造条件，建立全区职业技术教育师资培训中心，使职业技术教育专业师资有一个稳定的来源。

在大力发展职业技术教育的同时，必须改革劳动就业制度，实行“先培训、后就业”的原则。今后，全民、集体单位或乡镇企业招工、招干，必须首先从各类职业技术学校对口专业的毕业生中择优录用，并允许优先录用自办的职业技术学校的毕业生。经自治区教育行政部门审批确认的职业高中，其毕业生录用为干部或技术管理人员的，享受中专毕业生待遇；录用为工人的，享受技工学校毕业生待遇。从1988年开始，所有企业新增技术工人，必须经过职业技术教育培训，并取得合格证书后才能进入工作岗位。

四、改革和办好现有高等学校，努力培养各类高级专门人才

高等学校是培养高级专门人才和发展科学技术文化的重要阵地。要

努力办好现有的高等学校。力争宁夏大学在1988年，宁夏农学院和宁夏医学院在1990年完成设计规模，宁夏工学院按期完成配套土建工程。要安排一定专项经费逐年引进一些新的技术和设备，更新和完善教学手段，改善高等学校办学条件。创造条件，增设急需专业，增加专科比重。选送优秀中青年教师到区外、国外进修，培养学科带头人。加强学校同科研单位、生产部门之间的联系，促进教学、科研和经济的紧密结合，使高等学校具有主动适应经济和社会发展需要的积极性和能力。改革高等学校后勤服务工作。有关部门和当地党政领导机关要积极主动地为高等学校解决各种实际问题。

改革高等学校招生制度和毕业生分配制度，在完成国家招生计划的前提下，继续推行用人单位委托学校培养学生的制度。扩大南部山区的招生比例。除固原师专继续面向固原地区和同心县招生外，宁夏大学、宁夏医学院和宁夏农学院以招生名额的20%在固原地区和同心、盐池、陶乐定向招生（其中一部分切块到县）。自治区党委和人民政府关于扩大高等学校在招生、毕业生分配、干部任免、经费管理、教学改革等方面自主权的有关规定，应继续执行。

要加强成人高等教育管理工作，把好质量关。广播电视大学要有较大幅度的发展。高等教育自学考试要扩大开考专业。

五、采取特殊政策和措施，加速民族教育的发展

宁夏是民族自治地区，加速民族教育的发展，对于促进民族平等、民族团结和各民族的共同繁荣，具有十分重要的意义。发展民族教育要采取特殊的政策和措施。在南部山区，对小学生继续实行免费义务教育。要大力办好现有的回民寄宿制中小学，并有计划地再改办或增设一批回民寄宿制学校和班级，在一些重点中学开设寄宿制回族高中班。回族聚居的地方，有条件的可举办回族女子学校（班），提高女生入学比

例。创办民族师范学校，加速培养民族教师。创造条件，在一些高等学校和中等专业学校开设民族预科班，逐步提高民族学生入学比例。要有计划地组织区直机关讲师团，以及城市离退休教师和其他知识分子，定期轮换，到回族聚居地区中小学任教。鼓励和支持各民主党派、民族宗教人士和社会各界关心和支持民族教育的发展。认真总结民族教育经验，积极探索新的办学途径和方法。

六、优先发展师范教育，建设一支数量足够、质量合格而稳定的师资队伍

教师是培养人才的人才；师范教育是教育事业的工作母机。加强师范教育，培训在职教师，建设一支数量足够、质量合格的中小学师资队伍，是实施九年制义务教育、提高基础教育水平的根本大计，是发展教育事业的战略措施。在今后的教育事业发展中，必须突出师范教育这个重点，在经费、师资、设备和基本建设投资等方面优先保证师范教育的需要。“七五”期间，按既定规模建设好现有的高、中等师范学校，同时建成银川师范学校。

实行分级负责培训中小学教师。自治区负责初、高中教师的培训，地、市、县负责小学教师的培训。为了适应各县普及小学教育对师资的需求，在中等师范学校实行定向招生，把毕业生的分配和招生结合起来。中等师范学校学制改为三年，同时，开展中等师范自学考试。安排专款，委托兄弟省区市师范院校为宁夏培养、培训中学师资。适当调整高等师范学校的招生计划，扩大短缺学科和初中师资的培养能力。

师范院校要坚持为基础教育服务的方向，端正办学指导思想，加强对学生的思想教育和专业能力的培养，使学生热爱教育事业，毕业后既会教书，又能育人，为人师表。

在发展师范教育的同时，努力提高现有教师的素质。各市、县教育

行政部门要对现有中小学公、民办教师进行认真考核，合格者发给证书；暂时不合格的，限期培养提高。今后所有新补充的教师，都要符合现行的合格学历的要求，即小学教师具有中师毕业程度，初中教师具有大学专科毕业程度，高中教师具有大学本科毕业程度。

统筹安排全区各类高等学校、中等师范学校和教师进修院校的力量，发挥社会各方面的积极性，采取多种形式，建立健全以提高教师能力为目的，以在职电视函授自学为主要形式的教师进修培训制度，争取今后5~7年内，使绝大多数在职的中小学教师能够胜任所承担的教学工作。

要保持教师队伍的稳定，任何机关、单位不得抽调中小学合格教师改行做其他工作。凡特殊需要抽调的，必须征得教育行政部门同意，并且按规定补偿培养费用。师范院校毕业生都要分配到学校任教，不得截留做其他工作。

七、多渠道增加教育投资

根据中央《决定》中关于“教育拨款的增长高于财政经常性收入的增长，并使按在校学生人数平均的教育费用逐步增长”的精神，自治区财政预算的教育经费在1985年的基础上保持每年递增数高于财政经常性收入的增长；各市、县机动财政收入要以较大比例用于教育；乡、镇财政收入主要用于教育。中央支援不发达地区资金每年至少要划出1/3用于发展教育事业。“七五”期间，自治区统筹和地方自筹的基本建设投资每年应确定相当比例用于学校的基本建设；自治区每年补助中小学基建投资1000万元左右，由教育部门统筹安排。切块给各地、市、县的基建投资，应主要用于教育。

调动各方面的积极性，多渠道筹集办学资金。从1986年起，在城乡征集教育事业费附加，由财政、税务和教育部门制订具体办法。新建厂（场）矿企业都要从总投资中划出一定比例用于智力开发，大中型技术改造项目要拿出部分资金作为技术培训费用，提倡社会团体、集体和个人集资办学、捐资助学，但要坚决制止和纠正借学生入学、转学之机要钱要物的不正之风。各级各类学校都要因地制宜，积极开展多种形式的勤工俭学活动，增加收入，弥补教育经费的不足。

各级教育部门和各级各类学校都要切实管好用好教育经费，发扬艰苦奋斗、勤俭办学的精神，使有限的财力、物力合理使用，提高效益。对贪污、浪费和挪用教育经费的，要给予严肃处理。

八、加强思想政治工作，把学校真正办成建设社会主义精神文明的坚强阵地

为了多出人才，出好人才，培养一代有理想、有道德、有文化、有纪律的社会主义新人，必须切实加强学校的思想政治工作，坚持用马列主义毛泽东思想教育广大师生，保证学生德智体全面发展。

要积极改革学校思想品德和政治理论课程的教学。根据大、中小学不同的特点，大力进行“五讲四美三热爱”教育、法律常识教育、时事政策教育、中国革命史教育、马克思主义基本理论教育、社会主义建设和改革的理论教育，引导学生逐步树立正确的人生观和世界观，学会运用正确的观点和方法，思考和解答现实生活中的一些实际问题，激励他们为社会主义现代化建设事业奋发学习，为祖国的繁荣富强建功立业。

思想政治工作要形式多样，生动活泼，努力增强吸引力、说服力、感染力。在高中、大学阶段，要组织学生参加丰富的社会实践，开展调查研究，从人民群众中吸取营养。

学校中的党组织要从过去那种包揽一切的状态中解脱出来，把自己的精力集中到加强党的建设和加强思想政治工作上来。要加强思想政治工作的队伍，充分发挥共青团、少先队、学生会、教育工会的作用，调

动学校思想政治工作人员的积极性，建立一个强有力的思想政治工作体系，使学校真正成为抵御资本主义和其他腐朽思想的侵蚀，建设社会主义精神文明的坚强阵地。

九、加强领导，调动各方面的积极性，保证教育体制改革的顺利进行

加强党和政府的领导，是社会主义各项事业取得成功的根本保证。各级党委和政府要切实加强对教育工作的领导，要把教育摆到战略重点的地位，把发展教育事业作为自己的重要任务之一，上级考察下级都要以此作为考绩的主要内容之一。必须始终按照党的全国代表会议提出的“团结奋斗，再展宏图”的号召，搞好部门之间、上下级之间和各民族之间的团结，巩固和发展安定团结的政治局面，保证宁夏教育体制改革的顺利进行。

改革教育体制，必须充分调动广大教师的积极性。要把进一步落实有关知识分子政策，作为当前的一项重要任务，采取坚决有效的实际步骤，提高知识分子的社会地位和生活待遇。继续克服和纠正“左”的影响及旧的观念，在全社会树立尊师重教的良好风尚。各级党委、各级学校校长、书记都要亲自动手做思想政治工作，做落实知识分子政策的工作，做稳定教师队伍的工作，使广大教师的积极性充分调动起来，聪明才智充分发挥出来，搞好教育改革。今后要设置教师奖励基金，制定教师荣誉称号制度。同时，自治区财政每年安排 200 万元用以解决教师住房。各单位在分配住房时，要优先照顾配偶是教师的职工。教龄满 30 年的公办教师，退休后享受原工资待遇。提高民办教师的待遇，每年为民办教师安排一定数量的转正指标。

学校逐步实行校长负责制，可先行试点，然后加以推广。有条件的学校要设立由校长主持的、人数不多的、有威信的校务委员会，作为审

议机构。要建立和健全以教师为主体的教职工代表大会制度，加强民主管理和民主监督。

要动员全党、全社会和全区各族人民关心和支持教育体制改革，发展教育事业。各级党政领导同志要联系一所或几所学校，经常深入实际，调查研究，帮助解决实际问题，带头当好教育服务的实干家。鼓励各民主党派、人民团体、社会组织、离休退休干部和知识分子、集体经济单位和个人，遵照党和政府的方针政策，采取多种形式和办法，积极地自愿地为发展教育贡献力量。

教育战线要把社会效益作为一切活动的唯一准则。实行教育体制改革的出发点和落脚点，就是要提高民族素质，多出人才。衡量任何学校工作的根本标准，是培养人才的数量和质量。这是改革教育体制必须坚持的正确方向。

为了加强党和政府对教育工作的领导，成立自治区教育委员会，在自治区人民政府直接领导下，根据党中央和区党委关于教育工作的各项方针、政策，负责统筹全区教育事业的发展，组织和协调各部门有关教育的工作，统一部署和指导教育体制的改革。

改革和加强教育工作是一项重要而艰巨任务。自治区党委和政府号召，各级党委、政府、广大教育工作者和全区各族人民，坚定不移地按照党中央确定的目标，加强领导，坚持改革，团结奋斗，努力开创出宁夏教育事业繁荣发展的新局面。

一九八六年一月十七日

宁夏回族自治区义务教育条例

（1993年8月21日宁夏回族自治区第七届人民代表大会常务委员会第二次会议通过，1993年8月21日公布施行）

第一章　总　则

第一条　为了发展基础教育，促进社会主义物质文明和精神文明建设，根据《中华人民共和国义务教育法》《中华人民共和国民族区域自治法》以及《中华人民共和国义务教育法实施细则》，结合本自治区实际，制定本条例。

第二条　自治区实行九年义务教育。

义务教育分为初等教育和初级中等教育（包括初中阶段的职业技术教育）两个阶段，在实施初等教育的基础上实施初级中等教育。在初等教育达到义务教育法规定要求的地区，可直接实施初级中等义务教育。经济条件差、文化基础薄弱的山区乡村，经县人民政府批准，还可以分段实施初等义务教育。

第三条　实施义务教育，由自治区、市（地区）、县（市、区）、乡（镇）分级负责，分级管理。分级管理的职责和办法，由自治区人民政府规定。

各级教育主管部门在本级人民政府领导下，具体负责组织、管理本行政区域内的义务教育工作。

第四条　自治区人民政府负责制定全区实施义务教育的规划。各市

(地区)、县(市、区)都应按照自治区的规划，制订出本行政区域的实施计划。

第五条 义务教育必须贯彻国家的教育方针，深化改革，面向全体学生，切实加强学校思想政治教育，努力提高教育质量，使儿童、少年在品德、智力、体质等方面全面发展，为提高全民族的素质，培养有理想、有道德、有文化、有纪律的社会主义事业建设者和接班人奠定基础。

学校必须执行国家规定的教学计划、教学大纲和义务教育教材，按时完成教育教学任务，提高教育质量。

第六条 在国家确定基本学制以前，小学和初中仍沿用现行学制。

特殊教育的学制，由自治区教育主管部门确定。

第七条 自治区应在师资、经费等方面采取特殊措施，加快少数民族义务教育的发展。任何组织或个人不得利用宗教妨碍义务教育的实施。

第二章 学 生

第八条 儿童入学的年龄一般为七周岁。居住集中、经济条件较好的地方，可将入学年龄提前；居住分散、交通不便、办学条件暂不具备的地方可将入学年龄推迟。提前或推迟入学年龄的时间均不得超过一年。提前或推迟由县(市、区)教育主管部门决定。

乡(镇)人民政府、街道办事处、企业事业单位及学校应当互相配合，做好适龄儿童入学和辍学儿童、少年复学的工作，使其受完规定年限的义务教育。

第九条 丧失学习能力的儿童免予入学。适龄儿童、少年因残疾或特殊原因，经指定的县(市)医院诊断证明，由儿童、少年的父母或其他监护人提出书面申请，乡(镇)人民政府或街道办事处批准，可以延缓入学或中途休学。

第十条 自治区对接受义务教育的学生免收学费。

实施义务教育的学校可以收取杂费。收取杂费的标准和办法，由自治区教育主管部门会同有关部门提出方案，报自治区人民政府批准。

收取的杂费全部用于补充学校的公用经费。

经自治区人民政府批准的寄宿制回民中小学接受义务教育的学生和家庭生活特别困难的学生可减收或免收杂费。

残疾儿童接受义务教育应减收或免收杂费。

减免杂费的具体办法和减免杂费造成缺额的弥补，由自治区和县（市、区）人民政府规定。

第十一条 在贫困地区、回族聚居地区以及寄宿制回民中小学校，实行助学金或奖学金制度，也可实行助学金与奖学金相结合的制度，以帮助家庭贫困学生和回族学生就学。其具体办法，由自治区人民政府制定。

第三章 学 校

第十二条 各级人民政府应当合理设置小学和初级中等学校。

自治区在经济困难、居住分散、回族人口较多的山区，可设立以寄宿制为主或助学金为主的公办回民初级中学和小学。

在民族杂居地区，有条件的可设立回民初级中学和小学。

各级人民政府应当把中小学建设列入城乡建设发展规划。

小学、初级中等学校的兴建、撤销、合并、搬迁以及校产的转移，应当由县（市、区）人民政府教育主管部门审核，报同级人民政府批准。

第十三条 鼓励企业、事业单位在当地人民政府统一管理下，自办、联办中小学。

鼓励社会力量和个人按照国家规定的办学要求，举办《义务教育法》规定的各类学校（班），但须经县以上教育主管部门审批。当地人民政府和教育主管部门应当在师资的调配、培训、教学设备供应以及教学业务上给予指导和帮助。

第十四条 小学、初级中等学校必须依法接收适龄儿童、少年入学，不得擅自附加入学条件，并严格遵守国家和自治区有关学籍管理的规定。

第十五条 各级人民政府应当改善中小学校办学条件，使所属学校无危房，学生有教室和课桌凳；按照国家和自治区规定的义务教育办学条件标准配齐图书资料、教学仪器、电教器材、音乐体育器材和其他设备。

第十六条 中小学校的校舍、场地不得出租或移作他用。因特殊情况需要出租或者移作他用的，须经县级以上教育主管部门批准。

第十七条 实施义务教育的学校在教育教学和各种活动中，应当推广使用全国通用的普通话。

第四章　教　师

第十八条 全社会应当尊重教师。各级人民政府应当采取有效措施，保障教师的合法权益，提高中小学教师的社会地位和物质待遇。对在回族聚居地区、边远山区工作的中小学教师，应当在工作和生活上给予特殊照顾，具体办法由自治区人民政府规定。

从事特殊教育工作的教师应享受特殊教育津贴。

第十九条 教师应当热爱教育事业，忠于职守，教书育人，为人师表，不得对学生实施体罚、变相体罚或者其他侮辱人格尊严的行为。

小学、初级中等学校教师必须分别具有中等师范学校、高等师范专科学校毕业以上文化程度或者具有同等学力，并具有相应的教学能力。

第二十条 各级人民政府应当优先发展师范教育。对各类师范院校的招生和分配，应当采取特殊措施，保证边远地区和回族聚居地区的师资来源；同时应当重视回族教师，特别是回族女教师的培养工作。

各类师范院校毕业生由自治区教育主管部门负责分配、派遣，并建立服务期制度，保证师范毕业生到学校任教。

第二十一条 各级教育主管部门和学校应把中小学教师的学历教育、继续教育列入教育事业发展规划，使小学和初中教师中具有专科和本科学历者的比重逐年得到提高。

第二十二条 自治区建立中小学校长培训制度，有计划地培训中小学校长，提高其领导能力和管理素质。

第二十三条 中小学教师由县级以上教育主管部门统一管理，未经批准，任何单位不得抽调在职中小学教师改作其他工作。

第二十四条 各级人民政府应当充分发挥民办教师在实施义务教育中的作用。民办教师教学工作成绩突出的可逐年择优录用为公办教师。要通过多种途径，逐步降低民办教师的比重。民办教师的工资由乡镇统筹，按时发给，国家给予适当补助，逐步使民办教师与公办教师同工同酬。

第五章　经　费

第二十五条 实施义务教育所需事业费和基本建设投资，按分级管理的原则，由各级人民政府负责筹措，予以保证。

要逐步建立以财政拨款为主，多渠道筹措经费的体制。

各级人民政府用于义务教育的财政拨款应当逐年增长，增长比例应当高于财政经常性收入的增长比例，并使按在校学生人数平均的公用经费逐年有所增长。

国家拨给自治区的支援经济不发达地区发展基金和少数民族地区专项补助等，必须安排一定的比例用于义务教育。

对回族聚居地区发展义务教育，各级财政、教育主管部门还要给予专项补助。

第二十六条 城乡教育事业费附加，应主要用于发展义务教育。教育事业费附加的征收和使用按国务院有关规定执行。

鼓励各种社会力量以及个人自愿捐资助学。

第二十七条 中小学应积极开展勤工俭学活动。勤工俭学的收入，部分用于改善办学条件，对中小学勤工俭学收入应在税收上给予照顾。

第二十八条 各级教育主管部门和财政、审计部门，对实施义务教育经费的拨款、投向和效益，应当加强管理和监督。

第六章 管 理

第二十九条 各级人民政府应当加强对实施义务教育工作的领导，制定本行政区域内实施义务教育的规划，对学校布局、人员编制、教育管理以及教育经费等进行统筹安排，并负责组织实施。

实施义务教育的各项程序和证书制度，由自治区教育主管部门制定。

第三十条 各级人民政府及其教育主管部门应当建立实施义务教育的目标管理责任制，把实施义务教育工作作为考核各级领导干部政绩的重要内容。

第三十一条 义务教育实行督导评估制度。县以上教育督导机构对本行政区域内的义务教育实施情况进行监督、检查和指导。

第三十二条 厂（场）矿、企业事业单位、集体经济组织和其他社会力量依法举办的中小学或职业技术学校，凡属于当地规定义务教育阶段的，均纳入当地县、市（区）实施义务教育的统一管理。

第七章 奖励与处罚

第三十三条 有下列事迹之一的单位或个人，由各级人民政府或教育主管部门给予表彰奖励：

（一）认真执行本条例，实施义务教育成绩显著的；

（二）自愿捐资助学或义务帮助学校贡献突出的；

（三）在教育管理、教学和科研工作中成绩显著的；

（四）长期从事教育事业贡献突出的。

第三十四条 对因工作失职未能如期实现义务教育规划目标的，由上一级人民政府或者有关部门依照管理权限追究有关责任人员的行政责任。

第三十五条 适龄儿童、少年的父母或者其他监护人未经批准，不送子女或者其他被监护人入学接受义务教育或使学生中途辍学的，由当地乡（镇）人民政府或街道办事处进行批评教育，经教育仍拒不送其子女或者其他被监护人入学的，可视具体情况处以罚款，并采取其他措施责令其送子女或者其他被监护人入学、复学。罚款数额和办法由县（市、区）人民政府依据当地实际规定。

第三十六条 体罚学生，擅自开除学生，责令学生停课、转学、退学或听任学生辍学以及无正当理由拒绝接收应当在该地区或者该学校接受义务教育的适龄儿童、少年就学的，由当地教育主管部门给予批评教育，造成严重后果的，追究有关责任人员的行政责任。体罚学生构成犯罪的，依法追究刑事责任。

第三十七条 擅自招收正在接受义务教育的儿童、少年就业的单位或个人，由当地人民政府给予批评教育，限期清退，并按国家和自治区关于禁止使用童工的有关规定给予行政处罚。

第三十八条 侵占、克扣、挪用义务教育经费的，由当地人民政府及其主管部门追究直接责任人员的行政责任并追回款项；情节严重、构成犯罪的，依法追究刑事责任。

第三十九条 擅自将学校校舍、场地出租、转让或者移作非教学之用的，由当地教育主管部门追究直接责任人员的行政责任，责令学校收回校舍、场地，并没收非法所得。

第四十条 侵占、破坏学校的校舍、场地、设备和其他财产，扰乱学校教学秩序，侮辱、殴打教师和学生的，当地人民政府应及时予以制止，责令退还被侵占的财产，赔偿损失；应给予治安处罚的，由公安机关处理；构成犯罪的，依法追究刑事责任。

第四十一条 当事人对行政处罚决定不服的，可以在接到处罚通知之日起十五日内，向做出处罚决定机关的上一级行政机关申请复议或直接向人民法院起诉；对复议决定仍不服的，可在接到复议决定书之日起十五日内向人民法院起诉。逾期不申请复议，不起诉，又不履行处罚决定的，由做出处罚决定的机关申请人民法院强制执行，或者依法强制执行。

第八章 附 则

第四十二条 本条例执行中的具体问题，由自治区教育厅负责解释。

第四十三条 本条例自公布之日起施行。

1986 年 3 月 14 日自治区第五届人大常委会第十六次会议通过的《宁夏回族自治区普及初等义务教育暂行条例》同时废止。

自治区党委　人民政府
关于加快教育改革和发展全面推进
素质教育的决定

宁党发〔1999〕60号

新世纪即将来临。面对知识经济的挑战和国家实施西部大开发战略的历史性机遇，加快教育改革和发展，培养大批优秀人才和高素质的劳动者，具有十分重大的意义。改革开放以来，宁夏教育事业取得了历史性的成就，为经济社会发展做出了重要贡献。但是，与加快现代化建设和提高全民素质的要求相比，宁夏教育发展的总体水平还不高，教育观念、教育体制、教育结构、人才培养模式、教育内容和教学方法相对滞后。我们要认真贯彻《中共中央、国务院关于深化教育改革全面推进素质教育的决定》，抓住机遇，锐意进取，努力开创教育工作的新局面，为深入实施“科教兴宁”战略奠定坚实的人才和知识基础。

一、宁夏教育改革和发展的主要目标

（一）面向21世纪，宁夏教育发展的思路是：坚持以邓小平理论为指导，全面贯彻党的十五大精神，进一步解放思想，转变观念，深化教育体制、教育体系和教育运行机制的改革，创新教育内容和方法，全面推进素质教育。经过10年左右的努力，基本构建起适应社会主义市场经济体制、有利于培养创新人才和高素质劳动者的现代教育体系，为宁夏现代化建设提供有力的智力支撑和人才保证。

主要目标是：

——到 2005 年，山区 8 县中，盐池县和隆德县基本普及九年义务教育，其他各县 2002 年基本普及初等义务教育；银川市和石嘴山市各区基本普及高中阶段教育，川区其他市县（区）积极创造条件，力争实施这一目标。到 2010 年，山区各县基本普及九年义务教育，川区各市县（区）基本普及高中阶段教育，全民受教育年限达到全国平均水平。

——高等教育有较大发展，各类专门人才培养的数量和质量基本适应经济和社会发展的需要。到 2005 年，普通高等教育在校生达到 2.2 万人，成人和职业高等教育在校生达到 1.8 万人；2010 年分别达到 3.5 万人和 2.5 万人。

——建立起职前教育与职后培训相贯通、学历教育与非学历教育相结合的终身教育体系，基本满足全体公民不断增长的学习需求。到 2010 年，城乡新增劳动力和在职人员能够普遍接受各种层次和形式的教育和培训。

——基本形成以德育为核心、以培养创新精神和实践能力为重点的素质教育模式，不断提高受教育者的思想道德和科学文化素质。

——建立起适应社会主义市场经济，符合教育发展规律的教育体制、运行机制和投资体制。教育产业有较大发展，基本形成与经济、科技紧密结合的产业体系，教育为经济建设和社会发展服务的功能大大增强，教育产业在经济发展中所占有的份额明显提高。

（二）加快教育改革和发展，必须坚持以下指导思想。

1. 坚持优先发展教育事业。切实落实教育的先导性、全局性、基础性的战略地位，把教育事业作为现代化建设的重点，坚持优先规划，优先保证，使教育事业在整个国民经济中适度超前发展。

2. 以提高全民素质为根本宗旨，坚持全面实施素质教育。要面向现代化、面向世界、面向未来，将素质教育贯穿于各级各类教育，贯穿于学校教育、家庭教育和社会教育各个方面，努力培养有理想、有道德、有文化、有纪律的社会主义事业建设者和接班人。

3. 坚持改革创新，实现教育发展的战略性转移。要更新教育观念，把教育作为基础性产业和新的经济增长点，走产业发展的新路子。要改变教育与经济科技发展相脱节的状况，大力推行教育、经济、科技发展一体化。要把教育发展由注重数量扩张转到全面提高教育质量和办学效益上来，促进规模结构和质量效益相统一。

4. 坚持整体推进和重点突破相结合。围绕提高教育的综合实力和总体水平，一手着力抓好“两基”，一手加快高等教育的发展，带动各级各类教育的发展，促进办学体制改革和教育结构调整，实现教育发展的新跨越。

二、实施跨世纪“两基”工程，努力提高全民素质

（三）加快基本普及九年义务教育的步伐。已经“普九”的县（市、区），要按照普及程度高、经费投入高、师资水平高、教育质量高和办学条件标准化、学校布局合理化的目标，巩固提高“普九”成果；南部山区要打好“普九”攻坚战。要实施好“国家贫困地区义务教育工程”，采取有力措施解决学龄儿童尤其是女童入学率和巩固率低的问题，确保“普九”目标如期实现。

（四）调整基础教育布局结构。通过撤并、置换、改造、新建等形式，推动中小学布局合理化，提高规模效益和整体办学水平。根据城市发展实际，统筹规划，新建一批高标准示范性窗口学校；扩大优质学校规模，改造薄弱学校；将处于城市黄金地段、发展空间狭窄的学校逐步外迁，运用地位差价重组教育资产。川区农村要围绕集镇和小康村建

设，在保证适龄儿童都能入学的前提下，合并规模小的学校，集中办学。农村完全小学一般应在300人以上。南部山区各县要结构“普九”攻坚和山区实际，适当集中办学，减少学校布点，积极发展寄宿制学校。同时各地都要重视特殊教育的发展。

（五）逐步分离企业举办的中小学。到2001年，特困企业和破产企业办的中小学，全部移交当地教育部门。移交后办学经费由财政承担。从2000年起，在已开征的城市教育费附加之外，再按营业税、增值税和消费税的2%开征地方教育费，由自治区财政统一掌握，用于各级政府接收企业中小学。鼓励社会力量将企业所办中小学改造为民办学校。

（六）大力开展扫盲工作。要适应农村经济发展需要，广泛开展多种形式的扫盲工作，把学文化与学习科学技术、推广农业科技成果结合起来，把扫除青壮年文盲与普及科学知识、提高农民的思想道德素质结合起来。加强“三教”统筹，农科教结合，推进农村教育综合改革。加强农民文化技术学校建设，充分发挥其在农村两个文明建设中的阵地作用。到2000年，全区基本实现扫除青壮年文盲的目标。

三、加快发展非义务教育，培育新的教育产业

（七）调整教育体系结构。扩大高中阶段教育规模，通过各种形式加快高等教育发展，拓宽人才成长的道路，减缓升学压力。按照谁投资谁受益、谁受益谁投资的原则，制定和完善发展教育产业的政策，运用产业运作方式，鼓励以教养教，超常规发展非义务教育特别是高等教育。积极开拓教育市场，使教育成为宁夏新的经济增长点，最大限度满足广大群众受教育的需求。

（八）积极发展包括普通教育和职业教育在内的高中阶段教育。扩大现有普通高中规模，创办综合性高中，积极发展民办高中，重点加强优质高中和骨干职业学校，为初中毕业生提供多种形式的学习机会和创

造就业的基本条件。在 3~5 年内，全区实现普通完全中学高、初中脱钩，将非义务教育与义务教育分离开来。

（九）改革中等职业教育的办学体制。按照产教结合、面向市场、自主发展的原则，引入市场机制，通过合并、联合、托管、兼并、改制等多种形式，引导中等职业学校打破部门和行业界限，围绕主导产业，适应社会需求，走规模化、集团化的办学路子。允许中等职业学校面向区外招生。调整中等职业教育的布局结构，用 3 年左右时间，改变政府包揽中等职业教育的格局，通过择优汰劣，解决中等职业教育布点多、规模小、效益低的问题，优化教育资源配置。

（十）加快发展高等教育。高等教育是一个地区社会经济发展水平和教育发展水平的重要标志。大力发展包括高等职业教育在内的高等教育，是今后教育发展的重点之一。要支持和鼓励高等学校加强东西合作，引进国内外智力，提高水平，扩大规模，面向全区，办出特色，并辐射和服务于西北地区，成为培养高层次创造性人才和知识创新的重要基地。支持高校之间开展多种形式的联合办学，逐步将宁夏大学办成多学科、具有较高声望的综合性大学。成立留学生服务中心，接收外国留学生。增加硕士点，扩大硕士研究生规模，开展博士生教育。鼓励普通高校与企业、社区或成人高校联合，运用市场机制举办二级学院。二级学院可以用企业名称命名。

大力发展高等职业教育，培养一大批具有一定的理论知识和较强实践能力，生产、建设、管理、服务第一线和农村急需的专门人才。要通过改革、改组和改制，将现有独立设置的成人高校调整为职业技术学院（或职业学院），支持本科院校举办或与企业合作举办高等职业教育，选择符合条件的中专学校改办高等职业教育。鼓励社会力量举办高等职业教育，并使之逐步成为兴办高等职业教育的主要力量。高等职业教育实行新的管理模式和运行机制，办学经费以学生缴费为主，毕业生就业实行学校推荐，学生自主择业。

进一步扩大高等学校的办学自主权。高等学校可按有关规定，自主决定专业的设置和调整；在年度招生计划总额内，自主确定各系、各专业的招生人数，并划出一定的比例由高校进行自主招生的试点；在核定的学校编制、内设机构总数和干部职数内，自主决定人事调配，自主设置内部机构，自主决定本校正处级及其以下干部的任免。成人高等教育和高等职业教育招生计划由指令性改为指导性。允许普通高校在招生计划内划出一定比例面向区外招生。

（十一）大力兴办高校产业。高等学校要加强科研工作，积极参与自治区技术创新体系建设，推进产学研结合，为促进经济增长服务。支持高校与企业、科研院所合作，发展科技产业。试办大学科技园区，鼓励科研院所进入高校，鼓励教师和科研人员从事科技成果转化工作。采取政府、企业和民营科技企业共同投资的办法，建设高校中试验研究基地，促进高校科研成果商品化、产业化。在高校筛选一批科技成果列入自治区重大产业化项目，自治区科技专项经费中每年用于支持高校科研开发和推广的不少于15%。

按照市场经济规律和教育规律，坚持从宁夏实际出发，积极推行高校后勤工作社会化。学校可以组建后勤服务实体，实行企业化管理，社会化服务，集约化经营。高校后勤实体可以通过联合，组建面向高校服务的集团公司，逐步剥离学校办社会的职能。支持社会力量参与学校后勤服务，发展教育产业。

（十二）加快办学体制改革。增强公办学校的活力，充分发挥公办学校的主渠道作用。按照“积极鼓励、大力支持、正确引导、加强管理”的方针，引导社会力量多形式、多层次兴办各级各类教育机构。在3~5年内，基本形成以政府办学为主体、社会各界共同参与、公办学校和民办学校共同发展、相互促进的办学体制。

大力发展民办教育。鼓励社会力量依法独立办学，以股份制形式合资办学，与政府部门或公办学校联合办学，引导他们重点举办高中阶段教育、高等职业教育。积极发展以社区为依托的，公办与民办相结合的幼儿教育。属于学历教育的民办学校和幼儿教育，可以按生均培养成本自主确定学费和住宿费标准，报物价部门备案；允许以股份制形式筹措办学经费；允许接纳社会捐助和学生家庭自愿的赞助；在建设用地、减免城市基础设施建设配套费及有关税费方面，与公办学校享受同样的优惠政策。凡用税后利润在宁夏投资举办民办学校的企业，对与其投资额相对应的企业所得税地方所得部分，由同级财政列收列支予以返还，全额用于办学。

引进民办教育机制，允许高中阶段的公办学校举办民办班，对少数薄弱的公办学校进行国有民办和民办公助等形式的改制。改制后的学校享受民办学校的优惠政策。各级政府要把民办学校发展纳入教育事业发展规划，加强对民办教育的管理和引导，不分公办民办一视同仁。各级各类民办学校都要依法办学，提高教育质量。

四、坚持优先发展、重点扶持的方针，努力提高民族教育水平

（十三）要大力发展民族教育，使民族教育更好地适应民族地区经济社会发展，适应全面推进素质教育的需要。加强民族基础教育，进一步健全初等、中等和高等教育相互贯通、结构合理的民族教育骨干办学体系，提高民族教育的质量和办学效益。继续坚持大中专院校招收回族学生的比例每年上升一个百分点的政策，使回族在校学生的比例大体接近全区回族人口比例。在继续办好普通高中民族班、少数民族预科部和寄宿制回民小学的同时，重点建设一所高标准的示范性高级回民中学。

（十四）实行政策倾斜。对回族聚居的贫困山区，继续在教育经费投

入、师资培训、改善办学条件等方面给予重点扶持，加快普及义务教育的进程。实施“百所回民中小学标准化建设工程”，采取国家贫困地区义务教育工程倾斜一点，自治区补助一点，市、县自筹一点，动员社会捐助一点的办法，在3~5年内，使100所回民中小学在办学条件、师资配备、教育质量和管理水平等方面达到全区先进水平。实施“民族教育扶贫和百名优秀教师支教工程”，积极争取国际和国内发达省市的教育援助，组织区内外优秀教师到南部山区开展教育教学指导。建立民族教育发展基金会，动员全社会支持民族教育事业。

（十五）重视抓好回族女童教育。继续实施希望工程、春蕾计划，积极推广女童教育实验研究经验，优化女童教育的整体环境，提高回族女童的入学率和巩固率。加强回族女教师的培养培训。在师范院校招生中，对南部山区贫困乡村回族女生实行优惠照顾政策，资助其完成学业。采取重点培养、进修提高、挂职锻炼等形式，培养选拔一批扎根山区教育的回族女校长。

（十六）加强高校民族预科部建设。进一步扩大招生规模，到2002年在校生达到600人。允许民族预科部（班）结业生参加当年的高校统一招生考试，未能考取区外高校的统一安排在区内高校，以加快回族高级专门人才的培养。

（十七）多形式发展民族职业教育。采取多种办学方式，使多数中小学毕业生都能学到一两项实用技术。组建固原民族职教中心，将其建设成面向宁南山区。培养各类应用型、技能型人才的重要基地。继续支持民族地区与发达地区联办专业，开展应用型劳务人才输出。

五、促进各类教育的相互贯通和衔接，构建开放式终身教育体系

（十八）放宽中等职业学校的入学条件限制，允许初中毕业生免试

进入中等职业学校学习，允许普通高中在校生转入职业高中学习。打通中等职业学校毕业生升学通道，允许高等职业学校采取文化考试和技能考核相结合的办法，与中等职业学校对口招生。扩大中等职业学校向高等职业学校推荐保送生的比例。本科院校可以招收职业技术学院或职业学院的毕业生。鼓励高、中等职业学校和企业合作，采取招生和招工相结合的办法，定向培养企业所需各类人才。综合高中毕业生既可获得职业技术教育证书，又可同时获得普通高中毕业证书。

（十九）在普通高校和职业技术学院中，为高中和职业学校毕业生开辟学制相通、学习形式多样、各具特色的本专科教育直至研究生教育的“直通车”。采取宽进严出的方法，逐步放宽报考普通高校的年龄限制，允许分阶段、采取灵活多样的方式完成学业。高等学校要全面推行学分制，逐步实行不同教育机构之间学分的互认。要进一步提高课程的开放性和灵活性，允许社会成员根据需要自由选修课程，满足社会成员对不同形式、规格、层次教育的需求。

（二十）实施“现代远程教育工程”。举办网络大学，引进国内外优秀教育资源，开展网上教学，为全体社会成员提供终身学习的机会。多渠道筹集资金，支持以中国教育科研网宁夏大学主节点为基础的全区教育网络建设，用 3 年左右时间，实现高校、中等专业学校和重点高中全部入网，2010 年前全区县镇以上中小学入网。广泛开展电化教育和计算机辅助教学，引进和开发适合宁夏的教育教学软件，提高各类学校应用现代教育技术的水平和信息化程度。实施“中小学信息化教育工程”，逐步普及计算机操作和信息技术教育课程。加强卫星电视教育，有线电视台都要开通中央和宁夏教育电视台的频道。自治区每年安排 100 万元用于宁夏教育电视台的建设，组织实施“远程教育扶贫项目”。

（二十一）大力加强函授教育、自学考试等形式的成人教育，完善终身学习体系。成人教育要采取更加灵活的方式，为社会成员提供多种教育和培训，特别是要为广大职工、管理人员、公务员和下岗职工再就业提供培训。高等教育自学考试要进一步适应终身学习的要求，灵活设置专业、课程，满足社会成员的需要。

六、改革人才培养模式，全面推进素质教育

（二十二）构建德育工作新格局。各级各类学校都要高度重视德育工作，以马克思列宁主义、毛泽东思想和邓小平理论为指导，明确德育工作的总体目标，按照学生成长规律，确定不同学龄阶段的德育内容和要求，注意大中小学德育工作相互衔接，形成一定的目标递进层次。要加强辩证唯物主义和历史唯物主义教育，爱国主义、集体主义和社会主义教育，中华民族优秀文化传统和革命传统教育，理想、伦理道德以及文明习惯养成教育，中国近现代史、基本国情、国内外形势和民主法制教育，民族团结和党的民族政策教育，不断提高青少年学生的思想道德素质。高等学校要进一步加强邓小平理论“进教材、进课堂、进学生头脑”的工作。加强学校精神文明建设，开展丰富多彩、健康有益的校园文化活动，大力绿化、美化校园。要切实改变学校体育、美育、劳动技术教育和社会实践薄弱的状况，使诸方面教育相互渗透、协调发展，促进学生的全面发展和健康成长。加强学校治安综合治理，严禁一切封建迷信和有害学生身心健康的活动及物品传入校园。各级政府和有关部门要切实解决学校德育活动基地和劳动社会实践基地的建设问题，支持学校优化育人环境，建立学校、家庭、社会共同参与德育工作的新格局。

（二十三）深化教育教学改革。要树立新的教育观、人才观、质量观，积极开展课程、教材、教学方法的改革，重视培养学生的科学精神、创新能力和实践能力。基础教育要给学生创造宽松的学习环境，促进学生生动、活泼、主动地发展；职业教育和成人教育要使学生在掌握必需的文化知识的同时，具有熟练的职业技能和适应职业变化的能力；高等教

育要主动适应市场需求，同经济建设和社会发展相对接，调整优化专业结构，拓宽专业口径，柔性设置专业方向，深化课程和教学改革，促进文理渗透、学科交叉，着力提高大学生的人文素养和科学素质，培养综合素质高、适应能力强、基础知识宽厚、具有创新能力和创业精神的高素质人才。重视和支持教育科学研究，启动素质教育的教育教学改革研究计划。建立、完善自治区优秀教育科研和教学成果评审奖励制度。

（二十四）深化招生考试制度改革。在普及九年义务教育的地区，小学毕业生免试就近升学。小学、初中毕业考试由学校自行组织。高中阶段招生实行一次考试，普通高中、各类职业学校分别录取的办法。改革高中阶段考试和高中会考考试科目、内容及方法，突出对学生能力和综合素质的考查。进行高等职业教育招生考试改革试验，扩大考生的择校机会。

（二十五）加快评价制度改革。要坚决改变以升学率、考试分数为主要标准评价学校工作以及教师、学生的方法，建立符合素质教育要求的评价标准和制度。在中小学开展评选实施素质教育示范校活动，推行“学生素质水平发展报告书”制度，探索社会各界、家长和学生以适当方式参与学校工作评价的办法。

（二十六）减轻中小学生课业负担。建立健全监督检查机制，严格控制学生用书的种类和数量，任何部门、单位、学校和个人，不得硬性组织学生统一购买教材以外的各种图书、报刊、用具、辅导材料及其他物品。严格控制学生的作业量和在校活动时间，严格控制考试科目和考试次数，严禁组织学生参加未经批准的各类竞赛活动和社会活动，严禁节假日组织学生集体补课，坚决把中小学生过重的课业负担减下来。

（二十七）深化大中专学校就业制度改革。引导学生树立新的就业观念，鼓励毕业生自谋职业、自主创业。加快培育毕业生就业市场，逐步废止指令性分配，毕业生分配全部进入人才市场，实行双向选择、自主择业。改革社会用人制度，实行学历证书、职业资格证书并重制度，积极推行劳动预备制度和“先培训、后上岗”的就业准入制度。用人部门要转变传统的人才观念，不拘一格选拔任用人才，形成使用人才重素质、重实际能力的良好风气。

七、实施跨世纪园丁工程，建设高质量的教师队伍

（二十八）以全面提高整体素质为中心，大力加强教师队伍建设。全面推进素质教育，关键在教师。要加强教师的师德建设，坚定教师热爱党、热爱社会主义、忠诚于人民的教育事业的信念，增强实施素质教育的自觉性。教师要不断提高思想政治素质和业务素质，教书育人，为人师表，敬业爱生。要建立和完善教师的继续教育制度，多形式开展教师的全员培训。引导教师加强自身学习与修养，提高教师运用现代教育技术和开展教育科研的能力，适应实施素质教育的需要。

（二十九）加强教师的培养培训。调整师范教育布局，由三级师范向二级师范过渡，重点加强师范专科，扩大师范本科，建立教师职前培养与职位培训相沟通的一体化师范教育体系。从 2000 年起，除固原民族师范学校外，其他 3 所中等师范学校停止招生，转为培训在职中小学教师。对教师进修学校、教研和电教机构进行合并，建立教师继续教育和教研基地。提升教师的学历层次，加快培养中小学紧缺学科教师和具有硕士研究生学历的高中教师。到 2005 年，小学和初中教师中具有专科和本科学历的，川区分别达到 50%和 60%，山区分别达到 30%和 40%，自治区示范性高中和重点职业学校教师中具有硕士研究生学历的达到 5%。高等学校要围绕学科发展和教学改革，优化教师职务结构。到 2005 年，教授、副教授占专任教师的比例，本科院校达到 30%~40%，高等专科学校达到 20%以上。

（三十）加强骨干教师队伍建设。根据加强基础学科、重点发展应用

学科、有针对性地发展新兴学科的方针，实施“跨世纪高层次创造性人才工程”，加速培养中青年骨干教师和学科带头人。3~5年内，在高校分批选拔100名学科带头人和200名中青年骨干教师，在工作条件和经费等方面给予重点资助，在科研立项、学术访问、住房等方面给予特殊照顾。设立“黄河学者基金”，对取得重大教学和科研成果的教师给予奖励。加强对外教育合作交流，派遣骨干教师到国外大学、国内高校重点学科、重点实验室做访问学者。采取优惠政策，吸引优秀毕业研究生、留学回国人员和高水平教师来宁夏高校工作，改善教师队伍结构。聘请高水平专家兼职任教，联合进行科研攻关。

加强中小学、职业学校骨干教师队伍建设，3年内选拔培养300名自治区级骨干教师，其中选拔100名自治区级学科带头人，支持他们开展教学改革试验，巡回讲学，研讨培训等活动，发挥带动和辐射作用。骨干教师和学科带头人实行公开选拔、竞争上岗，不搞“终身制”，每三年选评一次。

（三十一）加强校长队伍建设。学校校长在推进素质教育中具有带领和组织的作用。要继续完善和巩固中小学校长岗位培训和持证上岗制度，重点培养一批具有较高教育理论水平和管理水平的“特级校长”。要完善校长负责制，建立健全校长的考核和监督机制，逐步推行校长职级制。

（三十二）建立优化教师队伍的有效机制。以人事制度改革为核心，深化学校内部管理体制改革。学校实行全员聘任制和工资总额包干制，按需设岗，平等竞争，择优聘任。改革内部分配制度，建立竞争激励机制，多劳多得，优教优酬。加强编制管理，精简富余人员。富余人员原则上在教育系统内部进行培训和安排。进一步建立和完善人才流动的社会化服务体系，开展转岗前职业培训，建立和完善社会保障制度，协调和促进教师的合理流动。全面实施教师资格制度，开展面向社会认定教师资格工作，拓宽教师来源渠道。合理配置教师资源，加强薄弱学校和农村学校的师资力量。城镇中小学教师原则上要有两年以上在薄弱学校和农村学校任教经历，才可聘为高级教师职务。要继续改善教师工作条件，继续开展教师安居工程建设，提高教师生活待遇。

八、加强组织领导，开创宁夏教育新局面

（三十三）深化教育改革，全面推进素质教育，是关系宁夏现代化建设全局的重大战略任务。各级党委政府要切实加强对教育工作的领导，完善定期研究教育工作的制度和领导干部联系学校制度。要进一步改进领导方式，转变职能，简政放权，淡化行政干预，突出依法管理，善于运用市场经济机制，充分发挥各方面的办学积极性。要加强教育督导机构建设，完善教育督导制度，促进素质教育的全面实施。继续深化教育管理体制改革，进一步完善地方负责、分级管理的体制。开展争创教育强县（市）、教育强乡活动。自治区对获得教育强县称号的，一次性奖励 20 万元。

（三十四）加强教育法制建设。制定贯彻《高教法》《职教法》《教师法》实施办法和《义务教育投入条例》《民族教育条例》等地方教育法规，建立全面推进素质教育的法规体系。加大教育执法力度，各级政府及其各部门要切实做到依法治教、依法行政，认真执行教育法律法规，保证教育方针的全面贯彻。要深入开展教育法律法规的学习、宣传活动，提高全社会的法律意识。

（三十五）加大教育投入。

——各级政府要依法确保教育经费的“三个增长”，根据实际情况，逐步增加本级财政中教育经费支出的比例，努力实现全区财政性教育经费占国民生产总值 4%的目标。各级财政每年超收部分应按不低于年初确定的教育经费占财政支出的比例用于教育。

——依法加强城乡教育费附加的征收和管理，做到足额征收并由教育行政部门与同级财政部门统筹安排使用。农村教育费附加川区按农民上年人均纯收入的2%，山区按1.5%征收。要进一步完善乡征、县管、乡用的制度，确保完全用于教育。坚决纠正降低计征标准和挤占、挪用等问题。住宿和燃料油教育附加费由税务部门征收，用于解决各地教育的突出问题。

——增加教育专项经费。在原有教育专项的基础上，每年的民族教育专项经费新增150万元，高等教育专项经费新增300万元，职业教育专项经费新增100万元，师范教育专项经费新增200万元，中小学现代教育设备专项经费新增100万元，扫盲专项经费新增100万元，特殊教育专项经费新增50万元。“十五”期间要大幅度增加教育重点建设投入，用于宁夏大学等配套建设和示范性高中建设。

——改革教育经费管理体制，财政性教育经费和地方教育统筹基建投资的安排，由财政部门、计划部门与教育部门协商确定。要保证做到专款专用。

（三十六）改革教育收费管理体制。逐步建立符合社会主义市场经济体制以及政府公共财政体制的财政教育拨款政策和成本分担机制。进一步加强和完善义务教育阶段收费管理。非义务教育阶段实行办学成本由政府、办学者、学生家庭共同分担。公办学校按照生均培养成本和群众承受能力，合理确定收费标准，适当增加学费在培养成本中的比例；民办学校按成本收费。允许优质学校收费实行优质优价。对家庭特别困难的学生，各类学校都要采取减免学费，建立奖学金、贷学金，组织勤工俭学，对特困生给予补助等方式，帮助其完成学业。

（三十七）进一步完善多渠道筹措教育经费的机制，各级政府要确保义务教育的资金投入并做到专款专用。拓宽教育经费筹措渠道，积极运用财政、金融和税收政策，鼓励社会、个人和企业投资办学和捐（集）

资助学。继续做好外资的引进利用和教育对口支援工作，采取优惠政策，支持勤工俭学和校办企业的发展。认真组织实施教育储蓄、教育保险和助学贷款制度。要进一步加强教育经费的管理，严格禁止乱收费。

（三十八）努力营造教育改革和发展的良好社会氛围。要进一步弘扬尊师重教的良好社会风尚，积极动员和组织社会各方面关心支持教育。自治区设立模范教师、优秀教师、十佳校长和尊师重教奖，表彰奖励在实施素质教育中做出突出贡献的先进教师和教育工作者、尊师重教的先进集体和个人。要通过正确的舆论导向，引导全社会关心支持实施素质教育，齐心协力、奋发图强、负重拼搏、开拓创新，努力把宁夏教育事业全面推向新世纪，为实现宁夏社会主义现代化建设目标做出更大贡献。

一九九九年十二月二十七日

自治区人民政府
关于加快基础教育改革与发展的决定

宁政发〔2001〕92号

固原行署，各市、县（区）人民政府，自治区政府各部门、直属机构：

改革开放以来，宁夏基础教育取得了历史性成就。川区已实现基本普及九年义务教育和基本扫除青壮年文盲（简称“两基”）的目标，山区“两基”攻坚正全面展开，素质教育全面推进。但宁夏基础教育总体水平还不高，发展不平衡，一些地方对基础教育重视不够。进入新世纪，宁夏基础教育面临着新的挑战，改革与发展的任务仍十分艰巨。

为了切实贯彻《国务院关于基础教育改革与发展的决定》精神，进一步加快宁夏基础教育改革与发展，全面提高人口素质，为宁夏现代化建设提供人才储备和智力支持，特作如下决定。

一、加快基础教育改革与发展是推动宁夏现代化建设的奠基工程

（一）基础教育是实施科教兴国战略，加快社会主义现代化建设的奠基工程，对提高全民族素质，培养各级各类人才，促进社会主义现代化建设具有全局性、基础性和先导性作用。实现新世纪宁夏现代化建设的宏伟目标，必须坚持教育适度超前发展，必须坚持把基础教育摆在优先发展的地位，作为基础设施建设和教育事业发展的重点领域，切实予

以保障。

（二）宁夏基础教育工作要高举邓小平理论伟大旗帜，以邓小平“三个面向”和江泽民同志“三个代表”重要思想为指导，坚持教育必须为社会主义现代化建设服务，为人民服务，必须与生产劳动和社会实践相结合，培养德智体美等全面发展的社会主义事业建设者和接班人。

（三）加快宁夏基础教育改革与发展必须紧紧围绕21世纪宁夏经济社会发展和实施西部大开发战略，坚持普及与提高并举；坚持速度、规模和质量效益的统一；坚持因地制宜、分类推进，条件差的地区努力缩小差距，条件好的地区努力赶上全国先进水平；坚持确保义务教育，放开放活非义务教育，促进宁夏基础教育整体水平的提高。

（四）“十五”及今后一个时期，宁夏基础教育发展的总体目标是：坚持将基本普及九年义务教育、基本扫除青壮年文盲作为教育工作的重中之重，加快普及步伐，提高质量和水平。到2005年，全区以乡为单位，在85%的人口地区普及九年义务教育，初中阶段入学率达到90%；青壮年非文盲率保持在95%以上，高中阶段入学率达到55%以上，积极发展学前教育和特殊教育。到2010年全区基本普及九年义务教育，川区基本普及高中阶段教育。

——南部山区要打好“两基”攻坚战，争取在2002年基本普及初等义务教育，到2005年，以乡为单位，在60%的人口地区基本普及九年义务教育，青壮年文盲率控制在5%以内；积极发展学前一年教育。

——川区按照普及程度高、师资水平高、经费投入高、教育质量高和办学条件标准化、学校布局合理化的目标，重点抓好“两基”的巩固提高工作，创建一批示范性学校；大力发展高中阶段教育，到2005年银川市、石嘴山市的市区基本普及高中阶段教育并积极发展优质高中，其他县市高中阶段入学率达到65%左右，学前三年教育普及率达到50%以上。

——基础教育改革进一步深化，素质教育取得明显成效。基本建立起以德育为核心，以培养学生创新精神和实践能力为重点的素质教育模式；以课程教材改革为重点的教育教学改革取得较大突破；办学体制、管理体制、投资体制、运行机制进一步健全和完善；信息技术教育普及程度进一步提高；管理水平和教育质量明显提高；基本形成适应社会发展和人民群众需要的基础教育的办学体系。

二、建立和完善农村义务教育持续健康发展的保障体系，加快农村义务教育发展

（五）加强农村义务教育是涉及农村经济社会发展全局性的一项战略任务。农村义务教育量大面广，基础薄弱，任务重、难度大，是实施义务教育的重点和难点。各级政府要牢固树立实施科教兴国战略必须首先落实到义务教育上来的思想，大力发展农村义务教育，提高劳动者的整体素质，为实现农村经济社会全面发展奠定基础。

（六）进一步完善农村义务教育的管理体制。实行在国务院领导下，由地方政府负责、分级管理、以县为主的体制。自治区人民政府统筹规划全区义务教育工作，指导全区义务教育的实施，负责地方课程设置、地方教材建设，审定地方教科书，在安排对下一级转移支付资金时要力争满足农村义务教育的发展需要，重点支持示范性学校建设和贫困地区义务教育。地市级人民政府负责本地区教育的统筹规划，加强组织协调和督导检查，不断增加对基础教育特别是义务教育的投入。县级人民政府对本地农村义务教育负有主要责任，要抓好中小学的规划、布局调整、建设和管理，统一发放教职工工资，负责中小学校长、教师管理，指导学校教育教学工作。乡（镇）人民政府要承担相应的农村义务教育的办学责任和管理责任，根据国家规定筹措教育经费，改善办学条件，提高教师待遇。继续发挥村民自治组织在实施义务教育中的作用，积极动员

和组织村民通过投工投料和集资，参加本村中小学危房改造。乡（镇）、村都有维护学校的治安和安全，动员适龄儿童少年入学等责任。

（七）基础教育特别是义务教育必须坚持以政府投入为主，多渠道筹措经费，建立和完善稳定持续的农村义务教育投入体制。要确保中小学教育经费的“三个增长”。按照“一保、二控、三监管”的要求，逐步增加对农村义务教育的投入，保证农村义务教育的正常运转和发展需要。

1. 确保中小学教师工资按时足额发放。要逐县核定教师编制和工资总额。将农村中小学教师工资的管理上收到县。财政安排的教师工资性支出，由县级财政部门根据自治区核定的编制和中央、自治区统一规定的工资项目及标准，通过银行直接拨入教师在银行开设的个人账户中。对财力不足、发放教师工资确有困难的县和贫困山区农村中小学教师工资，自治区将通过转移支付的办法予以补助。各级人民政府要加强对教师工资经费的监管，实行举报制度，自治区审计部门要加强审计检查，对不能保证教师工资按时足额发放、挤占挪用教师工资资金的县市（区），一经查实，要停止转移支付，扣回转移支付资金，并依法追究主要领导人的责任。

2. 继续做好农村教育费附加征收管理工作。实行农村税费改革的县（市、区），要把农村税费改革与促进农村义务教育健康发展结合起来，对因税费改革而减少的教育经费，要在改革后的财政预算和自治区转移支付资金中优先安排教育经费，确保农村义务教育投入不低于改革前的水平。

其他市县要按照自治区的有关规定，继续做好农村教育费附加的征收管理工作，川区按 2%、山区按 1.5%的标准，按时足额征收，确保用于农村义务教育。

3. 制定农村中小学公用经费定额标准，逐步增加农村义务教育公用经费。农村中小学公用经费主要由财政拨款和收取杂费组成。根据宁夏实际，自治区将制定农村中小学公用经费定额标准，由县、乡人民政府在财政预算中按不低于自治区规定的标准予以安排。农村初中和小学收取的杂费，应全部用于补充学校公用经费开支，不得用于教师工资、福利、津贴和基建等开支。要加强监管，严肃查处挤占、挪用、截留、平调学校公用经费的行为。要加强管理，提高公用经费的使用效益，确保农村中小学的正常运转。

4. 多渠道筹措教育经费，加快改善农村中小学办学条件。要实施好第二期国家贫困地区义务教育工程和中小学危房改造工程，自治区和县市要安排一定比例的配套资金。市县要把农村中小学建设纳入地方统筹基本建设，争取在“十五”期间，基本解决农村中小学危房。新建扩建农村中小学要减免相应税费，所需土地，应由乡村无偿划拨。凡属农村中小学危房改造，可以进行教育集资，并按有关规定执行。提倡农民通过义务劳动支持农村中小学危房改造。县级政府根据需要，可以通过向城乡从业人员募集资金发展义务教育。

（八）要坚决制止中小学乱收费。控制学校收费标准和项目，切实减轻学生家长特别是农村学生家长的负担。山区八县农村义务教育阶段，实行“一费制”，其他地区要认真执行自治区规定的杂费和书本费标准。要认真清理农村中小学负担，任何地区和单位，不得向农村中小学摊派任何费用。要加强监督检查，严禁借收费搞不正之风和腐败行为。

三、突出重点，分步推进，提高基础教育的整体水平

（九）要进一步提高普及九年义务教育的水平。已经实现“普九”的县市要继续抓好巩固提高工作，针对薄弱环节，抓好重点和难点。要把提高农村中小学管理水平、教育质量、优化教育资源、推进教育信息化作为巩固提高的重要任务。要统筹规划抓好农村初中特别是薄弱初中学

校建设，努力满足初中学龄人口的就学要求。要重视解决初中学生辍学问题，采取有力措施，降低农村初中学生辍学率。继续抓好残疾儿童少年的普及义务教育工作。

（十）积极调整中学布局，提高办学规模和效益。按照小学就近入学，初中相对集中，减少布点，优化资源的原则，打破行政区域界限，因地制宜、合理规划和调整学校布局。川区要围绕小城镇建设，合并规模小的学校，集中办学。山区要适当集中办学，创造条件发展寄宿制学校。在交通不便的地区，仍需保留必要的教学点，防止因布局调整造成学生辍学。调整后农村完全小学规模一般达到 250 人，初中达到 1000 人，高中达到 1200 人。调整后的学校资产要保证用于教育事业，防止教育资产流失。

结合布局调整，调整和规范义务教育学制，现在实行“五三”学制的地区，川区 2003 年前、山区 2005 年前完成向“六三”学制的过渡。有条件的地方可以举办九年一贯制学校。

（十一）加快优质学校建设，改造薄弱学校，有效扩大教育资源。通过新建、扩建、改建高中和发展民办学校等途径，扩大高中阶段教育规模，解决高中瓶颈制约问题。多渠道筹措资金，用 5 年左右时间，在 4 个地市建成 5 所自治区示范性普通高中。实施高初中分离办学，充分挖掘现有重点高中的办学潜力，通过举办分校等方式，扩大优质高中的办学规模。保持普通高中与中等职业学校合理比例，促进协调发展，试办升学预备和就业预备教育相结合的综合高中。结合中等职业学校布局调整，将部分中等专业学校改办为普通高中。实施薄弱学校改造工程，通过置换、改制、依托重点学校托管、选派重点学校领导和教师到薄弱学校任职、任教等办法，重点改造义务教育阶段学校。建设、城市规划、土地、税务等部门要为薄弱学校改造提供政策支持。

（十二）大力发展民办教育。进一步落实发展民办教育的政策措施，支持社会力量多种形式办学。义务教育阶段，可举办少量民办学校。积极鼓励社会力量举办幼儿园和高中。对薄弱学校、国有企业所属中小学、政府新建学校，可以引进民办教育机制，进行“民办公助”“国有民办”“国有民助”的改制实验。改制后的学校，按照民办教育机制运作，实行“优质优价、优教优酬”。独立设置的民办学校，实行自主收费，报物价部门备案。对民办教育机构在招生、教师职务评聘、教研活动、表彰奖励等方面，与公办学校一视同仁。对办学成绩显著者各级政府要予以表彰奖励。社会力量举办全日制中小学的办学所得合法资金，在留足学校发展资金后，可适当安排经费奖励学校举办者。各级教育行政部门要加强对民办中小学、幼儿园教育教学的指导和监管，规范其办学行为，保证其全面贯彻党的教育方针。

积极鼓励企业、社会团体和公民个人对基础教育的捐赠，捐赠者享受国家有关优惠政策。

（十三）大力普及信息技术教育。实施中小学“校校通”工程和远程教育扶贫工程。到 2005 年，川区所有中小学和南部山区县城中小学都开设信息技术教育必修课，全区 80%以上的中小学生都能够接受信息技术教育。银川、石嘴山市的市区中小学实现与网络联通；其他地区城镇中小学和乡镇中心小学实现与中国教育卫星宽带网的联通；贫困山区、偏远地区的学校具备多媒体等接收优秀教育资源的条件。

四、进一步深化教育教学改革，扎实推进素质教育

（十四）实施素质教育，必须全面贯彻党的教育方针，端正教育思想，体现时代要求，促进学生德、智、体、美等全面发展。使学生具有爱国主义、集体主义精神，热爱社会主义，继承中华民族的优秀传统和革命传统；具有社会主义民主法治意识，遵守国家法律和社会公德；逐步形成正确的世界观、人生观和价值观；具有社会责任感，努力为人民

服务；具有初步的创新精神、实践能力、科学和人文素养以及环境意识；具有适应终身学习的基础知识、基本技能和方法；具有健壮的体魄和良好的心理素质，养成健康的审美情趣和生活方式，成为有理想、有道德、有文化、有纪律的一代新人。

（十五）树立育人为本的教育思想，切实增强德育工作的针对性、实效性和主动性。正确把握德育工作的主要内容和基本原则，坚持用正确的思想和科学的理论武装学生、教育学生，坚持把德育贯穿于教育的全过程，主动适应新形势的需要，调整和充实德育内容，不断研究新情况、新问题，积极探索德育工作的有效途径。

加强社会实践活动，优化育人环境是中小学德育工作的重要内容。要按照中小学学生不同年龄特点和教育规律，开展生动活泼的课内外教育教学活动和社会实践活动。要将青少年校外活动场所建设纳入社区建设规划，现有场所要优惠向青少年开放，建设一批劳动、国防教育基地。抓住国家支持西部地区建设青少年校外活动基地的契机，多渠道筹措资金，在“十五”期间，每个县市都要建设一所多功能的青少年校外活动基地。要建立健全各级青少年校外教育联席会议或相应机构，加强青少年学生校外教育工作的统筹和协调。要进一步加强对校园周边环境的治理整顿，优化学校育人环境。

（十六）积极推进课程改革，实施课程新方案。按照优化课程结构、调整课程门类、更新课程内容的要求，小学加强综合课程，初中分科课程和综合课程相结合，高中以分科课程为主。2005 年前，全区基本完成义务教育阶段新课程的实施，实行普通高中新的课程方案，在小学三年级以上逐步开设英语课。要抓好农村初中的课程改革，加强农科教结合和“三教统筹”，试行“绿色证书”教育，并与农业科技推广相结合。加快地方课程和学校课程的开发及建设，要抓好全区地方课程的规划、开发建设、立项审定和组织实施，积极鼓励支持学校根据需要，开发建设学校课程。

深化中小学教材出版、发行体制改革，引入竞争机制，打破垄断局面，试行出版发行公开竞标的办法，推广使用经济适用型教材。降低教材价格，保证课前到书、人手一册。加强对学生用书的管理，坚决制止滥编、滥发教辅资料，严禁任何部门、单位和个人借活动为名组织学生购买书籍资料和学习用品，切实减轻中小学生的过重负担。

（十七）实施中小学课堂教学质量工程，发挥课堂教学在实施素质教育的主渠道作用。提高课堂教学质量是中小学扎实推进素质教育的战略性措施，要树立正确的教育理念，科学把握全面推进素质教育的时代要求，按照以点带面、分层推进、滚动发展的原则，积极改革课堂教学方法和内容，提高课堂教学质量和水平。

要建立和完善课堂教学评价、管理体系，形成面向全体学生，有利于学生主动学习和思考，重视培养学生创新精神和实践能力的导向机制，切实减轻学生的课业负担。要加强教学常规管理，全面落实课程计划，开足开齐课程，保证教学质量。

要加强教育教学科研工作，建立基础教育教学改革和优秀教育科研成果评审奖励制度，积极鼓励广大教师和教育科研人员，开展多形式的研究和实验。深入开展课堂教学改革，推广教学改革成果，积极探索符合素质教育要求的课堂教学新模式。抓好国家和自治区课程改革实验区，发挥好示范、培训和指导作用。

（十八）贯彻“健康第一”的思想，切实加强中小学体育卫生和艺术教育工作。按规定开设体育和艺术教育课程，保证课时，保证学生文体活动时间，开展经常性的小型多样的学生体育比赛和艺术活动，培养学生的团队精神、顽强意志和艺术修养，加强师资培养培训，配备教育教学设备设施，创建一批课外文体活动示范基地。加强传染病预防工作和学校饮食卫生管理，防止传染病流行和食物中毒事件发生。推行“学生饮用奶计划”。

（十九）深化招生考试和评价制度改革。改革考试内容和方法，实行小学毕业生免试升学制度，小学成绩评定等级制和“学生素质发展水平报告书”制度。进一步改革中考制度，2002 年起，初中毕业生可直接进入各类中等职业学校，普通高中招生考试由自治区统一命题，县（市）组织考试录取。进一步改革和完善普通高中毕业会考制度，加快高考科目设置改革。逐步试行高考报名与学生所在学校脱钩，学校和教师不得公布学生考试成绩和按考试结果公开排队。

五、重点扶持，大力推进民族教育和贫困山区基础教育发展

（二十）继续坚持对民族教育实行优惠倾斜政策，把提高民族教育的管理水平、教育教学质量、办学效益和少数民族学生成才率摆在突出位置，积极促进民族教育多样化发展。实施“百所回民中小学标准化建设工程”和“百名优秀教师支教工程”，提高民族基础教育的办学水平。从 2001 年起，自治区每年筹措 1000 万元，用 5 年时间，建成 100 所在办学条件、师资水平、教育质量和学校管理等方面达到全区先进水平的回民中小学，发挥骨干示范作用，成为宁夏民族教育的窗口学校。继续办好回民寄宿制中小学和自治区重点高中民族班，逐步提高生活费补助标准。要集中力量，高标准、高起点，加快宁夏高级回民中学建设。

（二十一）加大贫困山区普及义务教育攻坚力度。正确处理好基础建设和教育发展的关系，国家支持和自力更生的关系，教育投入和教育效益的关系，硬件建设和软件建设的关系。要充分调动各级政府、广大人民群众和教育工作者的主动性和积极性，把普及义务教育作为扶贫攻坚的一项重要内容。同时，要抓住西部大开发的有利时机，积极争取中央的支持，多方筹措资金，加大投入力度，改善办学条件。要加强指

导，完善工作机制，确保“两基”攻坚目标的如期实现。进一步组织和动员社会各方面关心支持贫困山区义务教育，继续实施闽宁教育对口支援，深入开展福建对口支援宁夏贫困山区学校和川区市县及区直机关支援贫困山区基础教育工作。进一步加强回族女教师的培养，采取多种形式提高回族女童的入学率和巩固率。建立和完善对贫困地区家庭困难的中小学生的助学制度，多渠道募集资金资助贫困学生就学。向贫困山区未普及初等义务教育的农村小学生、未普及九年义务教育的农村家庭经济困难的初中学生免费提供教科书。

重视解决好移民吊庄教育问题。红寺堡开发区和吊庄点在改善办学条件方面，继续享受山区教育扶贫优惠政策。从2001年起，自治区多渠道筹措资金，争取用三年时间基本解决吊庄学校建设的突出问题。

进一步巩固扩大扫除青壮年文盲成果，继续推进贫困山区、少数民族和妇女扫除青壮年文盲工作。

六、完善体系、优化结构、提高素质，加强中小学教师队伍建设

（二十二）建设一支高素质的教师队伍是扎实推进素质教育的关键。进一步完善教师教育体系，加强宁夏大学、固原师专的师范教育专业建设，推进县市教师培训基地建设，形成培养培训相结合开放的教师教育体系。支持宁夏大学、自治区电大利用现有教育资源举办开放式的教师教育网络学院。师范院校要主动适应基础教育改革发展的需要，进一步改革培养模式，调整培养培训结构和内容。“十五”期间，重点加强中小学教师任教学科学历的提高工作，逐步增加高中教师中研究生的比例。使全区小学教师具有专科学历、初中教师具有本科学历的，川区分别达到60%和50%，山区分别达到40%和30%，自治区重点中学和示范性高中具有硕士研究生的教师达到10%以上。

（二十三）进一步加强和改进中小学教师继续教育工作。自治区教育厅负责全区教师的培训考核等工作，要制定全区中小学教师培训10年计划，完善培训制度，健全培训体系。要结合实施素质教育和基础教育课程改革，以转变教育观念、提高职业道德和实施素质教育的水平为重点，不断改革培训模式，调整和充实培训内容，提高培训质量。加大信息技术、外语、艺术类和综合类课程师资的培训力度，应用优秀的教学软件，开展多媒体辅助教学。在教师培训中，要充分利用现代远程教育培训方式，就地就近进行，以节省开支。

（二十四）深入实施“园丁工程”，大力加强骨干教师队伍建设。继续做好各级骨干教师的培养培训工作，建立和完善激励机制，制定优惠政策，提高骨干教师的工作待遇和生活待遇。自治区重点抓好国家级和自治区级骨干教师培养培训，形成一支师德高尚、业绩突出、结构合理而稳定的骨干教师队伍。

（二十五）加强中小学教职工编制管理，积极推进中小学人事制度改革。自治区编办会同教育厅、财政厅依据国家颁布的中小学教职工编制标准，按照宁夏基础教育改革和发展的需要，科学合理地制定实施办法。自治区编办负责核定各市、县中小学编制总额，各市、县编制和教育部门要分解核定到具体学校。要通过核定编制工作，重点解决中小学教职工编制分布不均衡，学校岗位设置不合理等突出问题。空编地区要优先安排师范院校毕业生。政府部门和事业单位不得占用或变相占用中小学教职工编制。积极引导城镇学校超编教师向农村缺编学校流动。

全面实施教师资格制度。严把教师入口关。要坚决辞退不具备教师资格的人员，精简非教学人员，妥善安置超编人员，优化教师队伍。

（二十六）进一步深化中小学内部管理体制改革。制定相应的配套政策，支持有条件的地区和学校，进行不同形式的改革探索。推行教师聘任制，建立“能进能出、能上能下”的教师任用新机制。根据中小学教师的职业特点，实现教师职务聘任和岗位聘任的统一。建立激励机制，健全和完善考核制度，辞退不能履行教师职责的教师。

依法完善中小学教师和校长的管理体制。县级以上教育行政部门依法履行中小学教师的资格认定、招聘录用、职务评聘、培养培训和考核管理等职能。

改革中小学校长的选拔任用和管理制度。高级中学和完全中学的校长由县级以上教育行政部门提名、考察或参与考察，按干部管理权限任用和聘任；其他中小学校长由县级教育行政部门选拔任用并归口管理。在有条件的地区试行校长职级制，取消校长行政级别。积极推行中小学校长聘任制，明确校长任职资格，逐步建立校长公开招聘、竞争上岗的机制。实行校长任期制，可以连聘连任。

积极推行校务公开，开展民主评议校长活动，建立健全学校教职工参与学校重大事项决策的制度，加快学校管理工作民主化、科学化进程，提高学校管理水平。

七、加强领导、努力开创宁夏基础教育的新局面

（二十七）各级政府要努力实践“三个代表”重要思想，进一步提高对基础教育重要战略意义的认识，增强责任感和紧迫感。把基础教育放在更加重要的战略地位，采取有力措施，大力推进基础教育发展。要将基础教育工作列入重要议事日程，及时研究基础教育和教育工作的重大问题及突出困难。各级领导要经常深入学校，了解新情况、解决新问题。实行基础教育工作考核制度，把基础教育的工作发展的状况，作为考核各级领导干部工作水平和业绩的重要内容。各有关部门、社会各方面要认真履行各自发展基础教育的责任，按照有利于基础教育改革与发展的要求，努力为基础教育的健康持续发展创造有利条件，提供有力支持。开展教育强县、教育强乡的创建活动，努力开创基础教育工作的新

局面。

（二十八）坚持依法治教，保障基础教育健康发展。“十五”期间，要制定《义务教育投入条例》《民族教育条例》《教育督导条例》等基础教育的地方法规，逐步建立全面推进素质教育的地方法规体系。各级政府及有关部门要增强依法治教、依法促教、依法行政的意识，依法履行职责，加大行政执法监督力度，依法保护学校、教师和学生的合法权益。要将依法治教与以德治教结合起来，加强师德建设，提高教师的职业道德素养，增强广大教育工作者教书育人、管理育人、服务育人和环境育人的自觉性，把学校建设成为社会主义精神文明的重要阵地。

（二十九）切实加强学校安全工作。牢固树立“安全第一”的思想，进一步建立健全确保师生安全的各项规章制度。落实学校安全工作责任制、安全事故责任追究制和重大安全事故报告制度。严格管理，加强安全预防工作，重点防范危及师生安全的危房倒塌、食物中毒、交通、火灾、溺水等事故。重视和加强对师生的安全教育，增强安全防范意识和自我保护能力，确保师生人身安全和学校教育教学活动的正常进行。

（三十）加强和完善教育督导制度，发挥教育督导工作在推进“两基”和实施素质教育中的保障作用。县级以上人民政府都要设立政府教育督导室，选派政治思想业务素质高的专兼职人员充实督导队伍。坚持督政与督学相结合，继续坚持和完善“两基”评估验收和复查制度。建立“两基”工作监测制度，完善“两基”工作奖励机制，设立专项资金，对在“两基”工作中做出突出贡献的单位和个人予以表彰奖励。积极开展对基础教育热点难点问题的专项督导检查，建立实施素质教育的督导评估体系，组织对实施素质教育水平的督导评估。

（三十一）努力创造有利于基础教育改革发展的良好社会环境。各级政府及有关部门要解放思想、更新观念，为基础教育的健康发展创造有利的政策环境、舆论环境和社区环境。

要加强社区建设，密切学校与社区的联系，充分利用社区资源，开展丰富多彩、文明健康的教育活动，营造有利于青少年健康成长的社区环境。重视家庭教育，开展家庭教育指导，加强学校教师与学生家庭的经常性联系。

完善基础教育的发展政策，加强义务教育阶段收费管理，非义务教育阶段收费实行分类定级，允许经济条件好的地区和优质学校，根据培养成本和群众承受能力，经审批后可适当提高非义务教育学校收费标准。提高标准后的收费应主要用于学校建设和补充公用经费不足。

各宣传新闻单位要进一步加强对实施科教兴宁战略和基础教育改革与发展的宣传力度，注意及时宣传报道实施素质教育的新经验、新典型，宣传支持基础教育发展的先进事迹，动员社会各方面发挥各自优势，共同关心支持基础教育工作，为基础教育健康发展创造良好的社会舆论环境。

二○○一年九月二十二日

自治区党委 人民政府
关于加快新时期教育改革与发展的决定

宁党发〔2003〕50号

党的十六大提出，要在21世纪头20年全面建设更高水平的小康社会。如期实现这一奋斗目标，宁夏面临着严峻的挑战。必须落实教育优先发展的战略，进一步发挥教育的基础性、先导性、全局性作用，大力提升劳动者的科学文化素质，加快培养各类专门人才和拔尖创新人才，必须提高人民群众受教育水平，为实现全面建设小康社会目标提供有力的人才支撑和智力保障。为此，特作如下决定。

一、新时期教育改革与发展的指导思想和主要任务

（一）新时期宁夏教育改革与发展的指导思想是以邓小平理论和“三个代表”重要思想为指导，以全面建设小康社会总揽教育工作全局，解放思想、抢抓机遇，深化改革、加快发展，实施人才强区战略，紧紧围绕加快工业化、城市化、信息化和农业产业化进程，进一步增强宁夏教育实力，提高教育对全区经济建设和社会发展的贡献率。

主要任务和目标是，到2007年，全区基本普及九年义务教育，人均受教育年限达到8年以上；川区县（市、区）基本普及高中阶段教育，全区初中毕业生升入高中阶段的升学率达到70%以上；城镇教育有较大发展，基本适应加快城镇化的需要；农村教育进一步加强，办学条

件明显改善；优质教育资源显著扩张，基本形成覆盖全区的优质教育网络；教育信息化的普及面进一步扩大，应用现代信息技术的水平显著提高；高等教育及各类职业、成人教育办学质量和水平进一步提高，普通高等教育的毛入学率达到15%以上，各类中、高级专门人才培养的数量与质量基本适应经济社会发展需要。基本建立一支结构合理、素质优良的教育行政管理队伍、校长队伍和教师队伍，形成符合教育发展规律的教育管理体制、投资体制和运行机制，确立以德育为核心，以培养学生创新精神和实践能力为重点，以促进人的全面发展为目标，构建全民教育体系、终身教育体系和优质教育体系，实现宁夏教育的跨越式发展。

（二）大力提升“普九”水平，加大对山区“普九”攻坚的支持力度。实施农村初中学校建设工程，自治区在确保每年安排“国家贫困地区义务教育工程”“中小学危房改造工程”等教育重点工程配套资金之外，从2004年起，自治区财政每年安排资金600万元，重点用于山区农村初中学校建设。改善办学条件，推进移民吊庄点“普九”进程。进一步巩固提高川区“普九”成果，提高农村中小学办学水平。高水平、高质量地在城镇普及九年义务教育。切实保障进城务工人员子女、贫困人口子女、残疾儿童少年等接受义务教育，努力实现义务教育的均衡发展，提升宁夏人口整体素质。

（三）加快高中阶段教育，促进职业教育与普通高中教育协调发展。扩大普通高中教育规模，提高效益，加强师资建设和校舍建设，保持快速发展势头。按照“协调发展、突出重点、分类指导、分步推进”的原则，面向市场，积极开展多形式、多层次的职业教育和职业培训，切实加强骨干职业学校的建设，积极兴办综合高中，扩大职业教育规模，逐步达到与普通高中教育大体相当的比例。

推行劳动预备制度和就业准入制度，确保经过职业教育和培训的人员优先就业。加快农村特别是山区职业教育的发展，围绕农村产业结构调整和扶贫开发，建立县、乡、村三级实用型、开放型的农民文化科技教育培训体系，把职业学校和成人学校办成人力资源开发、技术培训与推广、劳动力转移培训和扶贫开发服务的基地，推广农村实用技术，提高农村劳务输出人员的素质。从2004年起，自治区财政每年从扶贫资金中安排200万元，在国家级职业学校举办面向山区贫困家庭的职业培训班，培养有一技之长的实用人才，帮助贫困家庭脱贫致富。

（四）稳步扩大高等教育规模，提高办学质量。在继续重点建设宁夏大学的同时，加强其他高等学校的建设。积极发展高等教育自学考试、成人高等教育、民办高等教育等，逐步形成多层次、多类型的高等教育体系。进一步统筹区属高等学校的发展规划，本科院校重点培养本科学生，积极发展研究生教育，增加硕士点，建立博士点，为宁夏培养各类专门人才和拔尖创新人才。切实加强高等学校学科规划和重点学科建设，加强高等学校科研工作，大力推进产学研结合，从2004年起自治区财政每年增加高等学校科研专项经费100万元。依托银川高新开发区，建设高校科技园区，促进校企联合，推动高校科技成果产业化。以宁夏大学为依托，建设大学园区。

努力提高高等学校毕业生就业率，对连续2年毕业生初次就业率低于30%、年终就业率低于40%的专业，实行隔年招生；对连续3年毕业生初次就业率低于20%，年终就业率低于30%的专业，停止招生。

高等职业学校要发挥职业教育的龙头作用，立足区内，面向全国，适应市场需求，积极培育有鲜明特色和较强办学实力的专业，逐步形成新的办学优势，为宁夏培养大批应用型和创业型人才。

（五）高度重视，促进民族教育跨越式发展。坚持优先发展、重点扶持和提高质量效益并举的原则，认真贯彻《宁夏回族自治区民族教育条例》，进一步完善发展民族教育的各项政策。采取多种措施，提高回族儿童特别是回族女童的入学率、巩固率。加强回族女教师的培养培训，在师范院校的招生中，对南部山区贫困乡村的回族女生实行照顾政策，资助其完成学业。对骨干教师和学科带头人的培训，同等条件下优先安排回族教师。

重视发展山区特别是回族聚居地区的高中阶段教育，进一步扩大民族高中班的办学规模，逐步提高高中回族学生的比例，吸纳更多的学生接受优质高中教育，加速回族优秀人才的培养步伐。不断加大投入，继续实施百所回民中小学标准化建设工程，建设百所民族教育骨干窗口学校，完善民族教育的骨干办学体系。

进一步加强民族职业教育，开展多种方式的民族职业教育对外合作与交流。自治区重点建设一所示范性民族职业学校，面向回族聚居区，培养各类应用型、技能型回族实用技术人才，促进民族经济发展，帮助回族群众脱贫致富。加强高校民族预科部建设和管理，进一步扩大高校民族预科部的办学规模。按照有利于民族人才培养，有利于教育发展的要求，高等学校招收少数民族学生的比例，在 2003 年达到 30%的基础上，逐年增长。

（六）进一步扩大对外开放，提高教育发展水平。鼓励支持区内学校以各种形式合作办学，充分利用区外名牌学校资源，扩大宁夏优质教育规模。外地优质学校可以在宁夏办分校，可以与宁夏学校联合办学，在审批、征地、招生、考试、学籍等方面与宁夏学校同等对待；积极引进海外教育援助项目发展宁夏教育事业，海外优质学校在宁夏合作举办的各类学校，只要符合国家政策，都应提供便利条件。深入开展闽宁教育对口支援、百名优秀教师支教工程、部门定点支教、研究生支教团、大学生志愿者西部行等教育对口支援工作，积极拓宽教育对口支援的途径和领域，从 2003 年起，组织 1000 名大学毕业生志愿服务团，到南部山区支教。

二、大力推进教育创新，推动教育事业快速发展

（一）进一步转变政府职能，强化政府发展教育的责任意识和教育行政部门的服务意识。实施教育决策咨询论证制度，改革与市场经济体制不相适应的管理体制，实现政府依法行政、教育部门依法管理、学校依法办学，发挥学校在办学中的主体作用。加强市级政府统筹本地区教育发展的责任，调整市、区两级政府管理教育的职能，充分发挥市和市辖区两级政府兴办教育的积极性。自治区管理的高职学院，基本符合教育部规定设置标准的，定为副厅级事业单位。高级中学和完全中学的校长一般由县级以上教育行政部门提名、考察或参与考察，按干部管理权限任用和聘任；其他中小学校长由县级教育行政部门选拔任用并归口管理。要进一步加大学校用人制度改革力度，积极创造条件，逐步实行中小学校长职级制。

（二）进一步推进教育布局结构调整，优化资源配置。结合农村乡镇调整，积极做好中小学布局调整工作。重点加强乡镇所在地的学校建设，扩大办学规模，一般小学不少于 260 人，初中不少于 1000 人，完全中学不少于 1200 人。经过 3 年左右的努力，集中力量建设一批寄宿制中小学，使农村中小学布局基本适应农村经济发展和人口变化的需求。

继续巩固完善大中专学校管理体制改革成果。加快职业教育布局调整，整合教育资源，扩大办学规模，提高办学水平。进一步深化高等学校后勤社会化改革，鼓励支持高中阶段学校积极进行后勤社会化改革，加快建立学校后勤服务社会化机制。

做好企业所办中小学的分离工作。自治区已开征地方教育费，用于企业所办中小学的移交补助。各级政府和企业要制定中小学移交的具体实施方案，在 3~5 年内完成移交工作。鼓励支持企业所办中小学按民办学校机制运行的改革试验。

（三）开展创建教育强县、教育强乡（镇）活动。各级党委、政府要加强领导，精心组织实施。按照教育普及程度高、师资水平高、经费投入高、教育质量高、学校布局合理化、办学条件标准化和现代信息技术应用水平高的目标，开展多种形式的群众性的创建活动。充分利用学校教育资源和网络技术，依托社区优势，积极开展社区教育，举办社区学校、社区网络学校，开展全方位、多种形式的教育和培训。

（四）大力开展民办教育。按照“积极鼓励、大力支持、正确引导、依法管理”的方针，建立灵活多样的民办教育发展机制，鼓励符合政策的公办学校按民办学校机制运行，鼓励优质学校与民办学校联合或合并办学，举办分校，组建教育集团，建立优质教育园区。制定优惠政策，积极鼓励支持社会力量采取多种形式办教育。各级政府要建立民办教育发展基金，对有一定办学规模、教育质量和办学效益较高的民办学校给予重点扶持。经教育行政部门批准的独立建制的民办中小学，招聘的应届毕业生，其在民办学校的教龄可连续计算；公办教师到民办学校任教的，保留公办教师身份，档案由教育行政主管部门或人才交流中心统一管理。

（五）加快城镇教育发展，增强教育服务功能。积极扩大城镇教育规模，到2007年，全区城镇教育的比例要达到教育总规模的50%以上，以城镇教育的发展带动城市化进程。把城镇教育纳入城镇建设和发展的总体规划，使城镇教育与城镇建设同步规划，同步建设，并适度超前发展。各级政府在城镇开发建设中对学校建设用地要按照需要和标准预留，从开发商房地产开发的投资总额中提取1%的资金用于学校建设。对新建学校要无偿划拨建设用地，减免或缓交人防费、城市基础设施建设配套费等费用。高起点、高标准、高水平地做好区域性中心城市和中等城市的教育发展规划和学校建设，充分发挥城市教育的示范辐射作用。

（六）扩大优质教育规模，加快构建优质教育体系。采取银行贷款、土地置换、吸引外资等措施发展非义务教育。鼓励优质学校通过兼并或托管、组建股份制学校等多种途径扩大优质教育规模。加快实施“3133”工程，从2004年起，在国家安排的教育投资和地方统筹基本建设用于教育的投资之外，自治区计委每年安排400万元、自治区财政每年安排200万元，市县（区）按1:1配套，建设300所自治区示范性小学、100所自治区示范性初中、30所自治区重点高中和示范性高中、30所骨干职业学校，基本形成全区优质中小学的覆盖网和骨干体系。

三、加快教育信息化进程，提高教育现代化水平

（一）加快普及信息技术教育步伐。按照“科学规划、全面推进、因地制宜、注重实效”的原则，以现代教育信息技术在教育教学领域的应用和整合为核心，以提高教师和学生的信息素养为重点，以共享优质教育资源为途径，全面提高学校教育教学质量，力争使宁夏的教育信息化走在西部地区前列，以信息化带动教育现代化。

（二）深入实施教育信息化工程。在现有教育信息化建设专项资金之外，从2004年起，自治区财政每年安排专项经费400万元，市、县（区）按1:1配套，并争取国家支持，建立自治区、市、县（区）教育资源网络中心，建设500个校园网，300个农村初中计算机多媒体教室，3000个卫星地面接收站，在偏远乡村教学点建设光盘播放点，实现中小学多种方式的“校校通”。全区各类高等、中等学校都要将信息技术作为学生的必修课。充分利用现有资源，采取多种形式在中小学开设信息技术必修课，培养学生的信息素养。

（三）实施现代远程教育工程，构建农村教育和党员干部教育网络体系。充分利用国家安排的项目和资金，通过中国卫星宽带网和光盘，将优质教育教学资源送到广大农村中小学，切实提高教育质量。同时，依托乡村学校现代远程教育的设施和师资优势，将农村学校信息站、接

收点、播放点建设成农村党员干部培训基地和农村实用技术培训基地，让干部经常受教育，使农民长期得实惠。充分运用国家对西部地区远程教育的政策优势和资金扶持，办好高校的“网络学院”和中小学的“网络学校”，引进发达地区的优质教育资源，缓解宁夏优质教育资源供需矛盾，缩小与发达地区教育差距。

（四）加强教育信息资源库的建设，提高信息技术教育的效益。按照“统筹规划、分工合作、鼓励竞争、资源共享”的方针，以地级市教育信息中心为主体，进行教育信息资源库建设。教育信息化建设经费要逐步提高用于资源建设的比例。以媒体素材和网络课程为主要内容，体现素质教育的要求，适应基础教育课程改革的需要，鼓励支持学校开设信息技术教育实验班，推进信息技术与学科课程的整合。构建宁夏教育资源网络平台，为全区各级各类学校提供教学资源共享平台、教育教学科研平台、网络教育和远程教育平台。

（五）进一步健全工作机制。教育信息化工程统一纳入全区教育信息化工作规划，由自治区教育行政部门统一负责组织实施。成立自治区教育信息化管理中心，承担全区教育信息化的具体实施工作。创新教育信息化运作机制，实施教育信息化工程的学校，经自治区教育、物价、财政部门批准，可按自治区有关规定收取中小学信息技术教育费，向银行贷款筹集资金，用于教育信息化建设。

四、加强师资队伍建设，全面提高教育教学质量

（一）进一步健全教师教育体系，提高教师的学历层次。小学教师要达到专科学历，初中教师要达到本科学历，提高高中教师硕士研究生学历的比例，努力建设一支数量足够、结构合理、素质优良、师德高尚的教师队伍。加强英语、信息技术教育以及综合类课程等紧缺学科教师的培养，加强中等职业教育专业课教师队伍建设。宁夏大学、固原师专

等高校要加强师范专业建设，按照国家课程改革的要求，调整课程和教学内容，培养适应21世纪需要的各类师资。拓宽教师来源渠道，面向社会公开招聘教师，吸引非师范类优秀毕业生进入教师队伍。

（二）严格教师编制管理。按照“职位分类、专兼结合、一人多岗”的原则，合理配备教职工。在核定教职工编制总额内，任何部门和单位不得占用或变相占用中小学教职工编制；各级机构编制部门要对现有事业编制进行清理，退还挤占的教师编制，用于补充新教师。严把教师入口关，不具备教师资格的，不得进入教师队伍。根据“普九”和普及高中阶段教育的需求，及时调整和增加教师编制。自治区级示范性中小学，其教师编制可在现编制标准的基础上上浮20%。增加信息技术课程教师、信息技术教学设备管理人员、学校网络管理人员的编制。结合事业单位机构改革，对不具备教师资格、不胜任教学工作、学历不达标的教师，要采取转岗、辞退或提前退休等措施进行清退。

（三）加大学校人事制度改革力度。深化学校内部管理体制改革，改革和完善校长负责制、教职工代表大会制度，推行教师聘任制，实现教师职务聘任和岗位聘任的统一，建立“能进能出、能上能下”的教师任用新机制，健全和完善考核制度，增强用人活力。切实加强教育管理干部队伍和校长队伍的建设，定期开展管理干部和校长的培训工作。实行中小学校长聘任制和任期制，建立校长公开招聘、竞争上岗的机制。各级各类学校要进一步强化常规管理，建立和完善各项管理制度。

（四）深入实施教师继续教育工程，提高教师师德素养，创新能力和实施素质教育的水平。不断改进教师继续教育的方式方法，把普遍培训提高与骨干教师队伍建设结合起来，建立校本培训机制。实施骨干教师和学科带头人建设工程，实行中小学校长和骨干教师及学科带头人岗位津贴制度，建立自治区级各级各类学校名师评选制度，发挥示范带动作用。实行大中专毕业生农村任教服务期制度。2000年以后补充的新教师，都要到农村中小学任教至少两年以上，作为聘任教师职务的必备条件之一。实行城镇教师定期到农村中小学服务制度，各地要结合中小学人事制度改革，组织川区城镇中小学超编教师到山区农村中小学任教，并将其作为教师职务晋升的重要依据之一。

（五）进一步深化教学改革，扎实推进素质教育。建立有利于培养学生创新精神和实践能力的人才培养模式，加快基础教育课程改革步伐，积极开展教育教学科研与教研，继续实施中小学课堂教学质量工程，深入推进义务教育阶段课程改革。抓好国家首批普通高中新课程的实验工作，改革考试评价制度和教学管理制度，逐步建立新的课程体系。高等学校和职业学校要主动适应人才市场和经济社会发展需要，调整专业结构，改革人才培养模式，实施“高等学校教学质量与教学改革工程”，落实各项教学管理制度。加强职业学校的实践教学，培养学生的职业技能和创业能力。

五、切实改进和加强学校思想政治工作和高校党建工作

（一）将“三个代表”重要思想的学习纳入学校教学计划，精心组织，切实抓好大中专学校“三个代表”重要思想进教材、进课堂、进学生头脑工作，保证教材、师资、课程、课时的落实，以“三个代表”重要思想统领新时期学校思想政治工作、中小学德育工作和高校党建工作。

（二）加强对学校思想政治工作和中小学德育工作的领导。切实把思想政治工作和德育工作放在实施素质教育的首要位置，健全思想政治工作和德育工作的制度、机制，加强思想政治工作和德育工作队伍建设。中小学德育工作实行校长负责的管理体制，学校党组织要发挥政治核心和监督保证作用，积极支持校长做好德育工作。要充分发挥学校工会、共青团、少先队、学生会的组织作用。各级党委、政府都要高度重

视学校思想政治工作和中小学德育工作，积极为学校开展工作创造必要的条件和提供经费保障，加强青少年校外场所和基地的建设，确保思想政治工作和德育工作的正常开展。

（三）进一步改进思想政治工作和德育工作的内容和方法。把思想政治教育、品德教育、纪律教育、法制教育作为中小学德育工作长期坚持的重点，贯穿于学校管理工作、服务工作、教学工作的全过程。充分发挥课堂教学的主渠道作用，大力弘扬和培育民族精神，认真贯彻公民道德建设实施纲要，弘扬爱国主义精神，以为人民服务为核心、以集体主义为原则、以诚实守信为重点，切实加强学生的思想道德建设。用现代教育技术手段改进思想政治工作和德育工作的方法，开展经常性的丰富多彩的教育活动，增强思想政治工作和德育工作的主动性、针对性和实效性。

（四）进一步加强高校党的建设。切实加强高校党的思想、组织和作风建设，健全规章制度和工作机制，增强基层党组织的凝聚力和战斗力，增强政治意识和大局意识，维护高校的稳定，做好在优秀青年知识分子中发展党员工作。

（五）创造良好社会环境，保障青少年健康成长。新闻宣传部门要加大宣传力度，大力宣传德育在青少年成长过程中的重要意义和作用。出版、文化和广播影视部门要把好文学和影视作品的入口关，向青少年学生提供健康向上的精神食粮。公安、工商行政管理、新闻出版和文化部门要切实加强对营业性歌舞娱乐场所、电子游戏厅、录像厅等社会文化场所的管理，加强对青少年校外活动场所的治安管理和校园及周边治安综合治理，打击危害青少年思想的不良行为。在全区中小学校广泛开展“校警共建活动”和“创建安全文明校园”活动。驻宁部队要大力支持和帮助中小学开展校外教育和社会实践活动。城镇街道办事处要成立“社区教育委员会”，推进学校教育、社会教育和家庭教育“三结合”，把对青少年学生思想教育与优化育人环境和地区精神文明建设紧密结合起来。各级教育部门和妇联要加强对家庭教育工作的指导，形成学校教育和家庭教育的合力，共同为青少年儿童的健康成长创造有利的条件。

六、加强领导，增加投入，努力开创新时期教育工作的新局面

（一）各级党委、政府要进一步加强对教育工作的领导，建立每年2~3次研究教育工作的制度，认真解决教育改革与发展中的突出矛盾和问题。市、县（区）党委要有一名副书记、政府要有一名副市（县、区）长分管教育工作，乡镇党委、政府的主要负责人要主管教育工作。各级政府和有关部门要认真贯彻国家和自治区的有关法律法规，加大执法力度，提高依法治教水平。加强教育督导工作，充实教育督导队伍，充分发挥教育督导工作的保障作用。

（二）坚持党管人才原则，不断加强党对人才工作的领导。切实把发展教育事业和人才培养作为加强人才工作的基础性工程，创新人才工作内容，改进人才工作方法，建立培养人才、吸引人才、使用人才的良性工作机制。各级党委、政府要进一步改善人才工作的环境和条件，制定优惠政策吸纳人才，切实把人才作为第一资源和发展先进生产力的第一要务，充分发挥人才对发展教育事业的关键作用。

（三）积极创新教育发展环境。动员社会各方面关心支持教育事业，努力为教育发展创造良好的社会环境、政策环境、法制环境、舆论环境。各级教育行政部门和学校，要进一步强化服务经济社会发展需要，服务人民群众的教育需求意识，办人民满意的教育，满足人民群众对不同层次教育的需求。落实好外地来宁经商子女入学的各项优惠政策，为优化经济发展环境提供优质的教育服务。切实加强教育系统行风建设，实行行风建设目标责任制和考核制，健全教育收费公示制度和校务公开

制度，完善教育收费的规章制度，树立教育系统良好形象，坚决制止有关部门对学校的各种乱摊派，减少不必要的检查和评估，为教育改革与发展营造良好的社会氛围。

（四）依法确保教育投入，切实落实教育经费的“三个增长”。在稳定原有投入渠道和投入规模的基础上，拓宽筹资渠道，保持教育投入稳步提高。加快建立和完善农村义务教育“以县为主”的管理体制。落实县级政府发展基础教育的主要责任，充分发挥乡村两级办学的积极性。坚持和完善教师工资统一由县级财政发放的制度，县级政府要建立农村中小学危房改造基金，进一步加大对农村义务教育的投入，及时解决农村教育发展中的突出问题。农村费改税后，各级财政转移支付的资金主要用于教育，并确保逐年增长。制定并落实中小学公用经费标准，保证中小学的正常运转。要制定规划，选好项目，做好论证，建立教育项目资源库，积极争取国家安排的教育工程和项目，争取国家资金支持，加快发展宁夏教育事业。

（五）进一步完善教育收费政策，加快建立非义务教育阶段教育成本的分担机制。义务教育要严格执行国家的收费政策，非义务教育阶段的学校，可根据不同的培养成本实行不同的收费政策，自治区重点高中和示范性高中，学费可上浮一定比例。从 2004 年春季新学期开始，对国家扶贫开发工作重点县实行“一费制”，初中每生每学年按 260 元，小学每生每学年按 160 元标准执行。对城市特困家庭和农村贫困家庭子女上学，学校要减免课本费、学杂费，所需费用由当地政府予以补助。要切实加强对教育经费的管理，严格执行财经纪律，加强对教育经费使用的监督检查，切实发挥教育经费的使用效益。对学校收取的费用，要专款专用，全部用于补充学校办学经费，严禁截留，平调和挪用，不得抵顶正常教育经费。

（六）切实加强学校安全工作，健全学校公共卫生体系。牢固树立

“安全第一”的思想，建立健全确保师生安全的各项规章制度，做好传染性疾病的预防和学校公共卫生设施和队伍的建设工作，狠抓各项安全制度和措施的落实。采取积极的预防措施，重点防范危及师生安全的危房倒塌、食物中毒、交通、溺水等事故。重视和加强对师生的安全教育，增强安全防范意识和自我保护能力。建立健全学校安全工作责任制和安全事故责任追究制，确保师生人身安全和学校教育教学活动的正常进行。

二〇〇三年九月十二日

宁夏中长期教育改革和发展规划纲要（2010~2020年）

为深入贯彻落实科学发展观，推动全区教育事业跨越式发展，根据《国家中长期教育改革和发展规划纲要（2010~2020年）》精神，结合宁夏实际，特制定本规划纲要。

序　言

教育是民族振兴、社会进步的基石，是提高国民素质、促进人的全面发展、开发人力资源的根本途径，在经济社会发展中具有基础性、全局性、先导性作用。优先发展教育，加快提升教育现代化水平，对实现全面建设小康社会目标，建设人民富裕、社会和谐、民族团结的新宁夏具有决定性意义。

改革开放以来特别是进入新世纪以来，自治区党委、政府大力实施科教兴宁战略和人才强区战略，优先发展教育事业，全区教育发展水平实现了历史性突破，主要指标达到或超过全国平均水平，基础教育课程改革、教育信息化、义务教育经费保障机制、中小学校舍安全工程、职业教育发展等多项工作在全国产生较大影响，成为教育工作的亮点。全区82%以上的县（市、区）实现了教育强县目标，九年义务教育全面普及，高中阶段教育进入普及化阶段，高等教育步入大众化阶段，职业教育异军突起，民族教育实现新突破，教育改革深入推进，国民教育体系日臻完善，教师队伍整体素质不断提高，教育投入机制日益健全，办学条件明显改善，教育质量稳步提升，为全区经济社会发展培养了一大批专门人才和数以百万计的劳动者，实现了“有学上”的目标，正在向“上好学”的目标迈进。

当前和今后一个时期，是宁夏推进科学发展、跨越发展和全面建设小康社会的关键时期。随着西部大开发战略的深入实施和经济发展方式、社会管理方式、人民生活方式的加快转变，给教育发展提出了新目标、新任务和新挑战。依靠教育提高全民素质和社会文明程度、提供人才支持和智力支撑、推动科技创新和管理创新、促进经济发展方式转变、提升综合实力和竞争力、改善民生和推进社会和谐，比以往任何时候都显得更加紧迫、更为重要。面对新形势、新要求，宁夏教育事业还不完全适应经济社会发展和人民群众对良好教育的需求。教育事业快速发展与投入不足的矛盾仍然突出，山川之间、城乡之间和校际之间教育发展不均衡，职业教育发展任务依然繁重，学前教育发展任务艰巨，义务教育均衡发展水平亟待提高，高等教育人才培养质量、科技创新与服务地方经济社会发展的能力有待提高，素质教育水平需要全面提升，教育管理水平和质量亟待进一步提高；教师队伍建设需要进一步加强；改革创新教育体制机制，增强教育发展活力迫切需要加大力度。

宁夏的发展，关键靠人才，根本在教育。各级党委、政府必须坚定不移地贯彻落实教育优先发展战略，不断深化教育改革，着力建设更高质量的国民教育、惠及全民的公平教育、体系完善的终身教育、资源共享的优质教育，加快建设教育强区，努力实现教育现代化，为实现全区科学发展、跨越发展，创造全区各族人民更加美好幸福的新生活做出更大的贡献。

第一部分　战略目标

第一章　建设教育强区

（一）指导思想

高举中国特色社会主义伟大旗帜，以邓小平理论和“三个代表”重要思想为指导，深入贯彻落实科学发展观，全面贯彻教育方针，大力实施科教兴宁战略和人才强区战略，遵循教育规律，加强内涵建设，全面提高教育质量，深化教育改革，促进教育公平，努力培养德智体美全面发展的社会主义建设者和接班人，办好人民满意的教育，建设教育强区，为推进宁夏经济社会又好又快发展提供强有力的人才支持和人力资源支撑。

（二）工作方针

优先发展。坚持把教育摆在优先发展的战略地位，切实保证经济社会发展规划优先安排教育发展，财政资金优先保障教育投入，公共资源建设优先满足教育发展和人力资源开发的需要。

育人为本。坚持以人为本，以学生为主体，以教师为主导，把促进学生健康成长作为学校一切工作的出发点和落脚点，尊重教育规律和学生身心成长规律，全面推进素质教育，着力提高教育水平和人才培养质量。

改革创新。坚持以改革创新为动力，深化办学体制机制改革和教育教学改革，加快重点领域和关键环节的改革步伐，推广改革成果，着力化解人民群众关注的热点、难点问题。

促进公平。大力推进基本公共教育服务均等化，重点推进县域义务教育均衡发展，公共教育资源向中南部山区、农村地区、薄弱学校和民族中小学校倾斜，完善资助覆盖困难群体就学的政策体系，加快实现县域内义务教育均衡发展。

提高质量。确立以全面提高质量为核心的教育发展观，着力推进教育发展从注重外延扩张向注重内涵提升、从注重硬件建设向注重软件建设、从“学有所教”向“学有优教”转变。

（三）战略目标

到 2020 年基本实现教育强区目标。主要发展指标达到全国平均水平，部分指标达到全国先进水平。基本实现教育现代化，基本形成学习型社会，基本满足人民群众对教育的多样化需求，进入人力资源强区行列。

实现高水平的普及教育。到 2020 年，基本普及学前两年教育，全区学前教育三年毛入园率达到 71%以上；巩固提高九年义务教育水平，小学六年巩固率达到 95%以上，初中三年巩固率达到 95%以上；普及高中阶段教育，高中阶段毛入学率达到 91%以上；中等职业教育与普通高中教育招生规模大体相当，全区劳动力都能接受职业教育和技能培训；提高高等教育大众化水平，毛入学率达到 40%以上；广泛开展继续教育，巩固提高扫盲成果，主要劳动年龄人口平均受教育年限达到 12 年以上。

形成惠及全民的公平教育。坚持教育的公益性和普惠性，保障全区各族人民享有接受均等教育的机会。实现县域义务教育均衡发展，山川、城乡、校际间的教育资源配置、教育质量和办学水平差距逐步缩小；教育惠民计划深入实施，资助政策全面覆盖，不让一个学生因家庭经济困难而辍学；进城务工人员随迁子女、留守儿童、残疾人等群体受教育权益得到保障。

提供更加丰富的优质教育。努力扩大优质学校教育资源，全区各级各类学校基础设施、教育技术装备特别是信息化水平大幅提高，发展的物质条件明显改善。各类教育协调发展，教师队伍整体素质增强，优质教育资源总量不断扩大，教育水平和人才培养质量整体提升，人民群众接受高质量教育的需求得到较大满足，社会对教育的满意度不断提高。

健全充满活力的教育体制。教育体制改革取得明显成效，各类教育发展的活力明显增强，效率显著提高，符合教育自身发展规律的管理体制和运行机制基本建立。以政府办学为主体、全社会积极参与、公办教育和民办教育共同发展的格局基本形成，政府依法管理与学校自主办学的协调机制不断健全，以公共财政投入为主、多渠道筹措教育经费的公共教育投入机制更趋完善。教育对外交流合作提高到新水平。

基本建立终身教育体系。国民教育体系不断完善，成人教育、职业教育内容不断丰富，社区教育普遍开展，办学机制更加灵活，学历教育与非学历教育、职前教育与职后教育相互衔接、相互贯通，从业人员继续教育参与率达到50%，基本形成学习型社会。

实现富有成效的社会服务。实施教育移民工程，教育发展与加快城市化、工业化、生态移民、沿黄城市带建设、内陆开放型经济建设等重大战略举措的实施相适应，与经济发展方式转变、产业结构调整的要求相适应，与深入实施西部大开发战略对人才的需求相适应，各类教育与人口总量结构变化相协调，布局结构进一步优化。职业教育“技能致富”计划实施成效显著，高等学校的科研水平和服务地方经济社会发展的能力明显提高。

中长期教育事业发展主要目标

项目		2009年	2015年	2020年
学前教育	幼儿园在园人数（万人）	12.49	16	20
	学前一年毛入园率（%）	—	90	96
	学前二年毛入园率（%）	—	70	81
	学前三年毛入园率（%）	44.6	60	71
九年义务教育	在校生（万人）	97	92	90
	小学六年巩固率（%）	83.37	90	95
	初中三年巩固率（%）	91.17	93	95
高中阶段教育	在校生（万人）	23.7	27	26
	毛入学率（%）	81.5	87	91
职业教育	中职在校生（万人）	9.6	12	12
	高职在校生（万人）	2.9	4.5	5
高等教育	在校总规模（万人）	12	13.4	14.3
	在校生（万人）	10.6	12	14
	其中：研究生（万人）	0.28	0.33	0.8
	毛入学率（%）	22.54	36	40
特殊教育	残疾儿童少年入学率（%）	75	85	90
主要劳动年龄人均受教育年限（年）		8	9.5	12

第二部分　主要任务

第二章　基础教育

（四）加快发展学前教育

把加快发展学前教育纳入自治区经济社会发展规划和公共服务体系，完善学前教育体制，实行以县为主，县、乡（镇、街道）共管，教育行政部门归口管理的体制和政府主导、社会参与、公办与民办并举的办园体制；实施县、乡（镇）中心幼儿园建设工程，支持每个县建 1~2 所标准化骨干幼儿园、每个乡镇新建或利用中小学布局调整闲置校舍改建 1 所标准化中心幼儿园，鼓励支持社会各方面兴办幼儿园，努力构建覆盖城乡、布局合理的学前教育公共服务体系。进一步加强对学前教育的管理，严格执行幼儿园准入制度，完善和落实幼儿园年检制度，未取得办园许可证和未办理登记注册手续，任何单位和个人不得举办幼儿园，切实规范民办幼儿园。教育、民政、住房与城乡建设、卫生、物价等部门要履行各自职责，形成对学前教育管理的合力，提高保教水平。遵循幼儿身心发展规律，坚持科学的保教方法，注重幼儿体育锻炼、行为习惯和智力开发培养，防止和纠正学前教育“小学化”倾向，保障幼儿快乐健康成长。继续推进自治区级示范园创建活动，到 2020 年，自治区级示范园达到 160 所以上。教育督导部门要加强对学前教育的督导，建立学前教育质量科学评价体系。

（五）巩固提高九年义务教育

以办好每一所学校为宗旨，以推进县域内义务教育均衡发展为目标,以加强农村教育和城市薄弱学校为重点,均衡配置教育资源，缩小义务教育办学差距，率先在县域内实现城乡义务教育均衡发展。深入实施《宁夏义务教育均衡发展行动计划》和义务教育均衡发展示范县创建活动，合理调整学校布局，优化教育资源配置，实现县域内师资、办学条件、经费投入等教育资源均衡配置；建立和完善义务教育学校之间的协作机制，鼓励优质教育资源向农村延伸，推进城乡学校互助建设；加快城镇学校扩容改造，增加城镇义务教育资源，解决县城以上学校的“大班额”问题；进一步完善自治区普通高中示范学校和县（市、区）所属优质普通高中招生名额分配到薄弱初中学校制度；促进全区义务教育学校办学条件标准化、师资配置均衡化、教育管理精细化、课程教学规范化，全面提高教育质量。建立和完善反映义务教育均衡状况的监测体系和义务教育均衡发展督查制度。全面落实政府举办义务教育的责任，要在经费投入、管理机制、质量提升、公平竞争环境等方面提供充分、有效的制度保障，保证每一所学校的办学质量，确保每位适龄儿童少年公平接受义务教育，化解“择校”问题。建立义务教育阶段学生学籍电子档案管理及动态监管网络平台，建立“控辍保学”专项督查制度、通报制度和问责制度，确保义务教育阶段普及程度等指标稳中有升。坚持以流入地政府管理为主、以全日制公办中小学为主，确保进城务工人员随迁子女平等接受义务教育，建立健全政府主导、社会参与的农村留守儿童关爱服务体系。严格执行义务教育课程标准，保证每一所学校开齐开足国家和自治区规定的课程。建立义务教育质量评价和监测体系，形成推进素质教育的导向机制，到2017年实现基本均衡目标。

（六）大力普及高中阶段教育

稳步发展普通高中教育，继续发展中等职业教育，不断提升高中阶段适龄人口毛入学率，确保2012年高中阶段毛入学率达到85%，基本普及高中阶段教育；到2017年达到90%，实现普及高中阶段教育目标，普通高中和中等职业学校招生比例相当；到2020年达到91%以上。普通高中要深化课程教学改革，优化课程结构，完善选课制度，引导学生自主学习、合作学习和探究学习；克服“应试教育”倾向；进一步完善普通高中学业水平监测和综合素质评价制度，建立科学的教育质量评价体系。支持普通高中学校立足学校传统和优势，在传统文化、课程设置、体育与艺术、校园文化、民族经典等方面特色化发展；扩大优质高中教育资源，到2020年使自治区一级示范普通高中达到12所，二级示范学校35所；保障外来务工人员随迁子女平等接受高中教育；推进普通高中办学体制多样化，支持民办普通高中学校发展；推进培养模式多样化，满足不同潜质学生的发展需求。

（七）重视特殊教育发展

强化政府在特殊教育发展方面的公共服务职能，增加特殊教育投入，逐步完善特殊教育体系。实施好中西部地区特殊教育学校建设工程，建立覆盖全区的特殊教育办学体系。将宁夏特殊教育学校建成全区特殊教育教科研、师资培训基地，成为宁夏特殊教育的窗口学校。提高市、县特殊教育学校的装备水平。对于偏远农村要做好随班就读工作，注重潜能开发和缺陷补偿教育，全面提高残疾儿童少年义务教育普及程度。加大特教师资的培养培训力度，提高特殊教育岗位补助津贴，提高特殊教育质量。

第三章　职业教育

（八）加强职业教育的统筹领导

切实强化各级政府发展职业教育的责任，坚持把发展职业教育作为经济社会发展的重要基础和教育工作的战略重点，强化基础能力和师资队伍建设，推进职业教育适应宁夏跨越式发展需求。统筹高中阶段教育发展，到 2020 年，中等职业教育在校生达 12 万人以上，高等职业教育在校生规模达 5 万人以上。统筹职业教育发展，建立适应经济发展转型升级和结构调整，中等职业教育与高等职业教育相互衔接、学历教育与职业培训并举、全日制与非全日制并重、职业教育与普通教育互通融合、适合终身教育需要的开放性职业教育体系。整合农、林、水、牧、扶贫等各类职业教育培训资源，形成合力，提高效益。

（九）推进职业教育基础能力建设

发挥自治区职业教育园区辐射作用，推进地级市综合性实验实训基地建设。推进国家和自治区示范性中等职业学校和示范性高等职业学校建设，到 2020 年，再建 1~2 所高水平国家级示范性高等职业院校、10 所国家级示范性中等职业学校、30 所优质特色中等职业学校，大力提升这些学校培养高素质技能型人才的能力，使之形成鲜明的办学特色。积极实施职业教育实训基地建设计划，使宁夏中等职业学校办学条件普遍达到国家规定的办学标准。整合入驻自治区职业教育园区内院校基础设施、师资、设备等资源，推进职业教育资源的优化配置和共享。大力加强职业教育集约化建设，推进职业教育与行业、企业的合作与共赢。积极实施好国家“推进东西部中等职业学校合作办学”和“扶持中等职业教育民族特色学校建设”计划，以校企合作促进宽领域的职业教育和技能培训，使企业成为实验实训的阵地之一。

（十）增强职业教育吸引力

逐步实行中等职业教育免费制度，完善家庭经济困难学生资助政策。建立健全职业学校学生顶岗实习保险制度。积极推进职业教育学历和职业资格“双证书”制度，促进教育与就业的衔接。完善就业准入制度，严格执行“先培训、后就业”“先培训、后上岗”的规定。完善中等职业学校毕业生直接升学制度，拓宽毕业生继续学习渠道。凡农村户口的中职学生，经本人同意，户籍可转为城镇户口。建立高技能人才表彰奖励制度，提高技能型人才的社会地位和待遇，使初中毕业未升入普通高中和高中毕业未升入普通高校的学生都能接受职业教育或技能培训。

（十一）注重职业教育内涵建设

优化办学模式和人才培养模式，鼓励校企集约化办学，全面推行工学结合、校企合作、顶岗实习的高技能人才培养模式，实现职业学校教育与岗位技能需求对接。建立以职业能力为本位的专业课程体系和课程标准。到2020年，再建设25个高职骨干专业、35个中职骨干专业。加强普通教育、职业教育、成人教育“三教”统筹，促进农科教结合。加强涉农专业建设，提高职业教育对现代农业的支持力度。加强职业教育评估体系建设，开展职业教育示范县创建活动。加快职业技能培训鉴定机构建设，到2020年，自治区级以上重点中等职业学校都要建立职业技能鉴定机构，开展职业技能鉴定工作。突出职业教育的课程特色，以诚信敬业为重点，加强职业道德教育；以职业能力培养为核心，改革教学方法和管理机制，推进专业课程内容和职业标准相衔接，提高学生职业道德水平和职业技能。

（十二）提升职业教育服务水平

引导职业学校面向产业发展需要调整优化专业结构，支持职业学校与企业开展技能型人才“订单”培养，为自治区经济社会培养急需的技能型人才。重视发展面向农村的职业教育，扩大农村职业教育和培训的覆盖面，积极为宁夏优势特色农业发展培养急需的人才。坚持以就业为导向、以富民为主题，通过发展职业教育促进民生改善。职业学校要根据经济社会发展需求，对进城务工人员、返乡农民、新生劳动力广泛开展职业教育和培训；适应城市化发展趋势，做好农村转移人口培训；结合扶贫开发工作，对退役军人、残障人士、扶贫开发对象、生态移民、下岗失业人员、就业困难人员等特定人群逐步实行免费职业教育或培训。

第四章　高等教育

（十三）扩大办学规模，优化布局结构

稳步发展本科教育，加快发展研究生教育，加大专业学位研究生培养力度，大力发展高等职业教育，积极支持民办高校发展，进一步扩大高等教育办学规模。力争到2020年，高等教育毛入学率达到全国平均水平。加大政策、经费支持力度，改善现有高校办学条件，促进高校内涵发展。进一步提升办学层次，加快博士学位授权单位和硕士学位授权单位建设，力争2020年，全区高校博士学位授权单位达到3个、硕士学位授权单位达到6个。引导高校结合市场需求调整专业设置和学科布局，加强优势学科和特色专业建设，促进多学科交叉和融合，扩大应用型、复合型、技能型人才培养规模，实现宁夏高等教育与自治区经济社会协调发展。

（十四）引导高校特色发展

实行分类指导，发挥政策指导、资源配置和教学评估的作用，按照“一校一特色”的目标，引导和促进各高等学校科学制定发展规划，在不同层次、不同领域合理定位、特色办学、错位竞争、合作共赢。继续重点推进宁夏大学“211工程”建设，提升综合办学实力；立足医疗卫生和中小学师资人才培养，突出提高宁夏医科大学和宁夏师范学院办学水平；提高宁夏理工学院、宁夏大学新华学院、中国矿业大学银川学院应用性本科人才培养能力；支持北方民族大学建成西部地区民族教育中心；推进国家示范性高职院校建设，支持各高职学院围绕行业、产业发展，提高技能型人才培养水平。

（十五）全面提高人才培养质量

深入实施“高等学校本科教学质量与教学改革工程”。牢固确立人才培养在高等学校工作中的中心地位，加大教学投入，严格教学管理，深化教学改革。创新人才培养模式和机制，推行学分制、弹性学制，积极探索建立资源共享、教师互聘、课程互选、学分互认机制。加强教师队伍建设，完善学科带头人和青年骨干教师遴选、培养机制，落实教授为本科生授课制度。优化教学过程，改进教学方式，引导学生勇于实践、大胆探索。健全教学质量保障机制，强化教师、院系、学校三级质量保障，完善高校内部教学质量监控制度。加强实验室、校内外实践教学基地建设，重点建设一批优势特色专业、国家级和自治区级实验教学示范中心，力争在国家级重点实验室建设上实现突破，重视发挥自治区职业教育实训基地作用，强化实践教学环节。扎实推进“研究生培养创新计划”，创造良好的科研条件，强化系统严格的科研训练，逐步建立以科学研究为主导的导师责任制和项目资助制，促进研究生培养与科学研究和创新实践的紧密结合，加快产学研联合培养研究生基地建设。开设创业教育和就业指导相关课程，加强创业教育和就业指导。

（十六）增强科技创新能力与服务发展能力

建立自治区级重点学科建设经费持续投入机制，支持高校立足服务地方经济社会发展和自身特色优势，建设优势学科群，努力形成基础学科、应用学科、新兴交叉学科等各类重点学科协调发展的学科体系。力争到2020年，建设自治区重点学科50个，国家级重点学科2个以上。突出应用研究，加快科研创新基地与创新平台建设。到2020年，在全区高校建成国家级科研创新平台1~2个，部委级科技创新平台20个，自治区级科技创新平台30个。深入实施“高校哲学社会科学繁荣计划”。建立高校、科研院所、企业科技资源共享机制，建立有利于学科交叉、队伍整合和资源共享的科研体制。加强学术诚信建设，营造良好科研环境。支持高校与地方政府、行业企业共建产学研合作基地。立足高校资源，办好成人教育和继续教育，为社会成员提供继续教育服务。充分发挥高校思想库、智囊团作用，积极推进文化传播，积极参与决策咨询；鼓励师生开展志愿服务；开展科学知识普及工作，提高公众科学素质和人文素质。

第五章　继续教育

（十七）积极发展继续教育

稳步发展学历继续教育，加快发展职业导向为主的非学历继续教育，大幅度提高继续教育参与率，努力提高教育质量。加强继续教育设施建设，充分利用中小学布局调整闲置校舍，举办农村继续教育学校，大力开展城乡社区教育。鼓励和支持社会力量举办各类非学历教育培训机构，支持用人单位为从业人员提供教育培训，鼓励个人接受继续教育。整合培训项目，健全县域职业教育培训网络，开展农村实用人才培训、农村劳动力转移培训、农业实用技术培训，加强对困难群体的就业援助培训，努力为外来务工人员提供更多的培训机会。

（十八）完善继续教育内容和途径

积极发展自学考试、远程教育等各类社会教育，开展形式多样的继续教育和职业技能培训。推进终身教育公共服务体系及基础设施集约化建设，扩大公益性文化体育设施免费开放范围，拓展其教育服务功能。以宁夏广播电视大学开放教育为基础，办好开放大学。利用现代信息技术手段，建立以卫星、电视和互联网等为载体的远程开放继续教育及公共服务平台。完善宽进严出的学习制度，扩大开放教育规模，改革和完善高等教育自学考试制度，形成开放式教育体系。

（十九）建立健全继续教育工作机制

将终身教育体系建设纳入经济社会发展总体规划。加强统筹协调、政策制定和宏观管理，自治区成立由主要行政领导牵头、教育部门主管、有关部门和社会团体参加的继续教育领导协调机构，形成以政府为主导、有关部门协同配合、社会各界广泛参与的继续教育发展格局。建立一支素质优良、爱岗敬业、乐于奉献的继续教育专兼职教师队伍。以党政机关、各级各类学校和科研院所为重点，倡导全民阅读，推动全民学习，加快学习型组织建设。加大教育宣传力度，为继续教育的持续发展，建立终身教育体系，营造良好氛围。

第六章　民族教育

（二十）优先发展民族教育

按照教育事业发展规划中优先谋划民族教育、公共教育资源配置上优先满足民族教育、财政资金安排上优先保障民族教育的原则，确保民族教育优先发展。加快发展民族聚居区学前教育，巩固提高民族聚居区

“两基”水平，采取支持民族地区发展高中教育、职业教育、办好民族学校等特殊政策，实现各级各类学校中少数民族在校生与少数民族人口自然比例相当。

（二十一）加强骨干学校建设

注重提高民族教育质量，实施好二期“百所回民中小学标准化建设工程”，不断改善项目学校的办学条件，提升项目学校教育质量和管理水平；发挥宁夏六盘山高级中学和宁夏育才学校办学模式的示范作用，扶持回族聚居市、县建设民族职业教育院校或职教中心；重点建设宁夏大学民族预科学院，不断争取扩大招生规模，提高教育质量。

（二十二）打造民族教育优势品牌

重点支持宁夏大学外语学院、宁夏民族职业技术学院和同心阿语学校阿语专业扩大招生规模，提高教育质量，加快培养阿拉伯语人才，把宁夏打造成全国重要的阿拉伯语人才培养培训基地和阿语商贸服务专项专业技能考试试点单位；引导学校形成鲜明的民族办学特色；实施少数民族重点专业支持计划，从办学经费、师资培养、实验实训基地建设等方面，支持高校加强阿拉伯语、清真食品加工、穆斯林用品生产加工等民族专业品牌建设；支持高校与中东穆斯林国家合作办学，培养面向世界穆斯林国家的对外商贸和交流人才。

（二十三）增强民族团结教育

高度重视民族教育在建设和谐社会中的重要作用，认真贯彻《国家民族团结教育指导纲要》，扎实推进民族团结教育进教材、进课堂、进学生头脑工作，深入开展维护祖国统一、热爱祖国和“三个离不开”教育，增强教育的针对性和时效性。大力培训民族团结课程教师。建设民族团结和爱国主义教育基地，丰富学生社会实践活动，夯实民族团结基础，增强学生的民族团结意识。

第七章　素质教育

（二十四）坚持德育为先、育人为本、全面发展

切实把德育融入各级各类教育，融入学校、家庭和社会教育的各个方面。大力开展理想信念教育，用中国特色社会主义理论体系和社会主义核心价值体系引导学生树立正确的世界观、人生观和价值观。弘扬以爱国主义为核心的民族精神和以改革创新为核心的时代精神，培养学生服务国家、服务人民的社会责任感和创新创业创优精神。加强道德教育，强化道德修养，培养良好品质。加强公民意识、文明礼貌和国防教育，培养社会主义合格公民。将德育渗透于学校工作的各个环节，构建大中小学有效衔接的德育体系。加强中小学校和中等职业学校德育课程、高校思想政治理论课建设，注重发挥各门课程的育人功能。完善德育工作者选拔、培养和管理机制，着力建设一支高水平的思想政治理论课教师、辅导员和班主任队伍。营造良好育人氛围，建设体现时代特征、宁夏特色、学校特点的校园文化。深入开展创建“德育示范校”“和谐校园”“书香校园”等活动，广泛开展中华经典诵读、校园童谣传诵等活动，加强传统文化和宁夏区情教育。强化学生德育实践，倡导志愿者服务并使其制度化，组织学生参加社会公益活动，全面提升中小学德育工作水平。

（二十五）加强学校体育、卫生和艺术教育工作

深入实施“全区中小学体育、艺术 2+1 项目工程（掌握两项体育运动技能和一项艺术特长）”，广泛开展阳光体育运动，切实保证学生每天一小时的体育活动时间。落实国家关于体育、卫生、艺术课程的规定和要求，保质保量地上好体育、卫生、艺术课。建立健全青少年学生体育竞赛和大中小学生艺术展演制度，落实高校和高中阶段学生军训制度，

积极推行在高中毕业学业考试中增加体育考试的做法。加强学校体育、艺术设施建设，配齐配好学校体育、艺术设施和器材。在全区中心小学以上学校全面实施《国家学生体质健康标准》，建立《国家学生体质健康标准》测试报告书制度和公告制度，到2020年，使全区90%以上的学生达到国家体质健康测试及格以上标准。各级各类学校全面普及艺术教育，中小学校艺术教育课程开课率达100%。注意用眼卫生，培养正确的坐姿和读姿，坚持做好眼保健操，预防少年儿童近视；积极开展疾病预防、科学营养、卫生安全、禁毒控烟等青少年健康教育。建立和完善学生健康体检制度，保证青少年学生每年都能进行一次体检。切实加大对学校食堂、饮用水设施、厕所等的改造，按照规定建设卫生室，并配齐配足卫生器材和中小学校医或保健教师。积极推进宁南山区农村义务教育学生营养早餐计划，并逐步扩大覆盖面。

（二十六）构建现代课程体系

义务教育阶段学校要按规定开设科学、艺术和综合实践活动课程，重视中小学校本课程开发，推进普通高中选修课程建设，保证地方课程与校本课程的自主选择空间。职业教育课程要注重造就具有创业创新创优素质的技能型人才，注重学生职业道德、职业素质培养。高校课程要与经济社会发展紧密联系，形成有利于学科交叉融合的课程体系。强化课程教学管理，严格执行课程计划，确保开齐开足规定课程。实施教育信息化推进工程，探索网络环境下的教学模式，加强信息技术与学科课程的整合，到2020年，建成门类齐全、内容丰富的学科课程资源和学习资源库，基础教育实现学校、学科、内容全覆盖，职业教育、高等教育分别建成一大批网络课程。

（二十七）创新人才培养模式

更新人才培养观念，深化教学改革，创新教育内容和方法，着力培养学生的科学精神、创造性思维和创新能力。注重学思结合，改进教学方式，倡导启发式、探究式、讨论式、参与式教学，着力增强学生学习能力。将学生综合素质和能力作为评价的基本标准，做好学生成长记录，完善综合素质评价。关注拔尖人才个性特征，促使更多的拔尖人才脱颖而出。科学制定学校和教师工作评价标准。

（二十八）减轻中小学生过重课业负担

进一步加强基础教育阶段考试管理，规范考试科目与次数，加强学校、社会、家庭间的沟通和协作，引导社会正确理解和评价教育，建立正确的舆论导向，切实把“减负”贯穿到教育教学和校内校外各个方面，从小学做起，逐步拓展到中学，全面落实“减负”有关规定。规范社会教育机构办学行为，引导家庭树立科学的教育理念和正确的人才观，合理安排孩子的课余学习生活。尊重和保护孩子有益的兴趣爱好，充分保障孩子的休息时间。加强少年儿童心理辅导，各学校要逐步配齐专兼职少年儿童心理健康教育辅导教师，引导学生积极上进、健康成长。

（二十九）形成推进素质教育合力

发挥政府主导作用，完善各级党委、政府及其教育部门推进素质教育的工作责任与保障机制，不得以任何形式下达高（中）考升学指标。认真做好青少年校外活动场所建设、管理和使用工作。要把校外活动场所作为中小学生参加社会实践、走向社会、走向大自然的重要基地，积极开展教育、科技、文化、艺术、体育等学生喜闻乐见的活动，充分发挥对学生的教育引导功能。宣传、文化、新闻出版、广播影视等部门要为青少年健康成长提供优秀精神文化产品，营造良好舆论氛围，引导社会及家长形成科学教育观、人才观、质量观和评价观。文化馆、科技馆、图书馆、体育场馆等公共资源要经常性地开展有益学生身心健康的活动，博物馆、纪念馆、展览馆等各类爱国主义教育基地对学生一律免费开放。

第八章　体制改革

（三十）深化教育管理体制改革

自治区统筹规划各级各类教育事业发展，推进教育综合改革，开展教育改革试点。根据国家标准，结合宁夏实际，确定各级各类学校办学标准、教师编制、招生规模等基本标准。建立以县为主、县乡共管、教育行政部门归口的学前教育管理体制。完善自治区政府统筹规划实施、以县为主的义务教育管理体制。健全以市县为主、政府统筹、行业参与、社会支持的职业教育管理体制，充分调动行业企业参与办学的积极性。完善以自治区政府为主管理高等教育的体制，在加强自治区统筹的基础上，充分调动地方政府、行业企业和社会力量举办高等教育的积极性。各级政府要充分发挥统筹规划、政策引导、资金投入等方面作用，对教育发展进行宏观管理，切实减少对学校不必要的行政干预，依法保障学校充分行使办学自主权和承担责任。完善教育决策机制，规范决策程序，重大教育政策出台前应征求社会各界意见。建设教育信息系统和电子政务平台，建成教育信息化公共服务体系。重视教育科学研究，为教育决策和改革发展服务。完善教育信息公开制度与途径。加强教育监督检查，完善问责机制。

（三十一）推进办学体制改革

健全政府主导、社会参与、办学主体多元、形式多样、充满生机活力的办学体制。开展公办学校联合办学、委托管理等试验，推进公办学校多形式办学。探索让部分中小学校优秀校长及团队管理多所学校，支持公办学校之间组建教育集团，改造薄弱学校，扩大优质资源。推动公办职业院校依托行业企业办学，支持企业、社会团体、个人参与举办职业教育和培训。

（三十二）大力支持和依法管理民办教育

各级政府要把发展民办教育作为重要工作职责，鼓励社会力量捐资、出资办学，以独立举办、共同举办等多种形式兴办教育。支持民办学校创新体制机制和育人模式，促进民办学校加强内涵建设，培育一批高质量、有特色的民办学校。依法落实民办学校及学生、教师与公办学校及学生、教师平等的法律地位，保障民办学校办学自主权。完善促进民办教育发展的优惠政策、民办学校教师社会保障制度和民办学校法人治理结构。教育行政部门要切实加强民办教育的统筹、规划和管理工作。积极探索营利性和非营利性民办学校分类管理。规范民办学校资产和财务管理，确保民办学校收取的费用主要用于教育教学活动和改善办学条件。规范民办学校法人登记。完善民办学校年检制度，强化对民办学校的督导评估。建立民办学校办学风险防范机制和信息公开制度。加强民办学校党的建设，理顺党组织与决策机构的关系，保证党组织参与学校重大决策，在民办学校工作中发挥政治核心作用。

（三十三）建立现代学校制度

建立依法办学、自主管理、民主监督、社会参与的现代学校制度，构建政府、学校、社会之间的新型关系。有关部门要增强服务意识，改进管理方式，完善管理制度，减少和规范对高校的行政审批事项，依法保障高校充分行使办学自主权。高等学校按照国家法律法规和宏观政策自主办学。推进高校章程建设，坚持和完善公办高校党委领导下的校长负责制，完善民办高校督导专员制度。探索教授治学和民主管理的有效途径，重视发挥学术委员会在学科建设、学术发展中的作用，健全工会、共青团等群众组织，发挥教代会、学代会在科学决策、民主决策和依法决策中的作用，建立高校信息公开制度和质量年度报告发布制度。健全中小学和中等职业学校校长负责制。建立和完善校长选拔、任用制度。实行校务会议等管理制度，健全教职工代表大会制度，完善科学民主决策机制，不断提升学校管理的科学化、民主化、规范化水平。建立中等职业学校与行业、企业合作机制。推进各级各类学校校务公开。

（三十四）改革考试招生制度

实行政府宏观管理、专业机构组织实施、学校依法自主招生、学生多次选择的招考办法，逐步形成招考相对分离、分类考试、综合评价、多元录取的招生考试制度。义务教育阶段实行免试、就近入学，各种等级考试和竞赛成绩不得作为义务教育阶段入学与升学的依据。中等职业学校实行自主招生或根据学业水平考试成绩和综合素质评价注册入学。逐步实施普通本科院校与高等职业院校分类入学考试。鼓励普通本科院校以统一招生考试为基本方式，结合学业水平考试、综合素质评价、面试或者测试等结果选拔人才。规范艺术、体育类专业自治区统考和学校考试办法，提高考试的科学性和公信力。改革研究生招考办法，强化创新能力考察，发挥并规范导师在选拔录取中的作用。建立有利于人才选拔的多元录取机制，完善择优录取、自主录取、推荐录取、破格录取、定向录取等方式，增加考生选择机会。完善考试招生信息发布制度，实行信息公开透明，维护考生权益，促进考试公平。强化考试安全责任，完善考试招生政策，规范加分政策，规范学校招生录取程序，加强监督检查，严肃查处违纪违法行为。

（三十五）加强教育交流合作

进一步扩大教育开放，开展多层次、宽领域的教育交流与合作。支持宁夏各级各类学校加强与发达地区间的校级交流合作，拓宽国际交流与合作渠道，重视加强与中东阿拉伯等世界穆斯林国家的教育文化交流。加大引进国内外智力和优质教育资源的力度，提高高等学校聘请外籍教师的比例。加强和改进外语教学，提高师生在教学科研和对外交流中的外语运用能力。积极争取永久性承办中阿大学校长论坛，提升宁夏教育的影响力。支持高等学校加强与国内外高校之间的合作与交流，积极推进学生互换、教师培养、合作办学、学术交流的广泛开展。鼓励有条件的中小学和中等职业学校积极开展国际交流。支持宁夏大学办好孔子学院，提高办学效益和教学质量。充分利用国家公派出国留学和“西部地区人才培养特别项目”，扩大宁夏公派出国留学人员规模。加强对自费出国留学的政策引导，强化对留学中介机构的监督与管理。鼓励具备资格的高等学校接收来宁留学生，不断扩大留学生规模，提高留学生教育质量。积极开展与港澳台地区的教育交流，充分利用海内外教育项目发展宁夏教育事业。

第九章　教育资源配置

（三十六）强化资源配置统筹

进一步加强自治区对城乡教育发展及学校布局调整工作的统筹力度，建立健全全区统一的学校布局调整机制，统筹全区学校布局调整；加强教育移民过程中，人口迁入地与迁出地教育的统筹协调发展；加大义务教育经费统筹力度；对涉及全区性的工作部署，由自治区统一规划，市、县（区）按职责分工实施，充分利用现有的教育资源，为自治区总体战略部署提供服务。整合优化各类职业教育资源，通过“合并、共建、联办、划转”等形式，优化职业教育资源配置，做大、做强品牌。

（三十七）健全资源配置机制

合理配置公共教育资源，逐步实现基本公共教育服务均等化。按照中南部地区生态移民、沿黄城市带建设等重大战略部署，建立与之相适应的教育资源配置机制。在充分调查和论证的基础上，把教育移民和学校布局调整纳入战略发展的总体规划之中，优先规划、优先安排、优先保证、优先建设。在学校标准化建设、教育信息化、教师队伍建设等各类教育重点项目的实施中，向移民地区倾斜。加快南部山区创建教育强县工作，加快普及高中阶段教育，整合、优化南部山区县域内教育资源，促进县域义务教育均衡发展。着力构建东西部中等职业学校合作办学，城市支援农村、川区支援山区的中等职业教育发展格局。

（三十八）发挥资源配置效益

通过各类教育资源的合理配置，切实优化学校布局结构，形成与全区经济社会发展及扶贫开发相适应的教育发展格局，方便移民群众就近接受教育；改善办学基础设施，优化教师队伍结构，进一步提高学校的规模效益，全面提高教育质量，促进县域内义务教育的均衡发展和教育公平。继续实施职业教育“技能致富”计划，加快南部山区群众脱贫致富。

第十章 重点项目和改革试点

（三十九）实施教育重点工程

——实施学前教育发展与普及工程。实施县、乡（镇）中心幼儿园标准化建设项目，扩大学前教育规模，提高学前教育普及程度。

——实施义务教育、普通高中学校标准化建设工程。实现全区义务教育学校在建设用地、校舍面积、条件装备（含场地）、师资配置、公用经费等方面标准化办学。保证每个县（市、区）有1~2所标准化普通高中，扩大优质高中资源。

——实施中小学校舍安全工程。依据新的抗震设防标准和综合防灾要求，认真实施自治区人民政府批复的改造规划，加大力度，力争在国家规定的时限内，全面完成改造建设任务。

——实施农村教师周转宿舍建设工程。改善边远农村教师住宿和生活条件。

——实施职业教育基础能力建设工程。增强职业教育发展后劲。

——实施高等教育质量提升、重点特色学科工程。全面提升高等教育人才培养质量。提高高等教育自主创新和为经济社会服务的能力。

——实施基础教育学校综合管理质量工程。促进学校管理规范化、精细化、科学化，提高教育教学质量。

——实施民族教育发展工程。实现全区独立设置的民族中小学全部标准化，加快民族中小学校长和教师培养步伐。

——实施特殊教育发展工程。提升特殊教育办学层次，增强发展基础。

——实施教师队伍建设工程。重点加强农村教师队伍和中小学骨干教师、职业教育“双师型”教师、高等教育骨干教师和创新团队的培养。

——实施教育信息化工程。重点提高农村中小学信息化基础设施和管理应用水平。

——实施教育移民工程。利用中职教育和东西部合作联合招生，区内山川共济等措施，使宁南山区学生到异地接受优质教育，并稳定就业。

——实施教育惠民工程。通过“家庭经济困难学生资助计划”“中职学生免费教育计划”“宁南山区义务教育阶段学生营养补充计划”、农村地区学生“安全寄宿计划”等项目的实施，保障和改善民生。

（四十）组织实施改革试点

按照统筹规划、分步实施、先行试点、逐步推开的原则，开展农村学前教育机制改革、推进义务教育均衡发展、优质高中招生名额分配到区域内初中学校改革、探索普及高中阶段教育的措施和办法、基础教育质量检测机制改革、宁夏职业教育集团化办学体制机制改革、临床医学硕士专业学位与专科医师规范化培训一体化培养模式改革、改善民办教育发展环境等8项改革试点,在总结试点经验的基础上，逐步推开，确保宁夏教育体制改革的平稳顺利、富有成效。

第三部分　保障机制

第十一章　教师队伍建设

（四十一）加强师德建设

加强教师职业理想和职业道德教育，增强广大教师教书育人的责任感和使命感。教师要关爱学生，严谨笃学，淡泊名利，自尊自律，做学生健康成长的指导者和引路人。加强师德考核标准体系建设，将师德表现作为教师考核、聘任（聘用）和评价的首要内容。积极宣传优秀教师，树立典型，弘扬先进。

（四十二）提升教师专业能力

完善教师培训制度，将教师培训经费列入财政预算，对教师实行每五年一周期的全员培训；鼓励教师提高学历层次；实施中小学骨干教师培养培训计划，依托高校建立教师培养培训基地，加快建立区、市、县（区）三级骨干教师培训体系；加强校长培训，重视辅导员和班主任培训；加强教师教育，强化师德修养和教学能力训练，提高教师培养质量；加强教科研工作，健全以校为主的教科研制度，提升校长、教师的教科研能力。依托区内外高等学校和大中型企业，共建职业“双师型”教师培养培训基地，建立职业院校教师与企业高技能人才交流制度，扩大“双师型”教师比例。到 2020 年，中等职业学校专任教师师生比力争达到 1:20，专业课教师在教师总量中的比例达到 50%，“双师型”教师比例达到 40%以上；完善职业院校教师定期到企业实践制度。利用“中青年骨干教师进修计划”、高校对口支援、高校师资培训中心等各类资源，大力提高高校教师教学水平、科研创新和社会服务能力，促进跨学科、跨单位合作，形成高水平教学和科研创新团队；引导教师潜心教学科研，鼓励中青年优秀教师脱颖而出；完善吸引海内外高层次、高技能人才的政策体系，为高校集聚学科领军人才。

（四十三）提高教师地位待遇

落实教师绩效工资，不断改进绩效工资发放办法，依法保证教师平均工资水平不低于当地公务员的平均工资水平，并逐步提高。对长期在农村基层和艰苦边远地区工作的教师，在工资、职务（职称）等方面实行倾斜政策，提高津贴补贴标准。建设农村艰苦边远地区学校教师周转宿舍。关心教师身心健康，建立自治区特级教师、优秀教师定期健康疗养制度和体检制度，落实和完善教师医疗养老等社会保障政策。继续实施自治区特级教师和优秀教师经常性评选表彰工作机制，适当提高特级教师的评选比例，建立优秀教师津贴制度，对贡献突出的教师给予奖励，大力表彰和宣传模范教师的先进事迹。

（四十四）健全教师管理制度

完善并严格实施教师准入制度，严格执行国家教师资格标准，提高教师任职学历标准和品行要求。认真执行教师资格证书定期登记制度。自治区教育行政部门统一组织实施中小学（幼儿园）教师资格考试和资格认定，进一步完善中小学（幼儿园）教师招聘录用全区统筹机制。积极做好国家免费师范毕业生的定向就业安置工作，实施“农村义务教育学校教师特设岗位计划”。合理配置教师资源，建立中小学教职工编制动态管理机制，同一县（市、区）域在核定的编制总额内，按照隶属关系，由教育行政部门按照总量控制、城乡统筹、结构调整、有增有减的原则，根据班额、生源等具体情况，调整和使用本地区中小学教职工编制，并报同级机构编制部门备案。落实幼儿园教师编制，建立幼儿园教师持证上岗制度、实行园长和保教人员持证上岗，加强区内幼儿师范学校建设，五年内对幼儿园园长和教师进行一轮全员培训。按照教师配备标准，足额配备特教教师。加强体育、艺术教师队伍建设，配齐配强体育、艺术教师。建立统一的中小学教师职务（职称）系列评价体系，在中小学设置正高级教师职务（职称）。探索在中等职业学校设置正高级教师职务（职称）。加强学校岗位管理，创新聘用方式，规范用人行为，完善激励机制，激发教师积极性和创造性。建立健全义务教育学校教师流动机制。城镇中小学教师在评聘高级职务（职称）时，应有一年以上在农村学校或薄弱学校任教经历。加强教师管理，优化教师资源配置，探索建立义务教育学校教师退出机制，有计划地将一部分小学教师分流到学前教育。

（四十五）重视校长队伍建设

严格校长任职资格标准，提高校长队伍管理水平。完善中小学校长管理制度，理顺校长管理体制，高级中学和完全中学校长一般由县级以上教育行政部门提名、考察或参与考察，按干部管理权限任用和聘任；其他义务教育学校校长由县级以上教育行政部门选拔任用并归口管理。实行校长任期制、任期目标责任制和轮岗交流制。建立完善校长监督、考核、奖惩、培训机制。

第十二章　教育经费

（四十六）加大教育经费投入

落实政府提供公共教育服务的职责。各级政府要把教育支出作为财政支出的重点领域予以优先保障，依法保证教育财政拨款的增长应当高于财政经常性收入的增长，保证按在校学生人数平均的教育费用逐步增长，保证学生人均公用经费逐步增长，且每年财政超预算收入部分优先安排教育支出；足额征收城市教育费附加，并专项用于教育，由各级教育行政部门提出安排使用意见。在保持原有投入渠道和投入规模的基础上，多渠道筹措教育经费，大幅度增加教育投入。规范和完善教育经费转移支付制度。各级政府和有关部门要对各级各类学校校舍建设实行规费减免。根据事业发展和群众承受能力，合理调整高等教育学费标准。

完善捐赠教育的激励机制，对个人教育公益性捐赠支出，在所得税税前予以扣除。

（四十七）完善教育经费保障机制

义务教育全面纳入各级财政保障范围，实行预算单列。学前教育实行政府投入、社会举办者投入、家庭合理分担的投入机制。普通高中以财政投入为主、多种渠道筹措经费为辅，大幅度提高财政投入水平。加大政府、行业、企业以及其他社会力量对职业教育的经费投入。高等教育实行以举办者投入为主、受教育者合理分担培养成本、学校设立基金接受社会捐赠等投入机制，继续实施高等学校农林师范类专业学生学费减免制度，逐步化解高校基本建设债务。建立健全家庭经济困难学生资助政策体系，完善各类教育资助制度，扩大家庭困难学生资助覆盖面。健全教育经费预算管理制度，提高预算执行效率。加强教育经费管理和使用监督，严格执行财务制度，严肃财经纪律，提高教育经费使用效益。

（四十八）增加教育发展专项经费

从2011年起，新增县、乡（镇）中心幼儿园标准化建设专项经费、义务教育学校标准化建设专项经费、基础教育教科研成果奖励专项经费、教育督导专项经费、高等教育重点学科建设专项经费、体育艺术“2+1工程”专项经费等，提高高等教育专项经费、中小学师资培训经费标准，并随全区经济发展逐年提高。

第十三章　加快教育信息化建设

（四十九）加快教育信息化基础设施建设

加强农村学校信息化建设，更新和完善中小学信息基础设施，推进各级各类学校数字化校园建设，实现所有学校以不同方式接入互联网。继续推进农村远程教育。加快多媒体终端进教室的普及，逐步实现“班班通”。建立加快教育信息化建设保障措施，促进教育信息化建设与教育事业整体发展协调一致，到2020年建成覆盖城乡各级各类学校教育信息化体系。

（五十）加快教育信息化服务体系建设

建设开放、灵活的教育信息化公共服务平台，构建与信息社会发展相适应的教育信息化服务体系。建设数字化学习支持系统，推进学习型社会建设。推进数字化教学、学习资源网建设，引进国内优质数字化资源，建立数字图书馆和虚拟实验室，实现优质教育资源普及共享。建立基于网络的政府教育管理信息系统，提升教育管理科学化、标准化、规范化水平。

（五十一）提升信息技术应用水平

加快农村中小学信息技术教育的普及，着力提高教师现代教育技术应用能力，全面推进信息技术在教育教学中的广泛应用。营造积极健康的网上学习环境，鼓励学生利用信息技术手段学习。重视信息化教育资源的普及和共享，形成高效、开放、共享的信息化教育模式，促进教学和学习方式的转变。

第十四章　加强组织领导和依法治教

（五十二）加强对《纲要》实施的组织领导

建立各级党委、政府主要领导负总责、分管领导分工负责的责任体系。自治区政府成立教育体制改革领导小组，研究部署、指导实施教育体制改革工作。自治区教育行政部门负责《纲要》实施的组织协调，发展改革、财政、编制、人力资源社会保障等部门密切协作，切实履行责任。建立教育发展问责制，将《纲要》实施情况纳入各级党委、政府特别是主要领导政绩考核范围，作为专项内容进行考核。各级政府定期向同级人民代表大会或其常务委员会报告教育工作，并充分听取政协及各民主党派的意见和建议。市、县（区）党委、政府及其有关部门、各级各类学校要围绕《纲要》提出的目标任务和政策措施，制定本地、本校的实施方案，确保落到实处。广泛宣传《纲要》的重大意义和主要内容，动员全党全社会进一步关心、支持教育事业的改革和发展，为《纲要》的实施创造良好的社会环境和舆论氛围。

（五十三）推进依法治教、依法治校

自治区根据经济社会发展和教育改革的需要，进一步完善促进教育发展的法规和规章。各级政府要依法履行教育职责，落实教育行政执法责任制，并将教育法律法规列入普法教育范围。加大教育行政执法力度，及时查处各类教育违规违法行为，建立规范教育秩序的长效管理机制，依法维护学校、学生、教师、校长和举办者的权益。完善教育信息公开制度，保障公众对教育的知情权、参与权和监督权。学校要完善符合法律规定、体现自身特色的学校章程和制度，认真履行教育教学和管理职责，尊重教师权利，加强教师管理，保障学生受教育权，开展普法教育，强化安全教育、生命教育和学校安全管理，加强校园网络管理和周边治安综合治理。完善经常性的联合执法协调机制，完善校园安全保卫措施，坚决消除影响校园安全稳定的不和谐因素。完善学校突发事件应急管理机制，加强教育信访工作，及时化解矛盾和纠纷。

（五十四）健全教育督导制度

进一步加强市、县（区）政府教育督导机构建设，推进督导机构独立行使职能。加强督学队伍建设，建立督学选拔聘任、督学资格认定、督学责任区和跨责任区督导制度。坚持督政与督教督学、监督与服务指导并重，加强对政府履行教育职责的督导，强化对政府落实教育法律法规政策特别是教育投入情况的督导。开展对教育热点、难点问题的督导，完善各级各类教育质量督导机制，丰富和创新督导内容。建立督导结果公告制度和限期整改制度。

（五十五）加强教育系统党建工作

全面加强和改进各级各类学校党组织的思想、组织、作风建设，积极开展党性党风党纪教育，加强学习型党组织建设，坚持用马克思主义中国化最新成果武装党员干部、教育广大师生，推进中国特色社会主义理论体系和社会主义核心价值体系进教材、进课堂、进头脑。把全面贯彻教育方针、培养社会主义建设者和接班人贯穿学校党组织活动始终。充分发挥高等学校党组织在学校工作中的领导核心作用和中小学党组织在学校工作中的政治核心作用。加强学校领导班子和领导干部队伍建设，提高思想政治素质和办学治校能力，着力扩大学校党组织工作的覆盖面。做好学校发展党员工作，创新学校党组织工作方式和党员教育方式。加强党员培训工作，提高党员整体素质。加强民办高校党建工作，创新党组织发挥作用的途径与方法。加强教育系统党风廉政建设和行风建设，严格执行党风廉政建设责任制，进一步规范教育收费，加大对重点领域和薄弱环节的监管力度，积极构建符合教育系统特点和规律的惩治和预防腐败体系。

宁夏回族自治区教育事业发展第十二个五年规划

为深入贯彻落实科学发展观和科教兴宁、人才强区战略，提升我区教育整体实力和发展水平，更好地服务自治区经济社会跨越式发展，根据《宁夏回族自治区国民经济和社会发展第十二个五年规划纲要》（以下简称《宁夏“十二五”规划纲要》）和《宁夏中长期教育改革和发展规划纲要（2010~2020 年)》（以下简称《宁夏教育规划纲要》），特制定本规划。

一、发展形势

“十一五”时期，宁夏教育事业在自治区党委、政府的正确领导和教育部等部门的大力支持下，坚持以邓小平理论和“三个代表”重要思想为指导，深入贯彻落实科学发展观，抢抓机遇、深化改革、创新机制、加快发展，全面完成了“十一五”规划所确定的目标任务，基本形成了具有区域特征和民族特色的现代国民教育体系。“两基”顺利通过国家评估验收。2010 年，学前三年教育毛入园率达 50.9%。全区高中阶段毛入学率达 84.71%，每万人口高中阶段在校生 421 人，14 个县（市、区）普及高中阶段教育通过自治区级评估验收，18 个县（市、区）实现了创建教育强县（区）目标。中等职业教育快速发展，在校生达 12.5 万人（含东西部合作办学)，比“十五”末增长 111.86%，普通高中与中职招生比为 51.2:48.6，建成了自治区职业教育实训基地。高等教育办学质量稳步提升，高校在校生 11.68 万人，其中在读研究生 3209 人，高等教育毛入学率25.1%，宁夏大学进入“211工程”第三期建设计划。民族教育得到切实加强，组织实施了“百所回民中小学标准化建设工程”，累计建成标准化回民中小学123所，创办了六盘山高中和育才中学，各级各类学校少数民族学生比例达38.49%，已超出全区少数民族人口自然比例。民办教育发展迅速，在校学生10.4万人，社会力量参与办学的积极性明显提高。教育投入大幅增加，“十一五”期间（不含2010年），全区教育经费累计投入255亿元，年均增长22.2%，在全国率先成功化解义务教育债务，办学条件得到极大改善。教育信息化取得突破性进展，2010年底，全区乡镇中心小学以上的学校和45%的村完小接入互联网，中小学生机比达12:1，发展水平位居西部前列。建立了义务教育经费保障机制，在全国率先实施“三免一补”政策，国家助学制度进一步完善，教育公平迈出重大步伐。教师队伍学科结构不断优化，学历层次显著提高，义务教育阶段教师绩效工资改革顺利推进，教师队伍整体素质进一步提升。基础教育课程、高考招生考试等重点领域改革有序推进，成效显著。这些成绩的取得，为我区基本实现教育现代化奠定了坚实基础。

“十二五”时期，宁夏教育仍将处于大有作为的重要战略机遇期。教育事业在经济社会发展的大格局中，既面临重大发展机遇，也面对新的挑战。国家实施西部大开发战略、国务院支持宁夏经济社会发展政策的落实以及《国家中长期教育改革和发展规划纲要（2010~2020年）》的实施将为我区教育事业的科学发展、跨越发展提供有力支持。自治区经济发展方式转变和产业结构优化升级，新型工业化、城市化进程的加快推进，打造黄河金岸、发展现代服务业、实施生态移民和内陆开放型经济等重大战略的实施，为宁夏教育事业的科学发展、跨越发展提供了广阔空间。自治区党委、政府的高度重视，社会各界的关心和支持，教育投入的不断加大以及“十一五”时期奠定的良好基础，是宁夏教育事业科学发展、跨越发展的重要保障。但与此同时，当前宁夏教育发展也存在着一些突出问题：人民群众期盼优质教育与资源相对短缺的矛盾较为突出，“择校热”等影响教育公平的现象依然存在；人才培养质量、科技创新与服务经济社会发展能力依然不足；深化教育改革、加强教育创新、增强教育发展活力与体制机制约束的矛盾有待解决；教育经费需求与投入不足的矛盾仍然突出；缩小山川、城乡和校际之间发展差距的任务还很繁重。

因此，“十二五”时期，宁夏教育承载着前所未有的历史使命，也面临着前所未有的新挑战。面对新形势、新任务，必须树立强烈的机遇意识和责任意识，抢抓机遇，应对挑战，抓住和用好重要战略机遇期，坚定不移地推进教育事业优先发展、科学发展，为自治区加快转变经济发展方式服务，为调整产业结构服务，为改善民生、更好满足人民群众新期盼服务。

二、发展战略

（一）指导思想

高举中国特色社会主义伟大旗帜，坚持以邓小平理论和“三个代表”重要思想为指导，深入贯彻落实科学发展观以及自治区党委十届十一次全会、全区教育工作会议精神和《宁夏教育规划纲要》，大力实施科教兴宁和人才强区战略，紧紧围绕建设和谐富裕新宁夏的总体要求，坚持“优先发展、育人为本、改革创新、促进公平、提高质量”的工作方针，以全面实施素质教育为主题，以加快改革人才培养体制为主线，以服务宁夏经济社会发展和人的全面发展为目标，更新教育发展理念，创新教育体制机制，转变教育发展方式，夯实教育发展基础，加快教育强区建设步伐，统筹城乡、山川和各级各类教育，努力实现宁夏教育规模、结构、质量与效益的协调统一，提高教育促进国民经济和社会发展的能力，为全面实现《宁夏教育规划纲要》提出的教育强区目标奠定坚实基础。

（二）规划目标

根据《宁夏“十二五”规划纲要》总体战略目标，围绕加快转变经济发展方式的要求和人民群众接受更加优质、更加公平教育的需要，把育人为本作为教育工作的根本要求，以促进公平和提高质量为重点，以优先发展和改革创新做保障，实施“教育强区”战略，推进宁夏教育事业在新的历史起点上实现新跨越。

1. 教育事业发展目标。学前教育普及程度大幅提高，全区普及学前一年教育，城市普及学前三年教育，学前一年、二年、三年教育毛入园（班）率分别达90%、70%和60%以上。义务教育阶段小学六年和初中三年巩固率分别达到90%、93%以上；2012年实现县域内义务教育学校在经费投入、办学条件、师资力量、教育质量方面的初步均衡。职业教育与普通教育协调发展，2012年基本普及高中阶段教育，毛入学率达85%以上；2015年毛入学率达87%以上。中等职业教育年招生规模保持在4万人以上、在校生规模保持在12万以上、职业教育东西部联合招生合作办学规模保持在1万人以上，高职年招生规模达1.5万人以上、在校生规模4.5万人以上。2015年普通高校本科年招生规模达到1.6万人，高等教育在校生总规模达到15万人左右，高等教育毛入学率达到36%。2015年残疾儿童入学率达85%。各级各类教育在校少数民族学生比例与少数民族自然人口比例相当。实现教师全员培训。实现各级教育行政部门以光纤接入互联网。

2. 体制机制建设目标。现代教育体系更加完善，各级各类教育协调持续发展。各类教育的管理机制基本建立，政府管理教育职能得到有效转变，学校的办学自主权进一步落实，基层学校和教师的积极性、创造性得到有效调动和发挥，学校办学活力进一步显现。以人才培养体制改革为核心的教育重点领域和关键环节改革取得进展，改革试点成效显著，管理制度和长效机制逐步形成，人才培养质量不断提高。教育经费不断增加，持续投入保障机制逐步建立，教育事业发展的物质基础明显改善。

3. 服务社会发展目标。全区人力资源得到持续开发，15 岁以上国民平均受教育年限达到 9.5 年。城乡、校际之间教育发展差距显著缩小，人民群众对教育公平的满意度显著提高。职业教育培训覆盖城乡，教育移民深入推进，成为中南部地区生态移民和扶贫开发的重要形式和有效推力。高等学校科研水平不断提高，成为推动宁夏现代农业、新型工业、优势特色产业和文化、医疗卫生事业等领域发展的有生力量，成为社会主义核心价值体系教育和引领社会主义先进文化的重要基地。

专栏 1：“十二五”教育事业发展主要目标

项　目		2010 年	2015 年
学前教育	幼儿园在园人数（万人）	13.79	16
	学前一年毛入园率（%）	—	90
	学前二年毛入园率（%）	—	70
	学前三年毛入园率（%）	50.9	60
九年义务教育	在校生（万人）	96.1	92
	小学六年巩固率（%）	83.49	90
	初中三年巩固率（%）	91.34	93
高中阶段教育	在校生（万人）	26.7	27
	毛入学率（%）	84.71	87
职业教育	中职在校生（万人）	12.5	12
	高职在校生（万人）	2.9	4.5

续表

项 目		2010 年	2015 年
高等教育	在学总规模（万人）	13.8	13.4
	在校生（万人）	11.68	12
	其中：研究生（万人）	0.32	0.33
	毛入学率（%）	25.1	36
特殊教育	残疾儿童少年入学率（%）	75	85
人力资源开发	15 岁以上人口平均受教育年限（年）	8	9.5

三、发展任务

（一）完善现代教育体系

教育事业的发展要更好地服务自治区经济社会发展，必须加快构建涵盖基础教育、职业教育、高等教育、继续教育、民族教育、民办教育等各级各类教育协调发展，普通教育和职业教育、职前教育和职后教育、学历教育和非学历教育有机衔接的更加完善的现代教育体系。

1. 推进教育基本公共服务。在义务教育的基础上，将特殊教育、学前教育、以中等职业教育为主的基础职业教育纳入教育公共服务体系。明确教育公共服务的公益性，坚持以政府投入为主，着力巩固提高“两基”成果，重视特殊教育，普及学前教育，加强基础职业教育，不断提高教育基本公共服务的总供给水平。推进教育基本公共服务均等化，公共财政应优先安排教育基本公共服务，改进教育财政转移支付制度，建立以教育基本公共服务均等化为导向的教育公共财政分配方式，自治区和市、县政府的一般性转移支付向教育基本公共服务倾斜，重点扶持贫困地区、薄弱学校、困难群体和薄弱环节。

2. 大力发展职业教育。根据自治区经济发展方式转变和产业结构调整的需求，面向以“三大农业示范区”建设为主的现代农业，面向战略性新兴产业、特色优势产业为主的新型工业，面向以现代物流业、旅游业和金融业为主的现代服务业，加大技能型、应用型人才培养力度。整合各类培训资源，大力开展以实用技术和劳动技能为主的职业培训，促进农村劳动力有序转移和劳动者素质提高。积极开展中职教育东西部联合招生与合作办学，扩大职业教育办学规模。促进同一层次职业院校之间、中职教育与高职教育之间的相互衔接，构建职业教育课程、培养模式、学制、专业相贯通的“立交桥”，拓宽技能型人才培养渠道，为学生多元发展提供政策机制保障。进一步完善工学结合、校企合作、顶岗实习制度，调动行业企业举办或参与举办职业教育的积极性。以增加政府投入为基础，积极推进面向成年残疾人的职业培训，提高其就业创业能力。

3. 稳步发展高等教育。稳步发展本科教育，加快发展研究生教育，加大专业学位研究生培养力度，大力发展高等职业教育，积极支持民办高校发展，进一步扩大高等教育办学规模。到 2015 年，完成宁夏医科大学博士学位授予单位立项建设验收工作，争取银川科技职业学院升格为银川能源学院，新建宁夏防沙治沙职业技术学院。重视发挥政策指导、资源配置和教学评估的作用，引导和促进各高等学校科学制定发展规划，合理定位，特色发展，错位发展，克服同质化倾向。推进宁夏大学“211 工程”项目建设、国家示范性高职院校和重点骨干高职院校建设。做好高校毕业生就业指导工作，完善就业服务体系。

4. 积极发展继续教育。稳步发展学历继续教育，加快发展以职业导向为主的非学历继续教育，大幅度提高继续教育参与率，努力提高教育质量。积极鼓励大专院校、科研院所等组织开展继续教育，大力发展社会化职业培训机构，建设以现代信息技术为载体的远程开放继续教育与公共教育服务平台，充分利用现代远程教育优势实现教育资源的最大开放，提高教育资源社会共享率。倡导全民阅读，推动全民学习，加快学习型组织建设。

5. 支持发展民办教育。民办教育是现代教育体系的重要组成部分。设立发展民办教育公共财政专项资金，积极鼓励社会力量投资，开展多形式、多渠道、多层次的合作办学或独立办学。重点发展非义务教育阶段民办教育，积极支持民办学前教育、民办中职教育、民办高等教育的发展，提高民办教育在各级各类教育中所占比例。鼓励和支持民办学校创新体制机制和育人模式，依法落实民办学校、学生、教师与公办学校、学生、教师平等的法律地位。对具备学士学位授予单位条件的民办高等学校，按规定程序予以审批。

（二）促进教育机会公平

教育公平是社会公平的重要基础。树立公平教育的理念，完善促进公平的资源配置制度，着力促进教育机会公平。到 2015 年，全区农村学前一年教育基本普及，县域内义务教育发展初步均衡，高中阶段教育更加协调，教育资助制度更加完善，人民群众对教育发展的满意度明显提升。

1. 加快发展学前教育。大力发展学前教育，提高幼儿入园率。建立政府主导、社会参与、公办民办并举的幼儿园办园体制。加大财政投入力度，建设一批公办标准化和示范性幼儿园，提供“广覆盖、保基本”的学前教育发展服务。采取政府购买服务等方式发展学前教育，积极扶持民办幼儿园，支持社会力量举办学前教育。合理确定学前教育成本分担机制，切实改善办园条件。加强学前教育保教队伍建设，按照规定配齐配足教职工，切实落实幼儿园教师和保育员的工资待遇、专业发展、职务职称评定、社会保险等方面的政策。合理利用中小学布局调整富余校舍和教师举办幼儿园（班）。继续推进自治区级示范园创建活动。加强对学前教育发展的督导。

专栏 2：学前教育发展与普及工程

“十二五”期间，在全区 22 个县（市、区）各新建 1 所标准化幼儿园、191 个乡（镇）新建或改建 1 所标准化中心幼儿园，合理利用中小学布局调整中富余的安全校舍资源，建设一批农村幼儿园，提高农村学前教育普及程度。加强城市标准化幼儿园建设，把学前教育纳入教育发展和城市建设规划，根据 3~6 岁幼儿的入园需要在城市街道和大型小区建设国有民办、民办公助等多种形式的标准化幼儿园，每个县（市、区）创建一批示范性幼儿园。

2. 推动义务教育均衡发展。实施《宁夏义务教育均衡发展行动计划》和义务教育均衡发展示范县创建活动，优化教育资源配置，促进义务教育县域内均衡发展。推进义务教育学校标准化建设，加强学校体育卫生设施、食堂、厕所等配套设施建设，提高学校教学仪器设备、图书、实验条件达标率；县级教育行政部门统筹管理、均衡合理配置教师资源，建立和完善区域内学校间的协作机制，建立合理的校长、教师流动和交流制度，切实缩小区域内义务教育发展差距，有效缓解“大班额”“大通铺”等现象。建立和完善反映义务教育均衡状况的监测体系和义务教育均衡发展督查制度。坚持以流入地政府管理为主、以全日制公办中小学为主，进一步加强进城务工人员随迁子女就学保障，建立健全政府主导、社会参与的农村留守儿童关爱服务体系。提高每一所学校办学水平，促进每一个孩子健康成长，在实现县域内义务教育初步均衡目标的基础上有新的提高，教育强县（区）目标全面实现。

专栏 3：义务教育学校标准化建设工程

制定《宁夏义务教育阶段学校办学基本标准》，使全区义务教育学校在校舍面积、条件装备、师资配置、公用经费等方面实现标准化办学。扩大城镇学校办学规模，解决因城市化进程加快与进城务工人员增多带来的城市（县镇）义务教育学校“大班额”问题。以提高质量为目标、以师资配备为关键，加大政府扶持和校际之间支援力度，通过教师、校长定期交流、教学资源共享等手段，增强农村薄弱学校发展活力。

3. 普及高中阶段教育。优化高中阶段教育结构，加快建立政策调控、有效分流新机制，扩大中等职业教育规模，确保普通高中教育与中等职业教育规模大体相当，实现高中阶段教育协调发展，不断提升高中阶段适龄人口毛入学率，确保2012年全区基本普及高中阶段教育。实施标准化高中建设工程，每个县（市）建成1~2所标准化普通高中学校，发挥六盘山高中和育才中学办学优势，支持普通高中特色发展，扩大优质普通高中教育资源；深入开展示范性普通高中评估认定工作，提高普通高中学校的整体办学水平。加强职业教育基础能力建设。全面建成自治区职业教育园区，支持人口在20万以上县（市）建设1所职教中心，支持每个地级市依托高职学院（或职教中心）建成一个综合性职业教育实验实训基地，加强“双师型”教师队伍建设，全面提升职业教育基础能力。建立和完善自治区职业教育实训基地管理办法和运行机制，充分发挥其龙头带动作用，实现职业教育资源整合与共享。

专栏4：普通高中学校标准化建设工程

对现有普通高中按规划进行改建、扩建、迁建，为每个县（市）改造建设1~2所寄宿制标准化普通高中，扩大优质高中教育资源。鼓励支持普通高中多样化、特色化发展，积极创办全国特色高中，带动普通高中教育发展。

专栏5：职业教育基础能力建设工程

“十二五”期间，实施职业教育基础能力建设二期工程，着力提高各级各类学校实验实训水平。

4. 关心支持特殊教育。加大特殊教育投入力度，改善现有特殊学校教学、生活和康复训练等基础设施，进一步改善办学条件；提高特殊教育学校生均公用经费标准，加强特殊教育师资队伍建设，提高残疾儿童少年义务教育普及水平和职业教育能力。

专栏6：特殊教育发展工程

在五个地级市和30万人口以上或残疾儿童人数较多的县（市）建设一所特殊教育学校，添置必要的教学、生活和康复训练设施；建立地级市残疾儿童早期干预机构和残疾青少年职业教育中心，为残疾儿童少年创造自立自强的发展条件，提升宁夏特殊教育学校办学层次。

5. 健全完善家庭经济困难学生资助制度。扩大资助覆盖面，加大资助力度，进一步完善普通高中家庭经济困难学生助学制度，免除中等职业教育家庭经济困难学生和涉农专业学生学费，并逐步实现中等职业教育免费制度。高中阶段残疾学生全部纳入资助体系。改进和完善高等学校家庭经济困难学生资助政策，大力推进生源地信用助学贷款工作，继续着力改善中南部地区农村学生营养健康水平，确保没有一个学生因家庭经济困难辍学、失学。

专栏7：教育惠民工程

实施“家庭经济困难学生资助计划”，利用公共财政和社会捐助，加大对家庭经济困难学生资助力度，健全资助政策体系。实施“中职学生免费教育计划”，积极申请国家对宁夏中职生实行全部免费政策，助学资助面达到100%。实施中南部地区公办义务教育阶段学生营养早餐工程，在已有工作的基础上，扩大范围，提高标准，改善学生营养健康水平。实施“农村义务教育薄弱学校改造计划”，集中力量改善县镇学校“大班额”问题，全面改善农村寄宿制学校学生生活、学习条件，切实解决“大通铺”问题和校外寄宿安全隐患。

（三）加大发展统筹力度

根据自治区经济社会发展需要，发挥政府统筹发展、投入引导、政策支持、监督指导的优势，合理配置教育资源，不断优化人才培养结构，实现民族教育优先发展，推进教育移民带动生态移民攻坚计划的深入实施。

1. 优先发展民族教育。继续实施“百所回民中小学标准化建设”工程，加快推进回民中小学实现标准化建设目标，整体提升回民中小学办学质量与水平。发挥六盘山高中和育才中学的示范作用，扶持回族聚居市、县建设民族职业教育院校或职教中心。实施少数民族重点专业支持计划，从办学经费、师资培养、实验实训基地建设等方面，支持高校加强阿拉伯语、清真食品加工、穆斯林用品生产加工等民族专业品牌建设，促进少数民族高层次人才培养。在全区回民中小学中挖掘开发具有少数民族特点的校本课程，引导学校形成鲜明的民族办学特色。加大政策倾斜力度，提高民族地区师资队伍整体水平，优化教师学科结构，全面提高民族学校的管理水平和教育质量。

专栏8：民族教育发展工程

实施“百所回民中小学标准化建设工程”，加快推进全区独立设置的回民中小学实现标准化；实施自治区“回民中小学教师培养培训计划”，通过在职培训、选派培养、挂职锻炼等形式与途径，加快民族中小学校长和教师培养步伐，推动民族教育的发展。

2. 统筹教育资源配置。推动各地政府统筹经济社会发展规划和教育发展规划，统筹产业、教育、科技发展，促进产教、科教深度融合、联动发展。建立健全全区统一的学校布局调整机制，统筹全区学校布局调整。“十二五”末，普通高中调整到60所左右，校均规模达到2500人以上；初级中学和小学分别调整到260所、2000所以内，幼儿园从373所增加到600所左右。通过“合并、共建、联办、划转”等形式，优化职业教育资源配置，着力构建东西部中等职业学校合作办学，区内山川相济、城市支援农村、川区支援山区的中等职业教育发展格局。统一城乡教育规划、建设标准、经费投入、师资配备和管理体制，鼓励城乡学校结对、捆绑发展，探索城乡教育联动发展新模式。加大义务教育经费统筹力度，在各类教育重点项目的实施中，对贫困地区、民族聚居区给予倾斜。

3. 加快调整人才培养结构。加大对人才培养工作的调控与指导，引导高等学校和职业院校加快人才培养结构调整。根据自治区经济发展方式转变和产业结构调整的需要，加快培养新能源、新材料、先进装备制造等战略性新兴产业急需人才；加快培养化工、冶金、建材、医药、轻纺等传统产业，煤炭、电力、煤化工、清真食品和穆斯林用品等特色产业以及物流、金融等现代服务业紧缺人才；加快培养服务“三农”的高素质人才。通过建立人才需求预测与发布机制、初次就业率调查机制、学科专业评估机制等手段，推动高等学校和职业院校调整和改造结构过剩性学科专业，根据人才市场的需求情况，及时调整供过于求的学科专业培养规模。

4. 深入推进教育移民。把教育移民作为推动中南部地区生态移民开发的重要驱动力，加强统筹教育移民过程中人口迁入地与迁出地教育同步协调发展。在充分调查和论证的基础上，把教育移民和学校布局调整纳入生态移民和扶贫开发的总体规划之中，积极组织实施宁夏中南部地区县内、县外和区外教育移民工作，不断扩大移民迁入地优质教育资源规模，提高办学质量和办学效益，切实增强教育的吸引力。实施面向移民子女的免费职业技能培训，开展中职教育东西部合作联合招生办学，向东部发达地区输送中职学生，实现稳定就业；将中南部地区初中优秀毕业生选拔集中到教育资源相对发达的地市级以上城市接受优质普通高中教育，并实施教育资助帮扶政策。

专栏 9：教育移民工程

在中心城市和接受移民教育的地区建设标准化中小学，为移民群众接受优质教育提供便利；生态移民子女自愿到区内职业院校学习，实行免费教育培训；免费开展职业技能培训和劳务移民培训，提高移民迁入地劳动者素质和就业能力。

（四）提高人才培养质量

提高质量是教育改革发展的核心任务。树立以提高质量为重点的教育发展观，全面实施素质教育，切实深化教学改革，加大创新人才培养，健全教育质量保障机制，为全体学生提供更加丰富的优质教育，更好地满足人民群众接受高质量教育的需求。

1. 全面实施素质教育。加强未成年人德育和大学生思想政治教育工作，将社会主义核心价值体系融入国民教育全过程并纳入学校课程体系；创新德育形式，丰富德育内容，注重德育实效，创新德育工作模式与评价机制；积极推动学校、家庭、社会教育有效衔接，促进学校德育工作健康发展。切实减轻学生课业负担，促进学生全面发展，全面提高学生的思想道德素质、科学文化素质、心理身体素质，着力培养学生的职业精神和创新实践能力。切实加强学校体育卫生和艺术教育工作，扎实推进“阳光体育”运动，全面实施《国家学生体质健康标准》测试制度，使 85%的学生达到《国家学生体质健康标准》；重视学生心理健康与养成教育，培养健全人格；加强美育，丰富学校艺术教育内容和形式，培养学生良好的审美情趣和人文素养。

专栏 10：中小学“体育、艺术 2+1 项目”工程

制定《全区中小学生“体育、艺术 2+1 项目”工程实施计划》。加强全区中小学体育艺术设施建设，配齐配好体育艺术器材，开展教师培训，实施体育竞赛、艺术展演、表彰奖励等活动，使每个学生都能掌握 2 项终身受益的体育基本技能和 1 项艺术特长，促进学生的全面发展。

2. 深化教学改革。继续深化基础教育课程改革，扎实推进“基础教育综合管理质量工程”，建立和完善学校教学质量评估体系和学生学业评价体系。改革职业教育专业课程体系，加强实习实训基地建设，进一步深化校企合作、工学结合的人才培养模式改革。继续实施“高等学校本科教学质量与教学改革工程”，推进学科建设和课程改革，大力推进高校优质教学资源建设和共享，加强实验教学示范中心和实习基地建设，加强学校社团建设，深入开展平安校园、文明校园、和谐校园创建活动。

3. 加强创新人才培养。推进教学方式改革，注重学思结合、知行统一，推广启发式、探究式、讨论式、参与式教学方法，强化实践教学，广泛开展分组实验、学科与技能竞赛、研究性学习、创新性实验等多种形式，使学生在日常学习、生产劳动、社会实践和创新活动中获取知识、得到锻炼。加强区属高校重点特色学科和重点实验室、工程技术中心、人文社科研究基地等科技创新平台建设，提高学科建设和科研创新水平。推进“研究生培养创新计划”，强化系统严格的科研训练，逐步建立以科学研究为主导的导师责任制和项目资助制，促进研究生培养与科学研究和创新实践的紧密结合，加快产学研联合培养研究生基地建设。加强学术诚信建设，营造良好科研环境。

专栏 11：高等教育内涵提升工程

实施高等教育内涵提升工程，加强高等学校重点特色学科建设，重点建设 40 个自治区级重点学科，争取 1~2 个进入国家级重点；加强重点实验室、工程研究中心、人文社会科学研究基地和高新技术成果转化基地建设，力争建设 1~2 个国家级、16 个部委级、20 个自治区级科技创新平台；加强优质教育资源建设与共享，建成自治区级精品课程 250 门、30 个优势特色专业、40 个高职骨干示范专业、30 个自治区实验教学示范中心、30 个人才培养创新实验区，推动教学改革不断深化。

4. 建立教育质量保障机制。引导各地政府和各级各类学校正确认识宁夏教育发展的阶段性特征，切实把教育投入及资源配置和学校工作重点集中到强化教学环节、提高教育质量上来。进一步树立教学工作中心地位，切实加大对师资队伍、条件装备、实习基地的投入，逐步提高学校公用经费标准，提高管理水平。加大对学校教育质量的评估与监管，逐级建立周期性的督导、评估和检查制度，促进学校的自我管理、自我完善和自我提高。

（五）加强教育交流合作

教育交流与合作是转变教育观念、深化教育改革、提高管理水平和人才培养水平，推动教育事业科学发展的重要途径。切实加强宁夏教育与国内外教育发达地区的联系与合作，扩大对外开放，拓宽交流渠道，提升合作层次，促进教育交流合作水平和服务自治区对外开放战略能力不断提高。

1. 强化国内交流与合作。主动加强与东南沿海等经济发达地区学校的联系，寻求建立交流合作的长效机制。鼓励义务教育和高中阶段学校建立校际间的交流合作，通过人员培训、挂职锻炼、教研交流等形式，促进教育观念的转变、教师队伍建设和管理水平的提高。积极实施国家

“支援中西部地区协作计划”项目，加大对宁夏大学、宁夏医科大学、宁夏师范学院等学校的对口支援力度，结合“青年骨干教师国内访问学者”计划，支持区属高校教师到“985高校”研修。支持高等学校根据人才培养与事业发展需要，与国内高校开展人才培养、学术交流、科研合作、师资培养等多领域、深层次的交流与合作。加强闽宁教育对口帮扶工作，互派学校管理干部和一线教师挂职锻炼和教育交流。建立区内城市与农村、川区与山区、示范与薄弱、中心与偏远学校之间教师、管理干部定期交流制度。

2. 扩大教育对外开放。支持各级各类学校特别是高等学校加强与国外高校之间的合作与交流，积极推进学生互换、教师培养、合作办学、学术交流的广泛开展。加大引进国外智力和优质教育资源的力度，提高高等学校聘请外籍教师的比例。充分利用国家公派出国留学项目和“西部地区人才培养特别项目”，选派具有硕士生导师资格的中青年学术带头人到国外进行研修或合作科研，增加中青年教师到国外攻读博士学位数量；鼓励具备资格的高等学校接收来宁留学生，不断扩大留学生规模，提高留学生教育质量。加强和改进外语教学，提高师生在教学科研和对外交流中的外语运用能力。

3. 服务内陆开放型经济发展战略。紧紧围绕自治区重点实施面向阿拉伯国家及穆斯林地区的开放战略，切实加强对阿拉伯世界的研究，全面开展与中东阿拉伯等伊斯兰国家的教育交流与合作。积极争取永久性承办中阿大学校长论坛，支持宁夏大学办好孔子学院，提高办学效益和教学质量。加快培养阿拉伯语人才，重点支持宁夏大学、宁夏民族职业技术学院和同心阿语学校阿语专业扩大招生规模，把宁夏打造成中国面向阿拉伯国家和穆斯林地区开放合作的人才培育基地。

（六）深化制度改革创新

改革创新是教育事业发展的强大动力。加快推进教育管理体制、办学体制、招生考试和现代学校制度建设等方面的改革，为人才培养创造良好的体制机制环境，为宁夏教育事业的科学发展提供动力、增添活力。

1. 推进管理体制改革。市、县（区）人民政府按照学前教育、义务教育、高中阶段教育等各类教育管理体制的规定，切实承担发展教育的责任，统筹本地区教育的协调发展，推进教育公共服务均等化进程。完善教育公共政策体系，采取倾斜政策推动农村教育快速发展，加快城乡教育一体化步伐。切实转变政府职能，减少和规范对学校的行政审批和直接干预，更多运用法规、政策、标准、公共财政等手段管理和支持教育发展，通过规范教育决策程序、开展教育质量监测、加强教育监督检查等多种形式，逐步实现教育管理从微观管理到宏观管理，从直接管理到间接管理的转变。

2. 推进办学体制改革。在坚持教育公益性原则的基础上，不断增强公办学校的办学活力，鼓励发展民办教育，形成以政府办学为主体、全社会积极参与、公办教育与民办教育共同发展的格局。深化公办学校办学体制改革，积极鼓励行业、企业等社会力量参与公办学校办学，扶持薄弱学校发展，扩大优质教育资源，增强公办学校办学活力。开展公办学校联合办学、委托管理等试验，推进公办学校多形式办学。制定出台《关于促进民办教育发展的若干意见》，完善和落实促进民办教育发展政策，制定和规范民办教育管理办法，严格执行民办学校设置标准和准入制度，规范民办学校审批准入与退出程序，规范各级各类民办学校办学行为，积极探索营利性和非营利性民办学校分类管理，规范民办学校资产和财务管理，规范民办学校法人登记。实行民办学校定期评估和年度检查公示制度，切实维护民办学校的合法权益和公平的竞争环境。

3. 深化招生考试改革。逐步实施普通本科院校与高等职业院校分类入学考试，深化考试内容改革，着重考查学生的综合素质和能力，建立有利于人才选拔的多元录取机制，完善择优录取、自主录取、推荐录取、破格录取、定向录取等录取办法，增加考生选择机会。改革完善中等学校考试招生制度，义务教育阶段实行免试就近入学，各种等级考试和竞赛成绩不得作为义务教育阶段入学与升学的依据；进一步完善学业水平考试和综合素质评价，为高中阶段招生录取提供更加科学的依据，扩大优质普通高中招生名额分配到区域内初级中学的比例。中等职业学校实行自主招生注册入学。规范艺术、体育类专业自治区统考和学校考试办法。完善考试招生信息发布、考试诚信和社会监督等相关制度，提高考试的科学性和公信力。

4. 建设现代学校制度。公办高中阶段以上学校和民办学校实行学校法人制度，进一步落实学校办学自主权，鼓励学校在实行严格的财务预算管理基础上自主安排各项经费，在严格的教师编制管理基础上，自主培养、引进、管理和使用人才。推进高等学校依法制定章程，依照章程规范管理学校，保障高等学校依法自主开展教学活动、科学研究和社会服务。完善公办高校党委领导下的校长负责制，探索教授治学和民主管理的有效途径，重视发挥学术委员会在学科建设、学术发展中的作用，健全工会、共青团等群众组织，发挥教代会、学代会在科学决策、民主决策和依法决策中的作用，建立高校信息公开制度。健全中小学和中等职业学校校长负责制。建立和完善校长选拔、任用制度，制定校长任职资格标准，创新校长培训模式，促进校长的专业化发展和管理水平的提高，使更多的校长成为教育家；实行校务会议等管理制度，充分发挥学校党组织的政治核心作用，健全教职工代表大会制度，充分听取广大教职工的意见，提高学校决策和管理的科学化、民主化和规范化水平。扩大中等职业学校密切结合和适应经济社会发展需要设置专业的自主权，建立中等职业学校与行业、企业合作办学机制。

四、保障措施

(一) 加强教师队伍建设

教育大计、教师为本。要以建设一支数量充足、结构合理、师德高尚、业务精湛、充满活力的高素质专业化教师队伍为目标，加大投入、完善制度、建立机制、强化管理，促进教师个人的专业化成长和教师队伍整体水平的提高。

1. 全面落实教师职业道德规范。把职业道德作为考核教师工作的重要内容和职务聘任的重要依据；完善教师职业道德考核、奖惩机制，建立优秀教师表彰奖励制度；加强师德建设，提高教师职业道德水平，营造尊师重教的良好风尚。

2. 积极探索建立教师补充和退出机制。定期核定中小学、幼儿园教师编制，解决结构性短缺和数量不足问题；切实提高偏远农村地区教师待遇，改善他们的工作、生活条件，确保艰苦地区教师队伍稳定；制定适合区情且有利于促进教育事业健康发展的教师退出机制，积极做好国家免费师范毕业生的定向就业安置工作，组织实施好“农村义务教育阶段学校教师特设岗位计划”。

3. 重视教师培养培训工作。加强宁夏大学和宁夏师范学院师范类专业建设，提高人才培养质量，为宁夏教育发展提供有利的人才支持；加快培养和积极引进高层次优秀教师，创造有利条件，加强中小学骨干教师、学科教学带头人和特级教师选拔与培养力度，培养一批名师和教育家，切实发挥他们在教育教学、学术研究、技术开发及学校管理中的骨干作用。

4. 加强校长队伍建设。深化教育系统领导干部选拔任用制度改革，加强学校领导班子建设，建立并完善校长任职资格标准，坚持中小学校长持证上岗；实行校长任期制、任期目标责任制和轮岗交流制。建立完善校长监督、考核、奖惩机制，提高校长队伍科学化管理水平。

专栏 12：教师队伍建设工程

“十二五”期间，实施“中小学骨干教师培养百千万计划”，以“国培”计划、区级培训和市、县级培训为依托，造就 100 名左右在西部乃至全国有一定影响力的专家型教师、1000 名左右在全区有较大影响的学科带头人、10000 名左右在中小学发挥示范引领作用的骨干教师队伍。实施“职业院校‘双师型’教师队伍建设计划”，通过招聘录用、校企嫁接、高校培养、院校合作、校本培训等形式，加快培养职业教育急需的“双师型”教师队伍，改善教师队伍结构。实施“高校创新型师资队伍建设计划”，申请进入国家“支援中西部地区协作计划”项目，加大与区外知名院校间的交流合作；以一流专家学者为引领、中青年教师、学术骨干和创新团队为重点，建设素质高、创新能力强的高校教师队伍。

专栏 13：农村教师周转宿舍建设工程

“十二五”期间，在农村中小学建设教师周转宿舍，并配备必要的生活设施，切实改善农村教师住宿和生活条件，确保农村教师基本生活需求，稳定农村教师队伍，吸引更多优秀人才到农村中小学任教，促进城乡之间义务教育均衡发展。

（二）保障教育经费投入

进一步落实各地政府提供教育公共服务职责，加大财政转移支付力度，逐年提高预算内教育经费支出占财政支出比例，依法保证教育经费“三个增长”；足额征收教育费附加，专项用于教育事业；在现有基础上，逐年提高财政性教育经费支出占地区生产总值的比例。多渠道筹措教育经费，努力增加社会投入，调动全社会办教育的积极性。鼓励社会力量捐资助学、出资办学，扩大社会资金进入教育领域。完善非义务教育政府投入为主、受教育者合理分担、其他多渠道筹措经费的投入机制，根据经济发展状况、培养成本和群众承受能力，适时调整学费标准。增加教育发展专项经费，从 2011 年起，每年新增基础教育科研成果奖励专项经费、高等教育重点学科建设专项经费、学校体育卫生艺术教育专项经费、教育督导专项经费、高等教育发展专项经费、师资培训专项经费、学校安全工作专项经费等。

（三）加强基础设施建设及运行保障

完善学校基本建设投入机制，义务教育阶段学校标准化建设由政府全额投资，公办幼儿园、中等职业学校和高等学校基本建设以政府投资为主。各地政府要制定学校基本建设规划并将其纳入城乡建设规划中，优先保障学校建设用地，落实学校建设规划和标准。积极争取国家政策和支持，化解高校债务。根据国家办学条件基本标准和教育教学基本需要，制定并逐步提高各级学校生均公用经费拨款标准，要将学校水电暖的公用开支纳入财政保障的范围；健全家庭经济困难学生资助政策体系，实现应助尽助。建立和完善学校建设的减免税费政策，降低学校建设成本。

专栏 14：中小学校舍安全工程

按照国家规划，依据新的抗震设防、综合防灾标准和具体技术要求，维修加固中小学校舍 53 万平方米，新建（重建）校舍 127 万平方米，使全区现有危房全部得到选址迁建、拆除翻建、加固改造，彻底消除安全隐患，如期完成中小学校舍安全工程的新建和加固任务。

（四）加快教育信息化

高度重视、充分发挥信息技术的优势，加大中小学信息化基础设施建设，建立公共服务资源平台，提高信息技术应用水平，切实加快教育信息化进程，以教育信息化推动教育现代化。

1. 加强教育信息化基础设施建设。加大多媒体教学终端进教室建设，重点加强农村中小学信息化建设，缩小城乡差距。更新和完善信息基础设施，推进数字化校园建设，重视信息网络互联互通，实现各级教育行政部门以光纤接入互联网。

2. 建设教育信息公共服务平台。建设自治区一体化教育信息管理服务平台，搭建覆盖全区各级各类学校的教育信息交流服务体系；建设有宁夏特色的数字化教育资源服务体系，依托区内名校名师，着力建设一批源于教学、深受欢迎的精品教育资源，建立以区级为指导、市级为主导、县（区）为基础、一线教师积极参与的数字化教育资源共建、共享机制。完善教育电子政务系统，加强网络信息安全工作，构建教育信息安全保障体系。

3. 普及中小学信息技术教育，强化信息技术应用。提高教师现代教育技术能力，推进信息技术与其他课程的整合，不断促进教师更新观念，改进教学方法，开展网络教研，提高教学效果；鼓励学生利用信息技术主动学习、自主学习，增强运用信息技术分析和解决问题能力。

专栏15：教育信息化工程

“十二五”期间，为全区每所中小学校建设一间计算机教室、一间教师电子备课室，为学校班级建设多媒体教室，基本实现多媒体教学设备班班通。提高中小学每百名学生拥有计算机的台数，加强农村中小学信息化建设；推进覆盖各级各类学校的数字化教育资源库和教育信息公共服务平台的建设，实现农村和边远地区学校有效共享优质教育资源。

（五）开展重大教育改革试点

为确保“十二五”期间宁夏教育改革的有序稳步推进，实现教育事业的健康持续发展，按照“统筹规划、分步实施、先行试点、逐步推开”的原则，开展学前教育办学体制改革等 9 项重点内容教育改革试点。通过试点，力争改革取得明显成效，及时总结成功经验，形成有利于发展的相对健全完善的管理制度和工作机制。改革试点工作中，要注意学习借鉴兄弟省区改革试点的成功经验。

——学前教育办学体制改革。探索建立政府主导、社会参与、公办民办并举的办园体制和“政府统筹、部门配合、社会参与、主动服务”的管理模式；制定学前教师编制管理办法，建立学前教师补充机制；建立学前教育投入长效机制。

——义务教育均衡发展改革。建立城乡一体化义务教育发展机制；创新校长选拔机制和农村教师补充机制，提高农村偏远地区学校教师绩效工资，试行县域内教师和校长交流制度，鼓励优秀教师到农村任教；建立结对帮扶制度，发挥优质教育资源的辐射带动作用，促进农村和城市薄弱学校办学水平提高，着力解决择校问题；将优质高中招生名额合理分配到区域内普通初中，并逐步扩大分配比例。

——职业教育园区集团化办学机制改革。探索“统一管理、资源共享、机制灵活、方法创新”的自治区职业教育园区管理运行机制，整合园区职业教育资源，建立职业教育集团化办学和大学生创业园区运作新机制，提升办学水平。

——职业教育校企合作办学模式和“双师型”教师培养模式改革。推进职业教育校企合作，促进资源共享、合作共赢；探索政府、行业、企业及社会各方分担职业教育基础能力建设机制；探索促进中等职业教育与高等职业教育、继续教育相互沟通与衔接的具体办法，建立职业教育“立交桥”。探索招聘录用、高校培养、校企嫁接、院校合作、校本培训等多种建设方式，拓宽职业教育“双师型”教师培养与使用渠道。

——农村中小学教师队伍专业化水平提升机制改革。探索建立以县级培训为中心、短期集中培训和远程培训相结合的农村教师培训网络体系；探索以短期研修为引导、以远程培训为主体、以岗位实践为基础、以集中交流为升华“四位一体”的农村教师培训新机制；完善市、县（区）、乡（校）一体化的培训体制。

——民族教育办学体制改革。总结六盘山高中、育才中学办学经验，创新民族寄宿制高中办学模式，扩大贫困地区少数民族学生到中心城市享受优质教育资源的比例；创办全国特色示范高中，探索适应城市化发展进程、促进城乡教育公平、提高教育资源利用效率具体办法，推进民族寄宿制高中快速发展。

——民办教育发展改革。探索建立和完善公共财政及吸引社会力量支持民办教育发展的措施和办法；制定鼓励支持民办教育发展的政策，营造良好的社会氛围，促进民办教育健康快速发展，提高民办教育在各级各类教育中所占比例。

——基础教育质量监测评价改革。探索建立科学的教育质量监测管理体系，逐步实现对区域教育质量的动态监控、区域教育问题的系统监测、区域教育决策的数据支持，建立以提高质量为导向的行政管理制度和工作机制。

——本科教育培养模式改革。探索“学分制管理、模块化课程、个性化培养”人才培养模式，提高学生实践能力与创新精神，促进学生全面健康发展。改革民族地区医学人才培养模式，加强基础医学与临床医学系统衔接，切实提高全科医学教育质量，注重医学学生人文素质培养，加强回医回药研发，为民族地区培养高素质医学人才。改革高校师范教育培养模式，试行师范生免费培养教育制度，鼓励和吸引更多优秀人才从事教育工作。

（六）加强组织领导

1. 认真落实优先发展教育。各地政府要把优先发展教育作为贯彻落实科学发展观的一项基本要求，按照“经济社会发展规划优先安排教育发展、财政资金优先保障教育投入、公共资源优先满足教育和人力资源开发需要”的要求认真落实教育优先发展战略。

2. 建立考核和决策机制。把推动教育科学发展作为各地政府政绩考核的重要内容，建立教育发展目标责任制，健全教育工作决策机制，加强教育宏观政策和发展战略研究，及时研究解决教育改革发展中的重大问题和群众关心的热点问题，提高各地政府领导班子和领导干部发展教育的决策科学化水平。

3. 完善教育督导制度。进一步加强市、县（区）政府教育督导机构建设，逐级设立教育督导专项经费，推进督导机构独立行使职能。加强督学队伍建设，建立督学责任区制度，推进专职督学的专业化发展。强化对政府落实教育法律法规政策特别是教育投入情况的督导，加大对各级各类学校贯彻教育方针、推进素质教育、提高教育质量的督导。建立督导结果公告制度和限期整改制度。

4. 加强和改进教育系统党的建设。各地要按照中央和自治区关于教育系统党的建设的要求，全面加强和改进各级各类学校党组织建设，广泛深入开展创先争优活动，充分发挥高等学校党组织在学校工作中的领导核心作用，中小学党组织在学校工作中的政治核心作用。要按照自治区关于干部队伍建设的要求，加强学校领导班子和领导干部队伍建设，做好学校发展党员工作，加强民办高校党建工作。要加强教育系统党风廉政建设和政风行风建设，推进廉政风险防范，建立健全符合教育系统特点的教育、制度、监督并重的惩治和预防腐败体系。

5. 积极推进依法治教。增强各级教育部门依法行政、依法治教能力，健全重大决策制定规则和程序，加强预案制定、咨询论证、社会公示、公众听证及民主监督制度化建设，加大教育行政执法力度，及时查处各类教育违规违法行为。高度重视校园及周边安全工作，加强学校人防、物防、技防建设和投入，建立相关职能部门联席会议制度，在抗震防灾预演、周边环境治理、食品卫生督查、校车使用和交通秩序等方面为学校提供保障并创造良好环境，确保师生的安全。学校要完善符合法律规定、体现自身特色的学校章程和制度，认真开展法治宣传教育，提高广大师生学法、懂法和用法水平。

实现“十二五”规划目标，使命崇高，任务艰巨，必须高度重视，精心组织，认真实施。各级政府要加强领导和统筹，提供政策支持，调动社会各界关心、鼓励优先发展教育的积极性，优化发展环境，营造良好氛围。各部门要积极配合，密切协作，制定切实可行的配套政策，共同抓好贯彻落实。广大教育工作者要进一步增强使命感和责任感，抢抓机遇、开拓进取，促进宁夏教育事业快速健康发展，为建设和谐富裕新宁夏提供更加坚实的智力支撑。

自治区党委 人民政府
关于加快发展现代职业教育的意见

宁党发〔2014〕6号

为深入贯彻落实党的十八大、十八届三中全会和自治区第十一次党代会、党委十一届三次全委会精神，进一步实施国家和自治区中长期教育改革和发展规划纲要（2010~2020年），优化教育结构，加快建设现代职业教育体系，培养高素质技能型、应用型、复合型、创新型人才，增强职业教育服务全区经济社会发展能力，现就加快发展现代职业教育提出如下意见：

一、指导思想和主要目标

（一）指导思想：高举中国特色社会主义伟大旗帜，以邓小平理论、“三个代表”重要思想、科学发展观为指导，认真实施《中华人民共和国职业教育法》，坚持职业教育的公益性、普惠性，以教师队伍建设为抓手，以专业建设为重点，以改革创新为动力，进一步优化职业教育布局结构，健全“分级管理、地方为主、政府统筹、社会参与”的管理体制，完善“政府主导、行业指导、企业参与”的办学机制，着力提高职业教育管理水平和质量，推动人才培养模式发生根本性变化，构建开放型现代职业教育体系，为建设开放宁夏、富裕宁夏、和谐宁夏、美丽宁夏提供人才支撑。

（二）发展目标：建立和完善适应全区经济发展方式转变和产业结

构调整要求，体现终身教育理念，实现中等职业教育、高等职业教育、应用型本科教育和专业学位研究生教育协调发展的开放型现代职业教育体系，学校布局更加合理，专业设置更加科学，满足人民群众对职业教育的多样化、多层次需求，满足自治区经济发展和社会进步对技术技能人才的需求。到 2017 年，实现中等职业学校、高等职业院校基本达到国家规定的办学标准，初步形成现代职业教育体系框架；到 2020 年，基本建成具有宁夏特色、符合国家标准的开放型、合作式、国际化的现代职业教育体系，全力打造“机制一流、特色领先”的西部职业教育高地。

二、发展任务

（三）巩固提高中等职业教育。统筹中等职业学校专业布点，统筹中等职业教育与普通高中教育办学规模，在校生规模达到 12.3 万人。推进中等职业学校标准化、规范化建设，2017 年全区所有中等职业学校达到国家设置标准，重点建设好 14 所国家级示范性中等职业学校，创建 3~5 所在国内具有较强影响力的高水平中等职业学校。自治区建设中国（宁夏）现代职业技能公共实训中心。大力推进教育教学改革，支持优质特色学校和骨干专业发展，建立以适应产业结构调整和升级人才需求为主体的模块化新型课程体系，形成 24 个品牌专业，打造 14 个骨干、重点和示范专业，教育教学和管理水平显著提升。

（四）积极推进高等职业教育内涵式发展。以提高质量为核心，以增强特色为重点，优化高等职业教育布局，推进教育教学改革。重点建设好宁夏职业技术学院、宁夏财经职业技术学院、宁夏工商职业技术学院 3 所国家级示范（骨干）高职学院，支持宁夏建设职业技术学院、宁夏司法警官学院、宁夏民族职业技术学院 3 所高职学院建成自治区示范高职学院，发挥引领示范作用，带动其他高职学院特色发展、内涵发展、可持续发展，促进教学管理、教育质量上水平、上台阶。建立完善高职学院招收中等职业学校毕业生的人才培养方案和课程体系，扩大高职学院招收中职毕业生和初中后五年制学生的比例，2017 年达到 40%，2020 年达到 50%以上。推进中高等职业教育有机衔接。建立中等、高等职业教育协调发展的教学联盟，共享教育教学资源。

（五）深化应用型本科、专业学位研究生教育人才培养模式改革。应用型本科教育要面向全区经济社会发展现实需要，以应用能力培养为主线，突出课程体系的针对性、应用性。试行“现代学徒制”，鼓励和支持学生跨学科、专业攻读学位（学历），选修课程，提高就业、创业能力。建立完善招收高职学院、中等职业学校毕业生和一线优秀劳动者、成人教育、继续教育、灵活学制学生的人才培养方案和课程体系。探索在现有国家示范（骨干）高职学院选择部分专业经批准通过合作办学、联合培养等形式实施本科职业教育，选择具备条件的本科院校部分专业实施应用型本科职业教育，依托自治区职业教育园区内现有职业教育资源试办宁夏应用技术联合大学。鼓励宁夏理工学院、银川能源学院等民办本科院校和独立学院转设为独立设置高等学校时定位为应用技术类型高等学校。积极开展专业学位研究生教育，加强应用型学科建设，调整研究生培养类型结构，专业学位研究生在校生比例达到 30%。探索符合专业学位研究生教育规律的办学管理体制和培养模式，推行产学研联合培养研究生的“双导师”制。推动高等学校工程技术研发服务中心建设，面向行业、区域经济提供技术研发、工程服务和智力支持。

三、主要措施

（六）推进职业教育办学体制改革。完善“政府主导、行业指导、企业参与”的职业教育办学机制。将中等职业教育和职业培训纳入基本公共服务范围。自治区统筹规划各类职业教育发展，发挥地级市政府在职业教育发展中的支撑作用。支持学校制定与产业发展对接的教育教学同步培养计划；鼓励行业组织、企业制定与事业发展协调的人力资源同步开发方案，举办职业学校，投资建设生产车间、技术研发和服务中心，创新建立行业、企业和社会各方分担职业教育基础能力建设和转移实训成本的产教融合机制。规模以上企业要对接职业院校设立学生实习和教师实践岗位，企业举办的职业院校与公办职业院校具有同等法律地位，依法享受相关教育、财税、土地、金融等政策，对企业举办的职业院校，可通过政府购买服务和教育费附加等形式给予支持。鼓励多种形式举办民办职业教育，支持神华宁煤集团建设好宁夏工业职业学院，支持宝塔石化集团探索推进银川能源学院高层次职业教育发展。

（七）促进职业教育与基础教育、继续教育的沟通衔接。建立初级中学开设职业认知和劳动技能课程、普通高中开设职业生涯规划和职业技术课程制度，引导学生树立正确的求学观、择业观、成才观。推进高中教育多样化，建立普通高中与中等职业教育学历互通机制。拓展职业教育的社会服务功能，利用各类职业教育资源构建城乡继续教育网络，支持在职人员继续学习、增进职业能力，面向城乡社区提供科学技术、文化艺术、健康生活等教育服务，促进社区居民整体素质和生活质量的提高，促进终身教育体系和学习型社会建设。

（八）创新职业教育培养机制。以制定专业标准、课程标准和实验实训建设标准为基础，建立全日制教育与非全日制教育、学历教育与非学历教育、职业学校教育和职业培训、中等教育与高等教育等各级各类职业教育互联畅通的学分认可机制。积极探索建立技能与学分的转换机制。将职业资格标准和行业技术规范纳入课程体系，推行弹性学制、学习成果认证和“学分银行”制度，为有实践经验的学习者提供接受更高层次职业教育的机会。鼓励中等职业学校、高职学院、应用型本科职业教育学校积极实施基于专业接续、课程衔接、学分互认的联合培养模式。探索建立高级技能型人才通过应用本科教育对口培养的制度。探索专业教学考核与职业技能鉴定结合办法，建立中等职业学校学历证书和职业资格证书“双证互通”机制，探索高等职业教育与技师教育的沟通途径，支持具备一定基础的学生完成学业取得专科学历证书和预备技师证书。

（九）推动集团化办学制度。推动自治区教育、农业、水利、交通、能源化工、现代服务、建筑等行业、企业与学校组建职业教育集团和专业教学联盟，完善集团化（联盟）办学的体制机制，积极推进多元投资主体共建职业教育集团的改革试点，实现教育与产业的紧密衔接，促进职业教育链和区域产业链有机融合。推进职业教育现代学校制度建设，建立政府、高校、行业、企业、科研机构、社会组织等参与的职业院校理事会或董事会的决策议事机制，支持学校自主办学，深化人事、分配制度改革，调动教职员工积极性。

（十）构建校企合作动力机制。推进产学研深度结合，制定并落实有关校企合作的财政、税收激励政策，引导和支持学校与企业合作办学、合作育人、合作就业、合作发展。企业要依法履行职工教育培训和足额提取教育培训经费，按照职工工资总额的1.5%足额提取教育培训经费，其中用于一线职工教育培训的比例不低于60%。对不按规定提取和使用职工教育培训经费并拒绝不改正的企业，由县级以上政府依法提取企业应当承担的职业教育经费，统筹用于本地区职业教育。鼓励企业投资捐赠职业教育，对企业通过公益性社会团体或县级以上政府及其部门用于非营利性职业学校的捐赠支出，在计算应纳税所得额时按规定比例扣除。鼓励企业接收学生实习、实训、学徒，企业为接受学生实习实训支付的报酬等费用支出，按规定在计算应纳税所得额时扣除。鼓励学校勤工俭学开展生产服务性实习实训，以保证学生专业技能训练需要，分担教学成本开支。对政府举办的高等、中等职业学校（从事学历教育的学校）举办进修班、培训班取得的收入，收入全部归学校所有，免征营业税；对政府举办的职业学校，设立的主要为在校学生提供实习场所、并由学校出资自办、由学校负责经营管理、经营收入归学校所有的企业，对其从事《中华人民共和国营业税暂行条例》“服务业”税目（广告业、桑拿、按摩、氧吧等除外）规定的服务项目取得的收入，免征营业税；上述收入按有关规定纳入政府非税收入管理，全额返还学校，用于弥补教学科研开支。开展生产服务性实习实训取得的勤工俭学收入可提取一定比例支付师生劳动报酬。

（十一）完善自治区职业教育园区资源共享机制。借鉴天津等地发展职业教育的模式和经验，进一步提升自治区职业教育基地建设管理水平。将自治区职业教育基地更名为自治区职业教育园区，成立自治区职业教育园区管理委员会（以下简称“管委会”），具体承担园区发展中的综合协调、规划建设和统筹管理以及教学实训中课程安排、专业设置、师资交流、设备共用、资源共享、技能鉴定等职能职责。管委会按照“整合资源、多点布局、统一管理、委托经营、实现共享”的思路，统筹管理园区职业教育公共实训中心，采用政府购买培训成果等机制，实行绩效考核和经费核拨。按照“统一规划、整合资源、高端设计、错位发展”的思路，进一步完善自治区职业教育园区基础设施建设。依托自治区职业教育基地内的公共实训中心，建设“西部领先、国内一流、特色鲜明、成效显著”的国家级中国（宁夏）现代职业技能公共实训中心。面向职业院校学生、企业职工及全社会开展高技能和紧缺技能培训、测评评价等服务，年培训鉴定人数达 4 万~5 万人次；全力打造电子信息、机械加工、能源化工、建筑技术、物流管理、现代服务、葡萄酒工程、设施农业、羊绒加工、清真食品、枸杞保鲜与加工等领域的国家级现代职业技能公共实训中心。争取每年在宁夏至少开展一到两次全国性或区域性的职业技能大赛。

（十二）改革职业教育招生考试制度。建立适应技能型、应用型、复合型人才培养和服务于现代职业教育体系建设的职业教育招生考试制度。地市级教育部门建立统一招生信息管理平台，统筹管理普通高中、中等职业学校招生工作，市、县（区）要统筹普通高中和中等职业教育招生比例大体相当，进一步完善中等职业教育春季招生和注册入学制度。探索实施高等职业教育“知识+技能”的考试评价办法。建立和完善高等职业教育以高考为基础、单独考试、综合评价、技能考试和技能拔尖人才免试入学等高等职业教育考试招生办法，高等职业院校主要面向中等职业学校毕业生招生。规范中高职“三加二”分段制和“五年一贯制”招生办法，尤其要健全学前教育、艺术、体育、护理等特殊专业领域中高职贯通培养的考试招生办法。

（十三）加强职业教育师资队伍建设。制定中等职业学校编制标准。职业院校可将核定编制的30%聘任专业兼职教师，财政按编制内人员经费拨款标准拨付经费，鼓励支持有专业经验的高级工程、技术、技能人才到学校从教，取得多份薪酬，实现真正教师共享。建立知名专家、技师、技术能手企业和学校共用机制，推行购买服务制度。

改革教师职务（职称）评聘办法。将专业经验、技能水平、教学实绩、技术开发能力等作为职业院校和应用型本科学校专业教师职务（职称）评聘的重要依据。中等、高等职业院校专业教师晋升高级教师职务（职称）一般应具有相应等级的职业资格或具有执业资格。推进中等职业学校教师职称制度改革，完善教师专业发展评价机制，建立中等职业学校教师职称统一评聘机制，中等职业学校设立正高级教师职务（职称），提升教师职业发展空间。

实施职业教育教师素质提高计划。强化职业院校专业教师技能培训，推动学校与企业共同开展教师培养培训工作。开展与天津等东部经济发达地区职业院校校长和教师双向交流培训工作，每年选派100名左右职业院校校长和教师到天津等地职业院校挂职，协调经济发达地区职业院校校长和教师到区内职业院校支教。鼓励教师参加各类专业技能竞赛、考取职业资格，成绩作为晋升职称、评优依据。实施专业带头人、骨干教师、教学名师、名校长培养计划，造就一批具有先进教育理念和创新精神的职业教育领军人物。

（十四）加快职业教育信息化建设。将职业教育信息化纳入教育信息化整体建设规划，将信息化作为职业教育教学和管理的重要手段，完善职业院校信息化基础设施，推动数字化职业院校建设，实现“宽带网络校校通”“优质资源班班通”“网络学习空间人人通”，到2015年覆盖率均达到100%。建设职业教育信息化管理与服务平台，完善职业院校学生学籍管理系统，加快信息技术与专业课程的深度融合，建设职业教育教学资源库，全面促进互联网技术在教学实训中的应用，广泛使用虚拟仿真教学、数字化实训、远程诊断等技术。提高教师应用信息技术改造传统教学的水平。

（十五）加强职业教育经费统筹管理。加大职业教育投入，各级新增财政教育投入要向职业教育倾斜。坚持政府投入的主渠道作用，逐步提高自治区财政性教育经费用于职业教育的比例。自治区财政要制定并逐步提高中等和高等职业学校生均经费标准、财政拨款或公用经费标准。各地城市教育费附加中用于职业教育的比例不低于30%。要加大统筹力度，发挥好企业职工教育培训经费以及就业经费、扶贫和移民安置资金等各类资金在职业培训中的作用，提高资金使用效益。从2014年开始，自治区财政预算内职业教育专项经费在每年7000万元的基础上，逐年增加1000万元，2017年达到1亿元，支持职业教育基础能力建设、示范（骨干）职业院校建设、公共实训基地建设、骨干专业建设、课程改革和教师培养培训和聘用。

（十六）加强职业教育国际交流与合作。积极吸收和借鉴发达国家职业教育的先进经验，提高职业院校人才培养的国际化水平，培养具有国际视野、国际交往能力的技术技能人才。服务国家向西开放战略，完善中外职业教育合作机制，建立同有关国家（地区）、国际组织特别是阿拉伯国家的职业教育发展对话机制。推进建立宁夏与阿拉伯国家职业教育战略合作平台，推动宁夏高职学院积极参与中国—阿拉伯国家大学校长论坛。鼓励应用型本科、高职学院和中等职业学校与阿拉伯国家职业教育机构建立全面、深度合作关系，鼓励教师交流、学生交换。

四、保障机制

（十七）加强对发展现代职业教育的领导。各级党委、政府要高度重视，统筹推进职业教育建设和综合改革。建立健全职业教育督导评估制度，制定评估标准，开展专项督导，定期发布职业教育发展情况。自治区教育厅牵头负责党委、政府关于职业教育政策措施的落实和全区职业教育的宏观规划和指导，负责全区各级各类职业学校布局、专业设置与布局、实验实训设施和队伍建设等资源的统筹整合，建立共享机制，负责职业教育师资队伍的建设；自治区有关职能部门按照自身职责切实承担起加快发展现代职业教育的责任。各市、县要切实加强对区域内加快发展现代职业教育的领导，加大经费投入，改善办学条件，全面提高区域内职业学校的办学水平和服务能力。

（十八）进一步完善中等职业教育免学费政策和高等职业教育学生资助政策体系。对公办中等职业学校全日制正式学籍一、二、三年级在校学生免除学费。对教育行政部门依法批准、符合国家办学标准的民办中等职业学校，按照年生均2000元免除学费标准给予学校补助，免学费财政补助范围与公办学校一致，民办中等职业学校经批准的学费标准高于财政补助的部分，学校可以按规定继续向学生收取。对涉农专业和农村家庭经济困难高职学生进行资助，资助标准为每生每年3000元，资助比例不超过在校生的30%，补助资金中中央财政补助不足部分，由自治区财政全额补贴。

（十九）健全加快发展现代职业教育的支撑体系。建立人力资源统计、预测、供求信息发布制度，完善就业服务网络和毕业生就业服务平台，促进人才培养与人力资源需求的对接。发挥教育科研的先导性作用，整合教学、科研资源，依托自治区教育科研机构和高等学校积极开展职业教育研究，建立重点课题财政资助制度和职业教育科研、教学成果奖励制度。构建职业教育质量标准和评价体系，建立行业、企业和社会组织等参与的多元评价机制。

（二十）营造加快发展现代职业教育的良好环境。颁布实施《宁夏回族自治区职业教育条例》，深化人事制度改革，依法提高生产服务一线劳动者的经济待遇和社会地位，在薪酬、福利、培训等方面向关键岗位技术技能人才倾斜。鼓励和支持开展各类职业技能竞赛、技术开发创新竞赛，对优胜者给予奖励。广泛宣传职业教育的地位和作用，宣传生产服务一线劳动者和技能型、应用型、复合型、创新型人才在经济社会发展中的重要贡献，在全社会形成崇尚劳动、尊重技能，有利于职业教育发展和各类人才成长的良好环境。

二〇一四年一月十日

自治区党委　人民政府
关于加快推进高等教育改革和发展的意见

宁党发〔2015〕11号

高等教育是科技第一生产力和人才第一资源的重要结合点，是区域核心竞争力的重要支撑。为提高人才培养质量，提升高校综合实力，增强服务建设宁夏内陆开放型经济试验区和打造丝绸之路经济带战略支点的能力，现就加快推进宁夏高等教育改革和发展提出如下意见。

一、总体要求

1.指导思想。以中国特色社会主义理论体系为指导，贯彻落实党的十八大和十八届三中全会以及自治区党委十一届三次全会精神，全力推进《宁夏中长期教育改革和发展规划纲要（2010~2020年）》的实施，发挥高等教育在宁夏经济社会发展中的全局性、基础性、先导性作用，紧紧围绕自治区经济社会发展所需，以立德树人为根本，以提高质量为核心，以建设高素质师资队伍为重点，以改革体制机制为动力，加强统筹规划、分类管理，突出内涵建设、特色发展，全面提高高校人才培养、科学研究、社会服务、文化传承创新的能力，提升高等教育综合实力和整体水平，为建设开放富裕和谐美丽宁夏提供有力的人才支持和智力支撑。

2.总体目标。到2020年，高等教育在学总规模达到14万人以上，毛入学率达到全国平均水平以上，形成布局结构合理、学科专业优化、办学特色鲜明、公办民办共同发展的格局，高等教育治理体系趋于完善，治理能力不断提高。高校办学条件全部达到国家普通高等学校基本办学条件指标，办学体制机制富有活力，核心竞争力显著增强，教学中心地位有效落实，人才培养质量稳步提高，高校科技工作不断加强，协同创新能力和人文社科研究水平明显提高。宁夏大学综合实力提升工程建设取得明显成效，宁夏医科大学成为省部共建高校，北方民族大学建成博士学位授予单位，宁夏师范学院进入教育部对口支援西部地区高等学校计划。高等教育人才培养结构和科技创新能力与自治区产业结构调整优化的契合度明显提高，高校对经济社会发展特别是产业发展的支撑能力显著增强。

二、主要任务

（一）优化完善布局结构

3. 优化高等教育结构。稳定发展本科教育，推动高校以应用技术类型人才培养为主要目标整体或部分转型发展。积极发展专业学位研究生教育，优化研究生培养类型结构。加快发展高等职业教育，支持有条件的地方组建服务区域发展的高职学院。积极发展成人高等教育，支持宁夏广播电视大学办好开放大学，改革和完善高等教育自学考试制度，促进终身教育体系建设。支持民办高等教育和中外合作办学，着力推动中阿合作办学。高等学校要根据自治区经济社会发展需求和自身发展实际合理定位，各展所长，努力在不同层次、不同领域办出特色，争创一流学科、专业。

4. 优化学科专业结构。建立高校毕业生就业和重点产业人才供需年度报告制度，健全以就业为导向的专业建设监测体系和专业预警、退出机制。实施高校优势特色学科建设和重点专业建设工程，重点加强煤化工、石油化工、先进装备制造、清真食品和穆斯林用品、生态纺织、生物医药、新能源、新材料、信息技术、现代农业等产业，以及旅游、金融、物流、对外经济贸易、文化创意、电子商务等现代服务业领域学科专业建设。加大对哲学社会科学学科建设支持力度。支持高校培育新的学位授权点，建设新的学位授予单位，具有学士及以上学位授予权的高校自行审核新增学士学位授权专业。到2020年，遴选建设自治区优势特色学科25个，重点专业（群）35个，力争一级学科博士学位点达到15个，一级学科硕士学位点达到50个，专业硕士学位门类达到15个。

（二）提高人才培养质量

5. 落实立德树人根本任务。坚持人才培养的正确方向，引导学生培育和践行社会主义核心价值观。加强大学生思想政治教育，改进思政课教材，改革教学方式，结合现实问题、热点问题和身边问题开展教学，在提高针对性、感召力、实效性上下功夫。充分发挥教师的育人作用，严把教师聘用考核政治关，加强思政课教师的业务培训，严肃课堂讲授纪律，强化师德建设，落实高校教师职业道德规范，实行师德一票否决制。充分发挥实践育人作用，丰富实践内容、创新实践方法，加强校内外文化活动基地建设。

6. 落实教学工作中心地位。继续实施本科教学工程和研究生教育创新计划，引导高等学校落实教学中心地位，夯实人才培养基础。高等学校主要领导要亲自抓教学，推动各种资源向教育教学一线倾斜。改革教师评价体系，落实教授给本科生上课基本制度，调整和完善职称评聘、职务晋升、绩效考核、评优选先等政策标准与条件，把教师承担教学工作的业绩作为申报专业技术资格和聘任专业技术职务的必要条件，引导教师切实做到教学、科研并重。强化教学管理和质量监控，建立以高校自我评估为基础，以教育教学基本状态数据常态监测、专业认证与评估、院校评估为主要内容的教学评估制度。实行高等学校本科教学和研究生教育质量年度报告制度。

7. 创新人才培养机制。分类推进本科院校转型发展，探索建立高等学校与行业企业联合培养人才新机制。开展高校专业改革试点。加强和改进实践教学，提高专业实践课程和学分比例，开设大学生创新创业相关课程，实施大学生创新创业训练计划项目，举办大学生学科竞赛。积极推进高校完全学分制改革，鼓励学生跨院校、跨专业修读课程、辅修第二专业。分类推进研究生培养模式改革，学术学位研究生突出理论素养和创新能力培养，专业学位研究生突出职业能力培养。

8. 建设优质资源共享体系。开展自治区大学生校外实践教育基地建设，向区内外高校开放共享。鼓励高校将校内实验室、实习实训场所向其他高校开放。探索建立区内高校联盟，推进高校之间教师互聘、课程互选、学分互认，推进图书文献资料、大型仪器设备等教学科技资源共享。探索建立校企联盟，实现高校与企业间科技资源、科技人才和科技成果共享。建设自治区高等教育慕课（MOOC）平台，集合各高校精品开放课程资源，建立全区统一的本科课程选修、专业辅修工作机制。

（三）增强支撑发展能力

9. 加强科技创新和服务社会条件建设。重点建设宁夏大学阿拉伯世界与中国内陆向西开放协同创新中心、宁夏医科大学回医药协同创新中心。加强高校重点实验室、工程技术中心建设，争取早日建成能源化工、西北土地退化与生态恢复、颅脑疾病等国家重点实验室，支持“粉体材料与特种陶瓷”等省部共建重点实验室建设成为国家级重点实验室培育基地。建设好宁夏大学国家级大学科技园和北方民族大学科技孵化园。支持高校根据自治区优势特色产业发展需要建设集产学研用合作、协同创新、教育教学改革、大学生就业创业、科技成果转化等功能为一体的服务基地和平台。

10. 大力推进协同创新和科研成果转化。推动区内高校与国内外高校、科研院所、行业企业以及地方政府开展协同创新，加大能源化工、生态纺织、生物技术、新材料、医疗卫生、药物研发、节水农业、清真产业、葡萄与葡萄酒、生态恢复与重建等领域的科学研究和科技攻关。发挥大学科技园等孵化器作用，开展高校科技成果自主转化试点，促进高校科技创新成果的市场转化。加强高校哲学社会科学研究和新型智库建设拓宽高校与行业、企业合作范围和领域，着力提高横向课题比重。深化高校科研管理和科技评价改革，建立导向明确、激励约束并重的分类评价标准和开放评价方法。

（四）加强教师队伍建设

11. 加大稳才育才引才力度。坚持尊重和使用好现有人才，强化青年骨干和学科带头人培养，支持高校参与国家和自治区各类人才项目。实施高校中青年教师能力提升工程，每年选派一批中青年教师到国内外知名高校研修访学。加快“双师型”教师队伍建设，每年遴选一批教师到企事业单位进行 3 个月以上的实践锻炼。高校要切实加强教师教学发展中心建设，充分发挥其在加强师德师风建设、提升中青年教师职业素养、执教能力和整体水平中的作用。将高校高层次人才和团队纳入自治区人才引进计划，优先引进从宁夏走出去的高层次人才。加大人才和创新团队建设投入，对引进的领军人才，在项目申报、职称评聘、家属安置等方面开通“绿色通道”，支持其面向产业需求组建创新团队，领建重点实验室、工程技术中心、协同创新中心以及优势特色学科。设立高等学校特聘教授岗位，每年选聘 20 名左右区内外优秀人才到高校任教。

12. 深化人事管理制度改革。全面实行新进人员公开招聘制度，严把教师进口关。高校应确保教师岗位不低于教职员工岗位总量的 70%，专业技术高级岗位应向教学科研一线倾斜，年度增人计划主要用于引进急需的高层次人才。推行全员聘用制和岗位分类评聘管理制度，试行高校人员工资总额动态包干，促进由固定用人向合同用人、由身份管理向岗位管理的转变。改革人才评价机制，支持高校按照不同类型教师的岗位职责和工作任务，完善教师分类管理和评价办法。下放教师专业技术职务评审权，经自治区教育厅审核，符合职称评审条件的本科院校，可设立高教系列副高级评审委员会；符合职称评审条件的高职高专院校，可设立高教系列中级评审委员会。

（五）创新发展体制机制

13. 推进高校管理方式转变。政府减少、规范对高校的行政审批和直接管理，综合运用制定规划、经费投入、政策扶持、项目建设等手段加大统筹、加强引导，实现对高等教育发展目标的调控。完善对高等学校分类管理，探索建立多元评价体系，增加特色办学在评价体系中的权重，建立与高校特色发展要求相适应的管理评价机制。加强对高校执行国家法律法规、政策、规范办学等事项的督导。加强巡视，把高校的决策程序和自主权使用状况作为巡视重点。扩大办学自主权，高校在自治区核定的编制、领导职数和专业技术岗位结构比例范围内，按照相关规定和程序自主招聘教学、科研、实验室技术性岗位人员和辅导员等人员，自主设置教学、科研、教辅等内部组织机构，自主进行教师等专业技术岗位聘用工作，自主设置和调整目录内专业。

14. 完善高校内部治理结构。依法制定大学章程，各高校必须于2015年底前完成学校章程的制定工作。加强学术组织建设，确立学术委员会作为校内最高学术机构的地位，落实职权，保障规范有效运行。依据《高等学校理事会规程（试行）》及学校章程，建立并完善理事会制度。注重发挥教代会、学代会和工会、共青团等群众组织在学校民主管理和监督中的主渠道作用。完善高校信息公开制度，按照《高等学校信息公开办法》及公开事项清单，加大信息公开力度，主动接受社会监督。

15. 支持民办高校发展。加大财政资金对非营利性民办高校支持力度，每年高等教育专项经费的20%用于支持民办高校建设发展，重点用于民办高校公共服务和信息平台建设、学科专业建设、师资队伍建设、实验室和实习实训基地建设等。允许非营利性民办高校用非教育设施类资产作抵押、学费收费权作质押向银行申请贷款。民办高校本科教学工程项目申报实行单列名额、单独评审，校内职称在项目申请中予以认定。在出国留学、国内访问学者、“双师型”教师培养锻炼等项目上，民办高校的需求同等条件下优先满足，条件允许时全部满足。公办高校享有的人才培养引进政策适用于民办高校。支持具备条件的民办高校申请硕士学位授予权。鼓励民办高校通过建立补充社会保险提高教师退休待遇。

16. 提高高等教育开放水平。适应开放宁夏建设需要，坚持开放办学。加大区内高校校际间交流合作。加强与国内高水平大学在学科建设、队伍建设、人才培养和科学研究方面的交流与合作。支持高校开展与发达国家和穆斯林地区高校间的交流合作，拓宽交流渠道，丰富合作内容。办好中阿大学校长论坛，争取国家支持在宁夏设立中阿联合举办的高等教育机构。利用出国留学项目加大培养具有国际视野的学科带头人和教师骨干。扩大来宁留学生数量，提高高校聘请外籍教师来宁从教和合作科研的比例。

三、保障措施

17. 加强高校党的建设。按照社会主义政治家、教育家的要求，选好公办高校党委书记和校长，配强配齐领导班子，选配好民办高校党委书记（政府督导专员）。认真贯彻执行公办高校党委领导下的校长负责制，科学制定高校领导班子和领导干部综合考核评价办法，建设政治坚定、作风优良、善于统筹、精于管理、关爱师生、严于律己的高素质领导班子。着力增强党组织和党员队伍活力，发挥好基层组织的战斗堡垒作用。创新选拔机制，强化教育培训，努力建设一支政治强、业务精的复合型党组织书记队伍，建设一支职业化、专业化、高水平的思政工作队伍。进一步加强在高校青年教师中发展党员工作。坚持把政治标准作为发展学生党员的首要标准，把综合素质作为重要考察内容。落实高校党委的主体责任、纪委的监督责任，规范教育收费，坚决遏制学术不端等不良行为。完善高校维护稳定工作机制，抓好民族宗教理论教育和相关法律法规的宣传教育，抵制宗教以及极端思想渗透，积极培养优秀民族学生干部。

18. 加大自治区统筹。建立高等教育发展联席会议制度，研究解决重大问题，统筹推动事业发展。理顺管理体制，由自治区教育厅（教育工委）归口管理全区高等教育发展，负责统筹高等教育规划建设、高等学校设置、学科专业布局及高校办学规模等资源配置，统筹实验室和实习实训基地、公共服务和信息平台等资源建设，建立优质资源共用共享机制，统筹高等教育专项经费的使用。自治区党委组织部、编办、发展改革委、科技厅、财政厅、人力资源社会保障厅、地税局、物价局等部门依据职责分工提供政策保障和工作支持，共同推动高等教育发展。

19. 加大经费投入与管理。完善公办高校预算拨款制度，建立动态调整机制，完善预算内生均公用经费保障标准，实施标准化保障。进一步完善对各高校的债务风险评估机制，建立高校举债审批制度，公办高校贷款或借债纳入自治区年度政府性债务计划，经财政、教育部门审核，报自治区政府批准。继续推进高校债务化解。2015 年起，逐步增加自治区财政预算内高等教育专项经费，主要用于高校优势特色学科建设和重点专业建设。教育和行业主管部门要加强对各高校项目的监督管理，财政、审计、纪检监察等部门加强对高校资金使用和财务管理方面的监督检查。各高校应加强资金、资产管理，严禁截留、挤占、挪用财政专项资金。建立完善相关制度，确保财政资金进入民办高校所形成的固定资产用于教育教学和公共服务，不得转移及挪作他用。加大对境外资金和境外非政府组织资助的监管力度。

20. 营造良好发展环境。凡与高等院校签订三年以上合作协议的企业，为接收学生实习实训所支付的报酬，依照税法的相关规定，在计算应纳税所得额时扣除。对高校教师承担的技术转让、技术开发、技术咨询、技术服务，按照有关规定免征增值税，高校职务发明成果转化所得的收益，扣除成本后可按高于60%的比例由研发人员及其团队自主分配，或以股权形式奖励。建立健全高校创业教育指导中心和毕业生就业信息服务平台。继续完善高等学校家庭经济困难学生资助制度。加强校园安全管理，大力整治高校周边环境，切实保障高校师生安全。加强校园网络运行监管。加大宣传力度，增进社会各界对高等教育发展的了解，为加快发展高等教育营造良好的氛围。

二〇一五年四月二十二日

后 记

《宁夏教育事业改革与发展史研究》由中共宁夏回族自治区委员会党史研究室与宁夏回族自治区教育厅联合编写，是集中反映宁夏教育事业改革发展三十多年，不断探索、不断奋进、顽强拼搏、铸就辉煌的发展历程，取得的伟大成就及经验启示的专题著作，也是进一步服务和推动宁夏教育改革与发展不断实现新突破、取得新跨越的专题著作。

本书在自治区党委党史研究室和自治区教育厅的领导下，由自治区党委党史研究室副主任纳建国主持，自治区党委党史研究室文献编辑处具体承担完成的。本书综述篇由薛志达撰写；基础教育改革与发展专题由薛志达撰写；职业教育改革与发展专题由马晓东撰写；高等教育改革与发展专题由张莉撰写；“百所回民中小学标准化建设工程”专题由王玉林、张莉撰写；帮扶支教工程专题由马晓东撰写；民族教育改革与发展专题由王玉林、张莉撰写。地方篇，分别由银川市、石嘴山市、吴忠市、固原市、中卫市委党史研究室分别承担和组织撰写。文献资料由马晓东、张莉收集、编辑、整理。图片资料由自治区教育厅、自治区党委党史研究室文献编辑处王锋统一收集、选取。全书统稿由纳建国、薛志达负责。马晓东、张莉承担了具体的编务工作。

同时，在本书的编写过程中，我们也参考和引用了近年来全国、全区党史党建领域的一些最新理论研究成果，吸收了相关厅局在推进宁夏教育事业改革与发展进程中的一些重要研究成果。为此，我们谨向相关专家和人员表示诚挚的谢意！由于我们在教育理论研究和史学修养等方面尚有局限，书中难免有疏漏和不足之处，敬请相关专家和读者批评指正。

中共宁夏回族自治区委员会党史研究室

2016 年 9 月